现代物流应用型系列教材

（第2版）

物流信息技术

Logistics Information Technology

王晓平■编著

U0360806

清华大学出版社
北京

内 容 简 介

物流信息技术是现代物流的基础和灵魂，本书全面阐述了构筑现代物流信息技术的几个关键技术原理及其在物流领域的应用。全书共九章，内容主要涉及物流信息技术概论、数据库管理与网络技术、物流管理信息系统、物流条码技术、物流 EDI 技术、GPS 与 GIS 技术、智能运输系统、电子订货系统等。

本书内容丰富，实用性强，既有基本概念和原理的阐述，又有案例分析，深入浅出，易学易懂。每章后有案例分析及复习思考题，便于学习。

本书可作为物流管理及相关专业大学本科学生的专业教材，也可作为物流领域相关企业工程技术人员的技术参考书。

图书在版编目（CIP）数据

物流信息技术/ 王晓平编著. —2 版. —北京：清华大学出版社，2017（2022.6 重印）
（现代物流应用型系列教材）
ISBN 978-7-302-45528-8

Ⅰ.①物… Ⅱ.①王… Ⅲ.①物流—信息技术—教材 Ⅳ.①F253.9

中国版本图书馆 CIP 数据核字（2016）第 277345 号

责任编辑：杜春杰
封面设计：康飞龙
版式设计：李会影
责任校对：王　颖
责任印制：丛怀宇

出版发行：清华大学出版社
　　　　网　　　址：http://www.tup.com.cn
　　　　地　　　址：北京清华大学学研大厦 A 座　　　　邮　　编：100084
　　　　社　总　机：010-83470000　　　　　　　　　　邮　　购：010-62786544
　　　　投稿与读者服务：010-62776969，c-service@tup.tsinghua.edu.cn
　　　　质　量　反　馈：010-62772015，zhiliang@tup.tsinghua.edu.cn
印　装　者：北京嘉实印刷有限公司
经　　销：全国新华书店
开　　本：185mm×260mm　　　　印　张：26.75　　字　数：625 千字
版　　次：2011 年 6 月第 1 版　2017 年 8 月第 2 版　　印　次：2022 年 6 月第 5 次印刷
定　　价：69.80 元

产品编号：057618-02

第2版
前言

PREFACE

近年来，现代物流业在我国受到高度重视并且得以快速发展，尤其是电子商务在我国的迅速发展和普及，对于物流业的发展起到了长足的推动作用。为了更好地推动物流业与电子商务的系统发展，国家相关部委相继出台了多项政策和规划。

"十一五"特别是国务院印发《物流业调整和振兴规划》（2009年3月）以来，我国物流业保持较快增长，服务能力显著提升，基础设施条件和政策环境明显改善，现代产业体系初步形成，物流业已成为国民经济的重要组成部分。2014年9月，国务院印发了《物流业发展中长期规划（2014—2020年）》，明确指出，加快发展现代物流业，对于促进产业结构调整、转变发展方式、提高国民经济竞争力和建设生态文明具有重要意义。而为加快电子商务物流发展，提升电子商务水平，降低物流成本，提高流通效率，商务部、发展改革委、交通运输部、海关总署、国家邮政局、国家标准委于2016年3月联合制定了《全国电子商务物流发展专项规划（2016—2020年）》，以期实现引导生产、满足消费、促进供给侧结构性改革的目的。

现代物流业的发展，尤其是在电子商务环境下，需要信息技术的大力支持，这就需要将越来越多的信息技术引入物流领域，从物流信息的采集，到物流信息传输，再到物流信息的加工处理，直至物流信息被使用的过程，都离不开信息技术的大力支持。因此，要发展现代物流业，必须依靠现代信息技术的发展和应用，实现物流业的信息化。

自2010年以来，中国物流行业的物联网应用开始进入发展新阶段，推动物联网发展上升为国家战略，全国掀起了物联网产业发展热潮。随着国家及社会对物流问题也逐渐重视，并从政策、资金等方面给予大力支持，物流体系及物流信息化建设已经得到了较为快速的发展。物联网是现代物流信息化发展的方向，是推动物流现代化的最佳动力，但是物联网的最终实现，离不开物流信息技术的研究和应用。

基于以上背景，本书在第1版的基础上，进行了相应的调整，将更多的物流信息技术系统的知识介绍给广大读者，以期更好地应对物流业的巨大变化。本书第2版，力求保持第1版中的突出理论与实践相结合，现实与前瞻相结合的特色，希望能更加系统、全面的介绍多种物流信息技术以及各种物流信息技术的具体应用，进一步完善物流信息技术知识体系，推动我国物流管理信息化建设进程。

与第 1 版相比较，本书在原有的数据库技术的基础上，加入了时下计算机领域最流行的网络数据库和大数据技术，这将为物联网技术的发展提供最基础的物流信息来源；在网络技术部分，加入了大型企业中开始被广泛使用的 VPN 网络（虚拟专用网）介绍，以及在多媒体时代被广泛使用的多媒体网络技术，这是企业应用物流信息技术的新途径；在数据采集与识别技术部分，加入了语音识别技术，这是一种充分结合信息技术和员工特点的新型信息识别技术，在各大配送中心中得到了较为广泛的应用。除此之外，结合第 1 版发行过程中的反馈信息，第 2 版在具体内容上也做了适当的调整和修正，有些地方进行了更为详细的介绍，有些知识则进行了简化处理，同时对每一章后的案例进行了更新。

本书共包括九章。第一章对物流信息技术的基本概念做了详细的介绍；第二、三、四章分别对物流信息化所必需的基本支持技术进行了说明，如数据库、网络技术和物流信息系统；第五、六、七、八、九章分别对具体的物流信息技术，如条码技术、RFID 技术、电子订货系统、空间 GPS 技术、GIS 技术等先进的信息技术进行阐述，并且结合物流业发展的最新进展，在每一章的知识介绍之后给出了全新的实际应用案例供大家参考，希望对于读者深入理解、掌握和分析物流信息技术的基本原理和最新发展能有所帮助。

本书在编写过程中，参阅和引用了大量国内外文献资料，并从相关的报纸、杂志、网站等处选取了部分案例与资料，在此谨向有关作者与单位致以衷心的感谢！

由于物流信息技术的发展和应用尚处于不断发展完善的过程中，涉及的范围和领域非常宽泛，加之作者知识与经验积累有限，书中难免有错误和不妥之处，敬请各位专家和读者批评指正，以便得到进一步的完善。

王晓平

2017 年 1 月

第1版

前言

PREFACE

近年来，现代物流业在我国受到高度重视并且得以快速发展，2009 年 3 月，国务院印发了《物流业调整和振兴规划》（以下简称《规划》），《规划》提出了十项主要任务、九大重点工程、九条政策措施，以期全面调整和振兴物流业。

现代物流业的发展离不开信息技术的支持，其发展与信息技术的发展以及物流信息的开发和利用密切相关，要发展现代物流业，必须依靠现代信息技术的发展和应用，实现物流业的信息化。

随着国家及社会对物流问题的逐渐重视，并从政策、资金等方面给予大力支持，物流体系及物流信息化建设已经得到了较为快速的发展。回望 2010 年，中国物流行业的物联网应用开始进入大发展的新阶段，推动物联网发展上升为国家战略，全国掀起了物联网产业发展热潮。物联网是现代物流信息化发展的方向，是推动物流现代化的最佳源动力。与此同时，国家发改委、工信部等部门大力发展的物联网热门技术如 RFID、GPS、智能机器人已经在物流领域获得了一定程度的推广。

物联网对物流业的影响将是全方位的，物联网技术是信息技术的革命性创新，现代物流业发展的主线是基于信息技术的变革，物联网必将带来物流配送网络的智能化，带来敏捷智能的供应链变革，带来物流系统中物品的透明化与实时化管理，实现重要物品的物流可追踪管理。

在此背景下，本书对物流信息系统中应用到的信息技术进行了全面的介绍，力求突出理论与实践相结合，现实与前瞻相结合的特色。本书编写的目的是希望能系统、全面地阐述多种物流信息技术以及物流信息技术的具体应用，进一步完善物流信息技术知识体系，为加速我国物流管理信息化建设进程、制定物流管理信息化发展对策提供参考。

本书共包括九章。第一章对物流信息技术的基本概念作了详细的介绍；第二、三、四章分别对物流信息化所必需的基本支持技术，如数据库、网络技术和物流信息系统进行了说明；第五、六、七、八、九章分别对具体的物流信息技术，如条码技术、RFID 技术、电子订货系统、空间 GPS 技术、GIS 技术等先进的信息技术进行阐述。并且在每一章中结合理论知识给出相应的实际应用案例供大家参考，这对于读者深入理解、掌握和应用物流信息技术的基本原理和方法将大有帮助。

本书的出版得到了北京物资学院物流学院教材基金的资助，得到了清华出版社编辑的大力支持，在此一并表示感谢！此外，还要感谢家人的理解和支持，特别是姐姐王晓云，在百忙之中帮我整理语法错误、查找错别字，在此表示深深的谢意！

本书在编写过程中，参阅和引用了大量国内外文献资料，并从相关的报纸、杂志、网站等处选取了部分案例与资料，在此谨向有关作者与单位致以衷心的感谢！

由于物流信息技术和应用尚处于不断发展和逐步完善的过程中，涉及的范围和领域非常宽泛，加之作者知识与经验积累有限，书中难免有错误和不妥之处，敬请各位专家和读者批评指正，以便逐步完善。

王晓平

2011 年 5 月

目录

第一章　物流信息技术概论 1
　第一节　物流信息概述 1
　　一、物流信息的定义 1
　　二、信息的性质 3
　　三、物流信息的特点 4
　　四、物流信息的作用 4
　　五、物流信息的分类 7
　第二节　物流信息技术 8
　　一、物流信息技术的概念 8
　　二、物流信息技术的组成 9
　　三、几种主要的现代物流信息技术 10
　第三节　物流信息技术的应用现状及发展趋势 12
　　一、信息技术对物流发展的作用 12
　　二、信息技术对供应链管理的影响 14
　　三、物流信息技术在国内的应用现状 16
　　四、物流信息技术的发展 19
　　案例分析 20
　　本章思考题 21

第二章　数据库技术 22
　第一节　数据库基础知识 22
　　一、文件组织的基本概念 22
　　二、文件组织的存储 23
　　三、文件组织的方式 25
　第二节　数据库管理技术 27
　　一、传统的文件处理存在的弊端 27
　　二、数据库系统的产生 29
　　三、数据库系统的构成 29
　　四、数据库组织结构 30
　第三节　数据库设计 34
　　一、信息的转换 34
　　二、实体联系模型（E-R 模型） 35

　　三、数据模型 ……………………………………………………………………… 38

　　四、函数依赖 ……………………………………………………………………… 40

　　五、关系数据库的规范化 ………………………………………………………… 41

　　六、从 E-R 图导出关系数据模型 ……………………………………………… 44

　第四节　网络数据库 ………………………………………………………………… 45

　　一、网络数据库的概念 …………………………………………………………… 45

　　二、网络与网络数据库 …………………………………………………………… 46

　　三、网络数据库的应用 …………………………………………………………… 47

　　四、网络数据库实现技术与安全分析 …………………………………………… 50

　第五节　数据仓库 …………………………………………………………………… 51

　　一、数据仓库的产生 ……………………………………………………………… 51

　　二、数据仓库的概念及特点 ……………………………………………………… 52

　　三、数据仓库的体系结构 ………………………………………………………… 53

　　四、数据仓库中的数据组织 ……………………………………………………… 54

　　五、数据仓库的关键技术 ………………………………………………………… 57

　　六、数据仓库的实施 ……………………………………………………………… 59

　　七、行业应用 ……………………………………………………………………… 61

　第六节　大数据技术 ………………………………………………………………… 62

　　一、大数据的概念 ………………………………………………………………… 62

　　二、大数据的 4V 特点 …………………………………………………………… 63

　　三、大数据处理分析工具 ………………………………………………………… 63

　　四、数据挖掘技术 ………………………………………………………………… 64

　　案例分析 …………………………………………………………………………… 66

　　本章思考题 ………………………………………………………………………… 68

第三章　物流企业网络技术 …………………………………………………………… 70

　第一节　计算机网络概述 …………………………………………………………… 70

　　一、计算机网络的发展 …………………………………………………………… 70

　　二、计算机网络的概念及组成 …………………………………………………… 73

　　三、计算机网络的功能及分类 …………………………………………………… 75

　第二节　Internet 概述 ……………………………………………………………… 79

　　一、Internet 的历史与发展 ……………………………………………………… 79

　　二、Internet 的结构与特点 ……………………………………………………… 81

　　三、Internet 的应用 ……………………………………………………………… 83

　第三节　企业内部网络 Intranet …………………………………………………… 87

　　一、Intranet 的形成、发展与特点 ……………………………………………… 88

　　二、Intranet 的优势 ……………………………………………………………… 88

　　三、Intranet 的类型 ……………………………………………………………… 90

　　四、局域网技术 …………………………………………………………………… 91

　　　五、网际互联 95
　　　六、小型局域网组建的两个实例 96
　　第四节　其他类型的网络 99
　　　一、Extranet 99
　　　二、虚拟专用网 102
　　　三、多媒体网络 105
　　第五节　网络的发展趋势 107
　　　案例分析 108
　　　本章思考题 111

第四章　物流管理信息系统 112
　　第一节　物流管理信息系统概述 112
　　　一、物流管理信息系统的概念 112
　　　二、物流管理信息系统的分类 112
　　　三、物流管理信息系统的作用 115
　　　四、物流管理信息系统的发展趋势 117
　　第二节　物流管理信息系统基本结构 118
　　　一、物流管理信息系统的基本组成 118
　　　二、物流管理信息系统的功能 119
　　　三、物流管理信息系统的层次结构 119
　　第三节　物流管理信息系统开发方法 120
　　　一、系统开发方法概述 120
　　　二、开发方法的结构体系 121
　　　三、结构化系统开发方法 123
　　　四、原型法 126
　　　五、面向对象的开发方法 127
　　　六、CASE 方法 129
　　　七、各种方法的比较 131
　　第四节　物流管理信息系统开发过程 132
　　　一、物流管理信息系统的开发原则 132
　　　二、物流管理信息系统的开发策略 133
　　　三、物流管理信息系统的开发过程 134
　　　四、物流管理信息系统开发的项目管理 143
　　第五节　几种常见的物流管理信息系统 145
　　　一、物料需求计划（MRP） 146
　　　二、制造资源计划（MRPII） 148
　　　三、企业资源计划（ERP） 150
　　　四、分销资源计划（DRP） 153
　　　案例分析 156

本章思考题 158

第五章　数据采集与识别技术 159

第一节　条码技术 159

一、条码技术概述 159

二、条码识读技术 165

三、条码码制标准 169

四、二维条码 172

第二节　物流条码 173

一、物流条码体系 174

二、物流条码的特点 174

三、物流条码的标准体系 175

四、物流条码识别技术 179

五、物流条码的应用 184

第三节　射频识别技术 186

一、RFID 概述 186

二、RFID 系统类型 187

三、RFID 系统基本原理 188

四、RFID 与智能跟踪 193

五、RFID 在物流中的应用 194

第四节　语音识别技术 198

一、语音识别 199

二、语音识别引擎的选择 202

三、语音合成 203

四、语音信息处理的发展展望 205

五、语音识别系统的发展 206

第五节　电子代码（EPC）技术 206

一、EPC 的产生和发展 206

二、EPC 系统的构成与工作流程 208

三、EPC 系统特点及相关技术 212

四、EPC 技术应用 214

第六节　自动识别技术在物流中的应用 216

一、条码跟踪系统在企业供应链管理中的应用 216

二、RFID 在上海现代物流公司配送中心的应用 218

三、语音拣选系统在流通领域中的应用 220

本章思考题 222

第六章　物流 EDI 技术 224

第一节　EDI 224

一、EDI 概述 224

二、EDI 的价值 229

三、EDI 的分类 230

四、EDI 的安全措施 231

五、EDI 的发展趋势 231

六、EDI 在我国的应用 236

第二节　EDI 的系统结构与工作原理 237

一、EDI 的系统模型及构成 237

二、EDI 系统的通信 241

三、EDI 与 MIS 的集成 243

四、EDI 工作过程实例 244

第三节　EDI 标准 245

一、EDI 标准概述 246

二、EDI 标准体系 247

三、EDI 标准的分类 248

第四节　物流 EDI 的技术应用 249

一、EDI 与物流 249

二、实施 EDI 的效益 250

三、EDI 在物流管理中的应用 251

四、EDI 在供应链管理中的应用 253

五、EDI 在海关报关中的应用举例 254

案例分析 255

本章思考题 258

第七章　电子订货系统（EOS） 259

第一节　电子订货系统概述 259

一、电子订货系统的含义 259

二、EOS 系统的构成 260

三、电子订货系统的方式和种类 263

四、电子订货系统的特点和作用 264

五、EOS 的发展过程 265

第二节　电子订货系统的工作流程 266

一、传统方式下的电子订货流程 266

二、零售业持续补充业务 266

三、基于 EDI 的电子订货系统 267

四、基于 Internet 的电子订货系统 268

五、EOS 系统的流程 268

六、EOS 的实施要点 270

七、EOS 的业务应用 271

第三节　电子订货系统与物流 273

一、物流作业过程 273

二、仓储作业过程 274

第四节 POS 系统 275

一、POS 销售时点信息系统的定义 275

二、POS 系统的结构 276

三、POS 系统的运行步骤 278

四、POS 系统的特征 279

五、应用 POS 系统的效果 280

第五节 电子订货系统的发展趋势 282

一、EOS 与 MIS 的集成 282

二、EOS 系统建立和应用过程中应注意的问题 285

三、发达国家电子订货系统的应用现状及启示 287

四、我国电子订货系统的发展趋势 287

案例分析 290

本章思考题 293

第八章 物流系统自动化技术 294

第一节 物流自动化概述 294

一、物流自动化的内容 294

二、物流自动化和信息系统化 296

三、物流自动化系统 298

四、物流自动化系统的主要特点 301

五、物流自动化系统的研究现状和发展趋势 302

第二节 物流自动化及相关设施和设备 304

一、自动化及物流自动化系统的基本概念 304

二、物流自动化设备 305

三、物流自动化及相关设备的选择 310

第三节 自动化仓储设备 312

一、自动仓储系统的发展 312

二、自动化仓库的分类 313

三、自动仓储系统装备的市场需求宏观预测 316

四、自动化仓库使用计算机的效果 317

五、计算机在自动化仓库中的作用 318

六、自动仓储系统在物流系统中的作用 319

第四节 自动分拣系统 320

一、自动分拣系统概述 321

二、自动分拣系统作业描述 321

三、自动分拣系统的主要特点 321

四、自动分拣系统的构成 322

五、自动分拣系统的适用条件 325
六、自动分拣系统的工作流程 326
第五节 自动导向车系统 328
一、AGV 概述 328
二、自动导向车系统 333
三、AGVS 的技术构成 336
四、AGV 的类型及其应用 340
五、AGVS 的规划设计 342
六、AGVS 的发展趋势 343
七、AGV 的应用 343
第六节 自动化立体仓库 344
一、自动化立体仓库概述 344
二、自动化立体仓库的分类 345
三、自动化立体仓库的优缺点 345
四、自动化立体仓库的组成 346
五、自动化立体仓库的设计与规划 348
本章思考题 350

第九章 空间信息技术 351
第一节 GIS 概述 351
一、地理信息系统（GIS）简介 351
二、GIS 的组成及分类 353
三、GIS 的作用 355
四、GIS 相关技术 356
五、GIS 技术的发展现状和趋势 357
六、存在的问题与对策 359
第二节 GIS 的工作原理 360
一、GIS 的功能框架及工作流程 360
二、GIS 中的信息存储方式 363
三、空间数据的管理 364
四、GIS 软件体系结构与应用系统开发 366
五、空间信息的共享和互操作 368
六、空间信息的网络发布与服务 369
第三节 GIS 的应用 371
一、GIS 的应用领域 371
二、GIS 在物流中的应用 373
三、GIS 的其他应用 374
四、电子地图系统简介 374
第四节 GPS 概述 377

一、全球定位系统（GPS）的含义 377

二、GPS 的特点 380

三、GPS 的主要功能 381

四、GPS 的用途 381

五、GPS 在中国的技术应用和发展情况 382

六、GPS 的发展趋势 383

第五节 GPS 的工作原理 384

一、GPS 的构成 384

二、GPS 的基本定位原理 386

三、卫星定位方式 387

四、GPS 接收机的工作性能 388

五、北斗卫星导航系统 390

第六节 GPS 在物流领域中的应用 394

一、GPS 在物流领域中的应用 394

二、GPS 车载卫星定位系统解决方案 396

第七节 网络 GPS 399

一、网络 GPS 的概念和特点 400

二、网络 GPS 系统组成 401

三、网络 GPS 的工作流程 401

四、网络 GPS 对物流产业所起的作用 402

五、网络 GPS 发展的现状 403

第八节 GIS/GPS 物流应用解决方案 403

一、GIS/GPS 在物流企业应用的优势 403

二、基于 GPS 和电子地图的车辆自动导航系统 405

案例分析 405

本章思考题 407

参考文献 409

第一章 物流信息技术概论

现代物流是伴随着信息时代的到来而不断发展的，可以说，没有信息技术就没有现代物流，两者是相伴相生、相辅相成的关系。物流信息技术指的是现代信息技术在物流各作业环节中的应用，包括 Bar Code（条形码）、RFID（无线射频识别技术）、GIS（地理信息系统）、GPS（全球卫星定位系统）、EDI（电子数据交换）、EOS（电子订货系统）等，都是物流现代化的重要标志。物流信息技术是物流现代化的重要标志，也是物流技术中发展最快的领域，从数据采集的条形码系统，到办公自动化系统中的计算机、互联网，各种终端设备等硬件以及计算机软件都在日新月异地发展。只有应用物流信息技术，完成物流各作业流程的信息化、网络化、自动化的目标才有可能实现。同时，随着物流信息技术的不断发展，产生了一系列新的物流理念和新的物流经营方式，推进了物流的变革。在供应链管理方面，物流信息技术的发展也改变了企业应用供应链管理获得竞争优势的方式，成功地令企业通过应用信息技术来支持它的经营战略并选择其经营业务。通过利用信息技术来提高供应链活动的效率性，增强整个供应链的经营决策能力。

本章主要对物流信息、物流信息技术等相关知识进行介绍，并且对物流信息技术的应用现状及发展趋势进行分析和总结。

第一节 物流信息概述

一、物流信息的定义

物流信息的定义，有狭义和广义两个方面。狭义的物流信息是指物流活动进行过程中所必需的信息。这些信息是在物流过程中产生或被使用的。物流信息和运输、仓储等环节都有着密切的关系，它在物流活动中起着神经系统的作用。只有加强物流信息的管理才能够更好地使物流成为一个有机的整体，而不是各个环节孤立的活动。广义的物流信息，则是指与整个物流活动相关的各种信息，可以是直接相关的信息，也可以是间接相关的信息。例如，市场预测信息并不直接地与物流环节有关，但是通过市场预测，会对某种产品的市场需求有所规划，从而会影响到相关的仓储、运输等物流工作。类似这样的信息，被称为广义的物流信息。

一些物流产业发达的国家都把加强物流信息工作作为改善物流状况的关键而给予充分的注意。在物流活动中不仅要对各项活动进行计划预测、动态分析，还要及时提供物流费用、生产状况、市场动态等有关信息。只有及时收集和传输有关信息，才能使物流通畅化、定量化。

信息对物流所表现出来的重要性，在历史上并没有得到过充分的重视。这种疏忽起因于缺乏适当的技术来产生和分析所需要的信息。管理部门也很难理解及时且准确的信息交流是如何对物流表现和产生深远影响的。而现在，随着各种技术的不断发展和完善，历史上的这些缺陷都已被排除了，目前的技术能够处理绝大多数所需信息的各种要求，一旦需要，人们随时都能获得基于事实的信息。因此，信息在物流中的作用也被越来越广泛的关注。管理者们正在学习如何使用这些新的信息技术去设计新颖和独特的物流解决方案。

然而，这些新的信息技术是否能充分发挥应有的作用，为企业家提供合理准确的解决方案，是与信息的质量密切相关的。信息质量上的缺陷将会造成无数个作业上的问题，这是单纯的信息技术所无法解决的。典型的信息缺陷可以划分成下述两大类。

（1）所收到的信息可能会在趋势和事件方面不准确。由于人量的物流信息是在未来的需求之前产生的，不准确的判断或预测都会引起存货短缺或过剩，过分乐观的或悲观的预测都会导致不恰当的存货定位，从而导致决策失误。

（2）有关订货的信息会在具体的顾客需求方面不准确。处理不准确的订货会导致产生了物流成本，实际上却并没有完成销售。的确，由于退回存货往往会增加物流成本，即使另外存在着销售机会，设法向其他顾客提供所需的服务也会再次产生费用。

由此可见，信息需求过程中的每一个错误都会对整个供应链造成潜在的隐患。

信息迅速流动的好处直接关系到工作过程的平衡。对一个厂商来说，要想实现快速的交付，可以采用两种方法：其一，在当地的销售办事处积累一段时间的订单，把它们邮寄到地区办事处，在批量的基础上对订单进行处理，再把订单分配给配送仓库，然后通过航空进行装运；其二，通过来自顾客的电子数据交换（Electronic Data Interchange，EDI），随时取得提单，然后使用速度较慢的水上运输。两者相比，显然前者是没有多大意义的，而后者则可能实现甚至更快地在较低的总成本下全面交付。由此可见，关键的目标是平衡物流系统的各个组成部分。

整个物流过程是一个多环节的复杂系统。物流系统中的各个子系统通过物质实体的运动联系在一起，一个子系统的输出就是另一个子系统的输入。合理地组织物流活动，会使各个环节相互协调，并根据总目标的需要适时适量地调度系统内的基本资源。物流系统中的相互衔接是通过信息进行沟通的，基本资源的调度也是通过信息的传递来实现的。例如，物资调运是根据供需数量和运输条件来进行的，装卸活动的组织是按运送货的数量、到货方式和包装情况来决定的。因此，组织物流活动必须以信息为基础，一刻也不能离开信息。为了使物流活动正常而有规律地进行，必须保证物流信息的畅通。

一个厂商的物流系统越有效，它对信息的准确性越敏感，而协调的、准时的物流系统是不可能用过度的存货来适应作业上的差错的，这是因为安全库存已被控制在最低限度。信息流反映了一个物流系统的动态，不准确的信息和作业过程中的延迟都会削弱物流表现。因此，物流信息的质量和及时性是物流作业的关键因素。

二、信息的性质

信息可以从不同的角度来进行分类。按照战略层次，信息可以分为战略信息、战术信息和作业信息；按照应用领域，信息可以分为管理信息、社会信息和科技信息；按照加工顺序，信息可以分为一次信息、二次信息和三次信息；按照反映形式，信息可以分为数字信息、图像信息和声音信息。

不论哪种类型的信息，都具有以下几个性质。

（1）事实性。事实性是信息的中心价值，不符合事实的信息不仅没有价值，而且可能价值为负，既害别人，也害自己。

（2）实效性。信息的时效性是指从信息源发送信息，经过接收、加工、传递、利用的时间间隔及其效率。时间间隔越短，使用信息越及时，使用程度越高，时效性就越强。

（3）不完全性。关于客观事实的信息是不可能全部得到的，这与人们认识事物的能力和程度有关。因此，数据收集或信息转换要有主观思路，要运用已有的知识，进行分析和判断，只有正确地舍弃无用和次要的信息，才能正确地使用信息。

（4）等级性。管理信息是分等级的（如公司级、工厂级、车间级等），处在不同级别上的管理者有不同的职责，处理的决策类型不同，需要的信息也就不同。通常把管理信息分为以下三级。

① 战略级。战略信息是确定上层管理部门对本部门制定的目标，确定为达到这一目标所必需的资源水平和种类以及确定获得资源、使用资源和处理资源的指导方针等方面所需的信息，如产品投产、停产，新厂厂址选择，开发新产品、开拓新市场等。战略信息是最高级别的信息。制定战略决策需要获取大量的来自外部和内部的信息，管理部门往往把外部信息和内部信息结合起来进行预测。

② 战术级。这是管理控制信息，是能使管理人员掌握资源利用情况，并将实际结果与计划相比较，从而了解是否达到预定目的，并指导员工采取必要措施以更有效地利用资源的信息，如月计划与完成情况的比较，库存控制等。管理控制信息一般来自所属各部门，以及有联系的部门。战术级也称为管理级，它是位于中间层次的信息。

③ 作业级。作业级信息位于信息等级的最底层，是用来解决经常性问题的信息。它与组织的日常活动有关，并用来保证能切实地完成具体任务。例如，每天统计的产量、质量数据，打印的工资单等。

（5）变换性。信息是可变换的。它可以不同的方法和不同的载体来载荷。这一特性在多媒体时代尤为重要。

（6）价值性。信息是经过加工并对生产经营活动产生影响的数据，是需要用劳动来创造的，它是一种资源，因而是有价值的。索取一份经济情报或者利用大型数据库查阅文献所付的费用就是信息价值的部分体现。信息的使用价值必须经过转换才能得到。由于信息寿命短、衰老快，因此转换必须及时。例如，某车间可能误工的信息知道得早，及时备料和安插其他工作，信息资源就可以转换为物质财富。

"管理的艺术在于驾驭信息"，也就是说，管理者要善于转换，去实现信息的价值。现代社会的特点之一是信息量的增长速度十分惊人，所谓"信息威胁"之说，就是指要处理的信息量达到难以处理的地步，以致造成了混乱。

三、物流信息的特点

物流信息具有以下特点。

（1）物流信息量大、分布广，信息的产生、加工、传播和应用在时间、空间上不一致，方式也不同。物流是联系生产和消费（生产消费和生活消费）的桥梁，任何生产和消费的情况都可以称为物流信息的组成部分。

（2）物流信息动态性强，时效性高，信息价值衰减速度快，因而对信息管理的及时性和灵活性提出了很高的要求。

（3）物流信息种类多，不仅本系统内部各个环节有不同种类的信息，而且由于物流系统与其他系统（如生产系统、供应系统等）密切相关，因而还必须搜集这些物流系统外的有关信息。这使得物流信息的搜集、分类、筛选、统计、研究等工作的难度增加。

（4）物流信息趋于标准化。随着信息处理手段电子化，物流信息也要标准化。

四、物流信息的作用

有一类信息流先于物流产生，它们控制着物流产生的时间、流动的大小和方向，引发、控制、调整物流，如各种决策、计划、用户的配送加工和分拣及配货要求等；另一类信息流则与物流同步产生，它们反映物流的状态，如运输信息、库存信息、加工信息、货源信息、设备信息等。前者被称为是计划信息流或协调信息流，而后者则被看作是作业信息流。图1-1中的各种计划（如战略计划、物流计划、制造计划、采购计划）、存货配置和预测产生的信息都是计划信息流，而运输信息、库存信息、加工信息、货源信息、设备信息等则都是作业信息流。

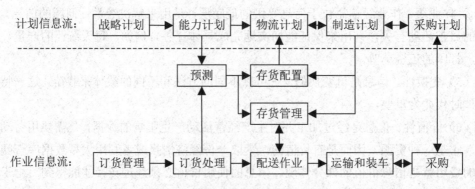

图1-1　物流业务流程中的信息流

因此，物流信息除了反映物品流动的各种状态外，更重要的是控制物流的时间、方向和发展进程。无论是协调流，还是作业流，物流信息的总体目标都是要把物流涉及企业的各种具体活动综合起来，加强整体的综合能力。

物流管理需要大量准确、及时的信息和用以协调物流系统运作的反馈信息。任何信息的遗漏和错误都将直接影响物流系统运转的效率和效果，进而影响企业的经济效益。物流系统产生的效益来自整体物流服务水平的提高和物流成本的下降，而物流服务水平与畅通的物流信息在物流过程中的协调作用是密不可分的。

物流信息系统是把各种物流活动与某个一体化过程连接在一起的通道。所谓物流一体化，就是以物流系统为核心的由生产企业经由物流企业、销售企业，直至消费者的供应链的整体化和系统化。它是物流业发展的高级和成熟阶段。一体化过程建立在三个层次上：作业层、管理层和战略层。图 1-2 说明了在信息功能各层次上的物流活动和决策。正如该金字塔形状所显示的，物流信息管理系统管理控制、决策分析和战略计划制定的强化需要以强大的作业层为基础。

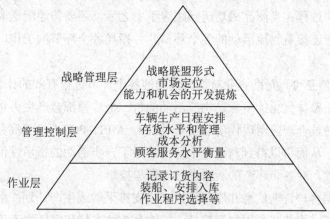

图 1-2　物流信息在各层次上的作用

第一层次是作业层，它是用于启动和记录个别物流活动的最基本的层次。作业层的活动包括记录订货内容、安排存货任务、作业程序选择、装船、定价、开发票以及消费者查询等。在这一层中要求信息的特征是：格式规则化、通信交互化、交易批量化以及作业规范化。结构上的各种过程和大批量交易相结合主要强调了信息系统的效率。

第二层次是管理控制层，要求把主要精力集中在功能衡量和分析报告上。功能衡量对于提供有关服务水平和资源利用等的管理反馈来说是必要的。因此，管理控制以可估价的、策略上的、中期的焦点问题为特征，它涉及评价过去的功能和鉴别各种可选方案。普通功能的衡量包括金融、顾客服务、生产率和质量指标等。

第三层次是战略管理层，要求把主要精力集中在信息支持上，以期开发和提炼物流战略。这类决策往往是决策分析层次的延伸，但通常更加抽象、松散，并且注重于长期。作为战略计划的例子，决策中包括通过战略联盟使协作成为可能，厂商的能力和市场机会的开发、提炼，以及顾客对改进的服务所作的反应。物流信息系统的制定和战略层次，必须把较低层次的数据结合进范围很广的交易计划中去，并且结合进有助于评估各种战略的概率和损益的决策模型中去。

因此，我们可以得出以下关于物流信息作用的结论。

（1）物流管理活动也是一个系统工程，采购、运输、库存和销售等各项业务活动在企业内部互相作用，形成一个有机的整体系统。物流系统通过物质的流动、所有权的转移和信息的接收、发送，与外界不断作用，实现对物流的控制。整个物流系统的协调性越好，内部损耗越低，物流管理水平越高，企业就越能从中受益。而物流信息在其中则充当着桥梁和纽带的作用。

例如，企业在接收到商品的订货信息后，要检查商品库存中是否存在该种商品。如果有库存，就可以发出配送指示信息，通知配送部门进行配送活动；如果没有库存，则发出采购或生产信息，通知采购部门进行采购活动，或者安排生产部门进行生产，以满足顾客的需要。在配送部门得到配送指示信息之后，就会按照配送指示信息的要求对商品进行个性化包装，并反馈包装完成信息；同时，物流配送部门还要开始设计运输方案，进而产生运输指示信息，对商品实施运输；在商品运输的前后，配送中心还会发出装卸指示信息，指导商品的装卸过程；当商品成功运到顾客手中之后，还要传递配送成功的信息。因此，物流信息的传送连接着物流活动的各个环节，并指导各个环节的工作，起着桥梁和纽带的作用。

（2）物流信息可以帮助企业对物流活动的各个环节进行有效的计划、组织、协调和控制，以达到系统整体优化的目标。物流活动的每一个步骤都会产生大量的物流信息，而物流系统则可以通过合理应用现代信息技术（EDI、MIS、POS、电子商务等）对这些信息进行挖掘和分析，从而可以得到对于每个环节之后下一步活动的指示性信息，进而能够通过这些信息的反馈，对各个环节的活动进行协调与控制。

例如，根据客户订购信息和库存反馈信息安排采购或生产计划；根据出库信息安排配送或货源补充等。因此，利用物流信息，能够有效地支持和保证物流活动的顺利进行。

（3）物流信息有助于提高物流企业科学的管理和决策水平。物流管理通过加强供应链中各种活动和实体间的信息交流与协调，让其中的物流和资金流保持畅通，实现供需平衡。在物流管理中存在着一些基本的决策问题，例如：

① 位置决策——即物流管理中的设施定位，包括物流设施、仓库位置和货源等，在综合考虑需求和环境条件的基础上，通过优化进行决策。

② 生产决策——主要根据物流的流动路径，合理安排各生产成员间的物流任务的分配。良好的决策可以使得各成员间实现良好的负荷均衡，从而保持物流的畅通。

③ 库存决策——库存决策主要关心的是库存的方式、数量和管理方法，是降低物流成本的重要依据。

④ 采购决策——根据商品需求量和采购成本合理确定采购批次、时间间隔和采购批量，以确保在不间断供应的前提下实现成本最小化。

⑤ 运输配送决策——包括运输配送方式、批量、路径以及运输设备的装载能力等。

通过运用科学的分析工具，我们可以对物流活动所产生的各类信息进行科学分析，从而获得更多富有价值的信息。通过物流系统各节点间的信息共享，能够有效地缩短订货提前期，降低库存水平，提高搬运和运输效率，减少传递时间，提高订货和发货精度，以及及时、高效地响应顾客提出的各种问题，从而极大地提高顾客满意度和企业形象，提高物流系统的竞争能力。

　　物流系统是由多个子系统组成的复杂系统，物流信息成为各个子系统之间沟通的关键，在物流活动中起着中枢神经系统的作用。多个子系统是通过物质实体的运动联系在一起的，一个子系统的输出就是另一个子系统的输入。加强对物流信息的研究才能使物流成为一个有机的系统，而不是各自孤立的活动。物流系统的信息模型，如图1-3所示。

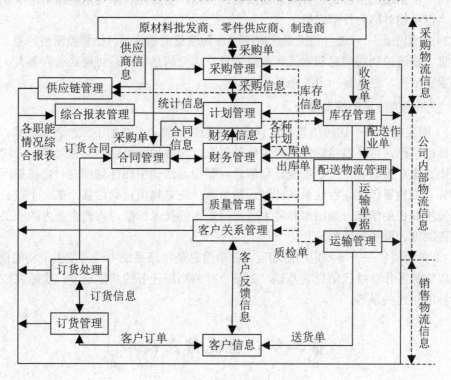

图 1-3　物流系统的信息模型

五、物流信息的分类

　　物流中的信息流是指信息供给方与需求方进行信息交换从而产生的信息流动，它表示了产品的品种、数量、时间、空间等各种需求信息在同一个物流系统内、不同的物流环节中所处的具体位置。物流系统中的信息种类多、跨地域、涉及面广、动态性强，尤其是运作过程中受到自然的、社会的影响很大。根据对物流信息研究的需要，可以从以下几个方面对物流信息进行分类。

1. 按照信息沟通联络方式分

　　（1）口头信息——通过面对面交谈所进行交流的信息。它可以迅速、直接地传播，但容易失真，与其他传播方式相比速度较慢。物流活动的各种现场调查和研究，是获得口头信息最简单、直接的方法。

（2）书面信息——物流信息表示的书面形式，可以重复说明或进行检查，各种物流环节中的报表、文字说明、技术资料等都属于这类信息。

2. 按照信息的来源分

（1）外部信息——在物流活动以外发生但提供给物流活动使用的信息，包括供货人信息、客户信息、订货合同信息、交通运输信息、市场信息、政策信息，以及来自企业内生产、财务等部门的与物流有关的信息。通常外部信息是相对而言的，对于一个物流子系统，来自另一个子系统的信息也可称为外部信息。例如，物资储存系统从运输系统中获得的运输信息，也可相对称为外部信息。

（2）内部信息——来自物流系统内部的各种信息的总称，包括物流流转信息、物流作业层信息、物流控制层信息和物流管理层信息。这些信息通常是协调系统内部人、财、物活动的重要依据，也具有一定的相对性。

3. 按照物流信息的变动度分

（1）固定信息——这种信息通常具备相对稳定的特点，有如下三种表述形式：一是物流生产标准信息，这是以指标定额为主体的信息，如各种物流活动的劳动定额、物资消耗定额、固定资产折旧等；二是物流计划信息，即物流活动中在计划期内一定任务所反映的各项指标，如物资年计划吞吐量、计划运输量等；三是物流查询信息，在一个较长的时期内很少发生变更的信息，如国家和各主要部门颁布的技术标准，物流企业内的职工人事制度、工资制度、财务制度等。

（2）变动信息——与固定信息相反，变动信息是物流系统中经常发生变动的信息。这种信息以物流各作业统计信息为基础，如某一时刻物流任务的实际进度、实际完成情况、各项指标的对比关系等。

第二节 物流信息技术

一、物流信息技术的概念

物流信息技术（Logistics Information Technology，LIT）是指运用于物流领域的信息技术。

物流信息技术是物流现代化的重要标志，也是物流技术中发展最快的领域之一。从物流数据自动识别与采集的条码系统，到物流运输设备的自动跟踪；从企业资源的计划优化到各企业、单位间的电子数据交换；从办公自动化系统中的微型计算机、互联网、各种终端设备等硬件到各种物流信息系统软件都在日新月异地发展。同时，随着物流信息技术的不断发展，产生了一系列新的物流理念和物流经营方式，推进了物流的变革。

据国外统计，物流信息技术的应用，可为传统的运输企业带来以下实效：降低空载率15%～20%；提高对在途车辆的监控能力，有效保障货物安全；网上货运信息发布及网上下单可增加商业机会 20%～30%；无时空限制的客户查询功能，有效满足客户对货物在运情况的跟踪监控，可提高业务量 40%；对各种资源的合理综合利用，可减少运营成本 15%～30%。对传统仓储企业带来的实效表现在：配载能力可提高 20%～30%；库存和发货准确率可超过 99%；数据输入误差减少，库存和短缺损耗减少；可降低劳动力成本约 50%，提高生产力 30%～40%，提高仓库空间利用率 20%。

因此，物流信息技术在现代企业的经营战略中占有越来越重要的地位。建立物流信息系统，充分利用各种现代化信息技术，提供迅速、及时、准确、全面的物流信息是现代企业获得竞争优势的必要条件。

二、物流信息技术的组成

根据物流的功能和特点，现代物流信息技术主要包括自动识别类技术（如条码技术与射频技术、自动语音识别技术等）、自动跟踪与定位类技术（如全球卫星定位技术、地理信息技术等）、物流信息接口技术（如电子数据交换等）、企业资源信息技术（如物料需求计划、制造资源计划、企业资源计划、分销资源计划等）、数据管理技术（如数据库技术、数据仓库技术等）和计算机网络技术（如 Internet、Intranet、VPN 技术等）等现代高端信息科技。

在这些高端技术的支撑下，形成了由移动通信、资源管理、监控调度管理、自动化仓储管理、运输配送管理、客户服务管理、财务管理等多种业务集成的现代物流一体化信息管理体系。

现代信息技术是物流信息平台建设的基础，也是物流平台的组成部分。当越来越多的现代物流信息技术进入物流领域后，必然使得物流企业构架起更完善的物流管理体系，实现进货、加工、仓储、配车、配送等活动的高效运行，进一步推动物流业的高效率化，从而使其真正成为现代物流企业。

从构成要素上看，物流信息技术作为现代信息技术的重要组成部分，本质上都属于信息技术范畴，只是因为信息技术应用于物流领域而使其在表现形式和具体内容上存在一些特性，但其基本要素仍然同现代信息技术一样，可以分为以下四个层次。

（1）物流信息基础技术。即有关元件、器件的制造技术，它是整个信息技术的基础。例如，微电子技术、光子技术、光电子技术、分子电子技术等。

（2）物流信息系统技术。即有关物流信息的获取、传输、处理、控制的设备和系统的技术，它是建立在信息基础技术之上的，是整个信息技术的核心。其内容主要包括物流信息获取技术、物流信息传输技术、物流信息处理技术和物流信息控制技术。

（3）物流信息应用技术。即基于管理信息系统（MIS）技术、优化技术和计算机集成制造系统（CIMS）技术而设计出的各种物流自动化设备和物流信息管理系统，如自动化分拣与传输设备、自动导引车（AGV）、集装箱自动装卸设备、仓储管理系统（WMS）、运输管理系统（TMS）、配送优化系统、全球定位系统（GPS）、地理信息系统（GIS）等。

（4）物流信息安全技术。即确保物流信息安全的技术，主要包括密码技术、防火墙技术、病毒防治技术、身份鉴别技术、访问控制技术、备份与恢复技术和数据库安全技术等。

三、几种主要的现代物流信息技术

1. 自动识别技术（条码与射频技术）

条码技术，是 20 世纪在计算机应用中产生和发展起来的一种自动识别技术，是集条码理论、光电技术、计算机技术、通信技术、条码印制技术于一体的综合性技术。条码技术具有制作简单、信息收集速度快、准确率高、信息量大、成本低和条码设备方便易用等优点，所以从生产到销售的流通转移过程中，条码技术起到了准确识别物品信息和快速跟踪物品历程的重要作用，它是整个物流信息管理工作的基础。条码技术在物流数据采集、快速响应、运输中的应用极大地促进了物流业的发展。例如，在货物保管环节中，由于使用了条码技术，商品的出入库、库存保管、商品统计查询、托盘利用等所有保管作业实现了自动检测、自动操作和自动管理，大幅度降低了保管成本，提高了仓储的效率；在装卸搬运和包装环节中，由于使用了条码信息技术，实现了自动化装卸搬运、模块化单元包装、机械化分类分拣和电子化显示作业，大幅度提高了装卸搬运和包装作业效率，提高了对用户的服务水平。

射频技术（RF）是一种基于电磁理论的通信技术，适用于物料跟踪、运载工具和货架识别等要求非接触数据采集和交换的场合。它的优点是不局限于视线，识别距离比光学系统远，射频识别卡可具有读写能力，可携带大量数据，难以伪造，且有智能。目前通常利用便携式的数据终端，通过非接触式的方式从射频识别卡上采集数据，采集的数据可直接通过射频通信方式传送到主计算机，由主计算机对各种物流数据进行处理，以实现对物流全过程的控制。

2. 全球定位技术

全球定位系统（Global Positioning System，GPS）是利用空中卫星全天候、高准确度地对地面目标之运行轨迹进行跟踪、定位与导航的技术。GPS 最初只运用于军事领域，近年来，GPS 已在物流领域得到了广泛的应用，如应用在汽车自定位及跟踪调度、铁路车辆运输管理、船舶跟踪及最佳航线的确定、空中运输管理、防盗反劫、服务救援、远程监控、轨迹记录和物流配送等领域。例如，利用卫星对物流及车辆运行情况进行实时监控。用户可以随时"看到"自己的货物状态，包括运输货物车辆所在位置（如某城市的某条道路上）、货物名称、数量、重量等，同时可实现物流调度的即时接单和即时排单以及车辆动态实时调度管理；GPS 提供交通气象信息、异常情况报警信息和指挥信息，以确保车辆、船只的运营质量和安全；客户经授权后也可以通过互联网随时监控运送自己货物车辆的具体位置；GPS 还能进行各种运输工具的优化组合、运输网络的合理编织，如果货物运输需要临时变化线路，可随时指挥调动，大大降低了车辆的空载率，提高了运输效率，做到资源的最佳配置。

3. 地理信息技术

地理信息系统（Geographic Information System，GIS）是人类在生产实践活动中，为描述和处理相关地理信息而逐渐产生的软件系统。GIS 以地理空间数据为基础，以计算机为工具，采用地理模型分析方法，对具有地理特征的空间数据进行处理，实时地提供多种空间和动态的地理信息。它的诞生改变了传统的数据处理方式，使信息处理由数值领域步入空间领域。通过各种软件的配合，地理信息系统可以建立车辆路线模型、网络物流模型、分配集合模型、设施定位模型等，更好地为物流决策服务。GIS 用途十分广泛，除应用于物流外，还应用于能源、农林、水利、测绘、地矿、环境、航空、国土资源综合利用等领域。

4．电子数据交换技术

电子数据交换（Electronic Data Interchange，EDI）技术是计算机、通信和管理相结合的产物。EDI 按照协议的标准结构格式，将标准的经济信息，通过电子数据通信网络，在商业伙伴的电子计算机系统之间进行交换和自动处理。由于使用 EDI 可以减少甚至消除贸易过程中的纸面文件，因此，EDI 又被人们通俗地称为"无纸贸易"。

EDI 能让货主、承运人及其他相关的单位之间，通过系统进行物流数据交换，并以此为基础实施物流作业活动。物流 EDI 的参与单位有货主（如生产厂家、贸易商、批发商、零售商等）、承运人（如独立的物流承运企业或代理等）、实际运货人（铁路企业、水运企业、航空企业、公路运输企业等）、协助单位（政府有关部门、海关、金融企业等）和其他物流相关单位（如仓库业者、专业配送者等）。

EDI 的基础是信息，这些信息可以由人工输入计算机，但更好的方法是通过扫描条码获取数据，因为速度快、准确性高。EDI 的运用改善了贸易伙伴之间的联系，使物流企业或单位内部运作过程合理化，增加了贸易机会，改进了工作质量和服务质量，降低了成本，获得了竞争优势。例如，物流活动的各参与方通过 EDI 交换库存、运输、配送等信息，使各参与方一起改进物流活动的效率，提高客户满意度。对于全球经营的跨国企业来说，EDI 技术的发展可以使它们的业务延伸到世界的各个角落。

5．企业资源信息技术

20 世纪 70 年代初，美国企业最早使用计算机辅助编制物料需求计划（Material Requirements Planning，MRP）。到 20 世纪 90 年代初，美国的加特纳公司（Gartner Group Inc.）首先提出并实施企业资源计划（Enterprise Resource Planning，ERP）。此后，ERP 技术在全世界范围内得到众多企业的广泛应用并不断完善和发展。例如，在一些领域，ERP 技术延伸发展为分销资源计划（Distribution Resource Planning，DRP）和物流资源计划（Logistics Resource Planning，LRP）。

ERP 是一整套企业管理系统体系标准，集信息技术与先进的管理思想于一身，为企业提供业务集成运行中的资源管理方案。ERP 技术是集合企业内部的所有资源，进行有效的计划和控制以达到最大效益的集成系统。企业资源计划一般被定义为基于计算机的企业资源信息系统，其包含的功能除制造、供销、财务外，还包括工厂管理、质量管理、设备维修管理、仓库管理、运输管理、过程控制接口、数据采集接口、电子通信（EDI、电子邮件）、法律法规标准、项目管理、金融投资管理、市场信息管理、人力资源管理等。当然，仅仅只有企业内部资源的充分利用还不够，ERP 技术还能链接企业的外部资源，包括客户、供应商、分销商等的资源。ERP 以这些资源所产生的价值，组成一条增值的供应链信息系统，将客户的需求、企业的制造活动与供应商的制造资源集成在一起，从而适应当今全球市场的高速运转需求。

目前，世界的 500 强企业，全部实现了 ERP 管理；不少跨国公司选择合作伙伴的前提之一，就是看其是否应用了 ERP 系统。世界经济一体化，让所有企业特别是物流企业，面对一个更大的市场空间和更激烈的竞争环境。提高企业综合管理水平、适应市场的快速变化与需求，建立一套全面的 ERP 系统，将是中国物流企业实现现代化管理、成功参与国际竞争的必由之路。

第三节　物流信息技术的应用现状及发展趋势

物流信息技术是现代信息技术在物流各个作业环节中的综合应用，是现代物流区别于传统物流的根本标志，也是物流技术中发展最快的领域，尤其是计算机网络技术的广泛应用使物流信息技术达到了较高的应用水平。

一、信息技术对物流发展的作用

在人类社会步入 21 世纪之际，全球化引起的诸多因素，如新的贸易伙伴大量涌现、更廉价的商品来源广泛，以及日益增多的市场等，都迫使不同规模的企业不得不建立联盟、建立网上商业系统和更为有效的物流系统，以便有效地将商品销售给全球的顾客。于是，无论是物流虚拟企业、巨型物流公司还是传统的运输公司等都以全球的观点，制定其新的策略，力求能在物流的需求与供给之间共享信息、共同合作，从而抓住时代的需求，反映时代的变化，实时掌握从供应商到顾客的物资流动情况。在这种形势下，信息技术对物流的未来发展起到了非常关键的促进作用。

1. 信息技术的应用有利于提高物流活动的有效性

信息技术的合理应用促进了物流信息的充分获取和有效的利用，充分的物流信息使物流活动更加有效，有利于物流活动由无序趋向于有序。

在信息不充分的情况下，物流活动得不到足够的信息支持，从而造成物流活动往往是不经济的。例如，货物不必要的流动，造成资源浪费；货物运输没有选择最短路径（或最合理的路径），做了很多无用功。而在信息充分的情况下，物流活动将容易被科学地计划和控制，从而使得物品具有最合理的流动，使得整个物流活动经济、有序。物流的有序化使原先的"盲目调度"的情况降到最低程度，促使物流资源充分利用、货物周转次数大大减少、位移的平均运距缩短，从而减少不协调与浪费现象，使得物流活动的有效性大大提高。

2. 信息技术的应用有利于提高物流效率

物流系统是一个复杂的、庞大的系统，其中又分为很多子系统，同时各系统密切交织在一起，相互联系紧密。只有充分应用信息技术，才能使整个物流系统的运作合理化；只有提高物流系统各环节、各子系统的信息化水平，才能提高整个物流系统的运行效率。

物流系统的边界广阔，它从生产企业的原材料供应，经生产制造加工成为产成品，再经运输、储存、包装、配送等环节到达消费者手中，横跨了生产、流通、消费三大领域；物流系统涉及大量的物品，这些物品包括原材料、半成品、产成品；整个物流活动涉及大量的人和大量的设备；从涉及的区域看，物流系统几乎遍及各个角落；同时，整个物流活动也伴随着大量的资金流动。这些人力、物力、财力、资源的组织和合理利用，是一个非常复杂的问题。随着科学技术的进步、生产的发展、市场的扩大、物流技术的提高以及客户需求的个性化发展，物流系统的范围还将不断地深化与扩张，复杂程度也将不断地加大。

在物流活动的全过程中，始终贯穿着大量的物流信息。物流系统要通过这些信息把各个子系统有机地联合起来，而且只有通过信息技术的不断发展和应用，把物流信息收集、处理好，并使之可以指导物流活动，才能使整个物流系统的运作流畅和高效。

3. 信息技术的应用有利于物流服务能力的提升

信息技术特别是互联网的广泛应用，将整个生产、流通、消费环节有效地整合为一体，打破了传统意义上的地域限制、时区限制，扩大了物流服务的范围，同时也能为客户提供更优质的服务。

由于信息的及时、全面的获取与加工，供需双方可以充分地交互和共享信息，使得物流服务更准确、客户满意度提高；同时顾客可以获得更多的自我服务功能，可以决定何时、何地、以何种方式获得定制的物流服务；另外，在提供物流服务的同时，可以为顾客提供信息、资金等双赢的和有效的增值服务。

4. 信息技术的应用有利于提高物流运作的透明度

物流经常被称作"经济领域的黑暗大陆"和"物流冰山"，信息技术的应用使得物流过程中的货物的状态和变化透明化，使得物流成本和费用的实际情况更容易被掌握，从而增强了信息的准确性，使人们能更清楚地认识这片大陆和冰山下面的部分。同时由于动态信息的及时把握，可以根据情况做出快速而有效的反应，实现物流运作的动态决策。

企业在不了解订货状况和库存量的条件下，要做出正确的决策和部署是很困难的，勉强做出决策则不容易达到最佳效果。也就是说不把各环节集成考虑，要管理好整个过程是非常困难的。为此，需要整个物流过程的货物状态透明，并根据状态变化做出反应。

例如，货运列车运行的准确安排和调度需要在运行前、运行过程中以及运行结束时都能收到实时、准确的信息反馈。在整个过程中要从现场接收到关于天气条件、其他列车的运行状态、行驶所需的燃料消耗量、货物对列车的技术要求、运输能力的需求等方面的准确数据，这样才能制定列车运行日程表。同时由于列车在运行过程中非常容易误点，所以需要快速做出反应，并及时进行调整。即使整个物流计划制定得非常严密，也难免会出错，所以各环节必须对此能够做出快速而有效的反应，并及时地将情况的变化通知有关组织。

5. 信息技术的应用有利于促进和实现供应链管理

供应链管理是一种集成的管理思想和方法，供应链上的各个企业作为一个不可分割的整体，相互之间分担采购、生产、分销和销售的职能，成为一个协调发展的有机体。如果企业间没有完善的信息交互、协同商务机制，信息不能共享，整条供应链上的节点还是彼此独立的"信息孤岛"，它们就不能成为完整的链条。信息技术的合理应用，进一步弱化了供应链上企业间原有的界限，建立起一种跨企业的协作，共同追求和分享市场份额。企业间通过信息平台和网络服务进行商务合作，合理调配企业资源，加速企业存货资金的流动，提升供应链运转效率和竞争力。

6. 信息技术的应用有利于现有资源的充分利用

我国目前物流能力供给与需求的状况，一方面表现在需求仍不能得到满足，物流"瓶颈"时有出现，似乎能力供给不能满足需求；另一方面却存在大量的物流能力过剩的现象。据中国仓储协会第三次调查，国内物流中心平均空置率为60%，其主要原因是物流能力的利用率低以及能力的供给与需求之间的信息不通畅。随着信息技术的发展以及信息的逐步充分化，物流能力供需间的不平衡将逐渐消除，物流能力的利用率也将大大提高，这将导致在物流设施不增加的情况下物流能力得到提高。例如，20世纪70年代，加拿大在铁路运输中采用卫星定位系统，使铁路通过能力提高了33%。又如，根据美国和印度专家预测，公路运输实现信息化以后，仅车辆实载率就可以提高5%，空驶率可以降低30%。湖南省物流行业协会常务副会长表示："现在物流的瓶颈是信息不畅，货运车空载率将近40%。这不仅从经济效益上看是很大的浪费，而且从社会效益上来说，也不符合绿色、环保、低碳的要求。"

7. 信息技术的应用有利于促进物流服务与技术的创新

现代物流的发展离不开信息技术的推进作用，物流的发展和信息技术的发展相辅相成。信息技术为物流服务提供了有力的工具，使为顾客提供及时、准确、周到的物流服务成为可能，促进了物流的发展；物流服务水平的提高和新需求的不断涌现也为信息技术提出了新的课题和应用领域，促使信息技术不断推陈出新以及在物流领域的应用更加深入。

二、信息技术对供应链管理的影响

信息技术的发展改变了企业应用供应链管理获得竞争优势的方式，成功的企业应用信息技术来支持它的经营业务。这些企业利用信息技术（如EDI，Internet，EOS，POS，CFAR等）提高了供应链活动的效率，增强了整个供应链的经营决策能力，典型的例子是Wal-Mart公司。Wal-Mart公司通过应用信息技术构筑QR系统（快速响应系统），不仅使本企业获得了商业利益和相对于竞争对手的竞争优势，而且改变了整个行业的经营方式。Tom Nickles，James Mueller和T&T的研究表明，有效地把信息技术特别是互联网技术融合在供应链管理过程中能带来以下九个方面的效果。

1. 建立新型的顾客关系

信息技术使供应链管理者通过与它的顾客和供应商之间构筑信息流和知识流来建立新型的顾客关系。例如，GE公司建立了一个开放式的在线互联网络TPN（Trading Process Network），用来招标采购企业所需的原材料和零部件。GE公司把企业内部各部门的采购需要集中起来通过电子市场进行招标，不仅可以发现优良的供应商，节约采购成本，使采购计划合理化，而且为公司内部的采购人员提供了进入全球市场的机会。对于广大的供应商来说，通过 GE 开放式的在线互联网络，可以在任何时间进入 GE 的招标电子市场，了解 GE 的需要，参加投标活动。

2．了解消费者和市场需要的新途径

用互联网络等信息技术来交换有关消费者的信息已成为企业获得消费者和市场需求信息的有效途径。例如，供应链的参与各方通过信息网络交换订货、销售、预测等信息。对于全球经营的跨国企业来说，信息技术的发展可以使它们的业务延伸到世界的各个角落。

3．开发高效率的营销渠道

企业可以利用互联网与它的营销商协作建立零售商的订货和库存系统（如 VMI 系统，即供应商管理库存系统），获知有关零售商商品销售的信息，并在这些信息的基础上进行连续库存补充和销售指导，从而与零售商一起改进营销渠道的效率，提高顾客满意度。

4．改变产品和服务的存在形式和流通方式

产品和服务的实用化趋势正在改变它们的流通和使用方式。例如，音像等软件产品多年来一直是以 CD 或磁盘等方式投入市场进行流通销售，这需要进行大量的分拣和包装作业。现在，许多软件产品通过互联网直接向顾客进行销售，无须分拣、包装、运送等物流作业。

5．构筑企业间或跨行业的价值链

为了利用每个企业的核心能力和遵从行业共有的做法，信息技术开始被用来构筑企业间的价值链。当生产厂家和零售商开始利用第三方服务，把物流和信息管理等业务向外委托时，它们会发现管理和控制并不属于它们所有的供应链是一种挑战。然而，生产厂家、零售商以及由物流信息服务业者组成的第三方服务供应商形成了一条价值链。例如，在航空运输行业，航空公司采用全行业范围的订票系统而不是各个企业独自的订票系统。

6．具有及时决策和模拟结果的能力

信息技术的发展使供应链管理者在进行经营革新或模拟决策结果时可以利用大量有效的信息，供应链管理者基于这些信息可以对供应链进行有效的管理。例如，企业在转移仓库设施或变换生产场所时，通过模型预测可能出现的结果。许多企业基于详细的销售服务信息和成本信息，对应市场的变化做出最佳决策。

当前，围绕高技术产品的市场环境变化迅速，由于这类产品的生命周期短，因此，企业需要对这类产品不停地进行经营决策。由于进行决策时涉及的变量越来越多，范围越来越广，信息的多样性和复杂性使得传统的决策模型不能适应供应链管理的需要。在这种情况下，许多适应于供应链管理的决策模型软件被开发出来（如 WMS，ERP，SCP，CAPSLOGISTICS 等）。

7．具有全球化管理能力和基于消费者要求的大量生产的能力

经营的全球化一方面要求企业在全球市场进行经营活动，另一方面要求企业对应当地的需要、习惯、文化等从事经营活动。许多企业应用信息技术发展企业的信息系统来协调

和管理世界各地的经营活动。

在美国计算机市场，Dell 公司在应用信息技术的基础上发展了根据消费者要求生产的系统。消费者通过 Dell 公司的互联网页在订货时说明自己对购买产品的功能要求，Dell 公司就会根据消费者的具体要求生产产品，迅速地配送给顾客。Dell 的电子商务和 MC 战略的效果表现在能直接与最终消费者建立信赖关系，高效率地向优良的消费者销售产品提供服务，减少与流通库存和营销业者运行有关的供应链成本。

8. 改变传统的供应链构成

信息技术正在改变传统供应链的构成并模糊产品和服务之间的区别。例如，美国 3C 公司传统上直接向大宗消费者销售，或者通过销售商的营销网络向消费者销售 Modems 产品。由于 Modems 不断被改进和发生变化，新产品不停地投入市场，所以要对具体品种的需求进行预测和计划很困难。对于这种类型的产品，协调制造商和分销商的物流成本和管理成本是很高的。信息技术的发展完全改变了 3C 公司 Modems 商品的销售方式。一旦消费者购买了 Modems，在每次产品升级时，只需通过互联网电子购买升级版本，就将完全排除传统上的 Modems 供应链。如此一来 Modems 的升级成为 3C 公司提供的服务，而不是以材料表现的产品，这样，即使有上百万的顾客同时购买升级版本，3C 公司也能满足这些顾客的要求，而不受制于它的生产计划、生产能力和营销渠道能力等。

9. 不断学习和革新

供应链管理者需要不断地改善其供应链的运行过程，在供应链内部和企业内部分享有用的信息。但是企业要有能力获得有关导致供应链革新和增强供应链能力的信息。为此，企业应该建立知识管理系统，使有效的信息和知识电子化，并且使之能与整个供应链共同分享。

三、物流信息技术在国内的应用现状

在国内，各种物流信息应用技术已经广泛应用于物流活动的各个环节，对企业的物流活动产生了深远的影响。

1. 物流自动化设备技术的应用

物流自动化设备技术的集成和应用的热门环节是配送中心，其特点是每天需要拣选的物品品种多、批次多、数量大。因此，在国内超市、医药、邮包等行业的配送中心部分地引进了物流自动化拣选设备。一种是拣选设备的自动化应用，如北京市医药总公司配送中心，其拣选货架（盘）上配有可视的分拣提示设备，这种分拣货架与物流管理信息系统相连，可动态地提示被拣选的物品和数量，指导工作人员的拣选操作，提高了货物拣选的准确性和速度。另一种是一种物品拣选后的自动分拣设备，即用条码或电子标签附在被识别的物体上（一般为组包后的运输单元），由传送带送入分拣口，然后由装有识读设备的分拣机分拣物品，使物品进入各自的组货通道，完成物品的自动分拣。分拣设备在国内大型配送中心有所使用。但这类设备及相应的配套软件基本上是由国外进口的，也有进口国外机械设备，国内配置软件的。立体仓库和与之配合的巷道堆垛机在国内发展迅速，在机械制造、汽车、纺织、铁路、卷烟等行业都有应用。例如，昆船集团生产的巷道堆垛机在红河卷烟厂等多家企业应用了多年。近年来，国产堆垛机在其行走速度、噪音、定位精度等技术指标上有了很大的改进，运行也比较稳定。但是与国外著名厂家相比，在堆垛机的一些精细指标如最低货位极限高度、高速（80 米/秒以上）运行时的噪声、电机减速性能等方面还存在不小的差距。

2. 物流设备跟踪和控制技术的应用

目前，物流设备跟踪主要是指对物流的运输载体及物流活动中涉及的物品所在地进行跟踪。物流设备跟踪的手段有多种，可以用传统的通信手段如电话等进行被动跟踪，也可以用 RFID 手段进行阶段性的跟踪，但目前国内用得最多的还是利用 GPS 技术跟踪。GPS 技术跟踪利用 GPS 物流监控管理系统，主要跟踪货运车辆与货物的运输情况，帮助货主及车主随时了解车辆与货物的位置和状态，保障整个物流过程的有效监控与快速运转。物流 GPS 监控管理系统的构成主要包括运输工具上的 GPS 定位设备、跟踪服务平台（含地理信息系统和相应的软件）、信息通信机制和其他设备（如货物上的电子标签或条码、报警装置等）。在国内，部分物流企业为了提高企业的管理水平和提升对客户的服务能力也应用了这项技术，例如 2010 年年底，沈阳等地方政府要求下属交通部门对营运客车安装 GPS 设备工作进行部署，从而加强了对营运客车的监管。

3. 物流动态信息采集技术的应用

企业竞争的全球化发展、产品生命周期的缩短和用户交货期的缩短等都对物流服务的可得性与可控性提出了更高的要求，实时物流理念也由此诞生。如何保证对物流过程的完全掌控，物流动态信息采集应用技术是必需的要素。动态的货物或移动载体本身具有很多有用的信息，如货物的名称、数量、重量、质量、出产地或者移动载体（如车辆、轮船等）的名称、牌号、位置、状态等一系列信息。这些信息可能在物流中反复地使用，因此，正确、快速地读取动态货物或载体的信息并加以利用可以明显地提高物流的效率。在目前流行的物流动态信息采集技术应用中，一、二维条码技术应用范围最广，其次还有磁条（卡）、语音识别、便携式数据终端、射频识别（RFID）等技术。

（1）一维条码技术。一维条码是由一组规则排列的条、空和相应的数字组成，这种用条、空组成的数据编码可以供机器识读，而且很容易译成二进制数和十进制数。因此，此技术广泛地应用于物品信息标注中。因为符合条码规范且无污损的条码的识读率很高，所以一维条码结合相应的扫描器可以明显地提高物品信息的采集速度。加之条码系统的成本较低，操作简便，又是国内应用最早的识读技术，所以在国内有很大的市场，如国内大部分超市都在使用一维条码技术。但是一维条码表示的数据有限，条码扫描器读取条码信息的距离要求很近，而且条码损污后可读性极差，所以限制了它的进一步推广应用，同时信息存储容量更大、识读可靠性更好的识读技术开始出现。

（2）二维条码技术。由于一维条码的信息容量很小，如商品上的条码仅能容纳几位或者十几位阿拉伯数字或字母，商品的详细描述只能依赖数据库提供，离开了预先建立的数据库，一维条码的使用就受到了局限，因此，人们发明了一种新的码制，除具备一维条码的优点外，同时还有信息容量大（根据不同的编码技术，容量是一维的几倍到几十倍，从而可以存放个人的自然情况及指纹、照片等信息）、可靠性高（在损污 50%时仍可读取完整信息）、保密防伪性强等优点。这就是在水平和垂直方向的二维空间存储信息的二维条码技术。二维条码继承了一维条码的特点，条码系统价格便宜，识读率强且使用方便，所以在国内银行、车辆等管理信息系统上开始应用。

（3）磁条技术。磁条（卡）技术以涂料形式把一层薄薄的由定向排列的铁性氧化粒子用树脂黏合在一起并粘在诸如纸或塑料这样的非磁性基片上。磁条从本质意义上讲和计算机用的磁带或磁盘是一样的，可以用来记载字母、字符及数字信息。优点是数据可多次读写，数据存储量能满足大多数需求，而且黏附力强，所以在很多领域得到广泛应用，如信用卡、机票、公共汽车票、自动售货卡、会员卡等。但磁条卡的防盗、存储量等性能和一些新技术如芯片类卡技术还是有差距的。

（4）声音识别技术。声音识别技术是一种识别声音并转换成文字信息的技术。其最大的特点就是不用手工录入信息，这对那些采集数据的同时还要手脚并用完成其他工作用键盘打字有困难的人尤为适用。但声音识别的最大问题是识别率低，要想连续地高效应用有难度。目前，这种技术更适合语音句子量集中且反复应用的场合。

（5）视觉识别技术。视觉识别系统是一种对一些有特征的图像进行分析和识别的系统，能够对限定的标志、字符、数字等图像内容进行信息的采集。视觉识别技术的应用障碍是对于一些不规则或不够清晰的图像的识别率低，而且数据格式有限，通常要用接触式扫描器扫描。随着自动化的发展，视觉技术会朝着更细致、更专业的方向发展，并且还会与其他自动识别技术结合起来应用。

（6）接触式智能卡技术。接触式智能卡技术是一种将具有处理能力、加密存储功能的集成电路芯板嵌装在一个与信用卡一样大小的基片中的信息存储技术，通过识读器接触芯片可以读取芯片中的信息。接触式智能卡的特点是具有独立的运算和存储功能，在无源情况下，数据也不会丢失，数据的安全性和保密性都非常好，成本适中。智能卡与计算机系统相结合，可以方便地满足对各种各样信息的采集传送、加密和管理的需要，它在国内外的许多领域如银行、公路收费、水表煤气收费等中得到了广泛应用。

（7）便携式数据终端。便携式数据终端（PDT）一般包括一个扫描器、一个体积小但功能很强并有存储器的计算机、一个显示器和供人工输入的键盘，所以是一种多功能的数据采集设备。PDT 是可编程的，允许编入一些应用软件。PDT 存储器中的数据可随时通过射频通信技术传送到主计算机上。

（8）射频识别技术。射频识别技术（RFID）是一种利用射频通信实现的非接触式自动识别技术。RFID 标签具有体积小、容量大、寿命长、可重复使用等特点，可支持快速读写、非可视识别、移动识别、多目标识别、定位及长期跟踪管理。RFID 技术与互联网、通信等技术相结合，可实现全球范围内物品跟踪与信息共享。

从上述物流信息应用技术的应用情况及全球物流信息化发展趋势来看，物流动态信息采集技术应用正成为全球范围内重点研究的领域。我国作为物流发展中国家，已在物流动态信息采集技术应用方面积累了一定的经验，如条码技术、接触式磁条（卡）技术的应用已经十分普遍。但是在一些新型的前沿技术如 RFID 技术等领域的研究和应用方面还比较落后。

四、物流信息技术的发展

在"互联网+"背景下,互联互通的物流时代已经来临,跨领域、跨国界的物流业互联网正在形成,其服务范围纵向贯穿制造、商贸、运输、仓储等整个物流生态链,横向由公路、水路、民航、铁路等交通领域逐步向海关等跨部门领域延伸。

1. 我国物流信息化存在的不足之处

整体来说,目前我国物流信息化还存在许多不足之处,其主要瓶颈有以下几种。

(1)公共物流信息平台建设滞后,信息资源缺乏有效整合。公共物流信息平台是向各类用户提供信息交换与共享服务的开放式网络信息系统,是推进物流信息化建设、提升物流信息化水平的重要载体。由于物流行业要和很多行业打交道,如海关、民航、铁道等,但是,公共物流信息平台建设滞后,使得物流信息分散、条块分割,信息不能共享,从而导致了信息资源不能进行有效整合。

(2)信息技术应用和物流设备落后。目前,在我国物流企业中,信息技术在物流企业方面不仅应用较少,而且应用层次还较低,主要局限在办公自动化和日常事务处理方面。据中国仓储协会调查,2014年我国绝大多数物流企业尚不具备运用现代信息技术处理物流信息的能力,在已经拥有信息系统的物流企业中,其信息系统的业务功能和系统功能也还不完善,缺乏必要的订单管理、货物跟踪、仓库管理系统和运输管理系统等物流服务系统,物流信息资源的整合能力尚未形成。

(3)物流信息化供应商的商业模式不成熟。近年来,随着我国物流信息化的发展,物流市场上出现了许多大大小小的物流信息化供应商,但很多供应商的经营业绩不尽如人意。目前国内几乎没有一家在技术上和商业模式上都非常成功的物流信息化供应商。而在发达国家,如SAP、IBM等企业不仅技术领先,而且还具有大量的实践经验,能够为客户提供大量实用的解决方案。

2. 提高我国物流信息化水平的途径

在"互联网+"时代,信息化落后不仅会影响到物流企业的生存发展,影响到企业组织的结构更新,还将制约物流作业自动化,阻碍物流市场规模的扩大。然而,要想提高我国物流信息化水平,需要企业、政府和行业协会等各方的共同努力。

首先,应加快物流相关信息技术发展。信息技术应用水平的提高有赖于相关应用软件和技术设备的开发。随着物流产业技术进步与创新步伐的加快,物流企业通过整合交通运输、仓储、配送等环节,加速实现多式联运全程物流服务。因此,物流相关信息技术如系统整合技术、商业智能技术等亟待突破。对此,国家应采取有效措施,将现代物流系统技术方面需要重点研发的项目列为国家自然科学基金项目,并作为鼓励及优先的研究方向;组织国内有关科研院所全力发展我国具有知识产权的物流创新成果;设立专项资金重点鼓励和扶持物流企业开展物流信息化建设。

其次,要改革物流标准化工作管理体制。行业协会应大力推进物流信息标准化建设,因为信息的标准化工作是一个基础。要通过物流信息系统把供应链上的各个企业、各个环节联结成一个整体,就需要在编码、文件格式、数据接口等相关代码方面实现标准化,以消除不同企业之间的信息沟通障碍。物流信息资源要想实现共享与整合,就离不开标准化,未来的信息化项目也将越来越多地涉及标准问题。

最后，要加强物流管理信息化的技术研究。物流企业要想取得进步，必须努力突破发展瓶颈。目前，企业物流管理信息化需要攻克的两项技术难题是电子数据交换和货物自动识别。只有加强自身技术的研究与应用，才能在很大程度上提升物流信息化水平和管理效率，从而使企业降低物流管理成本，获取更高的利润。

3．物流信息技术的发展趋势

趋势之一：RFID 将成为未来物流领域的关键技术。专家分析认为，RFID 技术应用于物流行业，可大幅提高物流管理与运作效率，降低物流成本。另外，从全球发展趋势来看，随着 RFID 相关技术的不断完善和成熟，RFID 产业将成为一个新兴的高技术产业群，成为国民经济新的增长点。因此，RFID 技术有望成为推动现代物流加速发展的新品润滑剂。

趋势之二：物流动态信息采集技术将成为物流发展的突破点。在全球供应链管理趋势下，及时掌握货物的动态信息和品质信息已成为企业盈利的关键因素。但是由于自然、天气、通信、技术、法规等方面的影响，物流动态信息采集技术的发展一直受到很大的制约，远远不能满足现代物流发展的需求。借助新的科技手段，完善物流动态信息采集技术，成为物流领域下一个技术突破点。

趋势之三：物流信息安全技术将日益被重视。借助网络技术发展起来的物流信息技术，在享受网络飞速发展带来的巨大好处的同时，也时刻面临可能遭受的安全危机，如网络黑客无孔不入地恶意攻击、病毒的肆虐、信息的泄密等。应用安全防范技术，保障企业的物流信息系统或平台安全、稳定地运行，是企业将长期面临的一项重大挑战。

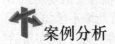 案例分析

智慧物流构筑企业未来发展新增长点

2010 年，我国社会物流总额达到 125 万亿元，是"十五"末期的 1.26 倍。在"十一五"期间，物流总额年均增长为 21%。据统计，该比例每增加一个百分点，将为中国带来超过 10 万个工作岗位。此外，据世界银行预测，时下我国社会物流成本相当于 GDP 的 17%，而美国 20 世纪就已低于 10%。该比例每降低 1 个百分点，我国每年可降低物流成本 1 000 亿元以上。

近年来，电商网购蓬勃发展，秒杀、团购等新的购买模式掀起网购业务的新浪潮，同时亦对我国物流业的服务效率和服务质量提出了更高的标准、更严的要求，但物流行业相对落后的现状却俨然成为我国电子商务发展的主要瓶颈之一，也构成了我国智慧物流迅速崛起的必要条件之一。

低效的物流供应链将消耗更多的油料，造成大量的碳排放，从而污染环境，损伤产品竞争力。众所周知，汽车、轮船、飞机每天都在陆地、水面和天空留下碳排放的足迹，不但产生油费，而且增加了成本。在英国，零售商会在产品包装上粘贴一条标签，标明碳排放量，当产品价格都一样时，顾客会选择碳排放量较低的产品。有专家提出，也许在不久的将来，欧美国家会在碳排放标准上设置门槛，如果中国产品碳排放量达不到标准，或将失去出口的资格，届时，欧美零售商、消费者会更倾向于选择来自巴西、墨西哥的产品，因为来自中国的产品运输路线太长，会产生更多的碳排放，大大增加经营成本。

以上内容，从一个侧面反映了推进我国物流产业技术升级和产业结构调整的重要性和紧迫性。因此，在成本降压、市场需求和技术革新的多层因素的推动下，智慧物流应运而生。

在国内，越来越多的行业开始积极探索物联网在物流领域应用的新模式，实现智慧物流，以较大地提高资源利用率和经营管理水平。

目前，在物联网技术的支持下，智慧物流主要有四大应用：一是产品的智能可追溯网络系统；二是物流过程的可视化智能管理网络系统；三是智能化的企业物流配送中心；四是智慧企业供应链。

在企业物流配送过程中，可以通过网络实现与客户的物流信息共享，是智慧物流在产品可追溯网络系统上的重要应用。被运载的产品在包装中嵌入 RFID 芯片，芯片具有识别各种产品特性的功能。通过芯片，在物流的过程中，不只是物流公司，相关的物流客户也可以通过网络随时了解物流货物所处的位置和环境。而物流货物上的芯片，装卸时会自动收集物流货物内容的信息，卸货检验后，用嵌有 RFID 的托盘，经过读取的通道，放置到具有读取设备的货架上，物品信息就自动记入了信息系统，实现了精确定位、入库，缩短了物流作业时间，提高了物流运营效率，最终减少了物流成本。

食品跟踪与追溯解决方案也是目前国内智慧物流的一个亮点。比如在一个现代超市，各种食品整齐地摆放在货架上，拿起一只苹果，再用扫描器对准苹果的条形码，瞬间计算机屏幕上就出现了"运输""果园""超市"三个项目。单击"果园"后，苹果的生产厂商名称、生产时间、农药喷洒时间及数量、采摘入库时间、装车出库等信息都一目了然；单击"运输"，运输公司名称、驾驶人及行驶路线等信息便自动展现在屏幕上，而那些对温度有特殊要求的食品，还可以通过选择运输过程中的不同地点，轻松获知温度、湿度等情况。

随着全球技术的日趋进步与广泛推广，智能标签、无线射频识别（RFID）、电子数据交换（EDI）技术、全球定位系统（GNSS）、地理信息系统（GIS）、智能交通系统（ITS）等亦纷纷进入国内一些企业和公用单位应用领域打造智慧物流，不久的将来，具备信息化、数字化、网络化、集成化、智能化、柔性化、敏捷化、可视化、自动化等先进物联网技术特征的综合性物流系统将全面建立。

当前，物联网发展正推动着中国智慧物流的变革。随着物联网理念的引入，技术的提升，政策的支持，相信未来物联网将给中国物流业带来革命性的变化，中国智慧物流将迎来大发展的时代。因此，国内企业必须将更多物联网技术集成应用于智慧物流，推动未来智能物流向物流智能化、物流一体化、物流层次化、物流柔性化与物流社会化五大方向发展。

本章思考题

1. 什么是信息？它有哪些性质？
2. 什么是物流信息？它具有哪些特点？
3. 物流信息的作用有哪些？
4. 什么是物流信息技术？它主要应用在哪些领域？
5. 物流信息技术有哪些内容？
6. 常用的物流信息技术有哪些？
7. 信息技术对物流的发展有哪些影响？
8. 物流信息技术在国内的应用状况如何？
9. 物流信息技术的发展将会呈现出哪几种趋势？

第二章 数据库技术

数据是重要的组织资源，它同企业其他重要的资源如劳动力、原材料、资金和设备等一样，应放在同等重要的位置上进行管理。许多组织由于缺少关于企业内部运作和外部环境的有质量的信息，而在竞争中失败。这就是企业的组织者应当重视并参与企业的数据资源管理实践，并应用信息技术和管理工具实现管理组织数据资源的原因。当代管理者应该把掌握数据资源管理作为一个重要的资源管理目标来实现。

广义的数据资源管理包括：文件组织、数据库、数据规划和管理。本章重点介绍对数据资源的管理和数据资源管理的核心技术。在对数据库进行介绍之前，有必要对文件组织进行说明。

第一节 数据库基础知识

一、文件组织的基本概念

当人们需要用数据来进行决策和采取行动时，如果这些数据能够在限定的时间内被检索处理，并递交给需求者，那么这些数据就产生了价值，从而成为信息。为了使数据成为有意义的信息，需要将数据有序地组织起来，并对数据进行有效的处理。

数据的逻辑组织一般是由四个基本的逻辑元素组成——数据项、记录、文件和数据库，并组成了以数据库为最高层次的层次结构，如图 2-1 所示。

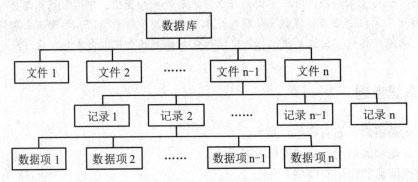

图 2-1　数据组织的层次

逻辑数据元素的概念如下所述。

（1）数据项。数据项是组成数据系统的有意义的最小基本单位。它的作用是描述一个数据处理对象的某些属性。例如，若数据处理的对象是学生，学生的属性包括姓名、学号、班级、各科学习成绩等，则设置一个数据项描述他的"姓名"属性，设置另一个数据项描述他的"学号"属性，并且分别设置其他数据项，描述其各个属性。

（2）记录。与数据处理的某一对象有关的所有数据项构成了该对象的一条记录。若处理的对象是一名学生，则该学生的学号、姓名、性别、地址、课程、考试成绩等与之相关的数据项就构成了该学生情况的一条记录，其中能够标识记录的数据项称为关键项。通常把能唯一地标识一条记录的关键项称为主关键项，这样通过主关键项就可以寻找和确定唯一的一条记录。例如，在学生文件中，通过学生的学号就可以查找到某一学生的相关信息，则学号就是记录的主关键项，因为它的值对应于一条唯一确定的记录。记录中除了主关键项外，其他数据项都可以作为次关键项，对应于一个次关键项的值可以有若干条记录。计算机的用户都是通过关键项查询数据的。

（3）文件。相关（同类）记录的集合称为文件。例如，学生情况文件包含有关学生的记录。在需求时可以从某个现有文件中挑出一些特定的数据和记录重新组织，使之成为新的文件。因此，文件的建立与维护是计算机处理系统重要的工作之一。

（4）数据库。按一定方式组织起来的逻辑相关的文件集合形成数据库。运用数据库方式管理数据，可以把存在不同文件中的逻辑相关的数据全部存放在一个文件中，这样就可以大大提高数据处理效率，也可以取消冗余的数据文件（每个应用程序不必拥有自己的数据文件，可以共享数据库中的数据）。

在计算机信息系统中，文件是数据库组织的基础，任何对数据库的操作最终都要转化为对数据文件的操作。因此，文件的逻辑组织形式与物理存储方式将直接影响着整个信息系统的效率。计算机中逻辑元素之间的关系，如图 2-2 所示。

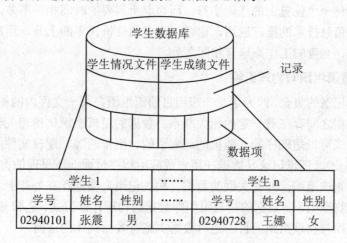

图 2-2　逻辑数据元素之间的关系

由于人们认识数据的角度不同，应用不同，对文件的分类方式也不同。若按存储介质分类，可以分为光盘文件、磁盘文件、磁带文件、打印文件等；若按文件在信息系统中所执行的功能分类，可分为以下五种类型：主文件、事务文件、报告文件、工作文件和程序文件。

二、文件组织的存储

首先，企业生产运作过程中所需要的和产生的数据非常多，这些数据在一定的时间内都是有用的，需要存放到数据库中，因此，企业数据库中数据集合的量是相当大的。其次，在某一指定时间，只有数据集合中的一小部分，为了某个应用目的才被需要并被程序存取，因此，也没有必要将大量的数据全部存放在主存储器内。企业中的数据一般是以文件的形式组织起来，并按搁置档案的方式存放在光盘、磁盘等存储介质上，应用时根据用户的需要，用特定的程序对文件的内容进行操作。

对于数据的物理储存与传送，本书主要介绍以下几种最常见的最典型的文件存储介质——磁带、磁盘和光盘——的工作原理及文件中数据的传送。

1. 文件存储介质

磁带、磁盘和光盘都是现代主要的存储设备。磁带属于顺序存取设备，在磁带介质上的记录，只有前面的记录被读/写以后，后面的记录才能被读/写。因此，磁带的存取时间依赖于读/写磁头的当前位置与所读信息位置之间的距离，距离越大，所需时间就越长。这是磁带这类顺序存取设备的主要缺点，检索和修改磁带中的信息都很不方便。但由于成本低，磁带这类顺序存取设备常用于处理变化少，进行顺序存取的大量数据，或用于保存备用文件、历史数据等。但随着磁盘的性能和容量上升，价格下降，以及容量更大的光盘诞生，使用磁带的用户便越来越少了。

硬磁盘、软磁盘与光盘都属于随机存取设备。它们不仅可以进行顺序存取，而且可以直接存取磁盘任何一个位置上的任何字符，而存取所需要的时间相差不多，所以称为随机存取设备。随着信息技术的推广应用，磁盘、光盘的性价比不断上升，用户也越来越多。硬磁盘、软磁盘、光盘的工作原理有相同之处。

2. 数据的逻辑组织与物理组织

文件是相关记录的集合，即为了某一应用目的而组织在同一文件内的相关记录的集合。因此，文件的数据之间存在着一定的相关联系。数据的逻辑组织是指相关记录在逻辑上的编排，编排的形式可以是顺序的、随机的、索引的、倒排的等。逻辑文件的基本单位是逻辑记录（简称记录），逻辑记录是数据在用户或应用程序员面前所呈现的方式。

数据文件的物理组织，即有关联的数据（相关记录）要储存在外存上才能形成一个物理文件即数据的物理组织。数据的物理组织即数据的物理存储方式，它依赖于存储的介质。研究数据逻辑组织与物理组织的目的是对数据实施有效而具体的访问。

3. 数据传送

逻辑组织与物理组织之间的数据传送在计算机中是如何实现的呢？在实际存取数据时，只要执行一条输入/输出命令，计算机主存的数据工作区（数据缓冲区）就要与外存之间进行一次数据交换，交换的基本单位是一条物理记录（或称为物理块），如图2-3所示。物理记录的长度与两个因素有关：一是外存设备，比如可以是存放在磁盘上的一个扇区、几个扇区甚至是整条磁道上的；二是主内存容量，一般主存容量越大，数据缓冲区的容量也就越大。通常记录的大小是由系统程序员通过操作系统来设定的。逻辑记录与物理块之间，可以是一条逻辑记录占用一个或多个块，也可以是一个块内有多条逻辑记录。

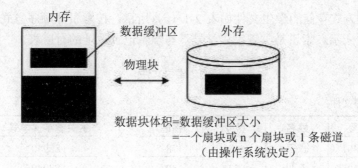

图 2-3　物理记录（数据块）的传送

三、文件组织的方式

文件组织的方式是数据组织的一部分，主要讨论数据记录在外存设备上的组织。一方面，数据记录面向用户应用时，文件内的记录排列有一定的逻辑顺序，如学生文件中按记录的关键字段大小升降排列；另一方面，文件的数据记录又按一定的物理顺序储存到外存设备中，以备必要时能快速存取或检索。由于存储设备的存取方式有顺序存取和随机存取之分，数据记录的逻辑顺序与物理顺序一般是不一致的，因此，必须建立并确定数据记录的物理顺序和逻辑顺序之间的对立关系。即使物理顺序和逻辑顺序一致，也有必要寻找一些方法加快存取速度。

为此我们将讨论以下几种文件组织方式。

1. 顺序文件组织

文件的顺序组织方式是文件中数据记录的物理顺序与逻辑顺序一致的一种组织方式。在顺序组织的文件中，文件的记录按关键字值的递增（或递减）次序排序，形成了记录的逻辑顺序。

对于建立在顺序存取设备上的顺序文件，只能按顺序扫描的方法查找，即按照记录关键字的大小，从文件的第一个记录开始，一个一个地查找，直到找到所需的记录为止。当然，在查找时，主要查找记录序号或关键字，而不关心记录的具体内容。

顺序文件可以存储在顺序存取介质上，也可以存储在随机存取介质上。顺序文件内的逻辑记录，顺序地排列在磁盘介质上，它需要磁盘提供足够大的空间。

2. 索引文件

具有索引表（简称索引）的文件称为索引文件。索引文件由索引与主文件两部分组成。索引文件必须储存于随机存取介质（如磁盘）上，并分成两个区，一个是索引区；另一个是数据记录区。建立索引文件时，系统自动开辟索引区，并按记录进入的物理顺序登记索引项（含记录关键字与记录地址），最后将索引区的索引按关键字值的大小排序建立索引文件。因而，索引文件必定是顺序的。数据记录主文件可能按关键字的值排序，它与索引文件的结合形成索引顺序文件。数据记录主文件也可能不按关键字的值排列，那么它与索引文件的结合形成索引非顺序文件。建立索引文件的关键是建立索引表。

按索引顺序方式存储的学生文件如表 2-1（a）所示；按索引非顺序方式存储的学生文件如表 2-1（b）所示。索引是关键字"学号"与学生记录地址的对应表。

表 2-1　索引文件

（a）索引顺序文件　　　　　　　　　　　　　　　　　　　　　　　　索引

记录地址	学号	姓名	数学	物理		主关键字（学号）	记录地址
A	889401	张三	68	78		889401	A
B	889405	李四	72	80		889405	B
C	889412	王五	80	60		889412	C
D	889418	赵六	92	88		889418	D
E	889422	孙七	80	90		889422	E

（b）索引非顺序文件　　　　　　　　　　　　　　　　　　　　　　　索引

记录地址	学号	姓名	数学	物理		主关键字（学号）	记录地址
A	889412	王五	80	60		889401	C
B	889422	孙七	80	90		889405	E
C	889401	张三	68	78		889412	A
D	889418	赵六	92	88		889418	D
E	889405	李四	72	80		889422	B

3. 链表文件

表组织是信息系统中一种常用的逻辑组织形式。表组织中，着重考虑用指针建立许多不同的逻辑联系，以适合多变情况下文件记录的检索。实际上，记录的指针在文件组织中是用一个数据项来表示的，这个数据项的内容指向下一个相关记录的地址。就这样，它通过指针项将具有某一属性值的数据记录链接在一起，形成一条信息链。从链头开始，顺序扫描链尾，就可获取文件中具有该特征的全部数据记录。因此，简单表又称链表。信息链由链头、链及链尾组成。信息链的链头是指向第一个逻辑记录的入口地址，而第一个记录的指针指向第二个逻辑记录的地址，第二个记录的指针指向第三个逻辑记录的地址，以此类推。最后一个逻辑记录，指针含有一个特殊的结束符号，该记录就是信息链的链尾。

例如，某部门雇员账务数据文件如表 2-2 所示，若要将部门号相同的所有记录链接起来，需要在部门编号数据项后面加一个部门指针项。根据表 2-2 部门编号数据项的取值，可将所有在 DT 部门工作的雇员记录形成一条信息链，其链头是第一条记录，记录的入口地址为 A。其部门指针项指向第三条记录的地址 C，据此链接下去，直至第十条记录。第十条记录是这条信息链的链尾，其部门指针项的内容是一个结束符号。同样，按此法可以分别链接在 NE、NW、EA 部门工作的雇员信息链，如表 2-3 所示。

表 2-2　账务数据文件

记录地址	职工号	姓名	部门编号	工作年限	透支现额/%
A	1111	anay	DT	4	0
B	1121	smith	NW	11	100
C	1981	morol	DT	23	200
D	2014	ellen	DT	2	0
E	2084	jones	NW	3	0
F	2918	bill	NW	4	0
G	3001	elmer	EA	16	100
H	3101	bones	DT	7	0
I	3241	grance	EA	15	100
J	3358	green	DT	12	100
K	3861	ed	NE	9	0
L	3871	brown	NE	18	100

表 2-3　雇员信息链

记录地址	职工号	姓名	部门编号	部门指南	工作年限
DT 入口－A	1111	anay	DT	C	4
NW 入口－B	1121	smith	NW	E	11
C	1981	morol	DT	D	23
D	2014	ellen	DT	H	2
E	2084	jones	NW	F	3
F	2918	bill	NW	∧	4
EA 入口－G	3001	elmer	EA	I	16
H	3101	bones	DT	J	7
I	3241	grance	EA	∧	15
J	3358	green	DT	∧	12
NE 入口－K	3861	ed	NE	L	9
L	3871	brown	NE	∧	18

组成四条部门雇员信息链：DT（A，C，D，H，J）；NW（B，E，F）；EA（G，I）；NE（K，L）。

第二节　数据库管理技术

一、传统的文件处理存在的弊端

假若你是一个企业经理，本企业已使用了计算机，而当你需要查询企业雇员信息时，却被信息部门经理告知要获得这样的信息太困难而且成本也太高。原因如下：

（1）所需信息在一些不同的文件内，每个文件以不同的方式组织；

（2）每个文件组织后不能被不同的程序应用，也不能按所需格式提供信息；

（3）没有程序能有效地帮助你获取所需信息。

上述所需求的信息及与之相对应的文件和程序如表2-4所示。

表 2-4　信息需求与文件、程序的关系

信　息　需　求	文　　件	应　用　程　序
职工工资	工资文件	工资程序
教育背景	职工技能文件	技能管理程序
工资增加	职工情况变动文件	个人情况变动文件

企业经理的一个如此简单的请求，在计算机处理的系统中都不能被满足，同样，其他用户对于依赖于文件处理的数据组织也将受到局限。

虽然文件处理系统并未使用很长的时间，但已出现了一些管理问题。其中有一些主要的问题限制了用户使用的效益和效率，这些问题主要表现在以下几个方面。

（1）数据冗余与数据不一致性。由于数据文件之间的无相关性而产生了许多重复数据。很多相同的数据如雇员的姓名、地址等，会重复记录和储存在数个文件中，从而产生大量的数据冗余。这种数据的冗余在数据更新时就会产生问题，因为必须开发不同的维护程序以确保每个文件中的数据同时被修改，而在实际的操作过程中，这已被证明是很困难的，稍有疏忽就会引发存储在不同文件中数据的不一致；而且如果数据存储在模式不同的文件之中，要满足用户从不同文件中随机取出数据，并把它们组织在一起的请求，就必须根据用户需求重新编写专用程序。这对于用户或企业来讲太费时，成本开销也太大。因此，必要时，用户只能用人工方法，从每个独立应用所产生的报告中抽取所需信息，再汇总起来提交管理者。

（2）数据结构的不一致性。在文件处理系统中，文件组织在存储硬件上的物理定位，以及用于存取这些文件的应用程序有一种特定的相互依赖关系，例如应用程序一般要描述所使用文件中数据存储的特定格式。因此，若是改变一个文件的数据格式与结构，那么所有使用这个文件的程序全部要被修改，所以对程序的维护就成为系统的主要负担。实践也证明这种系统维护是耗时、耗人工的困难任务，而且也会造成数据文件结构的不一致性。

（3）缺少数据字典。在文件处理系统中，由于用户与应用的不同，对数据元素的定义也不一致，这就引起了程序开发和数据存取过程中的一系列不一致问题。另外，由于无法控制数据的使用与维护，数据的完整性也受到了影响。究其原因，在于缺少了一个可以被共享的数据字典，不能保持数据定义的一致性，以及统一控制组织内授权使用的数据，从而引起应用程序的开发与维护问题，以及组织内数据文件的安全性与完整性问题。

二、数据库系统的产生

发展数据库及数据库管理系统的目的就是解决上述文件处理系统的弊病。数据库是逻辑相关的记录和文件的集合。它把先前提及的所有存储在独立文件中的记录归并在一个数据库内，以便让不同的应用程序存取。数据库管理包括数据库的建立、查询和维护，以提供用户和组织必要的数据。

数据库是以一定的组织方式存储在一起的相关数据的集合。它能以最佳的方式、最少的数据冗余为多种应用服务，程序与数据具有较高的独立性。

数据库技术萌芽于 20 世纪 60 年代中期。从 20 世纪 60 年代末到 70 年代初数据库技术日益成熟，具备了坚实的理论基础，其主要标志为以下三个事件。

（1）1969 年，IBM 公司研制开发了基于层次结构的商品化数据库管理系统 IMS（Information Management System）。

（2）美国数据系统语言协会 CODASYL（Conference On Data System Language）的数据库任务组 DBTG（Data Base Task Group）对数据库方法进行了系统的研究、讨论，并于 20 世纪 60 年代末到 70 年代初提出了若干报告。DBTG 报告确定并建立了数据库系统的许多概念、方法和技术。DBTG 基于网状结构，是数据库网状模型的基础和代表。

（3）1970 年，IBM 公司 San Jose 实验室研究员 E.F.Codd 发表了题为《大型共享数据库数据的关系模型》的论文，提出了数据库的关系模型，并开创了关系方法和关系数据研究，为关系数据库的发展奠定了理论基础。

20 世纪 70 年代，数据库技术有了很大发展：数据库方法，特别是 DBTG 方法和思想在计算机系统中的应用，出现了许多基于层次和网状模型的商品化数据库系统；同时，这些商用系统运行使数据库技术在企业管理、交通运输、情报检索、军事指挥、政府管理和辅助决策等各个方面获得了广泛应用。数据库技术已经深入到人类生产和生活的各个领域，成为信息系统应用的基本技术。

20 世纪 80 年代以来，几乎所有新开发的数据库系统都是关系型的。微型机平台的关系数据库管理系统也越来越多，性能越来越好，功能越来越强，其应用已经遍及各个领域。

三、数据库系统的构成

数据库系统是由计算机系统、数据库、数据库管理系统和有关人员组成的具有高度组织的总体。数据库系统的主要组成部分有以下几个。

1．计算机系统

计算机系统是指用于数据库管理的计算机硬件和软件系统。数据库需要大容量的主存以存放和运行操作系统、数据库管理系统程序和应用程序等。辅存方面，需要大容量的直接存取设备。此外，系统应具有较高的网络功能。

2．数据库

这里的数据库既包括存放实际数据的物理数据库，也包括存放数据逻辑结构的描述数据库。

3．数据库管理系统（DBMS）

数据库管理系统是一组对数据库进行管理的软件，通常包括数据定义语言及其编译程序、数据操纵语言及其编译程序，以及数据管理例行程序。

4．人员

在数据库系统的构成中所包含的人员，通常可根据其对数据库的不同操作分为以下三类。

（1）数据库管理员（DBA）。为了保证数据库的完整性、明确性和安全性，必须有人对数据库进行有效的控制，行使这种控制权的人通常被称为数据库管理员。他负责建立和维护模式，提供数据的保护措施和编写数据库文件。这里所说的模式，指的是对数据库的总的逻辑描述。

（2）系统程序员。系统程序员是指设计数据库管理系统的人员。他们必须关心硬件特性及存储设备的物理细节，实现数据组织与存取的各种功能，实现逻辑结构到物理结构的映射等。

（3）用户。用户主要包括以下三种。

① 应用程序员：负责编制和维护应用程序，如库存控制系统、工资核算系统等。

② 专门用户：指通过交互方式进行信息检索和补充信息的用户。

③ 参数用户：指那些与数据库的交互作用是固定的、有规则的人，如售货员、订票员等都是典型的参数用户。

四、数据库组织结构

建立一个企业组织的数据库，首先，应该建立组织的数据库模型。该模型能使数据以记录的形式组织在一起，综合反映企业组织经营活动的各种业务信息，它既能使数据库含有各个用户所需要的信息，又能在综合过程中除去不必要的冗余。其次，该模型能反映企业组织中各部门业务信息所存在的内在联系，这种联系可能是错综复杂的网络状，也可能是有从属联系的层次状，总之要用一定的数据结构把它们反映出来，以使数据能从面向用户的逻辑关系转化成计算机的存储结构，反之亦然。由于数据库中数据的存取由 DBMS 提供实现的功能，因此建立企业组织的数据库模型必须与 DBMS 所提供的数据模型相一致。

目前，DBMS 所提供的数据库模型主要有三种——网络型、层次型和关系型，图 2-4 反映了这三种模型的典型结构。值得注意的是，数据模型重在数据结构（数据的型），而不是指具体装入了什么数据（数据的值），所以数据模型表示的是数据库的框架，即数据库的概念模型。

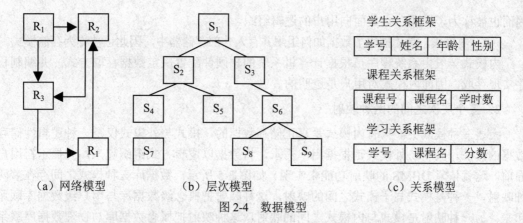

（a）网络模型　　　　　　　（b）层次模型　　　　　　　（c）关系模型

图 2-4　数据模型

目前世界上最流行的是关系数据库，如 Oracle、Sysbase、Informax 及 FoxPro 都属此类。关系型数据库的特点是用人们最熟悉的表格数据的形式描述数据记录之间的联系，它是以数学中的关系理论为基础的。IBM 公司的研究员 E. F. Codd，从 1970 年起连续发表论文，为关系数据库奠定了理论基础。

1. 数据库三级组织结构

美国国家标准学会（ANSI）于 1975 年规定了数据库按三级体系结构组织的标准，这是有名的 SPARC 分级结构（Standard Planning And Requirement Committee），通过内层（内模式）、中间层（模式）和外层（外模式）三个层次来描述数据库。三级结构模型如图 2-5 所示。

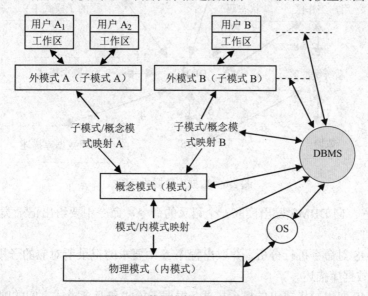

图 2-5　数据库的三级体系结构

（1）模式。图 2-5 中的模式，又称概念模式，即数据模型。它是一种对数据库组织的全局逻辑观点，反映企业数据库的整体组织和逻辑结构。概念模式的设计与维护由专家与 DBA 实施。

（2）外模式，是数据库的外层，也是与用户相联系的一层。它属于模式的一个子集，因而也被称为子模式，它是面向用户的逻辑组织。

（3）内模式，具体描述了数据如何组织并存入外部存储器中，因此也被称为存储模式。

内模式一般由系统程序员根据计算机系统的软硬件配置决定数据存取方式，并编制程序实现存取，因而内模式对用户是透明的。

2．三个层次之间的两种映射

上述三种模式中，只有内模式是真正储存数据的，模式与外模式仅是一种逻辑性储存数据的方法。其中，外模式是根据用户需求，将数据以逻辑方式组织起来，并显示在用户面前。这就依靠 DBMS 的映射功能来实现。如图 2-5 所示，数据库三种模式之间存在着两种映射，一种是模式与子模式之间的映射，这种映射把概念级数据库与用户级数据库联系起来；另一种映射是模式与内模式之间的映射，这种映射把概念数据库与物理数据库联系起来。正是有了这两种映射，才能把用户对数据库的逻辑操作转换为对数据库的物理操作，方便地存取数据库的数据。

3．数据存取过程

数据库三级模式是 DBMS 控制数据存取的依据。

数据库系统存取数据的过程如图 2-6 所示。例如，运行应用程序 A 到某一位置，需要读取数据库中的一个数据记录，由此而引起的数据库系统的活动包括以下几个方面。

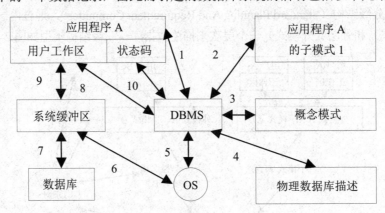

图 2-6　数据库数据的存取

（1）程序 A 向 DBMS 发出读取一个记录的命令，命令中要给出记录类型名及要读取记录的关键字的值。

（2）DBMS 对命令进行分析，并取出程序 A 中要求的记录所对应的子模式 1，从中找出有关记录的数据库描述。

（3）DBMS 取出子模式 1 的概念模式，根据子模式和概念模式之间的映射定义，决定需要读入哪些模式记录。

（4）DBMS 查看相应的物理模式，从而确定从哪台设备、用什么方式读取哪个或哪些物理记录。

（5）DBMS 根据查询的结果，向操作系统 OS 发出执行读取物理记录的命令。

（6）操作系统执行读命令。

（7）操作系统将所读物理记录从外存储器传送到系统缓冲区；程序实现存取，因而对用户是透明的，面向用户的是数据的逻辑组织形式。

（8）DBMS 根据概念模式、子模式导出程序 A 所要读取的逻辑记录。

（9）DBMS 将数据从系统缓冲区传送到程序 A 的用户工作区。

（10）DBMS 向用户程序 A 传送命令执行情况的状态信息。

（11）程序 A 使用工作区中的数据，并继续运行。

格式同案例分析　　附：数据库大事年表

1961 年：通用电气着手开发 Integrated Data Store（IDS，集成数据存储）。通常来讲，IDS 被认为是第一个"完全的"数据库。在今天的 NoSQL 数据库出现的数十年以前，IDS 所做的就是如今 NoSQL 和大数据的工作。

1967 年：IBM 开发出 Information Control System and Data Language/Interface（ICS/DL/I，信息控制系统与数据语言/界面），这是阿波罗（Apollo）项目的分级数据库。ICS 随后变成了 Information Management System（IMS，信息管理系统），与 IBM 的 System 360 主机整合到一起。

1970 年：IBM 研究员埃德加•科德（Edgar Codd）发表题为《大型共享数据库的关系模型》（*A Relational Model of Data for Large Shared Data Banks*）的论文，建立了关系型数据库所使用的数学基础。

1973 年：大卫•伍利（David R. Woolley）开发出了 PLATO Notes，用一个文本文件作为报错系统的数据存储方式。PLATO Notes 对随后 Lotus Notes 的出现形成了影响。

1974 年：IBM 着手开发 System R，将科德的关系型数据库模型变成了现实，首次使用了 SQL（结构化查询语言），随后这个系统演变成了商业化产品 IBM DB2。在科德研究的启发下，伯克利大学的学生迈克尔•斯通布雷克（Michael Stonebraker）和尤金•王（Eugene Wong）开始开发 INGRES，它随后成了 PostGreSQL、Sybase 及其他许多关系型数据库的基础。

1979 年：第一个公开可用版本的 Oracle 数据库发布。

1984 年：雷•奥兹（Ray Ozzie）成立 Iris Associates，创造了一个受 PLATO Notes 启发的组合件系统。

1988 年：由文件数据库提供支持的 Lotus Agenda 发布。

1989 年：Lotus Notes 发布。

1990 年：Objectivity 发布了期间对象数据库。

1991 年：Key-value 类型数据库 Berkeley DB 发布。

2003 年：Live Journal 开放最初版本 Memcached 的源码。

2005 年：达米安•卡茨（Damien Katz）开放 CouchDB 源码。

2006 年：Google 发表 BigTable 论文。

2007 年：亚马逊发表 Dynamo 论文。10gen 开始编制 MongoDB 代码。Powerset 开放 BigTable clone 克隆版 Hbase 的源码。

2008 年：Facebook 开放 Cassandra 源码。

2009 年：科技博客 ReadWriteWeb 提出一个问题："关系型数据库是否已注定灭亡？"Redis 发布。首次 NoSQL 会议在旧金山召开。

2010 年：Memcached 项目的一些负责人与社交游戏公司 Zynga 开放 Membase 源码。

第三节　数据库设计

数据库是信息系统的核心组成部分。数据库设计在信息系统的开发中占有重要的地位，数据库设计的质量将影响信息系统的运行效率及用户对数据使用的满意度。

根据企业中用户的需求及企业生存环境，在指定的数据库管理系统上设计企业数据库的逻辑模型，最后建成企业数据库，是一个从现实世界向计算机世界转换的过程。

一、信息的转换

信息是人们提供关于现实世界客观存在事物的反映；数据则是用来表示信息的一种符号。从客观事物到信息，再到数据，是人们对现实世界的认识和表述过程，这里经过了三个世界（或称为领域）。

（1）现实世界。现实世界指人们头脑之外的客观世界，它包含客观事物及其相互联系。

（2）信息世界。信息世界又称为观念世界，是现实世界在人们头脑中的反映。客观事物在信息世界中称为实体，为了反映实体和实体的联系，可以采用后面介绍的实体联系模型（E-R 模型）。

（3）数据世界。数据世界是信息世界中信息的数据化。现实世界中的事物及其联系，在数据世界中用数据模型描述。

在不同的世界中使用的概念和术语有所不同，但他们的转换过程中都有一一对应的关系，如表 2-5 所示。

表 2-5　三个不同世界术语对照表

客 观 世 界	信 息 世 界	数 据 世 界
事物（对象，个体）	实体	记录
特征（性质）	属性	数据项
组织（事物及其联系）	实体及其联系	数据库（概念模型）
事物类（总体）	实体集	文件

例如，现实世界中的一个"事物"，对应信息世界中的一个"实体"。实体可以是一个学生，一个零件或一份订货合同。事物总是有一些性质，反映事物的特征。实体总是有一些属性，反映实体的特征，如学生的学号、姓名等。实体的属性在计算机世界中用数据项描述，实体属性的集合在计算机世界中用记录描述。具有相同属性的事物的集合，如一群学生、一群教师、授课计划，就形成了事物类。它们是信息世界中的实体集（简称实体），

在计算机世界中，则形成一个个数据文件，如学生文件、教师文件、课程计划文件。但是客观事物是复杂的，涉及同一事物的事物有多个，相互之间又有错综复杂的联系，如学生、教师、授课计划的教学系统，所以反映在信息世界就有实体及它们的联系（学习关系），反映在计算机世界就形成了逻辑数据库（许多数据文件的集合）。最后，在数据库管理系统DBMS 的支撑下映射成计算机世界的以二进制表示的物理数据，并成了数据世界，面向用户的一条记录值，一项数据值。

从现实世界、信息世界到数据世界是一个认识的过程，也是抽象和映射的过程。与此相对应，设计数据库也要经历类似的过程，即数据库设计的步骤包括用户需求分析、概念结构设计、逻辑结构设计和物理结构设计四个阶段。其中：

（1）概念结构设计是根据用户需求设计的数据库模型，所以称它为概念模型。概念模型可用实体联系模型（E-R 模型）表示。

（2）逻辑结构设计是将概念模型转换成某种数据库管理系统（DBMS）支持的数据模型。

（3）物理结构设计是为数据模型在设备上选定合适的存储结构和存取方法。

二、实体联系模型（E-R 模型）

E-R 方法是英文 Entity-Relationship Approach 的简称，译为实体—联系方法，简记 E-R 方法。实体联系模型反映的是现实世界中的事物及其相互联系，与此相关的概念有以下几个。

（1）实体（entity）。实体是客观世界中描述客观事物的概念。实体可以是人，也可以是物或抽象的概念；可以指事物本身，也可以指事物之间的联系。例如，一个人、一件物品、一个部门等都可以是实体。实体有个体和总体之分。个体如"张三""李四"等；总体泛指由个体组成的集合。

（2）属性（attribute）。属性指实体具有的某种特性。属性用来描述一个实体。例如，学生实体可由学号、姓名、年龄、性别、年级等属性来描述。

（3）联系（contact）。现实世界中的事物总是存在着这样或那样的联系，这种联系必须要在信息世界中得到反映。在信息世界中，事物之间的联系可以分为两类：一是实体内部的联系，如组成实体的各属性之间的联系；二是实体之间的联系。下面将主要讨论实体之间的联系。

实体联系模型通过 E-R 图形表示信息世界中的实体、属性、联系的模型。

1. E-R 模型中的对应关系

E-R 图中包括实体、属性和联系三种基本因素。约定实体用方框表示，联系用菱形框表示，属性用椭圆框表示，框内填入相应的实体名、联系名及属性名，以做标识。设 A、B 为两个包含若干个体的总体，其间建立了某种联系，其联系方式可分为以下三类。

（1）一对一联系（1:1）。如果对于 A 中的一个实体，B 中至多有一个实体与其发生联系，反之，B 中的每一个实体至多对应 A 中的一个实体，则称 A 与 B 是一对一联系。例如，一个学校只有一个校长，且一个校长只能在一个学校中任职，则此时校长和学校之间的"任职"关系为一对一的联系（1:1）。

（2）一对多联系（1:n）。如果对于 A 中的每一个实体，实体 B 中有一个以上实体与之发生联系，反之，B 中的每一个实体至多能对应 A 中的一个实体，则称 A 与 B 是一对多联系。例如，一个班中有多个学生，而每个学生却只能属于一个班级，则班级和学生之间的"从属"关系为一对多的联系（1:n）。

（3）多对多联系（m:n）。如果 A 中至少有一个实体对应于 B 中一个以上实体，反之，B 中也至少有一个实体对应于 A 中的一个以上实体，则称 A 与 B 为多对多联系。例如，一个学生可以学习很多门课程，而每门课程又可以有很多学生来学习，则学生和课程之间的"学习"关系为多对多的联系（m:n）。

图 2-7 分别表示了两个实体间的三种不同联系方式（1:1，1:n，m:n）。

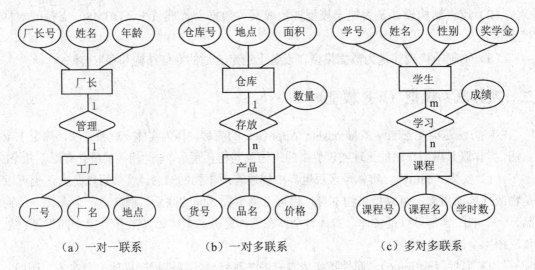

（a）一对一联系   （b）一对多联系   （c）多对多联系

图 2-7　E-R 图表示的三种联系方式

由图 2-7 中可以看到实体有属性，联系也可能有属性，如图 2-7（c）中的联系"学习"也有属性"成绩"，它反映了某个学生学习某课程的成绩。

2．如何设计 E-R 图

E-R 图直观易懂，能比较准确地反映出现实世界的信息联系，并从概念上表示一个数据库的信息组织情况，数据库系统设计人员可根据 E-R 图，结合具体 DBMS 所提供的数据模型类型，再演变为 DBMS 所能支持的数据模型。

我们在考察了客观事物及其联系之后，即可以着手建立 E-R 模型。在模型设计中，首先根据分析阶段收集到的材料，利用分类、聚合、概括等方法抽象出实体，并一一命名，再根据实体的属性描述出其间的各种联系。在进行模型的建立时，可以先对于不同的关系建立局部 E-R 图，然后再进行汇总，形成整体 E-R 图，并且在构建 E-R 图时，为了设计的简单直观，可以先忽略各实体的属性。

例如，假定某企业的信息系统，要求适应以下各部门的要求：

（1）供应科处理采购业务；

（2）生产科处理产品组装业务；

（3）总务科处理仓储业务。

请根据要求设计 E-R 图。

根据要求，我们假定各个部门的局部 E-R 图的产生过程，如图 2-8 所示。

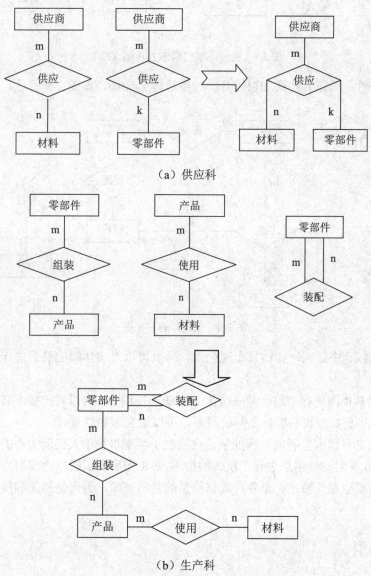

（a）供应科

（b）生产科

图 2-8 企业各部门局部 E-R 图

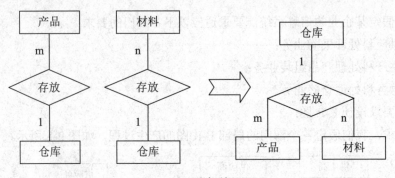

（c）总务科

图 2-8　企业各部门局部 E-R 图（续）

现在需要对各局部 E-R 图加以综合，产生总体 E-R 图，如图 2-9 所示。

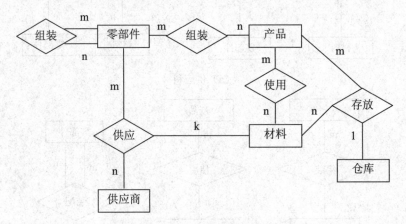

图 2-9　综合后的 E-R 图

注意，在综合中，同一实体只出现一次，并且可以对实体间的联系进行必要的删除或添加。

在对局部 E-R 图进行汇总合并成整体 E-R 图的过程中，可以对一些不必要的联系进行删除，同时为了更好地说明实体之间的联系，可以适当添加联系。

E-R 模型是对现实世界的一种抽象，它抽取了客观事物中人们所关心的信息，忽略了非本质的细节，并对这些信息进行了精确的描述。E-R 图所表示的概念模型与具体的 DBMS 所支持的数据模型相互独立，是各种数据模型的共同基础，因而是抽象和描述现实世界的有力工具。

三、数据模型

数据模型是对客观事物及其联系的数据化描述。在数据库系统中，对现实世界中数据的抽象、描述和处理等都是通过数据模型来实现的。数据模型是数据库系统设计中用于提供信息表示和操作手段的形式架构，是数据库系统实现的基础。目前，在实际数据库系统中支持的数据模型主要有三种：层次模型、网状模型和关系模型。其中，关系模型是三种数据模型中最重要的模型。20 世纪 80 年代以来，计算机系统商推出的数据库管理系统几乎都是支持关系模型的。由于关系模型在数据库系统中地位特殊，故本书仅介绍关系模型。

关系模型是建立在数据概念的基础上，应用关系代数和关系演算等数学理论处理数据库系统的方法。从用户的观点来看，在关系模型下，数据的逻辑结构是一张二维表。每一个关系为一张二维表，相当于一个文件。实体间的联系均通过关系进行描述。

例如，表 2-6 用 m 行 n 列的二维表表示了具有 n 元组的"付款"关系。每一行即一个 n 元组，相当于一个记录，用来描述一个实体。

表 2-6 关系数据模型的一种关系——"付款"关系

结 算 编 码	合 同 号	数 量	金 额
J0012	HT1008	1 000	30 000
J0024	HT1107	600	12 000
J0036	HT1115	2 000	4 000

关系模型中的主要术语有以下几个。

（1）关系。一个关系对应于一张二维表，也就是所说的"表""文件"。

（2）元组。表中的一行称为一个元组，也就是平时所说的"记录"。

（3）属性。表中一列称为一个属性，给每列起一个名字即为属性名，对应的具体内容为属性的值，或称为"字段""数据项"。

（4）主键。也称为主关键字，即表中的某一个属性组，它的值能唯一地标识一个元组。例如，在表 2-6 中，结算编码与合同号共同组成了主键。

（5）外部关键字。当某一属性 C 同时存在于两个关系 A 和 B 中时，如果 C 是 A 的主关键字，而不是 B 的主关键字，则称属性 C 为关系 B 的外部关键字。

（6）域。域是属性的取值范围。例如，数量这一属性所对应的域即为全部的整数集。

（7）关系模式。关系模式是对关系的描述，用关系名（属性 1，属性 2，…，属性 n）来表示。

对于关系模型来说，其数据模型就是一系列的二维表。关系模型具有以下特点。

（1）关系模型的概念单一。对于实体和实体间的联系均以关系来表示，例如：

库存（入库号、日期、货位、数量）

购进（入库号、结算编码、数量、金额）

对于关系之间的联系则通过相容（来自同一个域）的属性来表示，如上例中的"入库号"，这样表示逻辑清晰，且易于理解。

（2）关系是规范化的关系。规范化是指在关系模型中，关系必须满足一定的给定条件，最基本的要求是关系中的每一个分量都是不可分的数据项，即表不能多于二维。

（3）关系模型中，用户对数据的检索和操作实际上是从原二维表中得到一个子集，该子集仍是一个二维表，因而易于理解，操作直接、方便。由于用户只需指出"做什么"，而不必关心"怎么做"，从而大大提高了数据的独立性。

由于关系模型概念简单、清晰、易懂、易用，并有严密的数据基础以及在此基础上发展起来的关系数据理论，简化了程序开发及数据库建立的工作量，因而迅速获得了广泛的应用，并在数据库系统中占据了统治地位。

四、函数依赖

1. 数据完整性约束条件

关系可以定义为属性值域的笛卡儿积（两个集合中任意元素间所有可能的组合）的一个子集，它可以模拟现实世界，关系的元组表示实体和它的属性，或实体间的联系。但并非所有的子集都有意义，即使这些元组的每个属性值都是对的。例如，一个职工登记表的元组中，工龄为 40 而年龄为 30 是不合理的、无意义的。因此，要对关系的值作限制，这种限制条件称为数据完整性约束条件。一般可以分为以下两类。

（1）依赖于值域元素语义的限制。如上所说的一个职工的工龄不可能大于年龄，或某人身高不可能大于 4 米等，这种检查主要由 DBMS 的完整性子系统去完成，与数据库模式设计几乎无关。

（2）依赖于值的相等与否的限制。这类限制并不取决于某一元组的属性取什么值，而仅仅取决于两个元组的某些属性的值是否相等。这类限制统称为数据依赖，而函数依赖是其中最重要也是最基本的一种。

2. 函数依赖的定义

函数依赖普遍地存在于现实生活中，比如，一个学生的关系可以由学号（S#）、姓名（NAME）、年龄（AGE）等几个属性描述。由于一个学号只对应一个学生，一个学生只有一个姓名和一个年龄，因而，当"学号"值确定之后，姓名和年龄的值也就被唯一地确定了，就如同自变量 x 确定之后，相应的函数值 f（x）也就唯一确定了一样。因此， S#函数决定 NAME 和 AGE，或者说 NAME、AGE 函数依赖于 S#，记为 S#→NAME，S#→AGE。

函数依赖的定义：设 R（U）是属性集 U 上的关系模式，X 与 Y 是 U 的子集，如果对于 X 中的任意元素 x，Y 中都有一个 y 与之对应，则称"Y 函数依赖于 X"，或称"X 函数决定 Y"，记作 X→Y，并称 X 为决定因素（determinant）。

对数据库而言，对函数依赖的定义可以这样理解：X、Y 分别是关系 R 上的属性集合，如果对于 X 中的任意一个属性值 x，属性 Y 中都有唯一的属性 y 与之对应，则称属性 Y 函数依赖于 X，或称属性 X 函数决定 Y。

函数依赖和其数据依赖一样，是语义范畴的概念，因此只能根据语义来确定一个函数依赖。例如，姓名→年龄这个函数依赖只有在没有同名人的条件下成立，如果允许有相同姓名，则年龄就不再依赖于姓名了。设计者也可以对现实世界作强制的规定。例如，规定不允许同名人出现，因而使姓名→年龄函数依赖成立。这样当插入某条记录时，这条记录上的属性值必须满足规定的函数依赖，若发现有同名人存在，则拒绝插入该记录。

注意，函数依赖不是指关系模式 R 的某个或某些关系满足的约束条件，而是指 R 的一切关系均要满足的约束条件。

3．关系数据库中函数依赖的分类

关系数据库中函数依赖主要有以下几种。

（1）平凡函数依赖和非平凡函数依赖：设有关系模式 R（U），X→Y 是 R 的一个函数依赖。若对于任何 X、Y∈U，如果 Y∈X，则 X→Y 就是一个平凡函数依赖。

两个极端的情况是：X→Φ 和 Φ→X。对 X→Φ，任何一个关系都满足，而 Φ→X 只有那些所有元组的 X 都相同的关系才能满足。一般情况下，不考虑这两种特殊函数依赖。

如果 X→Y，但 Y∉X，则称 X→Y 是非平凡的函数依赖。若不特别说明，一般总是讨论非平凡的函数依赖。

例如，在一个关系中存在两个属性，一个为"学生"，一个为"班长"，我们可以看出，"班长"是"学生"中的一员，所以"班长"对"学生"属性的依赖为平凡函数依赖；另一个关系中的两个属性，分别为"学号"和"姓名"，这两个属性之间本身没有包含关系，所以"姓名"对"学号"属性的依赖为非平凡函数依赖。

（2）完全函数依赖和部分函数依赖：设 X→Y 是一个函数依赖，且对于任何 X′∈X，X′→Y 不成立，则称 X→Y 是一个完全函数依赖，记为 X→→Y；反之，如果 X′→Y 成立，则称 X→Y 是部分依赖函数。

通常在关系模型中，只有当主关键字由两个或两个以上的属性组合构成时，才可能存在部分函数依赖。

一般情况下，并不区分 X→→Y 和 X→Y，都使用 X→Y，除非特别指明 X→Y 指的是完全依赖函数，并因此也把完全依赖函数简单地称为函数依赖。

例如，学生（学号，姓名，课程号，课程名，成绩），在这一关系中，主关键字为属性组合（学号，课程号），分析关系可以看出，"姓名"属性只是依赖于"学号"这一属性，它是属性组合（学号，课程号）的一个子集，所以"姓名"是部分函数依赖于主关键字的，而"成绩"则是依赖于（学号，课程号）这一属性组合，所以"成绩"是完全依赖于主关键字的，同样，"课程名"也是部分函数依赖于主关键字（只依赖于"课程号"）。

（3）传递函数依赖：设有关系模式 R（U），X，Y，Z∈U，如果有两个函数依赖，即 X→Y 和 Y→Z，Y∉X，Y→X 不成立，且有 X→Z，但它不是直接的函数依赖，而是通过传递而使 X→Z 成立的，则称 Z 传递函数依赖于 X。

例如，产品（产品号，产品名，厂名，厂址），在这一关系中，主关键字是"产品号"，分析这一关系可以发现，"产品名"和"厂名"都是依赖于"产品号"的，而"厂址"则是依赖于"厂名"，而不是直接依赖于"产品号"，且"产品号"函数不依赖于"厂名"，所以"厂址"通过"厂名"传递函数依赖于"产品名"这个主关键字。

五、关系数据库的规范化

前面讨论了数据组织的概念和关系数据模型的概念，但给定一组数据，如何才能构造一个好的关系模式呢？对这一问题的研究出现了关系数据库的规范化理论。规范化理论研究关系模式中各数据项之间的依赖关系及其对关系模式性能的影响，探讨关系模式应该具备的性质和设计方法。规范化理论给我们提供了判别关系模式优劣的标准，为数据库设计工作提供了严格的理论依据。

规范化理论是 E.F.Codd 在 1971 年提出的。他及后来的研究者为数据结构定义了五种规范化模式（Normal Form，简称范式）。在该节的第三部分中，我们曾谈到，关系必须是规范化的关系，应满足一定的约束条件。范式表示的是关系模式的规范化程度。根据满足的约束条件的不同来确定范式，如满足最低要求，则为第一范式（First Normal Form，1NF）；符合 1NF 而又进一步满足一定约束条件的称为第二范式（2NF）等。在五种范式中，通常只使用前三种，故本书中也着重就前三种范式进行介绍。

1. 第一范式（1NF）

属于第一范式的关系应满足的基本条件是元组中的每一个分量都必须是不可分割的数据项。简而言之，第一范式指在同一表中没有重复项存在，即不能表中套表。例如，表 2-7 所示的关系不符合第一范式，而表 2-8 经过规范化处理，去掉了重复项而成为符合第一范式的关系。

表 2-7 不符合第一范式的关系

教 师 代 码	姓 名	工 资	
		基 本 工 资	附 加 工 资
1001	张兴	500.00	60.00
1002	黎明	799.00	70.00
1003	王金	400.00	50.00

表 2-8 符合第一范式的关系

教 师 代 码	姓 名	基 本 工 资	附 加 工 资
1001	张兴	500.00	60.00
1002	黎明	799.00	70.00
1003	王金	400.00	50.00

2. 第二范式（2NF）

所谓第二范式，指的是这种关系不仅满足第一范式，而且所有非主属性完全依赖于其主键。例如，表 2-9 所示关系虽然满足 1NF，但不满足 2NF，因为它的非主属性不完全依赖于由"教师代码"和"研究课题号"组成的主关键字，其中，"姓名"和"职称"只依赖于主关键字的一个分量"教师代码"，"研究课题名"只依赖于主关键字的另一个分量"研究课题号"。这种关系会引起数据冗余和更新异常。当要插入新的研究课题数据时，往往缺少相应的教师代码，以致无法插入；当删除某位教师的信息时，常会引起丢失有关研究课题信息。解决的方法是将一个非 2NF 的关系模式分解为多个 2NF 的关系模式。

表2-9　不符合第二范式的关系

教 师 代 码	姓　名	职　称	研究课题号	研究课题名

可将表2-9中所示的关系分解为如下三个关系。

（1）教师关系（教师代码、姓名、职称）；

（2）课题关系（研究课题号、研究课题名称）；

（3）教师与课题关系（教师代码、研究课题号）。

这些关系都是符合2NF要求的。

3．第三范式（3NF）

所谓第三范式，指的是这种关系不仅满足第二范式，而且它的任何一个非主属性都不传递依赖于任何主关键字。例如，表2-10所示的产品关系是第二范式，但不是第三范式。这是因为生产厂名依赖于产品代码，生产厂地址又依赖于厂名，因而，生产厂地址传递依赖于产品代码。这样的关系同样存在着高度冗余和更新异常的问题。

表2-10　不符合第三范式的产品关系

产 品 代 码	产 品 名	生 产 厂 名	生 产 厂 地 址

消除传递依赖的方法，是将原关系分解为如下几个3NF关系。

（1）产品关系（产品代码、产品名、生产厂名）；

（2）生产厂关系（生产厂名、生产厂地址）。

3NF消除了插入、删除异常、数据冗余、修改复杂等问题，已经是比较规范的关系了。

4．扩充第三范式（Boyce Code，BCNF）

如果关系模式R是第三范式，且没有一个主属性是部分函数依赖或传递函数依赖于主键，则称R为扩充第三范式的模式，记为 R∈BCNF（Boyce Code Normal Form）模式。

综合各种范式的规范化过程，我们可以得出对关系模型进行规范化的过程：对于一个关系，如果它的各个分量都是不可再分的，那么它就成为第一范式；在此基础上，如果消除了关系中的部分函数依赖，那么此关系就满足了第二范式的要求；如果满足第二范式的关系各属性间不存在传递函数依赖，那么它就是满足第三范式的关系，如图2-10所示。

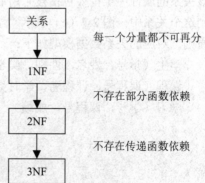

图2-10　关系的规范化过程

六、从 E-R 图导出关系数据模型

E-R 图是建立数据模型的基础，从 E-R 图出发推导出计算机系统上安装的 DBMS 所能接受的数据模型，这一步工作在数据库设计中称为逻辑设计。我们的重点是掌握由 E-R 图转换为关系式数据模型，即把 E-R 图转换为一个个关系框架，使之相互联系构成一个整体结构化了的数据模型，关键问题是怎样建立不同联系的关系模型。

E-R 图中每个实体都相应地转换为一个关系，该关系应包括对应实体的全部属性，并应根据该关系表达的语义确定出关键字，因为关系中的关键字属性是实现不同关系联系的主要手段。

对于 E-R 图中的联系，要根据联系方式的不同，采取不同手段以使被它联系的实体所对应的关系彼此实现某种联系。

具体方法有以下几种。

（1）如果两个实体间是 1:1 联系，则将其中任意一方实体的主关键字纳入另一方实体的关系中作为它第一个属性，即为外部关键字，如果联系有属性，则一并纳入其中。如图 2-7（a）表示"工厂"与"厂长"两实体间联系，联系本身并无属性，转换时只要在"工厂"的关系中增加"厂长"的关键字作为属性项，就能实现彼此间 1:1 联系。如：

厂长（厂长号，厂号，姓名，年龄）

工厂（厂号，厂名，地点）

或

厂长（厂长号，姓名，年龄）

工厂（厂号，厂长号，厂名，地点）

（2）如果两实体间是 1:n 联系，就将 1 方的关键字纳入 n 方实体对应的关系中作为外部关键字，同时把联系的属性也一并纳入 n 方实体的关系中。如图 2-7（b）所示，"仓库"为 1 方，"产品"为 n 方，则 E-R 图对应的关系数据模型为：

仓库（仓库号，地点，面积）

产品（货号，品名，价格，仓库号，数量）

（3）如果两实体间是 m:n 联系，则需对联系单独建立一个关系，用来联系双方实体，该关系的属性中至少要包括被它所联系的双方实体的关键字，如果联系有属性，也要归纳到这个关系中。图 2-7（c）表示"学生"与"课程"两实体间是 m:n 联系，根据上述转变原则，对应的关系数据模型如下：

学生（学号，姓名，性别，奖学金）

课程（课程号，课程名，学时数）

学习（学号，课程号，成绩）

第四节　网络数据库

随着网络的发展，越来越多的公司开始构建自己的网站系统。网站的用途也从单纯的介绍公司的动态、业务和产品，发展到更为积极主动、更具有交互性的应用，如在线销售、网络订票等。与之相应的是，网站从过去的处理"文件型"数据，发展到必须结合数据库系统，以满足多元化的需求。本节将重点介绍数据库在网络环境下的新形式——网络数据库。

一、网络数据库的概念

我们都知道，数据库应用的一个重要方面就是对数据的访问。传统数据库采用的方法主要有两种，一种是字符方式的查询界面，比较难以使用；另一种是用 VB、Delphi、PowerBuilder 等工具开发的图形界面的访问数据库软件，这种方式要求开发工具的使用者具有编程经验，且开发的程序无法跨平台运行。这两种方法共同的缺点就是增添新的功能和改动界面比较困难，开发的工作量较大。

数据库中存储的数据可以从多种渠道加以利用。可以在单机上仅供一个人使用；可以在局域网中供小范围内的多人使用；也可以通过 Intranet 和 Internet 在非常大的范围内供广大用户使用，这就是 Web 数据库。

所谓网络数据库，就是在网络环境下应用的数据库。和传统的数据库相比，网络数据库具有许多优点。

Web 数据库伴随着 Internet 的发展而不断成长。随着网络逐渐融入人们的工作、学习和生活，Web 数据库也渐渐显示出它的重要性，数据库在网站的建设中已经成为必不可少的重要内容。会员（客户）资料管理、产品（服务）资料管理、销售资料管理和分析、访问流量统计分析等都离不开数据库系统的支持，可以说数据库技术已经成为网络的核心技术，网络就是数据库。因此，各大软件厂商都纷纷加紧推出了自己的 Web 数据库解决方案，提供多种工具和技术供选择。

Web 数据库可以实现方便、廉价的资源共享。数据信息是资源的主体，因而网络数据库技术自然而然成为互联网的核心技术。

网络技术的发展使上述问题有了解决的方法。只要建立了网络服务器，就可以通过它方便地对数据库进行访问。

与传统方式相比，通过网络访问数据库的优点有以下几个。

（1）使用现成的网络浏览器软件，无须开发数据库前端。如果通过网络来访问数据库，我们就不需要开发客户端的程序，绝大多数的数据库应用都可以通过浏览器来方便地实现。另外，界面统一，也减少了培训费用。

（2）标准统一，开发过程简单。HTML 是网络信息的组织方式，网络服务器和浏览器都遵循它的规范，因此开发者只需了解 HTML 即可。

（3）方便的跨平台应用。主流的操作系统中都有现成的网络浏览器可以使用，为网络服务器编写的 HTML 文档，可以被任何平台上的浏览器所浏览，因而可以实现跨平台使用。

二、网络与网络数据库

网络就是通过使用通信设备和线路，将处在不同地理位置、操作上相对独立的多个计算机连接起来，再配置一定的系统软件和应用软件，在这些计算机上实现软硬件的资源共享和信息传递，由此而构成计算机网络。

互联网是由全球众多的计算机局域网互相连接组成的一个超大规模的网络系统，在这个系统中运行着多种应用系统，如上网使用的网页浏览系统——WWW（即万维网 Internet）、上传与下载用的文件传输系统——FTP、收发电子邮件所使用的电子邮件系统——E-mail等。互联网中运行的每一种应用系统都是由互联网中相应的服务器系统、客户机系统构成，也就是说互联网从物理连接来看是由众多的计算机组成的，而从逻辑上看是由多个功能子网组成的。

如何实现让使用者利用浏览器，通过 Internet 或 Intranet 访问网络数据库？目前对此问题的解决方案的趋势为：不需要写传统的 CGI 程序，只要在服务器端执行简单的"Script语言码"，SQL（Structure Query Language 结构化查询语言）指令与标准的 HTML 码，通过 ODBC（Open Database Connectivity）驱动程序，连接到各种支持 ODBC 的数据库，执行 SQL 指令来访问数据库即可，如图 2-11 所示。

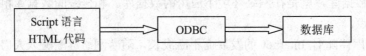

图 2-11 访问数据库的解决方案

当在用户端的浏览器中填好表单（Form）的输入数据，单击 Submit 按钮后，经过 Internet或 Intranet 传送 HTTP 信息到网络服务器，请求在网络服务器上执行一个表单所指定的可执行 Script 语言码。当网络服务器遇到包括这些 Script 语言码的特殊扩展名（hts、cfm、tdc、asp、jrp）文件时，就交给处理这些 Script 语言码的软件来处理，执行后生成一般 HTML码及所需数据库数据，然后再交给服务器传到使用者浏览器，如图 2-12 所示。

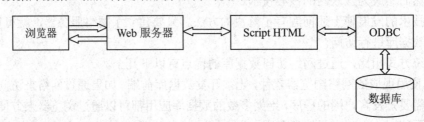

图 2-12 访问网络数据库的过程

网络还可以通过多种方式来访问数据库，如 CGI、API 和 ODBC 等。网络与数据库连接的原理，如图 2-13 所示。

图 2-13　网络与数据库连接的原理

一个典型的数据库查询过程包括以下步骤。

（1）用户通过浏览器向网络服务器发送一个查询请求。

（2）服务器根据参数启动相应的 CGI（通用网关接口）或 API（应用程序接口）程序
（即网关）。

（3）CGI 或 API 程序登录到数据库中，按条件进行查询。

（4）数据库返回查询结果。

（5）CGI 或 API 程序把查询结果翻译成为标准的 HTML 格式，并传给网络服务器。

（6）网络服务器把包含结果的 HTML 网页传给浏览器。

三、网络数据库的应用

当前比较流行的 Web 数据库主要有：SQL Server、MySQL、Oracle、DB2 和 Access。
这五种数据库适应性强，性能优异，容易使用，在国内得到了广泛的应用。接下来将对几
种常用的网络数据库进行简单介绍。

1. SQL Server

SQL Server 是微软公司从 SyBase 获得基本部件的使用许可后开发出的一种关系型数
据库。目前最新的版本是 SQL Server 2016，但 SQL Server 2014 仍在广泛使用。

由于均出自微软之手，SQL Server 和 Windows、IIS 等产品有着天然的联系。事实上几
乎所有微软的以 Windows 为核心的软件产品都采用了一致的开发策略，包括界面技术、面
向对象技术、组件技术等，这样在微软的软件中很多都可以相互调用，而且配合得非常密
切。因此，如果用户使用的是 Windows 操作系统，那么 IIS、SQL Server 就应该是最佳的
选择。

2. MySQL

MySQL 是当今 UNIX 或 Linux 类服务器上广泛使用的 Web 数据库系统。它于 1996 年
诞生于瑞典的 MySQL AB 公司，支持大部分的操作系统平台。MySQL 的设计思想是快捷、
高效、实用。由于 MySQL 不支持事务处理，它的速度比一些商业数据库快 2～3 倍，并且
MySQL 还针对很多操作平台做了优化，完全支持多 CPU 系统的多线程方式。

在编程方面，MySQL 也提供了 C、C++、Java、Perl、Python 和 TCL 等 API 接口，而
且有 MyODBC 接口，任何可以使用 ODBC 接口的语言都可以使用它。更重要的是，MySQL
的源代码是公开的，可以免费使用，这就使得 MySQL 成为许多中小型网站、个人网站追
捧的明星产品。

3. Oracle

Oracle 是美国 Oracle 公司研制的一种关系型数据库管理系统，是一个协调服务器和用于支持任务决定型应用程序的开放型 RDBMS（关系型数据库管理系统）。它可以支持多种不同的硬件和操作系统平台，从台式机到大型和超级计算机，为各种硬件结构提供高度的可伸缩性，支持对称多处理器、群集多处理器、大规模处理器等，并提供广泛的国际语言支持。

Oracle 是一个多用户系统，能自动从批处理或在线环境的系统故障中恢复运行。系统提供了一个完整的软件开发工具 Developer 2000，包括交互式应用程序生成器、报表打印软件、字处理软件以及集中式数据字典，用户可以利用这些工具生成自己的应用程序。Oracle 以二维表的形式表示数据，并提供了 SQL（结构式查询语言），可完成数据查询、操作、定义和控制等基本数据库管理功能。Oracle 具有很好的可移植性，通过它的通信功能，微型计算机上的程序可以同小型乃至大型计算机上的 Oracle 互联，并且能相互传递数据。

另外，Oracle 还具有与 C 语言对接电子表格、图形处理等软件的功能。Oracle 属于大型数据库系统，主要适用于大、中型应用系统，或作为客户机/服务器系统中服务器端的数据库系统。Oracle 是一种面向网络计算机并支持对象关系模型的数据库产品，是目前最流行的客户/服务器体系机构的数据库之一。目前广泛使用的版本是 Oracle 11g。

4. DB2

DB2 是计算机巨人 IBM 公司的产品，起源于 System R 和 System R*。它支持从 PC 到 UNIX，从中小型机到大型机，从 IBM 到非 IBM（HP 及 SUN UNIX 系统等）的各种操作平台。它既可以在主机上以主/从方式独立运行，也可以在客户/服务器环境中运行。其中，服务平台可以是 OS/400、AIX、OS/2、HP-UNIX、SUN-Solaris 等操作系统，客户机平台可以是 OS/2 或 Windows、Dos、AIX、HP-UX、SUN Solaris 等操作系统。

DB2 数据库核心又称作 DB2 公共服务器，采用多进程多线索体系结构，可以运行于多种操作系统之上，并分别根据相应平台环境作了调整和优化，以便能够达到较好的性能。

5. Access

Access 数据库是一个文件型数据库管理系统，由单个或多个文件组成，是 Office 办公套件中一个极为重要的组成部分。自从 1992 年开始销售以来，Access 现在已经成为世界上最流行的桌面数据库管理系统。后来微软公司通过大量的改进，将 Access 的新版本功能变得更加强大。不管是处理公司的客户订单数据，管理自己的个人通讯录，还是大量科研数据的记录和处理，人们都可以利用它来解决。Access 之所以被集成到 Office 中而不是 Visual Studio 中，是因为它与其他数据库管理系统（如 Visual FoxPro）相比更加简单易学，一个普通的计算机用户即可掌握并使用。而且最重要的一点是，Access 的功能足够强大，足以应付一般的数据管理及处理需要，当然，配上合适的数据访问手段，它也能多用户、多线程的访问。Access 对于访问量及数据量不是太大的系统，尤其是桌面数据库系统的开发很具优势，而且从它升级到 SQL Server（微软的另一专业数据库产品）也比较容易。

6. Informix

Informix 在 1980 年成立，公司的名称"Informix"便是"Information"和"Unix"的结合，目的是为 Unix 等开放操作系统提供专业的关系型数据库产品。

它是 IBM 公司出品的关系数据库管理系统（RDBMS）家族。作为一个集成解决方案，它被定位作为 IBM 在线事务处理（OLTP）旗舰级数据服务系统。IBM 对 Informix 和 DB2 都有长远的规划，两个数据库产品互相引进对方的技术优势。

7. Sybase

Sybase 公司成立于 1984 年，公司名称"Sybase"是"system"和"datebase"的结合。Sybase 公司首先提出 Client/Server 数据库体系结构的思想，并率先在 Sybase SQL Server 中实现。

美国 Sybase 公司研制的一种关系型数据库系统，是一种典型的 Unix 或 Windows NT 平台上客户机/服务器环境下的大型数据库系统。Sybase 提供了一套应用程序编程接口和库，可以与非 Sybase 数据源及服务器集成，允许在多个数据库之间复制数据，适于创建多层应用。系统具有完备的触发器、存储过程、规则和完整性定义，支持优化查询，具有较好的数据安全性。Sybase 通常与 Sybase SQL Anywhere 用于客户机/服务器环境，前者作为服务器数据库，后者为客户机数据库，采用该公司研制的 PowerBuilder 为开发工具，在我国大中型系统中具有广泛的应用。

8. Postgre SQL

Postgre SQL 是以加州大学伯克利分校计算机系开发的 POSTGRES，版本 4.2 为基础的对象—关系型数据库管理系统（ORDBMS）。POSTGRES 许多领先的概念只是在非常迟的时候才出现在商业数据库中。

Postgre SQL 是一种特性非常齐全的自由软件的对象—关系型数据库管理系统（ORDBMS），它的许多特性是当今许多商业数据库的前身，可以说是目前世界上最先进、功能最强大的自由数据库管理系统。首先，它包括了目前世界上最丰富的数据类型的支持；其次，目前 Postgre SQL 是唯一支持事务、子查询、多版本并行控制系统、数据完整性检查等特性的一种自由软件数据库管理系统。

9. FoxPro

FoxPro 最初由美国 Fox 公司在 1988 年推出，1992 年 Fox 公司被 Microsoft 公司收购后，相继推出了 FoxPro2.5、2.6 和 Visual FoxPro 等版本，其功能和性能有了较大提高。

FoxPro2.5、2.6 分为 DOS 和 Windows 两种版本，分别运行于 DOS 和 Windows 环境下。FoxPro 比 FoxBASE 在功能和性能上又有了很大改进，主要是引入了窗口、按钮、列表框和文本框等控件，进一步提高了系统的开发能力。

10. Teradata

Teradata 数据库是世界上最负盛名，功能最强大的数据仓库管理系统，是 Teradata 公司的产品。Teradata 公司于 1991 年被 NCR 收购。客户主要集中在电信、航空、物流、零售、银行等方面。Teradata 在全球数据仓库领域处于领先地位。2007 年，Teradata 宣布推出

Teradata12 解决方案，包括 Teradata 数据库 12（Teradata Database 12）、Teradata 工具及实用程序 12（Teradata Tools and Utilities 12），以及通过应用集成和合作伙伴关系提供的专业和咨询服务。该方案是 Teradata 第十二次重大数据库产品改版。

四、网络数据库实现技术与安全分析

网络数据库是网络环境下办公自动化（OA）系统的核心部分。设计一个网络数据库所采用的技术实现方法，其先进性和科学性不仅对软件的开发效率和软件质量有着很大的影响，而且对整个软件的使用和维护有着重大的影响。同时，系统的安全性对于系统的实现同样非常关键。系统不安全的因素包括非授权用户访问计算机网络，授权用户越权访问有关数据库，以及敏感信息在基于 TCP/IP 网络上的传输。

1. 数据库访问技术

一般的数据库开发工具如 Delphi 5 都提供了一些数据库对象组件，它们封装了 BDE（数据库引擎）的功能。这样，开发数据库应用程序就不必知道 BDE 的功能。有的还提供了数据感知组件，可以与数据访问组件彼此通信，这样，建立数据库应用程序的界面就变得简单了。SQL Links 为连接 Oracle、Sybase、Informix、Microsoft SQL Server、DB2 和 Inter Base 提供了专门的驱动程序，还可以通过 ODBC 连接其他数据库。

2. SQL 编程技术

SQL 是一组符合工业标准的数据库操作命令集，它可以在 Delphi 这样的编程环境中使用。SQL 不是一门语言，无法得到一个专门的 SQL 软件，它只是服务器数据库的一部分。

SQL 作为一种查询语言，是网络环境下客户/服务器数据库应用程序开发的标准。SQL 具有一些查看数据的优势，而且只能使用 SQL 命令来获得。通过 SQL，也可以灵活地查询所需要的数据，这种灵活性是面向记录的数据库操作所不具备的。

3. 多层分布式应用技术

MIDAS（Multitude Distributed Application Services Suite）即多层分布式应用程序服务器，它提供了一整套中间层应用服务，扩展了操作系统标准，这些服务用于解决各种具体的分布式计算问题，从用于网络定位的目录服务到数据库集成和业务规则处理。

在多层的数据库应用程序中，客户程序、应用程序服务器和远程数据库服务器分布在不同的机器上。其中，客户程序主要是提供用户界面，它能够向应用程序服务器请求数据和申请更新数据，再由应用程序服务器向远程数据库服务器请求数据和申请更新数据。

4. WEB 访问技术

随着 WEB 技术的发展，WEB 与数据库的互联技术也日益发展，主要有 CGI、WebAPI、ODBC、JAVA/JDB 技术、ASP 技术、PHP 技术等。使用 Delphi 的 WebBroker 技术可以轻松地建立 WEB 服务器扩展来提供自定义的、动态的 HTML（Hypertext Markup Language）网页，并能够访问各种数据源。

第五节　数据仓库

数据仓库是近年来兴起的一种新的数据库应用。在各大数据库厂商纷纷宣布产品支持数据仓库并提出一整套用以建立和使用数据仓库的产品时，业界掀起了数据仓库热。例如，ORACLE 公司的数据仓库解决方案；Sybase 公司的交互式数据仓库解决方案等。这同时也引起了学术界的极大兴趣，国际上许多重要的学术会议，如超大型数据库国际会议（VLDB）和数据工程国际会议（Data Engineering）等，都出现了专门研究数据仓库（Data Warehousing，DW）、联机分析处理（On-Line Analytical Processing，OLAP）、数据挖掘（Data Mining，DM）的论文。对我国许多企业而言，在建立或发展自己的信息系统时常常困扰于这样的问题：为什么要在原有的数据库上建立数据仓库？数据仓库能否代替传统的数据库？怎样建立数据仓库？等等。本节将简要介绍一下数据仓库的概念及技术背景。

一、数据仓库的产生

计算机系统的功能从数值计算扩展到数据管理距今已有 30 多年了。最初的数据管理形式主要是文件系统，少量的以数据片段之间增加一些关联和语义而构成层次型或网状数据库，但数据的访问必须依赖于特定的程序，数据的存取方式是固定的、死板的。到了 1969年，E. F. Codd 博士发表了他著名的关系数据模型的论文。此后，关系数据库的出现开创了数据管理的一个新时代。

近几十年来，大量新技术、新思路涌现并被用于关系型数据库系统的开发和实现，包括客户/服务器系统结构、存储过程、多线索并发内核、异步 I/O、代价优化等，这一切足以使得关系数据库系统的处理能力毫不逊色于传统封闭的数据库系统。而关系数据库在访问逻辑和应用上所带来的好处则远远不止这些，SQL 的使用已成为一个不可阻挡的潮流，加上近些年来计算机硬件的处理能力呈数量级递增，关系数据库最终成为联机事务处理（OLTP）系统的主宰。

整个 20 世纪 80 年代直到 90 年代初，联机事务处理一直是数据库应用的主流。然而，应用在不断地进步。当联机事务处理系统应用到一定阶段后，用户便发现单靠拥有联机事务处理已经不足以获得市场竞争的优势，他们需要对其自身业务的运作以及整个市场相关行业的情况进行分析，从而做出有利的决策。这种决策需要对大量的业务数据包括历史业务数据进行分析才能得到。在如今这样激烈的市场竞争环境下，这种基于业务数据的决策分析被称为联机分析处理，比以往任何时候都显得更为重要。如果说传统联机事务处理强调的是更新数据库——向数据库中添加信息，那么联机分析处理就是从数据库中获取信息、利用信息。因此，著名的数据仓库专家 Ralph Kimball 写道："我们花了 20 多年的时间将数据放入数据库，如今是该将它们拿出来的时候了。"

事实上，将大量的业务数据应用于分析和统计原本是一个非常简单和自然的想法，但在实际的操作中，人们却发现要获得有用的信息并非如想象的那么容易，这主要表现在以下几点。

（1）所有联机事务处理强调的是密集的数据更新处理性能和系统的可靠性，并不关心数据查询的方便与快捷。联机分析和事务处理对系统的要求不同，同一个数据库在理论上都难以做到两全。

（2）业务数据往往存放于分散的异构环境中，不易统一查询访问，而且还有大量的历史数据处于脱机状态，形同虚设。

（3）业务数据的模式针对事务处理系统而设计，数据的格式和描述方式并不适合非计算机专业人员进行业务上的分析和查询。

因此，有人感叹：20年前查询不到数据是因为数据太少了，而今天查询不到数据是因为数据太多了。针对这一问题，人们设想专门为业务的统计分析建立一个数据中心，它的数据从联机的事务处理系统中来、从异构的外部数据源来、从脱机的历史业务数据中来……这个数据中心是一个联机的系统，它是专门为分析统计和决策支持应用服务的，通过它可以满足决策支持和联机分析应用所要求的一切。这个数据中心就叫作数据仓库。这个概念在20世纪90年代初被提出来。如果需要给数据仓库一个定义的话，那么数据仓库就是一个作为决策支持系统和联机分析应用数据源的结构化数据环境。数据仓库所要研究和解决的问题就是从数据库中获取信息的问题。

那么数据仓库与数据库（主要指关系数据库）又是什么关系呢？回想当初，人们固守封闭式系统是出于对事务处理的偏爱，人们选择关系数据库是为了方便地获得信息。我们只要翻开E. F. Codd博士的经典之作 *An Introduction to Database Systems* 便会发现：今天数据仓库所要提供的正是当年关系数据库所倡导的。然而，由于关系数据库系统在联机事务处理应用中获得了巨大成功，人们已不知不觉地将它划归为事务处理的范畴。而且，由于关系数据库系统过多地关注于事务处理能力的提高，所以关系数据库在面对联机分析应用时又遇到了新的问题——今天的数据仓库对关系数据库的联机分析能力提出了更高的要求，采用普通关系型数据库作为数据仓库在功能和性能上都是不够的，它们必须有专门的改进。因此，数据仓库与数据库的区别不仅仅表现在应用的方法和目的方面，同时也涉及产品和配置上的不同。

以辩证的眼光看，数据仓库的兴起实际是数据管理的一种回归，是螺旋式的上升。今天的数据库就好比当年的层次数据库和网状数据库，它们面向事务处理，又好比当年的关系数据库，针对联机分析。所不同的是，今天的数据仓库不必再为联机事务处理的特性而无谓奔忙，由于技术的专业化，它可以更专心于联机分析领域的发展和探索。

数据仓库的概念一经出现，就首先被用于金融、电信、保险等主要传统数据处理密集型行业。国外许多大型的数据仓库是在1996—1997年建立的。那么，什么样的行业最需要和可能建立数据仓库呢？有两个基本条件：第一，该行业有较为成熟的联机事务处理系统，它为数据仓库提供了客观条件；第二，该行业面临市场竞争的压力，它为数据仓库的建立提供外在的动力。

二、数据仓库的概念及特点

数据仓库的概念始于21世纪80年代中期，首次出现是在号称"数据仓库之父"William H.Inmon的《建立数据仓库》一书中。随着人们对大型数据系统研究、管理、维护等方面的深刻认识和不断完善，在总结、丰富、集中多条企业信息的经验之后，对数据仓库给出了更为精确的定义，即"数据仓库是在企业管理和决策中面向主题的、集成的、与时间相关的、不可修改的数据集合"。

根据数据仓库概念的含义，可以总结出下述四个特点。

1. 面向主题

操作型数据库的数据组织面向事务处理任务，各个业务系统之间各自分离，而数据仓库中的数据是按照一定的主题域进行组织。主题是一个抽象的概念，是指用户使用数据仓库进行决策时所关心的重点方面，一个主题通常与多个操作型信息系统相关。

2. 集成的

面向事务处理的操作型数据库通常与某些特定的应用相关，数据库之间相互独立，并且往往是异构的。而数据仓库中的数据是在对原有分散的数据库数据抽取、清理的基础上经过系统加工、汇总和整理得到的，必须消除源数据中的不一致性，以保证数据仓库内的信息是关于整个企业的一致的全局信息。

3. 相对稳定的

操作型数据库中的数据通常实时更新，数据根据需要及时发生变化。数据仓库的数据主要供企业决策分析之用，所涉及的数据操作主要是数据查询，一旦某个数据进入数据仓库，一般情况下将被长期保留，也就是数据仓库中一般有大量的查询操作，但修改和删除操作很少，通常只需要定期加载、刷新。

4. 反映历史变化

操作型数据库主要关心当前某一个时间段内的数据，而数据仓库中的数据通常包含历史信息，系统记录了企业从过去某一时点（如开始应用数据仓库的时点）到目前的各个阶段的信息。通过这些信息，可以对企业的发展历程和未来趋势做出定量分析和预测。

企业数据仓库的建设，是以现有企业业务系统和大量业务数据的积累为基础。数据仓库不是静态的概念，只有把信息及时交给需要这些信息的使用者，供他们做出改善其业务经营的决策，信息才能发挥作用，信息才有意义。而把信息加以整理归纳和重组，并及时提供给相应的管理决策人员，是数据仓库的根本任务。因此，从产业界的角度看，数据仓库建设是一个工程，是一个过程。

三、数据仓库的体系结构

整个数据仓库系统是一个包含四个层次的体系结构，如图 2-14 所示。

（1）数据源。数据源是数据仓库系统的基础，是整个系统的数据源泉。通常包括企业内部信息和外部信息。内部信息包括存放于 RDBMS 中的各种业务处理数据和各类文档数据。外部信息包括各类法律法规、市场信息和竞争对手的信息等。

（2）数据的存储与管理。数据的存储与管理是整个数据仓库系统的核心。数据仓库的关键是数据的存储和管理。数据仓库的组织管理方式决定了它有别于传统数据库，同时也决定了其对外部数据的表现形式。要决定采用什么产品和技术来建立数据仓库的核心，则需要从数据仓库的技术特点着手分析，针对现有各业务系统的数据，进行抽取、清理，并有效集成，按照主题进行组织。数据仓库按照数据的覆盖范围可以分为企业级数据仓库和部门级数据仓库（通常称为数据集市）。

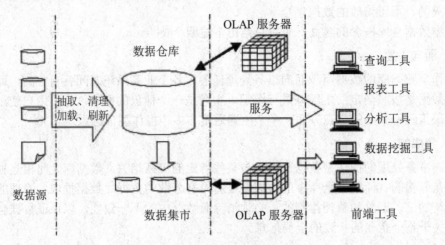

图 2-14　数据仓库系统的体系结构

（3）OLAP 服务器。OLAP 服务器对分析需要的数据进行有效集成，按多维模型予以组织，以便进行多角度、多层次的分析，并发现趋势。其具体实现可以分为 ROLAP（采用关系数据库实现的联机分析）、MOLAP（采用多维数据库实现的联机分析）和 HOLAP。ROLAP 基本数据和聚合数据均存放在 RDBMS 之中；MOLAP 基本数据和聚合数据均存放于多维数据库中；HOLAP 基本数据存放于 RDBMS 之中，聚合数据存放于多维数据库中。

（4）前端工具。前端工具主要包括各种报表工具、查询工具、数据分析工具、数据挖掘工具以及各种基于数据仓库或数据集市的应用开发工具。其中，数据分析工具主要针对 OLAP 服务器，报表工具、数据挖掘工具则主要针对数据仓库。

四、数据仓库中的数据组织

数据仓库中数据的四个基本特征在前面已经介绍过了，下面就要分析清楚这些问题：数据仓库主要存储哪些数据呢？数据如何组织、存储？组织形式有哪些？等等。通过对数据仓库中存放的数据内容及其组织形式的介绍，本节将对这些问题做出回答，以加深对数据仓库数据四个基本特征的理解。

1. 数据仓库的数据组织结构

一个典型的数据仓库的数据组织结构，如图 2-15 所示。

数据仓库中的数据分为四个级别：早期细节级、当前细节级、轻度综合级和高度综合级。源数据经过综合后，首先进入当前细节级，并根据具体需要进行进一步的综合，从而进入轻度综合级乃至高度综合级，老化的数据将进入早期细节级。由此可见，数据仓库中存在着不同的综合级别，一般称之为"粒度"。粒度越大，表示细节程度越低，综合程度越高。

数据仓库中还有一种重要的数据——元数据（Metadata）。元数据是"关于数据的数据"，如在传统数据库中的数据字典就是一种元数据。在数据仓库环境下，主要有两种元数据：第一种是为了从操作性环境向数据仓库转化而建立的元数据，包含了所有源数据项名、属性及其在数据仓库中的转化；第二种是在数据仓库中用来和终端用户的多维商业模型/前端工具之间建立映射的元数据，又称为 DSS 元数据，常用来开发更先进的决策支持工具。

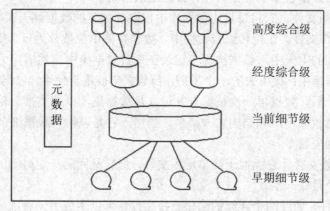

图 2-15　数据仓库的数据组织结构

2. 基本概念

（1）粒度。粒度是数据仓库的重要概念。粒度可以分为两种形式。第一种粒度是对数据仓库中的数据的综合程度高低的一个度量，它既影响数据仓库中的数据量的多少，也影响数据仓库所能回答询问的种类。在数据仓库中，多维粒度是必不可少的。由于数据仓库的主要作用是 DSS 分析，因而绝大多数查询都基于一定程度的综合数据之上，只有极少数查询涉及细节。所以应该将大粒度数据存储于快速设备如磁盘上，小粒度数据存储于低速设备如磁带上。

另一种粒度形式，即样本数据库，它根据给定的采样率从细节数据库中抽取出一个子集。这样样本数据库中的粒度就不是根据综合程度的不同来划分的，而是根据采样率的高低来划分，采样粒度不同的样本数据库可以具有相同的数据综合程度。

（2）分割。分割是数据仓库中的另一个重要概念，它的目的同样在于提高效率。它是将数据分散到各自的物理单元中去，以便能分别独立处理。有许多数据分割的标准可供参考，如日期、地域、业务领域等，也可以是其组合。一般而言，分割标准总应包括日期项，它十分自然而且分割均匀。

（3）元数据。按照传统的定义，元数据是关于数据的数据。在数据仓库系统中，元数据可以帮助数据仓库管理员和数据仓库的开发人员非常方便地找到他们所关心的数据；元数据是描述数据仓库内数据的结构和建立方法的数据，可将其按用途的不同分为两类：技术元数据（Technical Metadata）和业务元数据（Business Metadata）。

① 技术元数据是存储关于数据仓库系统技术细节的数据，是用于开发和管理数据仓库使用的数据。

② 业务元数据从业务角度描述了数据仓库中的数据，它提供了介于使用者和实际系统之间的语义层，使得不懂计算机技术的业务人员也能够"读懂"数据仓库中的数据。业务

元数据主要包括以下信息：使用者的业务术语所表达的数据模型、对象名和属性名；访问数据的原则和数据的来源；系统所提供的分析方法以及公式和报表的信息。

3．数据仓库的数据组织形式

这里简单介绍数据仓库中常见的几种数据组织形式。

（1）简单堆积文件。它将每日由数据库中提取并加工的数据逐天积累并存储起来。

（2）轮转综合文件。在轮转综合文件中，数据存储单位被分为日、周、月、年等几个级别。在一个星期的七天中，数据被逐一记录在每日数据集中；然后，七天的数据被综合并记录在每周数据集中；接下去的一个星期，日数据集被重新使用，以记录新数据。同理，周数据集达到四个后，数据再一次被综合并记入月数据集，以此类推。轮转综合文件结构十分简洁，数据量较简单堆积结构大大减少。当然，它是以损失数据细节为代价的，越久远的数据，细节损失越多。

（3）简化直接文件。它类似于简单堆积文件，但它是间隔一定时间的数据库快照，如每隔一星期或一个月作一次。

（4）连续文件。通过两个连续的简化直接文件，可以生成另一种连续文件，它是通过比较两个简单直接文件的不同而生成的。当然，连续文件同新的简单直接文件也可生成新的连续文件。

对于各种文件结构的最终实现，在关系数据库中仍然要依靠"表"这种最基本的结构。

4．数据仓库的数据追加

如何定期向数据仓库追加数据也是一个十分重要的技术。我们知道，数据仓库的数据是来自 OLTP 的数据库中，问题是我们如何知道究竟哪些数据是在上一次追加过程之后新生成的。常用的技术和方法有以下几种。

（1）时标方法。如果数据含有时标，对新插入或更新的数据记录，在记录中加更新时的时标，那么只需根据时标判断即可。但并非所有的数据库中的数据都含有时标。

（2）DELTA 文件。它是由应用生成的，记录了应用所改变的所有内容。利用 DELTA 文件效率很高，避免了扫描整个数据库，但同样的问题是生成 DELTA 文件的应用并不普遍。此外，还可以更改应用代码，使得应用在生成新数据时可以自动将其记录下来。但应用成千上万，且修改代码十分烦琐，这种方法很难实现。

（3）前后映像文件的方法。在抽取数据前后对数据库各作一次快照，然后比较两幅快照的不同，从而确定新数据。它占用大量资源，对性能影响极大，因此并无多大实际意义。

（4）日志文件。最可取的技术大概是利用日志文件了，因为它是数据库系统的固有机制，不会影响 OLAP 的性能。同时，它还具有 DELTA 文件的优越性质，提取数据只要局限日志文件即可，不用扫描整个数据库。当然，原来日志文件的格式是依据数据库系统的要求而确定的，它包含的数据对于数据仓库而言可能有许多冗余。比如，对一个记录的多次更新，日志文件将全部变化过程都记录下来；而对于数据仓库，只需要最终结果。但比较而言，日志文件仍然是最可行的一种选择。

五、数据仓库的关键技术

数据仓库并没有严格的数学理论基础，也没有成熟的基本模式，且更偏向于工程，具有强烈的工程性。因此，在技术上人们习惯于从工作过程等方面来分析，按照其工作过程将其关键技术分为数据的抽取、数据的存储与管理以及数据的表现三个基本方面。

1. 数据的抽取

数据的抽取是数据进入仓库的入口。由于数据仓库是一个独立的数据环境，它需要通过抽取过程将数据从联机事务处理系统、外部数据源、脱机的数据存储介质中导入到数据仓库。数据抽取在技术上主要涉及互连、复制、增量、转换、调度和监控等几个方面。数据仓库的数据并不要求与联机事务处理系统保持实时的同步，因此，数据抽取可以定时进行，但多个抽取操作执行的时间、相互的顺序、成败对数据仓库中信息的有效性却至关重要。

在技术发展上，数据抽取所涉及的单个技术环节都已相对成熟，其中有一些是躲不开编程的，但整体的集成度还很不够。目前市场上所提供的大多是数据抽取工具，这些工具通过用户选定源数据和目标数据的对应关系，会自动生成数据抽取的代码。但数据抽取工具支持的数据种类是有限的，同时数据抽取过程涉及数据的转换，它是一个与实际应用密切相关的部分，其复杂性使得不可嵌入用户编程的抽取工具往往不能满足要求。因此，实际的数据仓库在实施过程中往往不一定使用抽取工具。整个抽取过程能否因工具的使用而纳入有效的管理、调度和维护则更为重要。从市场发展来看，以数据抽取、异构互联产品为主项的数据仓库厂商一般都很有可能被其他拥有数据库产品的公司吞并。在数据仓库的世界里，它们只能成为辅助的角色。

2. 数据的存储和管理

数据仓库的真正关键是数据的存储和管理。数据仓库的组织管理方式决定了它有别于传统数据库的特性，同时也决定了其对外部数据的表现形式。要决定采用什么产品和技术来建立数据仓库核心，则需要从数据仓库的技术特点着手分析。

数据仓库遇到的第一个问题是对大量数据的存储和管理。这里所涉及的数据量比传统事务处理大得多，且随时间的推移而累积。从现有技术和产品来看，只有关系数据库系统能够担此重任。关系数据库经过近三十年的发展，在数据存储和管理方面已经非常成熟，非其他数据管理系统可比。目前不少关系数据库系统已支持数据分割技术，能够将一个大的数据库表分散在多个物理存储设备中，进一步增强了系统管理大数据量的扩展能力。采用关系数据库管理数百个 GB 甚至到 TB 的数据已是一件平常的事情。一些厂商还专门考虑了大数据量的系统备份问题，好在数据仓库对联机备份的要求并不高。

数据仓库要解决的第二个问题是并行处理。在传统联机事务处理应用中，用户访问系统的特点是短小而密集。对于一个多处理机系统来说，能够将用户的请求进行均衡分担是关键，这就需要并发操作。而在数据仓库系统中，用户访问系统的特点是庞大而稀疏，每一个查询和统计都很复杂，但访问的频率并不是很高。此时系统需要有能力将所有的处理机调动起来为这一个复杂的查询请求服务，将该请求并行处理。因此，并行处理技术在数据仓库中比以往更加重要。

在针对数据仓库的 TPC-D 基准测试中，比以往增加了一个单用户环境的测试，称为"系统功力"（QPPD）。系统的并行处理能力对 QPPD 的值有重要影响。目前，关系数据库系统在并行处理方面已能做到对查询语句的分解并行、基于数据分割的并行，以及支持跨平台多处理机的群集环境和 MPP 环境，能够支持多达上百个处理机的硬件系统并保持性能的扩展能力。

数据仓库的第三个问题是针对决策支持查询的优化。这个问题主要针对关系数据库而言，因为其他数据管理环境连基本的通用查询能力都还不完善。在技术上，针对决策支持的优化涉及数据库系统的索引机制、查询优化器、连接策略、数据排序和采样等诸多部分。普通关系数据库采用 B 树（二叉树）类的索引，对于性别、年龄、地区等具有大量重复值的字段几乎没有效果。而扩充的关系数据库则引入了位图索引的机制，以二进制位表示字段的状态，将查询过程变为筛选过程，单个计算机的基本操作便可筛选多条记录。由于数据仓库中各数据表的数据量往往极不均匀，普通查询优化器所得出的最佳查询路径可能不是最优的，因此，面向决策支持的关系数据库在查询优化器上也作了改进，同时根据索引的使用特性增加了多重索引扫描的能力。

以关系数据库建立的数据仓库在应用时会遇到大量的表间连接操作，而连接操作对于关系数据库来说是一个耗时的操作。扩充的关系数据库中对连接操作可以作预先的定义，我们称之为连接索引，使得数据库在执行查询时可直接获取数据而不必实施具体的连接操作。数据仓库的查询常常只需要数据库中的部分记录，如最大的前 50 家客户等。普通关系数据库没有提供这样的查询能力，只好将整个表的记录进行排序，从而耗费了大量的时间。决策支持的关系数据库在此作了改进，提供了这一功能。此外，数据仓库的查询并不需要像事务处理系统那样精确，但在大容量数据环境中需要有足够短的系统响应时间。因此，一些数据库系统增加了采样数据的查询能力，在精确度允许的范围内，大幅度提高了系统查询效率。

总之，将普通关系数据库改造成适合担当数据仓库的服务器有许多工作可以做，它已成为关系数据库技术的一个重要研究课题和发展方向。可见，对于决策支持的扩充是传统关系数据库进入数据仓库市场的重要技术措施。

数据仓库的第四个问题是支持多维分析的查询模式，这也是关系数据库在数据仓库领域遇到的最严峻的挑战之一。用户在使用数据仓库时的访问方式与传统的关系数据库有很大的不同。对于数据仓库的访问往往不是简单的表和记录的查询，而是基于用户业务的分析模式，即联机分析（On-Line Analytical Processing，OLAP）。联机分析是使分析人员、管理人员或执行人员能够从多角度对信息进行快速、一致、交互的存取，从而获得对数据的更深入的了解的一类软件技术。联机分析的目标是满足决策支持或者满足在多维环境下特定的查询和报表需求，它的技术核心是"维"这个概念。

"维"是人们观察客观世界的角度，是一种高层次的类型划分。"维"一般包含着层次关系，这种层次关系有时会相当复杂。通过把一个实体的多项重要的属性定义为多个维（dimension），让用户能对不同维上的数据进行比较。联机分析的特点是将数据想象成多维的立方体，用户的查询便相当于在其中的部分维（棱）上施加条件，对立方体进行切片、分割，得到的结果则是数值的矩阵或向量，并将其制成图表或输入数理统计的算法。

关系数据库本身没有提供这种多维分析的查询功能，而且在数据仓库发展的早期，人们发现采用关系数据库去实现这种多维查询模式非常低效，查询处理的过程也难以自动化。为此，人们提出了多维数据库的概念。多维数据库是一种以多维数据存储形式来组织数据的数据管理系统，它不是关系型数据库，在使用时需要将数据从关系数据库中转载到多维数据库中方可访问。采用多维数据库实现的联机分析应用，我们称之为 MOLAP。多维数据库在针对小型的多维分析应用上有较好的效果，但它缺少关系数据库所拥有的并行处理及大规模数据管理扩展性，因而难以承担大型数据仓库应用。这样的状态直到"星型模式"在关系数据库设计中得到广泛的应用才彻底改变。几年前，数据仓库专家们发现，关系数据库若采用"星型模式"来组织数据就能很好地解决多维分析的问题。"星型模式"只不过是数据库设计中数据表之间的一种关联形式，它的巧妙之处在于能够找到一个固定的算法，将用户的多维查询请求转换成针对该数据模式的标准 SQL 语句，而且该语句是最优化的。"星型模式"的应用为关系数据库在数据仓库领域打开绿灯。采用关系数据库实现的联机分析应用称为 ROLAP。目前，大多数厂商提供的数据仓库解决方案都采用 ROLAP。

在数据仓库的数据存储管理领域，从当今的技术发展来看，面向决策支持扩充的并行关系数据库将是数据仓库的核心。在市场上，数据库厂商将成为数据仓库的中坚力量。

3. 数据的表现

数据表现是数据仓库的门面。这是一个工具厂商的天下，它们主要集中在多维分析、数理统计和数据挖掘方面。

多维分析是数据仓库的重要表现形式，由于 MOLAP 系统是专用的，因此，关于多维分析领域的工具和产品大多是 ROLAP 工具。这些产品近两年来更加注重提供基于 Web 的前端联机分析界面，而不仅仅是网上数据的发布。

数理统计原本与数据仓库没有直接的联系，但在实际的应用中，客户需要通过对数据的统计来验证他们对某些事物的假设，以进行决策。

与数理统计相似，数据挖掘与数据仓库也没有直接的联系，而且这个概念在现实中有些含混。数据挖掘强调的不仅仅是验证人们对数据特性的假设，而且它更要主动地寻找并发现蕴藏在数据之中的规律。这听起来虽然很吸引人，但在实现上却有很大的出入。市场上许多数据挖掘工具其实不过是数理统计的应用，它们并不是真正寻找出数据的规律，而是验证尽可能多的假设，其中包括许多毫无意义的组合，最后由人来判断其合理性。因此，在当前的数据仓库应用中，有效地利用数理统计就已经能够获得可观的效益。

六、数据仓库的实施

数据仓库是一个解决方案，而不是一个可以买到的产品。不同企业会有不同的数据仓库，企业人员往往不懂如何利用数据仓库，不能发挥其决策支持的作用，而数据仓库公司人员又不懂业务，不知道建立哪些决策主题，从数据源中抽取哪些数据，因此需要双方互相沟通，共同协商开发数据仓库。

开发数据仓库的流程包括以下几步。

（1）启动工程。建立开发数据仓库工程的目标及制订工程计划。计划包括数据范围、提供者、技术设备、资源、技能、组员培训、责任、方式方法、工程跟踪及详细工程调度。

（2）建立技术环境。选择实现数据仓库的软硬件资源，包括开发平台、DBMS、网络通信、开发工具、终端访问工具及建立服务水平目标（可用性、装载、维护及查询性能）等。

（3）确定主题进行仓库结构设计。因为数据仓库是面向决策支持的，它具有数据量大但更新不频繁等特点，所以必须对数据仓库进行精心设计，才能满足数据量快速增加而查询性能并不下降的要求。

（4）设计数据仓库的物理库。基于用户的需求，着眼于某个主题，开发数据仓库中数据的物理存储结构。

（5）数据抽取、精炼、分布。根据数据仓库的设计，实现从源数据抽取数据、清理数据、综合数据和装载数据。

（6）对数据仓库的 OLAP 访问。建立数据仓库的目的是要为决策支持服务，所以需要各种能对数据仓库进行访问分析的工具集，包括优化查询工具、统计分析工具、C/S 工具及数据挖掘工具，通过分析工具实现决策支持需要。

（7）管理数据仓库。数据仓库必须像其他系统一样进行管理，方能正常运行。

另外，在实施数据仓库时，还应注意以下几个问题。

（1）与传统业务系统不同，数据仓库是面向管理决策层应用的，必须有系统自身的最终用户——企业决策层的参与。数据仓库应用本身并不是业务流程的再现，而是基于数据分析的管理模式的体现。在这个层次上，数据仓库对于企业决策层的意义首先不是信息技术和产品上的，而是企业经营管理模式上的。数据仓库的实施者需要在商业智能化如何能够帮助企业获得市场竞争力上下功夫，提供切实有效的系统实施目标和规划，使得企业决策层充分认识到数据仓库是他们自己所需要的系统，在投入和配合上给予充分的支持。

（2）由于数据仓库的访问和查询往往能够通过工具来提供，因此，数据仓库的功能取决于系统的规划和设计。在了解数据仓库应用需求的时候，主要对象应该是企业的决策部门和管理部门，而不是信息系统部门。了解应用的需求必须从企业如何利用信息进行管理的角度出发，需要有丰富的行业经验。在这个阶段，对于国内数据仓库应用来说，可以将复杂的数据分析需求分解成若干专题，这些专题在行业内往往具有一定的普遍性，有现成的设计模式可以借鉴。数据仓库的设计实施也宜逐个击破，每个阶段都能满足一部分用户的需求，最后获得全面的成功。

（3）在对待原始数据的问题上，我们需要坚持一个原则，就是不拘泥于业务系统的现状。由于数据仓库是独立于业务系统的，所以数据仓库的实施将以管理层需要的分析决策为主线，在设计中可以为不确定的数据预留空间。对于数据的完整性和质量问题可通过如下方式处理：利用多种方式加载数据，可以设计专门的输入接口收集数据，如获取客户的个人资料；放宽数据的时效性，在分析中标明个别数据的有效时间；在系统中标识出低质量的数据，规范业务系统。

（4）数据的抽取、转换和装载是一项技术含量不高却非常烦琐的工作，在系统实施过程中建议由专门小组或人员负责数据的抽取工作，将其纳入统一的管理和设计，不仅要考虑原始数据源的类型，还必须考虑抽取的时间和方式。一个数据仓库系统往往同时存在多种数据抽取方式以适应原始数据的多样性，因此，讨论单一抽取工具的选型是没有意义的，原则只能有一个，即简便、快捷、易维护。

（5）用户对数据仓库的认识常常从报表起步，但数据仓库并不是为业务报表而设计的。需要指出的是，数据仓库的分析工具在固定格式的报表上的作用有时不如专门定制的程序。因此，以解决报表问题作为建立数据仓库的目的一般都会以用户的失望告终。数据仓库的强项在于提供联机的业务分析手段，正因为数据仓库的使用，管理人员才逐步摆脱对固定报表的依赖，取而代之地以丰富、动态的联机查询和分析来了解企业和市场的动态。

（6）系统的实施需要明确的计划和时间表，新的技术和产品可以分阶段加入，但要避免无休止的测试和选型。因为数据仓库的价值在于使用，如果让一些没有必要的信息去指导决策，那么数据仓库将永远停留在投资阶段。在定义实施计划时，需要明确系统的使用范围、用户的应用模式等与选择具体产品相关的重要问题。

七、行业应用

新世纪客户关系在各种交易中所起到的作用越来越重要，在市场经济这个天平上的砝码也是越来越沉重了，从而使得在目前竞争激烈的知识经济环境和电子商务经济模式下，重要的信息往往可以决定企业的成败，甚至决定企业的生死存亡。因此，很多行业都采用了数据仓库解决方案充当企业决策机构的智囊和参谋。例如，民航订票系统、银行 ATM 系统、证券交易系统、期货交易系统、铁路售票系统、移动通信用户信息管理与服务系统等就是建立在大型数据库基础之上的数据仓库。由于篇幅有限，下面仅就以下行业来加以简单说明。

1. 证券

证券公司利用客户行为分析系统将所有客户的操作记录进行归类和整理，并结合行情走势、上市公司资料、宏观微观经济数据等，在掌握大量数据的情况下，对客户的行为和市场各因素的关联、客户的操作习惯、盈亏情况、公司的利润分布等进行统计和分析，从而获得以往一直想获得但却无法获取的关于客户在本公司的行为、盈亏、习惯等关键信息。证券商在获得这些信息后，就有能力为客户提供针对其个人习惯、投资组合的投资建议，从而真正做到对客户的贴心服务。

2. 银行

随着社会主义市场经济改革的深化，传统的计划金融模式逐渐瓦解，市场金融模式逐渐形成。在这个变革过程中，体制、市场、企业、个体等经济要素变化、发展的不平衡性，导致了银行对各种金融变量控制的随机性和模糊性。如何防范银行的经营风险、实现科学管理以及进行决策，成为当今金融研究的一个重要课题。利用数据仓库的强大功能，银行可以建立企业客户群、个人客户群的数据库，并对企业的结构、经营、财务、市场竞争等多个数据源进行统一的组织，形成一个一体化的存储结构，为决策分析奠定基础。通过先进的信息加工、分析、处理软件，加上银行的经营决策、信贷营销人员的个人经验，对每一个投资方向、每一笔贷款做出科学的判断，可以有效控制投资和信贷风险。

3．税务

增加税收、提高效率、改善执法的一致性与公平性、降低对纳税人的负担和干扰，是税务稽征部门的重要目标。然而这些目标往往又是相互冲突的，要在其间找到最适当的平衡点非常困难。通过应用数据仓库技术，对税收部门的内部和外部数据进行综合分析处理，可以解决三个方面的问题：一是查出应税未报者和瞒税漏税者，并对其进行跟踪；二是对不同行业、产品和市场中纳税人的行为特性进行描述，找出普遍规律，谋求因势利导的税务策略；三是对不同行业、产品和市场应收税款进行预测，制订最有效的征收计划。数据仓库技术之所以能够查出漏税者，其基本思想是通过对大量数据资料的分析来掌握各行各业、各种产品和各类市场的从业人员以及企业的纳税能力，并与其实际纳税金额进行对比，从而查出可能的偷漏税者。澳大利亚政府税务部门将数据仓库技术用于支持税收业务，系统经过3年的运行，投入回报率达到1:15。

4．保险

随着商业保险公司业务系统日趋完善，数据交换和处理中心的建立，如何满足保险行业日益增长的各种查询、统计、报表和分析的需求，如何提高防范和化解经营风险的能力，如何有效利用这些数据来实现经营目标并预测保险业的发展趋势，甚至如何利用这些数据来设计保险企业的发展宏图以在激烈的竞争中赢得先机，是保险决策支持系统需要解决的问题，也是目前保险企业在信息技术应用上的首要难题。

第六节　大数据技术

中国人口众多，海量的互联网用户创造了大规模的数据量。根据观研天下监测统计，2011年全球数据总量已经达到1.8ZB，1ZB等于1万亿GB，1.8ZB也就相当于18亿个1TB移动硬盘的存储量，而这个数值还在以每两年翻一番的速度增长，预计到2020年全球将总共拥有35ZB的数据量，增长近20倍。开源分析机构Wikibon预计，2012年全球大数据企业营收为50亿美元，未来5年的市场复合年增长率将达到58%，2017年将达到500亿美元。此统计，足以证明大数据占据着越来越重要的作用。

一、大数据的概念

早在1980年，阿尔文·托夫勒在《第三次浪潮》一书中就将大数据赞颂为"第三次浪潮的华彩乐章"。不过，大约从2009年开始，"大数据"才成为互联网信息技术行业的流行词语。美国互联网数据中心指出，互联网上的数据每年将增长50%，每两年便翻一番，而目前世界上90%以上的数据是最近几年才产生的。此外，数据又并非单纯指人们在互联网上发布的信息，全世界的工业设备、汽车、电表上有着无数的数码传感器，随时测量和传递着有关位置、运动、震动、温度、湿度乃至空气中化学物质的变化，也产生了海量的数据信息。

从技术上看，大数据与云计算的关系就像一枚硬币的正反面一样密不可分。大数据必然无法用单台的计算机进行处理，必须采用分布式计算架构。它的特色在于对海量数据的挖掘，但它必须依托云计算的分布式处理、分布式数据库、云存储和虚拟化技术。

大数据（Big Data 或 Mega Data），或称巨量资料，指的是需要新处理模式才能具有更强的决策力、洞察力和流程优化能力的海量、高增长率和多样化的信息资产。它涉及生活的方方面面，包括网络日志、互联网文本与文件、互联网搜索引擎；社会数据、呼叫详细记录、医疗记录、监控视频档案；大规模电子商务；军事侦察、生物化学、天文学、大气科学等其他复杂的跨学科领域的资料。

大数据最核心的价值就是对海量数据进行存储和分析。与现有的其他技术相比而言，大数据的"廉价、迅速、优化"三方面的综合成本是最优的。

二、大数据的 4V 特点

大数据的 4V 是指 Volume（大量）、Velocity（高速）、Variety（多样）、Value（价值）。

第一，数据体量大。从 TB 级别，跃升到 PB 级别。

第二，处理速度快。1 秒定律。这一特点与传统的数据挖掘技术有着本质的不同。

第三，数据类型多。数据类型包括网络日志、视频、图片、地理位置信息等。

第四，价值密度低。以视频为例，在连续不间断监控过程中，可能有用的数据仅仅有一两秒。若想挖掘出有用信息，必然要与数据挖掘技术相结合。

海量的数据处理注定需要特殊的技术，适合于大数据的技术，包括大规模并行处理（MPP）数据库、数据挖掘电网、分布式文件系统、分布式数据库、云计算平台、互联网和可扩展的存储系统等。

三、大数据处理分析工具

大数据分析是指在研究大量的数据的过程中寻找模式、相关性和其他有用的信息。它可以帮助企业更好地适应变化，并做出更明智的决策。

1. Hadoop

Hadoop 是以一种可靠、高效、可伸缩的方式对大量数据进行分布式处理的软件框架。它依赖于社区服务器，所以成本比较低，任何人都可以使用，可以轻松地在 Hadoop 上开发和运行处理海量数据。它主要有以下几个优点。

（1）高可靠性。按位存储和处理数据的能力值得人们信赖。Hadoop 事先假设计算元素和存储会失败，因此会维护多个工作数据副本，确保对失败的节点重新分布处理。

（2）高扩展性。Hadoop 是在可用的计算机集簇间分配数据并完成计算任务的，这些集簇可以方便地扩展到数以千计的节点中。

（3）高效率性。Hadoop 以并行的方式工作，能够在节点之间动态地移动数据，并保证各个节点的动态平衡，因此处理速度非常快。

（4）高容错性。Hadoop 能够自动保存数据的多个副本，并且能够自动将失败的任务重新分配。

2. HPCC

HPCC，High Performance Computing and Communications（高性能计算与通信）的缩写。

HPCC 是美国实施信息高速公路的基础上实施的计划，该计划的实施将耗资百亿美元，其主要目标要达到：开发可扩展的计算系统及相关软件，以支持太位级网络传输性能；开发千兆比特网络技术，扩展研究和教育机构及网络连接能力。

3. Storm

Storm 是一个分布式的、容错的实时计算系统。Storm 可以非常可靠地处理庞大的数据流，用于处理 Hadoop 的批量数据。Storm 很简单，支持许多种编程语言，使用起来非常有趣。Storm 由 Twitter 开源而来，其他知名的应用企业包括 Groupon、淘宝、支付宝、阿里巴巴、乐元素、Admaster 等。

Storm 有许多应用领域，如实时分析、在线机器学习、不停顿的计算、分布式 RPC（远过程调用协议，通过网络从远程计算机程序上请求服务）、ETL（Extraction-Transformation-Loading，即数据抽取、转换和加载）等。Storm 的处理速度惊人，经测试，每个节点每秒钟可以处理 100 万个数据元组。Storm 是可扩展、容错的，很容易设置和操作。

4. Apache Drill

通过开发"Drill"Apache 项目，组织机构将有望建立 Drill 所属的 API 接口和灵活强大的体系架构，从而帮助支持广泛的数据源、数据格式和查询语言。

5. Rapid Miner

Rapid Miner 是世界领先的数据挖掘解决方案，它的任务涉及范围广泛，包括各种数据艺术，能简化数据挖掘过程的设计和评价。现已应用在不同的领域内，包括文本挖掘、多媒体挖掘、功能设计、数据流挖掘、集成开发和分布式数据挖掘。

6. Pentaho BI

Pentaho BI 平台不同于传统的 BI 产品，它是一个以流程为中心的、面向解决方案（Solution）的框架。其目的在于将一系列企业级 BI 产品、开源软件、API 等组件集成起来，方便商务智能应用的开发。它的出现，使得一系列的面向商务智能的独立产品如 Jfree、Quartz 等，能够集成在一起，构成一项项复杂的、完整的商务智能解决方案。

"大数据"作为一个较新的概念，目前尚未直接以专有名词的形式被我国政府提出来给予政策支持。不过，在 2011 年 11 月 28 日工信部发布的《物联网"十二五"发展规划》上，信息处理技术作为 4 项关键技术创新工程之一被提出来，其中包括了海量数据存储和处理、数据挖掘、图像视频智能分析，这都是大数据的重要组成部分。而另外 3 项关键技术创新工程，包括信息感知技术、信息传输技术、信息安全技术，也都与"大数据"密切相关。

四、数据挖掘技术

数据是知识的源泉。但是，拥有大量的数据与拥有有用的知识完全是两回事。在这个信息技术高速发展的时代，人们积累的数据量急剧增长，动辄以 TB 计算，而"信息爆炸""数据多、知识少"的现象越发严重。如何从海量的数据中提取有用的知识成为当务之急，数据挖掘就是为顺应这种需要应运而生发展起来的数据处理技术。

1. 数据挖掘的定义

数据挖掘（Data Mining，DM）从狭义上是指从数据库中提取知识；从广义上讲是一个利用各种方法，从海量的有噪声的凌乱数据中，提取隐含和潜在的、对决策有用的信息和模式的过程。

"海量"：包括三种含义，即样本量庞大、样本量不大但数据维度很高、样本量庞大且数据维度很高；

"信息"：用于数据的分类预测；

"模式"：用于数据特征和关联性的刻画。

2. 数据挖掘的对象

根据信息存储格式，用于挖掘的对象有关系数据库、面向对象数据库、数据仓库、文本数据源、多媒体数据库、空间数据库、时态数据库、异质数据库和 Internet 等。

3. 数据挖掘的最终目的

数据挖掘的最终目的是发现人们不易察觉的、隐含的模式。一般来说，这些模式中最易于理解的是统计模型；其次是对数据的外围检测，对大规模数据集的模式识别、分类或聚类；最后是从理论和计算上解决在大多数数据库管理系统中存在的多维空间和大量的数据处理的问题。

4. 数据挖掘的流程

数据挖掘是一个过程，而非一个单纯的数据建模，是一个以数据为中心的循序渐进的螺旋式数据探索过程，它涉及业务理解、数据理解、数据准备、建立模型、方案评估和方案实施等，如图 2-16 所示。

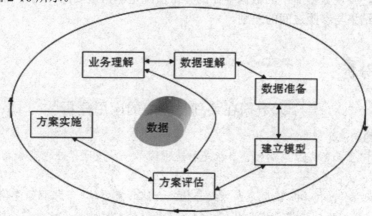

图 2-16　数据挖掘实施流程

5. 数据挖掘的任务

数据挖掘的任务主要是数据总结、分类、关联分析、聚类分析、预测、时序模式和偏差分析等。

（1）数据总结是对数据的基本特征进行概括，通过数据概括，不仅能够实现对数据多维度多层次的汇总，还能够得到数据分布特征的精确概括。可利用数据仓库 OLAP 技术进行数据的多维查询汇总，也可通过基本统计方法计算测度数据分布的集中趋势、离散程度以及分布对称性和陡缓程度。

（2）分类（classification）。分类的主要目的是通过向数据学习，分析数据不同属性之间的联系，得到一种能够正确区分数据所属组别的规律，即找出一个类别的概念描述，它代表了这类数据的整体信息。分类可被用于规则描述和预测。常用的分类方法有决策树、神经网络、Logistics 回归、判别分析等。

（3）关联分析（Association Analysis）。关联就是通过数据分析，找到事物之间的相互关联规则，包括简单关联、时序关联和因果关联。关联分析的目的是找出数据库中隐藏的关联网。一般用支持度和可信度两个阈值来度量关联规则的相关性，并不断引入兴趣度、相关性等参数，使得所挖掘的规则更符合需求。

（4）聚类分析（clustering）。聚类是一种在没有先验知识的条件下，根据某种相近程度的度量指标，自动对数据进行子集划分的技术。同一类中的数据彼此相似，不同类中的数据相异。聚类分析可以建立宏观的概念，发现数据的分布模式，以及可能的数据属性之间的相互关系。聚类分析适用于客户关系管理、交叉销售产品、金融诈骗等。

（5）预测（predication）。预测是利用历史数据找出变化规律，建立模型，并由此模型对未来数据的种类及特征进行预测。预测关心的是精度和不确定性，通常用预测方差来度量。

（6）时序模式（Time-Series Pattern）。时序模式是指通过时间序列搜索出的重复发生概率较高的模式。与回归一样，它也是用已知的数据预测未来的值，但这些数据的区别是变量所处的时间不同。

（7）偏差分析（deviation）。在偏差中包括很多有用的知识，数据库中的数据存在很多异常情况，发现数据库中的数据存在的异常情况是非常重要的。偏差检验的基本方法就是寻找观察结果与参照之间的差别。

 案例分析

大数据在菜鸟物流中的应用分析

一、菜鸟物流介绍

2013 年阿里巴巴成立菜鸟网，目标是打造中国第一物流网，在电商和物流领域引起极大反响。

"菜鸟网络"的核心价值观是大数据与物流仓储的完美结合。根据菜鸟网络的规划，8~10年后，它将建成一张能支撑日均 300 亿元网络零售额的智能物流骨干网络，让全国 2 000 个城市的任何地方都能做到 24 小时内送货必达。不仅如此，菜鸟网还提供充分满足个性化需求的物流服务，如用户在网购下单时，可以选择"时效最快""成本最低""最安全""服务最好"等多个快递组合类型来满足自身的期望。

而之所以能够提供这样的个性化服务，是基于阿里巴巴对于"大数据"技术的充分应用。客户选择所想要的快递组合类型后，阿里巴巴会根据以往的快递公司的表现、各个分段的报价、即时运力资源情况、该流向的即时件量等信息，甚至可以加上天气预测、交通预测等数据，进行相关的"大数据"分析，从而得到优化线路选项，以供客户选择。之后，系统会将订单数据发送到各个环节，由相应的物流公司完成。

二、菜鸟物流的作用

数据作为一种新的资源,数据的拥有者将来会获得越来越大的话语权。之所以菜鸟网络可以整合众多快递企业,就是因为阿里巴巴在数据上拥有绝对话语权。

通过对大数据的使用,菜鸟物流的网络将提升快递物流企业资源管控和利用率水平,而菜鸟物流的运作流程将提升快递物流企业的管理精细化与协同水平。此外,菜鸟物流平台在网络与流程结合的基础上,创造新的公共服务。

通过菜鸟物流的大数据分析,仓储运输的空间将被系统化布置,电商物流中心将得到大幅优化;将在物流节点公司上进行整合,为过去单一的物流企业搭建起桥梁;物流车辆行车路径也将被最短化、最畅化定制。

三、大数据在 2013 年"双十一"起的作用

与往年相比,2013 年的"双十一"独具特色,因为菜鸟网络横空出世,大数据应用为"双十一"物流配送发挥了积极的作用。2013 年"双十一"全天共产生订单快递物流量约 1.8 亿件。对比 2012 年的数据,几大快递公司 2013 年的流量全部翻倍,但并未出现像往年"快递爆仓"的现象,配送效率比往年更快。这其中,大数据应用起到了绝对的重要作用。

在"双十一"销售高峰中物流成为考验运营能力的重要因素,这就要求电子商务与快递物流之间必须很好地衔接起来。对此,首次投入的"双十一"菜鸟网络,就是通过大数据整合指导快递企业协作的。菜鸟网络的优势在于数据平台,通过与快递公司的合作,进而提高物流效率。

在 2013 年的"双十一"期间,菜鸟网络根据历史数据,以及 2013 年进入"双十一"的商家名单、备货量等信息进行综合的数据分析预测。由于菜鸟网络早已提前掌握了数据产品应用,用于指导商家、物流快递公司、消费者的物流信息联动,并运用物流数据雷达服务,为其提供详细的区域和网点预测,进而保证了物流配送效率。

当时虽然自菜鸟网络成立只有半年的时间,其物流数据平台又是首次全面接入物流体系,但从此次"双十一"物流配送的效率来看,在菜鸟网络的"首秀"中,大数据应用完全扛住了物流大考。菜鸟网络的数据支持和技术调配,将有助于中国物流行业的技术及数据支撑环境再上一个台阶,并可以使中国物流行业整体运营能力获得提升,从而更好地服务于未来仍将继续爆发的市场需求。

四、菜鸟物流对速递行业的影响

菜鸟网通过"大数据"所实现的数据透明与智能分析,给快递物流企业带来冲击。"大数据"让快递物流成本更加透明,让快递物流企业面对运营成本的直接 PK,使公司间的角逐变得更加惨烈。而与此同时,用户在"大数据"支持下肯定更愿意选择最优资源,而不像以前那样选择单独的某一家快递公司,这将使物流品牌的优势显得不再那么重要。

为此,快递物流企业急需提高自身的竞争力,以应对即将面临的严峻挑战,而菜鸟网所带来的并非都是挑战,实则还蕴含重大机遇。其对于"大数据"的高度重视和充分应用,值得快递物流企业认真思考和借鉴。抓住"大数据"的机遇,或将成为快递物流企业的重要出路。

大数据的价值在于从海量的数据中发现新的知识,创造新的价值。而快递物流行业正是一个产生大量数据的行业,在货物流转、车辆追踪、仓储等各个环节中都会产生海量的数据,如此多的资源不加以利用就是浪费。应用"大数据"技术,通过对各个物流环节的数据进行归纳、分类和整合,可以清楚地查看企业网络任何一个网点的经营现状和业务情况等。而通过运用科

技手段进行分析、提炼，"大数据"还可以为企业战略规划、运营管理和日常运作提供重要支持和指导。比如，通过数据分析，企业可以看到具体的业务运行情况，能够清楚地判断哪些业务利润率高、增长较快等，把主要精力放在真正能够给企业带来高回报的业务上，避免无端的浪费。同时，通过对实时数据的掌控，企业还可以即时对业务进行调整，确保每个业务都可以赢利，从而实现非常高效的运营。

大数据的核心是发现和预测，利用这个特点，还可以迅速提升快递物流行业的整体服务水平。例如，百世汇通就曾尝试运用大数据来管理、分析、判断加盟网点的运营行为，通过网点在系统内的足迹建立数据分析模型，成功地预测了几次网点的异动，使工作方式由被动式变为主动式、前置式，减少了大量客户投诉，把问题消灭在萌芽阶段。

随着物流企业应用大数据的逐渐深入，未来，企业获取的数据已不只是企业内部信息，还包括大量的外部信息。而通过对这些数据的收集、整理和分析，甚至可以做到为每一个客户量身定制个性化的产品和服务，从而颠覆整个物流商业模式。在这方面，菜鸟网已经提供了可以借鉴的经验。快递企业必须学会利用"大数据"，才能促进企业发展壮大。

本章思考题

1. 简述数据的逻辑组织结构。
2. 简述文件组织的多种方式。
3. 传统文件系统存在的弊端是什么？
4. 简述数据库系统的构成。
5. 何为模式？它与内模式、外模式之间存在什么样的映射关系？
6. 简述数据的存储过程。
7. 数据库设计包含哪几个步骤？
8. 何为实体联系模型？它包含哪几个要素？
9. 如何设计 E-R 模型？在设计时应注意些什么？
10. 关系模型的特点有哪些？
11. 何为函数依赖？它有哪些类型？
12. 简述关系的规范化过程。
13. 如何将 E-R 模型转换成关系模型？
14. 何为网络数据库？与传统数据库相比，它有哪些优点？
15. 简述网络数据库的访问过程。
16. 如何保障网络数据库的安全？
17. 何为数据仓库？它有哪些特点？
18. 简述数据仓库的体系结构。
19. 数据仓库中常见的数据组织形式有哪些？
20. 开发数据仓库的流程包含哪些步骤？

21. 某学院"教学管理"数据库模型的设计如下。

（1）该学院下设四个系，每个系有一个系主任主管该系工作。"系"的属性：系代号、系名称、系主任、办公地点。

（2）该学院有一定量的教师。"教师"的属性：教师编号、教师姓名、专业特长。

（3）学院将教师分配到各系，系与教师之间为一对多关系。

（4）学院招收学生。"学生"的属性：学号、姓名、性别、系代号。

（5）学院设置多项课程。"课程"的属性：课程号、课程名、学分。

（6）学生根据专业要求学习多门课程，且学生针对课程要有成绩。

（7）教师在教学活动中与课程发生联系，教师与课程为多对多关系，且教师的教学过程要被学生与学院评估。

要求：

（1）根据以上描述，画出系统的 E-R 图。

（2）根据画出的 E-R 图，描述出对应的关系模型。

第三章　物流企业网络技术

第一节　计算机网络概述

一、计算机网络的发展

1. 计算机网络的起源

从 1945 年冯·诺依曼发明第一台存储程序计算机以来，计算机的研究、生产和应用都取得了迅猛发展，计算机的应用已经渗透到社会经济和生活的各个方面，推动了经济的发展，改变了整个社会的生产方式、工作方式和生活方式。

由于微电子学和半导体工业的发展，生产出集成度越来越高的芯片，导致个人微型计算机（简称微机）的出现和广泛应用。随着个人微机的普及，个人微机有限资源和处理能力的局限逐渐显示出来；另外，社会经济的快速发展，促使经济活动的范围愈来愈广泛，社会的变化愈来愈快，人们愈来愈认识到信息的重要性，把当今世界称为信息时代，普遍认识到信息已经成为社会的宝贵财富。因此，信息产业成为当前最活跃、最有发展前景的新兴行业，而信息的采集、存储、传输、加工和应用日益与计算机技术和通信技术的发展紧密结合在一起，计算机网络就是这种结合的产物。

人类社会的进步日新月异，人类在科学技术、文化、经济、医药卫生等方面积累的浩瀚的知识，数量之大仅靠传统的媒体和方法是不可能保存、传播和加工的。如何让人类共享这些精神财富是促进世界经济发展的当务之急，计算机网络也随着这种需求而得到迅速发展和广泛应用。

计算机网络已有 20 多年的发展史，在我国它的历史虽不长，但在 21 世纪的今天，市场经济的快速发展，特别是金融业的发展，促进了计算机网络的普遍使用。飞速发展的邮电业和企业管理现代化离不开计算机网络，计算机网络技术的研究已成为目前非常活跃的领域。

随着计算机应用领域的扩展和深入，只局限于单个计算机系统来采集、处理信息已不能满足要求，特别是随着信息作为一种资源的重要性逐步被人们认识，以及信息的覆盖和交流范围愈来愈广泛，如何借助通信技术和线路实现对异地计算机系统的控制访问，乃至把不同地域的计算机系统连接起来，实现资源共享，就成为迫切需要解决的问题。

自 1968 年美国国防部研究计划局（ARPA）主持研制的 ARPA 计算机网络投入运行以来，世界各地计算机网络的建设迅速发展。特别是个人微机以极快的速度深入寻常百姓家庭，微机局部网络成为当前办公自动化、各种各样的管理信息系统的应用热点。不同地区、不同国家的计算机网络相互连接，形成覆盖范围极广的国际网络。

Internet 网络是迄今为止全球最为成功和覆盖面最广的国际网络。它始于 1980 年的美国，采用 TCP/IP 协议。目前，Internet 网已经把世界上 150 个国家和地区，数百万台计算机，上万个区域性网络连接在一起，网络用户达到几千万，并正在借助于计算机的多媒体技术，利用 Internet 网络进行声音和图像的同步传输试验。无疑，这将促进世界各国的科技文化交流及经济贸易的发展。

2. 计算机网络的发展

随着计算机应用领域和范围的不断扩大，也随着通信技术的发展和计算机硬件性能的迅速提高，计算机网络逐步发展起来，形成一门独立学科和研究方向。计算机网络的发展历史并不长，但速度很快，经历了从简单到复杂，从低级到高级的发展过程。这个过程可划分为四个阶段：具有通信功能的单机系统、具有通信功能的多机系统、计算机通信网络和计算机网络。

（1）具有通信功能的单机系统。早期计算机的体积大、性能低、价格昂贵，主要应用于科学数值计算，多集中在高等院校和研究单位的计算中心。如果要应用计算机，一般要到计算中心去上机，但有些远距离或异地用户就颇感不便，例如气象部门，天气预报离不开计算机，但由于经费缺乏又不可能拥有计算机。为了解决这类问题，借助于当时已经成熟的通信技术与已有的通信设备和线路，在计算机内部增加了通信功能，使异地用户能在远程终端上联机操作，包括输入数据，命令远地计算机进行处理，并把处理结果送回远程终端。如图 3-1 所示，这种具有远程终端的联机工作方式是计算机与通信技术结合的产物，大大提高了计算机系统的工作效率和服务能力。

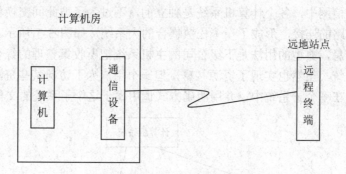

图 3-1　具有通信功能的单机系统

（2）具有通信功能的多机系统。在单机系统中，随着所连接远程终端数增加，加上当时计算机的性能还比较低，计算机既要进行处理，又要承担通信任务，使得主机负担沉重，效率很低；而且，当时的每个远程终端多用专用线路与主机相连，数据传输率低，因此线路的利用率也较低。为了克服第一个缺点，在主机设置一个通信处理机，专门负责与终端的通信工作，其功能还可以扩展，协助主机对信息进行预处理，让主机的资源全部花费在数据处理上。为了克服第二个缺点，可在远程终端较集中的区域设置线路集中器，大量终端先通过低速线路连到集中器上，由集中器按照某种策略分别响应各个终端，并把终端送来的信息按一定格式汇集起来，再通过高速通信线路一起送给主机，如图 3-2 所示。

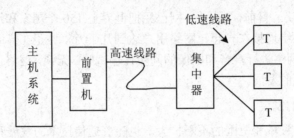

图 3-2　具有通信功能的多机系统

通信处理机和集中器常用性能较低的计算机，但要求通信功能较强，它们主要负担通信任务，还可根据情况担负如信息压缩、代码转换，甚至一些信息预处理之类的任务。这种结构实际上已解决了两台计算机之间的通信问题，双方既发送信息，又接收信息，只不过信息主要集中在主机上进行处理。

（3）计算机通信网络。在 20 世纪 60 年代末，随着计算机硬件性能的提高和价格的降低，计算机的社会拥有量大大增加，应用范围不断扩大，特别是在财政、金融、事务处理方面应用的需求很大，采用远程终端对计算机进行联机操作已不符合要求，意义也不大，当前紧迫的要求是把分布在不同地点，包括相距很远的计算机连接起来，实现信息交换，以满足像证券、期货交易等经济活动对信息的及时需要。这种以传输信息为主要目的，用通信线路和主机系统连接起来的计算机群，称为计算机通信网络。这种网络是计算机网络的低级形式，上述美国 ARPA 网就是这种最早的计算机通信网。

在计算机通信网中，各个计算机系统是独立的，不过为了彼此间交换信息而借助于通信设备和通信线路的连接，形成了一个松散耦合的大系统，如图 3-3 所示。这种网络的主要用途是传输信息，典型的用法是下级公司的主机系统把所收集整理的综合信息传输给上级公司的主机系统，虽然也实现了资源共享，但一个用户为了访问某些资源，必须预先知道这些资源存放在哪个子系统中，并用明确方式调用属于这个子系统的文件。

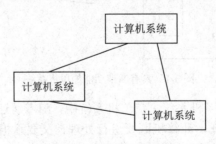

图 3-3　计算机通信网络

（4）计算机网络。随着计算机通信网络的广泛应用和网络技术研究的进展，计算机用户对网络提出了更高的要求，即希望共享网内的计算机系统资源，或调用网内几个计算机系统共同完成某项任务。这就要求用户对计算机网络的资源像使用自己的主机系统资源一样方便。为了实现这个目的，除要有可靠、有效的计算机和通信系统外，还要求制定一套全网一致遵守的通信规则和用来控制协调资源共享的网络操作系统。

在计算机网络中，用户把整个网络看作一个大的计算机系统，用户不必了解这个网络是由哪些子系统构成的，不必熟悉所关心的信息放在哪个子系统，也不必担心自己的信息资源被非法侵犯，这些问题都由网络操作系统来协调管理，用户可用极简单的方式访问被授权的某些资源，并为了加速处理某个紧迫或复杂的大问题，调用几个计算机系统来协同完成。也只有这样，才真正称得上信息是国际大家庭的共同财富。

二、计算机网络的概念及组成

1. 计算机网络的概念

计算机网络是用通信介质把分布在不同地理位置的计算机和其他网络设备连接起来，实现信息互通和资源共享的分布式系统。

也可以把计算机网络简单定义为"一组自主计算机系统的互连"，并可由以下几点加以解释：

（1）被连接的计算机应自成一个完整的系统，即有自己的 CPU、主存储器、终端，甚至辅助存储器，还有完善的系统软件（如操作系统等），能单独进行信息处理加工。

（2）自主是指联网的计算机之间不存在制约控制关系。

（3）一般的外部设备不能直接挂在网上，只有直接受一台计算机控制的外部设备，通过该台计算机的联网而成为网上资源。

（4）计算机之间的互联通过通信设备及通信线路实现，其通信方式多种多样，通信线路分有线（如双绞线、同轴电缆等）和无线（如微波、卫星通信等）。

（5）要有功能完善的网络软件支持，如网络操作系统，由它控制与协调网络资源的分配、共享等。

（6）联网计算机之间的信息交换要有共同语言，共同语言由事先约定的一套通信协议来实现。

计算机网络的重要概念还有以下两点。

（1）网络介质。数据传输的物理通道，有同轴电缆、双绞线、光纤、微波、卫星信道等。

（2）协议。网络设备间进行通信的一组约定，如 IEEE 802.3，802.4，FDDI，ATM，TCP/IP 等。网络协议具体规定了设备间通信的电器性能、数据组织方式。

2. 计算机网络与传统多用户计算机系统之间的区别

从广义上讲，计算机网络系统实际上也是一个多用户数据处理系统，可以认为它是对"传统"多用户系统的一个合乎逻辑的变型、进化。但它与传统多用户系统之间有明显的差别，这些差别主要表现在如下两个方面。

（1）传统的多用户系统一般由一个功能很强的中央处理机（具有高速 CPU 和大容量主存储器），若干联机终端，以及一个多用户操作系统组成。终端一般不具备独立的数据处理能力，它们靠操作系统把主存储器的一部分分配给由各个终端联机的用户，用来临时存放程序和数据，把 CPU 的一部分时间分给各个终端用户，操作系统采用某种调度算法来轮换地运行各个联机用户的程序。每个联机用户似乎都感到自己在独占这个计算机系统。逻辑上，每个用户都获得一个虚机器，这个虚机器的性能比起物理机器低得多。

网络上的用户是通过网络工作站来入网操作的。工作站本身就是一个功能完善的计算机系统，有自己的CPU、主存储器、终端，甚至磁盘机和打印机，还有自己的一套系统软件。虽然网络用户也共享网上的硬件资源（如网络打印机等），但对网上共享的信息资源，是用自己的物理CPU和存储器来处理或执行。

（2）传统多用户系统的联机终端多数通过串行接口RS—232C连接，而网络工作站需要通过网络适配器和传输介质来实现连接通信。

3．计算机网络的组成

无论是远程计算机网络还是局域计算机网络，在系统结构上均具有如下三个基本特性。

（1）网络由两台或两台以上完全独立的计算机系统组成，其机型和型号不限。

（2）各个独立的计算机系统通过通信链路，实现在物理和逻辑上的相互连接，系统的拓扑结构不限。

（3）无论系统中的共享资源是集中控制还是分散控制，各个计算机均可独立地运行作业程序。

计算机网络由计算机系统、通信链路和网络接点构成。由图3-4可见，计算机网络从功能上可分为两部分：资源子网和通信子网。用户通过终端可以访问分布在各处的主机上的数据信息，从而实现整个系统的软硬件、信息等资源的共享。

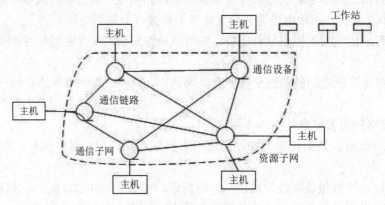

图3-4　计算机网络的组成

由于计算机网络是通过通信链路，把分布在不同地方的两台或多台计算机及终端或外部设备连接成的一个网络结构，因此，它能实现系统内信息交换和资源共享，从而提高系统使用效率和增强系统功能。

因此，计算机网络系统由以下三部分组成。

（1）计算机系统和终端设备。计算机系统是大型机、小型机、个人计算机等；终端设备包括各种输入输出设备。

（2）通信传输设备，包括传输介质、通信设备及通信控制设备，如通信处理机等。

（3）网络软件，包括通信协议、通信控制程序、网络操作系统和网络数据库等。

三、计算机网络的功能及分类

1．计算机网络的功能

计算机网络的主要功能有以下几点。

（1）资源共享功能。资源共享是计算机网络最有吸引力的功能之一。共享的资源包括以下三种。

① 软件资源。如专用绘图程序、网络版软件等。

② 硬件资源。主要是一些比较昂贵的设备，如主机设备、大容量磁盘、激光打印机扫描仪等。

③ 数据资源。各种数据库和文件中存储有大量的信息资源，通过计算机网络，这些资源可以被不同地域的人共同利用。

网上用户可以部分或全部地共享这些资源，互通有无，协同工作，从而大大提高了系统资源的利用率。

（2）信息快速传输和集中处理功能。分布在不同地域的计算机系统通过网络及时、高速地传递各种信息，并根据实际需要对信息进行分散或集中处理是计算机网络的基本功能。

（3）均衡负载及分布处理功能。利用网络技术，对网络中任务过重的计算机系统，可以通过网络将其部分任务传送到网中空闲的计算机上进行处理，以均衡使用网络资源；对复杂的大型问题可采用适当的算法，将任务分散到网中不同的计算机上进行处理，实现分布式处理。

（4）综合信息服务功能。当今社会是信息化社会，各行各业每时每刻都在产生并处理着大量的信息，通过计算机网络向社会提供各种信息服务已越来越普及，综合信息服务已成为计算机网络的基本服务功能。Internet 即是最好的实例。

（5）提高系统的可靠性。网络中计算机互为后备机，可提高系统的可靠性，一台机器的故障不致引起整个系统的瘫痪。

2．计算机网络的分类

计算机网络的分类方法有很多种，有许多标准可以作为网络分类的依据。下面列举几种常见的网络类型及分类方法并简单介绍其特征。

（1）按地理范围分类。这是一种最常见的分类依据，按照网络覆盖的地理范围，可分为如下几类。

① 局域网（Local Area Network，LAN）：局域网指传输距离在 0.1～10km，传送速率在 1～10Mbps 的范围较小的一种网络。局域网是计算机网络发展最快的一个分支，经过 20 世纪 60 年代的技术准备、70 年代的技术开发和 80 年代的商品化阶段，现在已经在企事业单位的计算机应用中发挥着重要作用，目前正朝着多平台、多协议、异机种方向发展，数据传输速率已达 100Mbps，带宽也在不断提高。

② 城域网（Metropolitan Area Network，MAN）：规模局限在一座城市的范围内，10～100km 的区域。这是在网络发展应用的过程中出现的一种新的类型，通常会根据城市的大小划归到局域网或广域网中。

③ 广域网（Wide Area Network，WAN）：广域网是局域网的扩展。广域网一般由相距较远的局域网经由公共电信网络互联而成，数据传输速率一般在 1.2～1.554Mbps，传输距离可遍及全球。

④ Internet：即"因特网"，是国际最大的互联网。它包含各种不同领域的应用系统，能够提供商务、政治、经济、娱乐、新闻、科技等各类信息，实现全球范围的信息资源共享。Internet 发展很快，目前已形成覆盖全球的网络，成为远程网的代名词。我国的 CHINANET、CERNET 等都是该网的一部分。

目前，局域网和广域网是网络的热点，局域网是组成其他两种类型网络的基础，城域网一般都加入了广域网，广域网的典型代表是 Internet。需要说明的是，局域网的发展速度十分迅猛，所能覆盖的地域范围日渐增大、使用的传输介质也呈多样化，所以局域网和城域网的界限就更加模糊了。

如果说广域网的作用是扩大了信息社会中资源共享的范围，那么局域网的作用则是进一步增强了信息社会中资源共享的深度。局域网是继广域网之后网络研究与应用的又一个热点。20 世纪 80 年代，局域网技术出现了突破性的进展。在局域网领域中采用以太网（Ethernet）、令牌总线（Token Bus）和令牌环（Token Ring）的局域网产品形成鼎立之势，并且形成了国际标准。采用光纤作为传输介质的光纤分布式数字接口（FDDI）产品，在高速网与主干网应用方面也起到了重要的作用。

20 世纪 90 年代，局域网技术在传输介质、操作系统和客户/服务器计算模式等方面都取得了重大进展。在 Ethernet 网络中，用非屏蔽双绞线实现了 10～100Mbps 的数据传输率，光纤的介入可使数据传输率达到 1 000Mbps 以上，并在此基础上实现了网络结构化布线技术。局域网操作系统 NetWare、Windows、UNIX、Linux 的广泛应用，使局域网技术进入成熟阶段。客户/服务器计算模式的应用使局域网服务功能达到了更高的水平。而 TCP/IP 协议的广泛应用，使网络互联技术发展到一个崭新的阶段。

（2）按网络的拓扑结构分类。按照这种分类方法，网络可以分为总线型、星型、环型、树型和混合型结构等类型。

① 总线型结构。如图 3-5 所示，在网络中所有的工作站共享一条数据通道。总线型网络安装简单方便，需要铺设的电缆最短，成本低，而且某个工作站的故障一般不会影响整个网络，但传输介质的故障（总站故障）会导致网络瘫痪。总线型网络安全性低，监控比较困难，增加新工作站也不如星型网络容易。

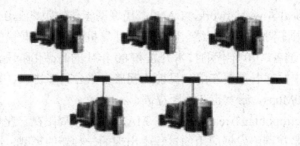

图 3-5　总线型网络结构

② 星型结构。如图 3-6 所示,在星型拓扑结构中,工作站通过点到点通信线路与中心节点(集线器或交换机)连接。中心节点控制全网的通信,任何两节点之间的通信都要通过中心节点。星型拓扑结构的特点是结构简单,便于管理,很容易在网络中增加新的站点,数据的安全性和优先级容易控制,易于实现网络监控,但中心节点的故障会引起整个网络瘫痪,中心节点也是全网可靠性的瓶颈。

③ 环型结构。如图 3-7 所示,在环型拓扑结构中,节点通过点到点通信线路,连接成闭合环路,环中数据将沿一个方向逐站传送。环型拓扑结构简单,容易安装和监控,传输延时确定,但是环中每个节点与连接节点之间的通信线路都会成为网络可靠性的瓶颈。环中任何一个节点出现线路故障,都可能造成网络瘫痪。环形结构的容量有限,网络建成后,难以增加新的环节点。

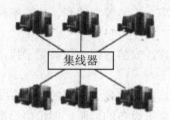
图 3-6 星型网络结构

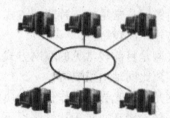
图 3-7 环型网络结构

④ 树型结构。树型拓扑结构可以看成是星型结构的扩展。在树型结构中,节点按层次进行连接,信息交换主要要在上下层节点之间进行,相邻及同层节点之间一般不需要进行数据交换(或数据交换量很小)。树型拓扑网络结构主要适用于汇集信息的应用要求。如图 3-8 所示的网络系统,就是一个典型的多服务器、高速干线的树型网络结构,可以认为是三个星型网络的互联。网络中三台服务器可分别提供不同的网络服务,如 DNS 服务、E-mail 服务和 Web 服务等。办公交换机与主交换机之间使用光缆连接,工作站和服务器使用双绞线与交换机连接。网络管理和各种服务的提供由交换机和服务器群承担,内部网络通过防火墙和路由器连接 Internet。

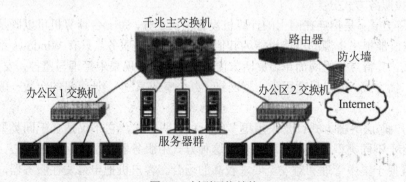
图 3-8 树型网络结构

⑤ 混合型结构。如图 3-9 所示,混合型结构是将多种拓扑结构网络连接在一起而形成的。这种结构的网络吸收了各种结构的优点。

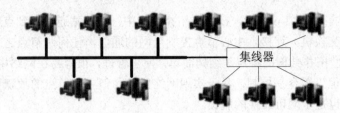

图 3-9　混合型网络结构

不同的网络结构各有其特点，具体选择何种结构的网络，应在系统建设中根据系统的响应时间、信息量、系统投资、可靠性要求等进行综合分析。

（3）按传输介质分类。

① 有线网：采用同轴电缆和双绞线及光纤来连接的计算机网络。

同轴电缆网是常见的一种联网方式，它比较经济，安装较为便利，传输率和抗干扰能力一般，传输距离较短。

双绞线网是目前较常见的联网方式，它价格便宜，安装方便，但易受干扰，传输率较低，传输距离比同轴电缆要短。

光纤网是采用光导纤维作传输介质的联网方式，是目前最为常用的联网方式。光纤传输距离长，传输率高，抗干扰性强，不会受到电子监听设备的监听，但价格昂贵，需要高水平的安装技术。

② 无线网：即用电磁波作为载体来传输数据的计算机网络。

无线网络联网费用较高，目前尚未普及，但由于联网方式灵活方便，是移动商务发展的技术基础，发展前景广阔。

局域网常采用单一的传输介质，而城域网和广域网采用多种传输介质。

（4）按通信方式分类。

① 点对点传输网络：数据以点到点的方式在计算机或通信设备中传输。星型网和环型网通常采用这种传输方式。

② 广播式传输网络：数据在公用介质中传输。无线网和总线型网络属于这种类型。

（5）按服务方式分类。

① 对等方式：是指连在网上的计算机没有主次之分，每一台计算机可以既是客户又是服务器，它既能提出资源的申请也能为其他的计算机提供服务。只有 Windows 系统支持这种联网方式，其特点是组网简单，灵活方便，但是较难实现集中管理与监控，安全性也低，但因采用广播方式，所以只适用于小型网络（办公室或家庭），计算机的台数一般不超过几十台。

② 客户机/服务器方式：是采用更多的一种组网方式，它不仅适合于同类型计算机联网，也适合于不同类型的计算机联网。在这种方式中服务器是整个网络的核心，它适合大型网络，且便于集中管理和对安全要求较高的场合。客户机把申请发往服务器，服务器响应后返回结果。只有服务器提供共享资源，而客户机只能登录到服务器，经服务器认证后，才能访问授权资源。

组网方式的选择是在安装网络操作系统时确定的，而和硬件连接具体拓扑结构分类无关。

第二节　Internet 概述

一、Internet 的历史与发展

Internet（因特网）是全世界范围内千百万台计算机组成的全球信息网络。Internet 原本是"互联网间网"的意思，由于它的国际性，又被称为国际互联网。

Internet 是 20 世纪最伟大的发明之一。能够改变人类生活方式的技术并不常出现，电话的发明给人类的生活方式带来了巨大的变化，电视、汽车和计算机的出现也很大程度地改变了世界。同样，Internet 是又一个改变世界的新技术，它改变了人们与世界交流的方式。如何购物，如何同其他人交流，到哪里去娱乐，到哪里去工作，所有这些都将受到 Internet 的影响或改变。Internet 与人们的生活息息相关：你会在几分钟之内收到来自世界各地的电子邮件；你要旅游，想知道伦敦此时的天气情况，通过 Internet 你会看见那里的白云在流动；坐在家里你可查询世界各地的图书馆的资料；你会觉得整个世界都近在眼前，你可由 Internet 将自己的产品推向全球各地。"秀才不出门，能知天下事"已成为事实。

Internet 现在仍然是一个崭新的领域。最初它只是供研究人员和高校师生使用，然而最近 Internet 发展十分迅猛，网上人们的交流和商业活动已达到了令人惊奇的程度，而且越是这样就越吸引人。目前有 150 多个国家和地区与 Internet 连接，计算机联网量在以飞快的速度不断升级。国际电信联盟（以下简称"ITU"）发布《2014 年信息与通信技术》报告称，到 2014 年年底，全球互联网用户数量将达到约 30 亿人，占全球人口总数的约 40%。在这些互联网用户中，2/3 来自发展中国家。

中国互联网信息中心（CNNIC）发布的第 36 次《中国互联网络发展状况统计报告》显示，截止到 2015 年末全球互联网用户数量达 32 亿人，较 2014 年同比增长了 6.7%。中国互联网用户达到 6.88 亿人，约占总人口的 50.3%。其中，移动互联网用户达到 6.2 亿人，占 90.1%。

1. Internet 的历史

1969 年，美国国防部设立了高级研究计划局，国防部认为他们需要一个能在战争期间使用的通信网络。它的设计目标是当网络的一部分受损时，报文仍然能够通过其他途径到达预定的目的地。这一计划成功了，ARPANET（阿帕网）从此也就诞生了。

ARPANET 向 Internet 演变是在 20 世纪 80 年代。ARPANET 本身是成功的，但它不是 Internet。1983 年，根据实际需要，ARPANET 被分离成了两个不同目的的系统，一个是服务于研究活动的民用 ARPANET，而另一个是供军方专用的 MILNET（军用网），两个网络是互联在一起的，并可彼此交换信息，这便是后来的 Internet 网络。当国防部有关分网的争论还没有停息时，另外一些网络包括 BITNET 网络和 CSNET（计算机科学网络）已开始出现了。最初它们是完全分离的，分别用于教育和研究领域，但过了一段时间它们为了信息共享而有组织地连到了 Internet 网上。

Internet 发展中最重要的一步发生在 1986 年，美国国家科学基金会为弥补现有网络的

不足，决定建设 NSFNET 网，将全国的一些高速的巨型机连接成网，用于科研领域，同时 ARPANET 网被取消。

1990 年，NSFNET 已互联 3 000 多个主要网络和 20 万台计算机，NSFNET 网从此取代了 ARPANET 网成为 Internet 上的骨干网。

2. Internet 的现状及特点

Internet 发展迅猛，1985 年就拥有 2 000 多台主机，到 1995 年已增至 300 多万台，拥有用户 3 000 多万。这些用户通过在 Internet 上的主机与 Internet 相连，他们之间可以互通电子邮件。

NSF（国家科学基金会）正逐步把 Internet 租给私人企业。无论是从经济还是政治上考虑，NSF 都无法再继续为 Internet 提供资金支持。从经济上讲，NSF 需要花费巨资来维持 Internet 的运转，因为 Internet 的增长已远远超出了 NSF 最初所预期的规模；从政治上讲，当 NSF 最初为 Internet 提供资金时，Internet 主要还是用于教育和研究，但 Internet 正越来越商业化，在美国许多人已开始对政府机构为商业企业提供资金感到不满。

如果 NSF 资助 Internet，这是否说明 NSF 拥有 Internet 呢？当然不是。Internet 不属于任何机构或个人，不可能将连接到 Internet 上的所有私人网络归属于谁。确实存在少数机构处理 Internet 的日常运行情况，但没有一个集中的管理机构，也不存在所有者。事实上，正是由于 Internet 拥有众多的参与者而不存在单一的所有者，Internet 才具有目前的开放性和多样化。

Internet 在中国的发展起步较晚，开始于 20 世纪 80 年代中后期，但是其发展速度是惊人的。目前构成我国因特网的主干网有四大网络，即中国科学院管理的科学技术网、教育部管理的教育科研网、邮电总局管理的公用网和信息产业部管理的金桥信息网。

（1）科学技术网（CSTNET）。科学技术网是由中国科学院主持的，1994 年 4 月正式开通了与 Internet 的专线连接。1994 年 5 月 21 日完成了我国最高域名 CN 主服务器的设置，实现了与 Internet 的 TCP/IP 连接。其目标是将中国科学院在全国各地的分院所的局域网联网，同时连接中国科学院以外的中国科技单位。它是一个为科研、教育和政府部门服务的网络，主要提供科技数据库、成果信息服务、超级计算机服务、域名管理服务等。

（2）教育科研网（CERNET）。教育部主持建设的中国教育科研计算机网络于 1995 年底连入因特网，其目标是将大部分高校和有条件的中、小学校连接起来。该网络的结构是各学校建立校园网，校园网连入地区网，地区网连入主干网，从而实现与因特网的连接。它是一个面向教育、科研和国际学术交流的网络。

（3）公用计算机因特网（CHINANET）。邮电部于 1994 年投资建设中国公用 Internet，1995 年初与国际 Internet 连通，1995 年 5 月正式对社会服务。CHINANET 的网络结构是以北京为中心，形成全国 30 个省市节点组成的主干网，分别以这 30 个城市为核心连接各个省的主要城市，形成地区网，个人和单位可连入地区网。全国各电信局、邮电局均可办理入网手续。

（4）金桥信息网（GBNET）。金桥网是国家公用经济信息网，于 1996 年 9 月正式开通并向社会服务。

随着因特网技术的不断发展和普及，越来越多的家庭、单位和个人已经介入因特网，并正在以前所未有的速度急速增长。

3. Internet 的未来

Internet 在世界范围内不断发展壮大，20 世纪 90 年代初开始进入了全盛发展时期，每月新增用户达 200 多万人。也许某些人不适应 Internet 的使用方式，但绝大多数人喜欢使用它，这其中包括直接与 Internet 相连的用户，或是通过联机服务、雇主、学校与 Internet 相连接的用户。Internet 正向全球化、全民化、商业化趋势发展。

商业风险投资商和一些大公司已经注意到了这些增长趋势。目前，他们的很大一部分风险投资是投在 Internet 上的。微软、AT&T 这样的大公司也纷纷加入这一行业，使竞争更加激烈。Internet 上激烈的竞争主要表现在以下几个方面。

（1）Internet 上的可用资源越来越丰富。几年以前只有搞研究的科学家们才喜欢 Internet，但是随着 Internet 的迅速发展，人们已经能够很方便地从 Internet 上得到所需要的内容。新的查询工具也在不断地出现。

（2）软件越来越易于使用，界面越来越友好。在 Internet 上人们使用最多的资源是电子邮件（E-mail）和万维网（WWW）。在过去的几年里，它们已经得到了很大的发展，用户不必记住复杂的命令和键盘组合，而仅仅用鼠标就可完成在 Internet 上的工作。

（3）传输速度变得更快。曾经有一个时期 1 200bps 的调制解调器是世界上速度最快的调制解调器，随后 2 400bps，9 600bps，14.4Kbps，28.8Kbps，33.6Kbps 和 56Kbps 的调制解调器相继出现。当然，调制解调器技术不是决定 Internet 传输速度的唯一方法，许多看不见的技术也可能正在快速地发展着。

二、Internet 的结构与特点

1. Internet 的结构

从使用者的角度看，Internet 是一个庞大、复杂的计算机网络。它是将分布在不同网络上的、不同的计算机通过通信线路连接起来所组成的一个整体。然而，从技术实现的角度看，Internet 是一个"网络的网络"（网际网），它实际上是由许多网络（包括局域网、城域网和广域网）互联而构成的。

Internet 提供了种类繁多的服务项目，其中大多数的服务都采用客户机/服务器的工作模式，这样可以充分发挥 Internet 的优势，提高系统的工作效率，降低应用系统对硬件的技术要求，使各种类型和档次的计算机（包括普通的微机）都可以作为 Internet 的主机使用。

我们在这里简单地介绍中国国内 Internet 主干网 CHINANET 的结构。CHINANET 是由我国邮电部管辖的中国公用计算机互联网，目前已在北京、上海、广州等 31 个城市设立了网络节点。1997 年 10 月底，接入我国 CHINANET 的计算机达 25 万台，联网用户人数超过 60 万。截止到 2013 年 12 月，中国网民规模已达到 6.18 亿人，互联网普及率为 45.8%。CHINANET 采用 TCP/IP 技术向全国和全世界提供各项公用服务。

CHINANET 网络拓扑采用分层结构，即由核心层、访问层和网管中心组成。核心层是 CHINANET 的主干网，提供 CHINANET 所需的各种资源，同时也为国内 Internet 服务提供者提供高速访问端口。访问层主要提供访问端口和用户访问管理。网管中心负责对全网的设备和中继电路以及运行情况进行实时监控和管理。此外，CHINANET 还与帧中继网、分组交换网、电话网和电子邮箱系统互联，使用户能以不同的方式访问 CHINANET。

2. Internet 的特点

Internet 发展如此迅猛，主要是它有如下一些特点。

（1）灵活多样的入网方式是 Internet 获得高速发展的重要原因。任何计算机只要采用 TCP/IP 协议与 Internet 中的任何一台主机通信就可以成为 Internet 的一部分。Internet 所采用的 TCP/IP 协议成功地解决了不同硬件平台、不同网络产品和不同操作系统之间的兼容性问题，标志着网络技术的一个重大进步。因此，无论是大型主机或小型机，还是微机或工作站都可以运行 TCP/IP 协议并与 Internet 进行通信。正因为如此，目前 TCP/IP 已经成为事实上的国际标准。

（2）Internet 采用了目前在分布式网络中最为流行的客户/服务程序方式，大大增加了网络信息服务的灵活性。用户在使用 Internet 的各种信息服务时可以通过安装在自己主机上的客户程序发出请求，与装有相应服务程序的主机进行通信，从而获得所需要的信息。每台主机可以根据自己的条件和需要选择运行不同的客户程序和服务程序。凡是装有服务程序的主机均可以对其他主机提供信息服务。当自己的主机没有所需要的客户程序时，可以通过远程登录连接到公共客户程序。此外，还可以通过多次连接与一系列的主机通信，在 Internet 上漫游。Internet 网中的主机不论其所在网络 IP 地址的级别如何，也不论主机的大小，都具有平等的地位。信息的存储和查找也是分布式结构，从网络负荷的分配看比集中式网络要合理得多。

（3）Internet 把网络技术、多媒体技术和超文本技术融为一体，体现了当代多种信息技术互相融合的发展趋势。以光盘为介质的多媒体技术在个人计算机上已经应用得相当普遍了，超文本技术也在单机环境下发挥过不少作用。但是由于没有网络技术的支持，其用途仍然有限。Internet 把网络技术、多媒体技术和超文本技术融为一体，真正发挥了它们的作用。从航天飞机的图片、卫星云图到医学切片，从流行音乐、古典音乐到莫斯科红场的钟声，都可以从特定的系统中获取。它为教学、科研、商业广告、远程医学诊断和气象预报等应用提供了新的手段。多媒体技术和超文本只有与网络技术相结合才能真正发挥它们的威力。

（4）收费低廉。Internet 的发展获益于政府对信息网络的大力支持，国家科学基金会多年以来对发展 Internet 所作的经济承诺无疑是 Internet 获得成功的一个重要因素。这说明政府在发展国家信息基础结构过程中的巨大作用，特别是发展的初期阶段。正因如此，Internet 服务的收费也很低。这可以吸引更多的用户使用网络，形成一种良性循环。Internet 的收费标准完全可以被一般用户接受，大学、机关和企业更是如此。

（5）有极为丰富的信息资源，而且多数是免费的。虽然 Internet 最初的宗旨是为大学和科研单位服务，但目前它已经成为服务于全社会的通用信息网络。从使用"哈勃"望远镜收集的数据到美国总统的报告,从天气预报到订购意大利薄饼,从所有的 Gopher 服务器、WAIS 服务器、Archie 服务器到 WWW 服务器都是免费的,此外还有许多免费的 FTP 服务器和 Telnet 服务器。

（6）丰富的信息服务功能和友好的用户接口使 Internet 可以做到雅俗共赏。Internet 的丰富信息服务方式使之成为功能最强的信息网络,传统网络的功能均包括在内,此外还有许多新的功能。除了 TCP/IP 协议所提供的基本功能外,还有许多高级的信息服务方式和友好的用户接口。以 Gopher 客户程序为例,它可以使用 Internet 上所有 Gopher 服务程序所存储的信息（通常称为 Gopher 空间）,而且主机地址和存取路径对用户是完全透明的。Archie、WAIS 和 WWW 的情况十分类似。这种强大的网络信息服务手段是其他网络难以比拟的。在 WWW 通信协议的基础上开发的 Mosaic 软件是目前水平较高的网络化用户接口,其强大的"导航"功能可以帮助用户在 Internet 的信息海洋中随意漫游。

三、Internet 的应用

1. Internet 的应用领域

现在 Internet 上的资源几乎无所不包,并且与日俱增。Internet 的应用已经逐步渗透到人类生活的各个方面,极大地影响和改变着人类的生活习惯及工作方式,特别是在以下几个方面显得更为突出。

（1）Internet 在科研和教育中的应用。Internet 和它的前身 ARPANET 的目的一直是使研究人员能更好地相互交流,并为他们提供辅助研究的各种工具。现在许多国家的大学和研究机构都将自己的局域网与 Internet 相连,成为 Internet 的一部分。科技人员不但能利用 Internet 进行全球性的文献、资料检索,交换实验数据和学术思想,而且还能在本地参加国际合作研究项目。例如,他们可以通过 Internet 观察到实验现场的数据和画面,并有可能进行实时的计算机模拟。

现在不仅是大学,而且许多中、小学也与 Internet 相连,这种发展趋势已开始改变着传统的教育方式。借助于 Internet 可以很方便地开设远地课程,学生可以在家里或其他与 Internet 连接的地方利用多媒体交互功能听课,有什么不懂的问题可以随时提问和讨论。学生可以从 Internet 上获得大量的有用的参考资料,并且可以通过 Internet 上交作业和论文,甚至参加考试。

（2）Internet 在企业中的应用。企业或公司连入 Internet 之后,就可以实现真正的联网办公模式。例如,通过电子邮件或电子通信,公司就可以很方便地与分布在不同地区的子公司或其他机构建立联系,这不但能及时地交换数据、文字、图像和语音信息,而且还可以节省大量的纸张、笔墨。雇员外出工作,利用 Internet 能够随时与公司保持联络,并立即得到公司的指示和帮助。企业还可以利用 Internet 收集市场信息,了解客户对产品的优缺点的评价。例如,许多 Internet 邮递表和 USENET 新闻组就是专门为某类产品而设立的。

（3）Internet 在商业中的应用。随着 Internet 商业化的日趋成熟,Internet 上的商业公司不但利用自己的主页发布新产品信息和进行广告宣传,而且还办起在线商店。顾客可以在 Internet 上查看在线多媒体目录,其中有顾客想要订购的商品的图片,甚至还有介绍该商品如何使用的演示。当顾客看中某个商品时，他可以直接使用信用卡在线付款。金融公司通过 Internet 使人们可以查询、检索各种股票、期货或债券的价格和买卖情况，甚至可以直接进行交易。

除此之外，在 Internet 上还有远程咨询、远程诊断、电子图书馆、电子气象台、电子出版物、电子银行、电子娱乐场、电子议政厅等各种新型的应用。总之，Internet 给人类创造了众多的机会和宝贵的资源，使人们的许多梦想变为现实。

2．Internet 所提供的服务

为了正确使用 Internet，首先应该了解 Internet 所提供的各项服务设施。这些服务主要包括：全球信息网 WWW、文件传输 FTP、电子邮件 E-mail、远程登录 Telnet、网络新闻组 USENET 等。下面将说明各项服务的基本含义及工作原理。

（1）全球信息网 WWW。全球信息网 WWW 是英文 World Wide Web 的缩写，国内有人将它译为"万维网"、"全球蜘蛛网"或"Web 网"。WWW 是近几年来在 Internet 中发展最快的一种服务，许多大学、研究机构、公司以及政府部门不但经常从 WWW 中采掘各种宝贵的资源，而且还纷纷建立了自己的 WWW 服务器。

实际上，WWW 是一个由遍及全球的"超文本文件"所组成的系统。这种超文本文件（Web 文档）的主要特征是它所包含的内容不仅可以是数字和文字，还可以是图形、图像、声音，甚至电影。特别是这些文件中还有与其他超文本文件链接的特殊标记，被称为超级链接（热链接）。超级链接可以是文件中的一个词、一个词组、一幅图像或图像中的某一部分。你只要激活超级链接（通常是用鼠标单击），就可以进入被链接的另一个超文本文件。这个文件可能就在你的计算机里，也可能位于世界上某个遥远的地方。

应该指出的是，WWW 中的超文本文件是用所谓的超文本标记语言 HTML（Hyper Text Markup Language）来书写的，所以这种超文本文件又被称为 HTML 文件。另外，WWW 采用客户端/服务器工作模式，用于沟通 WWW 客户端（浏览器）与 WWW 服务器之间的通信协议是超文本传输协议 HTTP（Hyper Text Transfer Protocol），所以 WWW 服务器又被称为 HTTP 服务器。

可以说，WWW 是将人们对事物的联想方法应用到计算机文本信息处理中的典范，它彻底地改变了人类对信息的检索和使用方法。尤其是它的多媒体特性更使人们将枯燥无味的信息检索变成了一种轻松愉快的工作。

（2）文件传输 FTP。FTP 是 Internet 文件传输协议，用于在 Internet 的两个主机间传输文件。利用 FTP 可以传输文本文件和二进制文件，其中包括文章、程序、数据、图像、声音和电影等各种文件。FTP 是 Internet 上最早提供的服务项目之一，但是到目前为止，它仍然是 Internet 上最重要、最常用的操作。

实际上，FTP 服务是一个通过 Internet 传送文件的过程，它采用客户机/服务器的工作模式。FTP 客户程序负责与远程主机建立连接，并向它提出复制文件的请求。而 FTP 服务器程序则响应这种请求，并将指定的文件传送到客户机。

FTP 有两种服务方式。第一种是记名 FTP，它要求用户首先在 FTP 服务器上注册，然后才能进行 FTP 操作。第二种是匿名（无记名）FTP，它允许用户在不知道 FTP 服务器的某个账号名和口令字的情况下免费进行 FTP 操作。事实上，对于大多数匿名 FTP 服务器，用户只要以"anonymous"作账号名，以本人的 E-mail 地址作口令字就可以完成对该服务器的注册工作。

目前 Internet 上有许多匿名 FTP 服务器，这些服务器上存有大量的共享软件和各类文件，如在著名的 ftp.uu.net 匿名 FTP 服务器上，仅将所有可共享的软件和文件清单打印出来就有 8 000 页之多。这从另一个侧面反映出 Internet 上所蕴藏的资源是非常丰富的。

（3）电子邮件 E-mail。电子邮件 E-mail 的基本含义就是以电子形式传送的信件。与普通信件相似，它包括两个主要组成部分：表示寄信人、收信人、寄信时间、收信时间、信件的寄送路线等的头部信息（Header，相当于信封）和信件的正文（Message，相当于信件的具体内容）。电子邮件还可以随信件同时发送一些计算机文件，如文本文件、可执行文件、图像文件、声音文件等。这些文件称为电子邮件的附件（Attachment）。

电子邮件 E-mail 在 Internet 发展的早期就已经被广泛地使用了。随着 Internet 不断地发展壮大，E-mail 使用得更为普遍。由于 E-mail 操作简便，传递速度快，易于编辑，通信费用低（甚至免费），使得很多计算机网络用户有着用电子邮件逐步取代邮政信件的趋势，收发电子邮件成了他们日常生活中的一部分。

实际上，Internet 的电子邮件系统模拟了一个真正的邮局系统。电子邮件服务器相当于一个邮局，通常电子邮件需要经过多个电子邮件服务器的中转处理才能从出发点到达目的地。控制信件中转处理方式的协议称为 SMTP 协议。它规定每一台电子邮件服务器在发送（或中转）信件时怎样找到下一个目的地。

电子邮件服务器为每个用户都设立了一个电子邮件邮箱（主机上的一片固定的存储区域）。用户的信件到达后就一直存放在他的邮箱里，用户随时都可以打开邮箱查看信件，看完后的信件可以被删除或存储起来，也可以转发给其他用户或书写回信。发信时可以发给一个用户，也可以发给多个用户，用户还可以拥有自己独特的签名。

通常，用户的电子邮件邮箱名就是用户申请入网时所得到的账号名或用户名，因此，每个用户的 Internet 电子邮件地址的标准格式是：用户名@主机域名。例如，北京物资学院学生处的电子邮件地址是 xsc@bwu.edu.cn。

应该注意的是，用户名和主机域名必须是唯一的组合。只要用户按照这种格式填写地址，电子邮件就会被传送到指定的用户邮箱里。

（4）远程登录 Telnet。Telnet 是 Internet 上用户进行远程登录的工具，它使用户能够通过 Internet 将自己的低性能主机连接到远程的任何一台高性能主机（大型机）上。一旦登录成功，本地主机就成为登录机的一个远程终端，它可以拥有与登录机本地终端同样的权力，共享登录机上所有的软件、硬件资源。尽管地理上两台机器可能相距很远，但在用户看来，它就像在本地使用那台远程主机一样，不会感到任何不方便。例如，你可以查看远程主机的目录，显示文件内容，检索远程主机上的某个数据库，还可以利用远程主机的强大功能执行复杂的科学计算。

但是，由于以下一些原因，Telnet 的应用已不再那么普遍。

① 个人计算机的性能越来越强，致使在别人的计算机中运行程序的要求逐渐减少。

② Telnet 服务器的安全性欠佳，因为它允许他人访问其文件，甚至是操作系统的文件。

③ 由于 Telnet 系统多数使用 UNIX 操作系统，这要求其用户了解 UNIX 复杂的命令行方式。

然而，Telnet 并未在 Internet 中消失，相反，在一些特殊的应用场合中还有很强的生命力，如许多政府机构和大学图书馆都将其资源通过 Telnet 对外开放，尤其是一些大学图书馆将它们的图书资料整理成菜单形式，供用户们通过 Telnet 进行查询。另外，通过 Telnet 玩多人游戏 MUD（Multiple-User Dungeon）也是现在 Internet 上相当热门的一个话题。

（5）网络新闻组 USENET。USENET 是 Internet 上的一个公众论坛，它提供了一个"场所"给 Internet 上的各个用户阅读和发表文章。在 USENET 中，每种文章按照不同的论题划分为各种新闻组。而同一个新闻组中，又可以按层次来组织。大范围的论题当中又可以包含有许多小的题目，如关于音乐的新闻组中又可以分为古典音乐和流行音乐等小组。

一个具体的新闻组的名字可以由几个层次的组名构成，中间用"."隔开，就像域名一样。只不过它和域名刚好相反，大的论题组写在前面，它包含后面的小组。例如，sci.physics.electronic 是科学类中关于物理方面的，更具体一点就是关于电子学方面的新闻组名字。

为了加强组织管理且便于用户查找，在 USENET 中将新闻组分成几个大类。这些大类的名称都以缩写词开头，常见的有：

.comp　　计算机类

.biz　　　商务类

.news　　网络新闻和软件类

.sci　　　科学类

.alt　　　可供选择的新闻组

.bit　　　Bitnet 邮件目录表

.talk　　热门话题和闲聊类

.rec　　　娱乐/爱好类

.soc　　　社会/文化类

.misc　　不包含以上类的杂类

USENET 也采用客户机/服务器的体系结构，在 Internet 中存在着众多的网络新闻服务器（News Server）。当人们需要使用 USENET 时，通常可在客户端运行"网络新闻阅读器（浏览器）"之类的软件，用以同相应的新闻服务器建立连接，随后便可从该服务器中读取消息，或将编写好的文章发送到该服务器。

应该注意的是，在 Internet 发展早期，有不少 Internet 用户能访问的公共新闻服务器，然而，由于 Internet 的业务量日益扩大，上述那些新闻组造成了惊人的网络传输量，越来越多的新闻服务器变得无法承受如此大的负荷。于是这些新闻服务器便逐渐地将访问权限制起来，成为一些专用的而不再是公共的新闻服务器。因此，用户应向服务提供者询问自己能使用哪些新闻服务器。

3．Internet 上的盈利机会

经常会有人问：谁在 Internet 上赚钱？在 Internet 发展过程中的五个阶段都有能赚到利润的企业。

第一阶段是 1991—1993 年。当时，随着公司和消费者开始越来越多地购买 PC 机和调制解调器，硬件公司的销售量逐渐上升。由于当时正在快速建设基础设施，提供调制解调器和联网设备的公司订单如雪，因为需求不断增加和性能/价格比不断提高，即使今天这个部分仍然很有优势。

第二阶段是 1993—1994 年。这一时期是 Internet 接入服务商的销售和利润大幅增长的阶段。Internet 接入服务商为消费者和企业提供与 Internet 的连接。Internet 不会使美国在线这类公司的业务模式过时，总会有些用户想使用美国在线提供的便利和经过二次包装的信息，但是很多用户会转向成本更低的直接接入服务商。

第三阶段是 1994—1995 年。这一时期对由电话公司运营的高带宽传输的需求大大提高，越来越多的用户在 Internet 上登录，并要求得到越来越高的带宽来传输充满了图片和多媒体的内容。因此，电话与电信公司、线缆调制解调器供应商会经历利润的强劲持续增长。

第四阶段是 1995 年至今，随着 Internet 上的信息内容的不断扩展并且越来越混乱无序，信息的组织和结构化得到了用户更大的重视。由于进入壁垒很低，任何人都可以非常容易地在 Internet 上建立个人网站，这不仅推动了 Internet 内容的丰富，而且也造成了杂乱的、价值不高的资料大量出现。Internet 专业人员（咨询顾问、电子出版专家、编程人员）和专门从事信息经济和内容组织的中介结构将成为重要角色。

最后，一旦有了适当的信息结构和用户群，网上的内容就会带来利润和访问增长。很多传统的媒体公司都在设法利用这个日益成长的新媒体。因此，在第五阶段，对市场份额的争夺战会依赖于版权，这时版权会变得非常重要。同样，对内容的强调会激励 PC 机从独立工具向能进行分布式计算的网络前端演变。这种趋势在 Internet 家电的发展上表现得非常明显，不过这需要以高速的网络连接为前提。

第三节　企业内部网络 Intranet

20 世纪 90 年代以后，企业网络已成为连接企业、事业单位各部门并与外界交流信息的重要基础设施。随着计算机技术与网络技术的迅猛发展，基于局域网和广域网技术发展起来的企业网络技术得到迅速的发展，尤其是企业计算机网络开放系统集成技术受到人们的普遍重视。

目前已有三种不同的但又相互密切关联的网络模式：Internet、企业内部网（Intranet）和企业外部网（Extranet）。

企业内部网（Intranet）是指企业内部为内部管理和通信而建立的网络。它是用 Internet 的技术和协议来建成的，采用了防止外界侵入的安全措施，并有连接 Internet 功能的企业内部网络。这样，内部网和外部网很容易沟通，很容易共同使用 Web 等技术来实现电子商务等重要的应用。企业内部网上应有结合本企业运作和发展所需的非常丰富的应用软件；同时，为了企业内部信息的安全，在企业内部网与 Internet 之间常常设置"防火墙（Firewall）"一类的软件，对出入的信息进行严格的过滤。

各个企业之间遵循同样的 Internet 协议和标准，建立非常密切的交换信息和数据的网络，以便大大提高社会协同生产的能力和水平，这就是企业外部网（Extranet）。Extranet 是使用 Internet/Intranet 技术使企业与其他企业或客户联系起来，完成共同目标的合作网络，是 Intranet 与 Internet 之间的桥梁。Extranet 既不像 Internet 那样提供公共服务，也不像 Intranet

那样仅仅提供对内服务，它可以有选择地向公众开放其服务或向有选择的合作者开放其服务，为电子商贸或其他商业应用提供有用的工具。通常情况下，Extranet 只是 Intranet 和 Internet 基础设施上的逻辑覆盖，而不是物理网络的重构。

一、Intranet 的形成、发展与特点

Intranet 的形成与发展一方面是由于全球经济的发展、全球市场的激烈竞争、企业为了生存和发展的需求，另一方面是由于 Internet 技术尤其是 WWW 技术的发展以及企业网络技术的发展为 Intranet 的形成奠定了技术基础。

最早在企业中建立 Intranet 的是美国的 Lockheed 公司、Hughes 公司和 SAS 研究所。他们将 Internet 的技术与工具引入企业网，将这些用于学术环境的网络工具和技术运用于商业环境，这是一种新的尝试。当他们取得成功试验后，就有越来越多的企业也纷纷建立 Intranet。

Intranet 的主要特点有以下几个方面。

（1）Intranet 是根据企业内部的需求而设置的，它的规模和功能是根据企业经营和发展的需求而确定的。

（2）Intranet 能方便地和外界连接，尤其是和 Internet 连接。

（3）Intranet 采用 TCP/IP 协议和相应的技术与工具，是一个开放的系统。

（4）Intranet 根据企业的安全要求，设置相应的防火墙、安全代理等来保护企业内部的信息，防止外界侵入。

（5）Intranet 广泛使用 WWW 的工具，使企业员工和用户能方便地浏览和采掘企业内部的信息以及 Internet 丰富的信息资源。

Intranet 的特点还表现在，与传统的 MIS 相比，传统的 MIS 系统只能管理结构化的信息，而 Intranet 对企业的信息管理包括结构化信息和非结构化信息，如大量的文字资料、图片、声音、影像等。

二、Intranet 的优势

网络是资源共享的产物，但企业的内部资源不可能完全与社会共享，也不可能完全通过 Internet 实现共享，这是由国际互联网的特点和企业资源共享的权限所决定的。因此，将企业商务系统用内部网络连接在一起，从而实现企业内部资源共享、知识交流和商务协作。通过与 Internet 的连接，在自由访问外部资源的同时，Intranet 还为企业内部的网络安全提供了安全保障。因此，资源共享、信息交流、提高效率和确保安全是企业建立局域网所获得的电子商务优势。

1. 资源共享

（1）信息资源：企业组建了内部网，企业的文件、数据、通用软件等不用在不同的部门分别保存，节省了信息的存储空间，也可避免重复劳动；不出办公室就可以查询各个部门的信息，也不用磁盘交换；不同部门之间通过网络交互，方便企业管理和业务合作。

（2）硬件资源：硬件资源共享可以提高设备利用率，避免设备重复投资。而且，由于商务活动的不确定性，即使同一个部门所需要的硬件资源负荷也不均衡，可能造成有时硬件设备空闲，有时紧张，通过共享可以调剂余缺，降低硬件投资。

2．信息交流

（1）产品管理：良好的用户服务、不断更新换代的产品、完整的购销渠道等，都可以很方便地通过 Intranet 来实现和强化。一方面内部网可以很方便地通过更新内容向客户提供最新的产品信息服务于客户，另一方面通过内部网可以协调和加强合作伙伴关系。

（2）员工管理：企业的员工通过企业的局域网跨越时空连接在一起，管理者可以即时地向员工发出指令，员工可以即时地向管理者汇报和请示工作，员工之间也很方便、快捷地通过沟通实现商务协作，最大限度地发挥企业的整体优势。

3．提高效率

虽然企业各部门可以通过 Internet 连接起来实现资源共享，提高电子商务效率，但从网络的分类可知，通过 Internet 传播信息要比局域网慢得多。对于近在咫尺的企业各部门来说，局域网可以使企业内部之间的联系变得更为紧密，信息交流速度更为迅速，卓有成效地提高企业内部交互、管理和合作，以及服务客户的水平，提高整个电子商务的效率。

4．确保安全

企业的内部资源是企业的财富，是获得竞争优势的保证，所以企业的很多资源有向社会开放共享的，也有企业需要保密的。局域网方便资源管理和安全管理。

（1）资源管理：企业的资源可以分为内部和外部可共享资源两部分。通过访问控制，企业员工在实现内部资源共享的同时，可以通过 Intranet 直接连接到 Internet 上，开发和利用社会资源；对于合作伙伴、客户和公众，有选择地开放企业的内部资源，加强伙伴关系、客户关系，吸引公众并把公众由潜在客户发展成为企业的服务对象。

（2）安全管理：相对于 Internet 的开放性，安全也是 Intranet 最大的优点之一。利用防火墙技术，可以控制所有对 Intranet 的访问。从内部通向外部或从外部通向内部的信息都必须通过它，而它只允许通过得到授权的信息，提高了企业电子商务的自身保护能力和安全水平。

Intranet 适用于下列情况：部门和员工分散的公司，他们可能在一个地方、多个地方或者地点不断变换；处理快速变换信息的公司；需要很多信息的公司；花费大量资源为用户提供信息的公司；希望在管理外部和内部分布信息方面节省时间和资金的公司等。Intranet 的主要应用有以下几个方面。

（1）文件传送服务：该功能是基于 FTP 协议的，网络上的两台计算机无论地理位置如何，只要它们都支持 FTP，则网上用户可将需要的文件在两台计算机之间进行传送。

（2）信息发布服务：企业信息的发布，如电话号码、企业法规、工作计划和有关文件等可以存储在 Web 服务器上，供企业内部客户或授权的外部客户通过浏览器方便地查询。这些信息是以 HTML 页面方式发布的。

（3）电子邮件服务：E-mail 采用"存储转发"方式传送电子信件，邮件服务器充当"电子邮箱"，在网上建有账号的 PC 机通过"电子邮箱"收发电子信件，非常方便。

（4）用户与安全管理：根据具体情况建立用户组，设置不同的访问权限，以达到对各种信息的访问权限进行控制的目的。对于需要在传输中保密的信息，还可以采用加密技术和其他手段，保护信息提供者的利益。

（5）网络新闻服务：运用新闻讨论组、广告栏或群组讨论软件，企业内部的网络用户可以就共同关心的问题相互交换意见，充分沟通。这种交流有利于企业获得更多的商业机会和商品信息，也有利于促进企业管理、提高生产力和增强竞争能力。

（6）数据处理与查询：通过 WWW 的某些技术，实现 Web 服务器与数据库系统的连接，完成对数据的处理与查询。用户可以通过操作简单易用的浏览器来查询所需要的数据、声音和图像信息。

三、Intranet 的类型

计算机网络（当然也包括局域网）是由硬件系统和网络软件系统组成的，企业组网根据需要选择局域网的类型及组网的硬件、软件设施至关重要。

1. 按照局域网所覆盖的范围分

局域网的分布距离大约在 10 千米以下，按网络范围的大小和分布地点，局域网可进一步细分为小型、中型和大型三种类型。

（1）小型局域网：小型局域网是指由分布距离为 10 米左右位于同一房间的计算机组成的网络。这是最简单的局域网，占地空间小，规模小，通常没有服务器，组网简单，费用低廉，常用于办公室、学校多媒体教室、游戏厅、网吧，甚至家庭中的两台计算机也可以组成小型局域网。

（2）中型局域网：中型局域网是指由一座建筑物中的多台计算机组成的网络，计算机的分布距离一般小于 100 米。

（3）大型局域网：大型局域网是指由两座以上的建筑物组成的建筑群中的多台计算机组成的网络，如校园网和大中型企业建立的内部网络，主要用于企业 Intranet 信息管理系统、金融管理系统等。

2. 按照局域网的架构分

（1）点对点连接（Peer-to-Peer）。所谓的点对点连接可以让两台或两台以上的计算机，在对等的关系下使用彼此的资源或进行信号的沟通，如图 3-10 所示。举例来说，在这样的环境下，两台计算机可以共享各自的硬盘空间、光驱、打印机等设备。而在点对点连接的计算机系统中，每台计算机都具有完整的个人计算机设备，如硬盘机等，因此，每一台计算机可以同时作为客户端与服务器。通常来说，点对点的网络都是利用 10BaseT/100BaseT 以太网络架构和集线器来建立，或者采用同轴电缆串联所有的计算机。

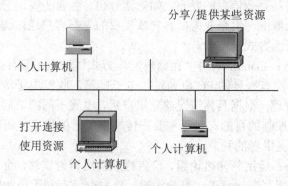

图 3-10　点对点的连接方式

（2）客户端/服务器连接（Client/Server Connection）。在类似 Windows NT 或 Novell 的客户端/服务器主从架构中，我们可以将文件储存在高速的储存媒介中（如高速 SCSI 磁盘等），而让客户端的计算机经过身份确认后按照权限来访问，这样一来客户端的计算机可以仅安装简单的操作系统，甚至完全由服务器取得所有的数据，在这种做法下，整个局域网的所有工作几乎都会在服务器中记录下来，而且用户的访问操作也会因为登入的权限等而有所不同或限制，如图 3-11 所示。因此，客户端/服务器连接架构属于较为严格的网络环境，但是针对计算机的管理方面具有一定的方便性。

图 3-11　客户端/服务器连接方式

客户端/服务器连接架构主要应用在中大型的企业网络上，而架设的复杂度与成本也较高，因此，对于一般家庭等小型的应用层来说此种架构不太适合。

四、局域网技术

随着网络技术的发展和广泛应用，计算机应用模式经历了主机模式、单机桌面应用模式和多层企业应用模式三个阶段。相应地，应用系统的开发也经历了从主机体系结构、两层 Client/Server 体系结构到三层（多层）Client/Server 体系结构的演变。传统的 GIS 应用一般都采用两层 Client/Server 体系结构，这种体系结构用户界面层和业务逻辑层没有分开，都位于客户端，而数据服务层位于服务器端。由于应用主要都集中在客户端，每个客户端都要进行安装配置，当用户数量多、分布广时就会给安装、维护带来相当大的困难，扩展性不好。此外每个用户与中央数据库服务器相连时都要保留一个对话，当很多客户同时使用相同资源时，容易产生网络堵塞。为了克服两层 Client/Server 结构的不足，提出了三层 Client/Server 模型。三层客户/服务器结构就构建了一种分割式的应用程序，系统对应用程序进行分割后，划分成不同的逻辑组件，即用户服务层、业务处理层、数据服务层。与两层 Client/Server 结构相比，三层 Client/Server 结构有很多优越性，如减轻了客户机的负担，如果要增加服务则只需在中间层添加代码，这使得维护升级变得更加方便，系统扩展性也更好。

1. 网络体系结构

网络体系结构按其发展过程，经历了文件服务器/工作站（即共享处理环境）、客户机/服务器、分布式处理和 Intranet/Extranet 等阶段。

（1）文件服务器/工作站。20 世纪 60 年代到 80 年代，网络应用主要是集中式的，采用主机—终端模式，数据处理和数据库应用全部集中在主机上，终端没有处理能力，这样，当终端用户增多时，主机负担过重，处理性能显著下降，造成"主机瓶颈"。80年代以后，文件服务器/工作站结构的微机网络开始流行起来，这种结构把DBMS安装在文件服务器上，而数据处理和应用程序分布在工作站上，文件服务器仅提供对数据的共享访问和文件管理，而没有协同处理能力。这种方式可充分发挥工作站的处理能力，但网络负担较重，严重时会造成"传输瓶颈"。

（2）客户机/服务器（Client/Server）。客户机/服务器是20世纪80年代产生的崭新的应用模式，这种模式把DBMS安装在数据库服务器上，数据处理可以从应用程序中分离出来，形成前后台任务：客户机运行应用程序，完成屏幕交互和输入、输出等前台任务；服务器则运行DBMS，完成大量的数据处理及存储管理等后台任务。由于共享能力和前台的自治能力，后台处理的数据不需要在前后台间频繁传输，从而有效地解决了文件服务器/工作站模式下的"传输瓶颈"问题。

客户机/服务器模式有以下几个方面的优点。

① 通过客户机和服务器的功能合理分布，均衡负荷，从而在不增加系统资源的情况下提高了系统的整体性能。

② 系统开放性好，在应用需求扩展或改变时，系统功能容易进行相应的扩充或改变，从而实现系统的规模优化。

③ 系统可重用性好，系统维护工作量大为减少，资源的可利用性大大提高，使系统整体应用成本降低。

但是，传统的Client/Server模式下的MIS采用的是专用的网络操作系统（NOS）和各种应用软件级管理软件等，这种MIS不能适应企业不断增长的多方面的需求，其主要表现在以下几个方面。

① 系统结构封闭，不同系统之间难以交流。

② MIS中的各子系统的界面风格各异，难以统一，造成使用复杂，不利于推广。

③ 系统升级、移植、维护、开发困难，周期长。

④ 系统之间难以相互包容，造成投资重复。

⑤ 系统灵活性差，限制了系统利用新技术进行扩展。

⑥ 系统远程管理困难。

随着企业管理机制和运行方式的变化，传统的企业网络MIS将无法满足企业的要求，构造新型的企业MIS网络是非常重要的。

（3）分布式处理。分布式处理环境是以计算机网络为依托，把各个同时工作的分散计算单元、不同的数据库、不同的操作系统连接成一个整体的分布式系统，为多个具有不同需要的用户提供一个统一的工作环境。

分布式处理环境是网络技术发展的必然，大多数组织机构，如银行、企业系统等本身就是分布式的，自然会要求分布式处理，同时，工业生产体结构由树型发展成为网状、贸易的全球化、人们对资源共享的要求普遍化，都要求采用分布式信息处理，以适应客观世界本来的运行模式。国际标准化组织（ISO）与国际电报电话委员会（CCITT）联合制定了一个分布式系统的标准，称为"开放式分布处理（ODP）"，目的就是为大范围的分布式应用提供一个统一的参考模型。

（4）Intranet/Extranet。Intranet（企业内部网）是把 Internet 技术应用到企业内部建立的基于开放技术的新型网络体系结构，可以说是组织内部的 Internet。Intranet 采用浏览器/服务器系统结构（B/S 结构），这种结构实质上是客户机/服务器结构（C/S 结构）在新的技术条件下的延伸。在传统的客户机/服务器结构中，Server 仅作为数据库服务器进行数据的管理，大量的应用程序都在客户端进行。这样，每个客户都必须安装应用程序和工具，因而，客户端很复杂，系统的灵活性、可扩展性都受到很大影响。在 Intranet 结构下，客户/服务器结构自然延伸为三层或多层结构，形成浏览器/服务器（Browse/Server）应用模式，如图 3-12 所示。

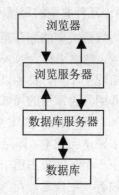

图 3-12　浏览器/服务器结构

这种方式下，Web Server 既是浏览服务器，又是应用服务器，可以运行大量的应用程序，从而使客户端变得很简单。其工作方式有 Java Applet、JDBC 等。

目前比较通用的 Intranet 的网络结构，如图 3-13 所示。用户可以根据企业内部的具体情况选定相应组件。

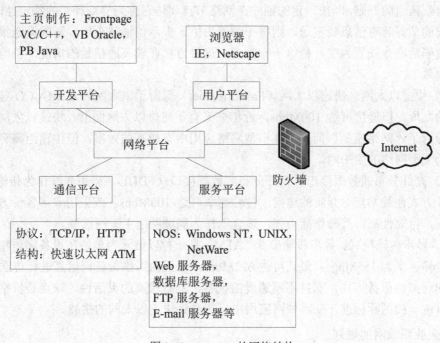

图 3-13　Intranet 的网络结构

2. 网络操作系统

网络操作系统是管理网络资源的系统软件，是网络运行的基础。一般来说，网络操作系统对系统的性能有着显著影响。网络操作系统的作用是：在服务器端，管理各类共享资源；在工作站端，向用户和应用程序提供一个网络界面。网络操作系统的性能包括以下方面：硬件无关性，桥接能力、支持多服务器、支持多用户、存取安全控制、网络管理、用户界面、支持多协议的能力等。

3．几种典型的局域网络简介

局域网类型的划分至今没有公认的标准，在信息系统应用中，往往根据网络操作系统的不同，把网络称为 Novell 网、Windows NT 网、UNIX 网；而在系统设计中，又往往根据低层实现的不同，称为以太网、令牌环网等。这里我们根据介质中数据传输控制方法的不同，介绍几种常用的局域网络。

（1）以太网。以太网（Ethernet）是按照 IEEE 802.3 协议建立的局域网络，采用载波侦听多路访问技术，即当一个节点有报文发送且已准备就绪时，先检测信道，如信道空闲，就在下一个时间段占用信道并发送报文；若信道忙，该节点就不能发送。由于报文在信道上传输有一定延迟，而节点发送报文是随机的，因而存在着发报冲突。IEEE 802.3 协议规定了 CSMA/CD（载波侦听多路访问/冲突检测）协议标准，这样，所有站点在发送信息的同时也能检测冲突，一旦有冲突，就推迟发送。

在大型网络中，随着传输冲突的增加，以太网效率会急剧下降，因而，一般只能作为小型网络或工作组网络的选型，不宜作为主干网。

（2）令牌环网。令牌环网（Token Ring）即按照 IEEE 802.4 协议建立的局域网络，采用按需分配信道的原则，即按一定的顺序在网络节点间传送称为"令牌"的特定控制信息，得到令牌的节点若有信息要发送，则将令牌置为忙，表示信道被占用，随即发送报文；报文发送完毕后将令牌置为空，传给下一站点。这种方法在较高通信量的情况下仍能保证一定的传输效率。

（3）快速以太网。快速以太网（Fast Ethernet）保留了以太网的 CSMA/CD 技术，是以太网的发展，但速度可达 100Mbps，近年来又有千兆位以太网面世。快速以太网在一定程度上缓解了"网络瓶颈"问题，在小型网络应用中有较高的效率，但传输距离有限，不适合作为大型网络的主干网。

（4）光纤分布式数据接口。光纤分布式数据接口（FDDI），采用光纤作为传输介质，以令牌环方式仲裁站点对介质的访问，传输速率可达 100Mbps；或采用双环备份方式，传输距离远，可靠性高，互操作能力强，适合于作为局域网络主干网选型。

（5）异步传输模式。异步传输模式（ATM）是一种以信元为单位在设备间传输信息的方式，传输速率为 155Mbps，最高可达 622Mbps，信元内可携带任何信息进行传送。ATM 采用面向连接的服务方式，支持不同速度的设备，具有较高的灵活性。缺点是价格昂贵，至今没有统一的国际标准，在局域网应用中，正受到快速以太网的挑战。

4．企业局域网的规划

一般来说，企业局域网要由专业的计算机公司来完成，除非是最简单的小型网络。企业应该根据自身业务发展的需要，对局域网的功能进行规划，咨询服务商关于局域类型、硬件设备的选择和软件设备开发的实现和费用问题。企业局域网的规划要考虑以下几个问题。

（1）现有资源的利用。企业可能在计算机网络的发展过程中，已经具备了一定的硬件和软件资源，充分利用已有的资源，降低局域网建设的费用是选择软、硬件投资需要考虑的首要问题。

（2）网络技术的发展。选择合适的网络操作系统、数据库能够适应各种情况和规模、开放式和易扩展的网络布线等，使局域网能够满足未来发展或扩充——各种功能、容量、安全可靠性及扩展性的更高要求。

（3）局域网的可靠性、性能价格比。建立的局域网要有可靠性（工作的可靠性和安全性），功能满足企业目前和发展的需要以及较少的投资。当然还要注意局域网的维护费用。

五、网际互联

目前，计算机联网已经不是一个新的话题，多数的企事业单位或者公司都根据自身业务的需要建立了局域网，并且都发挥了非常重要的作用。公司的互联网为公司的发展做出了贡献。公司计算机联网的一个非常重要的目的就是交换信息，共享资源，提高公司的运行效率。

1. 网际互联的发展

最近几年，计算机网络发展非常迅速，特别是 Internet 的普及，已经使网络用户不再局限在单个的局域网中，而是要将网络接入 Internet。对于一个企业来说，可以通过 Internet 来宣传自己的产品；对于教育部门来说，可以通过 Internet 来实现学术交流，实现教育资源共享。可以说现在 Internet 已经成为我们生活的一部分，给我们的生活带来了巨大的变化。

局域网技术在 20 世纪 80 年代获得了广泛的应用，为管理信息系统的普及应用提供了技术上的可行性。但随着管理信息系统的发展和信息技术应用水平的不断提高，一个企业或组织往往需要更为广泛的信息联系，这些应用超出了局域网的应用范围，同时由于局域网用户的信息交互主要集中在局域网内部，如果建设更大规模的网络，又因信息流量、传输距离等因素的制约而显得既不现实也无必要，因而，把不同的局域网通过主干网互联起来，既能满足信息技术应用日益发展的需要，又可以充分保护已有的投资，成为网络技术发展的重要方向。

网际互联即通过主干网络把不同标准、不同结构甚至不同协议类型的局域网在一定的网络协议的支持下联系起来，从而实现更大范围的信息资源共享。为了实现网络互联，国际标准化组织（ISO）提出了开放系统互联参考模型，即 OSI（Open System Interconnection Reference Model），凡按照该模型建立起来的网络就可以互联。现有的网络互联协议已或多或少地遵循了 OSI 的模式。Internet 即是在 TCP/IP 协议下实现的全球性的互联网络，称为"Internet 网际"，我国称之为"因特网"。

2. OSI 模型

OSI 模型将网络通信分为七层。每一层提供不同的网络活动、设备或协议。

图 3-14 表示了 OSI 模型的分层结构。分层表明了不同层的不同功能和服务。每一 OSI 层有着定义良好的网络功能，每一 OSI 层与相邻的上层和下层通信并协同工作。例如，会话层与表示层和传输层通信并协同工作。

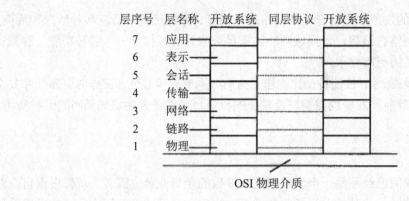

图 3-14　OSI 七层模型

下面简要说明各层的作用和功能。

（1）物理层：实现两实体间的物理连接，传送二进制数据。本层是对传输介质的描述，规定电缆类型、信号电平、传输速率等。

（2）链路层：建立相邻（有线路相连）节点间的传送链路，并传送数据帧。本层规定帧的格式和传输介质的访问方法（占用和释放）。

（3）网络层：控制信息的中间转发和路径选择。路径选择主要对不规则型网络而言。

（4）传输层：建立点对点通信通道，并传输数据。本层描述如何解决数据的完整性，出错时的检测和恢复，线路利用等问题。

（5）会话层：提供两个实体间建立、管理和拆除对话连接的方法。本层规定网络物理地址与逻辑地址之间的转换，以及虚电路的建立和拆除。

（6）表示层：提供通信实体间数据交换的标准接口。规定一种信息的标准形式，非标准形式之间以标准形式为中介进行翻译和转换。

（7）应用层：负责应用管理和执行应用程序。本层为用户提供 OSI 标准下的各种服务，管理和分配网络资源，为应用程序提供信息。另外，本层还提供文件和电子邮件之类的网络服务。

六、小型局域网组建的两个实例

1．两台计算机直接连接

这是一种最简单的连接方式，通过计算机的通讯端口实现连接，所需要的硬件就是一根电缆连接线。Windows 98 以上的系统中都支持这种连接。两台计算机直接用电缆连接可以采用并行端口连接的方式，也就是常见的连接打印机的端口。连接方法和步骤如下所述。

（1）电缆硬件连接：把电缆连接线的两端分别连接在计算机的并行端口上。

（2）组件添加：选择"开始/程序/附件/通讯"选项，查看是否有"直接电缆连接"这一选项。如果有，就跳到步骤 3，没有就打开"我的计算机/控制面板"，双击"添加/删除程序"命令，然后选择 Windows 安装程序栏，双击"通讯"选项，选择"直接电缆连接"。

最好将"公文包"装上，因为它下面的文件在双机复制相同文件时，只传送改动的部分。公文包可以通过"添加/删除程序"命令安装，文件可以存放在"Windows 安装程序/附件"下。

单击"确定"按钮，计算机会提示你插入相应的 Windows 系统操作光盘（这是因为组件的添加需要一些 Windows 的文件），安装后重新启动就安装好了"直接电缆连接"组件。

（3）添加网络组件：这种局域网的运行还需要安装四个网络组件，即拨号网络适配器、TCP/IP、Microsoft 网络用户和 Microsoft 网络上的文件和打印机共享。之所以要添加拨号网络适配器，是因为添加了拨号网络适配器就有了网络通信的共同标准"TCP/IP"。

用鼠标右键单击"我的邻居"。单击"添加"按钮，在弹出的"网络"对话框中选择"适配器"选项，然后在适配器对话框中选择"Microsoft 拨号适配器"选项，单击"/确定"按钮即可安装拨号网络适配器。

同理，可在"请选择网络组件"对话框中选择"服务/Microsoft　Microsoft 网络用户"选项和"Microsoft 网络上的文件和打印机共享"选项就安装了基本网络组件。

（4）设置标识：网络组件添加完毕，选择"网络标识"栏，填上唯一的"计算机名"和相同的"工作组名"，然后选择"配置"栏，单击"文件及打印共享"按钮，将两项都选上，单击"确定"按钮退出。这时计算机将会提示你重新启动或自动启动。

（5）文件共享：文件共享需要对共享的文件进行设置。选中准备共享的文件，单击鼠标右键，选择"共享"命令，在弹出的对话框中将其改为"共享为（s）"选项，并可根据需要设定共享名、访问类型（只读型、完全型或根据密码访问型）和密码。

（6）设置主机：在选择为主机的计算机上执行"直接电缆连接"命令时，可选择"主机"选项，单击"下一步"按钮。在随之出现的对话框中选择"并行电缆在 LPT1"选项，单击"下一步"按钮。然后选择是否设置密码，单击"完成"按钮结束。

（7）客户机设置：与主机设置相似，在"直接电缆连接"中选择客户机即可。

（8）网络的使用：两台计算机都进行了设置后，就可以进行直接电缆的连接。以后连接时，要先执行主机的"直接电缆连接"，选择"侦听"选项，再执行客户机的"直接电缆连接"，选择"连接"选项，客户机就连接上了主机，并弹出主机的共享文件。

注意不要关闭任何计算机的"直接电缆连接"窗口，因为关闭窗口便会断开连接。

2. 小型企业网的解决方案

下面是一个小型企业网的解决方案，厂区共有 2 栋办公楼和 4 个生产部门。整个网络采用二级交换，主交换机支持 VLAN（虚拟局域网），可把生产部门和办公楼进行隔离，避免了彼此的干扰；服务器作网关，实现防火墙功能及内部资源的共享；企业网通过专线接入 ISP 提供的 Internet 连接，所有的机器共享这一连接，可实现全部上网；采用客户机/服务器方式，如图 3-15 所示。

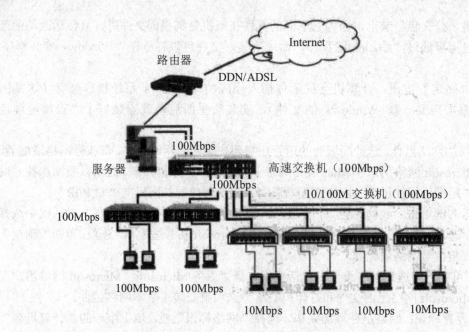

图 3-15　一个小型企业网的解决方案

（1）硬件配置

服务器：专用服务器，采用的机型是联想系列

CPU：P4

内存储器：256M 或更高

通过磁盘阵列 RAID，实现硬盘镜像。因该企业采用 DDN 方式接入 Internet，所以服务器应配置两块网卡，第一块接入广域网，第二块接入局域网，设置方法分别如下。

服务器的第一块网卡设置如下。

IP：192.168.4.2

DNS：202.99.96.68（主）

　　　202.99.64.69（备）

网关：192.168.4.1（路由器）

由于该企业要求各办公室及部门微机能全部接入 Internet，所以第一块网卡应设置为共享，在"本地连接"的属性里把"共享"一项打钩。前提是必须装完第二块网卡驱动程序后，才可以将第一块网卡设置为"共享"。

服务器的第二块网卡设置如下。

IP：192.168.0.1

DNS：202.99.96.68（主）

　　　202.99.64.69（备）

网关：192.168.4.1（路由器）

工作站：各工作站为联想机

CPU：P3 或 P4

内存储器：128M 或更高

硬盘：40G

网卡设置：IP：192．168．0．x

             DNS：202．99．96．68

网关：192．168．0．1

x：为每个办公室信息点的编号，取值为 2～254

交换机：采用两级交换

一级交换采用 24-Port10/100M 的 Gigabit Smart Switch，其内置 CPU。支持 VLAN（虚拟局域网）、Trunking（链路汇聚）、Qos（服务质量参数）；可通过终端进行设置。

二级交换采用 24-Port 10/100M 的 Fast Ethernet Switch。不能设置。

路由器：采用 AR300 SERIES ROUTER 通过 LOOK-UP 3500 高速数据服务单元连接专线，支持 128K 的带宽和 NAT 服务。

（2）软件配置

① 服务器安装 Windows 2000 SERVER 或以上版本及防火墙软件。

② 工作站安装 Windows 98 或以上版本。

以上网络实现了内部网资源共享和 Internet 的连接共享。

第四节　其他类型的网络

一、Extranet

1. Extranet 的定义

目前，对 Extranet（外联网）还没有一个严格的定义，但大多数人都能接受的定义为：运用 Internet/Intranet 技术使企业与其客户、其他企业相连来完成其共同目标的合作网络。它通过存取权限的控制，允许合法使用者存取远程公司的内部网络资源，达到企业与企业间资源共享的目的。

Extranet 将利用 WWW 技术构建信息系统的应用范围扩大到特定的外部企业。企业通过向一些主要贸易伙伴添加外部链接来扩充 Intranet，从而形成外联网。这些贸易伙伴包括用户、销售商、合作伙伴或相关企业，甚至政府管理部门。Extranet 可以作为公用的 Internet 和专用的 Intranet 之间的桥梁，也可以被看作是一个能被企业成员访问或与其他企业合作的内联网 Intranet 的一部分。Extranet 的一般结构，如图 3-16 所示。

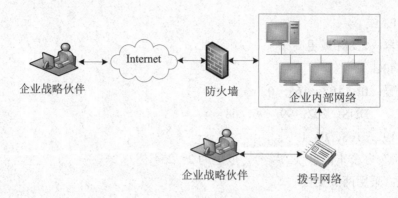

图 3-16　Extranet 的结构示意图

2．Extranet 的特性及作用

Extranet 的特性主要包括以下几个方面。

（1）Extranet 不限于组织的成员，它可超出组织之外，特别是包括那些组织想与之建立联系的供应商和客户。

（2）Extranet 并不是真正意义上的开放，它可以提供充分的访问控制使得外部用户远离内部资料。

（3）Extranet 是一种思想，而不是一种技术，它使用标准的 Web 和 Internet 技术，与其他网络不同的是对建立 Extranet 应用的看法和策略。

（4）Extranet 的实质就是应用，它只是集成扩展（并非系统设计）现有的技术应用。

总体来说，企业纷纷致力于 Extranet 的规划及建设，主要是由于 Extranet 会发挥以下几个方面的作用。

（1）使用现有的技术投资，降低建设成本。

（2）创造上、中、下游公司信息资源共享的虚拟企业，缩短前置时间，提供更良好的上下游关系。

（3）改进核心营运，快速回应消费者的需求，提升消费者的满意度。

（4）提高沟通效率，节省时间成本。

（5）资源重新分配与整合，降低成本。

（6）改善工作流程，降低操作成本，提高生产力与产品质量。

3．Extranet 的优势与应用

使用 Extranet 可以带来以下的好处。

（1）为客户提供多种及时有效的服务，可以改善客户的满意度。

（2）因为职员不必将其时间花费在信息的查找上而提高其生产率。

（3）因为减少了纸张的复制、打印，以及通信与分发的费用，大大地降低了生产费用。

（4）可以通过网上实现跨地区的各种项目合作。

（5）与以前仅仅是文字信息不同，Extranet 中的信息可以以各种形式体现。

（6）可将不同厂商的各种硬件、数据库和操作系统集成在一起，并且利用浏览器的开放性使得应用只需开发一次即可为各种平台使用。

（7）可以引用、浏览原有系统中的信息（仍由原有系统进行维护）。

Extranet 可以用来进行各种商业活动，当然 Extranet 并不是进行商业活动的唯一方法，但使用 Extranet 代替专用网络用于你的企业与其他企业进行商务活动，其好处是巨大的。Extranet 把企业内部已存在的网络扩展到企业之外，使得可以完成一些合作性的商业应用（如企业和其客户及供应商之间的电子商务、供应管理等）。Extranet 可以完成以下几个方面的应用。

（1）信息的维护和传播。通过 Extranet 可以定期地将最新的销售信息以各种形式分发给世界各地的销售人员，从而取代原有的文本复制和昂贵的专递分发。任何授权的用户都可以从世界各地用浏览器对 Extranet 进行访问、更新信息和通信，使得增加/修改每日变化的新消息、更新客户文件等操作变得容易。

（2）在线培训。浏览器的点击操作和直观的特性使得用户很容易地加入在线的商业活动中。此外，灵活的在线帮助和在线用户支持机制也使得用户可以容易发现其需要的答案。

（3）企业间的合作。Extranet 可以通过 Web 给企业提供一个更有效的信息交换渠道，其传播机制可以给客户传递更多的信息。通过 Extranet 进行的电子商务可以比传统的商业信息交换更有效和更经济地进行操作和管理，并能大规模地降低花费和减少跨企业之间的合作与商务活动的复杂性。

（4）销售和市场。Extranet 使得销售人员可以从世界各地了解最新的客户和市场信息，这些信息由企业来更新维护，并由强健的 Extranet 安全体系结构保护其安全性。所有的信息都可以根据用户的权限和特权通过 Web 访问和下载。

（5）客户服务。Extranet 可以通过 Web 安全有效地管理整个客户的运行过程，可为客户提供订购信息、货物的运行轨迹，以及解决基本问题的方案，发布专用的技术公告，同时可以获取客户的信息为将来的支持服务。使用 Extranet 可以更加容易地实现各种形式的客户支持（桌面帮助、电子邮件及多媒体电子邮件等）。

（6）产品、项目管理和控制。管理人员可迅速地生成和发布最新的产品、项目与培训信息，不同地区的项目组的成员可以通过网上来进行通信、共享文档与结果，可在网上建立虚拟的实验室进行跨地区的合作。Extranet 中提供的任务管理和群体工作工具应能及时地显示工作流中的瓶颈，并采取相应的措施。

4. Extranet 的体系结构与主要技术

Extranet 通常是 Intranet 和 Internet 基础设施上的逻辑覆盖，仅用访问控制和路由表进行控制，而不是建立新的物理网络。Extranet 通常连接两个或多个已经存在的 Intranet，每个 Intranet 由分布在各地的多个 Web 和其他设施构成。Extranet 在其体系结构中需要标准性、灵活性、可扩展性和可扩充性来帮助企业建立自己的商业与其他应用。

5. Internet 与 Intranet 及 Extranet 的比较

Intranet 是利用 Internet 各项技术建立起来的企业内部信息网络。与 Internet 相同，Intranet

的核心是 Web 服务。Extranet 是利用 Internet 将多个 Intranet 连接起来。Internet 与 Intranet 及 Extranet 的关系，如图 3-17 所示。

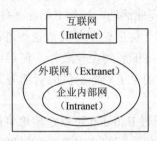

图 3-17　Internet、Extranet 与 Intranet 的关系

它们三者的区别，如表 3-1 所示。

表 3-1　Internet、Intranet 与 Extranet 的比较

比 较 方 面	Internet	Intranet	Extranet
参与人员	一般大众	公司内部员工	公司内部员工、顾客、战略联盟厂商
存取模式	自由	授权	授权
可用带宽	少	多	中等
隐私性	低	高	中等
安全性需求	高	较低	较高

具体地说，三者的区别与联系如下所述。

（1）Extranet 是在 Internet 和 Intranet 基础设施上的逻辑覆盖，它主要通过访问控制和路由器逻辑连接两个或多个已经存在的 Intranet，使它们之间可以方便安全地通信。

（2）Extranet 可以看作是利用 Internet 将多个 Intranet 连接起来的一个大的网络系统。Internet 强调网络之间的互联，Intranet 是企业内部之间的互联，而 Extranet 则是把多个企业互联起来。

二、虚拟专用网

1. 虚拟专用网（VPN，Virtual Private Networks）的定义

如果一家企业是分布式的，外地员工需要像通过局域网一样访问企业内部数据。在过去，只能通过调制解调器或远程访问服务器访问局域网内部数据，这样不仅价格昂贵，而且传输速度慢。虚拟专用网采用加密、认证和通道技术，提供了 Internet 上两点间的安全通信，这对采用 Internet 技术的企业而言，就像有了一个专用的广域网一样。

VPN 是一种在公共网络上运行的专用网络，它通过隧道（Tunneling）技术，在 Internet 上为企业开通一条专用通道，以代替原来昂贵的专线租赁或帧中继方式，把其分布在世界各地的分支机构和合作伙伴们连接起来，感觉就像在一个自己的专用网里一样。它有两层含义：第一，它是"虚拟的"，即用户实际上并不存在一个独立专用的网络，既不需要建设或租用专线，也不需要装备专用的设备，而是将其建立在分布广泛的公共网络上，就能

组成一个属于自己专用的网络；第二，它是"专用的"，相对于"公用的"来说，它强调私有性和安全可靠性。

VPN 通过使用下面几个基本的安全功能部件解决了直接对 Internet 的访问问题。

（1）IP 封装。当一个 IP 包包含其他 IP 包时，它就被称为 IP 封装。

（2）加密的身份认证。密码身份认证用来安全有效地验证远程用户的身份，这样系统就可以判断出适合这个用户的安全级别。

（3）数据有效负载加密。数据有效负载加密用来加密被封装的数据。通过加密被封装的 IP 包，专用网络的数据和内部信息就都可以保证安全了。

2. VPN 的基本原理

在图 3-18 中，有 4 个内部网，它们都位于一个 VPN 设备的后面，同时由路由器连接到公共网。VPN 采用了加密、认证、存取控制、数据完整性等措施，相当于在各 VPN 设备间形成一些跨越 Internet 的虚拟通道——"隧道"，使得敏感信息只有预定的接收者才能读懂，实现了信息安全传输，使信息不被泄露、篡改和复制。

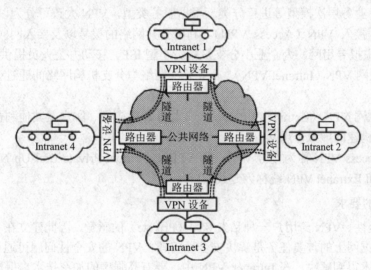

图 3-18　VPN 的结构与基本原理示意图

（1）VPN 的基本工作过程。VPN 的基本工作过程如下。

① 受保护的主机发送明文信息到 VPN 设备。

② VPN 设备根据网络管理员设置的规则，确定是对数据进行加密还是直接传送。

③ 对需要加密的数据，VPN 设备将其整个数据包，包括要传送的数据、源 IP 地址和目标 IP 地址，进行加密并附上数字签名，加上新的数据包头，包括目的地 VPN 设备需要的安全信息和一些初始化参数，重新封装。

④ 将封装后的数据包通过隧道在公共网上传送。

⑤ 数据包到达目的 VPN 设备，将数据包解封，核对数字签名无误后，对数据包解密。

（2）隧道技术。隧道分为两种方式：强制型隧道和自愿型隧道。强制型隧道不需要用户在自己的计算机上安装特殊的软件，使用起来比较方便，主要供 ISP 将用户连接到

Internet 时使用。自愿型隧道则需要用户在自己的计算机中安装特殊的软件，以便在 Internet 中可以任意使用隧道技术，以控制自己数据的安全。

在 VPN 中，双方的通信量很大，并且往往很熟悉，这样就可以使用复杂的专用加密和认证技术对通信双方的 VPN 进行加密和认证。为了实现这些功能，隧道被构造为一种三层结构。

① 最底层是传输。传输协议用来传输上层的封装协议，IP、ATM、PVC（Permanent Virtual Circuit）以及 SVC（Switched Virtual Circuit）都是非常合适的传输技术。其中，IP 具有强大的路由选择能力，可以运行于不同的介质上，因而被广泛应用。

② 第二层是封装。封装协议用来建立、保持和拆卸隧道，或者说是数据的封装、打包与拆包。

③ 第三层是认证。

3．VPN 的类型

VPN 的分类方式比较多，可根据接入方式、协议实现类型、VPN 发起方式、服务类型、承载主体 VPN 业务层次模型等进行分类。根据服务类型，VPN 大致可分为以下三类。

（1）远程接入 VPN（Access VPN）。利用公共网络的拨号以及接入网（如 PSTN 和 ISDN），实现虚拟专用网，为企业小分支机构、小型 ISP、移动办公人员提供接入服务。

（2）内联网 VPN（Intranet VPN）。企业总部网络与分支机构网络间通过公共网络构筑的虚拟专用网。

（3）外联网 VPN（Extranet VPN）。企业与外部供应商、客户及其他利益相关群体间通过公共网络构建的虚拟专用网。

通常把 Access VPN 称为拨号 VPN，即 VPDN（Virtual Private Dial-Up Networks），将 Intranet VPN 和 Extranet VPN 统称为专线 VPN。

4．VPN 的要求

（1）安全性。VPN 给用户一种私人专用（Private）的感觉，因此建立在不安全、不可信任的公共数据网上的首要任务是解决安全性问题。VPN 的安全性问题可通过隧道技术、加密和认证技术得到解决。在 Intranet VPN 中，要有高强度的加密技术来保护敏感信息；在远程访问 VPN 中要有对远程用户可靠的认证机制。

（2）性能。VPN 要发展其性能至少不应该低于传统方法。尽管网络速度不断提高，但在 Internet 时代，随着电子商务活动的激增，网络拥塞经常发生，这给 VPN 性能的稳定带来极大的影响，因此，VPN 解决方案应能够让管理员进行通信控制来确保其性能。通过 VPN 平台，管理员定义管理政策来激活基于重要性的出入口带宽分配，这样既能确保对数据丢失有严格要求和高优先级应用的性能，又不会"饿死"优先级较低的应用。

（3）管理问题。由于网络设施、应用的不断增加，网络用户所需的 IP 地址数量持续增长，对于越来越复杂的网络管理，网络安全处理能力的大小是 VPN 解决方案好坏的至关紧要的区分。VPN 是公司对外的延伸，因此 VPN 要有一个固定的管理方案以减轻管理、报告等方面的负担。管理平台要有一个定义安全政策的简单方法，将安全政策进行分布，并管理大量设备。

（4）互操作。在 Extranet VPN 中，企业要与不同的客户及供应商建立联系，VPN 解决方案也会不同。因此，企业的 VPN 产品应该能够同其他厂家的产品进行互操作。这就要求所选择的 VPN 方案应该是基于工业标准和协议的。这些协议有 IPSec、点到点隧道协议（Point to Point Tunneling Protocol，PPTP）、第二层隧道协议（Layer 2 Tunneling Protocol，L2TP）等。

三、多媒体网络

1. 多媒体网络的定义

多媒体（Multimedia）技术是当今引人注目的信息技术之一，它不仅极大地改变了计算机使用的方式，促进了信息技术的发展，而且使计算机的应用深入到前所未有的广阔领域，开创了计算机发展的新时代。

所谓媒体，是指信息传递和存储的最基本的技术和手段。日常生活中最常用的媒体有语言、文字、音乐、图片、书籍、电视、广播、电话、音频、视频、动画等。多媒体技术是指能够提供多种媒体的输入、输出、传输以及综合处理的技术，是改善计算机与用户、用户与用户之间交互关系的方法和手段，它使计算机系统由单纯文字和数字处理进化为处理多种媒体的综合信息系统。

多媒体网络是一个端到端的、能够提供多性能服务的网络。因此，它由多媒体终端、多媒体接入网络、多媒体传输骨干网络以及能够满足多媒体网络化应用的网络软件等四个部分组成。多媒体网络需要传输文本、图像、声音、视频等多媒体信息，下面列举了这些多媒体信息对网络的要求。

（1）语音：实时性要求高，延时、抖动敏感，误码相对不敏感。

（2）数据：实时性要求不高，但要有严格的误码/校错保证。

（3）图像：实时性要求不高，但要求更高的带宽。

（4）视频：高的带宽并对实时性要求较严，允许有误码。

由于音频、视频等多媒体数据比普通文本数据至少需要增大两个数量级的处理速度、总线宽度、主存和视频图像容量以及 I/O 带宽，网络设计需要从以下三个方面解决多媒体的需求。

（1）增加系统总线和网络对带宽的要求。

（2）研究开发压缩技术，降低多媒体数据对带宽的要求。

（3）采用异步传输模式（ATM）的关键技术，以便能快速转接微型信息包，同时支持多媒体数据和普通数据的发送。

随着计算机网络技术及通信技术的高速发展，出现了许多高速网络，如 B-ISDN（宽带综合业务数字网）、ATM 网、SONET 网（同轴光纤网络）、FDDI-II（光纤分布式数据接口）、等时以太网（ISO Ethernet）及快速以太网（Fast Ethernet）等，这些使得多媒体信息的网络传输成为可能。

2. 多媒体网络的特点

从以上多媒体信息对网络的要求可以看出，为了完成承载多媒体业务的要求，多媒体网络应具有如下几个特性。

（1）业务等级保证，也就是我们常说的 QOS（Quality Of Service）保证。多媒体网络应能根据不同的业务提供不同的质量等级（如带宽、延时、抖动等）。

（2）高带宽，也就是网络的宽带化。随着图像、视频等多媒体在网上的大量采用，要求网络能提供足够的带宽。

（3）可靠性保证。作为向用户提供服务的运营网络，必须提供充分的网络可靠性，以满足各种业务不中断的要求。

（4）实时性，这是多媒体通信网与传统数据网的本质区别。多媒体通信网应能满足各种实时业务（如语音、视频等）的要求。

3．多媒体网络的应用

随着网络技术和多媒体技术的发展，未来网络向多媒体方向发展已是大势所趋。多媒体网络在我们工作与生活中的新应用很多，比较典型的应用有如下几个。

（1）交互式远程教学。这种方式相当于创建了一个虚拟教室，它能提供实时的交互功能，还能提供电子白板之类的多媒体教学工具，更利于老师和学生的双向交流。

（2）远程医疗。它首先要能对病历进行多媒体的文档管理，其次要能够通过多媒体网络共享医学、专家和先进的医疗设备。远程医疗对网络的性能要求很高，例如一个儿童的CT脑切片的信息容量是 50MB，用通常的网络来传输需要 5~20 分钟的时间，如果使用高速多媒体网络，也许只要几秒钟。

（3）交互式视频服务。其中比较常见的是视频点播和信息点播。例如，想通过多媒体网络在美国麻省理工学院图书馆查阅有关人体解剖学的某一个图像，就可以通过信息点播来实现。

（4）多媒体会议系统等应用。借助多媒体网络和多媒体计算机，可以实现远程的多媒体视频会议，极大地提高了人们的通信能力。

4．多媒体网络的发展趋势

多媒体网络的发展主要呈现以下两种趋势。

（1）宽带网的发展与现有 IP 网络相结合。例如，从理论上说 ATM 技术比 IP 技术要好，但是由于 IP 技术的势力范围非常大，ATM 网络要在技术、档次、速度、性能等方面获得进一步的发展，就必须和现有的 IP 网络的多媒体应用很好地结合起来，相互兼容。

（2）宽带 ISDN 和窄带 ISDN 的结合。多媒体网络发展的关键是多媒体接入网络，骨干网和多媒体终端的性能都可以做得很高，而接入网络则往往成为制约整个多媒体网络性能发展的瓶颈。为了解决这一问题，我们可以采用宽带 ISDN 和窄带 ISDN 相结合的办法，骨干网采用宽带 ISDN，接入网采用窄带 ISDN。只有这样，多媒体网络才能得到大面积的拓展，并且在多媒体的业务性能上提高一个档次。

就目前国内多媒体网络的发展现状来看，我国和国外仍然存在一定的差距。

（1）我国在发展中、高档次多媒体网络方面准备不足。国外在多媒体网络建设方面投资很大，而国内在这一方面则相对滞后，缺乏大规模的网络基础设施建设。

（2）国外多媒体网络为普通家庭用户提供的服务比例比较高，而我国仍然是以商业用户为主。

（3）我国提供的多媒体网络服务种类比较少、比较单一。

总体来讲，我国的突出矛盾仍表现为网络跟不上应用，网络带宽很低，网络实时性也得不到有效保证。这些方面希望能在一定的时期内得到有效的改进。

第五节　网络的发展趋势

中国互联网络信息中心发布的《第 35 次中国互联网络发展状况统计报告》显示，截至 2014 年 12 月，我国网民规模达 6.49 亿人，全年共计新增网民 3 117 万人。互联网普及率为 47.9%，较 2013 年年底提升了 2.1 个百分点。从权威的国家部门发布的统计数据来看，中国互联网发展还呈现以下几个特点：发展并未饱和、发展速度并未减缓、互联网商业潜力巨大。

从管理的角度来看通信网络，不应当仅仅把它作为一种电子通信的方法，而是要把它看作一种竞争武器，作为组织的一种联络手段，作为一种重要的技术投资。对通信网络给予重视以后，企业应充分认识到网络的潜在效益，并考虑如何在组织中规划及建设一个合适的网络系统。

网络发展的趋势对于管理决策有很大的影响。管理人员在组织的决策选择中增加了分析的内容，他们应深入了解网络通信在技术及应用两个领域方面的发展趋向，学会分析与选择适合于组织发展的通信网络。

1. 行业趋向

当前通信服务的竞争已发生了巨大变化，从政府垄断逐步向自由供应商发展。在美国，自 1984 年开发出 AT&T 及 BELL 系统后，又开发了各种通信服务，如长途电话、卫星通信及其他一些公司的无线电通信与电子邮件等，极其有效地适应了组织各方面的需求。中国的电信业也正朝着这个方向发展。

2. 技术趋向

通信网络正处于从模拟向数字网络技术发展的过程中。早期通信主要依靠面向声音的模拟传送系统，传送由人的声音的声波产生的各种电子频率。然而新的电子网络技术已快速转向数字传送网络，出现如同计算机一样以脉冲方式传送的信息。数字传送大大促进了计算机化的通信设备和通信介质的使用。其优点为：有效地高速传送；大量信息的传送；更大的经济效益；比模拟系统更低的出错率。另外，综合服务数字（ISDN）网络技术允许在同一线路中进行多种形式的通信，如数据、声音、图像等，多媒体传送技术现在已经实现。

另一个主要趋势是通信介质的改变。许多通信网络从以前的双绞线、同轴电缆、微波中继站改为现在的光纤和人造卫星传输。无线传输采用激光脉冲，其优点为：减少设备尺寸、减少设备及辅助线路的安装工作，大大提高了通信能力及随机电子处理能力。特别是当组织需要传送海量数据并跨越全球网络时，采用卫星传输会在速度和容量方面大幅提高。

3. 应用趋向

由于有了更多的销售商、各种通信服务和先进的技术平台，应用上的可行性大大增加了。无论对于什么样的企业，通信对于支持生产、管理和实现企业战略目标都起了重要作用。一个企业的通信已不再局限于办公室电话和长途电话的范围，而是属于公司主架结构中的一部分，同样也是计算机信息系统集成中的一部分。规划企业的通信网络，可以降低成本，改进生产过程，共享资源，锁定顾客和供应商，发展新产品和服务。因此，对于一个要求在国际化市场上增加竞争力的企业来讲，通信网络是一个更重要、更复杂的决策领域。

未来的网络将是什么样的，许多人都在根据网络与通信技术的发展做出展望。以下看法已成为越来越多的人的共识，如图3-19所示。

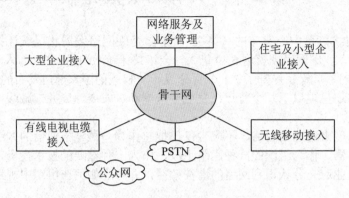

图 3-19 对未来计算机网络的展望

（1）超高速骨干网。骨干网将普遍采用密集波分复用技术（DWDM），从光纤网获得极高的传输速率。目前，已经可以在一根光纤上同时传送几十个不同波长（λ）的激光，传输速率达到 400Gb/s 以上。

网络带宽以超过摩尔定律的速度在增长。网络带宽增长一倍的时间间隔只需 3～4 个月，其增长速度远远大于摩尔定律所说的每 18 个月增长一倍。

在光纤上采用分组（packet）传送技术，很有可能仍运行符合同步传输模型（STM）的同步光纤网（SONET）或同步数字系列（SDH），以获得较高的可靠性和可管理性。

（2）三网合一的大趋势。通过波分复用和分组传送技术，让现有的数据（data）、话音（voice）和视频（video）网络最终融合在一起。与之有关的五大网络是：公共交换电话网（PSTN）、有线电视网（cable HFC）、移动通信网（mobility）、宽带无线网（broad hand wireless）以及企业局域网和广域网（enterprise LAN/WAN）。

（3）网络的接入更加方便、廉价。将会产生很多有线和无线的宽带接入方案，而且会更加方便和廉价。目前，已经有利用电话线上网的 ADSL、利用有线电视 HFC 上网的电缆调制解调器、机顶盒（STB）、无线扩频通信、毫米波"无线光纤"等。应用很广的手机也已经连接到了 Internet 上，成为一种最为时尚的网络应用。

（4）网上将提供越来越多的服务。多媒体、动态 Web 和交互式 Internet 应用将大量增加。人们的工作、学习和生活都将越来越离不开 Internet，人们将越来越依赖于 Internet 而生存。

案例分析

国内"某大型智慧社区 WiFi 定位系统"案例

上海某大型居住小区项目位于闵行区，规划占地总面积为 146 936 平方米，总住宅建筑面积为 303 779.9 平方米。小区共有 28 栋住宅楼，有 2 645 个停车位。

为了提升小区物业的管理水平，在智慧社区物业管理方面，管理方希望通过增加对出入小区的访客、临时车辆等的管理，有效提升小区的安防级别，改善物业的服务形象。同时，可通过应用对保安、保洁人员定位、实时对讲等技术手段，加强对物业人员的管理，并以更快的响应速度为居民提供优质服务。

一、方案优势

WiFi 定位技术除具有良好的精度和可扩展性外，其独特优势在于 WiFi 芯片已经在各类用户智能终端（智能手机、平板电脑等）中得到广泛普及，并且随着"无线城市"的发展，国内各大城市电信运营商、公司与家庭均已安装了大量的 WiFi 热点与网关。通过利用现有的这些WiFi 设施，能够显著降低建设与长期运营成本，快速实现项目的预定目标。这些都是开展 WiFi技术为主的无缝定位技术研究和推动 LBS 应用的最佳基础条件与保证。

（1）基于标准 WiFi 网络，无须额外搭建其他网络设施，极大地降低了系统的安装和工作成本。

（2）通过 WiFi 网络直接传递数据，定位的同时还能够无线上网。

（3）定位精度高，精度可达 3~5 米，局部区域达到 1 米，高度方向实现楼层自动切换，实时性好。

（4）系统容量大，1 个 AP 支持 200 多个终端同时定位，分布式定位服务器支持数万人同时定位。

（5）采用自主知识产权抗干扰定位处理技术解决了人体对 WiFi 定位影响较大的问题。

（6）定位终端多样，除了传统的 WiFi 标签卡之外，完美兼容各种 WiFi 智能设备的定位，如智能手机、平板电脑、笔记本等都可以接入。

（7）支持被动定位，支持 iPhone 和 iPad 定位，用户不需要接入 WiFi 网络也可以定位，不会对 WiFi 网络接入和通信带宽造成很大影响。

WiFi 定位系统采用粗略定位和精确定位混合模式，以在满足基本业务需求的情况下实现成本的最低化。

整个定位系统的主要设备有定位终端（定位标签和智能终端）、定位 AP、定位服务器三种。其中，定位 AP 需要借助交换机进行 POE 供电，同时上传定位信号到定位服务器；定位服务器安装在小区的中心机房，用于处理定位信号和与小区视频监控系统的接口处理；监控计算机放在监控室，用于物业管理人员监控和调度使用。

二、主要功能

1.智慧物业管理

（1）采用基于 WiFi 网络的定位技术，人员、车辆可携带便携式 WiFi 卡片。

（2）访客管理：通过对访客进行定位和活动轨迹跟踪查看，可以实现安保人员为访客提供及时的服务，同时还可提升小区安防级别。

（3）保安、保洁人员管理：通过定位技术，可看到保安是否按照规定线路巡逻，即时通知保安为附近的业主提供服务；可查看到保洁员所在的位置，并精确到楼。

（4）车辆管理：可通过对地面车辆进行定位，让物业人员了解到小区地面不同停车区域范围内空余车位的数量，以便让安保人员对进出小区的临时车辆进行及时的疏导。

（5）视频联动：WiFi 定位系统和社区监控系统联动，当有报警事件发生时，系统自动弹出报警点附近的视频，让物业或业主第一时间看到现场情况。（此功能目前支持海康和天地伟业

监控系统）

（6）刷卡位置查看：系统与小区一卡通系统对接，实现访客刷卡时位置信息的实时查看。

2.智慧家居

（1）无线上网：定位系统允许业主在小区特定场景（如小区公园、草坪、室外健身地等）下接入 WiFi 网络，提供上网服务。

（2）适用于业主的管理功能：包括监控与业主关联的家人、宠物的活动轨迹功能，业主自购卡片的管理功能，对用户数据、卡片信息的批处理功能。

（3）给儿童佩戴定位标签后，如果儿童擅自跑出社区大门，系统自动发出报警，减少儿童被拐卖案件的发生。

（4）业主通过手机 APP 或者 Web 实时查看家人位置，接受老人或小孩发出的主动求助信息，并快速响应。

3.智慧资产管理

业主或社区贵重资产贴上优频定位标签后，可纳入社区 WiFi 定位监护系统，业主或物业可实时查看贵重资产的位置。当贵重资产发生位移或者振动时，系统自动发出报警信息，提醒业主或者物业注意防盗，有效制止盗窃现象。

4.智慧养老服务

现在老人居住的环境有两种最常见，一是家里；二是养老院。居家养老的老年人佩戴优频 WiFi 定位卡后，家属可对老人进行实时位置监护。

WiFi 卡有警情按钮，老人摔倒或发生其他危险状况，可随时触动按钮报警，家属或小区物业接受报警信息，避免险情恶化。

5.扩展服务

一旦发生目标离开重点区域或者出口，或进入危险区域，即刻发送短信给相关工作人员及时进行处理。WiFi 定位系统通过 API 将实时报警信息上报给短信推送平台，提供触发条件，最终由短信系统完成短信的发送。

三、智慧社区的总体效益

智慧社区为住户提供了一种更安全、舒适、方便、快捷和开放的智能化、信息化空间。同时，它依靠高科技实现了回归自然的环境氛围，促进了优秀的人文环境发展，并依托先进的科学技术，实现小区物业运行的高效化、节能化和环保化。它不仅成为一个城市或开发商经济实力和科技水平的综合标志之一，也是人类社会住宅发展的必然趋势。

1.社区效益

工程的完成，将标志着小区的现代化、信息化、智能化有着进一步的提升。采用更高端的系统，也将提高住户的安全感。随着社会转型要求的提出，社区建设成为我国国家建设的基础，从而要求社区服务具备更高的服务水平和管理水平。优频智慧社区服务平台将给住户带来更便利的生活服务方式。优频智慧社区服务平台通过多种终端设备，提供简单、直接、方便的生活服务方式。

2.市场效益

搭建优频智慧社区服务平台，在保障住户居家安全，提供安全舒适的生活环境之余，将从一个更便利、更具关怀的角度，从物业到住户，为社区提供触手可及的优质服务。社区物业管理企业从更高的角度构造了一个高端商业服务模式，为地产企业与物业管理企业在社区中创造了二次增值的可能。在市场发展的规律下，将带给企业更多的利润和市场占有率。

3.社会效益

采用智能化系统管理和服务，以全新的理念，提供社区管理与商业服务，这是物业管理的创新模式，在给住户带来全新的生活体验的同时，也将大大地提升物业管理企业的品牌价值和影响力，从而在社会上受到更多的关注和更高的评价。

本章思考题

1. 何为计算机网络？应该从哪些方面对其进行理解？
2. 在系统结构上，计算机网络具有哪些特征？
3. 计算机网络由哪几部分组成？
4. 计算机网络的功能有哪些？
5. 计算机网络可以从哪几个方面进行分类？每种分类又包含哪些类型？
6. 何为企业内部网？
7. 企业内部网有哪些特点？
8. 企业内部网具有哪些优势？
9. 简述客户机/服务器模式的优缺点。
10. 简述 OSI 模型的七个层次。
11. 什么是 Internet？它有哪些特点？
12. 简述我国的四大主干网络。
13. Internet 取得成功的原因是什么？
14. Internet 能提供哪些服务？
15. 在 Internet 发展的过程中，出现了哪些盈利机会？

第四章 物流管理信息系统

信息技术革命为物流领域发生深刻变革提供了可能。物流系统作为一个包括企业物资投入、转换、产出全过程的系统，在企业管理中发挥着无可争议的核心作用。面对不断增强的国内外竞争和产业环境的不断变化，物流管理出现了一些新的挑战和难点：可视化不高、交货周期变短、客户订单机会损失增大、信息缺乏集中、不能快速响应市场、为了维持物流效率或服务水平而使成本难以降低、库存过大、资金流转时间长等。这些问题的解决，需要依赖新的物流管理手段——物流信息化管理，而对物流信息化管理最有效的工具便是物流管理信息系统。

第一节 物流管理信息系统概述

一、物流管理信息系统的概念

早在 20 世纪 30 年代，管理信息系统的概念就已经出现。20 世纪 50 年代计算机开始用于会计工作。但是，直到 1985 年，明尼苏达大学卡尔森管理学院的著名教授 Gordon B. Davis 才给出管理信息系统的一个较完整的定义："它是一个利用计算机硬件和软件，手工作业，分析、计划、控制和决策模型，以及数据库的用户—机器系统。它能提供信息支持企业或组织的运行、管理和决策功能。"

物流管理信息系统是计算机管理信息系统在物流领域的具体应用。广义上，物流管理信息系统应包括物流过程所涉及的各个领域的信息系统，包括运输、仓储、海关、码头、堆场等。它是一个由计算机、应用软件及其他高科技的设备，通过全球通信网络连接起来的、纵横交错的、立体的、动态互动的系统。狭义上，物流管理信息系统只是管理信息系统在某一涉及物流的企业中的应用，即某一企业（物流企业或非物流企业）用于管理物流的系统。

二、物流管理信息系统的分类

对于物流管理信息系统的分类，从不同的角度有不同的分类方法和类型。

1. 按管理决策的层次分类

根据管理决策的层次，物流管理信息系统可以分为物流作业管理系统、物流协调控制系统和物流决策支持系统，如图 4-1 所示。这里，各系统的功能侧重不同，但又相互关联。

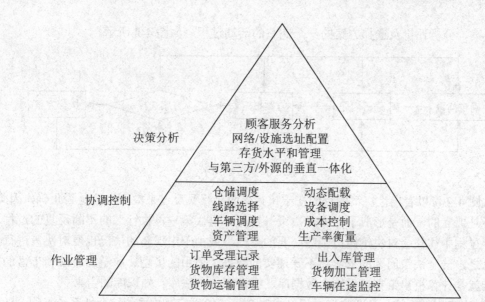

图 4-1　物流管理信息系统按决策层次进行分类

（1）物流作业管理系统。物流作业管理系统面向企业的作业层，主要实现物流业务各环节的基本数据输入、输出、处理，解决手工作业电子化的问题。例如，客户向物流企业发出委托信息，物流企业将委托信息输入系统，并通过作业管理系统发出相应的业务指令（如搬运、装货、存储、交货、签发运输单证、打印和传送付款发票）、记录作业情况和结果。

（2）物流协调控制系统。物流协调控制系统面向企业的中间管理层。在控制系统层面，对各业务子系统进行控制以协调各子系统协同运行。这包括对输入输出的控制、权限的控制、信息传递方向的控制等，也包括根据积累的历史数据，按照一定的优化模型进行业务操作的优化和业务流程优化。例如，控制系统收到客户的货物入库操作指令后，系统可根据货主的指令内容、货物属性、仓储要求、货位情况以及当时的设备状态、作业能力、人员忙闲等情况，按照一定的优化模型进行货位指定、作业调度，以指导整个验收入库业务进行。

（3）物流决策分析系统。物流决策分析系统面向企业的高级管理层，主要用以辅助管理层的决策。通过对基础业务数据进行提炼，运用相应的模型分析计算物流费用、时间、效率等数据，设计和评价各种物流方案，对货流、存货进行预测，可以有效地支持决策者的决策。

① 物流决策支持系统。物流决策支持系统（Decision Support System，DSS）是根据管理者对某个半结构化或非结构化问题决策的需要，收集和存储有关的数据和模型方法，通过定量的计算和定性的分析，采用人机对话方式，为管理决策人员提供一个分析问题、建立模型、模拟决策过程以及提供决策方案的计算机信息系统。

物流所涉及的业务系统是一个社会化的大系统，不仅点多面广，而且情况复杂，数据量庞大，使管理者的决策具有相当大的难度。因此，需要有一定的计算机决策支持系统来协助进行。通过计算机自动对输入及存储到数据库的数据按照相应的模型进行处理、组织、运算和模拟，可以辅助企业决策者达到更高层次的决策能力，做出比较科学并有据可循的决策。

决策的过程并不是瞬间完成的，而是为了解决某个问题所形成的收集资料、确定目标、拟订方案、分析评价及选择方案的一个完整的活动过程，如图4-2所示。

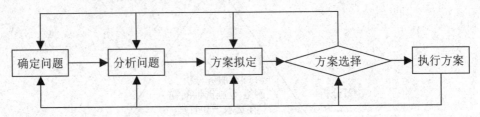

图 4-2　决策过程图示

从图4-2可以看出，决策的目的在于执行，而执行又反过来检查决策是否正确，因此，决策不是孤立的，而是形成了一个"决策—执行—再决策—再执行"的不断反复的过程。在执行过程中往往会对决策做出某些必要的修改，或由于出现新的情况也要对决策进行修改。总之，一个决策问题的求解离不开翔实的数据、适用的模型、科学的方法和丰富的知识，这就是计算机决策支持系统中数据库、模型库、方法库、知识库的由来。

②　物流规划系统。企业物流过程是由诸多复杂的供应链构成的综合性系统工程。随着管理方法的发展和新技术在物流领域的不断投入使用，物流管理信息系统将充分利用物流供应链各环节所产生的大量信息，结合管理的思路和方法，为物流企业的系统规划做出贡献。

物流规划系统主要包括以下主要内容：企业物流诊断及业务重组，企业物流管理及组织策略，仓库规划、选址及库存策略，运输规划及第三方物流策略，物流成本控制目标及实施、物流设备优化配置方案等。要实现上述各项规划的内容，必须在现有物流管理信息系统的基础上，通过整合已有信息，形成科学、合理的决策。

2. 按系统的应用对象分类

供应链上不同的环节、部门（见图4-3）所实现的物流功能都不尽相同。根据在供应链上发挥的作用和所处的地位，物流管理信息系统可以分为面向制造企业的物流管理信息系统，面向零售商、中间商、供应商的物流管理信息系统，以及面向物流企业的物流管理信息系统。

原材料厂商 　物流企业→　产品制造商 　物流企业→　批发、零售商 　物流企业→　用户

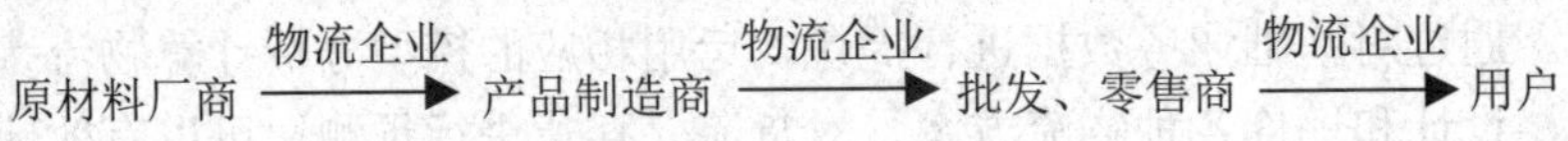

图 4-3　供应链各环节

（1）面向制造企业的物流管理信息系统。制造企业在供应链中处于中间环节，是极为重要的一个环节。在其物流业务管理中，既包括组织原材料、物料、日常耗用品等的供应物流，也包括完成产成品销售供货的销售物流，同时还包括在生产过程中的包装、搬运、存储等生产物流。

制造企业根据其销售情况确定生产计划后，就需对需要的原材料物资制订采购计划以配合生产进度，同时储备一定数量的产成品以供应销售。当企业的生产管理系统将生产计划、采购计划、销售计划设计出来后转入物流系统，物流系统将采购计划、销售计划分解并设计成物流计划，然后对物流计划进行执行、监督直至生产、销售完成，这样的过程循

环不断、交替出现、互相衔接。

（2）面向零售商、中间商、供应商的物流管理信息系统。零售商、中间商、供应商本身不生产商品，但它为客户提供商品、为制造商提供销售的渠道，是客户与制造商的中介。专业零售商为客户提供同一类型的商品，综合性的零售商如超市、百货商店为人们提供不同种类的商品，这样的企业经营有商品种类多、生产地点分散、消费者群体极其分散的特点。面向零售商、中间商、供应商的物流管理信息系统是对不同商品物流配送的进、销、存进行管理的系统。

（3）面向物流企业的物流管理信息系统。在供应链中专门提供物流服务的物流企业发挥着重要的作用。这类企业包括船公司、货代公司、拖车公司、仓储公司、汽运公司、空运公司、专业的第三方物流企业等。这些企业提供的是无形的产品——物流服务，而前面所提到的制造商、供应商等提供的往往是有形的商品。这些公司除提供自己专长的专业服务外，也提供一些相关的服务，在原有的业务上向物流的其他环节延伸。因此，面向这些不同的物流企业的物流管理信息系统各有不同，可以进一步划分为仓储管理系统、海运管理系统、汽车运输管理系统、铁路运输管理系统、货代管理系统、报关管理系统等。

3．按系统采用的技术分类

物流管理信息系统的实现有多种形式。根据采用技术的不同，物流管理信息系统可以分为单机系统、内部网络系统以及与合作伙伴和客户互联的系统。

（1）单机系统。在这种模式下，计算机没有联网，处于单机运行状态，系统的应用也往往只限于料账管理、打印报表和简单的统计。物流管理信息系统与企业的其他系统如财务、人事等系统的运行各不相干、各自独立运行。这时，物流企业虽然解决了手工制作单证的问题，但内部数据往往难以实现共享，存在大量重复劳动，可能造成同样的数据需在不同的系统中重复输入的情况。

（2）内部网络系统。这类系统在物流企业中常常采用大型数据库技术及网络技术。内部局域网建成后，物流企业各部门间的信息流动基本实现无纸化，内部数据可以比较好地实现共享。

物流企业内部不同地区的子公司之间可以用企业内联网（Intranet）技术，利用增值网络，将企业分布在不同地理区域的机构有机地结合在一起，形成企业的广域网络。同时结合 Internet 技术，随时随地向客户和公司的管理层提供所需要的各种信息，从而保证供应链各环节的有机结合。这里，数据的整合和共享无疑能够大大地提高企业的整体效率。

（3）与合作伙伴和客户互联的系统。在这种模式中，企业内部网络系统与外部的其他合作伙伴及客户的管理信息、系统（如 ERP）的接口已做好，数据可通过专门的通信通道进出物流企业，形成物流企业的 Extranet。此种系统将企业内部网络 Intranet 和 Internet 有机地结合在一起，充分利用 Internet 技术所带来的便利，以较低的成本和能够迅速扩张的能力，为公司的管理层和协作伙伴以及客户提供各种信息。

三、物流管理信息系统的作用

基于互联网和现代信息技术的物流管理信息系统，与其他管理信息系统一样，能够显著提高企业物流的运营效率和管理水平，越来越多的企业愿意采纳这项集管理和信息技术为一体的管理信息系统。一个典型的物流管理信息系统对企业的作用体现在如下几个方面。

（1）物流管理信息系统是物流企业及企业物流的神经中枢。如果没有先进的管理信息系统来支持，物流企业的功能就不能体现。物流企业面向社会服务，为企业提供功能健全的物流服务，面对众多的企业和零售商甚至是客户，如此庞杂的服务，只有在一个完善的管理信息系统基础上才可能实现。

（2）通过物流管理信息系统，企业可以及时地了解产品市场销售信息和产品的销售渠道，有利于企业开拓市场和搜集信息。

（3）通过物流管理信息系统，企业可以及时掌握商品的库存流通情况，进而达到企业产销平衡。

（4）物流管理信息系统的建立，有效地节约了企业的运营成本。通过规模化、少品种、业务统一来管理和节约企业的物流运作成本，并可以通过管理信息系统完成企业一系列的活动，如报关、订单处理、库存管理、采购管理、需求计划、销售预测等。

（5）物流管理信息系统的建立使得物流的服务功能大大拓展。一个完善的物流管理信息系统使得企业能够把物流过程与企业内部管理系统有机地结合起来，如与 ERP 系统结合，可以使企业管理更加有效。

（6）加快供应链的物流响应速度。通过建立物流管理信息系统，达到供应链全局库存、订单和运输状态的共享和可见性，以降低供应链中的需求订单信息畸变现象。

要想让物流管理信息系统发挥应有的作用，必须遵循以下原则来满足管理的需要，并充分支持企业制订计划和运作。

（1）可得性。物流管理信息系统必须具有容易且始终如一的可得性。迅速的可得性对于对企业和客户做出反应以及改进管理决策是必需的。由于物流作业分散化的特性，要求对信息具有储存和传递的能力，能从国内的任何地方得到更新。这样，信息的可得性就能减少作业上和制订计划上的不确定性。

（2）精确性。物流管理信息系统必须精确地反映当前物流活动状况。精确性可以解释为物流管理信息系统的报告与实物计数或实际状况相比所达到的程度。例如，平稳的物流作业要求实际的存货与物流管理信息系统报告的存货相吻合的精确性最好在 99% 以上。当实际存货水平和系统之间存在较低的一致性时，就有必要采取提高安全库存的方式来适应这种不确定性。正如信息可得性那样，增加信息的精确性，也就减少了不确定性，并减少了库存量。

（3）及时性。物流管理信息系统必须及时地提供快速的管理信息反馈，以利于及时的管理控制。及时性是指一种活动发生时与该活动在管理信息系统内可见时之间的耽搁。例如，在某些情况下，系统要花费几个小时或几天才能将一种新订货看作实际需求，因此，该订货并不始终直接进入现行的需求量数据库，结果，在认识实际需求量时就出现了耽搁，这种耽搁会使计划制订的有效性减弱，而使存货量增加。

及时的管理控制是在还有时间采取正确的行动或使损失减少到最低程度时提供信息。概括地说，及时的信息减少了不确定性并识别了种种问题，于是减少了存货需要量，增加了决策的精确性。

（4）灵活性。物流管理信息系统必须具有灵活性，以满足企业和客户两方面的需求。管理信息系统必须具有能提供满足特定顾客需要的数据的功能。例如，有些顾客也许想将订货发货票跨越地理或部门界限进行汇总。特别是，零售商 A 也许想要每一个店的单独的发货票，而零售商 B 却只需要所有商店的总发货票。一个灵活的物流管理信息系统必须有能力适应这两类要求。

（5）适当格式化。物流报告和显示屏应该具有适当的格式，这意味着信息系统的界面要用正确的结构和顺序显示正确的信息。例如，物流报告的显示界面含有向决策者提供决策所需的所有相关的信息。显示屏将过去信息和未来信息结合起来，包含了现有库存、最低库存、需求预测，以及在一个配送中心某一单品的计划入库数。这种结合了库存流量和存货水平的图形界面，在现有库存有可能下跌到最低库存水平时，有助于计划人员把注意力集中在制订存货计划和订货计划上。

四、物流管理信息系统的发展趋势

由于物流行业迅速发展，国内企业的需求也在不断变化，因此对物流软件的功能提出了新的要求。总体上讲，我国物流管理信息系统的发展趋势主要表现在如下几个方面。

1．软件体系结构变化

随着经济全球化进程的推进，许多小企业必将以合并等形式来增强其竞争能力。同样，我国物流业的重组和并购也迫在眉睫。拥有跨区域仓库网点的物流企业、生产流通企业正在不断地增多。因此，物流软件提供商需要在软件功能及其体系结构上满足这种发展的要求。在软件体系结构上，目前我国基于局域网的物流管理系统比较多，而且多数采用客户机/服务器（C/S）结构。由于这种体系结构在跨区域范围内摆脱不了数据实时性差的问题，而且初期投入和维护成本都比较高，因此，为了适应国内跨区域的大型企业的经营管理需要，许多物流软件提供商已经把目光转向开发基于浏览器/服务器（B/S）模式的系统。例如，中储物流在线有限公司的数码仓库应用系统和数码配送应用系统就是这样的例子。

2．专业性更强，接口趋于透明

从国外物流软件的情况看，专业化程度比较高，因此，在满足企业专业化发展上适应性就更好，更能体现出信息化的优势。这里，我们并不认为能提供"大而全"的一体化解决方案的物流软件就一定是好的，反而是那些能提供满足某种或某类业务模式的软件可能更现实一些。另外，第三方物流服务提供商往往要和各类企业发生业务往来，因此，系统对接就成为一种需要，要求与其他的应用系统如财务系统、企业资源计划（Enterprise Resource Planning，ERP）、物料需求计划（Material Requirement Planning，MRP）等方便地进行数据交换，这就要求物流软件的接口透明。

3．数据信息的采集更为明细

物流与信息流相互依存成为趋势，也就是说软件系统记录的"物"的有关信息将更为精确。例如，如果软件系统没有实现到货位及库房形状、通道的管理，那么就无法实现货物在库移动路径优化的决策支持；若没有记录物品体积、形状，那么车辆配载设计就无法实现。目前的物流软件已经不再是简单的料账管理系统或报表汇总系统，生产作业管理型的系统正在成为主流。

4. 自动化管理的程度在不断提高

随着物流业务的提升，物流软件的自动化管理程度正在不断提高。这既包括仓储设施的自动化和运输、配送作业的自动化，也包括物流作业调度的自动化和作业管理的自动化。

5. 决策支持功能将会加强

随着信息技术在物流企业的应用不断深入，物流软件已不仅仅限于支持数据信息的处理，而且向更高层次发展，支持物流管理的决策。通过提供数学模型分析数据，辅助决策。

6. 社会化物流技术平台的建设

资源共享、专业化分工是社会发展的趋势，建设社会化的物流技术平台是提高我国社会物流服务效率的基础。通过提供物流软件的 ASP 服务，可以充分做到资源共享，迅速提升我国物流企业的信息化水平。

总之，我国物流管理信息系统的建设尚处在成长期，物流软件产品在实际应用中还在不断发展。物流服务提供商和物流软件提供商形成了相辅相成的关系，只有两者共同进步才能促进我国物流业快速、稳定、健康地发展。

第二节　物流管理信息系统基本结构

一、物流管理信息系统的基本组成

物流管理信息系统的基本组成要素有硬件、软件、数据库和人员等。

1. 硬件

硬件指计算机系统的物理设备、通信设备和各种有关部件。这些硬件提供输入、输出、供存储数据程序用的辅助存储器、作为计算和控制用的 CPU 和网络通信等功能。它包括计算机主机、打印机、服务器、通信电缆、通信设备等，是实现物流信息系统的基础，构成了系统运行的硬件平台。

2. 软件

软件是操作硬件的指令集合，包括系统软件和应用软件。系统软件主要有操作系统（如 Windows、Linux 等）、网络操作系统（如 Windows Server、UNIX 等），它控制、协调硬件资源，是物流信息系统必不可少的部分。应用软件是与物流企业具体业务相关的、辅助企业管理的软件，物流企业可以通过与软件开发企业合作或独立开发应用软件，也可以直接购买应用软件（一般要经过二次开发才能满足本企业的需要）。

3. 数据库

数据库技术将多个用户、多种应用所涉及的数据，按照一定的数据模型进行组织、存储、使用、控制和管理，数据的独立性高、冗余度小、共享性好，能够进行数据完整性、安全性、一致性的控制。常用的数据库软件有 SQL-Server、Oracle 等。

4．人员

物流管理信息系统中所包括的人员主要有系统分析人员、系统设计人员、系统实施和操作人员，以及系统维护人员、系统管理人员、数据准备人员与各层次管理机构的决策者等。

二、物流管理信息系统的功能

对于物流信息系统而言，它是由多个子系统组成的，它们通过物资实体的运动联系在一起。合理组织物流活动，就是使各个环节相互协调，根据总目标的需求，适时、适量地调度系统内的基本资源。物流系统中的相互衔接是通过信息予以沟通的，而且基本资源的调度也是通过信息的查询来实现的。

物流企业引进先进的信息处理技术，不仅会提高物流企业的自动化度和信息共享度，提高工作效率，降低成本；更重要的是将从根本上改变物流企业的战略发展，从经营和管理方式上上一个台阶。物流企业的管理信息系统可以统一信息的交流渠道，有效地促进物流企业各部门之间的协作，实现物流企业经营管理方式的转变。因此，建立高效、适用的物流管理信息系统，是物流企业管理功能和业务发展的必然要求。物流信息系统的作用主要表现在以下几个方面。

（1）改善物流企业内部与企业间的信息交流方式，满足业务部门对信息处理和共享的需求，在物流企业管理和业务过程中，使物流企业信息更有效地发挥效力。

（2）提高办公自动化水平，提高工作效率，降低管理成本，提高物流企业在市场上的竞争能力。

（3）通过对每项业务的跟踪监控，物流企业的各层管理者可以了解业务进展状况，掌握第一手资料；通过信息交流，及时掌握经营管理数据，增强对业务的控制，为决策提供数据支持。

（4）加强物流企业对员工的管理，随时了解所辖人员的背景资料和业务进展，合理调度资源，加强管理能力。

（5）由于物流信息系统的采用，使得企业可以实现信息共享，从而可以将企业物流的各个环节综合考虑，采用最优化的理论，制定全局优化的物流策略。

三、物流管理信息系统的层次结构

物流管理信息系统是通过对与物流管理相关信息的加工处理来达到对物流、资金流的有效管理，并为企业提供信息分析和决策支持。从表现方式来说，它是一个应用软件系统，以 C/S 或 B/S 方式建立于系统软件和硬件平台上，借助数据库和模型进行业务数据的处理。从本质上来看，它体现了企业的业务特点、管理思想、管理方法和管理制度。因此，物流管理信息系统的层次结构是与企业管理层次密不可分的。图 4-4 是按企业管理层次划分的物流管理信息系统的层次结构图。

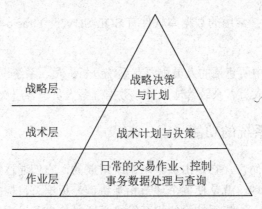

图 4-4 物流管理信息系统的层次结构图

1. 作业层

作业层是直接面向日常的事务处理和作业，包括运输作业、仓储作业、采购作业以及财务事务、行政事务、人事事务等。该层是系统的操作层，许多数据都是在这个层次上产生的，因此在这个层次会发生大量的数据录入、处理、查询和输出操作，是整个管理信息系统运作的基础。

2. 战术层

战术层的主要使用对象是企业管理部门和部门负责人。该层次物流管理信息系统为企业的部门负责人提供局部和中期决策所需的战术管理信息，包括客户关系管理、质量管理、计划管理、市场信息管理等。除此之外，战术层还必须制定一些战术决策，如运输线路选择、订货决策、仓库管理决策等。

3. 战略层

战略层为企业高层管理决策者提供综合反映企业运营与管理状态的信息，提供制定企业战略决策、企业长期经营目标所需要的管理信息，提供各种分析、预测功能，辅助高层进行决策。

第三节　物流管理信息系统开发方法

一、系统开发方法概述

随着信息技术的迅速发展，其应用范围迅速扩大。近 40 年来，实际运行的信息系统越来越多，对社会和经济的影响日益深入，但信息系统建设的道路却历尽坎坷。许多系统的效益远不如当初的承诺，甚至半途而废，使建设单位背上沉重包袱的情况时有发生。人们为信息系统建设的效率和成功率担忧。造成这种情况的原因，从根本上讲是信息系统的多学科性、综合性。这就决定了它的发展必定有一个较长的过程，需等待各学科成熟，技术人员、管理人员的知识拓宽，以及人员对信息系统建设过程的认识在实践中提高。

信息系统建设周期长、投资大、风险大，开发出来的信息系统较之一般技术工程有更大的难度和复杂性，此种复杂性体现在以下几点。

1. 技术手段复杂

信息系统是信息技术与现代管理理论结合的产物，它试图用先进的技术手段解决社会经济问题。计算机硬件和软件、数据通信与网络技术、人工智能技术、各类决策方法都是当今发展最快的技术，是信息系统借以实现各种功能的手段。掌握这些技术手段，合理地应用以达到预期效果，是信息系统建设的主要任务之一。

2. 内容复杂，目标多样

面向管理是信息系统最重要的特征。管理系统需要的信息量大面广，形式多样，来源复杂。一个综合性的信息系统要支持各级多部门的管理，规模庞大，结构复杂，非一般技术工程所能比拟。企业各部门和管理人员的信息需求不尽相同，甚至相互冲突，因而协调困难，不易求得各方面都满意的方案。有些需求是模糊的，不易表达清楚。对一般技术工程，往往可以通过具体模型或样品试验解决设计中的问题并完善设计，而信息系统的样品就是产品，在实际运行前无法进行现场试验，系统开发中的问题只有投入运行后才能充分暴露。加之系统开发周期长，容易造成人力、物力和时间的浪费。

3. 投资密度大，效益难以计算

信息系统建设，包括开发和维护，都需要投入大量的资金。信息系统采用大量的先进技术，但目前开发的自动化程度低，仍需要投入大量的人力进行系统分析、设计和编写程序。信息系统建设是一种高智力的劳动密集型项目，简单劳动所占比例极小。这也是一般技术工程所不能比拟的。另外，信息系统给企业带来的效益主要是无形的间接效益，不像一般技术工程取得的效益那样直接和容易计算。

4. 环境复杂多变

信息系统要成为企业竞争的有力武器，必须适应企业的竞争环境。这就要求信息系统的建设者必须十分重视、深刻理解企业面临的内外部环境及其发展趋势，考虑到管理体制、管理思想、管理方法和手段，考虑到人的习惯、心理状态以及现行的制度、惯例和社会、政治等诸多因素。

二、开发方法的结构体系

主流的系统开发方法，其侧重点各有所不同。

（1）强调开发过程的组织、管理和控制，属于系统开发生命周期的范畴。

（2）强调开发方法的驱动对象，属于方法论的范畴。

（3）支持某种方法论的技术，属于技术范畴。

（4）系统开发需要在一定的开发环境下运用开发工具来完成，属于系统开发环境/工具研究的范畴。

这些方法在一定层面上，从不同的角度提出，但彼此相互联系、相互支持、相互制约，之间的关系从图 4-5 的四个层次可以体现出来。开发环境/工具位于最底层，说明其他三个层面均离不开开发环境/工具的支持；技术是组成方法学的基本成分。

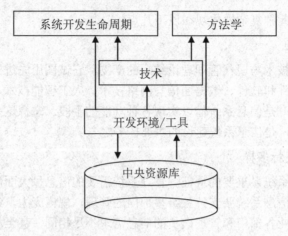

图4-5　系统开发层次结构

　　任何事物都有产生、发展、成熟、消亡（更新）的过程，信息系统也不例外。信息系统在使用过程中随着其生存环境的变化，要不断维护、修改，当它不再适应的时候就要被淘汰，由新系统代替老系统，这种周期循环称为信息系统的生命周期。系统开发生命周期是指系统分析员、软件工程师、程序员以及最终用户建立计算机信息系统的一个过程，是管理和控制信息系统开发成功的一种必要措施和手段，或者是一种用于规划、执行和控制信息系统开发项目的项目组织和管理方法，是工程学原理（系统工程的方法）在信息系统开发中的具体应用。图4-6表示信息系统的生命周期以及相应的工作步骤。

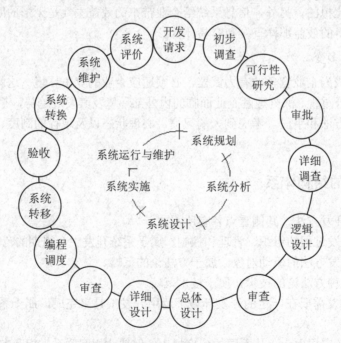

图4-6　管理信息系统的生命周期

　　由图4-6可见，信息系统的生命周期可以分为系统规划、系统分析、系统设计、系统实施、系统运行和维护等五个阶段。

因此，管理信息系统的开发是一项复杂的系统工程。它涉及的知识面广、部门多，不仅涉及技术，而且涉及管理业务、组织和行为。它不仅是科学，而且是艺术。至今还没有一种完全有效的、万能的系统开发方法，但软件开发实践中形成的一些开发方法对确保软件系统的质量起到了积极的作用。目前常用的系统开发方法有结构化系统开发方法、原型法、面向对象的开发方法、计算机辅助软件工程方法（Computer Aided Software Engineering，CASE）等。

三、结构化系统开发方法

1. 基本思想

一般地讲，20 世纪六七十年代是结构化系统开发方法的时代。结构化系统开发方法（Structured Systems Analysis and Design，SSA&D）又称结构化生命周期法，是系统分析员、软件工程师、程序员和最终用户按照用户至上的原则，自顶向下分析与设计和自底向上逐步实施的建立计算机信息系统的一个过程，是组织、管理和控制信息系统开发过程的一种基本框架。结构化系统开发方法的基本思想是：用系统工程的思想和工程化的方法，按用户至上的原则，结构化、模块化，自顶向下地对系统进行分析和设计。具体地说，就是先将整个信息系统开发过程划分出若干相对独立的阶段，如系统规划、系统分析、系统设计、系统实施、系统运行与评价等。在前三个阶段坚持自顶向下地对系统进行结构化划分。在系统调查或理顺管理业务时，应从最顶层的管理业务入手，逐步深入至最基层。在系统分析提出新系统方案和系统设计时，应从宏观整体考虑入手，先考虑系统整体的优化，然后再考虑局部的优化问题。在系统实施阶段，则应坚持自底向上逐步实施。也就是说，组织人力从最基层的模块做起（编程），然后按照系统设计的结构，将模块一个个拼接到一起进行调试，自底向上、逐渐地构成整体系统。

结构化程序设计方法将自顶向下的结构化方法、工程化的系统开发方法和生命周期方法结合起来，是迄今为止开发方法中应用最普遍、最成熟的一种。

2. 结构化系统开发方法的特点

与其他开发方法相比较而言，结构化系统开发方法具有以下几个方面的特点。

（1）面向用户的观点。用户的要求是系统开发的出发点和归宿。信息系统是为用户服务的，最终要交给管理人员使用。系统的成败取决于它是否符合用户的要求，用户对它是否满意。因此，必须动员、吸引管理人员积极参与系统的研制过程。在整个研制过程中，系统研制人员应该始终与用户保持联系，从调查研究入手，充分理解用户的信息需求和业务活动，不断地让用户了解工作的进展情况，调整工作方向。

（2）严格区分工作阶段，每个阶段有明确的任务和应得的成果。混淆工作阶段，是研制工作延期甚至失败的重要教训之一。结构化方法强调按时间顺序、工作内容，将系统开发划分为几个工作阶段，如系统分析阶段、系统设计阶段、实施阶段以及运行维护阶段等。对于复杂的系统，更要强调和加强前期工作，强调分析、设计的深入细致，以避免后期返工，造成投资耗费和负社会效益。

（3）按照系统的观点，自顶向下地完成系统的研制工作。在系统分析阶段，按全局的观点对企业进行分析，自上而下，从粗到精，由表及里，将系统逐层逐级进行分解，最后进行逆向综合，构成系统的信息模型。在系统设计阶段中，先把系统功能作为一个大模块，然后逐层分解，完成系统模块结构设计。在实施阶段，先实现系统的框架，自上而下完善系统的功能。程序的编写遵循结构化程序设计的原则，自顶向下，逐步求精。

（4）充分考虑变化的情况。管理信息系统的环境在不断变化之中，因此用户对系统的要求也在不断变化之中。结构化方法充分考虑到这种变化的情况。在系统设计中，把系统的可变更性放在首位，运用模块结构方式来组织系统，使系统的灵活性和可变更性得以充分体现。

（5）工作成果文献化、标准化。系统开发是一项复杂的系统工程，参加人员多，经历时间长。为保证工作的连续性，每个开发阶段的成果都要用文字、图表表达出来，资料格式要标准化、格式化。这些资料在开发过程中是开发人员、用户交流思想的工具，工作结束之后是系统维护的依据。因此，资料必须简单明确、无二义性，既便于研制人员阅读，又便于用户理解。

3．开发过程

结构化系统开发包括以下的开发过程，即系统规划阶段、系统分析阶段、系统设计阶段、系统实施阶段和系统运行与维护阶段，如图4-7所示。

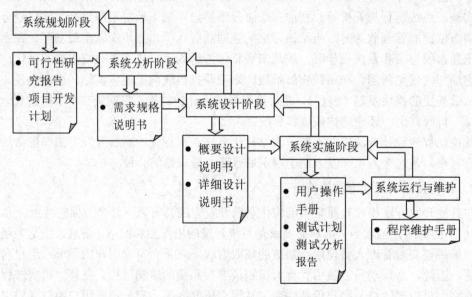

图4-7　结构化系统开发方法的开发过程

（1）系统规划阶段。系统规划阶段的任务是对企业的环境、目标、现行系统的状况进行初步调查，根据企业目标和发展战略，确定信息系统的发展战略，对建设新系统的需求做出分析和预测，同时考虑建设新系统所受的各种约束，研究建设新系统的必要性和可能性。根据需要与可能，给出拟建系统的备选方案，对这些方案进行可行性分析，写出可行性分析报告。可行性分析报告审议通过后，将新系统建设方案及实施计划编写成系统设计任务书。

（2）系统分析阶段。系统分析阶段的任务是根据系统设计任务书所确定的范围，对现行系统进行详细调查，描述现行系统的业务流程，指出现行系统的局限性和不足之处，确定新系统的基本目标和逻辑功能要求，即提出新系统的逻辑模型。这个阶段又称为逻辑设计阶段。这个阶段是整个系统建设的关键阶段，也是信息系统建设与一般工程项目的重要区别所在。

系统分析阶段的工作成果体现在系统说明书中，这是系统建设的必备文件。它既是给用户看的，也是下一阶段的工作依据。因此，系统说明书既要通俗，又要准确。用户通过系统说明书可以了解未来系统的功能，判断是不是其所要求的系统。系统说明书一旦讨论通过，就是系统设计的依据，也是将来验收系统的依据。

（3）系统设计阶段。简单地讲，系统分析阶段的任务是回答系统"做什么"的问题，而系统设计阶段要回答的问题是"怎么做"。该阶段的任务是根据系统说明书中规定的功能要求，考虑实际情况具体设计实现逻辑模型的技术方案，即设计新系统的物理模型。这个阶段又称为物理设计阶段。这个阶段又可分为总体设计和详细设计两个阶段。这个阶段的技术文档是系统设计说明书。

（4）系统实施阶段。系统实施阶段是将设计的系统付诸实施的阶段。这一阶段的任务包括计算机等设备购置、安装和调试，程序的编写和调试，人员培训，数据文件转换，系统调试与转换等。此阶段的特点是几个互相联系、互相制约的任务同时展开，必须精心安排、合理组织。

系统实施是按实施计划分阶段完成的，每个阶段应写出实施进度报告。系统测试之后写出系统测试分析报告。

（5）系统运行与维护阶段。系统投入运行后，需要经常进行维护和评价，记录系统运行的情况，根据一定的规格进行必要的修改，评价系统的工作质量和经济效益。

4. 小结

结构化方法克服了传统方法的许多弊端，是最成熟、应用最广泛的一种工程化方法。它的优势在于以下几个方面。

（1）阶段的顺序性和依赖性。前一个阶段的完成是后一个阶段工作的前提和依据，而后一阶段的完成往往又使前一阶段的成果在实现过程中具体了一个层次。

（2）从抽象到具体，逐步求精。从时间的进程来看，整个系统的开发过程是一个从抽象到具体的逐层实现的过程，每一阶段的工作都体现出自顶向下、逐步求精的结构化技术特点。

（3）逻辑设计与物理设计分开。即首先进行系统分析，然后进行系统设计，从而大大提高了系统的正确性、可靠性和可维护性。

（4）质量保证措施完备。对每一个阶段的工作任务完成情况进行审查，对于出现的错误或问题，及时加以解决，不允许转入下一工作阶段，也就是对本阶段工作成果进行评定，使错误较难传递到下一阶段。错误纠正得越早，所造成的损失就越少。

当然，结构化开发方法也有不足和局限性。首先，它是一种预先定义需求的方法，基本前提是必须能够在早期就冻结用户的需求，只适应于可以在早期阶段就完全确定用户需求的项目。然而在实际中要做到这一点往往是不现实的，用户很难准确地陈述其需求。其次，未能很好地解决系统分析到系统设计之间的过渡，即如何使物理模型如实反映出逻辑模型的要求，也就是如何从纸上谈兵到真枪实弹地作战的转变过程。最后，该方法文档的编写工作量极大，随着开发工作的进行，这些文档需要及时更新。

该方法适用于一些组织相对稳定、业务处理过程规范、需求明确且在一定时期内不会发生大变化的大型复杂系统的开发。

四、原型法

1. 基本思想

原型法是 20 世纪 80 年代初兴起的一种开发模式，其动机主要是弥补传统生命周期法缺乏弹性的缺陷，缩短开发周期，减少开发风险。运用结构化系统开发生命周期法的前提条件是要求用户在项目开始初期就能够非常明确地陈述其需求，如果需求陈述出现错误，会对信息系统开发造成严重影响。因此，这种方法不允许失败，事实上这种要求又难以做到。人们设想有一种方法能够迅速发现需求错误，特别是在关系数据库系统、第四代程序生成语言和各种系统开发生成环境产生的基础之上，提出的一种设计思想、工具、手段都全新的系统开发方法。与前面介绍的结构化方法相比，原型法扬弃了那种一步步周密细致地调查分析，然后逐步整理出文字档案，最后才能让用户看到结果的烦琐做法。

2. 原型法的特点

与其他开发方法相比较而言，原型法系统开发方法具有以下几个方面的特点。

（1）原型法更多地遵循了人们认识事物的规律，更容易被人们普遍接受。由于利用原型法在进行系统的开发时，会在与用户的交流过程中不断地对产生的系统原型进行修改，直至最终完善，这就避免了要求从一开始就对整个系统有全面掌握，而这一点对于开发人员甚至是系统的使用者来说都是比较困难的，从而比较符合人们认识事物的规律。

（2）缩短了用户和系统分析人员之间的距离。用原型法开发系统要不断地与用户进行交流，从而对系统进行不断的完善，而且在与用户交流时，不像结构化系统开发方法那样仅仅凭借各种文档，而是有个实实在在的系统可供参考，这样交流起来比较容易。

（3）充分利用了最新的软件工具，使系统开发的时间、费用大幅减少，效率、技术等方面都大幅提高。

3. 开发过程

原型法是在系统开发初期，凭借系统开发人员对用户需求的了解和系统主要功能的要求，在强有力的软件环境支持下，迅速构造出系统的初始原型，然后与用户一起不断对原型进行修改、完善，直到满足用户需求的方法。原型法的开发过程，如图 4-8 所示。

基于原型法的螺旋模型，以及系统可行性研究，可将其开发过程归纳为：用户提出系统要求，开发者识别、归纳上述要求，开发一个模型/原型，然后用户和开发人员将对该模型展开评价，对模型不可行、不满意处进行处理、修改，确定新模型功能后，将开发出新的系统原型；经过螺旋式的原型修改过程，最终获得满意的系统，然后再进入实际系统开发、运行、维护等过程。

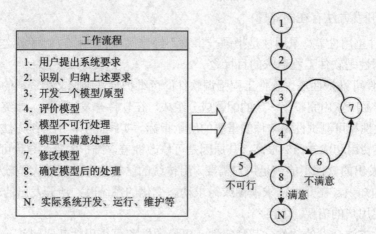

图 4-8　原型法系统开发方法

4．小结

原型法开发的优势在于，对系统需求的认识取得突破，确保用户的要求得到较好的满足。原型法改进了用户和系统开发人员的交流方式，使开发的系统更加贴近实际，提高了用户的满意程度，从而降低了系统开发风险，一定程度上减少了开发费用。

原型法对开发工具要求高，它的实现基础之一是可视化的第四代语言及其开发环境。需要注意的是，原型法不能用于开发复杂系统和大型系统，此外对用户的管理水平要求高，也就是说借助原型法进行系统开发的企业至少需要有较为明确的业务流程。

原型法的开发环境是基于方便、灵活的关系数据库系统（RDBS），以及与 RDBS 相对应的方便、灵活的数据字典，它具有存储所有实体的功能、与 RDBS 相对应的快速查询系统，能支持任意非过程化的（即交互定义方式）组合条件的查询。在软件开发环境上要求有高级的软件工具（如 4GLS 或信息系统开发生成环境等），用以支持结构化程序，并且允许采用交互的方式迅速地进行书写和维护，产生任意程序语言的模块（即原型），非过程化的报告或屏幕生成器，允许设计人员详细定义报告或屏幕输出样本。

原型法的适用范围是比较有限的，只适用于小型、简单、处理过程比较明确、没有大量运算和逻辑处理过程的系统。

五、面向对象的开发方法

面向对象（Object Oriented，OO）的系统开发方法是从 20 世纪 80 年代各种面向对象的程序设计方法逐步发展而来的。面向对象方法改变了那种功能分解方法只能单纯反映管理功能的结构状态，数据流程模型只是侧重反映事物的信息特征和流程，信息模拟只能被动地迎合实际问题需要的做法，从面向对象的角度为我们认识事物，进而开发系统提供了一种全新的方法。

面向对象的概念和应用已超越了程序设计和软件开发，扩展到如数据库系统、交互式界面、应用结构、应用平台、分布式系统、网络管理结构、CAD技术、人工智能等领域。

1. 传统开发方法存在的问题

（1）软件重用性差。重用性是指同一事物不经修改或稍加修改就可多次重复使用的性质。软件重用性是软件工程追求的目标之一。

（2）软件可维护性差。软件工程强调软件的可维护性，强调文档资料的重要性，规定最终的软件产品应该由完整、一致的配置成分组成。在软件开发过程中，始终强调软件的可读性、可修改性和可测试性是软件的重要的质量指标。实践证明，用传统方法开发出来的软件，维护时其费用和成本仍然很高，其原因是可修改性差，维护困难，导致可维护性差。

（3）开发出的软件不能满足用户需要。用传统的结构化方法开发大型软件系统涉及各种不同领域的知识，在开发需求模糊或需求动态变化的系统时，所开发出的软件系统往往不能真正满足用户的需要。

用结构化方法开发的软件，其稳定性、可修改性和可重用性都比较差，这是因为结构化方法的本质是功能分解，从代表目标系统整体功能的单个处理着手，自顶向下不断把复杂的处理分解为子处理，这样一层一层地分解下去，直到仅剩下若干容易实现的子处理功能为止，然后用相应的工具来描述各个最底层的处理。因此，结构化方法是围绕实现处理功能的"过程"来构造系统的。然而，用户需求的变化大部分是针对功能的，因此，这种变化对于基于过程的设计来说是灾难性的。用这种方法设计出来的系统结构常常是不稳定的，用户需求的变化往往造成系统结构的较大变化，从而需要花费很大的代价才能实现这种变化。

面向对象方法认为，客观世界是由各种各样的对象组成的，每种对象都有各自的内部状态和运动规律，不同对象之间的相互作用和联系就构成了各种不同的系统。当设计和实现一个客观系统时，如能在满足需求的条件下，把系统设计成由一些不可变的（相对固定）部分组成的最小集合，这个设计就是最好的。而这些不可变的部分就是所谓的对象。

2. 面向对象的概念

面向对象是一种对现实世界理解和抽象的方法，是计算机编程技术发展到一定阶段后的产物。随着计算机技术的不断提高，计算机被用于解决越来越复杂的问题。一切事物皆对象，通过面向对象的方式，将现实世界的事物抽象成对象，将现实世界中的关系抽象成类、继承，帮助人们实现对现实世界的抽象与数字建模。通过面向对象的方法，更利于用人理解的方式对复杂系统进行分析、设计与编程。同时，面向对象能有效提高编程的效率，通过封装技术，消息机制可以像搭积木一样快速开发出一个全新的系统。面向对象是指一种程序设计范型，同时也是一种程序开发的方法。对象指的是类的集合。它将对象作为程序的基本单元，将程序和数据封装其中，以提高软件的重用性、灵活性和扩展性。

起初，"面向对象"是专指在程序设计中采用封装、继承、多态等设计方法。现在，面向对象的思想已经涉及软件开发的各个方面如面向对象的分析（Object Oriented Analysis，OOA）、面向对象的设计（Object Oriented Design，OOD），以及我们经常说的面向对象的编程实现（Object Oriented Programming，OOP）。

3. 面向对象的特点

面向对象方法以类、类的继承、聚集等概念描述客观事物及其联系，为管理信息系统的开发提供了全新的思路。面向对象开发方法以对象为中心，具有以下几个特点。

（1）封装性。面向对象开发方法中，程序和数据是封装在一起的。对象作为一个实体，其操作隐藏在方法中，其状态由对象的"属性"来描述，并且只能通过对象中的"方法"来改变，从外界无从得知。封装性构成了面向对象开发方法的基础，因而，这种方法的创始人 Codd 和 Yourdon 认为，面向对象就是"对象+属性+方法"。

（2）抽象性。面向对象开发方法中，把从具有相同性质的实体中抽象出的事物本质特征概念，称为"类（Class）"，对象是类的一个实例。类中封装了对象共有的属性和方法，通过实例化一个类创建的对象，自动具有类中规定的属性和方法。

（3）继承性。继承性是类特有的性质。类可以派生出子类，子类继承父类的属性与方法。这样，在定义子类时，只需说明它不同于父类的特性，从而可以大大提高软件的可重用性。

（4）动态链接性。对象间的联系是通过对象间的消息传递动态而建立起来的。

面向对象的开发方法虽然也包括分析、设计、实现以及运行与维护等阶段，但是它的生命周期是反复累增的过程。这种过程与传统的结构化系统开发方法不同，既非严格的自顶向下，也非严格的自底向上。

六、CASE 方法

随着人类社会的发展及计算应用的普及，软件的开发在计算机应用领域中所占的比例越来越大。由于软件需求的迅猛增长，20 世纪 60 年代中期开始爆发了众所周知的软件危机，使人们认识到大中型软件与小型软件有本质的不同：它们的复杂性已远远超出人脑所能直接控制的程度，软件的开发不能再沿袭早期小型软件随心所欲的开发方式，而是必须立足于科学的理论基础上。为了缓解和克服软件工业出现的这一系列危机，计算机工作者们通过总结实际经验，从理论着手，研究出各种软件开发方法和管理方法，并将研究成果推广到实际应用中去，从而逐步实现了当今软件开发的新局面——一整套的开发方法和与之相适应的集成软件开发环境的结合。

在 1968 年、1969 年连续召开的两次著名的 NATO（North Atlantic Treaty Organization，北大西洋公约组织）会议上提出了软件工程这一术语，并在以后不断发展、完善。软件工程学就这样诞生了。这是软件开发史上重要的里程碑，它标志着软件开发进入了划时代的新阶段。

1. CASE 简介

CASE 原来指用来支持管理信息系统开发的、由各种计算机辅助软件和工具组成的大型综合性软件开发环境，随着各种工具和软件技术的产生、发展、完善和不断集成，逐步由单纯的辅助开发工具环境转化为一种相对独立的方法论。

CASE 的一个基本思想就是提供一组能够自动覆盖软件开发生命周期各个阶段的集成的、减少劳动力的工具。CASE 方法是一种"可自动化"的结构化方法，为软件的开发和维护的整个过程或某个方面定义了一个类似工程的方法。

CASE 是一套方法和工具，可使系统开发商规定的应用规则由计算机自动生成合适的计算机程序。CASE 工具分成高级 CASE 和低级 CASE。高级 CASE 工具用来绘制企业模型以及规定的应用要求，低级 CASE 工具用来生成实际的程序代码。CASE 工具和技术可提高系统分析和程序员工作效率。其重要的技术包括应用生成程序、前端开发过程面向图形的自动化、配置和管理以及寿命周期分析工具。

采用 CASE 工具辅助开发并不是一种真正意义上的方法，它必须依赖于某一种具体的开发方法，如结构化方法、原型方法、面向对象方法等，一般大型的 CASE 工具都可以支持。CASE 就是用软件工程的计算机软件来进行开发软件工程。使用 CASE 工具，开发软件能更加规范，标准化。它能自动生成文档，从而提高软件开发的效率。

CASE 作为一个通用的软件支持环境，它应能支持所有的软件开发过程的全部技术工作及其管理工作。CASE 的集成软件工具能够为系统开发过程提供全面的支持，其作用包括：生成用图形表示的系统需求和设计规格说明；检查、分析相交叉引用的系统信息；存储、管理并报告系统信息和项目管理信息；建立系统的原型并模拟系统的工作原理；生成系统的代码及有关的文档；实施标准化和规格化；对程序进行测试、验证和分析；连接外部词典和数据库。

为了提供全面的软件开发支持，一个完整的 CASE 环境具有的功能有：图形功能、查错功能、中心信息库、高度集成化的工具包、对软件开发生命周期的全面覆盖、支持建立系统的原型、代码的自动生成、支持结构化的方法论。

一个完善的 CASE 环境必须具有下列特征。

（1）能生成结构化图的图形接口。

（2）能存储和管理所有软件系统信息的中心信息库。

（3）共享一个公共用户接口的高度集成化的软件工具包。

（4）具有辅助每个阶段的工具。

（5）具有由设计规格说明自动生成代码的工具。

（6）在工具中实现能进行各类检查的软件生命周期方法论。

CASE 已被证明可以加快开发速度，提高应用软件生产率并保证应用软件的可靠品质。计算机专业人员利用计算机使他们的企业提高了效率，企业的各个部门通过使用计算机提高了生产率和效率，增强了企业的竞争力并使之带来了更多的利润。

2．CASE 工具的构成

CASE 工具由许多部分组成，一般按照软件开发的不同阶段分为上层 CASE 和下层 CASE 产品。上层或前端 CASE 工具自动进行应用的计划、设计和分析，帮助用户定义需求，产生需求说明，并可完成与应用开发相关的所有计划工作。下层或后端 CASE 工具自动进行应用系统的编程、测试和维护工作。除非下层 CASE 和上层 CASE 工具的供应商提供统一界面，否则用户必须编写或重新将所有信息从上层 CASE 工具转换到下层 CASE 工具。独立的 CASE 工具供应商愈来愈希望将它们的工具连接在一起建立统一的界面以减少用户不必要的开发工作。

CASE 工具主要包括：画图工具，报告生成工具，数据词典、数据库管理系统和规格说明检查工具，代码生成工具和文档资料生成工具等。目前 CASE 的标准是 UML，最常用的 CASE 工具有 Rational Rose、Sybase PowerDesigner、Microsoft Visio、Microsoft Project、Enterprise Architect 、MetaCase、ModelMaker、Visual Paradigm 等。这些工具集成在统一的 CASE 环境中，就可以通过一个公共接口，实现工具之间数据的可传递性，连接系统开发和维护过程中的各个步骤，最后在统一的软、硬件平台上实现系统的全部开发工作。

3．CASE 方法的特点

CASE 工具实际上是把原先由手工完成的开发过程转变为以自动化工具和支撑环境支持的自动化开发过程。CASE 方法具有以下几个特点。

（1）解决了从客观对象到软件系统的映射问题，支持系统开发的全过程。

（2）使结构化方法更加实用，原型化方法和面向对象方法得以实施。

（3）使开发者从烦琐的分析设计图表和程序编程工作中解放出来。

（4）自动生成开发过程中的各种软件文档，并产生出统一的标准化的系统文档。

（5）使软件开发的速度得到了很大的提高。

（6）大大提高了软件质量和软件重用性。

（7）简化了软件开发的管理和维护。

如果严格地从认知方法论的角度来看，计算机辅助开发并不是一门真正独立意义上的方法，但目前就 CASE 工具的发展和它对整个开发过程所支持的程度来看，又不失为一种实用的系统开发方法，值得推荐。

现在，CASE 中集成了多种工具，这些工具既可以单独使用，也可以组合使用。CASE 的概念也由一种具体的工具发展成为开发管理信息系统的方法学。

应当指出，以上对管理信息系统开发方法的分类只能说是大致的不严密的分类。由于这些方法间有不少交叉的内容，分类并非在同一坐标维度上进行，所以在概念上有含糊之处。例如，用结构化系统开发方法开发的时候，也可能部分采用原型法；用面向对象方法开发的同时，也可能采用了结构化分析的内容。

七、各种方法的比较

从各种开发方法对系统开发过程中各环节的支持状况来进行比较，可以从前面所介绍的各种方法的适应范围来分析其优势所在。

原型方法：是一种快速模拟方法，它通过模拟以及对模拟后原型的不断改进建立系统，不能应用于大系统的所有环节，适合于小的、简单的系统。

面向对象方法：是一种围绕对象进行系统分析和设计，然后用面向对象工具建立系统的方法，普遍应用于各种信息系统开发，但不能涉足系统分析以前的环节。

CASE 方法：具有前两种的特点，并具有高度的自动化，除系统规划外全面支持系统开发过程，在设计中，自顶向下、模块化、结构化贯穿始终。

结构化系统开发方法：真正能较全面支持整个系统开发过程，尤其是系统规划和系统分析环节，是其他方法所不能取代的。

第四节　物流管理信息系统开发过程

一、物流管理信息系统的开发原则

为了保证物流管理信息系统工程建设的质量，建立一个高效、实用、符合业务及用户需求的管理信息系统，物流管理信息系统工程的业主单位、承建单位和监理单位应该在系统开发建设的过程中始终坚持如下几个原则。

1. 需求满足性原则

任何管理信息系统工程都是以用户需求为基础的。只有充分明确用户需求，才能规划和设计管理信息系统的框架与概貌。因此，任何管理信息系统工程建设都应该坚持需求满足性原则，即不仅要满足系统功能需求和性能需求，而且要满足系统运行需求；不仅要满足系统目前的需求，而且要满足系统未来的需求。技术的先进性不一定代表企业系统的实用性，从企业的实用性与成本节约性原则出发，以满足企业的需求，同时又控制企业成本支出。

2. 标准化原则

为了确保不同厂家设备、不同应用以及不同协议连接的互操作性，管理信息系统所采用的技术、软硬件设备以及工程建设过程应该支持国际标准、国家标准或地方标准，以提高系统的开放性，保证用户可以根据未来的需要进行更为深入的应用开发。在企业管理信息系统开发时，为了避免标准化问题，一个系统最好采用相同厂家的产品，以求最大限度地维护方便度和满意度，也便于将来系统的升级。

3. 高质量原则

管理信息系统工程的质量具有两个方面的含义：一方面是待建管理信息系统的质量，即系统满足一定的性能要求、功能要求和使用习惯要求等；另一方面是指工程建设过程的质量，即工程建设过程是科学的、有效的。为了保证管理信息系统工程的质量，工程各方应该针对工程特性，建立一套有效的工程质量管理体系，并加以贯彻执行。管理信息系统的高质量原则体现在管理信息系统设计的先进性与实用性、制造的可靠性与稳定性上等。

4. 可扩展性原则

信息技术具有发展速度快、设备更新快的特点；另外，随着用户业务的发展，管理信息系统的升级和扩容将是不可避免的。因此，在管理信息系统建设过程中，充分考虑系统的可扩展性是必要的。网络设备的选择在档次上考虑在未来几年的发展情况，在兼顾网络投资预算前提下，适当选择档次较高、易于扩充的设备，避免将来升级和扩容中可能造成的投资浪费。

5. 易用性原则

良好的系统设计要求管理信息系统的安装、操作和维护具有方便、快捷、简单的特点。系统的易用性不仅能够加强管理信息系统人性化的特点，而且能够提高整个系统的运行效率。要做到管理信息系统的易用性，最好的办法是系统的最终用户（使用者）和管理信息系统开发人员共同来进行开发，开发的全过程就是最好的培训过程。

6. 性能价格比高的原则

在满足系统各项性能和功能要求的情况下，兼顾软硬件设备投资情况、人力资源的投入情况，尽可能节约管理信息系统的建设投资，使整个管理信息系统的性能价格比最高。

7. 安全性原则

在整个管理信息系统的设计和实现过程中，应该根据管理信息系统的使用特点、国家和地方的有关法律法规要求，对系统安全性进行重点考虑。针对数据安全性、网络安全性、系统使用安全性、系统管理安全性、系统物理环境的安全性和开发过程的安全性等各个方面，采取切实有效的技术措施和管理措施，保障管理信息系统的安全。

8. 进度可控原则

任何一个工程项目，进度控制都是一个非常重要的项目控制目标，工程各方都应该从工程管理措施、工程实施条件和人员等各个方面采取有效的措施保证工程进度。

9. 文档完整性原则

管理信息系统的文档是保障管理信息系统正常运行和维护的重要基础。文档管理不仅要求承建单位切实记录工程建设过程，保证工程建设文档的完整，而且要求业主单位和监理单位认真做好各自的文档管理，以便保证系统建设的各项相关活动的可追溯性。

二、物流管理信息系统的开发策略

开发管理信息系统有以下两种策略。

1. "自下而上"的开发策略

"自下而上"的开发策略是从现行系统的业务状况出发，先实现一个个具体的功能，逐步地由低级到高级建立管理信息系统。因为任何一个管理信息系统的基本功能都是数据处理，所以"自下而上"的策略首先从研制各种数据处理应用开始，然后根据需要逐步增加有关管理控制方面的功能。一些组织在初装和蔓延阶段，各种条件（设备、资金、人力）尚不完备，常常采用这种开发策略。其优点是它可以避免大规模系统出现运行不协调的危险；缺点是不能像想象的那样完全周密，由于缺乏从整个系统出发考虑问题，随着系统的进展，往往要做许多重要修改，甚至重新规划、设计。

2. "自上而下"的开发策略

"自上而下"的开发策略强调从整体上协调和规划，由全面到局部，由长远到近期，从探索合理的信息流出发来设计信息系统。由于这种开发策略要求很强的逻辑性，因而难度较大，但这是一种更重要的策略，使信息系统的发展走向集成和成熟的要求。整体性是系统的基本特性，虽然一个系统由许多子系统构成，但它们又是一个不可分割的整体。

通常，"自下而上"的策略将用于小型系统的设计，适用于对开发工作缺乏经验的情况。而实践中，对于大型系统往往把这两种方法结合起来使用，即先自上而下做好管理信息系统的战略规划，再自下而上逐步实现各系统的应用开发。这是建设管理信息系统的正确策略。

三、物流管理信息系统的开发过程

物流管理信息系统的开发可以采用不同的方法，例如前面所介绍的结构化系统开发方法、原型法、面向对象的开发方法和 CASE 方法，各种方法虽然相互独立，但是其在实际的开发过程中还是相互联系、相互融合的。接下来在介绍物流管理信息系统的开发过程时，将以目前最为常用的结构化系统开发方法的开发过程为例来介绍。

1. 系统规划

企业的物流管理信息系统的系统规划是企业战略规划的重要组成部分，是关于物流管理信息系统长远发展的规划。由于建设物流管理信息系统是一项耗资大、历时长、技术复杂且涉及面广的系统工程，在着手开发之前，必须认真地制定有充分根据的系统规划，这项工作的好坏往往是物流管理信息系统成败的关键。

（1）系统规划的作用

制定物流管理信息系统的系统规划的作用在于以下几点。

① 合理分配和利用信息资源（信息、信息技术和信息生产者），以节省信息系统的投资。

② 通过制定规划，找出存在的问题，正确地识别危险是企业目标管理信息系统必须完成的任务，促进管理信息系统的应用，增加企业的经济效益。

③ 指导管理信息系统的开发过程，用规划作为将来考核系统开发工作的标准。

（2）系统规划的内容

系统规划有长远规划与短期计划之分，长远规划包括三年或更长的时间，指出管理信息系统建设的总目标、发展方向和实施策略；短期计划的时间则较短，侧重计划的具体任务、作业方法及组织措施等。一般来说，整个系统规划包括如下四项主要内容。

① 管理信息系统的目标、约束与结构，包括组织的战略目标、外部内部环境、内部约束条件、管理信息系统的总目标、计划和系统的总体结构等。

② 当前的能力状况，包括软硬件资源、应用系统开发、技术人员队伍、资金使用、项目进展状况及评价等。

③ 对影响计划的信息技术发展的预测，包括计算机系统技术、网络技术、数据库技术、开发方法及工具的发展，对实施系统规划的影响等。

④ 近期计划，包括设备购置的时间表、项目开发过程与进度、人员分工及培训、财务资金需求等具体安排。

系统规划是一项复杂的任务，要有领导、有组织地开展工作。首先，必须组织一支在最高领导的倡导、支持下的强有力的规划队伍，成立系统规划的领导小组，以协调组织内部各部门的不同要求，统一调度资源，保证规划工作得到有力的支持；其次，需要对参与系统规划的有关领导、管理人员和技术人员进行培训，使大家掌握规划的科学方法，学会做好规划所需的现代企业管理基本知识；最后，科学安排人力和时间，加强控制和管理也是做好系统规划的重要保证。

（3）系统规划的步骤

制定管理信息系统的系统规划的步骤如图 4-9 所示，具体说明如下所述。

① 确定规划性质：对照组织的目标和战略，确定管理信息系统的系统规划采取哪一种战略思想，是长远规划还是短期计划。

② 收集相关信息：收集来自组织内部和外部环境的与系统规划有关的各种信息。

③ 进行战略分析：对实施管理信息系统战略的基础、条件和风险程度进行分析。

④ 定义约束条件：根据现有资源情况的限制，定义管理信息系统的约束条件和政策。

⑤ 明确战略目标：根据分析结果与约束条件，确定管理信息系统应具有的目标功能。

⑥ 提出未来略图：勾画未来管理信息系统的结构框图。

⑦ 选择开发方案：选择优先开发的项目，制定总体开发的顺序。

⑧ 提出实施进度：制定项目的组织方案和计划进度。

⑨ 通过系统规划：将系统规划整理成文，经过充分讨论，领导批准生效。

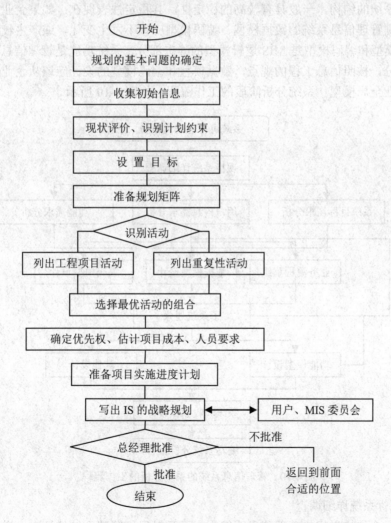

图 4-9 管理信息系统的系统规划的过程

2. 系统分析

系统分析的主要任务是在详细调查的基础上，通过对现行系统详细调查资料的分析，分析企业生产经营管理工作以及用户的需求、企业战略发展的要求，从数据和功能上进行抽象，从而确定新系统的逻辑模型。

系统的逻辑模型描述新系统为用户"做什么"，用"什么"去做，前者即为功能，后者即为结构。它一般不涉及新系统的物理细节，即"如何去做"等问题，其工作与系统运行的平台关系不大。由于逻辑模型设计不涉及或涉及较少的具体物理设备和软件，只设计出系统的逻辑构造，设计出各构造成分应该做什么、完成什么任务，而不考虑每一个构造成分由什么物理设备构成，每一项任务由什么设备实现和实现的方法，所以系统分析工作简化，目标明确，使从事系统分析的人员能纵观全局，抓住关键，而不至于陷于细节设计之中。

管理信息系统的逻辑模型包括数据模型、编码模型以及系统功能模型。数据模型、编码模型构成系统的结构，一般具有较高的稳定性，其稳定性表现在：如果企业的生产经营方向不变，则管理信息系统的数据模型、编码模型应该不发生变化，或产生较少的变化。因此，数据模型和编码模型是 MIS 逻辑模型的静态部分，系统功能是管理信息系统逻辑模型的动态部分。按照信息工程的观点，数据模型和编码模型的设计应该从企业战略规划出发，建立企业全局模型。系统分析阶段的工作流程，如图 4-10 所示。

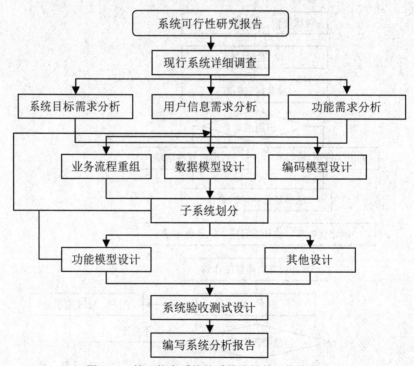

图 4-10　管理信息系统的系统分析的工作流程

（1）现行系统详细调查

要建立一个结构良好的管理信息系统，离不开对现行管理系统的调查。详细调查为我们对现行管理系统有一个较深刻的认识，了解现行系统的运行方式，提供了第一手资料。

（2）用户需求分析

用户需求分析就是在详细调查的基础上，分析用户的需求，包括现行系统分析、信息需求分析、功能需求分析、辅助决策需求分析等，为新系统逻辑模型的设计提出设计要求。

（3）业务流程分析

在详细调查和用户需求分析之后使系统分析员对物流企业现行业务运作情况、用户需求有了较为全面的理解，也对存在的问题有了一定的认识。因此为了使新系统能高于原系统，系统分析员应该根据可操作的现代化管理方法、企业发展的要求、信息技术的支撑能力，提出业务流程重组的方案。

（4）数据字典设计

数据字典设计就是为满足企业管理的需要、LMIS开发的需要，对相关的各元素如数据项、数据结构、处理逻辑等所作出的详细说明。

（5）数据存储分析

在系统分析阶段，要完成数据的存储分析，从内容上看首先是分析用户的要求，也就是要调查清楚用户希望从管理信息系统中得到哪些有用信息，然后通过综合抽象，用适当的工具（如E-R图等）进行描述。

（6）子系统划分

由于企业是一个复杂的大系统，而相应的管理信息系统也是一个复杂的大系统，其开发并非一个时期、一个人能完成的，它需要多人协同工作，经过一定周期的开发，因此必须将这个系统划分为多个便于开发的子系统。

（7）系统功能分析

系统功能分析是在数据存储、数据字典的基础上，分析满足企业现行业务的系统功能。系统的功能具有很大的易变性，这是因为用户的信息需求是变化的，而良好的系统结构要通过满足用户要求的系统功能来表现，因此系统功能的分析主要以现行的用户要求为依据。

（8）系统验收测试设计

系统验收测试是检查新开发系统是否满足用户需要的主要环节。系统分析员必须根据所设计的新系统逻辑模型，对新系统的验收测试进行设计，其主要内容包括验收测试的方案、项目、数据等。

（9）其他分析

其他分析包括前面有关分析之外的需要在系统分析阶段完成的分析，如安全性分析等。该项工作应视具体情况而定，本章不作详细的讨论。

（10）编写系统分析报告

编写系统分析文档是系统分析阶段的最后一项工作。系统分析报告是向企业决策者提出审批的正式书面报告，它为领导审批新系统的逻辑模型提供依据，为用户了解新系统、参与系统开发提供了资料，又为系统设计员提供了设计依据、设计要求，也是系统分析员的工作总结和成果。

大量的实践活动表明，系统分析阶段工作的好坏直接影响物流管理信息系统的成败。因此，在系统分析中必须进行大量的、细致的工作，不要轻易进入系统设计阶段，正如俗话所说的"磨刀不误砍柴工"。

3. 系统设计

在系统分析提出的逻辑模型的基础上，科学合理地进行物理模型的设计。系统模型分为逻辑模型和物理模型。逻辑模型主要确定系统"做什么"，而物理模型则主要解决"怎样做"的问题，前者是系统分析的主要任务，后者是系统设计的主要任务。

（1）系统设计的主要工作

① 总体设计。包括信息系统流程图设计、功能结构图设计和功能模块图设计等。

② 代码设计和设计规范的制定。

③ 系统物理配置方案设计。包括设备配置、通信网络的选择和设计以及数据库管理系统的选择等。

④ 数据存储设计。包括数据库设计、数据库的安全保密设计等。

⑤ 计算机处理过程设计。包括输出设计、输入设计、处理流程图设计及编写程序设计说明书等。

从系统分析的逻辑模型设计到系统设计的物理模型的设计是一个由抽象到具体的过程，有时并没有明确的界限，甚至可能有反复。经过系统设计，设计人员应能为程序开发人员提供完整、清楚的设计文档，并对设计规范中不清楚的地方做出解释。

（2）系统设计应遵循的原则

① 系统性。系统是作为统一整体而存在的，因此，在系统设计中，要从整个系统的角度进行考虑，系统的代码要统一，设计规范要标准，传递语言要尽可能一致，对系统的数据采集要做到数出一处、全局共享，使一次输入得到多次利用。

② 灵活性。为保持系统的长久生命力，要求系统具有很强的环境适应性。为此，系统应具有较好的开放性和结构的可变性。在系统设计中，应尽量采用模块化结构，提高各模块的独立性，尽可能减少模块间的数据耦合，使各子系统间的数据依赖减至最低限度。这样，既便于模块的修改，又便于增加新的内容，以提高系统适应环境变化的能力。

③ 可靠性。可靠性是指系统抵御外界干扰的能力，以及受外界干扰时的恢复能力。一个成功的管理信息系统必须具有较高的可靠性，如安全保密性、检错及纠错能力、抗病毒能力等。

④ 经济性。经济性指在满足系统需求的前提下，尽可能减小系统的开销。一方面，在硬件投资上不能盲目追求技术上的先进，而应以满足应用需要为前提；另一方面，系统设计中应尽量避免不必要的复杂化，各模块应尽量简洁，以便缩短处理流程、减少处理费用。

4. 系统实施

（1）系统实施的关键任务

① 硬件的配置方案。该配置方案不仅包括计算机本身，还有相关的外围设备，如打印机、扫描仪、刻录机之类的设备，以及必要的环境设施，如空调等。这些工作通常需要有很强的专业知识，一般都是由专业的技术人员来完成。项目负责人所需要的只是总体的控制。

② 程序的设计。在前面的分析设计阶段，各个功能模块的设计方案已经基本成型。在

这里考虑的是该如何选择实现方式。比如，在确定报表模块时，可以选择由技术人员自行开发模块或者是直接购买通用的报表软件如 Excel。对于一些特殊的、专用的处理就需要自己编程实现。而那些已经很成熟的算法，如那些标准的统计分析方法与一些运筹学的算法就完全可以用外购通用软件的办法。

③ 人员的培训工作。按照常规的思维方式，等到各项系统实施的工作都已经落实后再进行人员的培训是很正常的。但是实践经验表明，这样的方式只会造成资源的闲置和浪费，因此在系统的实施过程中就可以进行人员的培训。这样一方面可以实现培训人员的作用，另一方面也可以对系统自身进行检验，同时进行的检验无疑将会使整个系统的运行更加平稳和高效。因此，在系统实施中同时进行人员培训是可行的，也是高效的。

④ 系统的数据转换工作。一般在现行的系统中有很多重要的需要继续使用的数据，因此，在新系统的实施中必须要考虑到这些旧有数据的转换工作。当然如果原有系统的数据处理是手工方式的话，就要考虑数据录入的工作。但是，如果是已经存在于计算机系统中的数字化信息，就不宜再采用手工录入的方式了。这时考虑的问题是数据的兼容性或是数据格式转化的问题。这些就是系统数据转化的问题。对于许多应用系统来说，这项工作量是相当大的，要耗费大量的资源。

（2）系统实施的一般步骤

系统设计完成后，应再次征求用户的意见，如有问题应及时修正或重新设计，有含糊不清的地方应进一步描述。只有当用户完全弄清楚设计的每个细节，对未来系统的面貌有了清楚的了解，而且认为可以接受的时候，才可以转入实施阶段。

① 制订实施计划和程序设计规范。系统分析和系统设计是由系统人员完成的。到了系统实施阶段，便有很多程序员参加。程序设计要由多个程序员分头独立进行，并且模块之间多多少少总存在着一些联系，其中一个模块的拖期会影响系统调试时间，因此，应首先制订一个实施计划，最好用"关键路径法"进行统筹安排，并在实施过程中，随时监督调整，如发现拖期问题，应尽早想办法解决。

程序设计规范是程序设计的"公用标准"，它具体规定了文件名、数据名和程序名的统一格式。对于公用文件和数据以及将被别人调用的程序来说，就干脆固定它们的名字，一般情况下不允许修改，同时还应规定编写程序时所使用的语言和书写格式。

② 编写程序设计说明书。程序设计说明书是连接系统设计员与程序的桥梁，它描述了程序员所负责程序的具体功能，以及如何实现这些功能。程序说明书应以一个小模块为单位，依次给出以下内容：程序名，上层模块名，调用的下一层模块名，输入输出的内容格式，所用到的文件名称和内容，处理的内容、方法和注意事项。

③ 程序设计。程序员要在保证自己对程序所要达到的目标、输入输出格式、文件内容、处理方式没有任何疑问和误解之后，才能着手编制程序。编制程序要先由程序框图来整理逻辑思路。程序设计中所采用的工具和思想方法因人而异，编制的程序也各有风格，但程序目标必须达到，要有良好的可读性。

④ 程序调试。程序调试应由程序员个人进行，而系统调试则应在该系统的每一模块均被调试通过之后，由系统设计人员统一进行。

程序调试一般分为语法调试和功能调试。语法调试的目的在于找出并改正程序设计的错误。功能调试一般事先准备好测试数据，包括正常数据、错误数据和大量数据。用正常数据来检验程序是否完成了要求的功能；输入是否方便灵活而又正确；输出是否符合规定要求等。用错误数据来检验输入错误数据时能否发出出错信息，并允许改正；操作错误时能否允许更正而不至于把系统锁死或出现混乱等。大量数据用来检验处理的速度是否符合预期要求，屏幕显示能否暂停等。

⑤ 系统调试。系统调试也可分两步进行，先对一些子系统进行调试，然后再对整个系统进行调试。不论是手工调试，还是系统总调试，都应对系统投入使用后可能出现的各种情况进行模拟调试。由于程序调试阶段已基本上解决了模块内部错误，因此，系统调试阶段主要是发现和解决模块之间的调用与信息传递问题。

⑥ 编写系统使用说明书。系统使用说明书有面向系统用户的，也有面向操作员的。因此，要视不同情况而具体决定说明书的深度。面向系统用户的说明书应写明系统的功能和目的，每一功能的具体含义，用户应为系统输入准备哪些报表、格式如何；用户可以从系统得到哪些输出，内容与格式如何；如果用户直接上机，可以得到哪些方便，相应注意的事项等。面向操作员的说明书应写明系统的启动方法、功能选择、输入时的操作、出错时的处理方法以及注意事项等。

⑦ 系统转换。系统转换就是旧系统向新系统的变动。目前系统转换大多数采取并行转换方式。所谓并行转换就是在旧系统和新系统中同时处理数据，并比较其结果。在开始阶段，以手工系统为主，用计算机系统的结果去"模拟"人工的结果，以后过渡到计算机系统为主，以人工结果来验证计算机系统的正确性。

系统转换完成后，即可投入运行，对其出现的严重问题应深入分析后再提出处理方案。

5. 系统运行与评价

（1）系统运行前的准备工作

一个管理信息系统包括它的子系统拥有大量的数据，有的数据在原有系统中就已经存在，因而在系统实施中存在数据的收集、校对、整理、修改、格式的编辑以及大量的数据录入等工作。在管理信息系统的开发工作中，这是一项重要的、细致的、工作量很大的工作，必须引起重视。某些准备工作可以在系统分析阶段后期逐步开始，有关的业务部门应抽调人员配合工作，负担起大部分的数据整理工作，它本身是一个企业（组织）管理的基础工作。数据经过整理，并且按照文件或数据库的要求编辑成一定的格式，然后由数据录入人员录入计算机。

在一个新旧系统转换的过程中，大量的初始数据必须在短时间内录入，要求操作精确，时间集中。因此，要集中人力做好录入工作。

另外一个非常重要的问题是要对用户进行培训，要制订出切实可行的培训计划。培训内容主要是计算机基本操作和应用系统操作等方面的知识。

（2）系统的转换与运行

一个新的管理信息系统经过系统调试，并且验收合格，就可交付使用，使系统进入正常的工作状态。因为一个企业（或组织）的管理工作是连续进行的，管理信息系统也必须连续地进行工作，不能因为设计一个新的管理信息处理系统而使企业的管理有中断。这就是一个老的管理信息系统与新的管理信息系统的交替过程，也是老的管理系统逐渐退出，由新的管理信息系统来代替的过程，我们称之为系统的转换。系统转换的最终目标是将新系统的控制权全部地交付给用户。一般来说，系统转换不可能在一个晚上就把老的换成新的，通常新老系统有一个平行的工作过程，一般以 3～6 个月时间作为系统的转换过程。

系统转换有三种不同方式，即直接转换方式、平行转换方式和分阶段逐步转换方式。

① 直接转换方式。在某一时刻，旧系统停止使用，新系统立即开始工作，中间没有过渡阶段。这种方式简单，最省费用，但有很大的风险，因为一般只有在老的系统已完全无法满足需要或新系统不太复杂的情况下才采用这种方法。

② 平行转换方式。平行转换方式安排了一个新旧系统并存的时期，这样不仅可以保持业务工作的不间断，而且可以将两个平行的系统互相校对，以此来发现新系统在调试中未能发现的问题。一旦发现新系统有问题，必须及时修正，此时原有系统还在正常工作。通过两个系统并行，让新系统的操作人员有一个全面熟悉并掌握系统的过程。平行转换的时期一般为 3～6 个月，甚至长达 1 年。进行系统转换工作不应急于求成。

③ 分阶段逐步转换方式。分阶段逐步转换的方式，避免了上述方式的缺点。整个管理系统可以按子系统或按业务功能，逐个地做好转换工作。这个工作必须有计划地进行，根据各子系统开发进度的先后次序逐个进行。

这种方式最大的问题是子系统之间，功能与功能之间的接口问题。一个子系统的运行往往与其他子系统有关，所以各子系统的转换必须要有一个先后顺序，一般先转换相对独立的子系统或者"前工序"的子系统，而"后工序"的子系统必须放在最后来转换。因此，合理地解决这些接口问题才能做到分阶段逐步转换。

（3）系统运行及管理维护

新系统正式投入运行后，为了让管理信息系统长期高效地工作，必须加强对管理信息系统运行的日常管理。管理信息系统的日常管理不仅仅是机房环境和设施的管理，更主要的是对系统每天运行状况、数据输入和输出情况以及系统的安全性与完备性及时地如实记录和处置。这些工作主要由系统运行值班人员来完成。

① 系统运行的日常维护。这项管理包括数据收集、数据整理、数据录入和处理结果的整理与分发。此外，还包括硬件的简单维护及设施管理。

② 系统运行情况的记录。整个系统运行情况的记录应当能够反映出系统在大多数情况下的状态和工作效率，对于系统的评价与改进具有重要的参考价值。因此，管理信息系统的运行情况一定要及时、准确、完整地记录下来。除了记录正常情况（如处理效率、文件存取率、更新率）之外，还要记录意外情况发生的时间、原因与处理结果。

③ 系统程序和数据的维护。系统刚建成时所编制的程序和数据很少能一字不变地沿用下去。系统人员应根据外界环境的变更和业务量的增减等情况及时对系统进行维护。维护的内容应包括如下几个方面。

❑ 程序的维护。程序的维护指改写一部分或全部程序。进行程序维护时通常都充分利用旧有程序，在变更通知书上写明新旧程序的不同之处。修改后还要填写程序修改登记表。

- 数据文件的维护（主文件的定期更新不算在内）。数据维护是指对数据有较大变动的维护，如安装/运行新的数据库等，所以有许多维护工作是不定期进行的，必须在现场要求的时间内维护好。维护时一般使用企业所提供的文件维护程序，也可以编写一些专用的文件维护程序。
- 代码的维护。当有必要变更代码时（如订正、新设计、添加、删除等）应由代码管理部门（最好同现场业务经办人和计算机有关人员等组成）讨论新的代码系统。确定之后用书面形式写清后再贯彻。代码维护困难不在于代码本身的变更，而在于新代码的贯彻。为此，除了代码管理部门外，各业务部门都要指定负责代码管理的人员，通过他们贯彻使用新代码。这样可以明确职责，有助于防止和订正错误。
- 硬件维护。指硬件人员对硬件设备的保养，定期维修。

（4）系统运行评价指标

信息系统在投入运行后要不断地对其运行状况进行分析评价，并以此作为系统维护更新以及进一步开发的依据。系统运行评价指标一般有以下几种。

① 预定的系统开发目标的完成情况：

- 对照系统目标和组织目标检查系统建成后的实际完成情况。
- 是否满足了科学管理的要求？各级管理人员的满意程度如何？有无进一步的改进意见和建议？
- 为完成预定任务，用户所付出的成本（人、财、物）是否限制在规定范围以内？
- 开发工作和开发过程是否规范，各阶段文档是否齐备？
- 功能与成本比是否在预定的范围内？
- 系统的可维护性、可扩展性、可移植性如何？
- 系统内部各种资源的利用情况。

② 系统运行实用性评价：

- 系统运行是否稳定、可靠？
- 系统的安全保密性能如何？
- 用户对系统操作、管理、运行状况的满意程度如何？
- 系统对误操作保护和故障恢复的性能如何？
- 系统功能的实用性和有效性如何？
- 系统运行结果对组织各部门的生产、经营、管理、决策和提高工作效率等的支持程度如何？
- 对系统的分析、预测和控制的建议有效性如何，实际被采纳了多少？这些被采纳建议的实际效果如何？
- 系统运行结果的科学性和实用性分析。

③ 设备运行效率的评价：

- 设备的运行效率如何？
- 数据传送、输入、输出与其加工处理的速度是否匹配？
- 各类设备资源的负荷是否平衡，利用率如何？

④ 系统运行结果分析。系统运行结果分析就是要得出某种能够反映组织经营生产方面

发展趋势的信息，以提高管理部门指导企业的经营生产的能力。例如，物流管理信息系统的实施是否给企业带来了经济效益，是否提高了管理水平等。

四、物流管理信息系统开发的项目管理

任何一种开发方法最终是要由人来实施的，人们在开发工作实施过程中不可避免地要遇到许多项目管理方面的问题，如何正确对待、解决这些问题，直接关系到信息系统开发的成败。目前，计算机界虽有许多关于信息系统开发中项目管理方面的问题的讨论，但大多局限于针对理想开发环境中的理想开发模型的讨论。而实际的开发环境和开发模型却各不相同，它受到各种客观因素的影响，忽略这些因素，或者回避、不解决存在的问题，必将导致开发工作的不完善，甚至失败。管理信息系统的开发是一种不确定因素较多、风险较大、过程较复杂的工程项目，必须进行周密计划和严格控制，做好项目管理。

1. 项目管理的方法

传统的项目管理方法常用甘特图（Gantt Chart）和项目计划表，将工程各工序的名称、所需时间及进度安排等画出来。这种图表一目了然，容易理解，能够反映出工程项目的整体计划。如某机房设计与施工进度甘特图，如图 4-11 所示。

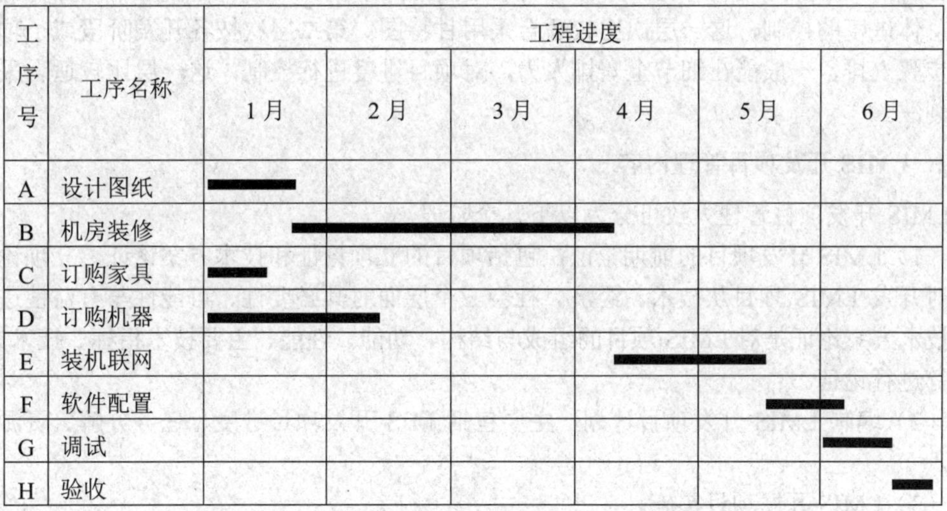

工序号	工序名称	工程进度					
		1 月	2 月	3 月	4 月	5 月	6 月
A	设计图纸	▬					
B	机房装修		▬▬▬▬				
C	订购家具	▬					
D	订购机器	▬▬					
E	装机联网				▬▬		
F	软件配置						
G	调试					▬	
H	验收						▬

图 4-11　某机房设计与施工进度甘特图

这种方法不能很好地处理工序间的衔接与进度计划的优化，特别是工程的动态管理能力差。

20 世纪 50 年代，美国海军为研制"北极星"导弹工程而专门开发的计划评审技术（Program Evaluation and Review Technique，PERT），为项目管理提供了一种先进的方法。PERT 是一种网络计划技术，用网络图计算并表示计划进度，它与传统的计划图表——甘特图比较，具有很多优点。PERT 不仅简单明了、使用方便，而且较好地反映了各道工序之间的关系和影响计划进度的关键工作。当某项工作不能按进度完成时，能反映其对整个工程

进度的影响，从而进行机动调整，实现动态计划管理。图 4-12 给出了一个系统开发的网络图实例。

根据图中的信息，可以计划出各项工序最早、最晚开始的时间，最早、最晚结束时间和它们的时差，并得出工程计划进度的关键路线。系统开发计划进度的关键路线是 A—B—C—D—V_1—J—K—L，工程项目的周期为 420 天。

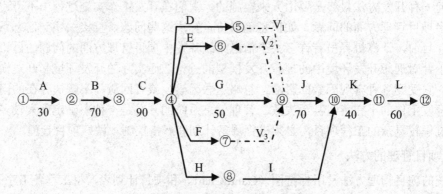

图 4-12 某系统开发的网络图

管理信息系统开发项目的工作计划一般应分为两个层次，第一层次按照开发阶段安排，用作总体进度的控制，这一层次比较适合采用甘特图。第二层次按各开发阶段或子项目的工作步骤安排，一般能在细节上安排人力，对项目进度进行控制，这一层比较适合采用网络计划法。

2. LMIS 开发项目管理内容

LMIS 开发项目管理大致可分为以下几个阶段。

（1）LMIS 开发项目的前期论证，包括项目的立项论证和技术方案论证。立项论证主要是对开发 LMIS 项目从技术、经济、社会三个层面对其必要性、可能性与有益性进行论证。技术方案论证是对 LMIS 项目的组成与结构、功能、性能、主要技术指标、技术方案、设计等进行论证。

（2）编制 LMIS 开发项目计划，主要包括 MIS 开发项目进度、任务分解、资源配置计划。

（3）LMIS 开发项目实施。

（4）LMIS 开发项目控制。建立关键目标控制点，对 LMIS 开发过程的质量与进度进行动态跟踪监控，实现实时管理。

（5）LMIS 开发项目评估。在总结各阶段工作的基础上，对 LMIS 开发项目全过程的实际运行情况与预期情况进行比较分析，找出实际情况与预期情况偏离的程度和原因。主要包括：LMIS 开发项目前期论证的科学和准确程度、实施效率与监控程度、技术水平与质量、产生的效益，以及全过程管理方式。

第五节　几种常见的物流管理信息系统

ERP 是一个庞大的管理信息系统，要讲清楚 ERP 原理，我们首先要沿着 ERP 发展的四个主要的阶段，从最为基本的 20 世纪 60 年代时段式 MRP 原理讲起。

几种典型的管理信息系统的发展过程，如表 4-1 所示。

表 4-1　几种典型的管理信息系统的发展

阶段	企业经营方式	问题提出	管理软件发展阶段	理论基础
（I） 60 年代	☐ 追求降低成本 ☐ 手工订货发货 ☐ 生产缺货频繁	如何确定订货时间和订货数量	MRP 系统	☐ 库存管理理论 ☐ 主生产计划 BOM ☐ 计量标准
（II） 70 年代	☐ 计划偏离实际 ☐ 人工完成车间作业计划	如何保障计划得到有效实施和及时调整	闭环式 MRP 系统	☐ 能力需求计划 ☐ 车间作业管理 ☐ 计划、实施、反馈与控制的循环
（III） 80 年代	☐ 追求竞争优势 ☐ 各子系统缺乏联系，矛盾重重	如何实现管理系统一体化	MRPII 系统	☐ 系统集成技术 ☐ 物流管理 ☐ 决策模拟
（IV） 90 年代	☐ 追求创新 ☐ 要求适应环境的迅速变化	如何在全社会范围内利用一切可以利用的资源	ERP 系统	☐ 供应商 ☐ 混合型生产环境 ☐ 事前控制

20 世纪 40 年代：为解决库存控制问题，人们提出了订货点法，当时计算机系统还没有出现。

20 世纪 60 年代的时段式 MRP：随着计算机系统的发展，短时间内对大量数据的复杂运算成为可能，人们为解决订货点法的缺陷，提出了 MRP 理论，作为一种库存订货计划——MRP（Material Requirements Planning），即物料需求计划阶段，或称基本 MRP 阶段。

20 世纪 70 年代的闭环式 MRP：随着人们认识的加深及计算机系统的进一步普及，MRP 的理论范畴也得到了发展，为解决采购、库存、生产、销售的管理，发展了生产能力需求计划、车间作业月计划以及采购作业计划理论，作为一种生产计划与控制系统——闭环 MRP 阶段（Closed Loop MRP）。在这两个阶段，出现了丰田生产方式（看板管理）、TQC（全面质量管理）、JIT（准时制生产）以及数控机床等支撑技术。

20 世纪 80 年代的 MRPII：随着计算机网络技术的发展，企业内部信息得到充分共享，MRP 的各子系统也得到了统一，形成了一个集采购、库存、生产、销售、财务、工程技术等为一体的子系统，发展了 MRPII 理论，作为一种企业经营生产管理信息系统——MRPII 阶段。这一阶段的代表技术是 CIMS（计算机集成制造系统）。

20 世纪 90 年代，随着市场竞争的进一步加剧，企业竞争空间与范围的进一步扩大，

80 年代 MRPII 主要面向企业内部资源全面计划管理的思想，逐步发展成为 90 年代怎样有效利用和管理整体资源的管理思想，企业资源计划（Enterprise Resources Planning，ERP）随之产生。ERP 是由美国加特纳公司（Gartner Group Inc）在 90 年代初期首先提出的，当时的解释是根据计算机技术的发展和供需链管理，推论各类制造业在信息时代管理信息系统的发展趋势和变革。

下面分别对这几种典型的管理信息系统进行介绍。

一、物料需求计划（MRP）

物料需求计划（Material Requirements Planning，MRP）起初出现在美国，并由美国生产与库存管理协会倡导而发展起来。

所谓物料需求计划，是指在产品生产中对构成产品的各种物料的需求量与需求时间所作的计划。在企业的生产计划管理体系中，它一般被排在主生产计划之后，属于实际作业层面上的计划决策。

MRP 是一种以计算机为基础的编制生产与实行控制的系统，它不仅是一种新的计划管理方法，而且也是一种新的组织生产方式。MRP 的出现和发展，引起了生产管理理论和实践的变革。MRP 是根据总生产进度计划中规定的最终产品的交货日期，规定必须完成各项作业的时间，编制所有较低层次零部件的生产进度计划，对外计划各种零部件的采购时间与数量，对内确定生产部门应进行加工生产的时间和数量。一旦作业不能按计划完成时，MRP 系统可以对采购和生产进度的时间和数量加以调整，使各项作业的优先顺序符合实际情况。

1. MRP 的主要目标

MRP 要达到的目标是在尽量控制库存的前提下，保证企业生产的正常运行。在 MRP 发展之前，无聊的订购与调度受阻于两种困难：其一，建立日程、追踪大量的零部件，以及应付日程和订单改变等繁重的工作；其二，未能分辨相关需求以及独立需求间的差异。太多时候，将针对独立需求而设计的技术用于处理组装的项目，会导致存货过剩。结果，制造业的存货规划与调度出现了重大的问题。

因此，MRP 系统的主要目标是控制企业的库存水平，确定产品的生产优先顺序，满足交货期的要求，使生产运行的效率达到最高。具体可归纳为以下几点。

（1）采购恰当数量和品种的零部件，选择恰当的时间订货，尽可能维持最低的库存水平。

（2）及时取得生产所需的各种原材料及零部件，保证按时供应用户所需产品。

（3）保持计划系统负荷的均衡。

（4）规范制造活动、采购活动以及产品的交货日期。

2. MRP 的工作原理

在 MRP 软件中，将企业生产过程中可能使用到的原料、半成品、产品等看作物料，并通过将物料按照结构和需求关系分解为物料清单（Bill of Material，BOM），根据物料清单计算各种原料的最迟需求时间和半成品的最迟生产时间。MRP 的程序是采用主日程（Master Schedule）所指定的需求，运用物料清单，以前置时间往前推移，将其分解成装配件、组件和原料在各阶段的需求。经过分解物料清单所产生的数量，就称为毛需求（Gross Requirement），是不考虑任何现有库存量或预定接受的需求。为了配合主生产调度（Master Production Scheduling，MPS），实际上要取得的物料则是净需求（Net Requirement）。净需求的决定即为 MRP 程序的内核；计算方法为毛需求减去现有库存与预定接收量的总和，然后视需求加上安全存货的需求。最后，依据净需求以及前置时间推算出订单的发出时间及数量。MRP 的工作原理，如图 4-13 所示。

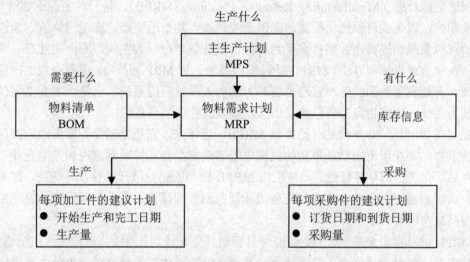

图 4-13　MRP 的工作原理

从图 4-13 中可以发现，MRP 的输入信息包括以下几个方面。

（1）根据销售和预测确定的主生产计划（Master Production Scheduling，MPS）。

（2）物料清单（BOM）。

（3）存货数量和在库但已发出的货物数量。

MRP 的输出信息包括以下几个方面。

（1）零部件生产计划。

（2）零部件采购计划。

（3）库存管理数据。

3．MRP 的作用

（1）为生产和供应部门提供准确和完整的物料需求数据，主要包括需求数量和需求时间。

（2）利用库存信息来调控采购量和购进时间，充分发挥库存信息在计划管理中的重要作用，在满足生产需要的前提下最大限度地降低库存，包括中间库存和在制品库存，以减少在库存方面的资金积压。

（3）根据产成品的需求，规定成品零部件的工艺路线及规定工时，计算出各时段内相关工作中心的生产能力需求量，为下一部能力需求计划的制定提供依据。

（4）根据企业实际情况制定零件及半成品生产的优先级，并列出每一时间段内应当完成的生产装配任务，从整体上把握产成品的出产进度，提高计划的可执行性，实现均衡生产。

二、制造资源计划（MRPII）

1. MRPII 的含义

制造资源计划（Manufacturing Resource Planning，MRPII），是一种出现于 20 世纪 70 年代末期的，以企业资源优化配置，确保企业连续、均衡地生产，实现信息流、物流与资金流的有机集成和提高企业整体水平为目标，以计划与控制为主线，面向企业产、供、销的现代企业管理思想和方法。MRPII 是以物料需求计划 MRP 为核心，覆盖企业生产活动所有领域、有效利用资源的生产管理思想和方法的人—机应用系统，它是以工业工程的计划与控制为主线，体现物流与资金流、信息流集成的管理信息系统。

我国在 20 世纪 80 年代初开始接触 MRPII，近年来，它越来越受到我国政府部门和企业界的重视，其应用范围已从最初的机械电子等装配型企业扩展到流程加工型企业，如制药、食品、化工、烟草等行业，一些应用 MRPII 较早的企业已开始获益。现在，越来越多的企业认识到需要在企业中建立起符合国际规范的管理模式、借助于现代化的管理手段，不断提高自身的管理水平。

MRPII 的基本思想是：基于企业经营目标制订生产计划，围绕物料转化组织制造资源，实现按需要、按时进行生产。具体地说，是将企业产品中的各种物料分为独立需求物料和相关需求物流，并按时间段确定不同时期的物料需求，从而解决库存物料订货与组织生产的问题；按照基于产品结构的物料需求组织生产，根据产品完工日期和产品结构规定生产计划；按照产品结构的层次关系，以产品零件为计划对象，已完工日期为计划基准倒排计划，按各种零件与部件的生产周期反推出它们生产与投入的时间和数量；按提前期长短区别各种物料下达订单的优先级，从而保证在生产需要时所有物料都能配套齐备，不需要时不要过早积压，达到减少库存量和少占用资金的目的。从一定意义上讲，MRPII 系统实现了物流、信息流和资金流在企业管理方面的集成，并能够有效地对企业各种有限的制造资源进行周密计划、合理利用，从而提高企业的竞争力。

2. MRPII 带来的效益

采用 MRPII 之后，一般可在以下方面取得明显的效果。

（1）库存下降。库存下降就是人们说得最多的效益。MRPII 使一般的用户库存投资减少 1.4～1.5 倍，库存周转率提高 50%。当然，对于 MRPII 应用越成功的企业，其库存的减少效果也就越大；对于物料越复杂的企业，库存减少的效果也越大；对于工厂规模越大的企业，库存减少的效果也越大。

（2）延期交货减少。当库存减少并稳定的时候，用户服务的水平便提高了，使用

MRPII 的企业准时交货率平均提高 55%，延期率平均降低 35%，这就使销售部门的信誉大大提高了。

（3）采购提前期缩短，节省费用。采购人员有了及时、准确的生产计划信息，就能集中精力进行价值分析、货源选择，研究谈判策略，了解生产问题，缩短了采购时间的同时也节省了采购费用。

（4）停工待料减少。由于零件需求的透明度提高，计划也作了改进，能够做到及时与准确，零件也能以更合理的速度准时到达，因此，生产线上的停工待料现象将会大大减少。

（5）制造成本降低。库存费用下降、劳力节约、采购费用节省等一系列人、财、物的效应，必然会引起生产成本的降低。成本下降 7%～12%，采购费用降低 5%左右，利润增加 5%～10%等。

（6）管理水平提高，管理人员减少 10%，生产能力提高 10%～15%，劳动生产率提高 5%～15%，加班工作量减少 10%～30%。

3．MRPII 的构成

MRPII 系统分为五个计划层次：经营计划、生产计划、主生产计划、物料需求计划和生产/采购作业计划。MRPII 计划层次体现了由宏观到微观、由战略到战术、由粗到细的深化过程。图 4-14 给出了 MRPII 的构成示意图。

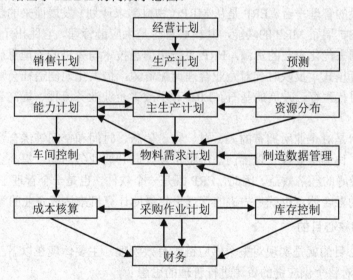

图 4-14　MRPII 的构成示意图

MRPII 管理模式的准确性取决于对市场需求和制造能力这两类不确定因素估计的准确性，但市场是不断变化的，企业资源能力是有限的，同时又是不完全确定的。MRPII 通过引入能力需求计划和反馈调整功能增强了 MRP 计划的可行性和适应性；通过与财务系统的集成，实现了物流、资金流与信息流的同步；通过与工程技术系统的集成，实现了工程计划与生产作业计划的协调；通过与销售分销系统的集成，使得生产计划更好地体现了企业的经营计划，增强了销售部门的市场预见能力。

MRPII 还将 MRP 对物料资源优化的思想扩展到包括人员、设备、资金、物资等广义资源，设计企业的整个生产经营活动。MRPII 不再只是一种生产管理工具，而是整个企业运作的核心体系，是一种以计划驱动"推"式的集中控制。MRPII 的设想是好的，对于企业全局宏观计划的制订和按成组技术组织批量生产是一种十分有效的方法，但是这种以计划驱动"推"式的集中控制对于大量流水生产、单件小批量订货生产的优化处理能力比较弱，对于处理诸如大型工程项目、紧急订单等突发事件的应用能力比较差。MRPII 已被当今世界各种制造企业普遍采用，是进入 21 世纪信息时代的制造企业提高竞争力不可或缺的手段。

三、企业资源计划（ERP）

企业资源计划（Enterprise Resources Planning，ERP）是由美国 Garter Group 咨询公司首先提出的，作为当今国际上一个最先进的企业管理模式，它在体现当今世界最先进的企业管理理论的同时，也提供了企业信息化集成的最佳解决方案。它把企业的物流、商流、资金流、信息流统一起来进行管理，以求最大限度地利用企业现有资源，实现企业经济效益的最大化。

1. ERP 的含义

ERP 系统是指建立在信息技术基础上，以系统化的管理思想，为企业决策层及员工提供决策运行手段的管理平台。ERP 是从 MRP（物料需求计划）发展而来的新一代集成化管理信息系统，它扩展了 MRP 的功能，其核心思想是供应链管理。它跳出了传统企业边界，从供应链的范围去优化企业的资源。ERP 系统集信息技术与先进的管理思想于一身，成为现代企业的运行模式，反映时代对企业合理调配资源，最大化地创造社会财富的要求，成为企业在信息时代生存、发展的基石。ERP 对于改善企业业务流程、提高企业核心竞争力具有显著作用。

其主要宗旨是对企业所拥有的人、财、物、信息、时间和空间等综合资源进行综合平衡和优化管理，协调企业各管理部门，围绕市场导向开展业务活动，提高企业的核心竞争力，从而取得最好的经济效益。因此，ERP 既是一个软件，也是一个管理工具。它是 IT 技术与管理思想的融合体，也就是先进的管理思想借助计算机来达成企业的管理目标。

2. ERP 的核心目的

ERP 的核心目的就是实现对整个供应链的有效管理，主要体现在以下三个方面。

（1）体现对整个供应链的资源进行管理的思想

在知识经济时代仅靠自己企业的资源不可能有效地参与市场竞争，还必须把经营过程中的有关各方如供应商、制造工厂、分销网络、客户等纳入一个紧密的供应链中，才能有效地安排企业的产、供、销活动，满足企业利用全社会一切市场资源快速高效地进行生产经营的需求，以期进一步提高效率和在市场上获得竞争优势。换句话说，现代企业竞争不是单一企业与单一企业间的竞争，而是一个企业供应链与另一个企业供应链之间的竞争。ERP 系统实现了对整个企业供应链的管理，适应了企业在知识经济时代市场竞争的需要。

（2）体现精益生产同步工程和敏捷制造的思想

ERP 系统支持对混合型生产方式的管理，其管理思想表现在以下两个方面。

① "精益生产 LP（Lean Production）" 的思想，它是由美国麻省理工学院（MIT）提出的一种企业经营战略体系，即企业按大批量生产方式组织生产时，把客户、销售代理商、供应商、协作单位纳入生产体系，企业同其销售代理、客户和供应商的关系已不再是简单的业务往来关系，而是利益共享的合作伙伴关系，这种合作伙伴关系组成了一个企业的供应链，这即是精益生产的核心思想。

② "敏捷制造（Agile Manufacturing）" 的思想。当市场发生变化，企业遇有特定的市场和产品需求时，企业的基本合作伙伴不一定能满足新产品开发生产的要求，这时，企业会组织一个由特定的供应商和销售渠道组成的短期或一次性供应链，形成 "虚拟工厂"，把供应和协作单位看成是企业的一个组成部分，运用 "同步工程（SE）"，组织生产，用最短的时间将新产品打入市场，时刻保持产品的高质量、多样化和灵活性，这即是 "敏捷制造" 的核心思想。

（3）体现事先计划与事中控制的思想

ERP 系统中的计划体系主要包括主生产计划、物料需求计划、能力计划、采购计划、销售执行计划、利润计划、财务预算和人力资源计划等，而且这些计划功能与价值控制功能已完全集成到整个供应链系统中。

另外，ERP 系统通过定义事务处理（transaction）相关的会计核算科目与核算方式，可以在事务处理发生的同时自动生成会计核算分录，保证了资金流与物流的同步记录和数据的一致性，从而实现了根据财务资金现状，可以追溯资金的来龙去脉，并进一步追溯所发生的相关业务活动，改变了资金信息滞后于物料信息的状况，便于实现事中控制和实时做出决策。

此外，计划、事务处理、控制与决策功能都在整个供应链的业务处理流程中实现，要求在每个流程业务处理过程中最大限度地发挥每个人的工作潜能与责任心，流程与流程之间则强调人与人之间的合作精神，以便在有机组织中充分发挥个人的主观能动性与潜能，实现企业管理从 "高耸式" 组织结构向 "扁平式" 组织结构的转变，提高企业对市场动态变化的响应速度。

总之，借助 IT 技术的飞速发展与应用，ERP 系统得以将很多先进的管理思想变成现实中可实施应用的计算机软件系统。

3. ERP 系统的特点

ERP 是将企业所有资源进行整合集成管理，简单地说是将企业的物流、资金流和信息流进行全面一体化管理的管理信息系统。ERP 功能模块不同于以往的 MRP 或 MRPII 模块，不仅可用于生产企业的管理，而且在许多其他类型的企业如一些非生产、公益事业的企业也可导入 ERP 系统进行资源计划和管理。因此，ERP 系统的特点可以归纳为以下几个方面。

（1）企业内部管理所需的业务应用系统，主要是指财务、物流、人力资源等核心模块。

（2）物流管理系统采用了制造业的 MRP 管理思想；FMIS 有效地实现了预算管理、

业务评估、管理会计、ABC 成本归集方法等现代基本财务管理方法；人力资源管理系统在组织机构设计、岗位管理、薪酬体系以及人力资源开发等方面同样集成了先进的理念。

（3）ERP 系统是一个在全公司范围内应用的、高度集成的系统，数据在各业务系统之间高度共享，所有源数据只需在某一个系统中输入一次，即保证了数据的一致性。

（4）对公司内部业务流程和管理过程进行了优化，主要的业务流程实现了自动化。

（5）采用了计算机最新的主流技术和体系结构：B/S、INTERNET 体系结构，WINDOWS 界面。在能通信的地方都可以方便地接入到系统中来。

（6）集成性、先进性、统一性、完整性、开放性。

随着人们认识的不断深入，ERP 已经被赋予了更深的内涵。它强调供应链的管理，除了传统 MRPII 系统的制造、财务、销售等功能外，还增加了分销管理、人力资源管理、运输管理、仓库管理、质量管理、设备管理、决策支持等功能；支持集团化、跨地区、跨国界运行，其主要宗旨就是将企业各方面的资源充分调配和平衡，使企业在激烈的市场竞争中全方位地发挥足够的能力，从而取得更好的经济效益。现阶段，融合其他现代管理思想和技术，面向全球市场，建设"国际优秀制造业"（World Class Manufacturing Excellence）。这一阶段倡导的观念是精益生产、约束理论（TOC）、先进制造技术、敏捷制造以及现在热门的 Internet/Intranet 技术。

4．ERP 系统的核心内容

在企业中，一般的管理主要包括三个方面的内容：生产控制（计划、制造）、物流管理（分销、采购、库存管理）和财务管理（会计核算、财务管理）。这三大系统本身就是集成体，它们互相之间有相应的接口，能够很好地整合在一起来对企业进行管理。另外，特别值得一提的是，随着企业对人力资源管理重视的加强，已经有越来越多的 ERP 厂商将人力资源管理纳入了 ERP 系统的一个重要组成部分，下面对这一功能进行简要介绍。

（1）财务管理模块

企业中，清晰分明的财务管理是极其重要的，所以在 ERP 整个方案中它是不可或缺的一部分。ERP 中的财务模块与一般的财务软件不同，作为 ERP 系统中的一部分，它和系统的其他模块有相应的接口，能够相互集成。比如，它可将由生产活动、采购活动输入的信息自动计入财务模块生成总账、会计报表，取消了输入凭证这个烦琐的过程，几乎完全替代了以往传统的手工操作。一般的 ERP 软件的财务部分分为会计核算与财务管理两大块：会计核算主要是记录、核算、反映和分析资金在企业经济活动中的变动过程及其结果，由总账、应收账、应付账、现金、固定资产、多币制等部分构成；财务管理的功能主要是基于会计核算的数据，再加以分析，从而进行相应的预测、管理和控制活动。它侧重于财务计划、控制、分析和预测。

（2）生产控制管理模块

这一部分是 ERP 系统的核心所在，它将企业的整个生产过程有机地结合在一起，使得企业能够有效地降低库存，提高效率。同时各个原本分散的生产流程的自动连接，也使得生产流程能够前后连贯地进行，而不会出现生产脱节，耽误生产交货时间。

生产控制管理是一个以计划为导向的先进的生产、管理方法。首先，企业确定它的一个总生产计划，再经过系统层层细分后，下达到各部门去执行，即生产部门以此生产，采购部门按此采购等。

（3）物流管理

物流管理主要包括分销管理、库存控制和采购管理三个主要环节。

分销管理是从产品的销售计划开始，对其销售产品、销售地区、销售客户各种信息的管理和统计，并可对销售数量、金额、利润、绩效、客户服务做出全面的分析。

库存控制是用来控制存储物料的数量，以保证稳定的物流支持正常的生产，但又最小限度地占用资本。它是一种相关的、动态的、真实的库存控制系统，能够有效结合、满足相关部门的需求，随时间变化动态地调整库存，精确地反映库存现状。

采购管理主要是确定合理的订货量、优秀的供应商和保持最佳的安全储备。能够随时提供订购、验收的信息，跟踪和催促外购或委托加工的物料，保证货物及时到达。建立供应商的档案，用最新的成本信息来调整库存的成本。

（4）人力资源管理模块

以往的 ERP 系统基本上都是以生产制造及销售过程（供应链）为中心的。因此，长期以来一直把与制造资源有关的资源作为企业的核心资源来进行管理。但近年来，企业内部的人力资源开始越来越受到企业的关注，被视为企业的资源之本。在这种情况下，人力资源管理，作为一个独立的模块，被加入到了 ERP 的系统中来，和 ERP 中的财务、生产系统组成了一个高效的、具有高度集成性的企业资源系统。

四、分销资源计划（DRP）

1. DRP 的含义

分销资源计划（Distribution Resources Planning，DRP）是管理企业的分销网络的系统，目的是使企业具有能够对订单和供货快速反应和持续补充库存的能力。DRP 通过互联网将供应商与经销商有机地联系在一起，DRP 为企业的业务经营及与贸易伙伴的合作提供了一种全新的模式。

供应商和经销商之间可以实现实时的提交订单、查询产品供应和库存状况，并获得市场、销售信息及客户支持，实现了供应商与经销商之间端到端的供应链管理，有效地缩短了供销链。新的模式借助互联网的延伸性及便利性，使商务过程不再受时间、地点和人员的限制，从而使得企业的工作效率和业务范围都得到了有效的提高。

企业也可以在兼容互联网时代现有业务模式和现有基础设施的情况下，迅速构建 B2B 电子商务的平台，扩展现有业务和销售能力，实现零风险库存，大大降低分销成本，提高周转效率，确保获得领先一步的竞争优势。

DRP 是以生产流程优化为基础，以销售与库存综合控制管理为核心的采购、库存、销售、促销管理、财务以及企业决策分析功能于一体的高度智能化的企业分销业务解决方案，是针对生产企业供应链后端强化管理的高效工具。管理系统是管理理念的实现和固化，管理理念的提升意味着企业管理效益的回报。对分销管理系统来讲，一个全面的系统可以为企业实现很多管理效益，如在库存管理中可以实现库存资金占用的合理减少，库存残损的降低，库存的合理调拨等。销售管理可以实现客户服务水平的提升，销售趋势的不同产品在不同地区的科学销售组合等。

2．DRP管理系统的价值体现

（1）流程优化与管理规范化

分销系统的实施过程中涵盖了供应与分销环节的生产流程优化和操作管理规范化。分销管理系统实施的前提是专家小组参与下的"分销业务流程重组（DRP）"过程。在适应企业运营特点的同时，结合先进的分销运作管理模式，在改善整体运作效率的同时也规范了总公司、分公司及其他分销组织的运作，从而帮助企业提高实地运作的效率。分销管理系统为企业提供的不仅是一套软件系统，更重要的是现代的和本土化的分销渠道管理概念和优化的操作方法。

（2）加强了对异地分支机构的监管力度

由于客户和业务数据都由系统所管理，分支机构的业务数据与总公司所掌握的情况完全一致，极大地加强了企业领导分支机构的监管力度，避免了公司业务被少数业务人员所把持的情况，也避免了分支机构管理不规范和客户流失。管理人员也能随时了解下属的工作情况，便于监督和管理。

（3）降低经营成本

分销管理系统中高度智能化的自动补货管理功能及库存的动态管理功能，避免了因库存不足而导致的终端脱销，也同时减少了库存积压的发生，降低了整体库存成本。系统中一系列的智能化信用管理设置能够帮助分公司及经销商减少终端客户方面的资金占压，并相应减少坏账损失。通过加快资金周转速度和降低资金占用的方法，分销系统保证了分销组织以同样的资金实现更高的销售业绩。

（4）优化资源分配

通过有效地管理生产企业的分销网络，可以合理地利用分销网络的资源，减少企业在分销网络上的资金、人力和物力占用，从而优化物流、资金流、信息流和服务流的运作。尤其是企业对不同区域分公司之间的货物调拨功能更加强化了这一优势。

（5）及时交流信息

许多生产商的产品通过分销组织进行销售，而不是直接面对终端客户。企业与市场的沟通需要通过分销机构的中转，企业对于市场的变化不能在第一时间内做出反应，往往会丧失许多市场竞争机会。

具有多地域分布式分销网络的供应商，由于其分销网络分布广泛，对其分销渠道进行管理需要动用大量的人力、物力，耗费大量的时间。即使这样，供应商还是很难把握那些杂乱无章的信息，各级信息的误差被逐级放大，数据的真实性令人质疑。而通过智能分销管理系统，企业对渠道销售信息进行集中式管理，保证了产品、市场及促销信息能够快速准确地传达到市场，从而确保整个销售渠道信息沟通的及时和通畅。这尤其在新产品推出市场和促销执行、跟踪与衡量期间，会为企业带来难以估量的巨额收益。

（6）销售网络的忠诚度

分销管理系统帮助企业实现"销售公司—经销商—服务提供商"的角色转换，强化了分销组织与其上游供应商的联系，从根本上改进了公司在商品运作过程中与下游的代理商、经销商之间的沟通方式、产品销售方式及服务方式。在对分销流程进行业务优化的过程中，也加强了分销机构对上游供应商的依赖，从而强化了分销网络的忠诚度。

（7）高水平客户服务

分销系统加强了"供应商对分销机构"以及"分销机构对终端客户"的订单及销售的管理，从不同层面上提高了对下一级客户的服务水平，从而在无大幅度费用增加的情况下，大幅度提高了客户满意度和忠诚度，确保了供应商在渠道中的领先地位。

3．实现 DRP 的关键成功因素

具体到 DRP 的实现，应该关注如下七个方面，这对 DRP 的成功实现是大有好处的。

（1）高层领导的支持

这里的高层领导一般是销售副总、营销副总或总经理，他是项目的支持者，主要作用体现在三个方面：首先，他为 DRP 设定明确的目标；其次，他是一个推动者，向 DRP 项目提供为达到设定目标所需的时间、财力和其他资源；最后，他确保企业上下认识到这样一个工程对企业的重要性。在实施项目过程中出现重大分歧和阻力时，方向性的决策能力是项目成功的必要条件。一般来说，新系统上马，短时间内各级人员都很难适应。轻者，会有很多抱怨摆在项目组面前；重者，新系统非但短时间内没有起到提升管理水平的作用，反而由于不适应、不熟悉等原因降低了管理效率，并引发生产指标下降。这时，如果高层领导不能高瞻远瞩，从大局和长久发展出发，没有充分的决心和魄力，系统将会面临搁浅的命运。高层领导应激励员工解决这个问题而不是打退堂鼓。

（2）要专注于流程

成功的项目小组应该把注意力放在流程上，而不是过分关注技术。项目小组认识到，技术只是促进因素，本身不是解决方案。因此，好的项目小组开展工作后的第一件事就是花费时间去研究现有的营销、销售和服务策略，并找出改进方法。

（3）技术的灵活运用

在那些成功的 DRP 项目中，他们选择的技术总是与要改善的特定问题紧密相关。如果销售管理部门想减少新销售员熟悉业务所需的时间，这个企业应该选择营销百科全书功能。选择的标准应该是根据业务流程中存在的问题来选择合适的技术，而不是调整流程来适应技术要求。

（4）组织良好的团队

DRP 的实施队伍应该在四个方面有较强的能力：一是业务流程重组的能力；二是对系统进行客户化和集成化的能力，特别对那些打算支持移动用户的企业更是如此；三是对 IT 部门的要求，如网络大小的合理设计、对用户桌面工具的提供和支持、数据同步化策略等；四是实施小组具有改变管理方式的技能，并提供桌面帮助。后面两点对于帮助用户适应和接受新的业务流程是很重要的。

（5）极大地重视人的因素

很多情况下，企业并不是没有认识到人的重要性，而是对如何做不甚明了。我们可以尝试如下几个简单易行的方法：一是请企业未来的 DRP 用户参观实实在在的分销管理系统，了解这个系统到底能为 DRP 用户带来什么；二是在 DRP 项目的各个阶段（需求调查、解决方案的选择、目标流程的设计等）都争取最终用户的参与，使得这个项目成为用户负责的项目；三是在实施的过程中，千方百计地从用户的角度出发，为用户创造方便。

（6）分步实现

欲速则不达，这句话很有道理。通过流程分析，可以识别业务流程重组的一些可以着手的领域，但要确定实施优先级，每次只解决几个最重要的问题，而不是一次性完成所有任务。

（7）系统的整合

系统各个部分的集成对 DRP 的成功很重要。DRP 的效率和有效性的实现有一个过程，它们依次是：终端用户效率提高、终端用户有效性提高、团队有效性提高、企业有效性提高、企业间有效性提高。

案例分析

宝供的物流管理信息系统

宝供储运有限公司是一家物流公司，在采用北京英泰奈特科技有限公司的物流管理信息系统之后，客户的满意程度有了非常大的提高，业务扩展非常明显。宝供公司虽然没有自己的运输队伍，却击败了拥有巨型货运能力的国内国营储运公司，赢得了国际著名企业如宝洁等跨国企业在中国的货品承运权。使用了该套系统之后的不到半年时间里，其客户数由原先的不到 10 家发展到超过 50 家，其中不乏宝洁、雀巢及安利等跨国集团。对于宝供而言，信息系统已经不仅仅是实现业务的自动化的手段，而且也已成为企业的核心竞争资源。

1. 企业背景

物流企业指的是对物品的流向进行操作的行业，它是集物品仓储、运输等流程为一体，把货物从生产地送到用户手中的全过程。这是一种目前非常流行的服务方式，它细化了社会的分工，使得生产企业专心于生产以及产品的调拨上，将产品的运输和仓储全权交给物流企业去完成。物流企业在其业务运作过程中具有环节众多、信息量大的特点，并且信息的动态特性和实时特性较为突出。广州宝供储运公司是一家业务范围面向全国、流动资金几千万的物流服务公司，拥有员工近千人，有十几家分公司，仅在广州一地就拥有 30 余家仓库。该公司每天在全国各地进行物流的存储和运输，目前已有 50 余家独资和合资的国际知名企业与宝供签单为他们提供物流服务。

2. 业务流程及企业需求

在激烈的市场竞争中，物流企业需要及时跟踪货物的运输过程；了解库存的准确信息；合理调配和使用车辆、库房和人员等各种资源；为货主提供优良的客户服务，提供实时的信息查询以及物品承运的各种指标数据。可以说信息系统是物流企业生存的必要条件，许多国外的生产厂家选择物流服务企业首要的条件就是物流企业必须具有物流业务信息系统。

3. 方案简介

针对宝供这种典型的物流服务企业的管理特点，北京英泰奈特科技有限公司于1997年底开始为宝供公司开发一套物流管理信息系统，应用效果非常令人满意。英泰奈特的物流管理信息系统采用的是Internet网络构架的信息交流系统，把货物的运输系统分解为接单、发运、到站、再发运、再到站、签收等环节进行操作。在运输方式方面分为短途运输、公路运输和铁路运输，即将加入内河运输、海运和空运，使得系统能够涵盖所有的运输方式。针对物流企业仓库面积大、分布广的特点，把仓储部分分为仓库管理和货品仓储管理两大部分。

4. 模块及功能

（1）接单模块。Internet上的EDI（电子数据交换），货主只要将托运或托管的货物的电子文档发电子邮件给物流服务公司，即可完成双方的交接单工作。

（2）发送模块。完美的配车功能和凑货功能，辅助管理人员完成发送前烦琐的准备工作。

（3）运输过程控制模块。包括货物跟踪和甩货控制，可以实时反馈货物的在途运输情况，跟踪被甩货物的状况。

（4）运输系统管理模块。对承运人、承运工具的管理信息系统。

（5）仓位管理模块。根据优化原则，自动安排每种进仓货物的存放位置，自动提示出仓时应到哪个仓位提货，并可以提供实时仓位图。

（6）库存及出库管理模块。自动计算仓库中每种货品的库存量及存放位置，并按先进先出原则提货。

（7）客户服务模块。为客户提供质量评估信息和与货物相关的所有信息。

（8）储运质量评估模块、统计报表模块和查询模块等。

（9）系统采用集中数据存储。各个分公司对于数据的保有权是有时效限制的，所有最终数据的维护均由公司的信息中心负责进行。

5. 系统特色

（1）开放性。基于Intranet技术，采用标准浏览器，客户端无须开发、培训，将系统维护的工作量降到最低。

（2）Web上的EDI。在Internet环境中实现安全的、标准的EDI。

（3）安全性。使用SET（电子安全传输）技术保证信息传递过程中的安全性。

（4）平台无关性。使用Java技术，实现系统的跨平台运作。

6. 网络结构

（1）VPN结构。企业内部各分支机构之间、企业和客户之间都使用Internet进行通信并建立内部专网（Intranet），减少了投资。

（2）Intranet/Internet/Extranet结构。企业拥有自己的企业内部网（Intranet），通过一个接口与Internet连接，实现信息的发布和业务的协作。

7. 系统实施后带来的好处

（1）有效地组织跨地区的业务。作为物流服务企业，其核心的业务就在于对物流进行有效的管理。我们可以从大的方面把这种物流的服务划分为运输和仓储两个部分。英泰奈特的物流信息管理系统可以把运输的运作情况在Internet上分为接单、发运、到站和签收几个部分，各个业务部分可以在不同的地方以不同的用户身份通过互联网进入系统，然后进行业务数据的输入。针对物流运输模式的多样性，该系统提供了短途和长途运输模式，提供火车运输、汽车运输、轮船运输和飞机运输等方式。仓储部分分为仓库储存和集装箱储存模式。其好处在于对下一站的分公司来说，可以及时地了解上站发送货品的信息，及时地安排交通工具和仓库库位。

（2）充分利用资源。仓库储存中可以对货品进行排库和盘点，系统可以提供非常可视化的货品排库功能。同时，系统提供对货品的各种统计查询以及智能化的货品先进先出功能，极大地方便了仓库管理者，并且为物流企业为客户提供真正的物流服务奠定了基础。这种服务就是完全按照客户对物品的调拨指令以及按照客户对于物品的调拨原则，对客户仓储的物品进行管理。

（3）提高客户服务水平。对于客户来说，交运之后最需要了解的是物品的流通过程以及物品是否安全准确地到达指定的地点。这一点是所有物流企业提供客户服务的关键。通过英泰奈特的物流管理系统，客户可以使用物流企业提供的用户查询口令和密码，在线查询所有交运物品的状态，也就是说客户可以随时了解自己的物品是否发运、在途中、到站以及签收。货品的达标率、破损率等都能够在线查询得到。

（4）加快资金周转。通过物流管理系统，无论是物流服务企业还是客户都能够及时了解到每一批交运物品的签收情况，可以尽早制订资金的运作计划。从这一点出发，采用物流管理信息系统要比传统的结算系统平均提早两天时间。

（5）节约通信费用。物流企业的业务具有地域广的特点，过去都是采用电话和传真进行信息的交流，但是电话不能存底，而传真的文字不能用于数据处理，而且长途通信费用对于物流企业来说是非常巨大的。英泰奈特的物流管理信息系统采用的是 Internet 网络构架的信息交流系统，由于采用互联网进行信息的交流，因此通信费用可以大大地降低。

从宏观意义上来说，拥有了一套物流管理的业务系统，就可以开展物流的服务。可以说，信息系统比拥有车队和仓库更为重要。国外许多著名的物流公司其本身并没有车队和仓库，但它们每年的承运量却可以达到惊人的数字。而许多有着强大的承运能力的国内运输公司或拥有大片空余仓位的储运公司，由于没有一套能够让客户满意的信息系统而失去与客户合作的机会，只能沦为那些有信息系统但没有储运能力的物流公司的廉价的运输和仓储工具。

本章思考题

1. 什么是物流管理信息系统？
2. 简述物流管理信息系统的多种分类方式。
3. 物流管理信息系统对企业的作用有哪些？
4. 物流管理信息系统由哪几部分组成？
5. 简述物流信息系统的主要作用。
6. 为什么说信息系统的建设是一个复杂的过程？
7. 简述管理信息系统开发的生命周期。
8. 简述结构化系统开发方法的基本思想。
9. 结构化系统开发方法的特点是什么？
10. 简述原型法的基本思想。
11. 原型法开发方法的特点是什么？
12. 简述物流管理信息系统的开发原则。
13. 简述管理信息系统的两种开发策略。
14. 请结合系统开发的生命周期介绍物流信息系统的开发过程。
15. 简述开发项目管理的各个阶段。

第五章 数据采集与识别技术

自动识别与数据采集（AIDC）是一项通用的技术手段，它包括不通过键盘而把数据直接录入到计算机系统的方法，这包括条码扫描、射频识别、语音识别，以及电子代码技术等。自动识别技术在物流领域的应用日益广泛，其中又以条码技术与 RFID 技术的应用为主流。本章主要介绍与物流紧密相关的条码技术和射频识别技术，同时对语言识别、电子代码技术等进行相应的介绍。

自动识别与数据采集技术（AIDC）主要解决的问题是实物与信息之间的匹配关系，使实物的运输、仓储过程可以即时反映到信息网络环境中，使操作者能够迅速了解物流的全部过程，尤其是在途的情况，提高物流过程的作业效率及货物数量的准确性。本章重点关注通过条码和 RFID 技术在制造业、零售等行业的生产线、仓储、运输等环节的应用，提升企业信息化水平与管理水平，立足自动识别技术发展的前沿，反映目前技术与解决方案的应用现状、存在问题和发展趋势。

第一节 条码技术

条码技术（Bar Code）或称为 BC 技术，是在计算机应用中产生并发展起来的，并广泛应用于商业、邮政、图书管理、仓储、工业生产过程控制、交通等领域的一种自动识别技术，具有输入速度快、准确度高、成本低、可靠性强等优点，在当今的自动识别技术中占有重要的地位。物流业利用条码技术可对物品进行识别和描述，从而解决了数据录入和数据采集的瓶颈问题，为供应链管理提供了有力支持，在 ECR、QR、CE、AR、ACEP 等供应链管理中都要应用条码技术，所以说条码是实现销售点（Point of Sales，POS）系统、EDI、电子商务、供应链管理的技术基础，是使物流管理现代化、提高竞争力的重要技术手段。

一、条码技术概述

1. 条码的发展历史

条码技术最早产生在风声鹤唳的 20 世纪 20 年代，诞生于 Westinghouse 的实验室里。一位名叫 John Kermode 的性格古怪的发明家"异想天开"地想对邮政单据实现自动分拣，那时候对电子技术应用方面的每一个设想都使人感到非常新奇。他的想法是在信封上做条码标记，条码中的信息是收信人的地址，就像今天的邮政编码。为此 Kermode 发明了最早的条码标识，设计方案非常简单，即一个"条"表示数字"1"，两个"条"表示数字"2"，以此类推。然后，他又发明了由基本的元件组成的条码识读设备：一是扫描器（能够发射光并接收反射光）；二是测定反射信号条和空的方法，即边缘定位线圈和使用测定结果的方法，即译码器。Kermode 的扫描器利用当时新发明的光电池来收集反射光。"空"反射回来的是强信号，"条"反射回来的是弱信号。与当今高速度的电子元器件应用不同的是，Kermode 利用磁性线圈来测定"条"和"空"。Kermode 用一个带铁芯的线圈在接收到"空"的信号的时候吸引一个开关，在接收到"条"的信号的时候释放开关并接通电路。因此，最早的条码阅读器噪音很大。开关由一系列的继电器控制，"开"和"关"由打印在信封上"条"的数量决定。通过这种方法，条码符号直接对信件进行分拣。通过这种条码方法，Kermode 实现了对信件的直接分拣。

此后不久，Kermode 的合作者 Douglas Young 在 Kermode 码的基础上作了些改进。Kermode 码所包含的信息量相当低，并且很难编出 10 个以上的不同代码。而 Young 码使用更少的条，利用条之间空的尺寸变化来区别，就像今天的 UPC 条码符号使用 4 个不同的条空尺寸。Young 的条码符号可在同样大小的空间对 100 个不同的地区进行编码，而 Kermode 码只能对 10 个不同的地区进行编码。

直到 1949 年，专利文献中才第一次有了关于条码的记录，是由 Norm Woodland 和 Bernard Silver 发明的全方位条码符号。Norm Woodland 和 Bernard Silver 的想法是利用 Kermode 和 Young 的垂直的"条"和"空"，并使之弯曲成环状，这样扫描器通过扫描图形的中心时，能够对条码符号解码，不管条码符号的朝向。

在利用这项专利技术对其进行不断改进的过程中，一位科幻小说作家 Isaac-Azimov 在他的《裸露的太阳》一书中讲述了使用信息编码的新方法实现自动识别的事例。那时人们觉得此书中的条码符号看上去像是一个方格子的棋盘，但是今天的条码专业人士看到后马上会意识到这是一个二维矩阵条码符号。虽然此条码符号没有方向、定位和定时，但很显然它表示的是高信息密度的数字编码。

20 世纪 70 年代，在电子元器件和激光器件的成本迅速下降的情况下，条码首先在食品零售业中开始应用，并取得了成功。直到 Interface Mechanisms 公司开发出"二维码"之后，才有了价格适于销售的二维矩阵条码的打印和识读设备。为了规范条码的使用，美国于 1971 年成立了"标准码委员会（UCC）"，负责找出一种快捷、简单、准确的条码标识。此后不久，随着 LED（发光二极管）、微处理器和激光二极管的不断发展，迎来了新的标识符号（象征学）和其应用的大爆炸，人们称之为"条码工业"。

现在普遍使用的条形码的发明应该归功于IBM公司的高级技术专家伍兰德先生和他所领导的研究小组，它们向标准码委员会递交了一份条形码的实验报告。标准码委员会于 1972 年做出决定，将 IBM 公司推荐的通用产品条码 UPC（Universal Product Code）作为统一的商品标识码，从而使不同的商品有了统一的识别标准。

1977 年，欧洲成立了欧洲物品编码中心（European Article Number，EAN），并在 UPC 码的基础上开发出了 EAN 码。1981 年，该组织的国际地位确定，改名为国际物品编码中心。

到了 20 世纪 80 年代，条码应用需要更小的空间存储更多的信息，发展到 90 年代相继出现多种高容量条形码——CODE49，PDF417。我国于 20 世纪 90 年代也制定了《通用商品条码》和《商品条码》等条码标准，这些条码标准与国际标准相兼容。

由于条码技术方便、快捷，已经被越来越广泛地使用。由于这一领域的技术进步与发展非常迅速，并且每天都有越来越多的应用领域被开发，用不了多久条码就会像灯泡和半导体收音机一样普及，从而会使我们每一个人的生活都变得更加轻松和方便。

今后，条码技术将更好地与计算机技术、通信技术和光电子技术结合，朝着更高精度、更多应用的方向发展。

2．条码的概念及基本术语

条码是由一组粗细不等、黑白或彩色相间的条、空及其相应的字符、数字、字母组成的标记，用以表示一定的信息。它是利用光电扫描阅读设备识读并实现数据输入计算机的一种特殊代码。

在条码技术的应用过程中，经常会接触到一些基本术语，为了方便理解和使用，表 5-1 给出了一些常用的基本术语的名称、英文表示以及相应的定义。

表 5-1　条码的基本术语

术 语 名 称	英 文 表 示	定 义
条码	Bar Code	由一组规则排列的条、空及其对应字符组成的标记，用以表示一定的信息
条码系统	Bar Code System	由条码符号设计、制作及扫描识读组成的系统
条	Bar	条码中反射率较低的部分
空	Space	条码中反射率较高的部分
空白区	Clear Area	条码起始符、终止符两端外侧与空的反射率相同的限定区域
起始符	Start Character	位于条码起始位置的若干条与空
终止符	Stop Character	位于条码终止位置的若干条与空
保护框	Bearer Bars	围绕条码且与条反射率相同的边或框
条码字符	Bar Code Character	表示为字符或符号的若干条与空
条码数据符	Bar Code Data Character	表示特定信息的条码字符
条码校验符	Bar Code Check Character	表示校验码的条码字符
条码填充符	Bar Code Filler Character	不表示特定信息的条码字符
条码长度	Bar Code Length	从条码起始符前缘到终止符后缘的长度
条码密度	Bar Code Density	单位长度条码所表示的条码字符的个数
条码字符间隔	Bar Code Character Spacing	相邻条码字符间不表示特定信息且与空的反射率相同的区域
模块	Module	模块组配编码法组成条码字符的基本单位
单元	Unit	构成条码字符的条或空
条高	Bar Height	垂直于单元宽度方向的条的高度尺寸
条宽	Bar Width	条码字符中条的宽度尺寸
空宽	Space Width	条码字符中空的宽度尺寸
条宽比	Bar Width Ratio	条码中最宽条与最窄条的宽度比
空宽比	Space Width Ratio	条码中最宽空与最窄空的宽度比
一维条码	One-dimention Bar Code	只在一维方向上表示信息的条码符号
二维条码	Two-dimention Bar Code	在二维方向上表示信息的条码符号

3．条码的构成

一个完整的条码组成顺序依次为：静区（左侧空白区）、起始符、数据符、中间分割符（主要用于 EAN 码）、校验符、终止符、静区（右侧空白区）、供人识读字符，如图 5-1 所示。

图 5-1　条码的构成

（1）静区（Clear Area），指条码左右两端外侧与空的反射率相同的限定区域，前面部分称为左侧空白区，后面部分则称为右侧空白区，它能使阅读器进入准备阅读的状态。当两个条码的距离较近时，静区则有助于对它们加以区分。静区的宽度通常应不小于 6mm（或 10 倍模块宽度）。

（2）起始/终止符（Start/Stop Character），指位于条码开始和结束处的若干条与空，标志着条码的开始和结束，同时提供了码制识别信息和阅读方向的信息。

（3）中间分隔符（Central Seperating Character），位于条码中间位置的若干条与空。

（4）条码数据符（Bar Code Data Character），位于条码中间的条、空结构，它包含条码所表达的特定信息，分为左侧数据符和右侧数据符，分别位于中间分隔符的左右两侧。

（5）校验符（Check Character），位于右侧数据符的右侧，表示校验码的条码字符，由 7 个模块组成。

（6）供人识读字符（For People to Read Character），位于条码下方，主要方便人对条码的识读，尤其是当对条码的扫描失误时，可以用人工输入的方式输入供人识读字符，从而保障条码的输入。

4. 条码技术的特点

条码作为一种图形识别技术与其他识别技术相比，有如下几个特点。

（1）简单、易于制作、可印刷。条码标签易于制作，对印刷技术设备和材料没有特殊要求，被称为"可印刷的计算机语言"。

（2）信息采集速度快。对于普通计算机的键盘录入速度最快的是每分钟 200 个字符，而利用条码扫描录入信息的速度则是键盘录入的 20 倍。

（3）采集信息量大。利用条码扫描一次可以采集十几位字符的信息，而且可以通过选择不同码制的条码增加字符密度，使录入的信息量成倍增长。

（4）可靠性高。键盘录入数据，误码率为三百分之一，利用光学字符识别技术，误码率约为万分之一，而采用条码扫描录入方式，误码率仅为百万分之一，首读率可达 98% 以上。

（5）设备结构简单、成本低。与其他自动化识别技术相比较，条码符号识别设备的结构简单，操作容易，无须专门训练，所需费用较低。

（6）灵活、实用。条码符号作为一种识别手段可以单独使用，也可以和有关设备组成识别系统实现自动化识别，还可和其他控制设备联合起来实现整个系统的自动化管理。同时，在没有自动化识别设备时，也可实现手工键盘输入。

（7）自由度大。识别装置与条码标签相对位置的自由度要比 OCR（光学符号识别）大得多。条码通常只在一维方向上表达信息，而同一条码上所表示的信息完全相同并且连续，这样即使是标签有部分缺欠，仍可以从正常部分得到正确的信息。

5．条码在我国的应用现状和发展前景

我国条码自动识别技术虽然发展较晚，但进展很快。我国条码技术的研究始于 20 世纪 70 年代，当时的主要工作是学习和跟踪世界先进技术。随着计算机应用技术的普及，20 世纪 80 年代末，条码技术在我国的邮电、仓储、图书管理及生产过程的自动控制等领域开始得到初步应用。

1991 年和 1997 年，我国以中国物品编码中心和中国自动识别技术行业协会的名义分别参加了国际物品编码协会和国际自动识别制造商协会，从而使得我国条码自动识别技术的推广应用和条码自动识别技术装备的生产得到了迅速发展。截至 1996 年年底，条码系统成员发展到了近 3 万家，使用条码标识的产品达到了 40 万种，条码自动扫描商店（POS）发展到了近 1 万家，在各地涌现出了一大批连锁店和配销中心，在生产、仓储、交通运输、医疗等领域也建立了一批 POS 系统，EDI 也开始在一些领域进行试点，这有力地推动了条码自动识别技术装备产业的诞生和发展。而且截至 1996 年年底我国已有一百多家公司、研究所、企业、大专院校在从事条码自动识别技术装备的研究、开发、生产、销售和系统建设，我国已由原来的代卖代销国外产品发展到了自行研制、开发、生产，正在逐步向国产化迈进，年销售额达到了 10 亿元人民币，条码自动识别技术装备产业在我国已有了一个雏形。

我国在物流领域应用条码技术并不是一帆风顺的，也曾走过一段弯路。当时我国尚未加入国际物品编码协会，有些出口企业盲目使用外商提供的条码标志，加入了其他国家的条码系统，影响了我国商品条码系统的建立。为此，国家技术监督局曾专门发出通知，要求在我国工商行政主管部门登记的企业，未经允许不得加入别国或地区的商品条码系统。

虽然很多出口商品已采用条码标志，满足了外贸出口的急需，增强了产品的出口创汇能力，内销商品的生产企业也已开始申请使用条码标志，但总的来看，商品条码的普及率还很低，影响了国内商店自动化的发展。由于对条码技术缺乏认识，有些企业虽已申请了厂商代码，但条码的使用仅停留在商品（甚至只在外贸商品）采用条码标志，在库存管理和生产过程控制方面没有充分利用条码技术。条码标志的使用和质量控制也存在一些问题，有些不符合规范的条码标志进入了流通领域，给扫描器的识读带来了困难，甚至出现外商退货的现象。

我国现有工商企业 500 多万个，发展系统成员的潜力非常大。要打破原有框框，不仅要在生产企业中发展系统成员，也要在流通领域发展系统成员；不仅要发展 13 位商品条码系统成员，还应大力发展流通领域电子数据交换用户、位置码用户，建立条码商品数据库和 POS 商品销售数据服务系统。发展系统成员是建设和发展应用系统的基础。

就目前看，建立应用系统的物质基础——条码自动识别技术装备的科研、开发、生产力量还相当薄弱，销售额占有率还不到全球销售额的1%。目前，我国使用的条码自动识别技术装备大部分是依赖进口或进口零部件组装。随着各个领域应用系统的建设逐步启动，发展我国独立的条码自动识别技术装备产业前途不可限量。现在要注意的是不要把注意力仅集中在第一代、第二代条码自动识别技术装备的研究、开发、生产上，要特别注意第三代、第四代条码自动识别技术装备的研究、开发、生产。比如，虚拟POS（V-POS）是由第三代POS机组成的；射频POS系统，是由射频收发器和无线电遥控系统构成的；还有金属码、隐形码、二维码应用系统、电子数据交换系统、快速客户反馈系统等，都需要先进的自动识别技术装备。

我们应采取引进和开发相结合，消化国外技术和独创相结合的原则，建立我国独立的条码自动识别技术装备产业，使年销售额逐步占到全球年销售额的10%，即20亿美元左右，同目前相比要翻20~30倍。发展条码自动识别技术装备产业是发展系统成员和应用系统的物质基础，前途十分远大。

要使我国条码自动识别技术进入世界先进行列，首先，要提高认识。它是实现国民经济信息化的一个基础信息领域，是促进国民经济现代化的重要手段，是一项高新技术产业，是科研领域的一项事业。其次，要有计划、有步骤地进行投入。它是一项高新技术，要保证发展跟上世界潮流，形成独立产业，必须制订计划，有步骤地进行人、财、物的投入，培养高层次的科研队伍，建立高水平的工程研究中心和产业基地，实行用先进技术装备建立起来的现代化管理机制，绝不能只消费不投入，采取掠夺式管理，失掉后劲力量。最后，跟踪世界发展趋势。条码自动识别技术是一项国际化的技术、国际化的产业、国际化的信息。我们必须紧跟世界发展步伐，吸取国际特别是经济发达国家的先进技术、先进经验，吸收、消化、创新并逐步发展适合中国国情的条码自动识别技术及其产业。

总之，发展适合中国国情的条码自动识别技术及其产业，必须有一个战略考虑，有一个方向，有一个目标，有一个规划，有一个人员的培训，有一个财力的投入，有一个切实可行的整体措施，这样才能保证条码自动识别技术及其产业的兴旺发达。

为了使条码工作面向市场，适应加入WTO的需要，满足我国经济发展的需求，中国物品编码中心于2003年4月启动了"中国条码推进工程"。

中国条码推进工程的总体目标是：根据我国条码发展战略，加速推进条码在各个领域的应用。

中国条码推进工程的实施步骤分为以下几个阶段。

（1）第一阶段——启动期（2003年）。系统成员保持10%的增长率，发展系统成员2.2万家，建立两个应用示范系统，开辟两个新的应用领域。

（2）第二阶段——起飞期（2004—2006年）。系统成员以每年至少16%的速度增长，发展系统成员8.8万家，商品条码质量合格率提高到80%，开辟3个新的应用领域，建立8个应用示范系统。

（3）第三阶段——成熟期（2007年）。系统成员以18%的速度增长，发展系统成员4万家，系统成员数量翻一番，系统成员保有量居世界第二；使用条码的产品总数达到

200万种；条码的合格率达到85%，条码技术在零售、物流配送、连锁经营和电子商务等国民经济和社会发展的各个领域得到广泛应用；形成以条码技术为主体的自动识别技术产业。

二、条码识读技术

1. 条码识读系统的组成

条码识读系统是条码系统的组成部分，它由扫描系统、信号整形、译码三部分组成，如图 5-2 所示。扫描系统由光学系统及探测器即光电转换器组成；信号整形部分由信号放大、滤波、波形整形组成；译码部分则由译码器及通信部分组成。

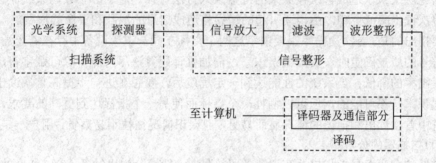

图 5-2　条码识读系统组成

条码符号的识读涉及光学、电子学、数据处理等多种技术。要完成正确识读，必须满足以下几个条件。

（1）建立一个光学系统，以产生一个光点，该光点在人工或自动控制下能沿某一轨迹做直线运动且通过一个条码符号的左侧空白区、起始符、数据符、终止符和右侧空白区。

（2）建立一个反射光接收系统，它能够接收采集到光点从条码符号上反射回来的光。同时，要求接收系统的探测器的敏感面尽量与光点经过光学系统成像的尺寸相吻合。如果光点的成像比光敏感面小，则会使光点外的那些对探测器敏感的背景光进入探测器，影响识读。当然也要求来自条上的光点的反射光弱，而来自空上的光点的反射光强，以便通过反射光的强弱及持续时间来测定条（空）宽。

（3）要求光电转换器将接收到的光信号不失真地转换成电信号。

（4）要求电子电路将电信号放大、滤波、整形，并转换成电脉冲信号。

（5）建立某种译码算法，将所获得的电脉冲信号进行分析、处理，从而得到条码符号所表示的信息。

（6）将所得到的信息转储到指定的地方。

上述前四步一般由扫描器完成，后两步一般由译码器完成。

2. 与条码识读有关的基本概念

（1）首次读出率、误识率、拒识率

首次读出率是指首次读出条码符号的数量与识读条码符号总数量的比值，即：

　FFF(分式)首次读出率=首次读出条码符号数量÷识读条码符号的总数量×100%

误识率是指错误识别次数与识别总次数的比值，即：

$$FFF(分式)误识率=识别错误次数÷识别总次数×100\%$$

拒识率是指不能识别的条码符号数量与条码符号总数量的比值，即：

$$FFF(分式)拒识率=不能识别的条码符号数÷条码符号的总数量×100\%$$

不同的条码应用系统对以上指标的要求不同。一般要求首次读出率在85%以上，拒识率低于1%，误识率低于0.01%。但对于一些重要场合，要求首次读出率为100%，误识率为百万分之一。

如果首次读出率过低，必然会使操作者感到厌倦，但与拒识相比，后者更为严重，它常使数据无法录入，造成再次被原来的键盘录入方法替代。对于一个条码系统而言，误识率高比首次读出率低更糟，由误读引起的错误将造成信息的混乱和资源的浪费。

需要指出的是，首次读出率跟误识率这两个指标在同一识读设备中存在着矛盾的统一，当条码符号的质量确定时，要降低误识率，需加强译码算法尽可能排除可疑字符，必然导致首次读出率的降低；当系统的性能达到一定程度后，要想在进一步提高首次读出率的同时降低误识率是不可能的，但可以牺牲一个指标而使另一个指标达到更高的要求。在一个应用系统中首次读出和拒识的情况显而易见，但误识情况往往不易察觉，用户一定要注意。

（2）扫描器的分辨率

扫描器的分辨率是指扫描器在识读条码符号时，能够分辨出的条（空）宽度的最小值。它与扫描器的扫描光点尺寸有着密切的关系。扫描光点尺寸的大小则是由扫描器光学系统的聚焦能力决定的，聚焦能力越强，所形成的光点尺寸越小，则扫描器的分辨率就越高。一般情况下，扫描光点直径应不大于条码符号中最窄单元的宽度，也有一些类型的扫描器允许使用比最窄单元宽度大一点的光点。目前条码扫描器的最高分辨率为0.12～0.15mm，由于印刷技术的限制，再高的分辨率也会失去意义。

条码扫描器的分辨率并不是越高越好，在能够保证识读的情况下，并不需要把分辨率做得太高，若过分强调分辨率，不仅提高了设备的成本，而且必然造成扫描器对印刷缺陷的敏感程度的提高，导致识别错误或拒识。一种最佳的匹配情况是：光点直径（椭圆形的光点是指短轴尺寸）为最窄单元宽度值的0.8～1.0倍。

（3）工作距离和扫描景深

条码扫描器的工作距离是指扫描器在识读条码符号时扫描器窗口与条码符号间的距离。工作距离的变化范围有一定的限度，这是由扫描光束的发放程度决定的，一般把这一距离的变化范围称为扫描景深。

不同的扫描设备有不同的工作距离和扫描景深。接触式扫描器常采用普通光源，工作距离和扫描景深很小。采用激光扫描，尤其是多焦面扫描，大大扩展了工作距离和扫描景深，但由于分辨率等因素的限制，工作距离不可能太长。

（4）扫描频率

扫描频率是指条码扫描器进行多重扫描时每秒的扫描次数。在设计扫描器的扫描频率时，应充分考虑到扫描图案的复杂程度及被识别的条码符号的运动速度。不同的应用场合对扫描频率的要求不同。单向激光扫描的扫描频率一般为40线/秒；POS系统用台式激光扫描器（全向扫描）的扫描频率一般为200线/秒。

（5）抗镜向反射能力

条码扫描器在扫描条码符号时其探测器接收到的反射光是漫反射光，而不是直接的镜向反射光，方能保证正确识读。在设计扫描器的光学系统时应充分考虑这一问题。但在某些场合，会出现直接反射光进入探测器影响正常识读的情况。例如，在条码符号表面加一层覆膜或涂层来保护它，这会给识读增加难度。因为当光束照射条码符号时，覆膜的镜向反射光要比条码符号的漫反射光强得多，如果较强的直接反射光进入接收系统，必然影响正确识读。因此，在设计光路系统时应尽量使镜向反射光远离强的光点。

对于用户来说，在选择条码扫描器时应注意其光路设计是否考虑了镜向反射问题，最好选择那些有较强的抗镜向反射能力的扫描器。

（6）抗污染、抗皱折能力

在一些应用环境中，条码符号容易被水迹、手印、油污、血渍等弄脏，也可能被某种原因弄皱，使得表面不平整，致使在扫描过程中发生信号变形。这一情况应在信号整形过程中给予充分考虑。

3．条码识读原理

条码的阅读与识别技术涉及光学、电子学、数据处理等多学科技术，条码识读器通常由以下五个部分组成。

（1）光源。光源能够产生一个光点，该光点能够在自动或手工控制下，在条码信息上沿某一轨迹做直线运动，同时要求该光点直径与待扫描条码中最窄条码的宽度基本相同。

（2）接收装置。接收装置能够采集到光点运动时打在条码条符上反射回来的反射光，光点打在着色条符上的反射光弱，而光点打在白色条符及左右空白区的反射光强，通过对接收到反射光的强弱及延续时间的测定，就可以分辨出扫描到的是着色条符还是白色条符以及条符的宽窄。

（3）光电转换部件。此部件是将接收到的光信号不失真地转换成电脉冲。

（4）译码电路。译码电路对已经获取的电脉冲信号进行译解，并将信息传输给计算机。

（5）计算机接口。即与计算机进行通信的接口，通过这个接口可以把译解的信息传送给计算机，同时也接收计算机反馈回来的信息。

条码识读器的基本工作原理为：由光源发出的光线经过光学系统照射到条码符号上面，被反射回来的光经过光学系统成像在光点转换器上，使之产生电信号，信号经过电路放大之后产生一个模拟电压，它与照射到条码符号上被反射回来的光成正比，再经过滤波、整形，形成与模拟信号对应的方波信号，经译码器解释为计算机可以直接接收的数字信号。如图 5-3 所示。

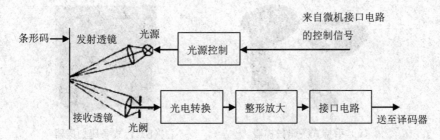

图 5-3　条码扫描器的工作原理

4．常用条码扫描器的工作方式及性能分析

常用的条码扫描器主要有以下几种。

（1）光笔条码扫描器

光笔条码扫描器是一种轻便的条形码读取装置，在光笔内部有扫描光束发生器及反射光接收器。目前，市场上出售的这类扫描器有很多种，它们主要在发光的波长、光学系统结构、电子电路结构、分辨率、操作方式等方面存在不同。光笔类条形码扫描器不论采用何种工作方式，从使用上都存在一个共同点，即阅读条形码信息时，要求扫描器与待识读的条码接触或离开一个极短的距离（一般仅 0.2mm～1mm）。

（2）手持式条码扫描器

手持式条码扫描器是内部装有控制光束的自动扫描装置，如图 5-4（a）所示。扫描时需将读取头（光源）接近条码进行读取。其优点为：不需移动即可进行自动扫描读取条码信息；条码符号缺损对扫描器识读影响很小；弯曲面（300 以内）商品的条码也能读取；扫描速度为 30～100 次/秒，读取速度快。

手持式扫描器所使用的光源有激光和可见光 LED。LED 类扫描器又称 CCD 扫描器。CCD 扫描器具有以下几个优点：操作方便、性能可靠、使用寿命长、耗电少、体积小、价格便宜等，但其阅读条码符号的长度受扫描器元件尺寸限制，扫描景深长度也不如激光扫描器。

（3）激光自动扫描器

激光自动扫描器的最大优点是扫描光照强，可以远距离扫描且扫描景深长，而且激光扫描器的扫描速度快，有的产品扫描速度可以达到 1 200 次/秒，这种扫描器可以在百分之一秒的时间内对某一条形码标签扫描阅读多次，而且可以做到每一次扫描不重复上次扫描的轨迹。激光自动扫描器的优点是扫描速度快、光照强，可以远距离扫描且扫描景深长，而且扫描光束可以由单束光转变成十字光或米字光，从而保证被测条形码从各个角度进入扫描范围时都可以被识读。

（4）台式条码扫描器

台式条码自动扫描器适合于不便使用手持式扫描方式阅读条形码信息的场合，如图 5-4（b）所示。如果工作环境不允许操作者一只手拿标有条形码信息的物体，而另一只手操纵手持条形码扫描器进行操作，就可以选用台式条形码扫描器自动扫描。这种扫描器也可以安装在生产流水线传送带旁的某一固定位置，等待标有条形码标签的待测物体以平稳、缓慢的速度进入扫描范围，对自动化生产流水线进行控制。台式条码扫描器的优点是稳定、扫描速度快，广泛应用在超市的 POS 系统。

（a）手持式条码扫描器　　　　　　（b）台式条码扫描器

图 5-4　常见的条码扫描器

（5）卡式条码阅读器

卡式条码阅读器可以用来识读带有条码的卡式证件和文件，其内部的机械结构能够保证卡片在插入滑槽后自动沿轨迹做直线运动，在卡片前进过程中，扫描光点读取条码信息。卡式条码阅读器常用于医院病例管理、身份验证、考勤和生产管理等领域。

（6）便携式条码阅读器

便携式条码阅读器又称为手持终端机、盘点机，由电池供电，扫描时将扫描器带到物体的条码符号前扫描，其扫描识读过程与计算机之间的通信不同步，而是将数据暂存在机器内的存储器里，在适当的时候再传输给计算机。因此，几乎所有的便携式数据采集器都有一定的编程能力。它适用于一些现场数据采集和需要脱机使用的场合，如扫描笨重物体的条码，广泛应用于仓库管理、商品盘存等作业中。

三、条码码制标准

码制是规定条码用条和空的排列规则表达数据的编码体系。

1. 条码码制

一维码的码制有 100 多种编码模式，常用的包括 EAN 码、UPC 码、39 码、交叉 25 码、128 码、93 码及 Codabar 库德巴码等。

（1）EAN/UCC-13 码

EAN/UCC-13 码，如图 5-5 所示，是由 13 位代码构成，不同国家（地区）的条码组织对 13 位代码的结构有不同的划分。其结构为前缀码+厂商代码+商品项目代码+校验码，共 13 位代码组成。其中，"前缀码"由 2～3 位数字组成，是国际物品编码协会分配给其成员的标识代码，实际上就是国家或地区代码，如我国大陆为"690～693"，我国香港特别行政区为"489"，德国为"40～44"。需要指出的是，随着世界经济一体化发展，前缀码一般并不一定代表产品的原产地，而只能说明分配和管理有关厂商识别代码的国家或地区编码组织。"厂商代码"为用来在国家范围内唯一标识厂商的识别代码，在我国大陆厂商代码由 4～6 位阿拉伯数字组成，我国的厂商代码是由中国物品编码中心统一分配的。商品项目代码由获得厂商代码的厂商自己负责编制，由 3～5 位阿拉伯数字构成，用以表示具体的商品项目。校验码，由 1 位阿拉伯数字组成。由于条码的设计、印制的缺陷，以及识读设备在光电转换时存在一定程度的误差，为保证正确读取条码数据，在条码中一般通过设置校验码的办法来校验编码的正误，以提高条码的识读可靠性。

（2）UPC 码（Uniform Production Code，统一产品代码）

UPC 码只能用数字表示，有 A、B、C、D、E 五个版本，版本 A 有 12 位数字，版本 E 有 8 位数字，其中最后一位为校验位，如图 5-6 所示。当 UPC 作为 12 位进行解码时，定义如下：第 1 位为数字标识，由 UCC（Uniform Code Council，统一代码委员会）所确定；第 2～6 位是生产厂家的标识号；第 7～11 位是唯一的厂家产品代码；第 12 位为校验位。

图5-5 EAN码

图5-6 UPC码

（3）39码

39码能用字母、数字和其他一些符号共43个字符表示，包括"A～Z"，"0～9"，"-"，"$"，"/"，"+"，"%"，" "（空格），如图5-7所示。条码的长度是可变化的，通常用"*"号作为起始、终止符，不用校验码，代码密度介于 3～9.4 个字符/英寸，空白区是窄条的10倍。

（4）128码

128码表示高密度数据，字符串可变长，符号内含校验码，有三种不同版本——A、B、C，可用128个字符分别在A、B、C三个字符串集合中，如图5-8所示。

图5-7 39码

图5-8 128码

（5）交叉25码

交叉25码只能用数字0～9表示，长度可变，连续性条码，所有条与空都表示代码，第一个数字由条开始，第二个数字由空组成，空白区比窄条宽10倍，如图5-9所示。

（6）库德巴码（Codabar）

库德巴码可用数字"0～9"，字符"$"、"+"、"-"表示，还有只能用作起始/终止符的"a"、"b"、"c"、"d"四个字符，长度可变，没有校验位，空白区比窄条宽10倍，非连续性条码，每个字符表示为4条3空，如图5-10所示。

图5-9 交叉25码

图5-10 库德巴码

下面阐述不同的码制及其各自的目的应用领域。

（1）EAN码/UPC码是国际通用的编码体系，是一种长度固定、无含义的条码，所表达的信息全部为数字，主要应用于国际商品标识。

（2）39码和128码是ASCII字符集编码。美国国防部和汽车行业最先使用Code 39码，我国目前为企业内部自定义码制，可以根据需要确定条码的长度和信息。它们的信息可以是数字，也可以包含字母，主要应用于工业生产线领域、图书管理等。

（3）交叉25码主要应用于包装、运输以及国际航空系统的机票顺序编号等。

（4）Codabar 码应用于血库、图书馆、包裹等的跟踪管理。

条码的两个常用参数如下所述。

（1）密度（Density）。条码的密度指单位长度的条码所表示的字符个数。对于一种码制而言，密度主要由模块的尺寸决定，模块是"条"或"空"中的最小单位，尺寸越小，密度越大，所以密度值通常以模块尺寸的 mm 或 mil（千分之一英寸）为单位来表示（如5mil）。通常 7.5mil 以下的条码称为高密度条码，15mil 以上的条码称为低密度条码，条码密度越高，要求条码识读设备的性能（如分辨率）也越高。高密度的条码通常用于标识小的物体，如精密电子元件；低密度条码一般应用于远距离阅读的场合，如仓库管理。

（2）宽窄比（Width Ratio）。对于只有两种宽度单元的码制，宽单元与窄单元的比值称为宽窄比，一般为 2～3（常用的有 2:1，3:1）。宽窄比较大时，阅读设备更容易分辨宽单元和窄单元，因此比较容易阅读。

2．条码的编码方法

条码的编码方法是指条码中条与空的编码规则，以及二进制的逻辑表示设置。条码的编码方法就是要通过设计条码中条与空的排列组合来表示不同的二进制数据。一般来说，条码的编码方法有两种：模块组合法和宽度调节法。

构成条码的基本单位是模块。模块是指条码中最窄的条或空，其宽度通常以 mm 或 mil为单位。构成条码的一个条或空称为一个单元，由编码的方式决定一个单元包含的模块数。有些码制中，如 EAN 码，所有单元由一个或多个模块组成；而另一些码制，如 39 码中，所有单元只有两种宽度，即宽单元和窄单元，其中的窄单元即为一个模块。

模块组合法是指在条码符号中，条与空是由标准宽度的模块组合而成，如 EAN 码，以一个标准宽度的条模块表示二进制的"1"，以一个标准宽度的空模块表示二进制的"0"。商品条码模块的标准宽度是 0.33mm，它的一个字符由两个条和两个空构成，每一个条或空由 1～4 个标准宽度模块组成。

宽度调节法是指条码中条与空的宽窄设置不同，用宽单元表示二进制的"1"，用窄单元表示二进制的"0"，宽窄比一般控制在 2～3，如 39 码。

以下是我国发布的有关条码的国际标准。

（1）《GB 12904—2003：国家标准通用商品条码》。

（2）《GB/T 14257—1993：通用商品条码符号位置》。

（3）《GB/T 12905—2000：条码符号术语》。

（4）《GB/T 12908—2002：三九条码》。

（5）《GB/T 12907—1991：库德巴条码》。

（6）《GB/T 12906—1991：中国标准书号条码》。

（7）《GB/T 14258—2003：条码符号印制质量的检验》。

（8）《GB 15425—1994：贸易单元 128 条码》。

（9）《GB/T 16986—2009：条码应用标识符》。

（10）《GB/T 16830—1997：储运单元条码》。

（11）《GB/T 16829—1997：交叉二五条码》。

（12）《GB/T 16828—1997：位置码》。

（13）《GB/T 16827—1997：中国标准刊号条码》。

（14）《GB/T 17172—1997：四一七条码》。

四、二维条码

1．二维条码的产生

二维条码出现后，在运输业、商业、制造业、仓储业、医疗卫生等领域都得到了广泛的应用，极大地提高了数据采集和信息处理的速度，提高了工作效率，改善了人们的生活和工作环境，为现代科学技术的发展和广泛应用做出了巨大的贡献。

一维条码仅仅只是一种商品的表示，它不含有对商品的任何描述，人们只有通过后台的数据库，提取相应的信息才能明白商品标识的具体含义。在没有数据库或上网不便的地方，这一商品标识变得毫无意义。例如，有一个一维条码标识为 6902083880781，除了从 690 可以看出它是产于中国之外，我们并不能从这一条码中获知产品的其他信息，只有通过网络的数据库连接，在数据库中可以找到其对应的信息，才能知道这一条码标识的是娃哈哈八宝粥。

此外，一维条码无法表示汉字的图像信息，在有些应用汉字和图像的场合显得十分不便。同时，即使建立了数据库来存储产品信息，这些大量的信息也需要一个很长的条码标识。于是，人们迫切希望可以不从数据库中查询，就能直接从条码中获得大量的产品信息。现代高新技术的发展，要求条码在有限的集和空间内标识更多的信息，从而满足千变万化的信息需求。二维条码正是为了解决一维条码无法解决的问题而诞生的。

二维条码的诞生解决了一维条码不能解决的问题，它能够在横向和纵向两个方位同时表达信息，不仅能在很小的面积内表达大量的信息，而且能够表达汉字和存储图像。二维条码的出现拓展了条码的应用领域，因此，被许多不同的行业所采用。

2．二维条码的定义

二维条码是用某种特定的几何图形按照一定的规律分布在平面（二维方向上）组成的黑白相间的图形记录数据符号信息的一种条码技术。它是一种在水平和垂直方向都表示信息的高密度、高信息含量的数据文件。

二维条码技术在代码编制上巧妙地利用构成计算机内部逻辑基础的"0"、"1"比特流的概念，使用若干个与二进制相对应的几何形体来表示文字与数值信息，通过图像输入设备或光电扫描设备自动识读以实现信息自动处理。它具有条码技术的一些共性，包括每种码制有其特定的字符集，每个字符占有一定的宽度，以及具有一定的校验功能等，同时还具有对不同含义的信息自动识别的功能及处理图形旋转变化等特点。

使用二维条码，是各种大容量、高可靠性信息实现存储、携带并自动识读的最理想的方法。

3．二维条码的特点

（1）信息容量大

根据不同的条空比例，每平方英寸可以容纳 250～1 100 个字符。在国际标准的证卡有效面积（相当于信用卡面积的 2/3，约为 76mm×25mm）上，二维条码可以容纳 1 848 个字母字符或 2 729 个数字字符，约为 500 个汉字信息。这种二维条码比普通条码的信息容量高几十倍。

（2）编码范围广

二维条码可以对照片、指纹、掌纹、签字、语音、文字等所有可数字化的信息进行编码。

（3）保密、防伪性能好

二维条码具有多重防伪特性，它可以采用密码防伪、软件加密，以及利用所包含的信息如指纹、照片等进行防伪，因此具有较强的保密、防伪性能。

（4）译码可靠性高

普通条码的译码错误率约为百万分之一，而二维条码的译码错误率不超过千万分之一，译码可靠性极高。

（5）修正错误能力强

二维条码采用了世界上最先进的数学纠错理论，条码由于玷污、破损等丢失信息的，如果破损面积不超过 50%，可以照常破译出来。

（6）容易制作且成本很低

利用现有的点阵、激光、喷墨、热敏/热传印、制卡机等打印技术，即可以在纸张、卡片，甚至金属表面上印出二维条码，由此所增加的费用仅是油墨的成本。

（7）条码符号的形状可变

同样的信息量，二维条码的形状可以根据载体面积及美工设计等进行调整。

4．二维条码的发展和应用

国外对二维条码技术的研究始于 20 世纪 80 年代，二维条码作为一种全新的信息存储、传递和识别技术，自诞生之日起就受到了全世界许多国家的关注。我国对二维条码技术的研究始于 1993 年，随着我国市场经济的不断完善和信息技术的迅速发展，国内对二维条码这一新技术的需求与日俱增。

目前，二维条码已经开始进入各行各业中，并且发挥了极其重要的作用。在数据采集、数据传递方面，二维条码具有独有的优势。首先，二维条码存储容量多达上千字节，可以有效地存储货品的信息资料；其次，由于二维条码采用了先进的纠错算法，在部分损毁的情况下，仍然可以还原出完整的原始信息，所以应用二维条码技术存储传递采集货品的信息具有安全、可靠、快速、便捷的特点。

在供应链中采用二维条码作为信息的载体，不仅可以有效避免人工输入可能出现的失误，大大提高入库、出库、制单、验货、盘点的效率，而且兼有配送识别、服务识别等功能，还可以在不便联网的情况下实现脱机管理。

第二节　物流条码

物流条码是条码中的一个重要组成部分。它的出现，不仅在国际范围内提供了一套可靠的代码标识体系，而且也为贸易环节提供了通用语言，为 EDI 和电子商务奠定了基础。因此，物流条码标准体系的建设在推动各行各业的信息化、现代化建设进程和供应链管理的过程中将起到不可估量的作用。

一、物流条码体系

物流条码是指专门应用于物流领域的条码。在这里，我们所要研究的对象仅仅是指商品在贸易链中的物流过程，即商品从生产出来到消费者和用户手中这个过程。当然，物流条码会随着商品经济的发展而不断完善，最终应用于整个物流系统之中。

在商品从生产厂家到运输、交换，整个物流过程中都可以通过物流条码来实现数据共享，使信息的传递更加方便、快捷、准确，提高整个物流系统的经济效益。

按照"物流"的广义和狭义之分，物流领域可以这样划分：作为商品的物质资料在生产者与消费者之间发生空间位移时，它属于流通领域内的经济活动；除此之外，还包括物质资料在生产过程中的运动，它既包括流通领域又包括生产领域。"物流"中的"物"指所有的物质资料，在社会化大生产和商品经济的条件下，商品是物流的主体，自然资源、废弃物等也是"物"的范畴。在这里，我们所要研究的对象仅仅是指商品在贸易链中的物流过程，即商品从生产出来到消费者和用户手中这个过程。当然，物流条码会随着商品经济的发展而不断完善，最终应用于整个物流系统之中。

二、物流条码的特点

当今通用商品条码已经普及，使商业管理实现了自动化，而物流条码却刚刚起步。物流条码与通用商品条码相比有许多不同之处，可以从以下几个方面加以比较。通过这些比较，我们也可以更清楚地理解物流条码。

（1）标识目标不同

通用商品条码是最终消费单元的唯一标识，它常常是单个商品的条码。消费单元是指通过零售渠道，直接销售给最终用户的商品包装单元。物流条码则是货运单元的唯一标识。货运单元是由若干消费单元组成的、稳定的和标准的产品集合，是收发货、运输、装卸、仓储等各项物流业务所必需的一种商品包装单元，一般是多个商品的集合，也可以是多种商品的集合，应用于现代化的物流管理中。

（2）应用领域不同

通用商品条码用于零售业现代化的管理中，在零售业的 POS 系统中，通用商品条码印在单个商品上，可以实现商品的自动识别、自动寻址、自动结账，使零售业管理高度自动化和信息化。物流条码则是用于物流现代化的管理，贯穿于整个物流过程之中的。产品从生产厂家生产出来，要经过包装、运输、仓储、分拣、配送等众多环节，才能到达零售商店。物流条码应用于这众多的环节之中，实现了对物品的跟踪和数据的功能共享，如图 5-11 所示。

（3）采用的码制不同

通用商品条码采用的 EAN/UPC 码制，条码的长度固定，信息容量少。物流条码主要采用 UCC/EAN-128 条码（Uniform Code Council Inc.，UCC，"美国统一编码委员会"的缩写），条码的长度可变，信息容量多，且条码精度要求低，易于制作，容易推广。

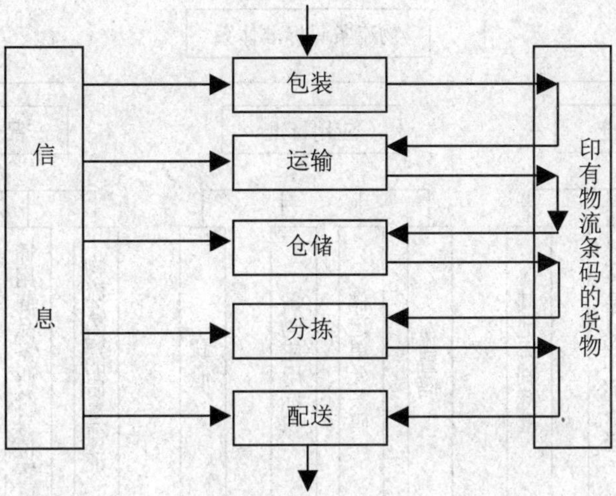

图 5-11　物流条码的应用

（4）标准维护不同

通用商品条码已经实现了国际新标准，维护的要求比较低。物流条码是可变性条码，贸易伙伴可以根据贸易的具体需要而增减信息，而且随着国际贸易的发展，物流条码的内容需要不断的补充、丰富，因此对物流条码的标准维护应该更加重视。

正是因为物流条码具有以上这些特点，它才能够区别于通用商品条码，才在物流领域的实施具有可行性。通过对物流条码信息的收集、传递和反馈，提高整个物流系统的经济效益，是研究物流条码的最终目的。

三、物流条码的标准体系

物流条码涉及面较广，因此相关标准也较多。它的实施和标准化是基于物流系统的机械化、现代化，包装运输等作业的规范化、标准化。正因为物流条码体系的复杂性和广泛性，它的建立与应用将是一个长期探索实践的过程。物流条码标准体系只是物流条码体系的一个组成部分，也是极其重要的一个组成部分。条码技术标准是对条码技术中重复性事物和概念所作的统一规定。它以科学技术和实践经验的综合成果为基础，经有关方面协商一致，由主管机构批准，以特定形式发布，作为共同遵守的准则和依据。

物流条码标准化体系已基本成熟，并日趋完善。物流条码的相关标准是一个需要经常维护的标准。及时沟通用户需求，传达标准化机构有关条码应用的变更内容，是确保国际贸易中物流现代化、信息化管理的重要保障之一。

物流条码标准体系主要包括码制标准、应用标准、产品包装标准三大部分。物流条码标准体系结构，如图 5-12 所示。

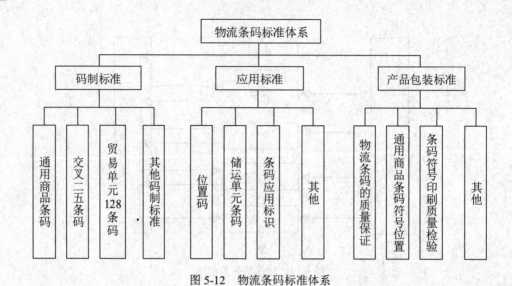

图 5-12　物流条码标准体系

1. 码制标准

条码的码制是指条码符号的类型，每种类型的条码符号都是由符合特定编码规则的条和空组成，都有固定的编码容量和条码字符集。现在国际上公认的物流条码有三种：EAN-13 条码、交叉 25 码和 UCC/EAN-128 码。这三种码制基本上可以满足物流条码体系的应用要求。

（1）EAN-13 条码

我国于 2005 年制定了《GB 12904—2003：通用商品条码》国家标准。通用商品条码结构与国际物品编码协会推行的 EAN 码结构相同，其标准与国际标准是兼容的。物流条码应用的是 EAN 码制中的 EAN-13 码。EAN-13 码是国际通用符号体系，它是一种定长、无含义的条码，没有自校验功能。EAN-13 码的 13 位数字分别代表不同的意义，其结构如图 5-13 所示。

前缀码　　　　制造厂商代码　　　　商品代码　　　　校验码
×××　　　　××××××　　　　×××××　　　　×

图 5-13　EAN-13 码的结构

EAN-13 码是由前缀码、制造厂商代码、商品代码和校验码组成的，共有 13 位数字。最前面的三位数字组成前缀码，用来识别不同的国家和地区，我国应用的前缀码是 690、691、692；其后是制造厂商代码，由 4 位或 5 位数字组成，用来标识商品的制造厂家；再后面的商品代码由 5 位或 4 位数字组成，用来标识商品；最后一位数字是校验码。其中，前缀码由国际物品编码协会统一分配，确保在国际范围内的唯一性；制造厂商代码由不同的国家物品编码协会统一分配，确保制造厂商代码在国内的唯一性；商品代码由制造厂商自己分配使用；而校验码则是在前 12 位数字的基础上，按照一定的运算规则计算得到的。

（2）交叉 25 码

交叉 25 码是一种连续、无固定长度、具有自校验功能的双向条码。交叉 25 码可用于定量储运的单元包装上，也可以用于变量储运单元的包装上。

ITF（Interleaved Two of Five）条码是在交叉 25 码的基础上扩展形成的，主要应用于储运包装箱上。ITF 字符的条码标识和交叉 25 码相同，在物流系统中，通常用 ITF-14 条码和 ITF-16 条码来标识储运单元。ITF-14 条码和 ITF-16 条码共同使用还可以用于标识变量储运单元。

（3）UCC/EAN-128 条码

UCC/EAN-128 条码，是连续性、无固定长度、有含义的高密度代码，它能够标识更多的贸易单元的信息，如产品批号、规格、数量、生产日期、有效日期等，可以弥补商品通用代码和交叉 25 条码的不足。

UCC/EAN-128 条码是使信息伴随货物流动的全面、系统、通用的重要商业手段。贸易单元 128 条码由 A、B、C 三套字符集组成，包括数据符、校验符、终止符，其中 C 字符集能以双倍的密度来标识全部数字的数据。128 条码的三套字符集覆盖了 128 个 ASCII 码字符，结果由数据符、校验符、终止符及左右侧空白区组成，如表 5-2 所示。

表 5-2　UCC/EAN-128 条码构成图

左侧空白区	双字符起始符	数 据 字 符	符号校验符	终　止　符	右侧空白区
10 模板	22 模板	11N 模板	11 模板	13 模板	10 模板

注：N 为数据字符与辅助字符。

2．应用标准

应用标准包括位置码、储运单元条码、条码应用标识三种码制，每种码制在不同的情况下发挥着不同的作用。

（1）位置码

中国物品编码中心根据国际物品编码协会的技术规范《EAN 位置码》，并结合我国的具体情况，制定了我国《GB/T 16828—1997：位置码》国家标准。位置码是对物理实体、功能实体、法律实体进行识别的代码，具有唯一性、无含义、国际通用等特点，并有严格的定义和结构，主要应用于 EDI 和自动数据采集。位置码由 13 位数字组成，其结构如图 5-14 所示。前三位数字是前缀码，由国际物品编码协会分配给各国，其中我国为 692；随后的 9 位数字组成位置参考代码，由各国物品编码中心统一分配，我国以 900000000~999999999 为参考代码范围；最后一位是校验代码，具体计算方法随位置码的国家标准不同而有所区别。

```
        ***           *********           *
      前缀码         位置参考代码         校验码
```

图 5-14　位置码结构

当位置码用条码符号表示时，应与位置码应用标识一起使用，条码符号采用贸易单元 128 码制。

EAN 位置码提供了国际共同认可的标识团体和位置的标准，也正在日渐用于标识交货地点和起运地点，成为 EDI 实施的关键。

（2）储运单元代码

中国物品编码中心在遵守国际物品编码协会 EAN 规范中《关于储运单元条码与标识的 EAN 规范》的前提下，结合我国的具体情况制定了《GB/T 16830—1997：储运单元条码》国家标准，此标准适用于商品储运单元的条码标识。

储运单元是指由若干消费单元组成的稳定和标准的产品集合，是收发货、运输、装卸、仓储等多项业务所必需的一种产品单元。储运单元有定量储运单元和变量储运单元两种情况。定量储运单元是指内容预先确定的、规定商品数量的储运单元。变量储运单元是指按基本计量单位计价的商品储运单元，其编码是由 14 位数字的主代码和 6 位数字的附加代码组成的，都是用交叉 25 条码标识。

① 定量储运单元。定量储运单元是指内容预先确定的、规则数量商品的储运单元。当大件商品的储运单元同时也是消费单元时，其代码就是通用商品代码；当定量储运单元内容有不同种的定量消费单元时，给储运单元分配一个区别于消费单元的 13 位数字代码，条码标识可用 EAN-13 码，也可用 14 位交叉 25 条码（即 ITF-14）。

② 变量储运单元。变量储运单元是指按基本计量单位计价的商品的储运单元。其编码是由 14 位数字的主代码和 6 位数字的附加代码组成的，都用交叉 25 条码标识。附加代码是指包含在变量储运单元内按确定的基本计量单位计量取得的商品数量。

运输和仓储是物流过程的重要环节，《储运单元条码》国家标准起到了对货物储运过程中物流条码的规范作用，在实际应用中具有标识货运单元的功能，是物流条码标准体系中一个重要的应用标准。

（3）条码应用标识

中国物品编码协会根据国际物品编码协会与美国统一代码委员会共同制定的《UCC/EAN 应用标识符标准规范》和我国的实际需要制定了《GB/T 16986—2009：条码应用标识符》国家标准。条码应用标识是商品统一条码有益和必要的补充，填补了其他 EAN/UCC 标准遗留的空白。它不仅仅是一个标准，更是一种信息交换的工具，将物流和信息流有机地结合起来，成为连接条码与电子数据交换的纽带。

条码应用标识是指一组由条码标识的数据，用来表示贸易单元的相关信息，由数据和应用标识符两部分组成，通常不包括校验符。应用标识符由 2～4 个数字组成，用来定义条码数据域，不同的应用标识符用来唯一标识其后数据域的含义及格式。使用应用标识符后，在一个条码符号中可以标识很多不同内容的数据元素，不需要将不同的数据域相互隔离，既节省了空间，又为计算机的数据处理创造了条件。

条码应用标识是一个开放的标准，可根据用户的要求，随时定义新的应用标识符。条码应用标识用贸易单元 128 条码码制来表示，多个应用标识共同使用时，可以用统一条码符号来表示。当前一个应用标识是一个定长的数据时，应用标识直接连接；当前一个应用标识是可变长度的数据时，必须加 FNCI 分割，但编码数据字符的最大数量为 48，包括空白区在内的条码长度不能超过 16.5cm。

3. 产品包装标准

使用物流条码后，物流过程中的数据可以实现共享，通过物流条码数据的采集和反馈可以提高物流系统的经济效益。但要想更好地实现这一目标，在物流条码标准体系中还应该在包装方面制定一些标准，保证物流条码能够快速、准确地被识别。目前，虽然有了一些国家标准作为物流条码的保证，但仍然不够，物流条码体系还有待进一步完善。

为了便于运输、仓储，对物流单元一般采用集装包、集装箱或托盘。物流单元相对消费单元来说，具有体积大、选材坚硬、表面粗糙等特点。因此，物流条码的选择应该符合物流单元包装的特点，选择适当的位置以便于识读。因此，产品包装标准体系体现了以下几个原则。

（1）贸易单元 128 条码一般平行放在主代码的右侧，在留有空白区的条件下，尽可能缩小符号间的距离。如果不能满足上述要求，应明显地印在与主代码关联的位置上，且两者方向一致。

（2）箱式包装一般应把物流条码置于包装箱的侧面，条码符号下边缘距印刷面下边缘的最小距离为 32cm，条码符号保护框外边缘距垂直边的最小距离为 19cm。

（3）集装箱托盘的条码符号的底边距托盘上表面 45cm，垂直于底边的侧边不小于50cm。

（4）贸易单元 128 条码符号最小方法系数的选择取决于印刷质量，并且由印刷扩展的变化或允许误差来决定。当贸易单元 128 条码作为通用商品条码或交叉二五条码的补充条码时，实际放大系数的选择必须考虑通用商品条码或交叉 25 条码的尺寸。一般原则是贸易单元 128 条码的模块宽度不能小于主代码最窄宽度的 75%。

对于不同码制的代码，在国家标准中都有具体的要求来保证条码符号的质量。我国已经制定了《GB/T 14257—1993：通用商品条码符号位置》国家标准和《GB/T 14258—2003：条码符号印刷质量的检验》国家标准，可以作为物流条码标准体系的引用标准。

四、物流条码识别技术

在电子商务的物流电子化过程中，应用物流标识技术尤为重要。所谓物流标识就是对在供应链中运转的物品进行标识，是为实现供应链管理目标所需的信息通过合理的标识能够迅速、准确地采集。为了实现物流标识信息迅速、准确地采集，对物流的标识主要采用了自动识别技术中的条码技术。其特点是数据采集快速、准确、成本低廉、易于实现，并有全球通用的标准，同时所标识的信息能够适用供应链的特点。物流标识技术的应用关系到物流现代化的成败，因为是否在物流过程中应用物流标识技术，决定了能否实现对物流的实时控制与管理。

物流标识技术主要由物流编码技术、物流条码符号技术，以及符号印制与自动识读技术等构成。

1. 编码技术

（1）物流编码的特点

① 储运单元的唯一标识。商品条码是最终消费品，通常是单个商品的唯一标识，用于零售业现代化的管理。物流条码是储运单元的唯一标识，通常标识多个或多种同类商品的集合，用于物流的现代化管理。

② 服务于供应链全过程。商品条码服务于消费环节：商品一经出售到最终用户手里，商品条码就完成了其存在的价值，商品条码在零售业的 POS 系统中起到了单个商品的自动识别、自动寻址、自动结账等作用，是零售业现代化、信息化管理的基础。物流条码服务于供应链全过程：生产厂家生产出产品，经过包装、运输、仓储、分拣、配送，直到零售商店，中间经过若干环节，物流条码是这些环节中的唯一标识，因此它涉及更广，是多种行业共享的通用数据。

③ 信息多。通常，商品条码是一个无含义的 13 位数字条码。物流条码则是一个可变的，可表示多种含义、多种信息的条码，是无含义的货运包装的唯一标识，可表示货物的体积、重量、生产日期、批号等信息，是贸易伙伴根据在贸易过程中共同的需求，经过协商统一制定的。

④ 可变性。商品条码是一个国际化、通用化、标准化的商品的唯一标识，是零售业的国际化语言。物流条码是随着国际贸易的不断发展，贸易伙伴对各种信息需求的不断增加应运而生的，其应用在不断扩大，内容也在不断丰富。

⑤ 维护性。物流条码的相关标准是一个需要经常维护的标准。及时沟通用户需求，传达标准化机构有关条码应用的变更内容，是确保国际贸易中物流现代化、信息化管理的重要保障之一。

（2）物流编码的内容

物流编码的内容包括以下几个方面：项目标识、动态项目标识、日期、度量、参考项目、位置码、特殊应用以及内部使用等。

① 项目标识。项目标识即对商品项目及货运单元项目的标识，相同的项目的编码是相同的，它的内容是无含义的，但其对项目的标识是唯一的。主要编码方式有 13 位和 14 位两种。13 位编码由三段组成，分别为厂商识别代码、商品项目代码及校验码。14 位编码通常是在 13 位编码的基础上，在 13 位编码前面加一位数字，具体编码方法在后面具体介绍。

② 动态项目标识。动态项目标识是对商品项目中每一个具体单元的标识，它是对系列货运包装箱的标识，其本身为系列号，并且每一个货运包装箱具有不同的编码，其编码为 18 位。

③ 日期。对日期的标识为 6 位编码，依次表示年、月、日，主要有生产日期、包装日期、保质期、有效期等，相信会随着应用的需要不断增加。

④ 度量。度量的内容比较多，不同度量的编码位数也不同，主要包括数量、重量、长、宽、高以及面积、体积等内容；相同的度量又有不同的计量单位的区别。

⑤ 参考项目。参考项目的内容也较多，包括客户购货订单代码、收货方邮政编码、卷

状产品的长、宽、内径、方向、叠压层数等各种信息，其编码位数也各不相同。

⑥ 位置码。位置码是对法律实体、功能实体、物理实体进行标识的代码。其中，法律实体是指合法存在的机构；功能实体是指法律实体内的具体部门；物理实体是指具体的地址，如建筑物的某个房间，仓库或仓库的某个门，交货地等。具体详见《GB/T 16828—1997：位置码》国家标准。

⑦ 特殊应用及内部使用。特殊应用是指在特殊行业（如医疗保健业）的应用。内部使用是指在公司内部使用。由于其编码不与外界发生联系，编码方式及标识内容由公司自己制定。

（3）应用标识符

应用标识符是表示编码应用含义和格式的字符，其作用是指明跟随在应用标识符后面的数字所表示的含义。应用标识符由 2~4 位数字组成。应用标识符后面的数据部分由一组字符组成，其具体含义如表 5-3 所示。

表 5-3　条码应用标识符（部分）的含义

应用标识符	含　　义	格　　式
00	系列货运包装箱代码 SSCC-18	n2+n18
01	货运包装箱代码 SCC-14	n2+n14
10	批号或组号	n2+an…20
11	生产日期	n2+n6
13	包装日期	n2+n6
15	保质期	n2+n6
17	有效期	n2+n6
20	产品变体	n2+n2
21	连续号	n2+an…20
22	数量、日期、批号（医疗保健业用）	n2+an…29
30	数量	n2+n…8
400	客户购货订单号码	n3+an…30
410	以 EAN-13 表示的交货地点（运抵）的位置码	n3+n13
411	以 EAN-13 表示的受票（发票）方的位置码	n3+n13
412	以 EAN-13 表示的供货方的位置码	n3+n13
414	表示贸易实体的 EAN 位置码	n3+n13
420	收货方与供货方在同一国家（或地区）收货方的邮政编码	n3+an…9
421	前置三位 ISO 国家（或地区）代码收货方的邮政编码	n3+ n3+an…9

注：n 表示数字，a 表示英文字母，例如：n3+an…9，意味着整个物流条码是由 3 位数字的应用标识符，加上和 1 到 9 位字母或数字构成的条码。

举例：（420）45458，意味着改条码中包含着邮政编码，值为 45458。

2. 符号技术

条码是由一组按特定规则排列的条、空及其对应字符组成的表示一定信息的符号。目前，较常用的码制有 EAN 条码、UPC 条码、交叉 25 条码、库德巴码、39 条码、128 条码等。

物流标识的编码通常是用条码符号表示的，以条码符号的形式表示编码，使编码可以自动识别，快速、准确。表示物流标识编码的条码符号有不同的码制，其中，有的码制只能标识一个内容，而有的码制则能标识更多的内容，用于表示物流标识编码的条码码制主要有通用商品条码、储运单元条码以及贸易单元128条码等。

（1）通用商品条码

通用商品条码是用于标识国际通用的商品代码的一种模块组合型条码。它分为标准版商品条码（13位）和缩短版商品条码（8位）。详见《GB 12904—2003：通用商品条码》国家标准。

标准版商品条码所表示的代码由13位数字组成，其结构如表5-4所示。

表5-4　标准版商品条码结构

结构种类	厂商识别代码	商品项目代码	校验码
结构一	$X_{13}X_{12}X_{11}X_{10}X_9X_8X_7$	$X_6X_5X_4X_3X_2$	X_1
结构二	$X_{13}X_{12}X_{11}X_{10}X_9X_8X_7X_6$	$X_5X_4X_3X_2$	X_1
结构三	$X_{13}X_{12}X_{11}X_{10}X_9X_8X_7X_6X_5$	$X_4X_3X_2$	X_1

注：X_i（i=1～13）表示从右至左的第i位数字代码。

① 厂商识别代码由7～9位数字组成，用于对厂商的唯一标识。厂商识别代码是EAN编码组织在EAN分配的前缀码（$X_{13}X_{12}X_{11}$）的基础上分配给厂商的代码。前缀码是标识EAN编码组织的代码，由EAN统一管理和分配。

② 商品项目代码由3～5位数字组成，由厂商自行编码。在编制商品项目代码时，厂商必须遵守商品编码的基本原则——唯一性和无含义性。在EAN系统中，商品编码仅仅是一种识别商品的手段，而不是商品分类的手段。

③ 校验码只有1位数字，用于校验厂商识别代码和商品项目代码的正确性。

标准版商品条码符号由左侧空白区、起始符、左侧数据符、中间分隔符、右侧数据符、校验符、终止符、右侧空白区及供人识读字符组成，如图5-15所示。

图5-15　标准版商品条码符号结构

（2）储运单元条码

储运单元条码是专门表示储运单元编码的条码。储运单元是指为便于搬运、仓储、订货、运输等，由消费单元组成的商品包装单元。储运单元又分为定量储运单元（由定量消费单元组成的储运单元）和变量储运单元（由变量消费单元组成的储运单元）。详见《GB/T 16830—1997 储运单元条码》。

① 定量储运单元一般采用13位或14位数字编码。当定量储运单元同时又是定量消费单元时，应按定量消费单元进行编码。例如电冰箱等，其定量消费单元的编码同通用商品编码。当含相同种类的定量消费单元组成定量储运单元时，可给每一定量储运单元分配一

个区别于它所包含的消费单元代码的 13 位数字代码，也可用 14 位数字进行编码，其编码的代码结构如表 5-5 所示。

表 5-5　定量储运单元结构

定量储运单元包装指示符	定量消费单元代码	校 验 字 符
V	$X_1X_2X_3X_4X_5X_6X_7X_8X_9X_{10}X_{11}X_{12}$	C

其中，定量储运单元包装指示符（V）用于指示定量储运单元的不同包装，取值范围为 V=1,2,…,8。定量消费单元代码是指包含在定量储运单元内的定量消费单元的代码去掉校验字符后的 12 位数字代码。定量储运单元代码的条码标识可用 14 位交叉 25 条码（ITF-14）标识定量储运单元。当定量储运单元同时又是定量消费单元时，应使用 EAN-13 条码表示。也可用 EAN-128 条码标识定量储运单元的 14 位数字代码，如图 5-16 所示。

图 5-16　ITF-14 表示的定量储运单元条码符号

② 变量储运单元编码由 14 位数字的主代码和 6 位数字的附加代码组成，其代码结构如表 5-6 所示。

表 5-6　变量储运单元结构

	主 代 码		附 加 代 码	
变量储运单元包装指示字符	厂商识别代码与商品项目代码	校验字符	商品数量	校验字符
LI	$X_1X_2X_3X_4X_5X_6X_7X_8X_9X_{10}X_{11}X_{12}$	C_1	$Q_1Q_2Q_3Q_4Q_5$	C_2

变量储运单元包装指示字符（LI）指示在主代码后面有附加代码，取值为 LI=9。

附加代码（$Q_1 \sim Q_5$）是指包含在变量储运单元内，按确定的基本计量单位（如千米、米等）计量取得的商品数量。

变量储运单元的主代码用 ITF-14 条码标识，附加代码用 ITF-6（6 位交叉 25 条码）标识。变量储运单元的主代码和附加代码也可以用 EAN-128 条码标识。关于交叉 25 条码详见《GB/T 16829—1997：交叉 25 条码》国家标准。

（3）贸易单元 128 条码（EAN-128 条码）

贸易单元 128 条码（以下简称 128 条码）是一种可变长度的连续型条码。有关 128 条码的供人识读字符、质量保证、条码印刷位置以及校验字符值的计算方法参见《GB 15425—1994：贸易单元 128 条码》国家标准。EAN-128 条码主要用于对应用标识的表示，如图 5-17 所示。

图 5-17　EAN-128 条码表示的物流信息

五、物流条码的应用

　　物流条码在各个领域的广泛使用，大大提高了系统的运作效率，降低了出错率，为物流运作的现代化和自动化奠定了良好的基础。下面介绍几个典型的物流条码应用领域，以此来体现物流条码的重要作用。

1. 分拣运输

　　铁路运输、航空运输、邮政通信等许多行业都存在货物的分拣搬运问题，大批量的货物需要在很短的时间内准确无误地装到指定的车厢或航班中；一个生产厂家如果生产上百个品种的产品，并需要将其分门别类，以送到不同的目的地，那么就必须扩大场地，增加人员，还常常会出现人工错误。解决这些问题的办法就是应用物流标识技术，使包裹或产品自动分拣到不同的运输机上。我们所要做的只是将预先打印好的条码标签贴在发送的物品上，并在每个分拣点上装一台条码扫描器。

　　为了实现物流现代化，出现了很多配送中心。这些配送中心要提高吞吐能力，采用自动分拣技术更是十分必要的。

　　典型的配送中心的作业从收货开始。送货卡车到达后，叉车司机在卸车的时候用手持式扫描器识别所卸的货物，条码信息通过无线数据通信技术传给计算机，计算机向叉车司机发出作业指令，显示在叉车的移动式终端上，或者把货物送到某个库位存放，或者直接把货物送到拣货区或出库站台。在收货站台和仓库之间一般都有运输机系统，叉车把货物放到输送机上后，输送机上的固定式扫描器识别货物上的条码，计算机确定该货物的存放位置。输送机沿线的转载装置根据计算机的指令把货物转载到指定的巷道内，随即巷道堆垛机把货物送到指定的库位。出库时，巷道堆垛机取出指定的托盘，由运输机系统送到出库台，由叉车到出库台取货。首先用手持式扫描器识别货物上的条码，计算机随即向叉车司机提出作业指令，或者把货物直接送到出库站台，或者为拣货区补充货源。拣货区有多种布置形式，如普通重力式货架、水平循环式货架、垂直循环货架等。拣货员在手持式终端上输入订单号，计算机通过货架上的指示灯指出需要拣货的位置。拣货员用手持式扫描器识别货品上的条码，计算机确认无误后，在货架上显示出拣选的数量。拣出的货品放入货盘内，连同订单一起运到包装区。包装工人进行检验和包装后，将实时打印的包含发运信息的条码贴在包装箱上。包装箱在通过分拣机时，根据扫描器识别的条码信息被自动拨到相应的发运线上。

2．仓储配送

仓储配送是产品流通的重要环节。

以美国最大的百货公司 Wal-Mart 为例，该公司在全美有 25 个规模很大的配送中心，一个配送中心要为 100 多家零售店服务，日处理量为 20 多万个纸箱。每个配送中心分三个区域：收货区、拣货区、发货区。在收货区，一般用叉车先把货堆放到暂存区，工人用手持式扫描器分别识别运单上和货物上的条码，确认匹配无误才能进一步处理，有的要入库，有的则要直接送到发货区，称作直通作业，以节省时间和空间。在拣货区，计算机在夜间打印出隔天需要向零售店发运的纸箱的条码标签。白天，拣货员拿着一叠标签打开一只只空箱，在空箱上贴上条码标签，然后用手持式扫描器识读。根据标签上的信息，计算机随即发出拣货指令。在货架的每个货位都有指示灯，表示那里需要拣货以及拣货的数量。当拣货员完成该货位的拣货作业后，单击"完成"按钮，计算机就可以更新其数据库。装满货品的纸箱经封箱后运到自动分拣机，在全方位扫描器识别纸箱上的条码后，计算机指令拨叉机构把纸箱拨入相应的装车线，以便集中装车运往指定的零售店。

在国内，条码在加工制造和仓储配送业中的应用也已有了良好的开端。红河烟厂就是一例。成箱的纸烟从生产线下来，汇总到一条运输线上，在送往仓库之前，先要用扫描器识别其条码，登记完成生产的情况，纸箱随即进入仓库，运到自动分拣机。另一台扫描器识读纸箱上的条码。如果这种品牌的烟正要发运，则该纸箱被拨入相应的装车线。如果需要入库，则由第三台扫描器识别其品牌，然后拨入相应的自动码托盘机，码成整托盘后通知运输机系统入库储存。条码的功能在于极大地提高了成品流通的效率，而且提高了库存管理的及时性和准确性。

物流标识技术给仓储现代化带来了更多的方便，它不仅使保管者提高效率、减少劳动，也为客户带来了间接的经济效益。

3．机场通道

当机场的规模达到一个终端要在 2 小时内处理 10 个以上的航班时，就需要实现自动化，否则会因为来不及处理行李导致误机。当 1 小时必须处理 40 个航班时，实现自动化就是必不可少的了。

在自动化系统中，物流标识技术的优势充分体现出来，人们将条码标签按需要打印出来，系在每件行李上。根据国际航空运输协会（IAIA）标准的要求，条码应包含航班号和目的地等信息。当行李从登记处运到分拣系统时，要通过一组通道式扫描器（通常由 8 个扫描器组成，分别位于运输机的上下、前后、左右）。扫描器对准每一个可能放标签的位置，甚至是行李的底部。为了提高首读率，通常会在标签上印制两个相同的条码，并且互相垂直。当扫描器读到条码时，会将数据传输到分拣控制器中，然后根据对照表，行李被自动分拣到目的航班的传送带上。

在大的机场，每小时可能要处理 80～100 个航班，这使得首读率特别重要。任何未被扫描器读出的行李都将被分拣到人工编码点，由人工输入数据，速度是每分钟 10～20 件。

对于印刷清晰、装载有序的自动分拣系统，首读率应该大于 90%。

第三节　射频识别技术

一、RFID 概述

射频识别技术（Radio Frequency Identification，RFID），或称无线射频识别技术，是从 20 世纪 90 年代兴起的一项非接触式自动识别技术。它以无线通信技术和存储器技术为核心，伴随着半导体、大规模集成电路技术的发展而逐步形成，利用射频方式进行非接触双向通信，以达到自动识别目标对象并获取相关数据的目的，具有精度高、适应环境能力强、抗干扰强、操作快捷等许多优点。

与其他自动识别技术相比，射频识别技术具有可非接触识别（识读距离可以从十厘米至几十米）、可识别高速运动物体、抗恶劣环境、保密性强、可同时识别多个识别对象等突出特点，因此广泛应用于物料跟踪、车辆识别、生产过程控制等。近年来，随着大规模集成电路、网络通信、信息安全等技术的发展，射频识别技术进入商业化应用阶段。这一技术由于具有高速移动物体识别、多目标识别和非接触识别等特点，日益显示出巨大的发展潜力与应用空间，被认为是 21 世纪最有发展前途的信息技术之一。由科技部等十五个部委共同编写的《中国射频识别技术政策白皮书》于 2006 年 6 月 9 日在京公布，成为我国射频识别技术与产业未来几年发展的系统性指导文件。

无线标签技术是一种非接触式的自动识别技术，它通过射频信号自动识别目标对象并获取相关数据，识别工作无须人工干预，可工作于各种恶劣环境。无线标签技术可识别高速运动物体并可同时识别多个标签，操作快捷方便，其识别距离可达几十米远。可以说，RFID 具有条形码所不具备的防水、防磁、耐高温、使用寿命长、读取距离大、标签上数据可以加密、存储数据容量更大、存储信息可更改等优点。当然，RFID 在物流领域的应用并不仅仅涉及 RFID 技术本身，而是一个庞大的应用系统，涉及包括技术、管理、硬件、软件、网络、系统安全、无线电频率等许多方面。

射频标签就是近年来常提到的 RFID 标签（也称电子标签、射频卡、射频卷标或应答器）。由于电子标签可广泛应用于商品流通、物流管理和众多与普通百姓密切相关的领域，也便于和其他形式的标签互相区别，因而采用通俗的"电子标签"的称呼有助于其推广和应用。

电子标签是指由 IC 芯片和无线通信天线组成的大小如芝麻粒的无线通信 IC 和天线组成的模块超微型的小标签。标签中一般保存有约定格式的电子数据，在实际应用中，无线标签附着在待识别物体的表面。存储在芯片中的数据，可以由阅读器以无线电波的形式非接触读取，并通过阅读器的处理器，进行信息解读并进行相关管理。这种技术最早是在第二次世界大战中用来在空中作战时所进行的敌我识别。按照目前比较标准的说法，电子标签是一种非接触式的自动识别技术，是目前使用的条形码的无线版本。电子标签的应用将给零售、物流等产业带来革命性变化。如果电子标签技术能与电子供应链紧密联系，那么它很有可能在几年以内取代条形码扫描技术。

电子标签十分方便于大规模生产，并能做到日常免维护使用。读出设备采用独特的微波技术，同时收发电路成本低，性能可靠，是近距离自动设备识别技术实施的好方案。收发天线采用微带平板天线，便于各种应用场合安装且易于生产，天线环境适应性强，机械、电气特性好。

RFID 技术正在给零售、物流等产业带来革命性的变化。面临最大挑战的当属条形码。条形码虽然在提高商品流通效率方面立下了汗马功劳，但自身也有一些不可克服的缺陷。例如，扫描仪必须"看到"条形码才能读取，因此，工作人员必须亲手扫描每件商品，这不仅效率较低，而且容易出现差错。另外，如果条形码撕裂、污损或丢失，扫描仪将无法扫描，进而无法识别商品。条形码的信息容量有限，通常只能记录生产厂商和商品类别。目前普遍使用的二维条形码虽然能有效地进行分类，而且能传达众多物品信息，但是数据容量最大的 PDF4l7 最多也只能存储 2 725 个数字，对于沃尔玛或联邦快递这样的超级条形码使用者已经捉襟见肘。条形码更大的缺陷在于必须用红外扫描设备进行识别，无法编号，也难以用无线网络通过数据中心来统计库存。

RFID 之所以被重视，关键在于可以让物品实现真正的自动化管理，不再像条形码那样需要扫描。在 RFID 标签中存储着规范的可以互用的信息，通过无线数据通信网络可以将其自动采集到中央信息系统。RFID 磁条可以以任意形式附带在包装中，不需要条形码那样占用固定空间。另外，RFID 不需要人工去识别标签，读卡器每 250ms 就可以从射频标签中读出位置和商品相关数据。

系统工作时，阅读器发出微波查询能量信号，电子标签（无源）收到微波查询能量信号后，将其一部分整流为直流电源供电子标签内的电路工作，另一部分微波查询能量信号被电子标签内保存的数据信息调制（ASK）后反射回阅读器。阅读器接收反射回的幅度调制信号，从中提取出电子标签中保存的标识性数据信息。在系统工作过程中，阅读器发出的微波信号与接收反射回的幅度调制信号是同时进行的。反射回去的信号强度较发射信号要弱得多，因此，技术实现上的难点在于同频接收。

射频识别的优点突出体现在如下几个方面。

（1）无接触识别阅读距离远。射频识别技术的传送距离由许多因素决定，如传送频率、天线设计等。

（2）识别速度快，输入 12 位数据的时间只需 0.3～0.5 秒。

（3）适应物体的高速移动，可以识别高速移动中的物体。

（4）可穿过布、皮、木等材料进行阅读。由于采用非接触式设计，所以不必直接接触电子标签，可以隔着非金属物体进行识别。

（5）抗恶劣环境工作能力强，可全天候工作。

二、RFID 系统类型

根据 RFID 系统完成的应用功能不同，可以粗略地把 RFID 应用系统分成四种类型：EAS 系统、便携式数据采集系统、物流控制系统、定位系统。

1. EAS 系统

EAS（Electronic Article Surveillance）是一种设置在需要控制物品出入的门口的 RFID 技术。这种技术的典型应用场合是商店、图书馆、数据中心等地方，当未被授权的人从这些地方非法取走物品时，EAS 系统会发出警告。EAS 技术的应用可以有效防止物品被盗，不管是大件的商品，还是小件的物品。应用 EAS 技术之后，物品不用再锁在玻璃橱柜里，可以让顾客自由地观看、检查商品，这在自选日益流行的今天有着非常重要的现实意义。典型的 EAS 系统一般由三部分组成：一是附着在商品上的电子标签，即电子传感器；二是电子标签灭火装置，以便授权商品能正常出入；三是监视器，在出口造成一定区域的监视空间。

2. 便携式数据采集系统

便携式数据采集系统是使用带有 RFID 识读器的手持式数据采集器采集 RFID 标签上的数据。这种系统具有比较大的灵活性，适用于不易安装固定式 RFID 系统的应用环境。手持式阅读器（数据输入终端）可以在读取数据的同时，通过无线电波数据传输方式（RFDC）实时向主计算机系统传输数据，也可以暂时将数据存储在阅读器中，再一批一批地向主计算机系统传输数据。

3. 物流控制系统

在物流控制系统中，固定布置的 RFID 读写器分散布置在给定的区域，并且读写器直接与数据管理信息系统相连，而射频识别标签是移动的，一般安装在移动的物体、人上面。当物体、人流经读写器时，读写器会自动扫描标签上的信息并把数据信息输入数据管理信息系统存储、分析、处理，达到控制物流的目的。

4. 定位系统

定位系统用于自动化加工系统中的定位以及对车辆、轮船等进行运行定位支持。读写器放置在移动的车辆、轮船上或者自动化流水线中移动的物料、半成品、成品上，射频识别标签嵌入到操作环境的地表下面。射频识别标签上存储有位置识别信息，读写器一般通过无线的方式或者有线的方式连接到主信息管理系统。

三、RFID 系统基本原理

1. 系统构成

从系统的工作原理来看，RFID（Radio Frequency Identification）系统一般都由标签、阅读器、编程器、天线几部分组成，如图 5-18 所示。

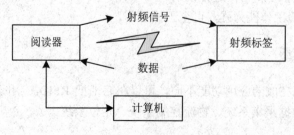

图 5-18 射频识别系统的组成

射频识别系统实际上就是阅读器与标签之间用无线电频率进行通信的无线通信系统，其基本组成如图 5-19 所示。射频标签是信息的载体，应置于要识别的物体上或由个人携带；阅读器可以具有读或读/写功能，这取决于系统所用射频标签的性能。

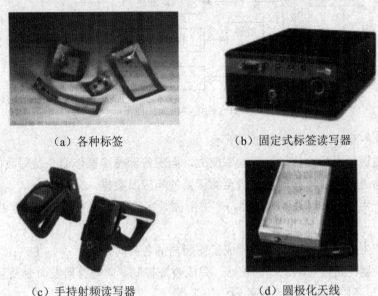

（a）各种标签　　　　　　　　　　（b）固定式标签读写器

（c）手持射频读写器　　　　　　　　　（d）圆极化天线

图 5-19　RFID 系统组成部分

（1）标签

在 RFID 系统中，信号发射机会因不同的应用目的而以不同的形式存在，典型的形式是标签（TAG）。标签相当于条码技术中的条码符号，用来存储需要识别传输的信息。在实际应用中，电子标签附着在待识别物体的表面。标签一般是带有线圈、天线、存储器与控制系统的低电集成电路。典型的电子标签结构，如图 5-20 所示。

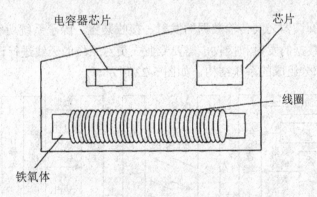

图 5-20　典型的电子标签结构图

（2）阅读器

在 RFID 系统中，信号接收机一般叫作阅读器。阅读器又称为读出装置，可无接触地读取并识别电子标签中所保存的电子数据，从而达到自动识别物体的目的，进一步通过计算机及计算机网络实现对物体识别信息的采集、处理及远程传送等管理功能。阅读器的组成，如图 5-21 所示。

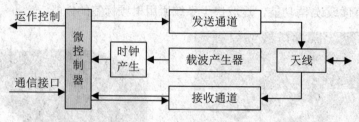

图 5-21　阅读器组成结构图

图 5-21 中各部分的功能分别如下所示。

① 发送通道：对载波信号进行功率放大，向应答器传送操作命令及写数据。

② 接收通道：接收射频标签传送至阅读器的响应及数据。

③ 载波产生器：采用晶体振荡器，产生所需频率的载波信号，并保证载波信号的频率稳定度。

④ 时钟产生电路：通过分频器形成工作所需的各种时钟。

⑤ 微控制器：是读写器工作的核心，完成收发控制、向应答器发命令及写数据、数据读取与处理、与高层处理应用系统的通信等工作。

⑥ 天线：与射频标签形成耦合交联。

（3）编程器

只有可读可写的标签系统才需要编程器。编程器是向标签写入数据的装置。编程器写入数据一般来说是离线（OFF-LINE）完成的，也就是预先在标签中写入数据，等到开始应用时直接把标签黏附在被标识项目上。也有一些 RFID 应用系统，写数据是在线（ON-LINE）完成的，尤其是在生产环境中作为交互式便携数据文件来处理时。

（4）天线

天线是标签与阅读器之间传输数据的发射、接收装置。除了系统功率，天线的形状和相对位置也会影响数据的发射和接收，需要专业人员对系统的天线进行设计、安装。

RFID 系统各部分组成的系统结构，如图 5-22 所示。

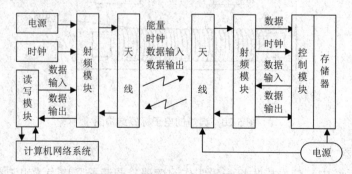

图 5-22　射频识别系统结构框图

2．RFID 的工作原理

射频技术的基本原理是电磁理论，利用无线电波对记录媒体进行读写。射频技术利用无线射频方式在阅读器和射频卡之间进行非接触双向数据传输，以达到目标识别和数据交换的目的。

射频自动识别装置发出微波查询信号时，安装在被识别物体上的电子标签将接收到的部分微波的能量转换为直流电，供电子标签内部电路工作，而将另外部分微波通过自己的微带天线反射回电子标签读出装置。由电子标签反射回的微波信号携带了电子标签内部储存的数据信息。反射回的微波信号经读出装置进行数据处理后，得到电子标签内储存的识别代码信息。射频识别的工作原理，如图 5-23 所示。

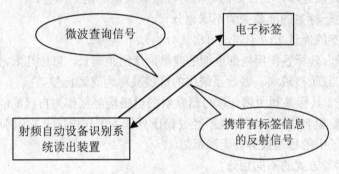

图 5-23　射频识别的工作原理

3．射频识别系统的分类

对于射频识别系统来说，它的分类主要是依据标签的类别来划分的，主要有以下几种不同的划分类型。

（1）根据其采用的频率不同划分

根据其采用的频率不同，可分为以下三种。

① 低频系统。其实 RFID 技术首先在低频得到广泛的应用和推广。该频率主要是通过电感耦合的方式进行工作，也就是在读写器线圈和感应器线圈间存在着变压器耦合作用。通过读写器交变场的作用在感应器天线中感应的电压被整流，可作供电电压使用。磁场区域能够很好被定义，但是场强下降得太快。工作在低频的感应器的一般工作频率为 120~134KHz，工作频率为 134.2KHz。该频段的波长大约为 2 500m，可用于短距离、低成本的场合，如门禁控制、动物监管、货物跟踪等。除了金属材料影响外，一般低频能够穿过任意材料的物品而不降低它的读取距离。另外，工作在低频的读写器在全球没有任何特殊的许可限制。

② 高频系统。在该频率的感应器不再需要线圈进行绕制，可以通过腐蚀或者印刷的方式制作天线。感应器一般通过负载调制的方式进行工作，也就是通过感应器上的负载电阻的接通和断开促使读写器天线上的电压发生变化，实现用远距离感应器对天线电压进行振幅调制。如果人们通过数据控制负载电压的接通和断开，那么这些数据就能够从感应器传输到读写器。工作频率为 13.56MHz，该频率的波长大概为 22m，可用于门禁控制和需传送

大量数据的场合。除了金属材料外，该频率的波长可以穿过大多数的材料，但是往往会降低读取距离。标签需要离开金属 4mm 以上距离，其抗金属效果在几个频段中较为优良。该频段在全球都得到认可，并没有特殊的限制。

③ 超高频系统。超高频系统通过电场来传输能量。电场的能量下降得不是很快，但是读取的区域不能很好地进行定义。该频段读取的距离比较远，无源可达 10m 左右，主要是通过电容耦合的方式进行实现。在该频段，全球的定义不是很相同——欧洲和部分亚洲地区定义的频率为 868MHz，北美定义的频段为 902~905MHz，日本建议的频段为 950~956MHz。该频段的波长大概为 30cm。超高频频段的电波有许多材料不能通过，特别是金属、液体、灰尘、雾等悬浮颗粒物质，可以说环境对超高频段的影响是很大的。不过，它有很高的数据传输速率，在很短的时间可以读取大量的电子标签。

（2）根据电子标签的能量来源不同划分

根据电子标签的能量来源不同，可将其分为以下两种。

① 有源系统。其标签使用内部电池的能量，识别距离长，可达几米，但寿命有限（取决于电池容量），且价格较高。在此系统中的标签被称为有源标签。

② 无源系统。其标签利用耦合读写器发射的电磁场能量作为自己的能量，标签接收射频脉冲、整流并给电容充电，电容电压经过稳压后作为工作电压。它识别距离短，使用寿命较长。在此系统中的标签被称为无源标签。

（3）根据读写方式的不同划分

根据读写方式的不同，可将电子标签分为以下三种。

① 只读（RO）标签。存有一个唯一的号码，不能更改，比较便宜。

② 一次写入、多次读出（WORM）标签。用户一次性写入数据，但写入后就不能改变。

③ 可读写（RW）标签。用户可以对标签内的数据进行多次修改，比 WORM 标签和 RO 标签的成本都高。

（4）根据工作方式的不同划分

根据工作方式的不同，射频识别系统可以分为以下两种。

① 主动式系统。其电子标签用自身的射频能量主动发送数据给读写器，如动物识别。

② 被动式系统。其电子标签使用调制散射方式发射数据，在收到读写器发出的射频信号后才被唤醒，以避免相互之间的干扰。

（5）根据工作距离的远近划分

根据工作距离的远近，可将其分为以下三种。

① 远程系统。识别距离在 100cm 以上的系统。

② 近程系统。识别距离在 10～100cm 之间的系统。

③ 超近程系统。识别距离在 0.2～10cm 之间的系统。

（6）根据射频系统完成功能的不同划分

根据射频系统完成功能的不同，可以把射频系统分成四种类型：EAS 系统、便携式数据采集系统、物流控制系统和定位系统。前文已经说明，此处不再赘述。

我国射频技术的应用也已开始，一些高速公路的收费站口使用射频技术，可以不停车收费；我国铁路系统使用射频技术记录火车车厢编号的试点已运行了一段时间；一些物流企业也正在准备将射频技术用于物流管理中。

四、RFID 与智能跟踪

随着社会的不断发展，人们对于物品的要求越来越高（主要是质量方面），要想保障商品质量，企业需要掌握整个商品的全部运转过程，但是通常对于商品质量的监督检查都是在采购过程及销售过程中进行的，而对于中间的物流过程则很难掌握，这无形中就使得对商品的全方位掌控成为难题。

智能跟踪系统是各种数据采集、存储、传输、处理、信息解释和信息发布技术以及物流管理思想的综合集成。通过建立这样一个系统，可以实时跟踪货物在途情况（货物位置、状态、装卸送达等），提供一些增值性物流服务，从而满足现代商务对物流的需求。在智能跟踪系统中，设备不仅收集自己的数据，而且也能对其能力分析，并自主执行必要的行动。

通常，产品流通过程中的信息跟踪模式如图 5-24 所示。在这一信息跟踪系统中，产品从产地，经过批发、零售等环节，最终到达消费者手中的全过程，都要受到跟踪和监控。这一过程将涉及仓储、运输、装卸、搬运等一系列环节。

以往，对于有较高质量要求的商品实行全方位监控，往往通过人工记录的方式来进行。通常的做法是，相隔固定的时间间隔（或者是在不同的操作阶段），由工作人员对物品的温度、湿度等需要掌控的数据进行检测、记录，从而形成一个过程记录文件，以供企业使用。这种方式虽然能够在一定程度上解决对于物品过程的监控问题，但是费时、费力，而且还可能出现破坏商品环境以及人为修改数据的现象，从而使对物品的监控过程不够准确。

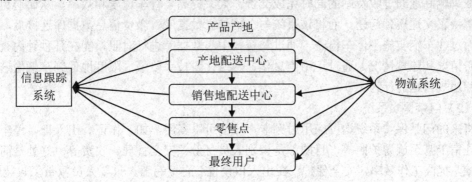

图 5-24　产品流通的信息跟踪模式

RFID 技术的产生，为这一问题提供了很好的解决方案。由于 RFID 技术能够在较远的距离（与条码技术相比较）内实现对物品的监控，并且可以对于物品所处环境的温度进行检测，这就为商品的智能跟踪提供了可能。

在对物品进行跟踪时，RFID 标签可以自动记录物品所处环境的各种状态数据，如温度、湿度、时间等，并与相应的数据库相连。通过系统对标签的响应时间做出设定，那么 RFID 标签就会在相应的时间内做出各种数据记录，并传给数据库，这样就省掉了每次需要人工检测记录的程序，并且对于没有存储设备的开关过程，也就不会破坏商品环境。同时，可以对数据库的信息进行设定，使其不能被修改，这样就可以保证数据的准确性，从而使得对物品整个过程的监控科学有效。

由于与 RFID 相关的很多行业标准尚未统一，以及与条码相比，RFID 的成本相对较高，因此，目前 RFID 对于物品的智能跟踪的应用仅限于一些价值高、质量要求严格的物品，而对于更多的物品则没有实现这种智能跟踪。但我们相信，随着技术的不断发展，以及应用范围的不断扩大，RFID 达到规模生产之后，其成本会降低到一个合理的、能够被承受的价格，为 RFID 发挥其智能跟踪作用提供成本优势；并且随着各行业、各部门的不断努力，RFID 技术的相关行业标准会很快被建立，为 RFID 的应用提供更好的标准基础。

五、RFID 在物流中的应用

我国政府在 1993 年制定的金卡工程实施计划及全国范围的金融卡网络系统的 10 年规划，是一个旨在加速推动我国国民经济信息化进程的国家级重大工程。由此各种自动识别技术的发展及应用十分迅猛。现在，射频识别技术作为一种新兴的自动识别技术，也将在我国很快普及。可以说，我国射频识别产品的市场是十分巨大的。

1. RFID 技术的应用

RFID 技术在下列几种应用中比较有发展前景。

（1）高速公路自动收费（AVI）

RFID 在交通行业的应用主要是在高速公路收费及智能交通方面，而高速公路自动收费系统是 RFID 技术最成功的应用之一。通过在汽车上安装射频识别卡，可使汽车被自动识别，在车辆高速通过收费站的同时完成交费，大大提高了行车速度和效率，从而避免了拥堵，解决了交通瓶颈问题。而将该系统与车辆信息数据库、缴费信息数据库连接后，还可自动对过往车辆实施不停车检查，通过与资料中心数据库进行对照，能在几秒钟内查到车辆欠费情况和违规情况，通过运用信息化、网络化科技手段最大限度地遏制车辆偷逃交通费用和违规营运的行为。

（2）门禁保安系统

将来的门禁保安系统均可应用射频卡，一卡可以多用，如工作证、出入证、停车卡、饭店住宿卡甚至旅游护照等，目的都是识别人员身份、安全管理、收费等。好处是简化出入手续，提高工作效率，安全保护。在出入口设置一台读写器，只要人员佩带了封装成 ID 卡大小的射频卡，出入时就自动识别身份，非法闯入会有报警。安全级别要求高的地方，还可以结合其他的识别方式，如将指纹、掌纹或颜面特征存入射频卡。公司还可以使用射频卡保护和跟踪财产，如结合 GPS 系统，可以对货柜车、货舱等进行有效跟踪。

（3）RFID 卡收费

国外的各种交易大都利用各种卡来完成，而我国普遍采用现金交易。现金交易既不方便也不安全，还容易出现税收的漏洞。目前的收费卡多有磁卡、IC 卡，而射频卡也开始抢占市场，原因是在一些恶劣的环境中，磁卡、IC 卡容易损坏，而射频卡不易磨损，也不怕静电及其他情况。同时，射频卡使用起来很方便、快捷，甚至不用从包里拿出来，在读写器前摇晃一下，就可以完成收费。

（4）仓储管理

在物流行业，RFID 技术使得合理的产品库存控制和智能物流技术成为可能。将 RFID 系统用于智能仓库货物管理，有效地解决了仓库里与货物流动有关的信息的管理。它不但增加了一天内处理货物的件数，还可监看这些货物的一切信息。射频卡贴在货物所通过的仓库的大门上，读写器和天线都放在叉车上，每个货物都贴有条码，所有条码信息都被存储在仓库的中心计算机里，该货物的有关信息都能在计算机里查到。当货物被装走运往别地时，由另一读写器识别并告知计算中心它被放在哪辆拖车上，这样管理中心可以实时地了解到已经产生了多少产品和发送了多少产品，并可自动识别货物，确定货物的位置。RFID 技术提高了物品分拣的自动化程度，降低了差错率，使整个供应链管理显得透明而高效。

（5）邮政分拣

国家 863 计划"无线射频技术研究与开发"邮政应用子课题"射频识别（RFID）技术与应用"项目于 2006 年 10 月 1 日在上海邮政局通过国家邮政局验收后，正式投入使用。该技术应用后，总体运行平稳，有效解决了速递总包在交接和分拣等生产环节中长期存在的生产效率低、劳动强度大和拒识率高等问题，缩短了邮件的传递时限，减轻了职工的劳动强度，提高了邮件识读率和交接质量，进一步提升了上海邮政信息化的水平，促进了业务的发展。射频识别技术在邮政的应用，标志着该项技术在邮政系统的应用与推广已经进入关键阶段，有力地推动了信息流与实物流统一化、分拣自动化、总包交接勾核（勾挑核对）便捷化的进程。

（6）零售业过程管理

由沃尔玛、麦德隆等大超市一手推动的 RFID 应用，可以为零售业带来包括降低劳动力成本，提高商品的可视度，降低因商品断货造成的损失，减少商品偷窃现象等好处。可应用的过程包括商品的销售数据实时统计、补货、防盗等。

2003 年 6 月，在美国芝加哥市召开的零售业系统展览会（Retail Systems Conference & Systems）上，沃尔玛宣布将采用 RFID 技术，以最终取代目前广泛使用的条形码，成为第一个公布正式采用该技术时间表的企业。按计划，该公司最大的 100 个供应商应从 2005 年 1 月开始在供应的货物包装箱（盘）上粘贴 RFID 标签，并逐渐扩大到单件商品。如果供应商们在 2008 年还达不到这一要求，就可能失去为沃尔玛供货的资格。通过采用 RFID，沃尔玛预计可节省 83.5 亿美元，其中大部分是来自因不必人工查看进货的条码而节省的劳动力成本。

（7）生产线自动化

用 RFID 技术在生产流水线上实现自动控制、监视，提高生产率，改进生产方式，可以节约成本。

例如，德国宝马汽车公司在装配流水线上，应用射频卡可以尽最大可能大量生产用户定制的汽车。宝马汽车的生产是基于用户提出的要求和式样而生产的：用户可以从数以万计的内部和外部选项中选定自己所需要车的颜色、引擎型号以及轮胎式样等要求。这样一来，汽车装配流水线上就能装配上百种样式的宝马汽车。如果没有一个高度组织的、复杂的控制系统，是很难完成这样复杂的任务的。宝马公司就在其装配流水线上装配有 RFID 系统，使用可重复使用的射频卡，该射频卡上可带有详细的汽车所需的所有要求，在每个工作点处都有读写器，这样可以保证汽车在各个流水线位置处能毫不出错地完成装配任务。

Motorola、SGSThomson 等集成电路制造商在竞争激烈的半导体工业中，采用了加入射频识别技术的自动识别工序控制系统。半导体生产对于超净环境的特殊要求，使得 RFID 应用在此非常理想。

（8）射频技术在军事物流中的应用

美国和北大西洋公约组织（NATO）在波斯尼亚的"联合作战行动"中，不但建成了战争史上投入战场最复杂的通信网，还完善了识别跟踪军用物资的新型后勤系统。这是吸取了"沙漠风暴"军事行动中大量物资无法跟踪造成重复运输的教训，无论物资是在订购之中、运输途中还是在某个仓库存储着，通过该系统，各级指挥人员都可以实时掌握所有的信息。该系统途中运输部分的功能就是靠贴在集装箱和装备上的射频识别标签实现的。RF 接收转发装置通常安装在运输线的一些检查点上（如门柱上、桥墩旁等），以及仓库、车站、码头、机场等关键地点。接收装置收到 RF 标签信息后，连通接收地的位置信息，上传至通信卫星，再由卫星传送给运输调度中心，送入中心信息数据库中。

2. 射频识别技术对物流管理的影响

射频识别技术适用于物料跟踪、运载工具和货架识别等要求非接触数据采集和交换的场合，由于射频识别技术标签具有可读写能力，对于需要频繁改变数据内容的场合尤为适用。通过射频识别技术的应用，可以对物流管理工作带来一系列影响。

（1）降低企业的库存水平，提高企业的资金效率

一个成功的企业离不开成功的物流运作，而物流运作是货物流、信息流和资金流的有机结合和高度统一。可以认为，货物流是外在流动，信息流是技术手段，而资金流是最终目标。库存的降低可以直接减少企业的预付资本总量，而资本周转速度的提高是通过提高企业的物流配送速度以及在流通过程中完成的。因此，高效的配送体系是提高企业资本周转速度的重要条件。

通过射频识别技术的应用可以实现运输中的资产可视化，从而使商品的运输过程透明化，以往难以掌握的商品到达时间、在造库存变得一目了然。企业的动态库存可以实行有效的管理。库存所占用的资金可降低到最低程度，资本周转速度可大大加快，企业的经济效益也可显著提高。尤其在供应链管理中其作用更为明显，资产可视化将使企业间库存信息的交换更为准确、及时，"牛鞭效应"将大大减少，企业间的动态库存能大幅降低。

（2）提高服务水平，满足顾客的要求

物流管理的最终目标是降低成本，提高服务水平。射频技术的应用能够向顾客提供更为准确的物流信息，能够有效地降低顾客的运营成本，为顾客创造价值，增加利润。具体表现为能够以合适的质量、合适的数量、合适的地点、良好的印象、合适的价格、合适的商品，向顾客提供个性化的物流服务，与顾客建立长期的战略伙伴关系。

（3）提高企业的信息管理水平

射频识别技术的应用能够大大加快企业内部信息化的步伐，促进企业物流部门与生产部门、销售部门、财务部门的信息沟通，整合企业内部的作业流程，提高企业的快速反应能力。尤其在提供第三方物流服务时，其效果更为显著。迈克尔·波特在《竞争优势》中

写道:"当一个公司能够向其客户提供一些独特的、对客户来说其价值不仅仅是一种廉价物品时,这个公司就把自己与竞争厂家区分开了。"射频识别技术能够有效地将企业同竞争对手区别开来,为顾客提供独特的增值服务,实现企业同顾客的双赢,使企业在日趋激烈的市场竞争中站稳脚跟。

(4)提高企业构筑供应链能力,增强市场竞争力

对于一个企业来说,实施全方位的物流管理与经营是一项复杂的系统工程,需要一定的基础条件和开拓创新的精神,为了达到降低客户成本的目标,需要具备以下四个条件:

一是高效率的综合运输、配送体系;

二是全程的信息跟踪与服务能力;

三是具有综合服务能力的物流中心建设;

四是贴近客户的供应链分析与管理。其中,供应链的构筑情况最为重要,其关系到上下游企业的整体协调能力,决定了供应链竞争的关键。

射频识别技术与其他信息技术能够提高企业构筑供应链的能力,加强供应商、制造商、批发商、零售商之间的信息共享,增强对市场需求的变化做出快速反应的能力,从而能够有效降低库存,提高商品周转率,减少需求预测误差,增强企业市场竞争能力。

总之,射频识别技术在我国处于一个刚刚起步的阶段,但是它的发展潜力是巨大的,前景是诱人的。在信息社会,对于各种信息的获取及处理要求快速、准确,在不久的将来,RFID技术就将同其他识别技术一样深入改善我们的生活。

无线射频技术与条码技术相比,有以下几个方面的优势。

(1)快速扫描。条形码扫描一次只能扫描一个条形码;RFID辨识器可同时辨识读取数个RFID标签。

(2)体积小型化、形状多样化。RFID在读取上并不受尺寸大小与形状限制,不需为了读取精度而配合纸张的固定尺寸和印刷品质。此外,RFID标签还可往小型化与多样形态发展,以应用于不同产品。

(3)抗污染能力和耐久性。传统条形码的载体是纸张,因此容易受到污染,但RFID对水、油和化学药品等物质具有很强的抵抗性。此外,由于条形码附于塑料袋或外包装纸箱上,所以特别容易受到折损;RFID卷标是将数据存在芯片中,因此可以免受污损。

(4)可重复使用。现今的条形码印刷上去之后就无法更改;RFID标签则可以重复地新增、修改、删除RFID卷标内储存的数据,方便信息的更新。

(5)穿透性和无屏障阅读。在被覆盖的情况下,RFID能够穿透纸张、木材和塑料等非金属或非透明的材质,并能够进行穿透性通信。而条形码扫描机必须在近距离而且没有物体阻挡的情况下,才可以辨读条形码。

(6)数据的记忆容量大。一维条形码的容量是50B,二维条形码最大的容量可储存2~3 000字符,RFID最大的容量则有几MB。随着记忆载体的发展,数据容量也有不断扩大的趋势。未来物品所需携带的资料量会越来越大,对卷标所能扩充容量的需求也会相应增加。

(7)安全性。由于RFID承载的是电子式信息,其数据内容可经由密码保护,使其内容不易被伪造及变造。

近年来，RFID 因其所具备的远距离读取、高储存量等特性而备受瞩目。它不仅可以帮助一个企业大幅提高货物、信息管理的效率，还可以让销售企业和制造企业互联，从而更加准确地接收反馈信息，控制需求信息，优化整个供应链。

条码技术与 RFID 技术的对比，如表 5-7 所示。

表 5-7　条码技术与 RFID 技术的对比

比 较 内 容	条 码 技 术	RFID 技术
读取速度	快，是键盘录入的 20 倍，每次能读取一个条码	很快，每次能读取多个标签
准确性	较高	很高
抗污染性	弱	强
穿透性	弱	强
容量	相对较小	很大
安全性	较低	高，可加密
成本	很低，每个条码几分钱	较高，每个标签十几元钱

第四节　语音识别技术

语音识别是模式识别的一个分支，又从属于信号处理科学领域，同时与语音学、语言学、数理统计及神经生物学等学科有非常密切的关系。语音识别的目的就是让机器"听懂"人类口述的语言，其中包括了两方面的含义：一是逐字逐句听懂非转化成书面语言文字；二是对口述语言中所包含的要求或询问加以理解，做出正确响应，而不拘泥于所有词的正确转换。

语音信息处理的目的是使计算机及终端具有人耳功能（语音识别、话者识别）和人嘴功能（语音合成），这样就得准备新型接口，以便操纵计算机及终端的人像对另一个人说话一样和机器对话。经长期研究开发和半导体技术的发展，在性能上、价格上能够让人接受的语音信息系统设备终于开始在市场上露面了。

语音信息处理扩大了以往 EDP（电子数据处理）处理输入手段的同时，还由于具有人机接口良好、可以把接在办公室的电话作为终端使用等优势，将对成为今后支持 OA（办公自动化）的基础技术担负起重要的作用。本节在介绍语音信息处理的技术动态、应用状况的同时，将展望今后的技术课题及应用前景。

语音识别的研究工作大约开始于 20 世纪 50 年代，当时 AT&T 的 Bell 实验室实现了第一个可识别十个英文数字的语音识别系统——Audry 系统。

20 世纪 60 年代，计算机的应用推动了语音识别的发展。这一时期的重要成果是提出了动态规划（DP）和线性预测分析技术（LP），其中后者较好地解决了语音信号产生模型的问题，对语音识别的发展产生了深远影响。

20 世纪 70 年代，语音识别领域取得了突破。在理论上，LP 技术得到进一步发展，动态时间归正技术（DTW）基本成熟，特别是提出了矢量量化（VQ）和隐马尔可夫模型（HMM）理论。在实践上，实现了基于线性预测倒谱和 DTW 技术的特定人孤立语音识别系统。

20 世纪 80 年代，语音识别研究进一步走向深入，其显著特征是 HMM 模型和人工神经元网络（ANN）在语音识别中的成功应用。HMM 模型的广泛应用应归功于 AT&T 的 Bell 实验室科学家的努力，他们把原本艰涩的 HMM 纯数学模型工程化，从而为更多研究者了解和认识。采用 ANN 和 HMM 模型建立的语音识别系统，性能相当。

进入 20 世纪 90 年代，随着多媒体时代的来临，迫切要求语音识别系统从实验室走向实用。许多发达国家如美国、日本、韩国以及 IBM、Apple、AT&T、NTT 等著名公司都为语音识别系统的实用化开发与研究投以巨资。

我国语音识别研究工作一直紧跟国际水平，国家也给予了高度重视。鉴于中国未来庞大的市场，国外也非常重视汉语语音识别的研究。美国、新加坡等地聚集了一批来自我国大陆、台湾、香港等地的学者，研究成果已达到相当高水平。因此，国内除了要加强理论研究外，更要加快从实验室演示系统到商品的转化。

一、语音识别

语音识别是语音信息处理中值得一提的主要题目。语音识别的历史可以追溯到 20 世纪 40 年代，但真正研究并使用它可以说是从 70 年代才开始的。以 60 年代在大学进行的研究为基础，在 1971—1975 年，美国国防部高等研究所（ARPA）实施了语音理解系统工程；1971—1980 年在日本进行的语音识别研究是通产省的大型工程"图像信息处理系统"的一环。另外，在生产厂家方面，美国从 1973 年起开发了实用的有限定规格形式的产品。

语音识别系统（也称声音识别系统）是对语音进行处理和识别的系统。这里所指的语音除人的语音外，也包括其他语音在内。语音识别是模式识别的重要研究课题之一，目前绝大多数是从事语言识别方面的工作。

语音识别技术的应用可以分为两个发展方向：一个方向是大词汇量连续语音识别系统，主要应用于计算机的听写机，以及与电话网或者互联网相结合的语音信息查询服务系统，这些系统都是在计算机平台上实现的；另外一个重要的发展方向是小型化、便携式语音产品的应用，如无线手机上的拨号、汽车设备的语音控制、智能玩具、家电遥控等方面的应用，这些应用系统大都使用专门的硬件系统实现，特别是近几年来迅速发展的语音信号处理专用芯片（Application Specific Integrated Circuit，ASIC）和语音识别片上系统（System on Chip，SOC）的出现，为其广泛应用创造了极为有利的条件。

1. 语音识别系统的分类

（1）根据对说话人说话方式的要求，可以分为孤立字（词）语音识别系统、连接字语音识别系统和连续语音识别系统。

（2）根据对说话人的依赖程度可以分为特定人和非特定人语音识别系统。

（3）根据词汇量的大小，可以分为小词汇量、中词汇量、大词汇量和无限词汇量语音识别系统。

不同的语音识别系统，虽然具体实现细节有所不同，但所采用的基本技术相似。

2．现在的语音识别系统

语音识别的最终目标是实现像人与人说话那样，不限定词汇，可以识别任何人的连续讲话。遗憾的是，这样的系统目前还没有完全实现。现在由厂家提供的语音识别系统还是限定应用范围的系统。下面介绍决定现在语音识别系统规格的主要内容。

（1）说话人

① 可以识别不对应某个具体人的语音信息，即识别非特定说话人的系统。

② 给出特定人对应的语音信息，即识别特定说话人的系统。

（2）词汇

① 限制识别的词汇量，即限定单词的识别系统。

② 以字符单位进行识别的系统，即单音节识别系统。

（3）发音方法

① 连续发出词汇语音的系统，即连续发声系统。

② 把词汇分开发声的系统，即孤立发声系统。

组合上述各项，已实现的有指定说话人、限定单词的连续或孤立发声系统；指定说话人、单音节孤立发声系统；不指定说话人，限定单词的孤立发声系统等。

目前最普及的指定说话人、限定单词的孤立发声系统的代表性能如下：

识别单词量　　　　最多 500 个左右

识别率　　　　　　99%

识别速度　　　　　发音后 0.1～0.2 秒识别

3．语音识别的原理和系统组成

识别的过程如下：用话筒作为语音识别系统的输入部件，通过它来接受语音，并转为电信号，经过放大之后，再转换成数字信号。由于语音是一个复杂的多频率信号，各个频率成分具有不同的幅度。为了进行识别，可按频谱进行分析和整理工作，这就是所谓的语音处理工作。最后用模式分类的方法对这些信号加以分类识别。语音识别是很复杂的技术，现在尚处于开发阶段。可供出售的产品都是功能有限的语音识别器，词汇量可达 200～300 个字。国外已有一些实际应用的例子，如用于铁路自动预售车票系统，通过这个系统，人和计算机之间可进行对话，计算机可以识别订票的要求，如"要从某站开往某站的特快车票"，"要某车次的车票"，"要×张车票"等。同样，计算机也可以向订票人提问。

自动语音识别技术有三个基本原理：第一，语音信号中的语言信息按照短时幅度谱的时间变化模式来编码；第二，语音是可以阅读的，即它的声学信号可以在不考虑说话人试图传达的信息内容的情况下用数十个具有区别性的、离散的符号来表示；第三，语音交互是一个认知过程，因而不能与语言的语法、语义和语言结构割裂开来。

语音识别技术主要包括特征提取技术、模式匹配准则及模型训练技术三个方面。此外，还涉及语音识别单元的选取等问题。

语音识别的方法因系统的类型（如识别对象是特定的说话人、非特定说话人、可否连续发声等）的不同而不同。现在介绍特定说话人、限定单词的孤立发声系统的识别方法，其例如图 5-25 所示。

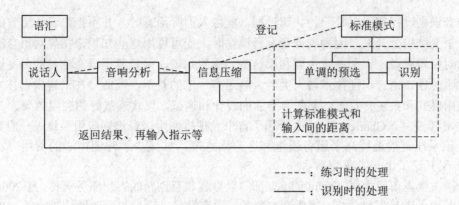

图 5-25　语音识别原理

为了提高识别率，在该系统中对使用系统的特定人确定他应说的词汇，并采集特定人的发音，准备出识别它的频谱模型（练习按图 5-25 虚线所示处理）。第二次以后，把个人ID（标识）通知系统，保存在磁盘上，对应个人的标准频谱模型，就可以进入识别工作。

识别与建立标准频谱模型时一样，在分析语音、压缩信息以后，计算标准频谱模型与输入频谱模型之间的差异，选择差异最小的频谱为预选单词。如果最小差异在可限值以下，就输入预选单词，否则视为输入了限制外的词汇而滤掉。在识别量大时，经常使用响应器，因此要根据需要进行预备选择。

以上是特定说话人、限定词汇的孤立发声系统的识别原理。刚开发识别设备时是利用小型计算机完成的，现在可以用微型计算机来实现。

4. 语音识别系统的应用领域

语音输入与其他输入方法相比有下述优点。

（1）不需要像键盘输入那样经过特殊训练就可以使用。

（2）即使眼、手或身体在活动中也可以输入。

（3）不论在什么地方，都可以利用已经普及了的电话作输入设备（需要语音响应）。

表 5-8 是有效利用上述优点的具有代表性的例子。

表 5-8　语音识别的代表性例子

领　域	传统方式	语音输入设备的使用方法	识别设备类型	引入效果
生产线的质量管理	测定数据的记录——穿孔	直接输入测定的数据	特定说话人、限定单词	工程的早期自动控制、减少穿孔费用、自动建立报告
流通中发送货物的分类	把送往地点代码化、数字键方式输入	直接发声给出送往地址	同上	增加分类量、一般人即可使用
日语字处理输入	键盘、笔接触等	读文章	特定说话人、单音节识别	一般人使用
银行中检查存款余额、存入通知	与营业员对应	读存折账号等	不限定说话人、限定词汇	提高服务、裁减人员

语音识别过程实际上是一种认识过程。就像人们听语音时，并不把语音和语言的语法结构、语义结构分开来，因为当语音发音模糊时人们可以用这些知识来指导对语言的理解过程。对机器来说，识别系统也要利用这些方面的知识，只是鉴于语音信号的多变性、动态性、瞬时性，语音识别技术与人类的大脑还有一定的差距。因此，在语言识别技术选择及其应用模式和系统开发上，都需要专业的设计和调试，以实现最好的应用效果。

1996年9月，Charles Schwab 开通了首个大规模商用语音识别应用系统——股票报价系统。该系统有效地提高了服务质量和客户满意度，并减少了呼叫中心的费用。不久，Schwab 又开通了语音股票交易系统。

美国主要电信运营商 Sprint 的 pcs 部门以卓越和有创新的客户服务著称，自2000年来为客户开通了语音驱动系统，提供客户服务、语音拨号、查号和更改地址等业务。2001年9月开通的可以自然方式对话的咨询系统，更实现了以自然、开放的询问方式实时获得所需要的信息。

Bell Canada，加拿大最大的电信运营商，也拥有多个语音驱动系统，提供客户服务、增值业务和资讯服务多种功能。这些系统不但减少了用户的投诉，也为无线网络服务增值，增强了客户的忠诚度并开辟了新的收入来源。

5. 语音识别产品

一个成功的语音应用首先是基于详细准确的用户需求调查。只有详细了解客户需求，才能根据需要选用不同类型的产品。目前市场上的语音识别产品基本可分为以下几种。

（1）特定人/非特定人。按照声学模型建立的方式来划分。特定人识别的声学模型是针对某一特定用户训练的。一般来说，用户需要先训练系统，然后才能识别该用户的发音。而非特定人识别的声学模型是针对某一种特定的语言来训练的，发音人不需要训练即可使用。虽然在建立模型时需要大量的语料，对用户来说却提供了更大的方便，他们甚至不需要了解该过程。

（2）嵌入式/服务器模式。嵌入式是将语言识别软件及模型写在设备（如手机）的存储器里，识别过程在终端完成。在服务器模式，终端只负责收集和传导语音信号，由服务器负责完成识别。因此，对于大规模、多用户和有大量识别需求的系统，服务器模式提供了有效的方式。

目前，运营商和企业用户的需求多数适合采用非特定人服务器模式的服务。例如，前文提到的 Charles Schwab，Sprintpcs 和 Bell Canada 都选用了 Nuance Communications 提供的语音识别软件，加之专业的系统集成方案及 nuance 技术服务所提供的良好的语音用户界面设计和后期优化，使得应用系统获得了很高的客户满意度，在很多方面超过了接线员。

二、语音识别引擎的选择

语音识别引擎是语音门户的核心，选择语音识别引擎的关键在于以下几个因素。

1. 电信级技术

不是所有的语音识别技术都适用于语音门户，只有基于电信网络的语音识别引擎才能用于语音门户。

2．关键功能

电信网络最需要解决的问题有消除回声、抑制噪声和提供语音中断功能。

应该注意，语音中断是一把"双刃剑"，使用不当会弄巧成拙，使用户无所适从，并非所有的场合都可以使用。

3．成功经验

成功经验包括技术成功经验和市场成功经验。前者能够降低技术风险，保障系统的正常运转；后者将帮助运营商设计新的服务和业务，真正从市场上获得利润，比前者更为重要。

4．后续发展潜力

语音技术发展非常迅速，识别引擎厂商的后续发展潜力对系统的应用和升级至关重要。目前，识别引擎的厂家分为两类：专门从事语音技术的公司和大型跨国公司的语音部门。他们的发展潜力各有其优势。

（1）语音技术公司技术专一、目标明确，但如果没有后续的资金保障，就没有后续发展的能力。

（2）跨国公司的语音部门没有资金忧虑，但如果总公司目标调整，会影响语音部门的发展，甚至生存。

另外，还要考虑到语音识别引擎的本地化规划，包括开发本地化的板块和建立本地化的技术支持机构和队伍。在中国的语音门户应该能够提供国际化的多语种服务，也要求识别引擎具有全球主要语言的识别能力。

5．不同角色公司的合作

语音门户把不同公司集成在一起，这些公司的密切合作是语音门户成功的基础。技术及硬件提供商提供识别引擎、TTS（文字—语音转换，即语音合成）、语音卡及其他硬件设备。应用开发商是语音门户的系统集成商，他们应用丰富的技术开发和市场开发经验，开发语音门户系统，提供技术支持和服务。运营商向最终用户提供新业务和新服务。内容提供商为语音门户的信息服务提供内容。

三、语音合成

在 18 世纪，已经有人进行了不用人类的发声器官合成人类语音的尝试。当时制作的机器具有各种形状的共鸣管，用模拟人类声带的振动簧使共鸣管共鸣，合成了母音。后来，经过机械式合成器的改进和电气电路的合成，使用小型计算机、微型计算机，合成用大规模集成电路（Large Scale Integration，LSI），已经可以比较简单地实现高质量的合成了。

1．语音合成的方法

现在，进行语音合成的方式大致有三种，即波形编码方式、参数合成方式和法则合成方式。其中前两种方法已经投入实际应用中了，而第三种方法目前仍处在研究阶段。下面分别介绍各种方法的原理。

（1）波形编码方式

本方式有脉冲编码调制（Pulse Code Modulation，PCM）和增量调制（Delta Modulation，DM）等方式，其代表性的方法是按下面的顺序合成（PCM 的例子）：首先让人发出想输出的信息，以输出频率两倍的周期对模拟信息的语音波形采样并量化（分析），存放在磁盘等中；当输出量化得出数字数据时，把与信息对应的数据排列起来（编辑），进行 D/A 转换（数字/模拟转换）；最后输出语音。

由于分析简单、音质好，可以应用于许多系统中，但是合成需要大量的数据（输出 1 秒约有 10k～100k 字节），因此机器容量要大，速度要快。

（2）参数合成方式

本方式有 PARCOR（Partial Autocorrelation，部分自相关）合成、LSP（Line Spectrum Pair，光谱线耦合）合成和元音共振峰合成等多种方式。由于这些方式模拟人的发声结构，所以完成语音合成的数据（输出 1 秒约有 1k～10k 字节）少于波形编码方式。为了合成语音，首先让人按输出信息发声，建立合成参数（分析）。为了高质量输出，分析需要花费相当的时间。由于合成的数据少，用加法、乘法等规则运算即可，所以合成器被大规模集成电路化，音质比波形编码方式稍差一些。

（3）法则合成方式

这种方式与前两种方式不同，其目标不是分析对应的输出信息后合成语音，而是由输出的文章和若干辅助信息（语调等）合成任意文章的语音。其法则是必须找出各个语音。由于能输出任意的文章，不需要进行分析，所以具有未来性。但目前尚不能输出高质量的语音，用于盲人的打字机就是其应用之一。

2．语音合成的应用领域

语音合成与识别不同，由于原理简单，可以做成合成用 LSI 等，实现低价格、小型化，因此可以广泛应用。美国得州仪器公司出售的学习玩具 speak & spell（放入拼法即可发音）、带语音向导的传真（操作向导等）是应用合成用 LSI 的例子。下面介绍信息处理系统、通信系统中应用语音合成的例子。

（1）利用电话的语音响应系统

电话通知、查询、预约系统等应用语音合成。由于这些系统以家庭、企业等非特定的多数为对象，可以利用电话作语音通知、回答查询、确认预约结果等。作为附加功能，可以用语音输出输入操作指示，也可以输出出错通知。向这些系统输入时，可以用键钮式电话、键钮式电话适配器或直接用语音进行。现在让我们来看几个具体的例子。

① 日本新干线座位预约系统，预约座位、查询预约情况。

② 日本中央赛马场胜马投票系统，由电话进行马券投票（会员制）。

③ 银行余额核对、存入通知系统，自动通知余额及核对存入的金额。

此外，在日本的流通领域中，小卖店直接订货、库存查询等也使用了应答系统。一般情况下，由于输入数据较多，多采用脱机存储数据、成批传输的键钮式电话信号的简易终端。

图 5-26 即是预约系统的例子，这种系统的对象是如住宿客人名字那样不能数字代码化的部分，直接说话后用分析器数字化，用语音输出。

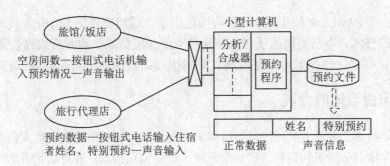

图 5-26　语音响应系统的应用例子

（2）在通信系统中的应用

通信领域中也应用了语音合成技术。当用专用线连接分布在各地事务所之间的电话网时，为了有效地利用专用线，要实时分析语音参数，把语音信息压缩成 4 800～2 400bps，用调制解调器使之多路传输，使过去只传送一路语音的线路传输 2～4 路，可以和数据传输并用，在接收方面使用参数合成方法恢复成语音。图 5-27 是其应用例子，由于音质比普通电话差些，目前仍在进一步改善中。

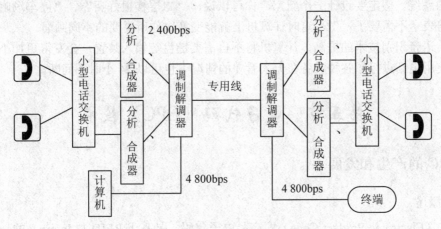

图 5-27　通信系统中的语音合成例子

四、语音信息处理的发展展望

至此，已经概要地阐述了现在语音信息处理的技术水平、应用领域。今后，为了推进办公室自动化，需要一般办公室工作人员能方便而轻松地使用以传统 EDP 室为中心的信息处理系统。如在语音识别中所讲过的那样，语音输入具有像人说话那样的，不需要特殊训练就能使用的良好特性，因此，一定会在今后的办公室自动化中起到重要作用。特别是在文章处理、汉语处理中，用语音输入代替键盘输入会对提高办公室工作效率起到重大作用。用于这方面的是单音节识别系统，为了更广泛地推广使用，需要建立满足以下条件的系统：一是识别率在 95%以上；二是能发出读一般文章的语音，即能输入包含所有语音音素的系统；三是一次能输入 5s 左右的文章的系统；四是通过单极化、LSI 化降低费用等。如果能满足上述条件，将会在办公室中广泛普及语音处理的应用了。

另外，由于 PARCOR 的实现，语音合成走上了合成用器件的 LSI 化，从而确立了低价格、小型化的技术。今后要做的工作应该是建立能压缩信息、实时合成高质量的语音的参数分析方法。确立这种技术后，便可能实现减少通信费用的语音邮件的广泛应用。

五、语音识别系统的发展

语音识别技术正在进入实用阶段。日本富士通公司已研制出确认存款人语音的软件"语音屏蔽"并开始向金融机构销售。它首次采用了语音识别技术，即将取款者的电话语音与预先存储的语音对照，再让其读出密码，就能够准确无误地确认打电话者是否就是存款者本人。

以往的语音识别技术要求人们必须按照规范的语法讲话，现在则向着能识别自然会话的方向发展。

ATR 语音翻译通信研究所在语音识别技术的应用上也大胆创新，研制出了能识别诸如"哎，请预约一下……一个晚上，6 月 24 日"等不合语法的会话系统。该系统能记录数千个单词，通过对预约旅店的各种场景的实验，已具有在规定时间内确认不同语言的功能。

技术研究工会新信息处理开发机构研制成的是通过手势和语音的指示把所需信息映在屏幕上的系统。假定要设计一个新家，你可以说，"二层楼很好啊"、"停车场附近很乱（用手势表示不需要了）"，这时计算机上就能变换出你所需要的不同画面。

随着语音识别技术的提高，计算机将不再需要键盘等输入装置，会变得更加小型化。另外，使用电话进行的各种服务在无人看守的情况下也可以 24 小时不间断。

第五节　电子代码（EPC）技术

一、EPC 的产生和发展

1. 概述

EPC（Electronic Product Code）即产品电子代码，是基于 RFID 与 Internet 的一项物流信息管理新技术，它通过给每一个实体对象（包括零售商品、物流单元、集装箱、货运包装等）分配一个全球唯一的代码来构建一个全球物品信息实时共享的实物互联网（An Internet of Things，简称"物联网"）。

EPC 的出现有其历史必然。在 EPC 出现之前，条码作为一种最常见的自动识别技术，在全世界范围内得到了广泛的推广和应用。然而，随着经济的进一步发展，贸易活动的日益频繁，传统的条码技术逐渐显示出如下不足之处。

（1）条码是可视的数据载体。识读器必须"看见"条码才能读取它，必须将识读器对准条码才能有效地进行识读。

（2）条码标签的环境适应能力相对较差，如果商品的条码被撕裂、污损或脱落，就无法扫描这些商品。

（3）更重要的是，在现实生活中，人们对某些商品进行唯一的标识越来越重视，如食品、危险品和贵重物品的追溯。而全球贸易项目代码 GTIN 是对一类产品（指每一类产品，而不是每一件产品）和服务，在买卖、运输、仓储、零售与贸易运输结算过程中提供唯一标识，即它只能识别项目（商品）的类别，而不是具体的单个商品。例如，对于同一种牛奶，其纸盒上的条码都一样，想要自动识别哪盒牛奶先超过有效期是不可能的。

EPC 技术的出现，革命性地解决了以上诸多问题，同时还发挥了 RFID 与互联网的诸多优势，使得对供应链的管理和控制水平大大增强。它通过对实体对象的唯一标识，并借助计算机网络系统来完成对单个商品的访问，突破性地实现了 EAN/UCC 系统 GTIN 体系所不能完成的对单品的跟踪和管理任务，丰富了原有的以商品条码为基础的全球统一标识系统（即 EAN/UCC 系统）。

EPC 是条码技术的延伸与拓展，已成为 EAN/UCC 全球统一标识系统的重要组成部分，被视为继条码后的第二代货品识别技术。它可以极大地提高物流效率、降低物流成本，是物品追踪、供应链管理、物流现代化的关键。

EPC 的概念最初由麻省理工学院 Auto-ID 中心在 1999 年提出，随后，该中心开展了一系列的研究和测试，直至 2003 年 5 月，才使 EPC 及其应用走出了实验室。2003 年 11 月 1 日，国际物品编码协会（EAN）和统一代码委员会（UCC）成立全球产品电子代码管理中心（EPC Global），正式接手了 EPC 在全球的推广应用工作。EPC Global 旨在改变整个世界，搭建一个可以自动识别任何地方、任何事物的开放性的全球网络，EPC 系统也被形象地称为"物联网"。2004 年 4 月 22 日，EPC Global China 正式成立，负责我国 EPC 的注册、管理与实施工作，从组织机构上保障了我国 EPC 事业的有效推进，标志着我国在跟踪 EPC 与物联网技术的发展动态、研究 EPC 技术、推进 EPC 技术的标准化、推广 EPC 技术的应用等方面的工作全面启动。

2. EPC 与条码的区别

首先，条码标准在产品识别领域得到了广泛应用，但是新一代的 EPC 编码革命性地解决了条码无法做到的单个商品识别问题，而且 EPC 是以互联网为信息资源的支撑，因此 EPC 能在更广泛的领域得到深入的应用。

其次，EAN/UPC 条码可以满足销售业的各种需求，但不同领域的应用对条码的数据结构有不同的要求，因此就出现了 EAN、UCC 系统中的多种编码方案（如 GTIN、SSCC、GLN、GRAI 等），并且不同的编码结构要存储不同的数据信息。然而，EPC 编码结构则适合描述几乎所有的货品，同时通过 IP 地址可以识别网络节点上存有货品信息的计算机。EPC 编码结构容量巨大，以 96 位的 EPC 编码结构为例，它可以对全球 2.68 亿家公司、每个公司可以对 1 600 万种商品、每种商品可以对 680 亿个单品进行唯一标识。可以毫不夸张地说，EPC 编码可以为全世界每一粒大米进行编号。EPC 的编码结构，如图 5-28 所示。

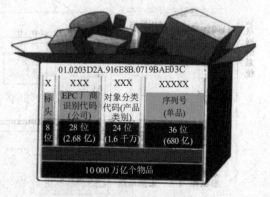

图 5-28　EPC 编码结构示意图（96 位）

最后，GTIN 体系无法依赖于网络资源。在许多情况下，GTIN 体系是在没有任何外部连接，甚至没有计算机系统的情况下进行的工作，因而许多外部数据如价格和保质期等（这些数据对不同的单品来说是不同的）如果都存储在条码结构中，必然增加其成本与编码结构的复杂性。而 EPC 编码中则不包含有关识别货品的具体信息，只提供指向这些目标信息的有效的网络指针，人们只需要识别拥有这些目标参考信息的组织及其计算机服务器即可。通过指针所指向的 IP 地址，可以访问网络节点上存有货品信息的计算机，从而获得所需要的货品信息。

二、EPC 系统的构成与工作流程

（一）EPC 系统构成

EPC 系统是一个综合性的和复杂的系统，它由全球产品电子代码（EPC）的编码体系、射频识别系统及信息网络系统三部分组成，主要包括六个方面，如表 5-9 和图 5-29 所示。

表 5-9　EPC 系统的构成

系 统 构 成	主 要 内 容	注 　 释
全球产品电子代码的编码体系	EPC 编码标准	识别目标的特定代码
射频识别系统	EPC 标签	贴在物品上或内嵌在物品中
	读写器	识读 EPC 标签
信息网络系统	EPC 中间件	EPC 系统的软件支持系统
	对象名称解析服务（ONS）	
	EPC 信息服务（EPC IS）	

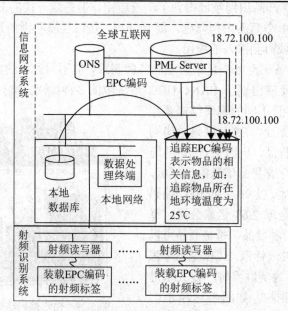

图 5-29　EPC 系统的构成

1. EPC 编码体系

全球产品电子代码 EPC 编码体系是 EAN/UCC 全球统一标识系统的拓展和延伸，是全球统一标识系统的重要组成部分，是 EPC 系统的核心与关键。

EPC 编码仅对生产厂家和产品进行编码，而不嵌入有关产品的其他信息，如货品重量、尺寸、有效期、目的地等。EPC 编码给批次内的每一单件产品分配唯一的 EPC 代码，同时该批次也可视为一个单一的实体对象，分配一个批次的 EPC 代码。

EPC 代码是由版本号（标头）、域名管理者（厂商识别代码）、对象分类、序列号等数据字段组成的一组数字，具体结构如表 5-10 所示。其中，版本号标识 EPC 的版本号，它使得 EPC 后的码段可以有不同的长度；域名管理者是描述与此 EPC 相关的生产厂商的信息，如"可口可乐公司"；对象分类记录产品精确类型的信息，如"美国生产的 330ml 罐装减肥可乐（可口可乐的一种新产品）"；序列号唯一标识货品，它会精确地告诉我们所说的究竟是哪一罐 330ml 罐装减肥可乐。

表 5-10　EPC 编码结构

代　码	类　型	版　本　号	域 名 管 理	对 象 分 类	序 列 号
EPC-64	类型 I	2	21	17	24
	类型 II	2	15	13	34
	类型 III	2	26	13	23
EPC-96	类型 I	8	28	24	36
EPC-256	类型 I	8	32	56	160
	类型 II	8	64	56	128
	类型 III	8	128	56	64

EPC 代码具有以下特性。

（1）唯一性。EPC 提供对实体对象的全球唯一标识，一个 EPC 代码只标识一个实体对象。

（2）科学性。结构明确，易于使用、维护。

（3）兼容性。EPC 编码标准与目前广泛应用的 EAN/UCC 编码标准是兼容的，GTIN 是 EPC 编码结构中的重要组成部分，目前广泛使用的 GTIN、SSCC、GLN 等都可以顺利转换到 EPC 中去。

（4）全面性。可在生产、流通、存储、结算、跟踪、召回等供应链的各环节全面应用。

（5）合理性。由 EPC global、各国 EPC 管理机构、被标识物品的管理者分段管理、共同维护、统一应用，具有合理性。

（6）国际性。不以具体国家、企业为核心，编码标准全球协商一致，具有国际性。

（7）无歧视性。编码采用全数字形式，不受地方色彩、语言、经济水平、政治观点的限制，是无歧视性的编码。

当年，出于成本等因素的考虑，参与 EPC 测试所使用的编码标准采用的是 64 位数据结构，未来将采用 96 位及 256 位的编码结构。

2．射频识别系统

EPC 射频识别系统是实现 EPC 代码自动采集的功能模块，由射频标签和射频识读器组成。射频标签是产品电子代码（EPC）的载体，附着于可跟踪的物品上，在全球流通。射频识读器与信息系统相连，是读取标签中的 EPC 代码并将其输入网络信息系统的电子设备。EPC 系统射频标签与射频识读器之间利用无线感应方式进行信息交换（见图 5-30）。射频识别具有非接触识别、快速移动物品识别和多个物品同时识别等特点。

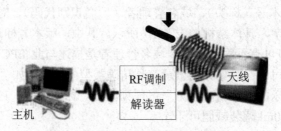

图 5-30　EPC 射频识别系统

3．信息网络系统

信息网络系统由本地网络和全球互联网组成，是实现信息管理、信息流通的功能模块。EPC 系统的信息网络系统是在全球互联网的基础上，通过 EPC 中间件（又称 Savant 管理软件）、对象名称解析服务（ONS）和 EPC 信息服务（EPC Information Service，EPC IS）等三大部分的组成来实现全球"实物互联"。其中，EPC 中间件起了系统管理的作用；ONS起了寻址的作用；EPCIS 起了产品信息存储的作用。

（1）EPC 中间件。EPC 中间件是连接读写器和企业应用程序的纽带，是一个网络的数据交换软件，用于加工和处理来自读写器的所有信息和事件流。主要任务是在将数据送往企业应用程序之前进行标签校对、读写器协调、数据传送、数据存储和任务管理。图 5-31 为描述 EPC 中间件组件与其他应用程序通信的关系示意图。

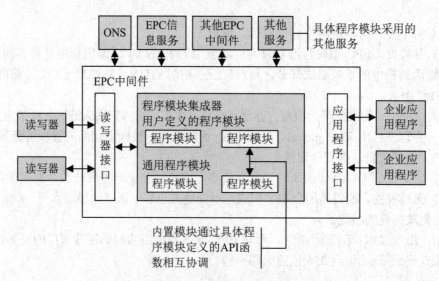

图 5-31　EPC 中间件及其应用程序通信

（2）对象名称解析服务。EPC 标签对于一个开放式的、全球性的追踪物品的网络需要一些特殊的网络结构。因为 EPC 标签只存储了产品电子代码，计算机还需要一些将产品电子代码匹配的相应的商品信息。这个角色就由对象名称解析服务（ONS）担当，它是一个自动的网络服务系统，类似于域名解析服务（DNS）。当识读一个电子标签 EPC 码时，并不能立即知道这个 EPC 码所表示的意思，这个 EPC 码所代表物品的详细信息是存在整个互联网上的。EPC 的这个编码是它寻找这些详细信息的一个指针或者标识，ONS 的服务就是根据这个 EPC 码，给出这个码所对应物品的详细信息在哪个计算机（服务器）上。ONS 每收到一个 EPC 码，即回送一个 IP 的地址。ONS 给 EPC 中间件指明了存储该产品相关信息的所在服务器，ONS 服务是联系 EPC 中间件和 EPC 信息服务的网络枢纽，如图 5-32 所示。

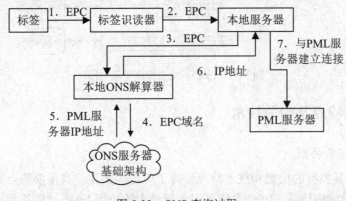

图 5-32　ONS 查询过程

（3）EPC 信息服务。EPC IS 提供了一个模块化、可扩展的数据和服务的接口，使得 EPC 的相关数据可以在企业内部或者企业之间共享。为此，企业需要配置一个专用的计算机及保存着产品信息文件的服务器（EPC IS）来处理与 EPC 相关的各种信息，如 EPC 的观测值 What/When/Where/Why。通俗地说，就是观测对象、时间、地点和原因，这里的原因是一个比较广泛的说法，它应该是 EPC IS 步骤与商业流程步骤之间的一个关联。例如，订单号、制造商编号等商业交易信息；包装状态（如物品是在托盘上的包装箱内）；信息源（如位于 Z 仓库的 Y 通道的 X 识读器）。

（二）EPC 系统的工作流程

EPC 物联网是一个基于互联网并能够查询全球范围内每一件物品信息的网络平台，物联网的索引就是 EPC 代码。在由 EPC 标签、读写器、CPC 中间件、Internet、ONS 服务器、EPC 信息服务（EPC IS）以及众多数据库组成的实物互联网中，读写器读出的 EPC 只是一个信息参考（指针），由这个信息参考从 Internet 中找到 IP 地址并获取该地址中存放的相关的物品信息，并采用分布式的 EPC 中间件处理由读写器读取一连串的 EPC 信息。由于在标签上只有一个 EPC 代码，计算机需要知道与该 EPC 匹配的其他信息，这就需要 ONS 提供一种自动化的网络数据库服务，由 EPC 中间件将 EPC 代码传给 ONS，ONS 指示 EPC 中间件到一个保存着产品文件的服务器（EPC IS）里查找，并复制该文件，然后将文件中的产品信息传到供应链上。

例如，将 EPC 标签放到一本书上，这本书通过阅读器把 EPC 标签的信息采集进来，阅读器和计算机网络连接起来，通过 EPC 中间件送到物联网中，存到 EPC 信息服务器里，再通过一个中间件就可以实现对这本书其他信息的查询。EPC 系统的工作流程，如图 5-33 所示。

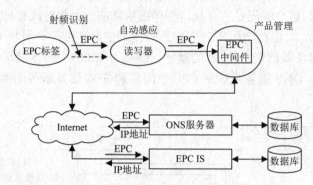

图 5-33　EPC 系统工作流程示意图

三、EPC 系统特点及相关技术

1．EPC 系统的特点

EPC 系统以其独特的构想和技术特点赢得了广泛的关注。其主要特点如下所述。

（1）开放的结构体系。EPC 系统采用全球最大的公用 Internet 网络系统，这就避免了系统的复杂性，同时也大大降低了系统的成本，并且还有利于系统的增值。

（2）独立的平台与高度的互动件。EPC 系统识别的对象是一个十分广泛的实体对象，因此，不可能有哪一种技术适用于所有的识别对象。同时，不同地区、不同国家的射频识别技术标准也不相同，因此，开放的结构体系必须具有独立的平台和高度的交互操作性。EPC 系统网络建立在 Internet 网络系统上，并且可以与 Internet 网络所有可能的组成部分协同工作。

（3）灵活的可持续发展的体系。EPC 系统是一个灵活的开放的可持续发展的体系，可在不替换原有体系的情况下就做到系统升级。

EPC 系统是一个全球的大系统，供应链各个环节、各个节点、各个方面都可受益。但对低价值的识别对象来说，如食品、消费品等，它们对 EPC 系统引起的附加价格十分敏感。EPC 系统正在考虑通过本身技术的进步，进一步降低成本，同时通过系统的整体改进使得供应链管理得到更好的应用，提高效益，以便抵消和降低附加价格。

2．EPC 与射频识别技术

EPC 产品电子代码及 EPC 系统的出现，使 RFID 技术向跨地区、跨国界物品识别与跟踪领域的应用迈出了划时代的一步。

EPC 与 RFID 之间有共同点，也有不同之处。从技术上讲，EPC 系统包括物品编码技术、RFID 技术、无线通信技术、软件技术、互联网技术等，而 RFID 技术只是 EPC 系统的一部分，主要用于 EPC 系统数据存储与数据读写，是实现系统其他技术的必要条件。而对 RFID 技术来说，EPC 系统应用只是 RFID 技术的应用领域之一，EPC 的应用特点决定了射频标签的价格必须降低到市场可以接受的程度，而且某些标签必须具备一些特殊的功能（如保密功能等）。因此，并不是所有的 RFID 射频标签都适合做 EPC 标签。换句话说，EPC 标签只是应用了 EPC 编码的射频标签，只有符合特定频段的低成本射频标签才能应用到 EPC 系统。

3. EPC 与 EAN/UCC 之间的关系

产品电子代码 EPC 与目前应用最成功的商业标准 EAN/UCC 全球统一标识系统是兼容的，EPC 是 EAN/UCC 系统的延续和拓展。在组织上，EPC Global 通过 EAN/UCC 在全球各国的编码组织在本国推广实施，这与目前我国以商品条码为主要组成部分的 EAN/UCC 系统的管理方法是一致的。在技术上，EPC 结构与现行的 EAN/UCC 系统中的商品码是相兼容的，也就是说商品码是 EPC 编码结构中的重要组成部分，二者之间密切相连。

EAN/UCC（GTIN）体系结构中的制造商编码与产品编码部分将以 EPC 管理编码和 EPC 对象分类编码的形式保留在 EPC 产品电子码中，但条码扫描必需的校验值属性将从数据结构中删除。

（1）常规的 UPC 编码向 EPC 编码的转换。常规的 UPC 编码（UCC-12）可以直接转换为 EPC 编码。转换时，UCC-12 结构中的企业编码和货品编码部分分别与 EPC 编码结构的管理者编码和对象分类编码部分相吻合。注意，UPC 的十进制编码要转换成 EPC 的十六进制符号。

21-0000932-001FDC-000000000

图 5-34　UPC 向 EPC 的转换示例

如图 5-34 所示，其 UPC 制造商编码和贸易项编码分别用十进制表示为"02354"和"08156"，转换为 EPC 编码后，相应部分分别以十六进制表示为"932"和"1FDC"。

最后，UPC 编码里第一位编码体系属性位和最后一位校验位在转换过程中被删除。

（2）EAN/UCC-13 编码向 EPC 编码的转换。EAN/UCC-13 编码也可以转换为唯一的 EPC 编码。但要注意，转换后的域名管理者编码由 EAN/UCC-13 制造商识别码和补位码共同组成。确切的补位码体系由 EAN/UCC-13 中的国家（或地区）编码经过某种换算后生成。每个 EAN/UCC 国家（或地区）编码将对应一个唯一的补位码，这个补位码将与制造商识别码结合而产生一个全球唯一的域名管理者编码。

（3）EAN/UCC-8 向 EPC 编码的转换。EAN/UCC-8，即原来所讲的 EAN-8，是 EAN/UCC-13 的简化版，只有标准型的条码所占面积超过总印刷面积的 25%时，使用缩短版 EAN-8 才是合理的。因此，要将 EAN/UCC-8 转换为 EPC，首先要将 EAN/UCC-8 转换为对应的 EAN/UCC-13，然后再将此 13 位编码转换为 EPC 编码。

四、EPC 技术应用

（一）EPC 技术应用模型（见图 5-35）

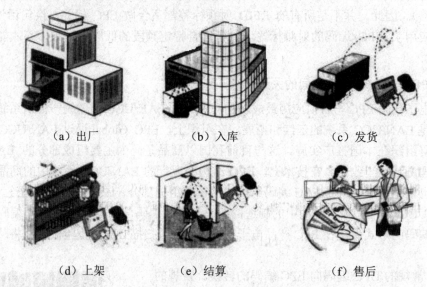

（a）出厂　　　　　（b）入库　　　　　（c）发货

（d）上架　　　　　（e）结算　　　　　（f）售后

图 5-35　EPC 技术应用模型示意图

1. 出厂

企业将产品生产出来以后，在单品上贴上该产品的 EPC 标签（而目前普遍使用的是条码标签），单品进行包装组合后，在各级包装上也都贴上 EPC 标签，以表示不同级别的包装关系（例如，产品 A 在托盘 B 的包装箱 C 内）。产品随托盘或包装箱运输出厂的时候，包装单元上的 EPC 被识读器识读，也就是说，该批次产品的出产信息（出产时间、生产商位置、产品批次等）将被记录下来。

2. 入库

产品运到配送中心或仓库，在配送中心或仓库的门口安装有 EPC 识读器，帮助进行自动点货（EPC 的识读器的识读机制可以保证每台识读器之间不会出现冲突，不会发生漏读和重复读取的情况）并 24 小时监控出入库情况，同时，巷道以及货架上也安装有 EPC 读写器，以随时记录并方便查询产品的具体位置、库存状况及其变化信息。

3. 发货

发货的时候，同样也要通过 EPC 读写器的识读，以记录发货时间、地点、批次等相关信息以便将来跟踪查询。

4. 上架

随后，产品被送到商店，摆上货架，货架上的 EPC 读写器可以随时查询整个商店内任意商品的货架位置、缺货情况以及是否已经过期等重要信息。一旦某产品出现过期、缺货等情况，可以及时补货。另外，还可以随时与厂家取得联系，由厂家通过具体的发货信息、库存状况，进行配送、发货。

5. 结算

顾客只要推着购物车从安装有 EPC 识读器的出口通过，所购商品的价格、成分、出厂日期等一系列信息便可全部出现在计算机终端，通过与银行的自动结算系统联网，实现自动结账，不必再花费时间进行排队等候。

6. 售后

顾客完成结算以后，可以通过 EPC 标签的"灭活"（kill）指令对 EPC 标签进行销毁以保护用户隐私，也可以继续使用，以享受相应的售后服务，并方便厂家在必要时进行产品召回。

除了以上所描述的应用模型，EPC 还可以更广泛地应用于整条供应链管理，从原材料生产企业到制造商、仓库、配送中心、各级分销商、门店，直到最终用户，在每一个需要记录相关信息的物流节点都对 EPC 信息进行识读、比较、更新和保存，以随时对供应链进行控制和管理，共同打造高效、低成本的信息共享且透明的供应链管理模式。

（二）实施 EPC 技术的意义

实施 EPC 技术对于物流各个参与者而言，都可以获得好处，下面分别阐述。

1. 制造商获得的好处

（1）实现高效的生产计划，减少库存。

（2）对需求做出更快的响应。

（3）主动跟踪产品的信息，对有"瑕疵"的产品或"缺陷"产品进行有效召回。

（4）提高劳动生产效率，降低产品退货率。

（5）减少配送与运输成本，提高固定资产利用率（生产配送设备）。

2. 运输商获得的好处

（1）进行货物真伪标识，实现自动通关，实施运输路线追踪，提高货运的安全性。

（2）提高运输商送货可靠性和送货效率，改善服务质量，提高对客户的服务水平。

（3）自动获取数据，自动分类处理，降低送货成本，提高质量管理和客户服务水平。

（4）降低索赔费用，降低保险费用，提供新信息增值服务，从而提高收益率。

（5）加强资产管理、资产的追踪、资产的维护，从而提高资产的利用率。

3. 零售商获得的好处

（1）实施 EPC 可以提高订单供货率，增加产品可获取性，减少脱销、断档的概率，而增加销售收入。

（2）大大提高自动结算速度，减少缺货，降低库存水平，减少非流通存货量，降低最小安全存货量，防盗。

（3）通过 EPC 进行产品跟踪追溯，提高产品的质量保证，减少自己的损失。

（4）降低运转费用，提高运转效率、工作效率，减少货物损失，从而进一步降低零售商的成本。

4．消费者获得的好处

（1）EPC 的应用可以实现个性化购买，减少排队等候的时间，提高生活质量。

（2）消费者可以了解自己所购买的产品及其厂商的有关信息，一旦产品出现问题，便于进行质量追溯，维护自己的合法权益。

总而言之，EPC 作为一种新型的物流和供应链管理新技术，不仅能够保证我们对货物的实时跟踪，而且能够通过优化整个供应链，提高供应链管理的效率，极大地降低物流成本。

第六节　自动识别技术在物流中的应用

一、条码跟踪系统在企业供应链管理中的应用

W 公司是一家大型连锁零售企业，在我国南方城市开设有 100 多家连锁店，由一个仓库（配送中心）向各连锁店配送货品。该配送中心平均每天收到的货品约为 40 万件（单品），配送给店铺的货品约 30 万件（单品）。目前，W 公司的规模在不断扩大，店铺数量不断增加，同时，供应链对货品配送的准确度要求进一步提高。

过去，仓库使用传统的仓储管理模式，在商品进货、上架存储、根据订单拣货、打包、装车发货这一系列工序中，大部分都要依靠人工记忆和手工录入系统，不但费时费力，而且容易产生差错；店铺对货品的收货、退货管理也没有先进的系统支持，全凭人工清点。一旦发生货品数量误差，无法辨别是仓库、运输商还是店铺的失误。为此，公司专门设立了一个索赔部门，对收发的货品进行索赔判断，以期将货品差异控制在允许的范围。但由于形成货品差异的情况各异，有时仅凭索赔部门也无法判断出是属于哪一方的失误，因此给供应链管理实施造成很大的困难。

为了解决上述问题，W 公司的管理层决定对货品的配送实行系统层面的跟踪，实施条码跟踪系统（以下简称 BTS 系统）。

BTS 系统的原理是：基于无线条码扫描技术，对每件货品、出货单号、箱号及封条实行严格的条码管理，通过流程设置和条码扫描实现对货品出入库安全性、准确性的跟踪控制管理。BTS 系统分为仓库管理、店铺管理、中央管理 3 个模块，各模块之间的业务处理流程，如图 5-36 所示。

图 5-36　各模块之间的业务处理流程

以下对从仓库到店铺的配送流程进行分析。

1. 仓库收取供应商货品

BTS 系统中的仓库管理模块主管仓库的进货和发货。当供应商送货至仓库时，仓库员工从 BTS 仓库管理模块批量下载采购订单的信息到手持终端，然后卸货、拆箱，扫描订单号码、货品条码，清点货品数量。完成后，回传手持终端的收货数据至 BTS 仓库管理模块，完成收货环节。

2. 仓库出货给店铺

货品从装箱、封箱、装车到出车的过程，都是利用条码扫描完成的。在实物货品出车前，仓库员工将打印出货单，交给运输商进行核对。运输商要检查箱数是否正确、物流周转箱封箱条是否完整无缺。如有误差，运输商有权及时与仓库查明原因。出货完成后，BTS 仓库管理模块将出货数据上传到 BTS 中央管理模块，并由该模块即时传送至 BTS 店铺管理模块。

3. 店铺收仓库货品

运输商的车辆到达店铺后，店铺员工根据出货单检查箱数及封箱条。如果物流箱的封箱条在运输过程中发生损坏，店铺将与运输商查对或拒收该箱货品。之后，员工从 BTS 店铺管理模块中查找到对应的仓库出货单据资料，并下载到手持终端，通过扫描箱条码、封条条码、货品条码记录收到的货品数量。最后，回传手持终端的收货数据至 BTS 店铺管理模块，产生收发差异报表。店铺可根据差异报表，对有差异的货品重新扫描检查。在图 5-36中，BTS 系统的④店铺退货、⑤收退货、⑥退货给供应商流程，是指从店铺退仓库，或将货品退回供应商，系统的基本应用方式与①、②、③大体一致。

从 BTS 系统的应用流程可以看出，在 BTS 系统上线前，由人工控制货品的出入库记录，供应链无法准确追溯到货品差异产生的原因；实施了 BTS 系统后，在条码扫描技术的支持下，每一笔交易都精确跟踪到货品级，实现了货品的实时跟踪和管理，最终提高了配送的安全性和准确率，提高了供应链管理的准确性。同时，在 BTS 系统的三个模块之间的数据实现了高度同步性和即时性，使得供应链管理部门能够即时得到仓库和店铺的货品库存信息，为其配送决策提供依据。

此外，BTS 系统对仓库和店铺的日常运作也起到了监督作用。例如，把单据下载到手持终端时，只下载货品相关的信息，而不下载订单数量，因此，进行扫描工作的员工不知道订单货品的数量，避免了员工直接按照订单数目输入货品数量的可能性，从而完全真实地反映了收发货的数量。BTS 还启用了中央管理系统模块功能。该模块除了能对各种单据进行传输，还能提供货品收发差异汇总报表等数据，供管理层浏览、供应链部门对公司商品进行分析、供仓库和店铺对货品差异进行索赔。

在 BTS 系统实施了几个月之后，随着仓库和店铺员工系统操作的逐渐熟练，W 公司在供应链管理上取得了可喜的成果：收发差异报表的数据显示，货品索赔和调整的数量明显减少，仓库和店铺的收发货数据越来越准确，系统库存也基本接近真实库存；仓库和店铺系统能够各自提供给供应链部门精确的库存数据，为其下订单、下出货单提供了准确的依据；在内部运作管理上，减少了员工手工记录的工作量，减少了过去由于人工记忆误差带来的工作失误，降低了货品丢失或损坏的概率，提高了店铺、仓库以及供应商之间的信任度；从整个供应链的角度来看，降低了库存管理的成本，提高了公司的销售业绩，供应链管理水平得到有效的提高，W 公司在行业中的竞争力和知名度也得到提高。

二、RFID 在上海现代物流公司配送中心的应用

RFID 技术作为 21 世纪最有发展前途的产业和应用技术之一，受到全世界的关注，目前各国政府和大型跨国公司都在加速推动该技术的研发和应用。配送中心作为物流环节中重要的组成部分，RFID 技术的应用既具有可操作性，又能较好地体现其应用价值。

尽管 RF 旧技术具有多种优势，能够给企业带来诸多利益，但目前 RFID 仍存在着成本、技术标准等制约其发展的关键因素。因此，上海百联集团旗下的上海现代物流投资发展有限公司（简称上海现代物流公司）在开始研究、应用该技术时，就应当充分考虑到上述因素，先从大卖场配送中心的应用着手，待时机成熟后，再逐步向上、下游延伸，最终实现在整个供应链上的应用。

1. RFID 应用层面

RFID 应用可分为单品级、包装箱级、托盘级。上海现代物流公司主要将 RFID 技术应用于大卖场 A 配送中心内，在应用过程中以托盘级管理为主，采用 RFID 标签托盘。

2. RFID 应用环节

RFID 在配送中心应用于货物、周转器具、存储位置和搬运设备等，如图 5-37 所示，主要应用环节包括以下几个方面。

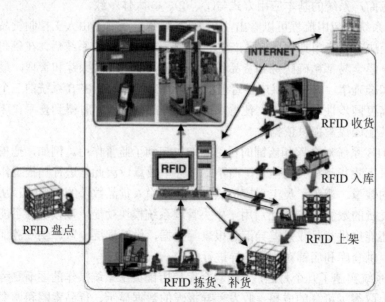

图 5-37　RFID 的应用环节

（1）入库操作。包括利用 RFID 技术进行货物的自动识别，上架路线的计算和引导，上架货位的校验与跟踪，搬运设备的定位、跟踪、导航，周转器具的自动入库登记，并可与周边系统结合进行单证自动打印和相关信息的自动发布等。

（2）出库操作，包括拣选货物、货位、数量的自动识别与校验，执行情况监控与任务再分配，装车指示及跟踪校验，周转器具的自动出库登记，并可通过周边系统进行单证自动打印和相关信息的自动发布等。

（3）库内移动，包括货物、周转器具的自动识别，移出、移入库位的跟踪校验等。

（4）盘点，包括盘点库位的指引与到位检查（特别是立体库位的高位），货物、货位自动识别，数量自动校验（箱级和单品级应用时）等。

此外，RFID 与三维图像技术结合可实时监控仓库内的作业情况，方便管理人员调度及合理分配工作，提高配送中心整体的运作效率。同时，对于操作人员的违规行为也可及时报警，避免由于误操作造成业务混乱或事故的发生。

3. RFID 的应用特点

（1）应用环节

在上海现代物流公司 A 卖场配送中心，RFID 技术应用于配送中心业务运作各主要环节，包含收货、上架、库内移动、拣货、出库、库内管理等。考虑到实用性和可操作性等因素，电子标签目前仅应用于托盘级管理，并在配送中心内循环使用。

（2）硬件方面

充分利用配送中心现有的设施设备，并对其进行改造，实现 RFID 功能。托盘标签、货架标签与手持阅读器、车载阅读器等有机结合，达到了良好的效果。RFID 手持终端，除了拥有全部功能外，还支持标签的读取和写入。

RFID 托盘采取主动应答方式，具有信息存储量大、反复读写、识别距离远、坚固耐用、不易污损等特点。

RFID 智能叉车集成了 RFID 无线车载终端、读写器及天线，能自动识别并显示所运送商品的信息，能自动识别工作任务中的货位，且有警示报错功能，对于各类业务操作可自动实时确认，能通过 RFID 系统对其工作状态、目前所处地点等工作信息进行识别和跟踪管理。

（3）系统方面

充分利用现有的仓库管理信息系统，并将 RFID 应用与之结合，进一步优化业务运作流程，达到提高运作能力、降低运作成本的目的。

4. RFID 的应用效果

RFID 技术在配送中心应用是否成功，主要受到以下几个方面因素的影响：在配送中心闭环环境内的应用效果，业务流程、系统的再设计与现有业务操作系统的重组。应用效果主要体现在服务水平的提高、业务操作成本的降低、库存管理精度的提高、库存成本降低及库存周转率提高等方面。通过应用 RFID 技术，上海现代物流公司 A 卖场配送中心的运作业务达到了理想的效果：上架准确率达到 99.99%以上；收货操作时间比传统模式缩短40%；上架操作速度比传统模式提高 66%；补货、拣货速度比传统模式提高 95%；库存盘点效率提升 40%；仓库管理更加可视化，降低缺货率；运用 RFID 系统，信息传递速度及准确率大幅提高；提高运作效率，节省运作成本。

目前，RFID 已成为 A 卖场配送中心现场操作的重要组成部分，为各环节快速、高效运作提供了有力的保障。

三、语音拣选系统在流通领域中的应用

迪亚天天（以下简称迪亚）是一家食品流通领域的跨国企业，业务遍及 7 个国家（西班牙、葡萄牙、法国、土耳其、中国、阿根廷、巴西）。2011 年，集团总销售额达 111.24亿欧元，全球门店数量 6 833 家。自 2011 年 7 月起，迪亚在马德里证交所上市，是西班牙股票市场风向标 Ibex35 指数之一。

1979 年，迪亚在西班牙马德里建立了第一家门店，开启了"折扣"连锁超市的业务历程。迪亚于 2003 年正式进入中国，主营快速消费品及食品零售，在上海和北京拥有超过450 家门店（260 家直营门店，190 家加盟门店）。迪亚旗下拥有自有品牌商品（Private Label），品类丰富、广受欢迎，所占门店总商品比例高达 50%。自有品牌商品不仅能根据市场及各区域顾客的需求灵活调整，还能保证价格比其他品牌优惠 15%~20%。它的商业模式采用优化成本，贴近居民社区的策略，以求为顾客提供最优性价比的日用消费品和食品。

迪亚集团经营零售业务，其配送中心业务涵盖快速消费品和食品，周物料配送量 19 600笼车，年物料配送量达 100 万笼车，配送中心天吞吐量 5 万箱，周吞吐量 35 万箱。自实施语音技术以来，迪亚集团在上海和北京两个配送中心使用语音拣选，操作员每天轮换 3 个班次，经过语音培训的操作员数量超过 100 人次。

1．挑战：射频扩展成难题，语音技术助发展

迪亚中国在上海和北京各设一个配送中心（DC），以应对配送网络不断提升的需求。为了达到最优的运营效率并保证利润，两个配送中心均采用射频（RF）技术。但是，由于每天需要处理的产品范围广泛，拣选的准确率要求又很高，射频硬件在某些领域无法满足其准确率要求。此外，劳动力及维护成本增加也使射频设备扩展成为一个难题。为了实现更高的生产力，这些技术瓶颈必须得到妥善解决。

咨询了技术合作伙伴之后，迪亚认为能释放双手的语音技术能最好地支持其业务需求——语音技术能帮助其提升准确率、提高订单拣选的速度、更好地监控库存、精简流程并能更高效地利用劳动力。

2．语音解决方案：准确率近乎完美

2008 年 1 月，迪亚决定选用 Vocollect 语音技术替代射频技术，并在两个配送中心全面实施语音技术，应用范围包括拆零拣选、仓库整箱拣选和发货。迪亚还在上海配送中心的冷冻仓库实施语音技术，冷冻仓库内的温度为 0~5℃。

语音系统的其中一个特点是使用校验码，校验码是在库位随机分配的数字，用以验证拣选库位。Vocollect 语音系统用语音指导操作员拣选订单，告诉操作员拣选哪些产品并要求他们运用校验码验证位置和数量等细节。系统要求操作员读出校验码，检验拣选位置是否正确；只有在位置正确时，系统才会发出拣选指令。结果就是准确率近乎完美。

由于语音系统只允许在当前任务执行正确的情况下，才能进行下一项拣选任务，所以

基本上不可能出现错误。这种方式杜绝了射频终端常常出现的输入错误的情况，还能避免发货短缺以及需要耗费时间和金钱成本才能发现的多拣的情况。

安全性也是迪亚考虑的因素之一，实施语音解决方案也是为了保证操作员在装载货盘时，能全神贯注，不需要阅读射频设备的屏幕提示。语音系统通过在操作员和仓库管理系统（WMS）间传递库存细节信息，解决了上述难题。

在冷冻仓库进行拣选时需要积累可变重量，即需要根据客户需求称量具体重量。语音系统解决了称重问题，操作员只需读出写在侧面的重量即可。这一步骤不仅记录了重量，还同时完成了一项拣选。不过，在冷冻仓库，由于冷冻系统工作时噪音很大，所以需要确保操作员能在非常嘈杂的环境中听清楚语音指令。

实施 Vocollect 语音系统，操作员能运用任何方言，直接与仓库管理系统沟通，杜绝了任何语言障碍。

3. 应用效果：培训时间更短，工作效率更高

"之前使用射频扫描系统时，拣选是一个缓慢的过程。我们在冷冻食品仓库经历了很多环境挑战，戴着手套也很难执行拣选任务。"迪亚负责人说。使用射频扫描设备时，阅读和输入数据会出现很多错误并且还会占用很多时间。语音技术让操作员释放了双手，不仅能帮助操作员准时、准确地交货，还解决了在冷冻仓库内戴着手套不方便操作手持设备的问题。在拣选流程实施 Vocollect 语音技术之后，操作员们体验到了 20% 的效率提升。

自 2008 年迪亚在上海桃浦丰田仓库实施语音技术以来，配送中心活动的实时可视性大大提高，因为语音系统为配送中心经理提供仓库活动的宏观视图，实时掌握操作员的工作进度，提供员工生产力的实时监控，使人员管理效率更高。迪亚负责人表示，现在他们的管理人员对完成订单所需要的人力有更清楚的认知，Vocollect 实时用户界面可以帮助他们追踪及认清延误时间。从长远来看，管理人员还可以对这些数据进行分析，观察运营情况是否符合业务目标。

应用了语音技术，还使培训时间显著减少，由过去的 1～2 周缩短至 45 分钟，即使是对于跨文化、母语非中文的操作员也是如此。每位操作员都会创建自己的"语音模板"，Vocollect 系统能辨别出他或她的整套词汇是如何发音的。操作员能以母语回应系统，这让他们觉得能更好地掌握自己的工作，也能让自己的表现更易达标。

4. 语音解决方案的成果

（1）应用语音拣选系统的环境配送中心（DC）地区

① 冷库。

② 新鲜农产品、乳制品、肉类。

③ 干货仓库。

④ 从饮料和包装食品到个人护理产品。

（2）应用语音拣选系统要安装的内容

① Vocollect 语音与自行研发的 DIA 仓库管理系统 （WMS）无缝集成。

② Vocollect Talkman® T5 移动计算设备。

③ Vocollect Talkman® T2X 移动计算设备。

④ Vocollect SR™ 系列耳机。

（3）应用语音拣选系统希望达到的目标

① 提高准确率。

② 更好地监控库存。

③ 降低劳动力成本。

④ 提高客户满意度。

⑤ 提升整体生产力。

⑥ 提升工作效率及成本效率。

⑦ 提升工作环境安全性及员工满意度。

（4）语音拣选系统的应用范围

① 拆零拣选。

② 仓库整箱拣选。

③ 发货。

（5）应用语音拣选系统的成果

① 准确率至少提高 10%，达到 99.995%。

② 生产效率提升达 20%，收益显著。

③ 安全性提高，叉车之间的碰撞减少。

④ 设备状况良好；后勤支持压力减小，节约了成本。

⑤ 培训时间减少，由 1~2 周缩短至 45 分钟。

⑥ 工作满意度提高，释放了双手与双眼。

⑦ 效率提高使得新雇员数减少，人员流动率降低。

通过引入语音系统，迪亚不仅杜绝了射频终端常常出现的输入错误的情况，还能避免发货短缺以及需要耗费时间和金钱成本才能发现的多拣的情况。更重要的是，语音系统只允许在当前任务执行正确的情况下，才能进行到下一项拣选任务，所以基本上不可能出现错误，达到了准确率近乎完美的标准。此外，还大大节省了培训时间，由过去的 1~2 周缩短至 45 分钟，提高了整体工作效率。

本章思考题

1. 什么是自动识别与数据采集技术？

2. 什么是条码？它由哪几部分组成？

3. 条码的特征是什么？

4. 简述中国条码推进工程。

5. 条码识读系统由哪几部分组成？

6. 条码识读需要具备哪些方面的条件？

7. 什么是首次读出率？什么是误识率？什么是拒识率？它们对条码识读有何影响？

8. 简述条码识读器的工作原理。

9. 常用的条码扫描器有哪几种？

10. 何为条码码制？

11. 什么是二维条码？它有哪些特点？

12. 什么是物流条码？与普通条码有哪些不同之处？

13. 物流条码的特点是什么？

14. 简述常用的物流条码标准体系。

15. 物流编码的特点是什么？

16. 什么是 RFID？它有什么优点？

17. 根据 RFID 系统完成的应用功能可以将它分为哪几类？

18. RFID 由哪几部分组成？简要说明每一个组成部分。

19. 简要说明 RFID 的工作原理。

20. 射频识别的分类有哪些？

21. 什么是语音识别？它受哪些因素影响？

22. 什么是语音合成？有哪几种语音合成的方法？

23. 什么是 EPC？它有哪些特点？

24. EPC 与条码相比，有哪些不同之处？

25. EPC 由哪几部分组成？并请分别介绍。

26. 简述 EPC 系统的工作流程。

27. 实施 EPC 系统有什么重要意义？

第六章 物流 EDI 技术

无论从目前的电子商务的现状看，还是从电子商务的未来发展趋势看，商业机构之间的电子商务市场实际上要远远大于消费者的电子商务市场。在商业机构的电子商务中采购主体是公司企业，而且在采购中受时间的约束性较大。公司企业采购的对象多数是中间产品，如用于制造最终产品的原材料、零部件等。公司采购都要遵循一套程序，如相关单据的处理过程可能包括询价、下订单、开发票和银行计算等。由于商业机构之间的商务活动需要遵循一定的管理和程序，因此，电子商务的过程与消费市场的交易过程是不一样的。

商业机构的电子商务技术主要是 EDI。当然 EDI 并不是电子商务的唯一技术手段，但商业机构商务活动的特点决定了企业之间的商务活动多数由 EDI 来实现。因此，EDI 作为企业之间交易活动的主要技术，已成为实现电子商务的重要手段之一。

商业机构的电子商务技术主要是电子数据交换技术，即 EDI。当然 EDI 并不是电子商务的唯一技术手段，但商业机构商务活动的特点决定了企业之间的商务活动多数由 EDI 来实现。因此，EDI 作为企业之间交易活动的主要技术，已成为实现电子商务的重要手段之一。

第一节 EDI

一、EDI 概述

1. EDI 的含义

EDI（Electronic Data Interchange）意为电子数据交换。国际标准化组织（ISO）于 1994 年确认了电子数据交换（EDI）的技术定义：根据商定的交易或电文数据的结构标准实施商业或行政交易，完成从计算机到计算机的电子传输。由于使用 EDI 可以减少甚至消除贸易过程中的纸面文件，因此 EDI 又被人们称为"无纸贸易"。

总之，EDI 指的是按照协议，对具有一定结构特征的标准经济信息，经过电子数据通信网，在商业贸易伙伴的计算机系统之间进行交换和自动处理的全过程。这表明 EDI 应用有它自己特定的含义和条件，主要包括以下几个方面。

（1）使用 EDI 的是交易的双方，是企业之间的文件传递，而非同一组织内部的不同部门之间的文件传递。

（2）交易双方传递的文件是特定的格式，采用的是报文标准，现在即是联合国的 UN/EDIFACT 标准。

（3）双方各有自己的计算机（或计算机管理信息系统）。

（4）双方的计算机（或计算机系统）能发送、接收并处理符合约定标准的交易电文的数据信息。

（5）双方计算机之间有网络通信系统，信息传输则是通过该网络通信系统实现的。这里需要说明的是，信息处理是由计算机自动进行的，无须人工干预。

这里所说的数据或信息是指交易双方相互传递的具备法律效力的文件资料，可以是各种商业单证，如订单、回执、发货通知、运单、装箱单、收据发票、保险单、进出口申报单等；也可以是各种凭证，如进出口许可证、信用证、配额证、检疫证、商检证等。

与其说 EDI 是一项技术，不如说是一项严谨的规范与作业流程。这项流程的完成需要计算机系统和超过技术以外的企业和企业以及银行各部门的配合来完成数据传输的作业流程。

2. EDI 的历史

20 世纪六七十年代初，以微电子、通信、计算机技术为核心的高新技术迅速发展，现代计算机的大量普及、应用及功能的不断提高，已使计算机应用从单机走向系统应用；同时通信条件和技术的完善，通信网络的发展，国际数据传输网及增值网的出现，为 EDI 的产生和发展奠定了技术基础。

工业、交通与通信的发展以及生产社会化促进了经济全球化，产业结构调整，跨国公司的涌现，从而推动了国际贸易的发展，而全球贸易额的上升带来了各种贸易单证、纸面文件数据的激增。由人工处理单证、纸面文件，劳动强度大、速度慢、效率低、出错率及费用高，且在各类商业贸易单证中有相当大的部分数据是反复出现的，浪费了人力，因此，纸面贸易文件成了阻碍贸易发展的一个较突出的因素。另外，制造商、供应商与用户之间，跨国公司与各分公司之间对提高商业文件传递和处理速度、空间跨度和正确性提出了要求，因此追求商业贸易的"无纸化"成为所有贸易链中成员的共同需求。正是在此背景下，以计算机应用、通信网络和数据标准化为基础的 EDI 应运而生。EDI 一经出现便显示出了强大的生命力，迅速在世界各主要工业发达国家和地区得到广泛的应用。

EDI 技术的萌芽始于 20 世纪 60 年代，于 70 年代在西方发达国家得到了迅速发展。它是随着计算机技术和网络通信技术的迅速发展应运而生的产物，是商贸和行政管理走向现代化和自动化发展的必然结果。

我国 EDI 起步较晚，于 20 世纪 90 年代初才开始，但因为有了借鉴，故起点较高。为了更好地促进我国市场经济的发展，提升我国企业在世界上的竞争力，必然在我国大力推广 EDI 的应用。EDI 的推广应用要基于计算机技术和网络通信技术的发展。

EDI 其实是电子商务的先驱和早期形式，在 20 世纪 60 年代，美国一些大的公司（主要是航运业）开始组建专有网络，实现点对点的通信，以便在商业伙伴之间分享关于销售、供应等信息和实现资金传送、订单处理等。这种早期的电子数据交换方式，要求商业伙伴之间建立相同的信息管理系统，它优化了企业之间的采购过程，几乎消除了纸面作业和人工干预。

在 20 世纪 70 年代，传输数据协调委员会（TDCC）首次采用了 EDI 的概念。TDCC 为供货商们创建了事务集合，为了对购货订单和账单进行电子处理，它们必须遵循该标准。EDI 是一种在业务的应用或平台间用电子格式交换数据的过程，无须手工介入。

那时的技术状况与目前很不一样，缺少能普遍使用的功能强大的 CPU、没有公共的传输基础、没有灵活的文件格式，所以它们只能定义严格的事务集合。这些事务集合对数据的内容、结构和处理需求进行了阐述。换句话说，在事务集合中嵌入了商业规则。

商业规则与事务集合定义的结合引起了许多问题，其原因有以下几点。

（1）不同公司可能有不同的商业规则。

（2）某种规模的公司所采用的商业规则，在另一种规模的公司中可能完全不适用。

（3）根据市场的动态变化，商业规则也会随之变化。

简而言之，一成不变的、严格的事务集合的使用，虽然在当时是必要的，但它限制了 EDI 的价值体现，从而阻碍了它的发展。

早期的或者说是传统的 EDI 存在着明显的弱点：早期的 EDI 是点到点，只是在两个商业伙伴之间依靠计算机与计算机直接通信完成的。初期投资成本较高，专网连接使得大多数中小企业难以承受。随着 Internet 的发展与普及，Internet 将 EDI 从专用网扩大到了互联网，为 EDI 提供了一个较为廉价的服务环境，较好地满足了大量中小企业使用 EDI 的需求，也给 EDI 带来了新一轮的发展机遇。

随着计算机技术和网络通信技术的不断成熟，EDI 于 20 世纪 70 年代得到了迅速发展。20 世纪 70 年代，数字通信技术的发展大大加快了 EDI 技术的成熟和应用范围的扩大，出现了一些行业性数据传送标准并建立了行业性 EDI 系统，主要集中应用在银行业、运输业和零售业，如当时银行业发展的电子资金汇兑系统 SWIFT 和日本的杂货物流系统 PLANET。

3. 传统 EDI 存在的问题

传统的 EDI 存在着很多问题，这些问题限制了它的发展。其中最严重的一个问题是：它是以对固定事务集合的传递为基础的。这种僵化的模式限制了公司通常所必需的发展需求，如引进新的产品和服务、进一步发展或替换公司的计算机系统等。

此外，这些事务集合还规定了对数据的严格的处理方法。这些处理方法并不能被不同行业和不同规模的公司所普遍接受。标准化的进程太慢了，无法与当今不断加速的商业步伐相适应，这使得问题更加复杂。

另外，实现传统的 EDI 所需的高昂的固定费用对于中小型企业来说实在太高了。简而言之，除了 EDI 所带来的好处外，它还存在着一大堆问题，使它不能被全世界普遍采用。

（1）固定的事务集合

EDI 目前是建立在固定的事务集合的基础上的。例如，一个 contact 字段有可能包含姓名、职称、所属公司、公司地址和电话。然而公司并不能灵活地增加或删除字段。事务集合会妨碍它们发展新的服务和产品，并妨碍它们改变计算机系统和改善对业务的处理。不管 EDI 带来了多么巨大的好处，由于每一对商业伙伴之间都需要专用的进行数据映射的客户软件，所以这种方法非常不灵活，使公司无法维持其正常运行。

（2）缓慢的标准发展过程

EDI 标准是由非正式的标准组织定义的，难以跟上受其影响的各种商业环境快速变化的步伐。这些标准适用于许多具有不同需求的公司，它们不仅包含技术本身，还包含相关的业务处理。这样一来，即使有可能开发满足所有需求的解决方案，开发过程也将是非常缓慢而艰难的。

目前定义事务集合标准的过程可能会持续几年。在当今高速变化和激烈竞争的商业环境中，这显然是行不通的。然而，在试图用 XML（扩展标识语言）的 DTD（文档类型定义）形式来创建企业技术的起步过程中，传统 EDI 标准组织的工作还是很有价值的。

历史上用自上而下方式定义和管理的技术标准，如 EDI 标准，已被自下而上的标准所替代，这些自下而上的标准允许人们进行独立的、分布式的开发。换句话说，像 XML 这种具有更大的灵活性和多样性的技术，在为不同的实现版本提供兼容性的同时，还替代了像固定的事务集合这样不灵活的解决方案。XML 标准化过程是由万维网（W3C）协会管理的。

（3）不标准的标准

尽管标准化过程很严格，但对这些标准的解释仍存在着某种随意性。一个最简单的事实就是：每个公司都有自己独特的需求，并且还要把这些不同的需求翻译成与其商业伙伴共享的信息。

在现实中定义"标准"时，与供应商相比，客户更具经济优势。于是，供应商就被迫为每个商业伙伴单独寻求解决方案。在许多比较流行 EDI 的企业中，供应商似乎总是两者中实力比较弱的一方，这使财政问题更加严重。

由于各公司存在不同的信息需求，因此不可能做到让 EDI 标准满足所有需求。公司的规模、重点、产业、系统等方面的多变性将继续酝酿出各种不同的需求。公司在开发客户软件和对打包应用程序的定制方面所花费的精力就是很好的一个例子。

（4）高额的固定费用

大公司能享受 EDI 所带来的财政效益和操作便利，而中小型企业则很难享受到同样的好处。这是因为实现 EDI 需要高额的固定费用，这笔费用与它所能节省出来的费用必须达到某种平衡。

大型企业实现 EDI 不一定比中小型企业贵多少，因为两者的自动化程度不一样。实际上，为中小型企业实现 EDI 可能会更贵一些。大公司通常只要实现一个 EDI 标准，而中小型企业必须适应其大商业伙伴们的各种各样的 EDI 标准，这可能会很昂贵。

EDI 带来的收益也是可变的。如果节省的费用占处理费用的 2%，对于像生产汽车座位弹簧的厂商来说可能不算什么，但对于像通用、福特或克莱斯勒这样的大汽车公司来说可就是一笔大数目了。也就是说中小型企业不适合为完善传统的 EDI 付出高额的固定费用。

（5）固定的商业规则

商业规则作为实现指南封装在事务集合的定义中。然而，商业规则不能被立法，也不能被严格地定义。

一个大企业所用的商业规则可能在一个中小型企业中完全不适用。更糟的是，为一个中等规模的企业所制定的商业规则，在一个小企业中也可能根本不适用。

不同行业间的商业规则也不同，甚至同一行业中具有同等规模的公司也会实现不同的商业规则。而且，商业规则是随时间变化的。

传统 EDI 太注重把处理方法作为事务集合的内在部分，这是一个致命的缺陷。像 XML

这样的新技术就把处理方法或商业规则同数据的内容和结构分离开来。实现这种分离对于 EDI 的广泛采用至关重要。

事务集合和商业规则间的连接又带来了另外的问题。现实生活中要实现 EDI，一般都要求为每一对商业伙伴单独提供客户方的解决方案。当试图去实现或修改全局的商业规则时，所有这些解决方案都会受到影响。

（6）有限的渗透

与其他自动化技术的渗透能力相比，EDI 的渗透力相当有限。但是 EDI 的大部分价值在于它完全消除了硬复制处理方法。

正如前文所提到的，使用 EDI 的收益并不遵循 80/20 的规则，因为将供应商的前 80% 的业务转到 EDI 只能节省潜在费用的 20%，而剩下的 80%的费用仍旧无法节省，因为公司在采用电子处理方法的同时，必须仍旧维持所有旧的手工处理方法。只有用 EDI 替换了所有手工处理方法后，才能最大限度地节省费用。

4. EDI 标准的提出

为了更好地克服上面所提到的各方面的问题，使 EDI 能够更好地发挥作用，20 世纪 70 年代初，美国开始着手制定 EDI 的行业标准，并于 1975 年出台了第一个行业 EDI 标准。随即，欧洲也于 20 世纪 80 年代初推出了欧洲的 EDI 标准。目前国际上通用的 EDI 标准是由联合国欧洲经济委员会（UN/ECE）于 1986 年制定颁布的《行政、商业和运输用电子数据交换规则》（即 UN/EDIFACT 标准）。

20 世纪 90 年代中期，随着 EDI 增值服务的出现和行业标准的逐步通用化，EDI 得到了更为快速的发展，实现了跨行业的应用。EDI 在贸易伙伴间长期、稳定的供求链中发挥着重要的作用，比如通过快速响应或准时制（Just in Time）机制实现即时订货就体现了 EDI 的功效，同时又降低了交易成本。

为了真正实现 EDI，商业伙伴必须采取以下几个步骤。

（1）商业伙伴要达成称为商业协议的某种协议。

（2）选取某种增值网（VAN）。

（3）商业伙伴订购或自己编写客户软件，对双方所使用的两种数据集合的格式进行映射。

（4）每当有新的商业伙伴加入时，都要编写新的软件，以便将发送方的数据集合翻译成接收方所能识别的格式。换句话说，对于每一个新的商业伙伴，上述步骤都要从头做起。

5. EDI 的特点

经过 20 多年的发展与完善，EDI 作为一种全球性的、具有巨大商业价值的电子化贸易手段/工具，具有以下几个显著特点。

（1）单证格式化

EDI 传输的是企业间格式化的数据，如订购单、报价单、发票、货运单、报关单等，这些信息都具有固定的格式与行业通用性。而信件、公函等非格式化的文件不属于 EDI 的处理范畴。

（2）报文标准化

EDI 传输的报文符合国际标准或行业标准，这是计算机能自动处理的前提条件。目前最为广泛使用的 EDI 标准是 UN/EDIFACT 和 ANSI X.12（由美国国家标准局特命标准化委员会第 12 工作组制定）。

（3）处理自动化

EDI 信息传递的路径是计算机到数据通信网络，再到商业伙伴的计算机，信息的最终用户是计算机应用系统，它自动处理传递来的信息。因此，这种数据交换的模式是机—机、应用—应用，不需要人工干预。

（4）软件结构化

EDI 功能软件由五个模块组成：用户界面模块、内部 EDP（Electronic Data Processing）接口模块、报文生成与处理模块、标准报文格式转换模块、通信模块。这五个模块功能分明，结构清晰，形成了 EDI 较为成熟的商业化软件。

（5）运作规范化

EDI 以报文的方式交换信息有其深刻的商贸背景。EDI 报文是目前商业化应用中最成熟、最有效、最规范的电子凭证之一，EDI 单证报文具有法律效力已被普遍接受。任何一个成熟、成功的 EDI 系统，均有相应的规范化环境作基础，如 EDI 存证系统、商贸伙伴的协议、管理法规与相应的配套措施。例如，联合国国际贸易法委员会制定了《电子贸易示范法草案》，国际海事委员会制定了《电子提单规则》，上海市制定了《上海市国际经贸电子数据交换管理规定》等。

二、EDI 的价值

虽然传统的 EDI 实现起来代价和难度很大，但它潜在的好处还是很明显的。那些已经实现了 EDI 的公司都在宣扬它的好处：提高效率，改进供货商管理，节约费用，更有效地访问制定决策所需的信息，更严密地控制存货清单，更好地对客户要求做出反应，以及在市场竞争中更多地吸引新的客户。

最初，EDI 主要是为了提高公司的效率而实现的，它消除了费用高昂而低效的手工处理方法，如对购货订单和账单的处理。两个或多个公司的计算机之间共享这些信息，可以显著地提高效率。

但如果将商业活动全部转到 EDI 上，所获得的最大的好处在于消除了所有的硬复制过程。传统的 80/20 规则对于 EDI 正好相反，就是说你的商业伙伴中最后的 20% 如果转向 EDI 的话，则可以为你节省 80% 的费用。这是因为即使 80% 的商业伙伴在使用 EDI，你还必须为剩下的 20% 没有使用 EDI 的伙伴维持同以前一样的手工处理方法。虽然大多数公司不能完全从硬复制处理方式转向 EDI，但公司所节省的 20% 的费用仍然是很明显的。如果 EDI 无处不在，那么公司就可以完全消除其手工处理过程，从而更大幅度地节约费用。

使用 EDI，公司还能更有效地管理它们的供货链，从而把从发放订单到收到货物所需的平均时间从几周缩短到几天。通过加强对存货清单的控制，公司能够减少在此方面的投资，同时还能帮助找出公司业务中存在的问题。对于那些存货清单的开销在业务中占很大比例的企业，如制造业，这意味着能节省大量的费用。

　　EDI 还能将典型的订单产生、交付和处理的整个过程缩短 5～7 天，从而减轻流动资金的压力。把 EDI 和电子资金传输（EFT）结合起来以后，公司还可以把资金周转周期进一步缩短 8～10 天以上。如果涉及的金额很大，这将意味着可能节省大量的费用。

　　EDI 还能为公司提供制定决策所需要的大量实时信息。每个人都可能回想起这样的经历：由于缺乏足够的数据来判断危机的严重程度，等到察觉时却为时已晚。用了 EDI 以后，公司就能实时地访问完整的数据，搜集和操作与供货商及客户之间的信息，并对其做出权衡，这对于公司的成功是至关重要的。

　　对客户要求的反应能力正变得越来越重要，许多公司为了显著提高这种能力而采取了一些技术。"联邦快递"（FedEx）就是一个很好的例子，他们创建了一个站点，用户可以在这个站点上查到包裹目前的状态。FedEx 通过端到端的 EDI 实现了上述功能。他们获取了包裹在每一步传递过程中的状态信息，并允许客户访问这些信息，这使他们在客户支持方面占据了领先地位。这对于业务的建立和成长是至关重要的，尤其是在互联网时代。

　　有些公司与一个供货商建立了 EDI 之后，就开始把它用于其他潜在客户，使之成为一个独特的卖点，并由此增长了业务。随着 EDI 应用范围的扩展，公司可能会不接受那些无 EDI 能力的供货商，这可能会成为一种趋势。这些再一次表明，如果全世界的业务都能转向 EDI，所节省的费用将是惊人的。

三、EDI 的分类

　　根据 EDI 的作用和功能，EDI 可分成以下四类。

1. 贸易数据交换类 EDI

　　贸易数据交换类 EDI 是一种最基本也是应用范围最广的 EDI，主要用电子数据文件来传输订单、货票、发票、通知等，这种 EDI 系统又称为订货信息系统和贸易数据交换系统（Trade Data Interchange，TDI）。

2. 电子金融汇兑类 EDI

　　电子金融汇兑类 EDI 最直接或最通常的表现形式是电子金融汇兑系统（Electronic Funds Transfer，EFT），即在应用 EDI 的企业与银行间进行电子费用的汇兑。目前，EFT 正与电子订货系统进行有效的整合，以形成自动化水平更高的订货、支付一体化系统。

3. 交互式 EDI

　　交互式 EDI，即互动式应答系统（Interactive Query Response，IQR）。这种 EDI 在应用时要先咨询一些与订货相关的内容，然后根据需要再确定具体的条款。例如车票预售系统，售票员需通过交互式 EDI 向旅客提供他需要了解的车次、始发时间、到达目的地时间、票价等问题，然后根据旅客的要求打印车票。

4．图形传送类 EDI

图形传送类 EDI，就是将带有图形的资料进行 EDI 传送，最常见的是将计算机辅助设计（CAD）的图形进行传输。将交互式 EDI 和图形传送类 EDI 结合，就可实现异地的同步设计。

四、EDI 的安全措施

EDI 的安全措施主要有以下几个。

（1）对 EDI 用户进行身份和密码的验证。

（2）对 EDI 数据的交换各方进行贸易伙伴关系的检查。没有通过伙伴关系检查的，就不能接收、发送 EDI 单证。

（3）对 EDI 单证进行重复性检查，防止同一文件重复发送。

（4）对 EDI 报文进行检查，对不符合标准的，原址退回。

（5）对进行 EDI 交换的数据进行完整性检查，以防止接收的数据被改动或有变码。

（6）对整个 EDI 单证的收、发、处理全过程进行审计跟踪，防止否认和抵赖。

（7）支持数字签名，防止否认和假冒。

五、EDI 的发展趋势

EDI 技术现今还在不断发展和完善中，不过 EDI 的推广应用的确大幅度提高了商贸和相关行业（如报关、商检、税务、运输等）的运作效率。20 世纪 90 年代以来，美、日、西欧、澳大利亚及新加坡等国家已陆续宣布，对不采用 EDI 进行交易的商户，不予或推迟其交易文件的处理，这就给非 EDI 商户造成了巨大压力，甚至会给其造成巨大的贸易损失。

目前，大部分的 EDI 用户所做的工作只占其纸张文字工作的 10%，人们期待着无纸办公时代的到来。未来 EDI 不仅在供销订货方面有用，而且在企业以外的其他方面也会施展才能，如市场研究等。

另外，基于 EDI 的专家系统，将会为未来的自动化事务处理铺平道路。例如在家庭计算机上使用健康监视装置，还可以安装家庭娱乐设施等。

EDI 还可与很多目前已经成熟的技术结合使用，如同条形码技术、EFT（电子资金转账）、ATM 等一起联机使用，因而将会产生更大的经济和社会效益。

1．新型 EDI

扩展标识语言（XML）为 EDI 提供了在互联网上的解决方案。XML 是一种通用的表示法（数据格式），它允许计算机存储和传输那些能够被其他计算机系统理解的数据。XML 保持了数据的内容和结构，而将商业规则从数据中分离出来。这样一来，每个商业伙伴都可以采用自己的商业规则。这种灵活性是提供 EDI 的完整解决方案的关键。

把 XML、互联网、基于互联网的服务和数据库连接等技术结合起来，就有了针对新型 EDI 的完整解决方案。而且，这些技术不仅能改变 EDI，还会改变整个商业模式。EDI 将供应链上的许多专用的互联方式转变为"供货网（Supply Web）"方式。供货网是互联网上的一种智能化的公用的网络结构。

根据 Metcalfe 法则，网络的价值与用户数的平方大致成正比。想象一下，当 EDI "网络"从很多一对一的关系转变为一个事实上包括全世界所有公司的真正的网络的时候，这意味着什么？对于那些已经为内部自动化系统投入了大量资金的公司来说，其系统的价值突然增加了几个数量级。这种信息还能被客户利用，增强供货商和客户之间的关系，借此增强客户的信任度。

这是技术史上的关键时刻。随着 XML 的出现，EDI 形成一个通用机制的所有条件都已具备。互联网为其提供了传输手段，XML 为其提供了灵活的、可扩展的、结构化的消息格式，各种基于互联网的服务为其提供了安全性、事务完整性、认证、连接稳定性、网络故障自动恢复等一系列解决方案，再加上尖端的数据存储技术，这就拥有了将各公司的自动化孤岛联合成一个统一的电子商务网所需的所有技术。这将显著地提高效率，节省费用，还可以更好地访问那些在分析和制定决策时所需的实时数据，更好地管理存货清单等。新型的 EDI 已经成为在万维网上应用 XML 的一个推动力量。

2．Internet 对 EDI 的冲击

EDI 从未被广泛接受，但 Internet 让它又卷土重来。小型和中型公司的网络管理员可期望处理新一代易于使用的、基于 Internet 的 EDI 服务和互可操作的软件。

过去 20 年内只能在专用网络和平台上运作的 EDI，只在世界范围内吸引了大约 100 000 个用户。而且 EDI 软件只可从少数软件开发商处获得，这些软件也不能互操作，这使得贸易伙伴必须使用相同的平台。

但基于 Internet 的服务和互操作软件的保证，那些有兴趣在 Internet 上进行这类电子商务的公司可广泛获得 EDI。低价服务和基于 TCP/IP 的互操作应用使得各种规模的机构可从 EDI 技术中获益。Internet 提供大规模连接而无须特殊网络基础结构，使得 EDI 贸易伙伴可与最广范围内的可能的公司进行业务往来。这些 Extranet（允许选择外来者进入的 Internet）的体系结构，如图 6-1 所示。

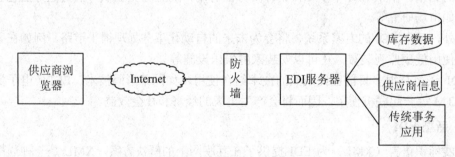

图 6-1　基于 Web 的 EDI

Internet 把应用领域分级了。任何可承受 PC 机、调制解调器、每月 ISP 费用的公司可参与 EDI 商务。有较少资源的小型公司也可与相应的大公司齐头竞争，如 Amazon.com 和 Barnes&Noble 间的竞争。

公司间的电子商务要对现有业务处理实施 Internet 技术，然后在传统系统和订单项目及顾客服务应用间建立关键链接。这不用大型的新通道，便可节省开支和取得顾客的信任。

Internet EDI 系统比较容易实现，并且准备采用技术上的改变。Internet 可被潜在供货商和顾客广泛访问，有传统 EDI 系统的大型公司也在网络上支持 EDI 以保持竞争力。

以前，小型供应商只在希望与大公司进行贸易时才被迫使用 EDI。但是，使用 EDI 的代价太高了，有时小公司不得不放弃与大型公司的生意。现在，网络以相当低的价格提供通信能力。那些希望与大型公司交互的小公司可通过安装 EDI 软件并使用 Internet 通信，或者依靠 EDI 小商店（boutique）来实现。EDI 小商店是收取一定费用提供 EDI 能力的外部厂商，很像最初的 EDI 服务局。

3. EDI 在互联网时代面临的问题

EDI 电子数据交换的应用是一个需要大量资金投入和专业技术人员操作的复杂系统，因此成为大型企业独享的先进电子商务工具，而对于中小企业来说难以实现，这是 EDI 产生几十年来仍未广泛普及的重要原因。近 20 年来，PC 机大幅度降价，Internet 以其开放和价格低廉的特点风靡全球，使中小企业的电子商务愿望得以实现。同时对传统的 EDI 构成了严重的威胁。

（1）信息基础设施建设问题

信息基础设施是制约 EDI 发展的"瓶颈"。虽然我国的通信基础设施已有很大的发展，中国公用电子数据交换网络在全国 14 个城市建立了节点，海关总署、交通部和外经贸部也都开始组建全国性的 EDI 网络，但从互联程度、响应速度、带宽及覆盖范围来说，与 EDI 和电子商务发展的要求还相去甚远。

（2）信息意识问题

Internet 连接着全世界的所有国家和地区，有丰富的信息资源。与 Internet 相比，EDI 上的信息资源是微不足道的，不能满足现代电子商务的需要。而且，我国的企业计算机普及率低，应用水平也不高，对产、供、销、人、财、物等重要资源的管理大多尚未实现电子化，信息的获取、处理和运用还停留在初级阶段。大部分企业对于信息带来的效益和提高竞争力的重要性认识不够，信息意识薄弱。

（3）市场问题

Internet 是一个国际性的开放型网络，在 Internet 上注册、建站、浏览的企业和人员的数目巨大，企业通过 Internet 很容易把市场扩大到全世界，而在封闭的 EDI 系统中几乎是不可能的。纵然 EDI 技术先进、安全性强，封闭的致命弱点也将成为扩展市场的障碍。

（4）费用问题

传统的 EDI 费用巨大，中小企业是根本无法承受的，EDI 成为中小企业商务活动的技术壁垒，大型企业垄断了电子商务的优势。Internet 为中小企业提供了新型的电子商务平台，且在信息、费用、市场等方面占尽优势，EDI 技术面对 Internet 的挑战不得不进行适当的调整。

（5）应用问题

Internet 对数据交换提供了许多简单而且易于实现的方法，用户可以使用 Web 完成交易。简单的操作、强大的在线支持和 ISP 的服务极大地方便了中小企业在 Internet 上开展电子商务，这是网络普及的另一个重要因素。靠资金垄断、技术垄断的 EDI 在 Internet 时代失去了原来的优势。

（6）生存问题

Internet 的发展，给中小企业提供了蓬勃发展的信息技术，已成为当今参与国际贸易竞争的重要手段。传统 EDI 的弱点阻碍了它的发展与普及，在 Internet 时代面临着两个选择：被 Internet 淘汰，或者变革适应当代基于 Internet 的商务环境。EDI 选择了变革，在保持原有系统的安全性和自动化商务流程的基础上，融合 Internet 的资源费用等优势，开辟了更广阔的电子商务服务领域。

（7）法律问题

电子商务完全不同于传统的商务活动，会带来一些新的法律问题，如交易的有效性和合法性。这需要成熟且统一的法律框架进行公证和仲裁，以保护电子商务活动顺利进行。在最新版的《合同法》第十一条中，对电子邮件和 EDI 单证的地位作了一些认定，在这方面迈出了第一步。

（8）互联问题

目前各行各业还存在各自独立进行信息化建设的倾向，已建成的网络之间在兼容性和互操作性方面存在问题。因此，需要打破行业垄断，互相协作，实现网络互联，以形成具有高价值的综合网络。上海的国际经贸 EDI 网络通过市政府牵头，以邮电的公用 EDI 平台为市级中心，实现了与海关、港航和外经贸 EDI 分中心的互联，是一次有益的尝试。

4．Internet EDI

Internet 和 EDI 的联系，为 EDI 的发展带来了生机，基于 Internet 的 EDI（简称 Internet EDI）成为新一代的 EDI。用 VAN 进行网络传输、交易和将 EDI 信息输入传统处理系统的 EDI 用户，正在转向使用基于 Internet 的系统，以取代昂贵的 VAN。目前，Internet EDI 有下列四种形式。

（1）MIME EDI

Internet Mail 是最早把 EDI 带入 Internet 的方式，用 ISP 的 Internet 服务代替了传统 EDI 依赖的 VAN，解决了信息传输的费用问题。但是，这种方式最大的弊病就是安全性低，因为 Internet 的电子邮件系统是基于简单的电子邮件协议（SMTP），缺少保密性、不可抵赖性、交付确认功能，同时也不能适应多媒体邮件的要求。因此，要将 SMTP 应用到电子商务和 EDI 上，必须对原有标准进行改进，以满足 Internet 和 EDI 用户使用电子邮件传送文件的需求。

为此，1993 年出现了多功能 Internet 邮件扩展标准 MIME（Multipurpose Internet Mail Extensions）。MIME 是 Internet 上电子邮件使用的一种模块化的、可扩展的新型信息格式，可以表示多媒体信息和对传送的信息进行保密处理。同时，MIME 与 SMTP 兼容，MIME 使"活动"邮件和交互式邮件成为可能，使用户能够利用电子邮件实现 EDI 数据的 Internet 传输。

这种用多功能扩充电子邮件 MIME 传送 EDI 信息的 Internet 与 EDI 结合方式，称为 MIME EDI，是在 Internet 上实现 EDI 最简单的方式，具有投资少、见效快的特点。

（2）IC EDI

EDI 数据通过各种标准进行交换，但实际上也有例外。例如商业规则中的填订购单，销售商可能想增加注释，因为这些注释反映了一定的商业操作，必须支持它们；现实世界中的标准、每个国家的特殊要求会使标准变得非常复杂；实现 EDI 时，不同企业根据需要对使用的标准 Standard IC（implementation convention）进行一定的选择，去掉它们根本不使用的部分，即开发 IC，形成被裁剪了的标准信息版本，进行 EDI 电子数据交换。用适用企业数据交换中的数据格式和传输速率的标准 IC，在 Internet 上传送 EDI 数据的 Internet 与 EDI 结合方式，称为 IC EDI。它实现了 EDI 节省费用的目标。

（3）Web EDI

通过浏览器和 Internet 连接去执行 EDI 电子数据交换的 Internet 与 EDI 结合方式，称为 Web EDI。Web EDI 是在 EDI 中心建立 Internet Web Server，并在 Web 上开发可以和 EDI 格式相互转换的 Internet 表单供用户使用。表单就成为 Internet 系统和 EDI 系统的接口。

对于使用 EDI 的大企业来说，要实现与 Internet 交易伙伴的信息交换，就要把自己的 EDI 信息开发成 Internet 上使用的表单，然后把它放到 Web 站点上。而对于一些在 Internet 上从事电子商务的中小企业来说，登录到相应的 Web 站点上，选择他们感兴趣的表单，填写后提交给 Web 服务器，就实现了与 Web EDI 开发者——使用 EDI 的大企业的电子数据交换。

各种 Internet EDI 的方式，尤其是 Web EDI 方式的使用，为传统 EDI 的发展带来了新机。但 Web 上使用的 HTML 标识语言过于简单，也给 EDI 的应用和基于 Internet 的电子商务带来了限制。

（4）XML EDI

XML 所采用的标准技术解决了 HTML 标识语言过于简单的问题，在 Web 开发中得到广泛应用，通过 Internet 连接 XML 语言的 Web 界面去执行 EDI 电子数据交换的 Internet 与 EDI 结合方式，称为 XML EDI，它是一种新型的、功能增强型的 Web EDI 形式。

① XML 标识语言。XML（Extensible Markup Language）是一种新的数据描述语言——可扩展标识语言，于 1996 年 11 月波士顿 SGML（Standard Generalized Markup Language）年会上公布于世。相对于 HTML 只是 SGML 衍生出来的一种文件格式，XML 则在保持 SGML 功能的基础上免除了其繁复，这使 SGML 的优秀品质能方便而直接地被用在 Web 开发上。

② XML 与 HTML 的区别。

❑ 可扩展性：HTML 不允许用户自行定义他们自己的标识或属性，而在 XML 中，用户能够根据需要，自行定义新的标识及属性名，以便更好地从语义上修饰数据。

❑ 结构性：HTML 不支持深层的结构描述，而 XML 的文件结构嵌套可以复杂到任意程度，能表示面向对象的等级层次。

❑ 可校验性：HTML 没有提供规范文件以支持应用软件对 HTML 文件进行结构校验，而 XML 文件可以包括一个语法描述，使应用程序可以对此文件进行结构确认。

此外，在超链接方面，HTML 虽然可以链接本机或其他主机上的文件，但只能指定单向且固定的链接位置。XML 可以建立多重链接，除目标网页位置外，同时可提供如何从其他网址链接的信息，可以进一步指定目标网址找到后的动作。

③ XML EDI 的特点。XML 是专门为 Internet 通信而设计的，其强大之处就在于它具有一套统一的数据格式，可以从不同的来源集成数据，将多个应用程序所生成的数据纳入

同一个 XML 文件并传送到客户机上，数据的分析和确认也不需要程序性逻辑，显示的格式化理论只要 XML 在对象模型和浏览器对象模型间进行映射，使得数据管理更加方便，数据处理和交换成本降低。

（5）对称的 EDI

Web EDI 允许中小企业只需通过浏览器和 Internet 连接去执行 EDI 交换，而 XML EDI 则能让所有的参与者都从 EDI 中得到好处，它是对称的 EDI。这一方面由 XML 的结构化和文件格式定义（DTD）特点所致；另一方面则由于 XML 的超链接，可以进一步指定目标找到后的动作。XML 本身的互操作性，使 XML EDI 的参与者都能从中受益。

六、EDI 在我国的应用

1. 我国 EDI 应用概况

EDI 技术自 20 世纪 90 年代初传播到我国以来，经过 10 多年的推广应用，已经成为我国信息化建设的重要内容之一。

1991 年，由原国务院电子信息推广应用办公室牵头，国家科委、外经贸部、海关总署等部门共同组织成立了"中国促进 EDI 应用协调小组"，并以"中国 EDI 理事会"的名义参加了"亚洲 EDIFACT 理事会"，成为该组织的正式会员，有力地促进了 EDI 技术在我国的推广应用。1993 年，国家为进一步发挥宏观控制和组织调控的优势，统一组织进出口管理部门、海关、税务、国家计委、中国银行、保险、邮电、国家技术监督局、国务院电子办等单位协调制定了 EDIFACT 在我国的标准和相应应用系统的开发，提出了要实施"四金"工程。这"四金"工程分别为"金桥"工程（即国家网络信息化建设工程）、"金卡"工程（即国家金融信息化工程）、"金关"工程（即国家外贸处理信息化工程）和"金税"工程（即国家税务信息化工程）。"四金"工程的实施，从整体上确定了我国未来社会信息化建设的总体框架。同时，各省、市、自治区及中央各部委也几乎都设立了专门的职能部门来负责协调督促有关 EDI 的应用推广工作，并组织了 EDI 的应用试点。

在我国的 EDI 应用中，EDI 网络服务中心发挥着重要的作用。它作为 EDI 业务的第三方，向 EDI 用户提供 EDI 的各种增值服务、网络服务、信息服务以及其他相关服务，是 EDI 用户之间连接的服务提供者。EDI 服务中心不仅是一个大型的信息交换中心，提供完整的 EDI 服务，保障信息交换的可靠性，还具有权威性和用户认同性，能起举证、公证等作用。所以 EDI 中心的建设和运行，在我国 EDI 推广应用中十分重要。我国目前的 EDI 中心建设已初见成效，在上海、深圳、大连、天津等经济发达地区已有一部分 EDI 中心开始实际运营。这些 EDI 中心的建成营运，将把我国 EDI 的应用推向一个新起点，使广大 EDI 用户受益匪浅。

2. EDI 业务应用领域

（1）商业贸易领域

在商业贸易领域，通过采用 EDI 技术，可以将不同制造商、供应商、批发商和零售商等商业贸易之间各自的生产管理、物料需求、销售管理、仓库管理、商业 POS 系统有机地结合起来，从而使这些企业大幅提高其经营效率，并创造出更高的利润。

商贸 EDI 业务特别适用于那些具有一定规模的、具有良好的计算机管理基础的制造商，采用商业 POS 系统的批发商和零售商，以及为国际著名厂商提供产品的供应商。

（2）运输业领域

在运输行业，通过采用集装箱运输电子数据交换业务，可以将船运、空运、陆路运输、外轮代理公司、港口码头、仓库、保险公司等企业之间各自的应用系统联系在一起，从而解决传统单证传输过程中的处理时间长、效率低下等问题；也可以有效提高货物运输能力，实现物流控制电子化，从而实现国际集装箱多式联运，进一步促进港口集装箱运输事业的发展。

（3）通关自动化

在外贸领域，通过采用 EDI 技术，可以将海关、商检、卫检等口岸监管部门与外贸公司、来料加工企业、报关公司等相关部门和企业紧密地联系起来，从而可以避免企业多次往返多个外贸管理部门进行申报、审批等，大大简化了进出口贸易程序，提高了货物通关的速度，最终起到改善经营投资环境，加强企业在国际贸易中的竞争力的目的。

（4）其他领域

税务、银行、保险等贸易环节之中，EDI 技术同样也具有广泛的应用前景。通过 EDI 和电子商务技术（ECS），可以实现电子报税、电子资金划拨（EFT）等多种应用。

第二节　EDI 的系统结构与工作原理

一、EDI 的系统模型及构成

通过对 EDI 的定义进行分析，我们不难看出，EDI 包含了三个方面的内容，即数据标准化、EDI 软件及硬件和通信网络，这三个方面相互衔接、相互依存、共同构成 EDI 的基础框架。EDI 系统模型如图 6-2 所示。

图 6-2　EDI 系统模型

EDI 信息的最终用户是计算机应用软件系统，它自动地处理传递来的信息，因而这种传输是单机—单机、应用—应用的传输，为 EDI 与其他计算机应用系统（如 MIS 系统）的互联提供了方便。

从应用的角度上讲，整个 EDI 应用系统一般由 EDI 服务中心、网络和客户端所组成，客户端又称为 EDI 业务需求方，包括业务提交方和业务受理方。

从 EDI 的功能结构上讲，EDI 主要由 EDI 硬件、EDI 软件、EDI 通信网络以及 EDI 数据标准四大部分组成。下面详细介绍各组成部分的内容。

1. EDI 数据标准

EDI 数据标准，指的是数据的格式和内容，这也是 EDI 的具体标准。EDI 标准是由企业、地区代表经过讨论制定的电子数据交换共同标准，统一的 EDI 标准可以使使用不同文件格式的各个组织和企业之间，通过共同的标准，达到彼此之间进行文件交换的目的。显然，标准的不统一将直接影响 EDI 的发展。

为了促进 EDI 的发展，世界各国都在不遗余力地促进 EDI 标准的国际化，以求最大限度地发挥 EDI 的作用。目前在 EDI 的标准上，国际上最为流行的就是联合国欧洲经济委员会（UN/ECE）下属的第四工作组（WP4）在 1986 年制定的《用于行政管理、商业和运输的电子数据交换标准》（Electronic Data Interchange For Administration，Commerce and Transport，简称 EDIFACT）。

2. EDI 软件

要想实现 EDI，需要配备相应的 EDI 软件和硬件。EDI 系统的核心是 EDI 软件，其主要功能是实现用户应用系统中数据库文件与 EDI 报文之间的翻译与转换。由于 EDI 标准具有足够的灵活性，可以适应不同行业的众多需求，所以每个公司可有其自己规定的信息格式。因此，当需要发送 EDI 报文时，必须用某些方法从公司的专有数据库中提取信息，并把它翻译成 EDI 标准格式，进行传输，这就需要 EDI 相关软件的帮助。也就是说，贸易双方在进行数据交换时，需要有一专门的 EDI 翻译软件将各自专用的文件格式转换成一个共同确认的标准格式以便对方能自动将标准格式转换成自己的专有格式。

EDI 软件构成如图 6-3 所示。

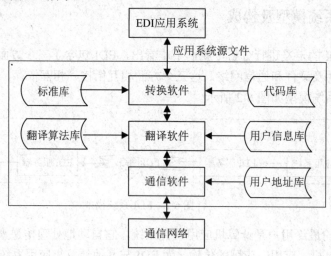

图 6-3　EDI 软件构成

（1）转换软件

在转换过程中，需要读取标准库和代码库中的信息。标准库存放的是各种报文标准、各种数据段和数据元目录，代码库存放的是各种标准代码和合作伙伴使用的代码。

转换软件的功能就是将用户应用系统的源文件转换成平面（Flat）文件，反之也可以将翻译软件发过来的 Flat 文件转换成能为用户应用系统所接收的文件。所谓平面文件，就是指符合 EDI 翻译软件读入的中间文件，通过它来定义翻译软件能够理解的文件、数据段、数据元格式。

（2）翻译软件

翻译软件在将 EDI 标准文件与平面文件相互转换时，将调用翻译算法库中存储的各种翻译算法和翻译程序与用户信息库中存放的用户和贸易伙伴的名称、代码、下属部门、人员等信息、使用的报文标准与版本、对各类报文的具体要求等。

翻译软件的功能是将平面文件翻译成 EDI 标准文件，或者是将通信软件发来的 EDI 标准文件转化为平面文件。翻译软件中储存了多种翻译程序，以便于实现多种 EDI 标准文件和平面文件之间的相互转换。

（3）通信软件

通信软件的功能是将 EDI 报文添加"表头"，即明确 EDI 标准文件的接收方。"表头"的具体内容有接收方公司名称、地址，接收方的具体部门、姓名，发送方的地址等。这些信息可以从用户信息库和用户地址库中获取。

通信软件的功能就是将 EDI 标准格式的文件外层加上通信信封，再送到 EDI 系统交换中心的邮箱，或者从 EDI 系统交换中心的邮箱内将接收到的文件取回。

以上的转换软件、翻译软件和通信软件，构成了 EDI 软件的主体。

用户为了实现自身应用系统数据库文件与 EDI 标准报文之间的翻译与转换，必须根据自身的实际情况，从各种 EDI 标准中选择一个符合自身需求的子集，并可借此自定义特殊的报文格式。把选定的 EDI 标准子集与自定义的报文格式存入用户自身的 EDI 应用系统的标准库中，就可以作为格式转换的依据。

（4）数据库维护软件

在 EDI 系统中，转换软件、翻译软件和通信软件所使用到的标准库、代码库、翻译算法库、用户信息库、用户地址库等，都需要由数据库维护软件负责对其进行维护。数据库维护软件主要应包括以下几方面。

① 标准库维护程序。对 EDI 报文标准、数据段目录、数据元目录进行维护，并提供对报文标准的修改与取值，以便于用户对报文标准进行定义和管理。

② 代码库维护程序。存放与本企业有关的各个贸易伙伴的不同代码，代码库维护程序负责对各代码库进行增加、删除、修改和查询等。

③ 翻译算法库维护程序。对存放的多种翻译算法进行维护、修改，并将相应的翻译程序提供给翻译软件以完成平面文件与 EDI 报文之间的转换。

④ 用户信息库维护程序。存放与本企业有关的各个贸易伙伴的不同名称、地址、部门、人员、使用的报文标准、对报文的具体要求等信息，用户信息库维护程序实现对用户信息的增加、删除、修改、查询等功能，同时满足 EDI 报文添加"表头"的要求。

⑤ 用户地址库维护程序。建立与维护用户与贸易伙伴及其下属部门的电子邮件地址。在生成电子邮件时提供发送方和接收方的地址信息。

3. EDI 硬件

EDI 硬件系统，主要是指 EDI 客户端应用系统所需的硬件系统。一般而言，EDI 客户端硬件系统主要由客户端的网络环境和硬件环境所决定。而客户端的硬件环境既可以是单机方式，也可以是局域网、客户机服务器方式等。EDI 强调的是应用系统与应用系统之间的数据交换，在这中间，EDI 服务提供商将提供相应的 EDI 交换平台以及平台接入方式。

EDI 所需要的硬件设备大致有：计算机、调制解调器（Modem）及通信线路。

（1）计算机：目前，无论是 PC、工作站、小型机、主机等，均可利用。

（2）调制解调器：由于使用 EDI 来进行电子数据交换，需要通过通信网络，目前采用电话网络进行通信仍是很普遍的方法，因此调制解调器是必备的硬件设备，它的功能及传输速度应根据实际需求来进行选择。

（3）通信线路：一般最常用的是电话线路，如果传输时效及资料传输量上有较高要求，可以考虑租用专线（Leased Line）。

对一个想通过 EDI 与外界实现数据交换的企业而言，如果这一企业已建立了内部信息管理应用系统，第一步必须实现内部各信息应用系统之间的集成，然后才是安装与 EDI 服务中心进行通信的专用通信软件、针对企业应用系统的报表单据的翻译软件和映射软件，最后再完成调制解调器（Modem）的配置、企业账户的申请、接入 EDI 交换平台等工作，最终实现企业应用系统相关单据的 EDI 传输。

4. EDI 通信网络

通信网络是实现 EDI 的手段。EDI 通信网络主要有专用的增值网（VAN）和互联网两大类。在互联网广泛采用之前，通常用 VAN 来作为 EDI 的数据通信网络。

所谓增值网，就是指在现有的通信网络中，增加 EDI 服务功能而构成的计算机网络。EDI 的增值网可使用的通信网络和计算机网络有：电话网、分组交换数据网、数字数据网、综合业务数据网等。而随着互联网的日益普及，EDI 通信网络已经从使用 VAN 向使用互联网方向发展，在互联网上实现 EDI，由于其容易实现、成本低、覆盖面广，因而具有强大的生命力和广阔的发展空间。

EDI 通信方式有多种，但归结起来，分为直接连接和通过增值网络连接两大类，如图 6-4 所示。

点对点　　　　一点对多点　　　　多点对多点

（a）直接连接

图 6-4　EDI 通信方式

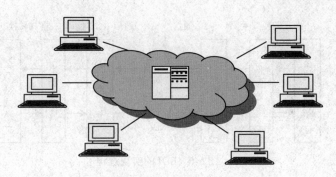

（b）增值网络连接

图 6-4　EDI 通信方式（续）

从图 6-4 中不难看出，前一种方式只有在贸易伙伴数量较少的情况下使用，但随着贸易伙伴数目的增多，当多家企业直接采用计算机通信时，会出现由于计算机厂家不同、通信协议相异以及工作时间不易配合等问题，造成相当大的沟通问题。为了克服这些问题，许多应用 EDI 的公司逐渐采用第三方网络与贸易伙伴进行通信，即增值网络（VAN）方式。它类似于邮局，为发送者与接收者维护邮箱，并提供存储转送、记忆保管、通信协议转换、格式转换、安全管制等功能。因此，通过增值网络传送 EDI 文件，可以大幅度降低相互传送资料的复杂度和困难度，大大提高 EDI 的效率。

二、EDI 系统的通信

当今世界通用的 EDI 通信网络，是建立在 MHS（信报处理系统）数据通信平台上的信箱系统，其通信机制是信箱间信息的存储和转发。具体实现方法是在数据通信网上加挂大容量信息处理计算机，在计算机上建立信箱系统，通信双方需申请各自的信箱，其通信过程就是把文件传到对方的信箱中。文件交换由计算机自动完成，在发送文件时，用户只需进入自己的信箱系统，如图 6-5 所示。

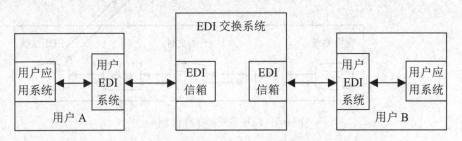

图 6-5　EDI 信箱通信与交换原理

EDI 实现过程就是用户将相关数据从自己的计算机信息系统传送到有关交易方的计算机信息系统的过程。该过程因用户应用以及外部通信环境的差异而不同。在有 EDI 增值服务的条件下，这个过程分为以下六个步骤，如图 6-6 所示。

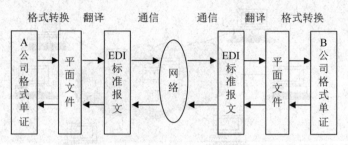

图 6-6　EDI 的实现过程

（1）发送方将要发送的数据从信息系统数据库提出，转换成平面文件（亦称中间文件）。

（2）将平面文件翻译成标准的 EDI 报文。

（3）发送 EDI 信件。

（4）接收方从 EDI 信箱中收取信件。

（5）EDI 信件拆开并翻译成平面文件。

（6）将平面文件转换并送到接收方信息系统中进行处理。

由于 EDI 服务方式不同，平面转换和 EDI 翻译可在不同位置（用户端，EDI 增值中心或其他网络服务点）进行，但基本步骤是上述六步，其中后三步是前三步的逆过程。将前半部分的内容进行整合，即可得到 EDI 系统的工作流程图，如图 6-7 所示。

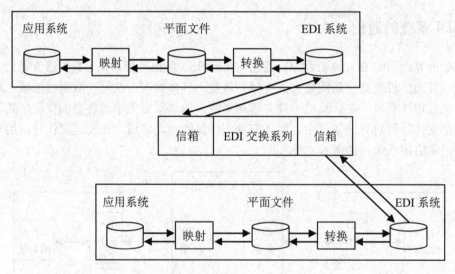

图 6-7　EDI 系统的工作流程

在如图 6-7 所示的 EDI 系统工作流程中，对各模块的功能说明如下。

（1）映射（Mapping）——生成 EDI 平面文件。EDI 平面文件（Flat File）是通过应用系统将用户的应用文件（如单证、票据）或数据库中的数据映射成一种标准的中间文件。这一过程称为映射（Mapping）。平面文件是用户通过应用系统直接编辑、修改和操作的单证和票据文件，它可直接阅读、显示和打印输出。

（2）翻译（Translation）。其功能是将平面文件通过翻译软件（Translation Software）

生成 EDI 标准格式文件。EDI 标准格式文件，就是所谓的 EDI 电子单证，或称电子票据。它是 EDI 用户之间进行贸易和业务往来的依据。EDI 标准格式文件是一种只有计算机才能阅读的 ASCII 码文件。它是按照 EDI 数据交换标准（即 EDI 标准）的要求，将单证文件（平面文件）中的目录项，加上特定的分割符、控制符和其他信息，生成的一种包括控制符、代码和单证信息在内的 ASCII 码文件。

（3）通信。这一步由计算机通信软件完成。用户通过通信网络，接入 EDI 信箱系统，将 EDI 电子单证投递到对方的信箱中。EDI 信箱系统则自动完成投递和转接，并按照 X.400（或 X.435）通信协议的要求，为电子单证加上信封、信头、信尾、投送地址、安全要求及其他辅助信息。

（4）EDI 文件的接收和处理。接收和处理过程是发送过程的逆过程。首先需要接收用户通过通信网络接入 EDI 信箱系统，然后打开自己的信箱，将来信接收到自己的计算机中，经格式校验、翻译、映射还原成应用文件，最后对应用文件进行编辑、处理和回复。

在实际操作过程中，EDI 系统为用户提供的 EDI 应用软件包包括了应用系统、映射、翻译、格式校验和通信连接等全部功能。其处理过程，用户可以看作是一个"黑匣子"，完全不必关心里面的具体过程。

三、EDI 与 MIS 的集成

在企业信息技术力量充分的情况下，EDI 与 MIS 的集成工作可由企业的信息部门自行完成，如图 6-8 所示，否则可交由信息技术服务商来完成，如图 6-9 所示。

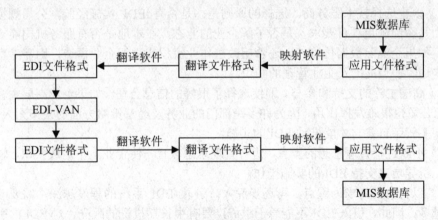

图 6-8　企业信息部门自行完成 EDI 集成

企业成功引入 EDI 的关键因素取决于使用 EDI 的目的。若只为数据传输而引入 EDI，所需的软硬件成本较低，需要参与的业务部门的人员也较少，因此对企业内部的影响也较小，所以比较容易成功。随着引入程度的深入，需要改善的作业流程越多，对企业各部门的影响就越大，所花费的人力与时间也越多，取得成功就越难。

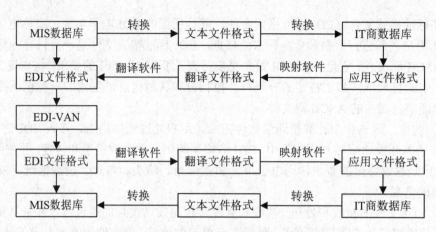

图 6-9　由信息技术服务商完成 EDI 集成

1．对于设有信息部门的企业，引入 EDI 的关键因素

（1）为数据传输而引入。信息部门及相关业务部门人员要沟通协调，以达成共识。

（2）为改善作业流程而引入。高层主管必须给予强有力的支持。除信息部门外，相关员工必须了解作业流程的变化及 EDI 的效益，以便完全配合。

（3）作为企业再造的工具。企业领导必须强有力地推动并亲自领导实施 EDI，只有亲自参与才能了解问题所在并及时制定决策，并组成流程改造小组来推动工作，而且必须事先进行宣传。

2．对于没有信息部门的中小型特许企业来说，引入 EDI 的关键因素

（1）慎重选择技术服务商。选择的原则是：是否有 EDI 实施经验，公司规模及经营管理能力是否能满足项目要求，是否了解企业的业态，在本地是否有服务机构能提供及时服务等。如果企业除数据传输外，还希望改善作业流程或进行企业再造，则需考察信息服务商的沟通、协调能力及企业管理的知识。

（2）高层主管的支持和参与。即使选择了很好的信息公司，如果企业高层主管不予支持，信息公司也很难发挥作用，因为许多跨部门的业务及经营策略方面的决策无人可取代，必须高层主管亲自参与才能推动 EDI 的实施。

（3）不断进行管理思想的教育。进行管理思想教育，使企业上下达成共识，辅之以激励系统，引导员工支持 EDI 的实施工作。

（4）以目前的需求为重点，再逐步深入。引入 EDI 系统的程度越深，需要改变的作业流程越多，因此，引入 EDI 不能急于求成，要有中长期投资的眼光，对 EDI 的引入策略和实施要前后一致。

四、EDI 工作过程实例

下面我们以采购业务为例，说明在采用 EDI 进行商务处理的情况下，买卖双方是如何处理业务的。图 6-10 给出了商品贸易 EDI 系统的工作模型。

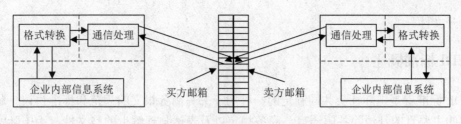

图 6-10　EDI 系统的工作模型

如图 6-10 所示可以看出 EDI 进行商品交易信息处理的流程如下。

（1）当买方的库存管理系统提出购买某种物资的数据时，EDI 的翻译软件据此编制一份 EDI 订单。

（2）通信软件将订单通过网络送至网络中心指定的卖方邮箱内。同时，利用公司内部计算机应用程序之间的搭桥软件，将这些数据传送给应付账的部门和收货部门，进行有关的登记。

（3）卖方定时经通信网络到网络中心的邮箱内取回订单，EDI 的翻译软件把这份订单翻译成卖方数据格式。

（4）如果确认可以售给买方指定的物资，则送出供应单，经相反方向返回给买方。若只有部分满足买方要求或不能满足要求，则以相同的方向返回相应信息。卖方收到订单时，卖方的搭桥软件把有关的数据传送给仓库或工厂，以及开票部门，并对计算机发票文件的内容进行相应的更新。

（5）买方收到供应单后，在订单基础上产生一份商品情况询问表，传送给卖方。双方就商品价格等问题进行讨论，直到达成一致。

（6）达成一致后，卖方的仓库或工厂填制装运单，编制船期通知，并将其传送给买方。同时，通过搭桥软件，将船期通知传送给开票部门，生成电子发票，传送给买方。卖方在开立发票时，有关数据就进入应收账部门，对应收账的有关数据进行更新。

（7）买方接到船期通知后，有关数据自动进入收货部门文件，产生收货通知。收货部门的收货通知通过搭桥软件传送给应付账的部门。

（8）买方收到电子发票以后，产生一份支付核准书，传送给应付账的部门。

（9）买方应付账部门开具付款单据通知自己的开户银行付款，同时通知卖方付款信息。

（10）卖方收到汇款通知后，有关数据经过翻译进入应收账户，买方则因支付而记入贷方项目。

由此可见，当买方提出购买的要求后，EDI 就可以自动进行转换操作，生成不同用途的数据，送至各相关伙伴，直至该事务处理结束。

第三节　EDI 标准

EDI 报文能被不同的贸易伙伴的计算机系统识别和处理，其关键就在于数据格式的标准化，即 EDI 标准。EDI 标准主要提供语法规则、数据结构定义、编辑规则和协定、已出版的公开文件。

一、EDI 标准概述

EDI 标准就是国际社会共同制定的一种用于书写商务报文的规范和标准协议。制定这个标准的主要目的是消除各国语言、商务规定以及表达与理解上的歧义性，为国际贸易实务操作中的各类单证数据交换搭起一座电子数据通信的桥梁。

在 EDI 的发展过程中曾经制定过以下标准。

1. 贸易数据交换导则（GTDI）

在 1981 年斯德哥尔摩会议的基础上，欧洲推出了第一套网络商贸数据标准，即贸易数据交换导则（GTDI，Guidelines of Trade Data Interchange）。它的发布为众多准备参加研制和开发国际电子商贸系统的国家和组织奠定了基础。

2. 美国的 ANSI/ASC/X.12 标准

20 世纪 70 年代后期在美国国家标准局（ANSI）的指示下，由美国标准化委员会（ASC）制定了 ANSI/ASC/X.12 标准。X.12 标准的正式推出极大地促进了北美大陆的 EDI 进程。

3. 联合国 UN/EDIFACT 标准

GTDI 和 X.12 标准的推出推进了 EDI 和国际电子商贸系统的进程。但是这两个标准的存在，客观上使得欧共体和北美两大贸易集团之间的数据交换有了障碍。为了解决这一问题，1987 年由联合国出面组织美国和欧洲等 20 多个国家的专家在纽约开会，讨论如何将两大标准进行统一，建立世界统一的 EDI 标准。随后经过几年的努力，终于在 1990 年 3 月由联合国欧洲经济委员会（UN/ECE）制定颁布了《行政、商业和运输用电子数据交换规则》（EDIFACT），并被国际标准化组织正式接受为国际标准 ISO 9735。它统一了世界贸易数据交换中的标准，使得利用电子技术在全球范围内开展商贸活动成为可能。

联合国对 UN/EDIFACT 标准所给出的定义：EDIFACT 是"适用于行政、商业、运输部门的电子数据交换的联合国规则。它包括了一套国际协定标准、手册和结构化数据的电子交换指南，特别是那些在独立的、计算机化的信息系统之间所进行的交易和服务有关的其他规定。"

UN/EDIFACT 标准包括了 EDI 标准的三要素——数据元、数据段和标准报文格式。

EDIFACT 即 EDI For Administration，Commerce And Transport 的缩写。EDIFACT 标准由两个国际组织着手建立开发，即国际标准化组织（ISO）负责开发语法规则和数据字典，联合国欧洲经济委员会（UN/ECE）负责开发报文标准。美国已宣布 ANSI X.12 从 1995 年起不再更换新版本，从 1997 年起与 EDIFACT 合二为一。EDIFACT 已经成为全球 EDI 使用者所遵循的唯一国际标准。

EDIFACT 与一般语言文字表达方式的比较，如图 6-11 所示。

使用 EDI 可以帮助简化传统的工作程序，加速交易的进行，而 UN/EDIFACT 标准将带给我们共同的 EDI 标准，统一企业之间计算机系统之间的信息格式，使计算机可以更广泛地与其他系统沟通，达到世界化与国家化的应用境界。

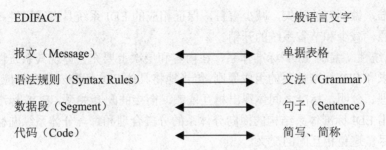

图 6-11　EDIFACT 与一般语言文字的比较

　　UN/EDIFACT 具有足够的弹性以适应跨产业与国际的应用，使 UN/EDIFACT 在 EDI 的应用上更具透明性。UN/EDIFACT 也是经过重重审核，经由地区、国家到国际间的审核后，才提供给相关单位去确认此标准的成立，因此，为使 EDI 应用后可以充分发挥其可用性与扩充性，遵循 UN/EDIFACT 应是最明智的选择。

　　UN/EDIFACT 涵盖一组 EDI 的目录及标准，即联合国贸易数据交换目录（UNTDID），包括 EDIFACT 应用级语法规则（ISO 9735）、EDIFACT 应用级语法规则实施指南、联合国标准报文简介（UNSM）、EDIFACT 报文设计规则与指南、EDIFACT 数据元目录（EDED）、EDIFACT 复合数据元目录（EDSD）、EDIFACT 段目录（EDSD）、EDIFACT 代码表目录（EDCD）、EDIFACT 标准报文目录（EDMD）。

二、EDI 标准体系

1. EDI 标准体系的概念

　　标准体系是由一定系统范围内的具有内在联系的标准组成的科学有机的整体。具体来讲，标准体系是编制标准、修订计划的依据之一；是促进一定标准化工作范围内的标准组成达到科学合理化的基础；是一种包括现有应用和预计发展的标准化的全面蓝图，并随着科学技术的发展不断得到更新和完善。

　　EDI 标准体系是在 EDI 应用领域范围内的具有内在联系的标准组成的科学有机的整体，它又由若干个分体系构成。各分体系之间又存在着相互制约、相互作用、相互依赖和相互补充的内在联系。研究和编制 EDI 标准体系是在应用系统科学的理论方法的基础上，运用标准化的原理，先找出 EDI 标准的全部内容，再在标准体系的内在联系上进行统一、简化、协调、选优或优化等的合理安排和处理，使整个 EDI 标准体系达到最佳程序状态。

2. EDI 标准体系编制的基本原则

　　EDI 标准体系是指导 EDI 标准化工作的基本规划和蓝图。因此，在编制 EDI 标准体系时，不仅要注重总体的分类合理和结构科学，而且也要考虑具体标准的简洁和实用，同时很关键的是要注重与当前 EDI 国际标准相互衔接。为达到这些要求，应遵循以下原则。

　　（1）全面性。应将 EDI 系统开发过程中使用的各项标准分门别类纳入相应的分体系中，使这些标准之间协调一致，相互配套，构成一个完整、全面的体系结构，使广大 EDI 应用系统的开发人员和使用者可以很方便地通过 EDI 标准体系找到自己所需要的标准或制定相应的标准，做到有的放矢，减少盲目，保证相应的 EDI 系统具有通用性，减少不必要的转换和对照，减少和节省系统的开销。

（2）系统性。编制 EDI 标准体系，在内容和层次上要充分体现其系统性。按标准体系的编制要求和 EDI 标准体系的组成原则，恰当地将具体 EDI 标准安排在相应的分体系中，做到层次合理、分明，标准之间体现出相互依赖、衔接的配套关系。EDI 标准体系的系统性还应体现出 EDI 标准体系结构的横向分体系的分类合理和每一分体系纵向标准构成的完整和科学，尽量避免相互间的交叉。

（3）先进性。列入 EDI 标准体系表中的标准项目，应充分体现等同或等效采用 EDI 国际标准和国外先进标准的精神，保持我国 EDI 标准与国际 EDI 标准的一致性和兼容性，以保证我国的各 EDI 应用系统与国际标准的接轨。

（4）预见性。在编制 EDI 标准体系表确定标准明细项目时，既要考虑到目前应有的技术水平，也要对未来的 EDI 发展有所预见，使 EDI 的标准体系能适应 EDI 技术的发展。

（5）可扩充性。EDI 标准体系的框架并非一成不变，它将随着 EDI 技术的发展和 EDI 国际标准的不断完善而进行更新和充实，同时也要体现出适合国内 EDI 应用需求的原则。就目前 EDI 标准体系的结构来看，主要是侧重于国际贸易领域。随着发展，EDI 的应用将远不止国际贸易一个方面，到那时，相应的标准也会陆续推出，我们现行的 EDI 标准体系也将随之作相应调整。

3．我国 EDI 标准体系的基本构架

从我国目前 EDI 应用的实际以及未来一段时期的发展情况来看，我国的 EDI 标准的需求将大致体现在以下七个方面：EDI 综合标准体系、EDI 管理和规则标准体系、EDI 单证标准体系、EDI 报文标准体系、EDI 代码标准体系、EDI 其他标准体系、EDI 相关标准体系。而以上七个方面标准的每个方面又由一些子方面组成，因此构成了一个完整的 EDI 标准体系构架。

三、EDI 标准的分类

这里所说的 EDI 标准是指它的数据标准是 EDI 报文能被不同贸易伙伴的计算机系统识别和处理的关键所在。

我们知道，EDI 是以格式化的、可用计算机自动处理的方式来进行的公司间文件交换。在用人工处理订单的情况下，工作人员可以从各种不同形式的订单中得出所需信息，如要什么货、什么规格、数量多少、价格、交货日期等。这些信息可以是用手工书写的方式，也可以是用打字的方式；可以事先说明所要的规格、型号，再说明价格，也可以先说价格，再说明所要的规格、型号。要使计算机"看懂"订单，订单上的有关信息就不应该是自然文字形式，而应是数码形式，并且这些数码应该按照事先规定的格式和顺序排列。事实上，商务上的任何数据和文件的内容，都要按照一定的格式和顺序才能被计算机识别和处理。这些大家共同制定并遵守的格式和顺序，就是 EDI 的标准。

EDI 标准主要包括以下内容：语法规则、数据结构定义、编辑规则与转换、公共文件规范、通信协议、计算机语言。

EDI 标准共有四种：企业专用标准、行业标准、国家标准和国际标准。

（1）企业专用标准。当某一公司采用计算机进行管理时，就需要使输入计算机的数据或文件具有一定的格式，这种标准专门适用于某个公司的情况，并将该公司的数据都纳入到这个标准中去。

（2）行业标准。企业各自维持互不相通的数据标准，在 EDI 应用于商务领域的初期是在所难免的。但随着 EDI 应用的发展，各个企业都认识到，如果能把各个不同的企业专用标准统一成一个标准，就会给大家都带来好处。在此共同的认识下，大家将克服在建立统一标准问题上的分歧，从而形成该行业企业共同采用的行业标准。

（3）国家标准。行业标准的出现和企业专有标准相比，是一个巨大的进步，但它还不是最终解决问题的方法。当一个公司的业务不限于本行业，还需要和其他行业做生意时，行业标准就有局限性了，这个公司可能被迫维持多种标准。于是，正如不同的企业专用标准最终会产生一个统一的行业标准那样，不同的行业标准又会促使大家去开发一种适用于各个行业的国家标准。它具有足够的灵活性，以满足各个行业的需要。

（4）国际标准。20 世纪 90 年代是各国寻求实现一个世界范围内的 EDI 标准的时代。如果能有一种全球范围内的标准，其好处是十分明显的。目前，世界上通用的 EDI 标准有两个：一个是由美国国家标准局（ANSI）主持制定的 X.12 数据通信标准，主要在北美使用；另一个是 EDIFACT（EDI for Administration，Commerce and Transportation），最早在西欧使用。近年来，联合国鉴于 EDI 有助于推动国际贸易程序与文件的简化，经有关标准化组织的工作，EDIFACT 已被作为事实上的 EDI 国际标准。现在，ANSI X.12 和 EDIFACT 两个标准体系已经被合并成为一套世界通用的 EDI 标准，可以使现行 EDI 客户的应用系统有效地移植过来。

第四节　物流 EDI 的技术应用

一、EDI 与物流

物流是最早应用 EDI 技术的行业之一，电子物流系统也是目前发展比较完善的 EDI 系统。利用 EDI 技术将运输、商检、报关、货物检查和跟踪等国际物流过程整合优化为一个有机的物流体系，给使用 EDI 的企业带来了巨大的经济效益，EDI 国际电子物流的应用与普及是大势所趋。

所谓物流 EDI，是指货主、承运业主以及其他相关的单位之间，通过 EDI 系统进行物流数据交换，并以此为基础实施物流作业活动的方法。物流 EDI 的参与单位有货物业主（如生产厂家、贸易商、批发商、零售商等）、承运业主（如独立的物流承运企业等）、实际运送货物的交通运输企业（铁路企业、水运企业、航空企业、公路运输企业等）、协助单位（政府有关部门、金融企业等）和其他物流相关单位（如仓库业者、专业报关业者等）。

物流 EDI 的框架结构，如图 6-12 所示。

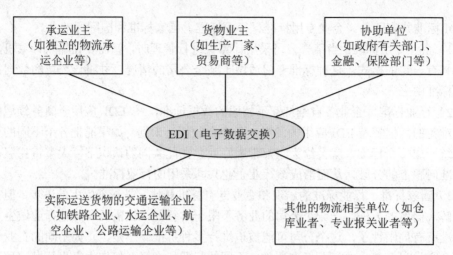

图 6-12 物流 EDI 的框架结构

这个物流模型的主要步骤如下所述。

（1）发送货物业主（如生产厂家）在接到订货后制订货物运送计划，并把运送货物的清单及运送时间安排等信息通过 EDI 发送给物流运输业主和接收货物业主（如零售商），以便物流运输业主预先制订车辆调配计划和接收货物业主制订货物接收计划。

（2）发送货物业主依据顾客订货的要求和货物运送计划下达发货指令、分拣配货、打印出物流条形码的货物标签（即 SCM 标签，Shipping Carton Marking）并贴在货物包装箱上，同时把运送货物品种、数量、包装等信息通过 EDI 发送给物流运输业主和接收货物业主，并依据请示下达车辆调配指令。

（3）物流运输业主在向发送货物业主取运货物时，利用车载扫描读数仪读取货物标签的物流条形码，并与先前收到的货物运输数据进行核对，确认运送货物。

（4）物流运输业主在物流中心对货物进行整理、集装、做成送货清单并通过 EDI 向收货业主发送发货信息。在货物运送的同时进行货物跟踪管理，并在货物交纳给收货业主之后，通过 EDI 向发送货物业主发送完成运送业务信息和运费请示信息。

（5）收货业主在货物到达时，利用扫描读数仪读取货物标签的条形码，并与先前收到的货物运输数据进行核对确认，开出收货发票，货物入库。同时通过 EDI 向物流运输业主和发送货物业主发送收货确认信息。

物流 EDI 的优点在于供应链组成各方基于标准化的信息格式和处理方法通过 EDI 共同分享信息、提高流通效率、降低物流成本。

应用传统的 EDI 成本较高，一是因为通过 VAN 进行通信的成本高；二是制定和满足 EDI 标准较为困难。但近年来，互联网的迅速普及，为物流信息活动提供了快速、简便、廉价的通信方式，所以互联网将为企业实施物流 EDI 提供坚实的基础。

二、实施 EDI 的效益

使用 EDI 业务的经济效益和社会效益，可以通过以下数据充分的显示出来。

（1）美国通用汽车公司采用 EDI 后，每生产一辆汽车的成本可减少 250 美元。

（2）美国通用电器公司近 5 年的统计表明，应用 EDI 使其产品零售额上升 60%，库存由 30 天降到 6 天。

（3）美国 IBM 公司 1991 年在其制造商、供应商中推行 EDI 后，每年节约 600 万美元。

（4）日本东芝公司在使用 EDI 之前，每笔交易的文件处理费用是 1 500 日元，实施 EDI 后，每年节约 600 万美元。

（5）新加坡自建立全国性的贸易信息网后，每年可为新加坡节省 10 亿元的文件处理费。

（6）我国台湾海关采用 EDI 后，清关时间从原来的 2 天降至 15 分钟左右。

仅从以上的几个典型案例中，我们可以很直观地认识到 EDI 所带来的巨大效益。

具体来说，EDI 在商务上广泛应用之后，可以实现以下目标。

（1）缩短交易时间，提高工作效率。与邮寄（或其他形式的实际传递）有关的时间延迟被消除了。那些订单登记员、应付账部门办事员等人员在阅读、重新输入数据所需的处理时间也消除了。这些都会使业务处理时间大大缩短。而且利用 EDI 来处理应收款，可以使资金回笼时间提前。

（2）减少文件处理成本。EDI 的一个重要特征便是它把有关文件的数据，以机器可以处理的形式，由计算机网络来传送，而不必像纸质文件那样需要手工处理。这样既节省了纸张，又除去了对纸质文件的打印、审核、修改、邮寄等花费。

（3）员工成本的减少。计算机自动接收和处理信息，使得公司在同样业务的情况下，可以用更少的员工去处理，或者把一部分专业人员从行政管理工作中解脱出来，从事具有更高效益的工作。

（4）可以减少库存。适当的库存量是企业维持正常生产所必需的。用传统方法采购时，订单处理周期长，不确定性高，因此企业要求的安全库存量也就比较大。使用 EDI 之后，文件处理比以前既快又可靠，自然可以降低安全库存水平，使存货占用的资金量减少，从而降低企业的运营成本，同时减少脱销和生产线缺料停工现象。

（5）避免重复操作，减少人为差错，提高工作质量。商业文件中的一个错误可能要付出很大的代价，订单遗失也会给企业带来损失。使用 EDI 后，因为减少了重复录入数据的次数，从而使出错机会减少。EDI 软件一般具有编辑查错功能，一些信息源上的数据输入错误可以很早就被发现，加上 EDI 在收到信息后就会回发给信息发送者一份收到通知，这就可以及时发现漏发信息或信息中途遗失的情况。虽然 EDI 不能消除所有的错误，但它确实可以更早且用更少的代价去改正错误。

（6）其他效益。使用 EDI 可以改善公司内部的经营管理，可以加强与供货商的联系，可以保持与客户的良好关系等，这些都会为公司创造效益。

三、EDI 在物流管理中的应用

1. EDI 在物流管理方面的应用与普及

EDI 既准确又迅速，可免去不必要的人工处理，节省人力和时间，同时可减少人工作业可能产生的差错。由于它出口手续简便，可减少单据费用的开支，并缩短国际贸易文件的处理周期,因此给使用 EDI 的企业带来了巨大的经济利益。美国创汇大户 GE 公司 1985—1990 年的数据表明, 应用 EDI 使其产品零售额上升了 60%, 库存由 30 天降到 6 天, 每天仅连锁店文件处理一项就节约了 60 万美元, 每张订单的费用由 325 美元降到 125 美元, 运送时间缩短 80%, 其下属汽车制造厂作为 GE 公司总部 EDI 项目试点, 就其购买钢锭一项, 第一年就节约了 25 万美元。

正因为 EDI 所具有的种种优势, 它已被广泛应用于运输、商检、报关、货物跟踪等多种物流管理活动。

2．EDI 处理的物流单证类型

（1）运输单证。运输单证包括提单、订仓确认书、多式联运单证、货物运输收据、铁路发货通知单、陆运单、空运单、联运提单、货物仓单、装货清单、集装箱装货单和到货通知等。

（2）贸易单证。贸易单证包括订单、发票、装箱单、尺码单和装船通知。

（3）海关单证。海关单证包括报关单、海关发票、出口货物报关单、离港货物报关单、海关转运报关单、海关放行通知等。

（4）商检单证。

（5）其他单证。

3．EDI 在国际运输中的作用

近年来, 国际运输领域已经通过 EDI 系统用电子提单代替了传统的提单来实现运输途中货物所有权的转移, 这象征着一场结构性的商业革命的到来, 这不仅对国际运输而言, 甚至对整个国际物流领域都是一场深刻变革。

（1）电子提单的定义及优点

电子提单是一种利用 EDI 系统对海运途中的货物所有权进行转让的数字化物权证明。由于提单是货物所有权的凭证, 长期以来的国际贸易实践形成了通过背书来实现货物所有权的转让, 而电子提单则是利用 EDI 系统根据特定密码使用计算机进行的, 因此它具有许多传统提单无法比拟的优点。

① 所有权快速、准确的转移。EDI 是一种高度现代化的通信方式, 可利用计算机操纵、监督运输活动, 使所有权快速、准确地转移。在近海运输中, 常常出现船货到港而提单未到的情况, 电子提单的使用使得这一问题迎刃而解。

② 可防冒领和避免误交。由于计算机科技的使用, 整个过程具有高度的保密性, 能大大减少提单欺诈案件的发生。一方面, 承运人可通过 EDI 系统监视提单内容, 以防止托运人涂改, 欺骗收货人与银行; 另一方面, 托运人、银行和收货人可以监视承运人行程, 以避免船舶失踪。两方面的互相监督使双方对整个过程都心中有数。另外, 只有当某收货人付款后, 银行才通告货物所有权的转移。

（2）使用电子提单应具备的条件

从 EDI 的优点来看, 它的普及应该是相当迅速的, 然而事实却并非如此, 在海运方面, EDI 只在海运单证方面应用较早; 在空运方面, 就提单而言, 也只不过是在空运单和记名提单方面应用, 而且局限于大宗货物。这是因为它的普及要受到如下几个方面的限制。

① 法律方面。由于 EDI 用一种新的贸易工具进行, 电子数据本身又存在着一些与原有的旧的贸易惯例与原则不同的特点, 虽然国际组织加强了对 EDI 的立法工作,

INCOTERMS90 及 UCP500 等的出台也为 EDI 的合法化创造了条件，但由于各国的经济状况水平不同，法律又有所差异，因此不易普及。

② 硬件方面。EDI 的使用涉及机型的配套和联网等一系列技术问题，只有计算机的应用具有世界普遍性时，才有可能推广 EDI 及电子提单。

③ 软件方面。EDI 及电子提单的使用需要一批专业人才，他们既要懂得国际运输，又要懂得 EDI 的操作规程，这就需要对人员进行培训。

④ 各国的航运体制和管理水平必须适应 EDI 技术的发展要求。

4．EDI 在美国和日本运输业中的应用

（1）EDI 在美国运输业中的应用

20 世纪 60 年代，美国运输数据协调委员会（TDDC）就在美国国防部的支持下，制定了商业文件的传输格式，并正式在铁路、公路和空运中使用，初步形成了运输业中的通用文件。

美国铁路运输业较早就采用 EDI。到 1987 年，大部分主要的铁路运输公司已经提供这种服务，顾客可以通过拨号查询他们货物的所在地。

在海运方面，EDI 运用的一个最大的例子就是由纽约及新泽西港务局使用的 ACES（自动化港口加速系统）。ACES 系统是一个电子网络，它连接了有关海运的各行各业，包括海关手续代办人、货运人、终点接货人和港务局。用户使用 EDI 安排发货顺序和滞留期保证书，最重要的是，用户能直接从收货人那里得知有关他们货物的状况和信息。

（2）EDI 在日本运输业中的应用

在日本，运输业使用 EDI 是非常普遍的。日本的航运公司与货运单位代理、计量公司、理货公司和发货人共同制定了一个名为 SHIPNETS 的网络。该网络是一个跨行业的网络体系，于 1986 年 4 月正式启用，现有 24 家航运公司、145 个货运代理、2 家计量公司和理货公司。另外，日本还开发了两个网络：一是发货人/承运人运输信息网络，该网络使得发货人与航运公司之间可以交换有关提单、货运和汇款信息；二是发货人/货运代理运输信息网络，该网络可在发货人和运货代理人之间交换有关进口税、发票、应付账单、支付和结关状况的信息。

四、EDI 在供应链管理中的应用

EDI 是一种信息管理或处理的有效手段，它是对供应链上的信息流进行管理的有效方法。EDI 的目的就是充分利用现有计算机及通信网络资源，提高贸易伙伴间通信的效率，降低成本。

为了提高整个供应链的运作效率，国际物品编码协会（EAN）在 UN/EDIFACT 标准的基础上制定了流通领域的 EDI 标准，即 EANCOM。EDI 报文是 EDI 传送的载体，它是对传统业务单证中数据的结构化和标准化。在供应链管理过程中涉及的 EDI 报文有参与方信息报文、价格销售目录报文、报价请求报文、报价报文、订购单报文、订购单应答报文、发货通知报文、收货通知报文、发票报文、汇款通知报文等。我们以一个通常的商业交易为例，说明 EDI 在供应链管理中的应用，如图 6-13 所示。

图 6-13 EDI 业务流程

例如，一个企业 A 要将它的基本信息让企业 B 知道，它往往会把一个参与方信息报文发往企业 B，以便企业 B 能更好地了解它。同样，企业 B 也可以将企业信息传送至企业 A。若企业 A 是供应商，B 是客户，则 A 可以通过产品或销售目录报文，将其产品的有关信息发往 B；若 B 对 A 的某种产品感兴趣，要求发送有关 A 的产品价格与交货条款等相关信息，B 可以向 A 发送报价请求报文，A 以报价报文来回答 B；若 B 对 A 的产品的价格以及交货条款等内容能够接受，B 就可以向 A 发送一份订购单报文。A 可用订购单应答报文对 B 的订购单报文进行答复；若答复是肯定的，A 便立即开始备货，备齐货后就可以向 B 发货。为了预先通知 B 货物已发出，A 可向 B 发出一份发货通知报文，收到发货通知报文后，B 便会向 A 发送一份收货通知报文，以说明自己对货物的接收情况。当 A 接到收货通知后可以向 B 发出发票报文，申明对货物价值的支付，B 收到发票报文，经确认后，可发出一份汇款通知报文，以说明即将付款的通知，紧接着便是实际付款的发生。从这一例子我们可以看出 EDI 在整个交易过程中的应用情况。

五、EDI 在海关报关中的应用举例

举例而言，如果企业与海关实现了 EDI 互通互联，就可以迅速、准确、及时地完成报关电子资料交换，用户通过接入 EDI 平台，发送电子申报资料，EDI 平台的报关系统负责把资料收集起来，并且放在海关指定的 "FTP" 服务器上。海关计算机系统定时把申报资料收集并提交给海关计算机业务处理系统，经过电子审单或者人力审核，对各种申报及时产生海关回执，其申报过程如下所述。

（1）用户通过 EDI 资讯网络中心提供的用户终端机报关程序，输入电子申报材料。经过审查，确认无误后，即拨通 EDI 平台，经过 FTP 报关用户中转服务器送往 EDI 平台。

（2）EDI 平台系统在规定时间查看 "报关用户中转服务器输送的资料"，一旦发现服务器内有新鲜的申报资料，就会立即转发到海关预设和指定的申报海关 FTP 服务器上。

（3）海关系统按照公布的时间，定时从中转 FTP 服务器内收取有关报关资料，自动

输送到海关处理系统。

（4）经过海关业务处电子审核系统处理以后，报关资料如获通过，即产生回执，此回执被送入 FTP 中转服务器。

（5）EDI 平台系统按照规定时间，自动查看连接海关的中转服务器，如果发现有新到的回执，就立即将其转发到连接用户的 FTP 中转服务器。

（6）用户查看直接联系 EDI 平台的中转 FTP 服务器，发现回执即取出，作相应的操作处理，如果回执是拒绝资讯，就应立即查找被拒绝的原因，做出修改或更正后，重新申报。如果海关回执是放行资讯，则打印出全部资料，电子申报完成。

从上可知，实现 EDI 互联互通以后，首先进出口企业可以直接通过计算机输入合同资料，海关通关计算机自动审核，如果海关在审核中产生异议或者怀疑，计算机可以自动提示企业补办或者补缴有关手续和材料。EDI 资讯平台能够在一年 365 天不停地为海关所辖区域内的进出口企业提供系统服务，如申报关税、开办海关证明、合同备案、合同执行、海关（EDI）电子资料交换通讯、合同核销、统计报表、单证分析、转厂管理等一系列到位服务。此外，EDI 通关系统还能即时发布基础税率和有关法律法规、国际集装箱班轮船期表等公共资讯，从而提高口岸的通关效率。

我国物流资讯平台 EDI 的研究应用从 20 世纪 70 年代开始起步，1997 年，在交通部交通资讯中心组织下，开始实施交通运输 EDI 资讯网络的第一期工程，在上海、天津、青岛、宁波和中国远洋集团的"四点一线"国际集装箱 EDI 示范工程的基础上，采用应用报文交换技术，增加建设大连、烟台、南京、福州、厦门、广州、深圳以及中国海运集团、长江航运集团的 EDI 中心主节点。2001 年 7 月 24 日，深圳市 EDI 通关系统正式启动，该系统与海关实现联网，这就是说，深圳市的企业和有关单位可在自己的办公室直接上网，24 小时内申办各类货物进出口通关手续。这是深圳市物流资讯平台为企业提供"一站式"物流资讯服务的开始。

随着我国经济的持续发展，物流总量会不断扩大，特别是国际物流所占比重将进一步加大，我国的 EDI 物流资讯发展前景也必将非常好。

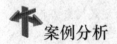 案例分析

EDI 电子技术在南孚物流配送中的应用

一、南孚 EDI 项目设计背景

（1）南孚电池为国内碱性电池龙头企业，近几年企业的信息化建设飞速，目前已建立起供、销、存一体化的 ERP 系统平台，而且得到很好的应用，实现信息的共享。

（2）南孚电池的产品配送由第三方物流公司负责（许多企业的物流配送有自己的车队专门负责，这种方式对一些中小型企业而言实际上是一种负担）。

（3）南孚下达指令单的现状。将 ERP 系统中的发货指令单打印并通过传真的方式到第三方物流订单组通知发货。南孚发送指令单和接受订单反馈信息都需要人为的干预和人工处理，随着南孚业务的迅猛发展，这种操作方式效率低，安全性和保密性差，而且成本高。传统物流信息处理过程如图 6-14 所示。

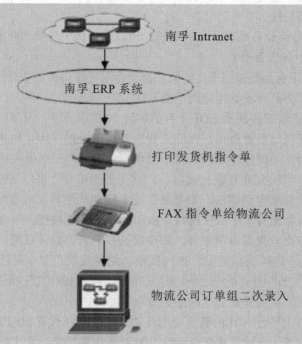

南孚 Intranet

南孚 ERP 系统

打印发货机指令单

FAX 指令单给物流公司

物流公司订单组二次录入

图 6-14　传统物流信息处理过程

二、南孚物流 EDI 应用解决思路及设想效果

（1）发货指令及反馈信息的接收过程要求实现自动化。

（2）实现成本最低化管理（降低电话费用、传真费用、人工费及材料费）。

（3）提高发货指令的及时性、安全性和保密性，以实现降低客户投诉率。

图 6-15 为采用 EDI 电子技术实现的物流业务处理流程图。

三、EDI 电子技术解决方案

（1）建立 EDI 标准。南孚公司与物流公司双方建立 EDI 信息的标准格式，该格式的信息内容双方的系统都可接收，目前使用 EDI 技术的多数企业普遍使用 XML 格式。根据该 EDI 标准，南孚公司通过 ERP 系统将发货指令单导出生成 XML 文件并以某种传输方式提交给物流公司，物流公司将 XML 文件导入自己的系统生成物流公司的客户订单进行配送货物。

（2）安全性标准建立。为防止 XML 文件内容被他人恶意修改或在传输过程中被人截取后读取内容，可能会给企业带来不必要的损失，南孚与物流公司双方技术人员共同确定了某一算法加密和解密。当从南孚 ERP 系统导出 XML 文件后，对文件进行加密；当提交给物流公司后再解密并导入物流公司的相关物流系统中。

（3）传输方式建立。应用 EDI 很重要的一步是选择 EDI 的通信方式。EDI 系统之间通信方式的不同，将直接影响到企业 EDI 系统的应用效果。EDI 的通信方式主要有如下几种：点对点连接、第三方网络（VAN）、Internet、Intranet、EDI 到传真和传真到 EDI。根据南孚现有通信网络条件，在设计项目时我们定位 EDI 传送方式有三种形式：E-mail（电子邮件）、FTP（文件传输协议）和电子数据交换公司。南孚及物流公司建议采取第一或第二种方式。第三种方式需要南孚和物流公司采用所雇佣的电子数据交换公司的报文（电子数据）标准，所以造成对报文的格式没有控制，但第三种方式与我们设计思路中的节省费用相冲突。因此，考虑到相关因素，双方选择第二种 FTP（文件传输协议方式）：双方各自建立 FTP 站点，并根据授权共享文件夹。

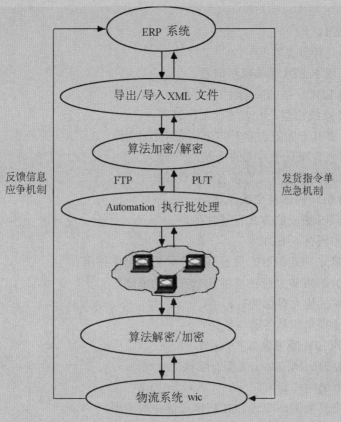

图 6-15　EDI 技术在物流业务应用中的处理过程

（4）EDI 信息传输和反馈机制。采用双向传输机制，既可传送发货指令，又可接收反馈信息。反馈分析系统将及时提供给南孚相关的货物配送状态（备货、在途、客户签单、回单等）。

（5）EDI 信息传输的实时性、及时性。发货指令单的传输需要及时性，从技术角度而言，我们使用 Automation 工具，并编写一些 FTP、PUT 的批处理命令，在 Automation 中设置的 schedule 计划中设置执行 FTP 与 PUT 的频率。南孚与物流公司需要建立共同的操作约束机制以尽量避免此类情况：南孚正在上传/下载信息，而物流公司却正在下载/上传数据，因此双方需要建立这样的机制来使时间错开。

（6）建立事后处理机制。这样的机制是必须考虑的，可尽量避免企业的损失。主要体现在两个方面：一是撤单机制，即当发货指令单已传给物流公司，但因特殊因素需要撤单时，南孚公司与物流公司需要按约定的机制进行处理；二是应急机制，即当 EDI 系统崩溃或传输介质出现故障时，需要启动这样的应急机制，如使用手工原始方式或采用电话、FAX、E-mail 传输方式。

改造完以后用户非常满意，运行一年多没有发现任何问题。这是一次成功的改造，为以后的改造打下了基础。

本章思考题

1. 什么是 EDI？
2. EDI 有哪几种分类？
3. 在网络环境下 EDI 面临哪些问题？
4. 如何保障 EDI 交易的安全性？
5. 画出 EDI 系统模型，并表述其工作过程。
6. EDI 包含哪几方面的内容？并分别介绍其作用。
7. EDI 软件包含哪几个方面的功能？
8. EDI 有哪几种通信方式？各有什么优缺点？
9. 简述 EDI 信箱通信及交换原理。
10. EDI 与 MIS 集成的方式有哪几种？
11. 企业该如何引入 EDI？
12. 为何要建立 EDI 标准？目前有哪几种标准可供使用？
13. 编制 EDI 标准体系应注意哪几个方面的原则？
14. 电子提单的优点有哪些？
15. 使用电子提单应具备哪些条件？
16. 企业实施 EDI 能带来哪些效益？
17. EDI 能处理的物流单证类型有哪些？
18. EDI 的框架结构如何？
19. 以企业交易为例，简述 EDI 在供应链中的应用。

第七章　电子订货系统（EOS）

在寸土寸金的情况下，零售企业已没有许多空间用于存放货物，在要求供货商及时补足售出商品的数量且不能有缺货的前提下，借助于计算机网络技术发展起来的电子订货系统（EOS）便成为一种有效的解决方法。

在当前竞争的时代，想要有效地管理企业的供货、库存等经营管理活动，并且在要求供货商及时补足售出商品的数量且不能有缺货，就必须采用 EOS 系统。EOS 因包括了许多先进的管理手段和方法，因此在物流业受到越来越多的关注，并且改变着使用者的管理理念和管理模式。

第一节　电子订货系统概述

一、电子订货系统的含义

电子订货系统（Electronic Ordering System，EOS）是指将批发、零售商场所发生的订货数据输入计算机，即通过计算机通信网络连接的方式将资料传送至总公司、批发业主、商品供货商或制造商处。因此，EOS 能处理从新商品资料的说明直到会计结算等所有商品交易过程中的作业，可以说 EOS 涵盖了整个商流。

在网络技术广泛传播的今天，EOS 成为现代化物流管理中的重要一环，它使得零库存得以实现。在信息大量流入流出，交易额和交易频率越来越高的现代化商业社会，零售业已没有很多的空间和时间用于存放货物。为了满足供货商及时补足售出商品的数量且不能有缺货的要求，就必须采用 EOS 系统。EOS 蕴含的丰富内容和先进的管理手段，使其在国际上得以广泛应用。

从应用领域来讲，不论零售业、批发业或是制造商，都可采用 EOS 进行企业内的补充订货系统。从它们之间的关系来看，零售业将超市等商店和总公司的计算机连线，并将资料输入。总公司再将这些资料做成进货订单，交给进货厂商。也就是说，商店与总公司间有连线，但和厂商间没有连线。而批发业及制造业则是由业务员利用手持式终端机进行的补充订货系统，这一连串的补货系统也称之为 EOS。

这是以往的一种运行模式。随着 EOS 的进展和计算机、通信方面各种状况的变化，从前那种运行模式，或者说企业内的补充订货系统已渐渐变成更广泛的概念了。

现在，零售业的店面输入资料已经可以不经由人手操作，而是从零售业的计算机系统以连线方式传送到批发业或制造业的整体系统。现在的 EOS 可以将零售店所发生的订货资料在当场输入，即通过通信网络以连线方式将资料传至零售业总公司、批发业主或商品制造商处。

二、EOS 系统的构成

1. 电子订货系统构成的基本条件

因运用体制、大环境条件、企业体制等的差异，电子订货系统的架构有不同的运作形态。参考先进国家现行的电子订货系统模式，完整的电子订货系统体制应具备下列要件。

（1）共通性的订货传票

订货传票可说是电子订货系统穿针引线、贯穿全局的灵魂。如何拟订具有共通性的标准格式，并确实遵循，将是检查电子订货系统能否顺利推行的首要指标。在订发货作业流程上，订货单（在供应商为出货单）在全程电子订货自动化系统中，担负了订单告知、验证、出货确认、清款等承前启后的功能。

在未导入电子订货系统前，订发货双方常因各家订单及出货单格式不一，增加许多重复无谓的转换输入作业。要建立或遵循一套标准的订单传票格式，也不是件容易的事，只有由业界协会、国家电子资料交换系统标准模式或共同的网络中心等较具公信力、客观的团体来制订与推动，才是可行的方案。

一般而言，共通性的订单格式包括了基本资料和商品内容的格式、位置等，其中商品栏目的多寡常是较具争议性的，这时应依业种而论，拟订几种不同栏目的标准格式，如 6 行、10 行等，也不失为一种有效的解决方法。

由于电子订货系统的本质和要求，旨在改善操作上"多对多"的订货系统化本质，因此在连线规模达到一定程度时，必须借助中介单位来协助制定、促成相关的共同性规范，借助更专业的服务来推动执行。此外，通过规模经营，以降低导入成本、享受低廉的加入费用，则为必要前提。

（2）其他支援系统

为了参与跨体系电子订货系统，发挥更强大的自动化效果，就必须有以下支援系统。

① 建立商品档案。电子订货系统依赖商品档案的建立和健全维护，才能顺利运作。制度化地进行商品主动更新，如新商品、废弃商品进出以及价格、包装、单位数量的变动，以利于发出订单传票、制作标签、货架卡和商品目录等，将关系到电子订货系统乃至商店自动化的成败。

② 共同企业代号及商品代号。为了便于识别、互通，建立一套各交易商品共同的代号体制，是十分必要的。属于连锁总部或供应商发起的电子订货系统，虽可自行建立各自对象的企业代号或商品代号对照表，但当电子订货系统来往逐渐频繁、各家却有所不同时，花在维护和协调上的时间势必将造成彼此之间交易的不便。

行业网络中心的成立要旨，就是担负因各家硬件环境、代号体制不同的转换功能。通过国家、协会或行业网络中心建立单一窗口，统筹共通性的企业代号和商品代号，不但省去商家的转换成本，而且达到化繁为简、统一作业的效果。

共同企业代号和商品代号进一步予以条形码化，除了提供识别共通效果，便于系统化管理外，利用扫描方式便可大幅降低错误率，提升资料输入效率。代号的使用对象非常广泛，包括便利业本部、分公司、店铺、营业所、制造商、供应商、物流中心、行业网络中心及各分支单位等，均须赋予唯一代号码。而其应用范围，则包括了各种制式表单、货箱、标签上的打印贴签或传输信息的附件等。

③ 共同资料库。若能将上述详细资料建成资料库，包括商品名称、规格、参考价格、企业单位地址、电话、负责人、经营商品内容、标准分类级别、区间等一系列信息，以公共财产方式提供给外界作查询、更新、加值分析、打印等的服务，相信对商家导入电子订货系统或其他自动化管理如销售时点情报管理系统、战略情报系统等，效果显著。

目前国内也有类似的资料库正在规划中，尚未形成，除有赖政府或权威单位主导责成外，重要的是有自动化的商家共同合作，提供资料来源，方能相辅相成，创造更成熟的商业自动化环境。

④ 共同电子订货中心。如果没有居中介立场的流通行业网络中心或电子订货服务公司协调，提供必要的转换及资料处理服务，那么电子订货系统的成效将大大削减。商家不仅在初期导入及后续扩展上须耗费大量的人力、物力，并且短期内难以获得投资回报效益，尤其是涉及共同规范事务，如企业代码、订单格式、商品码、作业规约等时，因彼此互信、强弱和共识等敏感问题，其推动也势必十分困难。因此，电子订货系统是否能发挥应有的效益，在于共同流通行业网络中心的存在和健全运作。

2. EOS 的系统构成

从系统构成的角度来看，EOS 系统是指企业间利用通信网络（VAN 或互联网）和终端设备以在线联结（On-line）方式进行订货作业和订货信息交换的系统。EOS 系统按应用范围可分为企业内的 EOS（如连锁店经营中各个连锁分店与总部之间建立的 EOS 系统），零售商与批发商之间的 EOS 系统以及零售商、批发商和生产商之间的 EOS 系统。

EOS 系统并非单个的零售店与单个的批发商组成的系统，而是许多零售店和许多批发商组成的大系统的整体运作方式。

EOS 采用电子手段完成供应链上从零售商到供应商的产品交易过程，因此，一个 EOS 系统必须有以下几个方面。

（1）供应商——商品的制造者或供应者（生产商、批发商）。

（2）零售商——商品的销售者或需求者。

（3）网络——用于传输订货信息（订单、发货单、收货单、发票等）。

（4）计算机系统——用于产生和处理订货信息。

EOS 系统基本上是在零售店的终端利用条码阅读器获取准备采购的商品条码，并在终端机上输入订货材料；利用电话线通过调制解调器传到批发商的计算机中；批发商开出提货传票，并根据传票同时开出拣货单，实施拣货，然后依据送货传票进行商品发货；送货传票上的资料便成为零售商的应付账款资料及批发商的应收账款资料，并接到应收账款的系统中去；零售商对送到的货物进行检验后，便可以陈列与销售了。

EOS 系统构成如图 7-1 所示。

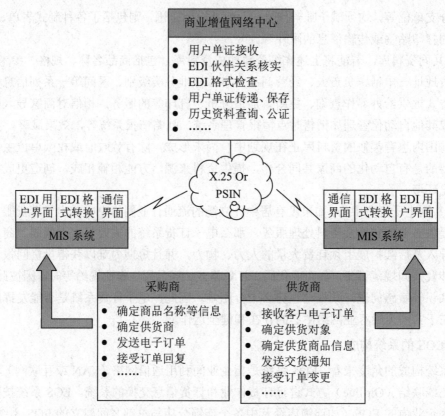

图 7-1　电子订货系统示意图

从商流的角度来观察电子订货系统，不难看出采购商、商业增值网络中心和供货商在商流中所扮演的角色和所起的作用。

（1）采购商。采购人员根据 MIS 系统提供的功能，收集并汇总各机构要货的商品名称、要货数量，根据供货商的可供商品货源、供货价格、交货期限、供货商的信誉等资料，向指定的供货商下达采购指令（采购指令按照商业增值网络中心的标准格式进行填写，经商业增值网络中心提供的 EDI 格式转换系统而成为标准的 EDI 单证），经由通信界面将订货资料发送至商业增值网络中心，然后等待供货商发回的有关信息。

（2）商业增值网络中心。不参与交易双方的交易活动，只提供用户连接界面。每当接收到用户发来的 EDI 单证时，自动进行 EOS 交易伙伴关系的核查，只有互有伙伴关系的双方才能进行交易，否则视为无效交易；确定有效交易关系后还必须进行 EDI 单证格式检查，只有交易双方均认可的单证格式，才能进行单证传递；对每一笔交易进行长期保存，供用户今后查询或在交易双方发生贸易纠纷时，将商业增值网络中心所储存的单证内容作为司法证据。

（3）供货商。EDI 单证经商业增值网络中心提供的通信界面和 EDI 格式转换系统而成为一张标准的商品订单，供货商根据订单内容发货给采购商，从而完成一次基本的订货作业。

三、电子订货系统的方式和种类

1．电子订货系统的方式

电子订货系统的类型主要是根据电子订货方式来确定的，电子订货方式通常可分为以下三种。

（1）电子订货簿法

此种方式是将所有商品的种类登录在电子订货簿上，并把条形码加在每一商品栏后面，订货者只需携带订货簿及手持终端机在现场巡视缺货状况，再从订货簿寻找商品，扫描条形码输入订货数量，将此笔订货资料转到终端机，依此类推，完成之后，将手提终端机直接接上数据机，通过电话线传回总公司。

（2）电子订货簿与货架卡并用法

现行最具效益且可行性最高的方法就是在每一商品的货架位置上放上货架卡，订货者只要手持终端机，一边巡货一边订货，订货簿就不需要巡完一圈，订货手续即告完成，再直接接上数据机传回总公司。对于那些很难在货架上标示清楚的日用品或不规则形状的商品，便可借助订货簿来补助订货。

（3）低于安全存量订货法

此种方式实施 POS 的操作流程是：在商品资料栏设定一个栏目为安全存量，然后每次进货时，把进货资料输入计算机。销售时在前台收银机扫描商品条形码，计算机自动将库存扣减，当库存量低于安全存量时，会自动打印订购单。订货者只要将资料调整一下，即可通过数据机传回总公司。使用此种方式必须保证计算机库存量及实际库存量的正确性，否则打印出来的将是一堆充满错误的废纸。

2．电子订货系统的种类

电子订货系统的构成内容包括订货系统、通信网络系统和接单计算机系统。就门店而言，只要配备了订货终端机和货价卡（或订货簿），再配上电话和数据机，就可以说是一套完整的电子订货配置。就供应商来说，凡能接收门店通过数据机发送的订货信息，并可利用终端机设备系统直接作订单处理，打印出出货单和拣货单，就可以说已具备电子订货系统的功能。但就整个社会而言，标准的电子订货系统绝不是"一对一"的格局，即并非单个的零售店与单个的供应商组成的系统，而是"多对多"的整体运作，即许多零售店和许多供货商组成的大系统的整体运作方式。根据电子订货系统的整体运作程序来划分，大致可以分为以下三种类型。

（1）连锁体系内部的网络型

连锁体系内部的网络型即连锁门店有电子订货配置，连锁总部（或连锁公司内部的配送中心）有接单计算机系统，并用即时、批次或电子信箱等方式传输订货信息。这是"多对一"（即众多的门店对连锁总部）与"一对多"（即连锁总部对众多的供应商）相结合的初级形式的电子订货系统。

（2）供应商对连锁门店的网络型

供应商对连锁门店的网络型的具体形式有以下两种。

① 直接的"多对多"，即众多的不同连锁体系下属的门店对供应商，由供应商直接接单发货至门店。

② 以各连锁体系内部的配送中心为中介的间接的"多对多"，即连锁门店直接向供应商订货，并告知配送中心有关订货信息，供货商按商品类别向配送中心发货，并由配送中心按门店组配向门店送货。这可以说是中级形式的电子订货系统。

（3）众多零售系统共同利用的标准网络型

众多零售系统共同利用的标准网络型的主要特征是利用标准化的传票和社会配套的信息管理系统完成订货作业。其具体形式有以下两种。

① 地区性社会配套的信息管理系统网络，即成立由众多的中小型零售商、批发商构成的区域性社会配套的信息管理系统营运公司和地区性的咨询处理公司，为本地区的零售业服务，支持本地区 EOS 的运行。

② 专业性社会配套信息管理系统网络，即按商品的性质划分专业，如食品、医药品、运动用品、玩具、衣料等，从而形成各个不同专业的信息网络。这是高级形式的电子订货系统，必须以统一的商品代码、统一的企业代码、统一的传票和订货的规范标准的建立为前提条件。

四、电子订货系统的特点和作用

1. EOS 的特点

（1）商业企业内部计算机网络应用功能完善，能及时产生订货信息。

（2）POS 与 EOS 高度结合，产生高质量的信息。

（3）零售商和供应商之间的信息传递及时。

（4）以计算机为工具，通过网络传输订货信息。

EOS 是许多零售商和供应商之间的整体运作系统，而不是单个零售店和单个供应商之间的系统。电子订货系统在零售商和供应商之间建立起了一条高速通道，使双方的信息及时得到沟通，使订货过程的周期大大缩短，既保障了商品的及时供应，又加速了资金的周转，实现了零库存战略。

2. EOS 的基本作用

EOS 系统能及时、准确地交换订货信息，它在企业物流管理中的作用如下所述。

（1）对传统的订货方式而言，如上门订货、邮寄订货、电话订货、传真订货等，EOS系统可以缩短从接到订单到发出订货的时间，缩短订货商品的交货期，减少商品订单的出错率，节省人工费。

（2）有利于减少企业的库存水平，提高企业的库存管理效率，同时也能防止商品特别是畅销商品缺货现象的出现。

（3）对生产厂家和批发商而言，通过分析零售商的商品订货信息，能准确判断畅销商品和滞销商品，有利于企业调整商品生产和销售计划。

（4）有利于提高企业物流信息系统的效率，使各个业务信息子系统之间的数据交换更加便利和迅速，从而丰富企业的经营信息。

3．EOS 所带来的收益

从直接的经济效益上看，EOS 使得零售业与批发业间正确、迅速地传送订送货资料，科学地处理流通业的情报流程和业务处理。正是靠这种不延迟的订货业务系统，批发商才能掌握好时间随时分析商品商情，使批发商及零售商两者确认好进货价格等交易条件。而且，各种商品目录及厂商名录正确地输入之后，零售店的订货情报才能既正确又迅速地送到批发商处。

而作为现代化商流、物流管理中的重要一环，EOS 的贡献远大于上述的一切，其潜在的经济效益是难以估量的。

如果 POS 系统的资料与 EOS 资料相结合，会使消费者需求信息与零售商采购及批发商供货信息相结合，彼此协调，成为一体。而事实也正是这样，在寸土寸金的今天，零售业不允许多余的空间放置存货，而且要求厂商补货只要进畅销商品已卖掉的部分数量，还不能有缺货的情况。这就需要 EOS 系统准确、及时地提供需求信息，同时还要有批发商的密切配合。而批发商也因为此要求，除了本身要有正确的库存管理之外，计算机的库存数量还需与实际存量一致。依据更精细的销售预测构建出不会出现缺货情形的体制，进而使能正确且迅速检货的物流系统充实起来建立一套不缺货的系统，才是真正的 EOS 所要实现的重点，也是 EOS 发挥最大效益的所在。

五、EOS 的发展过程

EOS 的发展经历了早期的 EOS、基于点对点（Point To Point）方式的 EOS、基于增值网（VAN）的 EOS 和基于 Internet/Intranet 的 EOS 等四个阶段。

（1）第一阶段：早期的 EOS

通过电话或传真在零售商和供应商之间传递订货信息。

（2）第二阶段：基于点对点（Point To Point）方式的 EOS

零售商和供应商的计算机通道专线或电话线直接相连，相互传递订货信息。这种方式要求双方采用的通信协议、传输速率必须相同，且要求对方开机才能建立连接。在供应商较多的情况下，这种方式就不适宜了。

（3）第三阶段：基于增值网（VAN）的 EOS

零售商和供应商之间通过增值网（Value Added Network）传递订货信息。增值网作为信息增值服务的提供者，用于转发、管理订货信息。增值网主要有以下两类。

① 地区 VAN 网络。由许多中小零售商在各地设立区域性的 VAN，即成立区域性的 VAN 营运公司，为本地区的零售业服务，支持本地区 EOS 运行。

② 专业 VAN 网络。在商品流通中，常常是按商品的性质划分的，如食品、医药品、农副产品、生鲜食品、服装等，因此形成了各个不同的专业。各专业为了达到流通现代化的目标，分别建立了自己的网络体系，形成专业的 VAN。基于 VAN 的 EOS 一般都通过 EDI 方式传递订货信息。

（4）第四阶段：基于 Internet/Intranet 的 EOS

基于 Internet/Intranet 的 EOS 随着 Internet 在全球范围内的普及，利用 Web 技术，通过 Internet 传递订货信息，加速信息传递和共享，成为越来越热门的话题。Internet 上亿万的用户是巨大的潜在的供应商和零售商，但 Internet 的安全性和保密性问题制约着 EOS 的广泛应用。

第二节　电子订货系统的工作流程

EOS 系统并非是由单个的批发商组成的系统，而是许多零售店和许多批发商组成的大系统的整体运作方式。它之所以从产生之后就受到大家的广泛关注，且给企业带来了深刻的变革，主要是因为它完全不同于以往的订货流程，并且随着时间的推移和技术的进步不断发展完善。本节将分别对电子订货系统的多种形式进行简单分析，并对 EOS 订货工作流程进行说明，从而更好地体现出它的科学性和优越性。

一、传统方式下的电子订货流程

EOS 是由零售商和供应商组成的大系统，采用整体运作方式。在传统的方式下，通过零售商的计算机应用系统根据销售情况和库存情况生成订货信息，制作出一张订货单，利用计算机网络传到供应商的计算机系统中；供应商则根据订货单的要求准备货物，开出出库单（发货通知单），将发货通知单通过网络传递到零售商的计算机系统中。交货单的资料便成为零售商的应付账款资料及供应商的应收账款资料。

二、零售业持续补充业务

零售业持续补充业务（Continuous Replenishment，CR），主要是指零售商将销售数据和库存信息通过网络传递给供应商，告知销售情况如何，供应商根据销售情况决定是否发货给零售商；供应商发货时，通过网络传给零售商装货通知；零售商根据电子装货通知告知的情况自行计算货款付账，其流程图如图 7-2 所示。

图 7-2　持续补充业务流程图

三、基于 EDI 的电子订货系统

在 EDI 出现之后，企业之间的交流得到了进一步发展，借此电子订货系统也有了新的运作模式——基于 EDI 的电子订货系统。这一运作模式，与以往传统的电子订货方式不同，它更多的具有了 EDI 运作的特点。

1. 基于 EDI 的电子订货系统的特点

（1）数据信息标准化。一般采用 EDIFACT 标准单证格式，便于计算机系统的自动识别。

（2）数据交换、处理自动化。EDI 强调从应用到应用（Application To Application）的数据交换。也就是说，零售商的应用系统根据销售情况自动产生订单，发送给供货方；供货方收到订单后进行发货处理，给零售商发发货通知，所有工作由计算机自动完成而无须用户干预。

（3）强调与内部应用系统的集成。由于各个企业情况不同，计算机应用系统也千差万别，而 EDI 是不同应用系统之间数据库传输信息的技术，因此，应用系统的接口开发是一个非常重要的工作。

2. EDI 方式下的电子订货过程

EDI 方式下的电子订货过程，如图 7-3 所示。

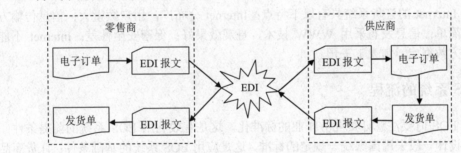

图 7-3　EDI 方式下的电子订货过程

（1）零售商根据自己的需求在计算机上操作，制作出订单，并将所有必要的信息以电子传输的格式存储下来，同时产生一份电子订单。

（2）将电子订单通过翻译软件转换成 EDI 报文，通过 EDI 系统传送给供应商。

（3）供应商使用邮箱接受命令，从 EDI 交换中心自己的信箱中收取全部邮件。

（4）供应商在收妥订单后，进行备货处理，并制作发货单。

（5）将发货单通过翻译软件转换成 EDI 报文，通过 EDI 系统传送给零售商。

（6）零售商从 EDI 中心自己的信箱中取出发货单后，根据发货单上的信息验货、付款。

经过以上六个步骤的运作，一个订货过程便完成了。

四、基于Internet的电子订货系统

随着电子商务的不断发展，越来越多的用户以 EDI 标准报文格式借助 Internet 的高速信息公路传输商业信息，充分发挥了 EDI 网络化、标准化、计算机化的综合优势。在 Internet 上完成订货业务是零售商和供货商之间的业务功能之一。

1. 基于 Internet 的电子订货过程

零售商在自己的计算机系统上制作出订单，然后以用户方便的方式（E-mail、FTP、Telnet）通过 Internet 发送到供货商的信箱中。供货商从自己的信箱中接收订单，准备供货，并把发货单通过 Internet 发送到零售商的信箱中，零售商按照发货单上的信息结账、付款。如图 7-4 所示。

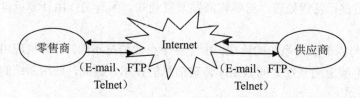

图 7-4　基于 Internet 的电子订货过程

2. 基于 Internet 的订货系统的特点

基于 Internet 的订货系统具有以下特点：Internet 分布广，用户数量大；信息传输方式多，上网简单；信息发布采用 WWW 技术，直观效果好；保密安全性差；Internet 不能直接访问对方数据库，需人工干预。

五、EOS 系统的流程

使用 EOS 时要注意订货业务作业的标准化，这是有效利用 EOS 系统的前提条件；商品代码的设计一般采用国家统一规定的标准，这是应用 EOS 系统的基础条件；订货商品目录账册的设计和运用是 EOS 系统成功的重要保证；计算机以及订货信息输入和输出终端设备的添置是应用 EOS 系统的基础条件；在应用过程中需要制订 EOS 系统应用手册并协调部门间、企业间的经营活动。在商业化、电子化迅速发展的今天，EOS 系统越来越显示出它的重要性，同时随着科技的发展和 EOS 系统的日益普及，EOS 系统的标准化和网络化已成为当今 EOS 系统的发展趋势。

EOS 系统的操作流程，如图 7-5 所示。

（1）在零售店的终端利用条码阅读器获取准备采购的商品条码，并在终端机上输入订货资料，利用电话线通过调制解调器传到批发商的计算机中。

（2）批发商开出提货传票，并根据传票开出拣货单，实施拣货，然后根据送货传票进行商品发货。

（3）送货传票上的资料便成为零售商店的应付账款资料及批发商的应收账款资料，并接到应收账款的系统中去。

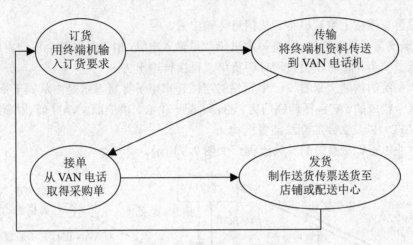

图 7-5　EOS 系统的流程图

（4）零售商对送到的货物进行检验后，就可以陈列出售了。

下面以连锁门店电子订货系统为例来详细叙述该流程。其理论前提假设是：所有连锁门店所需的订货均有相应的配送中心来完成最终配送，当配送中心库存不足时，要先由供应商向配送中心发货。

由于所有形式的电子订货系统皆以门店订货系统的配置为基础，因此先介绍门店订货系统的配置。门店订货系统配置包括硬件设备配置与电子订货方式确立两个方面。

（1）硬件设备配置

硬件设备一般由以下三个部分组成。

①　电子订货终端机。其功能是将所需订货的商品条码及数量，以扫描和输入的方式，暂时储存起来。当订货操作完毕时，再将终端机与后台计算机连接，取出储存的订货资料，存入电话主机。

②　数据机。它是传递订货方与接单方计算机信息的主要通信装置。其功能是将计算机内的数据转换成线性脉冲资料，通过专用数据线路，将订货信息从零售点传递给商品供方的数据机，供方以此为依据来发送商品。

③　其他设备。如个人计算机、价格标签及店内码的印制设备等。

（2）电子订货方式

常用的电子订货方式有三种：电子订货簿订货法、电子订货簿与货架卡并用的订货法，以及低于安全存量的订货法。

①　电子订货簿。电子订货簿是记录包括商品代码／名称、供应商代号／名称、进／售价等商品资料的书面表示。利用电子订货簿订货就是由订货者携带订货簿及电子订货终端机直接地现场巡视缺货状况，再由订货簿寻找商品，对条码进行扫描并输入订货数量，然后直接接上数据机，通过电话线传输订货信息。

②　电子订货簿与货架卡并用。货架卡就是装设在货架槽上的一张商品信息记录卡，显示内容包括：中文名称、商品代码、条码、售价、最高订量、最低订量、厂商名称等。利用货架卡订货，不需携带订货簿，而只要手持电子订货终端机，一边巡货一边订货，订货

手续完成后再直接接上数据机将订货信息传输出去。

③ 低于安全存量订货法。即将每次进货数量输入电脑，销售时电脑会自动将库存扣减，当库存量低于安全存量时，会自动打印货单或直接传输出去。

从整个系统的构建上来看，一个完整的连锁超市电子订货系统是由从属于不同领域的各个行业综合构成的。它包括连锁门店、总部、配送中心、供应商、VAN 商业增值网络（或者 INTERNET）以及必要的立法监督机构。

连锁企业电子订货系统的具体流程，如图 7-6 所示。

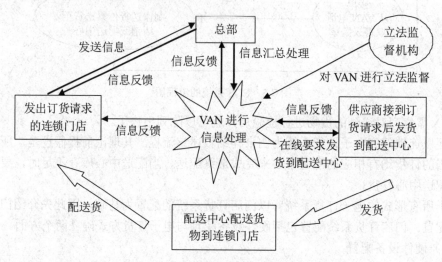

图 7-6　连锁企业电子订货系统流程图

连锁企业电子订货系统流程的具体实施步骤如下所述。

（1）订货信息收集阶段。连锁门店中负责订货的人员，在卖场查看各商品的销售状况，收集并汇总订货商品的名称、订货数量等信息输入到掌上型终端机中，并一同将选择哪家供应商进行订货交易的信息通过在线网络系统发送总部，由总部进行信息处理后，发送至 VAN 商业增值网络中心。

（2）信息处理阶段。VAN 增值网络中心将获得的信息进行处理，核查交易双方的交易有效性，再进行企业与供应商、企业与配送中心之间的 EDI 单证格式的检查和传递工作。

（3）信息传递阶段。商业增值网络将订货信息发送给供应商，供应商与相应的配送中心取得联系，如果配送中心有所需货物，则要求配送中心直接配送货至所需货物的连锁门店；如果配送中心库存不足，则要求供应商接到订货请求后，先发货至配送中心，再由配送中心配送货至连锁门店。

（4）实物配送阶段。配送中心在得到来自商业增值网络的订货信息后，根据发货清单向连锁门店进行配送货。如果配送中心库存不足，供应商需要先向配送中心发货。

六、EOS 的实施要点

传统的订货工作都是利用电话或纸面单据进行，容易发生错误，因此难免出现送错商品或送错数量的问题。在店铺日常发生的业务中，补货和进货业务占很大比重，为防止库存过剩或断货现象，管理者要在短时间内做出正确的决策，需要有相当的经验。若使用 EOS，则可解决上述问题。

在目前过剩经济的时代，为迎合消费者的多样化和个性化的购买趋势，销售现场面临着运用有限的陈列空间为消费者提供更多选择的挑战。

最直接的解决办法是通过减少单品陈列空间、降低库存来扩大商品线，这就要求采取少量多样的订购、降低安全库存、缩短订货前置时间、简化订货、验货和拣货作业等措施。经营者希望通过提高商品周转率来促进销售、降低库存，同时力求避免因补货不当造成的缺货。EOS 就是为了解决上述问题而设定的方案，实现 EOS 对零售商和供应商都有相辅的效益。

企业在应用 EOS 系统时应注意以下几点。

（1）业务作业的标准化。这是有效利用 EOS 系统的前提条件。

（2）商品代码的设计。在零售行业的单品管理方式中，每一个商品品种对应一个独立的商品代码，商品代码一般采用国家统一规定的标准。对于统一标准中没有规定的商品，则采用本企业自己规定的商品代码。商品代码的设计是应用 EOS 系统的基础条件。

（3）订货商品目录账册（Order Book）的完善和更新。订货商品目录账册的设计和运用是 EOS 系统成功的重要保证。

（4）计算机以及订货信息输入和输出终端设备的添置和 EOS 系统设计是应用 EOS 系统的基础条件。

（5）制定 EOS 系统应用手册并协调部门间、企业间的经营活动。

七、EOS 的业务应用

电子订货业务主要涉及的内容有销售订货业务和采购订货过程，下面将分别予以介绍。

1. 销售订货业务过程

销售订货作业流程（见图 7-7），可以将基本的批发、订货作业过程中的业务往来划分成以下几个步骤。

（1）各批发、零售商场或社会网点根据自己的销售情况，确定所需货物的品种、数量，同体系商场根据实际网络情况将补货需求或通过增值网络中心或通过实时网络系统发送给总公司业务部门；不同体系商场或社会网点通过商业增值网络中心发出 EOS 订货需求。

（2）VAN 将收到的补货、订货需求资料发送至总公司业务管理部门。

（3）业务管理部门对收到的数据汇总处理后，通过 VAN 向不同体系的商场或社会网点发送批发订单确认。

（4）不同体系的商场或社会网点从 VAN 接收到批发订单的确认信息。

（5）业务管理部门根据库存情况通过 VAN 或实时网络系统向仓储中心发出配送通知。

（6）仓储中心根据接收到的配送通知安排商品配送，并将配送通知通过 VAN 传送给客户。

（7）不同体系的商场或社会网点从 VAN 处接收到仓储中心对批发订单的配送通知。

（8）各批发、零售商场，仓储中心，根据实际网络情况将每天进出货物的情况或通过 VAN 或通过实时网络系统报送总公司业务管理部门，让业务部门及时掌握商品的库存数量，并根据商品的流转情况，合理安排商品结构等工作。

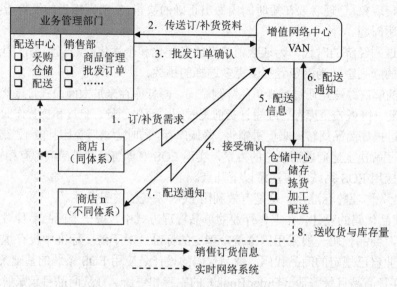

图 7-7 销售订货作业流程图

上述八个步骤组成了一个基本的电子批发、订货流程。通过这个流程，将各店与同体系商场（某店中非独立核算单位）、不同体系商场（某店中独立核算单位）和社会网点之间的商流、信息流结合在了一起。

2. 采购订货业务过程

采购订货作业流程（见图 7-8），可以将向供货商采购作业过程中的业务往来划分成以下几个步骤。

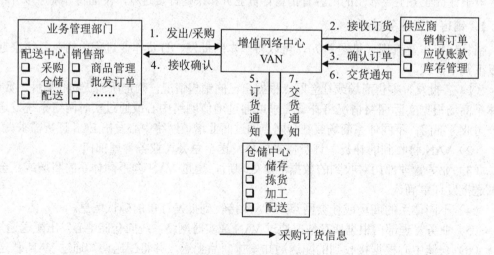

图 7-8 采购订货业务流程

（1）业务管理部门根据仓储中心商品库存情况，向指定的供货商发出商品采购订单。

（2）商业增值网络中心将总公司业务管理部门发出的采购单发送至指定的供货商处。

（3）指定的供货商在收到采购订货单后，根据订单的要求通过商业增值网络对采购订单予以确认。

（4）商业增值网络中心确认供货商发来的采购订单，发送至业务管理部门。

（5）业务管理部门根据供货商发来的采购订单确认，向仓储中心发送订货信息，以便仓储中心安排检验和仓储空间。

（6）供货商根据采购单的要求，安排发运货物，并在向总公司交运货物之前，通过商业增值网络中心向仓储中心发送交货通知。

（7）仓储中心根据供货商发来的交货通知安排商品检验并安排仓库、库位或根据配送要求进行备货。

上述七个步骤组成了一个基本的采购订货流程，通过这个流程将某店供货商之间的商流、信息流结合在了一起。

3. 盘点作业流程

在电子订货过程中，基本的前提是，对仓库中的货物进行盘点，发现库存量达到一定水平时进行的订货操作，因此，盘点作业也是电子订货系统中不可或缺的一部分。其主要作业过程包括以下几个方面。

（1）连锁店在进行盘点作业时，盘点人员可手持掌上型终端机去卖场和仓库，逐一扫描商品的价格卡或商品的条码，并输入清点的商品数量。

（2）商品存货清点与输入完成之后，将掌上型终端机连接到后台计算机上，以便统计和传输出盘点资料。

（3）通过终端把盘点资料传输至公司总部的计算机，总部计算机经过运算后，可做出盘点统计表、盈亏表和其他管理报表。

第三节　电子订货系统与物流

虽然采购和销售的业务过程都利用电子订货系统很顺畅地完成了，但是最终商品物理位置的转移还是要通过物流环节才能得以实现。本节将从物流运作的过程对电子订货系统的操作过程进行分析。

一、物流作业过程

物流作业流程如图 7-9 所示，其中将供货商发运作业过程中的业务往来划分成以下几个步骤。

（1）供货商根据采购合同要求将发货单通过商业增值网络中心发给仓储中心。

（2）仓储中心对接收到商业增值网络中心传来的发货单进行综合处理，或要求供货商送货至仓储中心或发送至各批发、零售商场。

（3）仓储中心将送货要求发送给供货商。

（4）供货商根据接收到的送货要求进行综合处理，然后根据送货要求将货物送至指定地点。

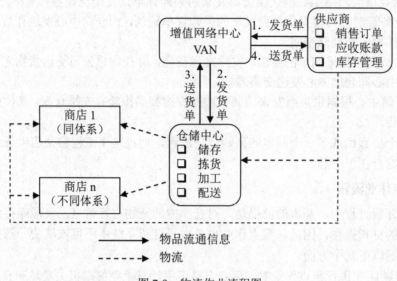

图 7-9 物流作业流程图

上述四个步骤完成了一个基本的物流作业流程，通过这个流程将物流与信息流牢牢地结合在了一起。

综上所述，某商店配销中心管理系统可根据实际情况，参照对商流、物流、信息流的流程分析，并掌握资金流，组合成一个完整并且强有力的配销管理系统。只有牢牢控制住商业四大流之间的关系，才能牢牢地把握商机，从而在商战中赢得胜利。

二、仓储作业过程

公司（采购部）向供应商发出订购单，供应商接单后按订购单上商品的数量组织货物，并按订购单指定地点送货，可以向多个仓库送货，也可直接送到指定的商店。

下面分析供应商把商品送到某一仓库后发生的商品流动全过程。

商品送到某仓库后，一般卸在指定的进货区，在进货区对新进入的商品进行商品验收。验收合格的商品办入库手续，并填写收货单/验货单/入库单（商品名、数量、存放位置等信息），然后放入指定的正品存放区的库位中。正品存放区的商品是可供配送的，这时总库存量增加。对验收不合格的商品，填写退货单，并登记在册，另行暂时存放，适时退供货商调换合格商品。调换回的商品同样有收货/验货/入库的过程。

当仓库收到配送中心的配货清单后，按清单要求（商品名称、数量、货位等）备货，验证正确后，出库待送。若是本地批发，按销货单配货发送，配送信息要及时反馈给配送中心，这时配送中心的总库存量减少。商品送交客户后，也有客户对商品的验收过程，当客户发现商品包装破损、商品保质期已到、送交的商品与要求的商品不符等情况时，客户可退货（退货单）。客户退货后配送中心要补货给客户，对退回的商品暂存待处理区，经检验后再做处理，如完好的商品（错配退回）送回正品存放区（移转单），对质量和包装有问题的商品退回给供应商（退货单），过期和损坏的商品作报废处理（报废单等）。这些商品处理的流动过程也影响到总库存量的变化，掌握和控制这些商品的流转过程也就有效地控制和掌握了总库存量。

在库存的管理中，也会发现某些商品因储运、移位而发生损伤，某些商品因周转慢而保质期即将到期等情况，这就应及时对这些商品做转移处理，移至待处理区（转移单），然后作相应的退货、报废、削价等处理。商品在此流动过程中也会使仓库的总库存量发生变化，因此这些流动过程也必须在配送中心的掌握和控制之中。

配送中心掌握了逻辑上的商品总库存量和物理上的分库商品库存量，在配货过程中如果发现配货的不平衡引起某仓库商品库存告急，而另一仓库此商品仍有较大库存量，配送中心可用库存商品调拨的方式（调拨单）来调节各分库的商品库存量，满足各分库对商品的需求，增加各库的配送能力，但并不增加总库存量，从而提高仓库空间和资金的利用率。

配送中心通过增值网还可掌握本系统中各主体商场、连锁超市的进销调存的商业动态信息。由于商场架构不同、所处区域不同，面对消费对象也不同，因此各商场进销的商品结构也不同，配送中心的计算机系统会对各商场的商品结构作动态的调整（内部调拨），从而达到降低销售库存，加速商品流通，加速资金流转的目的，以较低的投入获得最高的收益。

第四节　POS 系统

电子订货系统 EOS 和销售点实时管理系统 POS 是商店自动化（Store Automation，SA）管理的两项基本工具。销售点实时管理系统（POS 系统）强调销售时点情报的掌握，以实现销售商品的单品管理和数量管理，它属于连锁体系内部的战略情报系统（SIS），其运用的自主性较强。电子订货系统则讲究订货效率，有赖于订货端（通常指分店）和接收订单的发货端（一般指供应商）的共同配合。因为电子订货系统具有明显的跨行业特征，电子订货系统的导入要比销售点实时管理系统困难得多，它需在社会配套的管理信息系统（如VAN 系统、EDI 系统）健全的情况下才能导入。在日本及西方发达国家的超市信息系统的建设中，EOS 系统一般与 POS 系统同时进行。EOS 系统与 POS 系统都是超市信息系统的主要组成部分。本书将以零售行业为例，对 POS 系统进行说明。

一、POS 销售时点信息系统的定义

销售时点信息（Point Of Sale，POS）系统是指通过自动读取设备（如收银机）在销售商品时直接读取商品销售信息（如商品名、单价、销售数量、销售时间、销售店铺、购买顾客等），并通过通信网络和计算机系统传送至有关部门进行分析加工，以提高经营效率的系统。POS 系统最早应用于零售行业，以后逐渐扩展至其他如金融、旅馆等服务性行业，利用 POS 信息的范围也从企业内部扩展到整个供应链。现代 POS 系统已不仅仅局限

于电子收款技术，它要考虑将计算机网络、电子数据交换技术、条形码技术、电子监控技术、电子收款技术、电子信息处理技术、远程通信、电子广告、自动仓储配送技术、自动售货、备货技术等一系列科技手段融为一体，从而形成一个综合性的信息资源管理系统。同时，它必须符合和服从商场管理模式，按照对商品流通管理及资金管理的各种规定进行设计和运行。

POS 系统包含前台 POS 系统和后台 MIS 系统两大基本部分。

前台 POS 系统是指通过自动读取设备（如收银机），在销售商品时直接读取商品销售信息（如商品名、单价、销售数量、销售时间、销售店铺、购买顾客等），实现前台销售业务的自动化，对商品交易进行实时服务和管理，并通过通信网络和计算机系统传送至后台，通过后台计算机系统（MIS）的计算、分析与汇总等掌握商品销售的各项信息，为企业管理者分析经营成果、制定经营方针提供依据，以提高经营效率的系统。

后台 MIS（Management Information System）又称管理信息系统，它负责整个商场进、销、调、存系统的管理以及财务管理、库存管理、考勤管理等。后台 MIS 可根据商品进货信息对厂商进行管理，又可根据前台 POS 提供的销售数据，控制进货数量，合理周转资金，还可分析统计各种销售报表，快速准确地计算成本与毛利，也可对售货员、收款员业绩进行考核，是职工分配工资、奖金的客观依据。因此，商场现代化管理系统中前台 POS 与后台 MIS 是密切相关的，两者缺一不可。

二、POS 系统的结构

POS 系统的结构主要依赖于计算机处理信息的体系结构。结合商业企业的特点，POS 的基本结构可分为：单个收款机、收款机与微机相连构成 POS，以及收款机、微机与网络构成 POS。目前大多采用第三种类型的 POS 结构，它包括硬件和软件两大部分。

1. POS 系统的硬件结构

POS 系统的硬件主要包括收款机、扫描器、显示器、打印机、网络、微机与硬件平台等。POS 系统的硬件结构，如图 7-10 所示。

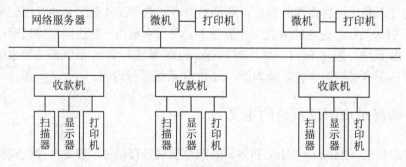

图 7-10 POS 系统的硬件结构图

（1）前台收款机（即 POS 机）。可采用具有顾客显示屏、票据打印机和条码扫描仪的 XPOS，PROPOS，PCBASE 机型。共享网上商品库存信息，保证了对商品库存的实时处理，便于后台随时查询销售情况，进行商品销售分析和管理。条码扫描仪可根据商品的特点选用手持式或台式以提高数据录入的速度和可靠性。

（2）网络。目前，我国大多数商场的内部信息的交换量很大，而对外的信息交换量则很小，因此，计算机网络系统应采用高速局域网为主、电信系统提供的广域网为辅的整体网络系统。考虑到系统的开放性及标准化的要求，选择 TCP/IP 协议较合适。操作系统可选用开放式标准操作系统。

（3）硬件平台。大型商业企业的商品进、存、调、销的管理复杂，账目数据量大，且须频繁地进行管理和检索，选择较先进的客户机/服务器结构，可大大提高工作效率，保证数据的安全性、实时性及准确性。

2. POS 系统的软件结构

POS 系统的软件结构主要包括前台 POS 销售系统和后台 MIS 信息管理系统两大部分，其组成如图 7-11 所示。

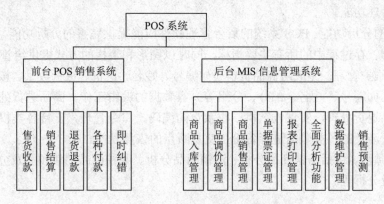

图 7-11　POS 系统的软件结构

在图 7-11 所示的软件结构中，前台 POS 销售软件与后台 MIS 信息管理系统分别发挥着不同的作用。

（1）前台 POS 销售系统

① 售货收款。完成日常的售货收款工作，记录每笔交易的时间、数量、金额，进行销售输入操作。如果遇到条码不可识读等现象，系统应允许采用价格或手工输入条码号进行查询。

② 销售结算。进行交款员交班时的收款小结、大结等管理工作，计算并显示出本班交班时的现金及销售情况，统计并打印收款机全天的销售金额及各售货员的销售额。

③ 退货退款。退货功能是日常销售的逆操作。为了提高商场的商业信誉，更好地为顾客服务，在顾客发现商品出现问题时，允许顾客退货。此功能记录退货时的商品种类、数量、金额等，便于结算管理。

④ 各种付款方式。可支持现金、支票、赊账等不同的付款方式，以方便各类不同顾客的要求。

⑤ 即时纠错。在销售过程中出现的错误要能够立即修改更正，以保证销售数据和记录

的准确性。

（2）后台 MIS 信息管理系统

① 商品入库管理。对入库的商品进行输入登录，建立商品数据库的查询、修改、报表及商品入库验收单的打印等功能。

② 商品调价管理。由于有些商品的价格随季节和市场等情况而变动，本系统应能提供对这些商品所进行的调价管理功能。

③ 商品销售管理。根据商品的销售记录，实现商品的销售、查询、统计、报表等管理，并能对各收款机、收款员、售货员等进行分类统计管理。

④ 单据票证管理。实现商品的内部调拨、残损报告、变价调整、仓库验收盘点报表等各类单据票证的管理。

⑤ 报表打印管理。打印内容包括时段销售信息表、营业员销售信息报表、部门销售统计表、退货信息报表、进货单信息报表、商品结存信息报表等。实现商品销售过程中各类报表的分类管理功能。

⑥ 完善的分析功能。POS 系统的后台管理软件应能提供完善的分析功能，分析内容涵盖进、销、调、存过程中的所有主要指标，同时以图形和表格的方式提供给管理者。

⑦ 数据维护管理。完成对商品资料（如编号、姓名、进价、进货数量、核定售价等）、营业员资料（如编号、姓名、部分、分组等）等数据的编辑工作。商品进货处理、商品批发处理、商品退货处理，实现收款机、收款员的编码、口令管理，支持各类权限控制。具有对本系统所涉及的各类数据进行备份，交易断点的恢复功能。

⑧ 销售预测。包括畅销商品分析、滞销商品分析、某种商品销售预测及分析、某类商品销售预测及分析等。

三、POS 系统的运行步骤

以零售业为例，讲解 POS 系统的工作流程。零售企业 POS 系统的工作流程图，如图 7-12 所示。

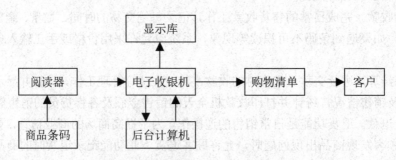

图 7-12　零售企业 POS 系统工作流程

图 7-12 所示的零售企业 POS 系统的运行，主要由以下五个步骤组成。

（1）店铺销售商品都贴有表示该商品信息的条形码或 OCR（Optical Character Recognition）。

（2）在顾客购买商品结账时，收银员使用扫描读数仪自动读取商品条形码标签或 OCR 标签上的信息，通过店铺内的微型计算机确认商品的单价，计算顾客购买的总金额等，同时返回给收银机，打印出顾客购买清单和付款总金额。

（3）各个店铺的销售时点信息通过 VAN 以在线联结的方式即时传送给总部或物流中心。

（4）在总部，物流中心和店铺利用销售时点信息来进行库存调整、配送管理、商品订货等作业。通过对销售时点信息进行加工分析来掌握消费者购买动向，找出畅销商品和滞销商品，以此为基础进行商品品种配置、商品陈列、价格设置等方面的作业。

（5）在零售商与供应链的上游企业（批发商、生产厂家、物流业者等）结成协作伙伴关系（也称为战略联盟）的条件下，零售商利用 VAN 以在线联结的方式根据销售现场的最及时准确的销售信息制订经营计划、进行决策。例如，生产厂家利用销售时点信息进行销售预测，掌握消费者购买动向，找出畅销商品和滞销商品，把销售时点信息（POS 信息）和订货信息（EOS 信息）进行比较分析来把握零售商的库存水平，以此为基础制订生产计划和零售商库存连续补充计划（Continuous Replenishment Program，CRP）。

四、POS 系统的特征

POS 系统主要有以下四个方面的特征。

1. 单品管理、职工管理和顾客管理

（1）零售业的单品管理是指对店铺陈列销售的商品以单个商品为单位进行销售跟踪和管理的方法。由于 POS 信息即时准确地反映了单个商品的销售信息，因此 POS 系统的应用使高效率的单品管理成为可能。

（2）职工管理是指通过 POS 终端机上的计时器的记录，依据每个职工的出勤状况、销售状况（以月、周、日甚至时间段为单位）进行考核管理。

（3）顾客管理是指在顾客购买商品结账时，通过收银机自动读取零售商发行的顾客 ID 卡或顾客信用卡来把握每个顾客的购买品种和购买额，从而对顾客进行分类管理。

2. 自动读取销售时点的信息

在顾客购买商品结账时，POS 系统通过扫描读数仪自动读取商品条形码标签或 OCR 标签上的信息，在销售商品的同时获得实时（Real Time）的销售信息，这也是 POS 系统的最大特征。

3. 信息的集中管理

在各个 POS 终端获得的销售时点信息以在线联结方式汇总到企业总部，与其他部门发送的有关信息一起由总部的信息系统加以集中并进行分析加工，如把握畅销商品和滞销商品以及新商品的销售倾向，对商品的销售量和销售价格、销售量和销售时间之间的相关关系进行分析，对商品店铺陈列方式、促销方式、促销周期、竞争商品的影响进行相关分析等。

4．连接供应链的有力工具

供应链参与各方合作的主要领域之一是信息共享，而销售时点信息是企业经营中最重要的信息之一，通过它能及时把握顾客的需要信息，供应链的参与各方可以利用销售时点信息并结合其他的信息来制订企业的经营计划和市场营销计划。目前，领先的零售商正在与制造商共同开发一个整合的物流系统 CFAR（Collaboration Forecasting And Replenishment，整合预测和库存补充系统），该系统不仅分享 POS 信息，而且一起联合进行市场预测，分享预测信息。

五、应用 POS 系统的效果

1．提高商业部门的作业水平

（1）收银台业务的省力化。采用 POS 系统后，商品检查时间缩短；高峰时间的收银作业变得容易；输入商品数据的出错率大大降低；核算购买金额的时间大大缩短；店铺内的票据数量减少；现金管理化。

（2）数据收集能力大大提高。这一点表现为信息收集及时化，信息的信赖性强化，数据收集的省力化、迅速化和实时化。

2．提高店铺的营运水平

（1）店铺作业的合理化，如提高收银台的管理水平，贴商品标签和价格标签的作业迅速化和省力化，销售额和现金额随时把握，检查输入数据作业简便化。

（2）店铺营运的效率化，如能把握库存水平，人员配置效率化、作业指南明确化、布置合理化，销售目标的实现程度变得容易测定，容易实行按时间段减价，销售报告容易做成，能把握畅销品和滞销品的信息、发现不良库存，使对特殊商品进行单品管理成为可能。

3．从整体上提高了企业经营管理水平

（1）提高资本周转率，如可以提前避免出现缺货现象，库存水平合理化，商品周转率提高。

（2）商品计划的效率化，如销售促进方法的效果分析，把握顾客购买动向，按商品品种进行利益管理，基于销售水平制订采购计划，有效的店铺空间管理，基于时间段的广告促销活动分析。

4．为企业节约成本的同时增加其收益

（1）营业额及利润增长。采用 POS 系统的企业供应商品众多，其单位面积的商品摆放数量是普通的 3 倍以上，吸引顾客，且自选率高，这必然会带来营业额及利润的相应增长。仅此一项，POS 系统即可给应用 POS 的企业带来可观的收益。

（2）节约大量人力、物力。由于仓库管理是动态管理，即每卖出一件商品，POS 的数据库中就相应减少该件商品的库存记录，免去了商场盘存之苦，节约了大量人力、物力；

同时，企业的经营报告、财务报表以及相关的销售信息，都可以及时提供给经营决策者，以保持企业如商场等的快速反应。

（3）有效库存增加，资金流动周期缩短。由于仓库采用动态管理，仓库库存商品的销售情况每时每刻都一目了然，商场的决策者可将商品的进货量始终保持在一个合理水平，可提高有效库存，使商场在市场竞争中占据更有利的地位。据统计，在应用 POS 系统后，商品有效库存可增加 35%～40%，缩短了资金的流动周期。

同时，在应用了 POS 系统后，可以进行销售促进方法的效果分析，把握顾客购买动向，按商品品种进行利益管理，基于销售水平制订采购计划，有效地进行店铺空间管理和基于时间段的广告促销活动分析等，从而使商品计划效率化。

应用 POS 系统的效果，如表 7-1 所示。

表 7-1　应用 POS 系统的效果

作业水平	收银台业务的省力化	商品检查时间缩短 高峰时间的收银作业变得容易 输入商品数据的出错率大大降低 职工培训教育时间缩短 核算购买金额的时间大大缩短 店铺内的票据数量减少 现金管理合理化
	数据收集能力大大提高	信息发生时点收集 信息的信赖性强化 数据收集的省力化、迅速化和实时化
店铺营运水平	店铺作业的合理化	提高收银台的管理水平 贴商品标签和价格标签、改变价格标签的作业迅速化和省力化 销售额和现金额随时把握 检查输入数据作业简便化 店铺内票据减少
	店铺营运的效果化	能把握库存水平 人员配置效率化、作业指南明确化 销售目标的实现程度变得容易测定 容易实行时间段减价 销售报告容易生成 能把握畅销商品和滞销商品的信息 货架商品陈列、布置合理化 发现不良库存 使对特殊商品进行单品管理成为可能

续表

		可以提前避免出现缺货现象
企业经营管理水平	提高资本周转率	库存水平合理化
		商品周转率提高
		销售促进方法的效果分析
		把握顾客购买动向
	商品计划的效率化	按商品品种进行利益管理
		基于销售水平制订采购计划
		有效的店铺空间管理
		基于时间段的广告促销活动分析
降低成本增加利润	降低成本	节约大量人力、物力
	增加利润	营业额及利润增长
		有效库存增加，资金流动周期缩短

第五节　电子订货系统的发展趋势

一、EOS 与 MIS 的集成

1. EOS 与 MIS 集成的方式

EOS 利用计算机与通信技术来取代传统的下单与接单及相关动作的自动化订货系统，具体来说，是在店铺内采集店内发生的订购数据，通过通信网络传送到总部、批发商或制造商的系统中。

传统的订货工作都是利用电话或纸面单据进行，容易发生错误，因此难免出现送错商品或送错数量的问题。在店铺日常发生的业务中，补货和进货业务占有很大的比重，为防止库存过剩或断货现象发生，管理者要在短时间内做出正确的决策，这需要有相当的经验。若使用 EOS 系统则可解决上述问题。

EOS 与 MIS 的集成方式主要有以下两种。

一种是由企业的信息部门自行完成，如图 7-13 所示。在企业具有自己的信息部门，且有较强的开发和集成实力时，多采用这种方式。这种方式的优点是集成工作由企业自己完成，相应的成本低，且各部门之间相互配合，较容易完成相应的集成工作。但是对于缺乏研发能力的单位则不适应。

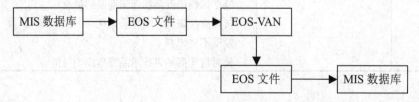

图 7-13　企业信息部门自行完成 EOS 集成

　　另一种是由信息技术服务商来完成，如图 7-14 所示。在这种方式下进行 EOS 的集成，需要有信息技术服务企业协助完成，当企业本身不具有信息部门，或信息部门不具备研发能力时，选择这种方式比较合适。这种方式的优点是信息技术服务商提供专业的集成服务，而企业只需要专注完成自己的核心工作即可，不需要在这些方面进行投入。但是，此种方式在运行时，往往会出现信息技术服务商对于企业实际情况不了解、不能很好地满足企业需求，或因为认识上的出入而造成的反复修改问题。

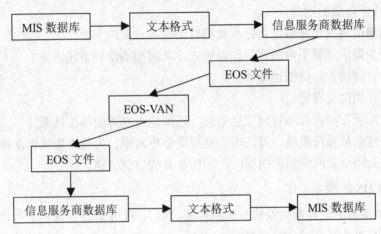

图 7-14　由信息技术服务商完成 EOS 集成

2. EOS 与 MIS 集成的效益

　　在目前过剩经济的时代，为迎合消费者的多样化和个性化的购买趋势，销售现场面临着用有限的陈列空间为消费者提供更多选择的挑战。最直接的解决办法是通过减少单品陈列空间、降低库存来扩大商品线，这就要求采取少量多样的订购、降低安全库存、缩短订货前置时间、简化订货、验货、拣货作业等措施。经营者希望通过提高商品周转率来促进销售、降低库存，同时力求避免因补货不当造成缺货。

　　电子订货系统 EOS 就是解决上述问题的方案，实现 EOS 对零售商和供应商的实时联结，相辅相成，使双方都能获利。

　　（1）对加盟店的效益

❑　EOS 系统根据货架标签或订货簿进行订货，由于操作方便，不需查找历次清单，任何人都可完成订货作业。

❑　促成订货作业的合理化、迅速化、正确化、简单化，除降低处理成本外，还可减少因订货错误造成的困扰。

❑　可实现小批量订货，符合少量多样化的趋势，并且提高货架陈列效果、降低库存备货和仓储空间。

❑　EOS 系统可弥补与特许总部作业的时差，缩短订货前置时间，减少缺货，增进商品周转率，提高货架利用率，并可提高加盟店的服务质量。

- 建立进货管理系统，将订货数据存于计算机内，进货时仅需修正与事先传来数据的差异，并可立即转入进货管理系统；同时，利用 EOS 的实施可促成采购分析和应付账款制度的确立。
- 可作为引入商店自动化的基础，并据此落实进销存管理，实现 POS 系统、集成前后台管理系统，对数据进行综合和分析，作为管理者规划、控制、预测的参考。
- 可作为跨企业网络通信的基础，加快业界的信息流通。

（2）对特许总部的效益

- 利用增值网接收订单，将订货数据自动输入计算机系统。
- 支持加盟店频繁下单的订货作业模式，从而准确掌握市场需求。
- 减少订货错误，降低退货率。
- 使库存调度合理化。
- 可据此开发特许总部管理信息系统，逐渐建立高效的物流体系。
- 与管理信息系统集成，可快速、准确地分析数据，为管理者提供决策参考。
- 可作为跨企业网络通信的基础，加快业界的信息流通。

3. 实施 EOS 的准备工作

（1）申请增值网。根据企业信息化的性质、引入 EOS 程度、服务、性能价格比及交易伙伴参加情况来选择最适合的增值网。

（2）建立联网对象的协调制度。在引入 EOS 前，应与交易对象达成共识，制定新商品导入、促销特卖处理、变更登录、标签发放、意外状况处理等规范。

（3）建立商品代码、企业代码。包括建立公共企业代码、自有商品代码、通用商品代码、条形码作业和后续代码的管理体制等。

（4）建立商品目录。商品目录是商品数据库的书面形式，扫描后即可进行电子订货，其中必须登录商品代码/名称、供应商代码/名称、售价等基本数据。

（5）建立标准的订货模式。包括订货方式、订货时间、订货周期、订货部门、订货人、EOS 终端数、多店订货及设备操作程序。

（6）建立商品交易档案。根据商品目录建立交易对象对照表，增值网中心、供应商、连锁店总部才能据此进行分单处理和绩效分析。

（7）培训作业人员。除引入前进行培训外，应持续进行维护、操作、意外处理等讲座。

（8）指定对外联络人，以便协调零售商、供应商、增值网中心间的例行事务和意外状况的紧急处理。

（9）意外状况处理的对策。应事先制定硬件设备故障、订货错误及通信线路问题等各种意外情况处理的方案，将延误损失降到最低程度。

（10）引入测试。在正式上网作业前，除对系统和通信线路进行测试外，还应选定少量商品进行 EOS 演练，待操作作业准确无误后，再正式引入。

4．EOS 的推广因素

EOS 的目标是改善订货系统，在网络达到一定规模时，必须借助中介机构来协助制定和推广相关规范，推动标准作业的执行，并通过规模经济来降低引入成本和参加费用。EOS推广的关键因素包括以下几个。

（1）建立商品数据库。EOS 的顺利运作取决于商品数据库的建立和维护。对商家而言，建立商品数据库更新（如增加新商品、删除废弃商品，价格、包装、单位数量的变动等）的制度，以便发送订单传票和制作标签、货架卡、商品目录等，将关系到 EOS 系统建设的成败。

（2）公共企业代码及商品代码。EOS 作业要求为各交易体系的商品建立一套公共代码体系。特许总部可自行建立各供应商、加盟商的企业代码或商品代码对照表，但随着 EOS往来日渐频繁，维护和协调工作会成为很大的负担。

增值网中心的成立目的就是位居其间担负各企业硬件环境、代码体系间的转换功能。因此，通过国家、协会或增值网中心统筹建立公共性的企业代码和商品代码，可省去商家的转换成本，并实现化繁为简、统一作业的目标。

公共企业代码和商品代码进一步条形码化，除便于系统化管理外，还可大幅降低错误率，提高数据输入效率。

（3）公共数据库。将上述商品代码、企业代码和分类体系建成数据库，包括商品名称、规格、参考价格、企业单位地址、电话、负责人、经营商品内容、标准分类级别等信息，供外界进行查询、更新和增值分析，会对行业有重大贡献。

（4）EOS 增值网支持服务。如果没有增值网中心协调，提供必要的转换及数据处理服务，EOS 的成效会大打折扣。商家不仅在初期引入及后续开发上要耗费很大的人力和物力，短期很难见到投资回报，而且涉及公共规范（如企业代码、商品码、订单格式、作业规范等）等敏感问题也很难推动。因此，EOS 的成功依赖于增值网中心的正常运作。

二、EOS 系统建立和应用过程中应注意的问题

1．要注意对系统建立的可行性进行论证

连锁经营信息管理系统的建立，不可盲目追求时髦，建立与否，何时建立，要进行可行性论证。其论证的角度一般为三个方面：技术可行性、经济可行性和效益可行性。

（1）技术可行性是指连锁经营企业是否具备必要的硬件、软件和应用工具，或者能否迅速得到这些设备。

（2）经济可行性是指连锁经营企业在建立信息管理系统后收益是否大于成本。

（3）效益可行性分析是指信息系统建立后对各层管理人员的影响，必须取得员工的理解和支持，否则难以有效地进行操作，并取得预期效益。

只有从以上三个方面进行充分论证并确认可行后，信息管理系统的建立才应提到议事日程，否则要么是得不偿失，要么是系统的建立失败。

2. 要积极创造有利于系统应用的外部软环境

连锁经营信息管理系统的推广所需要的软环境包括商品编码标准化、会计制度规范化、商店订货电子化、库存管理条码化、商情网络化等诸多方面。如果引进 POS 系统，最先考虑的是商品国际条码的普及化及正确性。某些商品并无国际条码，从而造成店铺销售人员需要再次进行加工，贴上条码；另外某些国际条码制作粗糙，前台收银无法将其扫描并正确读出，也是一种不便。因此，引入 POS 系统，必须首先要求商品编码的标准化。再如，只有传票格式标准化，才能减少操作人员的错误。试想各家厂商其传票规格不一，操作人员在输入时过于复杂，确保不出差错显然不容易做到。这些软环境的培育需要多个部门相互支持，同步发展，并进行有效的组织协调。任何形式的各行其是和部门垄断都不利于系统应用水平的提高。相应地，国家应从体制上着手，加快对外界软环境的培育。

当然，制定统一行业规范、标准，并不意味着所有企业的开发工作都必须按一个模式去做，也不能期望有一个万能的系统供大家去使用。因为连锁店本身就有许多不同的类型、不同的经营管理方法，所以要努力去开发符合实际的、实用的、高效的连锁经营信息管理系统。

3. 要注意培养人才

培育连锁经营自动化人才，是其导入信息管理系统前不可或缺的课题，没有人才，再好的系统也是枉然。POS 系统和 EOS 系统作为连锁经营自动化的重要组成部分，日常维护和升级扩充需要综合运用现代计算机和通信技术及商业经营管理经验，这就需要一大批既精通计算机理论和技术，又通晓商业经营的复合型人才，而这单凭商业单位是难以短期培养的。因此，导入信息管理系统的连锁经营企业必须在努力提升全员职工的向心力，凝结团体意识、培养员工自我责任的基础上，一方面与其他部门或单位联合培养所需要的人才，另一方面要依赖政策，留住人才。

4. 要注意灵活融通资金

连锁经营管理信息系统的建立和运用是技术、资金密集型投资。发展初期，如果要应用规范化、标准化的信息系统，一次性的投资很大，而这往往会成为制约不少企业信息化的瓶颈，所以有志于发展此项事业的企业必须具备融通资金的能力，广开财源，应有远大的战略眼光。今天的投资会在将来取得更大的收获，这种收获来自信息系统提供的信息，来自依据这些信息迅速做出的市场决策，以及管理效率的提高，如果在这方面反应滞后或者犹豫，将会失去发展的机会。

连锁经营企业走自动化、信息化的道路，一定会有许多的问题产生，但我们都知道问题总是可以解决的。要知道，企业内部情报资料若能透过系统的记录、收集和整理，进而针对此资料深入地加以分析与检讨，必能反映出很多管理上的问题。因此，任何一位企业经营者绝对不可忽视这些信息的重要性，尤其处在这个竞争激烈的市场环境中，若有效地掌握了这些情报，必能取得经营上的先机和优势，从而达到持续发展的目标。

三、发达国家电子订货系统的应用现状及启示

EOS 电子订货系统是由日本 7-11 公司于 1979 年研制并投入公司使用的。7-11 公司是世界便利店的巨头，截至 2002 年已在全世界拥有了两万多家店铺。通过 EOS 的实施，公司大大加快了订单的流动速率，提高了公司供应链循环周转的效率。一份订单可在 7 分钟内处理完毕；一个订货送货周期不会超过 6 个小时。这一系列高效的运作过程，都得益于电子订货系统的应用。

另外，美国连锁超市巨头企业沃尔玛，它的每一家门店都备有 8 万种以上的商品。通过 EOS 及其他电子通信手段如 POS 等的联合使用，沃尔玛可以保证货品从仓库运送到任何一家商店的时间不会超过 48 小时，相对于其他同行业商店平均两周补货一次，沃尔玛可保证分店货架平均一周补货两次。门店销售与配送中心，配送中心与供应商均可保持同步。沃尔玛与生产商、供应商之间建立起的实时订货系统，使其赢得了比其竞争对手管理费用低 7%，物流费用低 30%，存货期由 6 周降至 6 小时的优异成绩。

电子订货系统是物流信息化的产物，现以现代物流发展较为完善的日本零售业为例，进一步说明发达国家电子订货系统的应用现状，以及连锁超市企业开发利用电子订货系统的必然趋势。就订货形式而言，在零售业中，有将近一半的日本企业选择了采用电子订货系统作为主要的订货方式，但由于电子订货系统对系统硬件和软件的实施要求较高，即使在现代物流高度发达的日本，目前仍然有相当一部分企业选择传统的订货方式，如传真、电话或者展会订货等。但相信随着网络技术和计算机技术的不断完善发展，使用 EOS 订货的零售企业数量会不断增加。

在采用电子订货的商业企业中，依据不同的商品分类，采用电子订货的比例也有所不同。在目前已经应用电子订货系统较为广泛的行业中，除了汽车用品之外，绝大多数商品都可以在连锁超市中经营。这也就说明，只需在这些产业（譬如说食品业）的产业价值链中稍做纵向延伸，即将价值链扩展到产品的经营销售领域，连锁超市就可以方便地将供应商已备建好的电子订货系统纳入到自己的体系中来，这也为连锁企业实施电子订货系统奠定了基础。

由以上分析可以得出，电子订货系统在发达国家的实施已经是必然之势，但就国内的连锁企业来说，我国目前的 EOS 实施还处于一个起步阶段，但由于已有许多先进的跨国零售业企业如家乐福、7-11 等都在国内开设了店面，他们拥有一流的管理理念和丰厚的电子订货系统实施经验，因此，这也为我国连锁企业的发展树立了榜样。

四、我国电子订货系统的发展趋势

1. 目前建立我国连锁店电子订货系统体系的重点

目前，在我国建立连锁店电子订货系统体系，除了按照要求配置必需的硬件设施，如掌上型订货机、统一的条形码系统、联网计算机系统之外，最重要的是要建立起相应的 VAN 商业增值网络。

商业增值网络在连锁企业电子订货系统中的作用，主要是在商业环境中进行连锁门店、企业总部、供应商与配送中心之间商品订购、运输、调配等的信息控制，帮助网内的用户实现基于 EDI 的用户间订货采购自动化、协同用户发送订货单、确认单、送货通知、发货单等。由于在这个系统中涉及经营环境以外的社会供货机构，所以要求所交换的数据在商业整体结构下具有统一的标准，以保证系统的安全。

可见，VAN 商业增值网络是交易双方共同的情报中心，但它并不参与双方的交易活动。另外，VAN 还不仅仅负责资料的转换、存储工作，它也可以与其他地域或者其他行业的 VAN 网络系统进行资料交换，从而扩大客户资料交换的范围。

目前在我国，商业增值网络发展很快，早在 1996 年，上海市就建成了当时起步最早、投资最大的商业增值网络一期工程，并投入使用。其他城市如京津杭等地也有了建立的设想和实施的计划，其中有些也已经开始筹建。对于连锁超市企业来说，可以利用现有的区域性的商业增值网络来为自己的电子订货系统服务；如果在条件不具备的地区，也可以先建立小型的连锁企业及其相关企业之间的小型的商业增值网络系统，来建立与完善相应的 EOS 系统。虽然该项网络工程的投资大，工期长，但由于建成后对于连锁企业电子订货系统的完善作用巨大，所以它目前还应是我们建立 EOS 体系的重点所在。

2．未来我国连锁企业电子订货系统的发展趋势

（1）基于 Internet 是未来电子订货系统的发展方向

目前现行的国外或国内的电子订货系统，大多是在 VAN 商业增值网络的基础上建立起来的，但由于使用 VAN 的费用昂贵，所以仅有一些具备实力的企业才能够使用，因此也就限制了电子订货系统的发展。

到了 20 世纪 90 年代中后期，国际互联网络（Internet）的发展壮大使普通企业使用 EOS 系统成为可能。Internet 最主要的优点就是费用低廉，譬如，通过 VAN 进行电子数据交换的费用是 16 美分/千字符，而通过 Internet 进行交换的费用仅为 0.001 3 美分/千字符。除此之外，它还具有覆盖面广、功能全面、使用灵活等特点。

虽然目前由于 Internet 通信安全机密措施尚存在一些问题以及数据加密缺乏共同的标准，使用 Internet 还仅仅是分散在局部范围内，但随着网络安全技术的不断提高，基于 Internet 的电子订货系统仍会是未来 EOS 系统的主流发展方向。

（2）完善的法律章程是 EOS 规范发展的有力保障

电子订货系统如果想要得到更好的发展，它的运行合同都必须具有相应的法律效力。美国曾有一家 Prececostice 的公司，因为供方延迟送货，打官司两年；1979 年日本的"三越"百货店也因不及时付款而受到处罚。

但目前在发达国家，这种情况已经有了很大程度的改善。在美国，全国和各地区的电子订货系统都要经常处于政府和"全美连锁商委员会"的监督之下；在日本，《日本中小企业连锁振兴发展》第四条第五款明文规定"分散在各地众多的零售商，缔结持久的连锁关系，使商品的进货以及其他事业共同化，已达到共享规模利益的目的"。日本交易公正委员会也对上述法条作解释认为："电子合同具备完全的法律效力，这就是公平公正。"

在中国，如果想要更好地发展电子订货系统，必须吸取发达国家订货系统发展的经验和教训，建立起相应的法律章程来规范其发展。

（3）EOS 的标准化、网络化趋势

要实施 EOS，必须做完一系列的标准化准备工作。以日本 EOS 系统的发展为例，从 20 世纪 70 年代起即开始了包括对代码、传票、通信及网络传输的标准化研究。在日本，许多中小零售商、批发商在各地设立了地区性的 VAN 网络，以及成立了地区性的 VAN 营运公司和地区性的咨询处理公司，为本地的零售业服务，支持本地区的 EOS 的运行。

在贸易流通中，常常是按照商品的性质划分专业的，如食品、医药品、玩具等，因此形成了各个不同的专业。1975 年，日本各专业为了流通现代化的目标，分别制定了自己的标准，形成专业 VAN。

利用地区网、专业网的 EOS 工作形式，如图 7-15 所示。

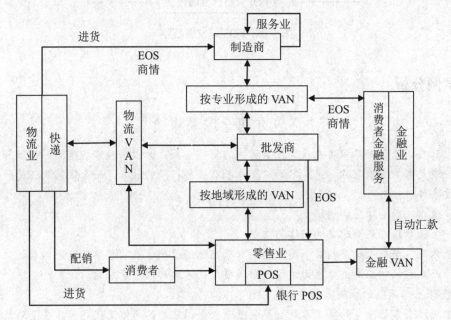

图 7-15　EOS 的网络应用

（4）国际化、社会化的发展趋势

由于电子订货系统给合作伙伴带来了显著的经济效益，地区网络和专门网络在逐步扩大和完善，传递的信息内容和交换的服务项目都在不断增加。电子订货系统正向系统化、社会化、标准化和国际化迈进。计算机和网络通信技术是支持电子订货系统的硬件基础，而统一的企业代码和商品标识是支持电子订货系统的软件基础。建立电子订货系统，必须软件与硬件并重，同时注意企业间的协作和合作，才能取得事半功倍的效果，充分发挥电子订货系统的优越性。图 7-16 显示出了电子订货系统的发展趋势。

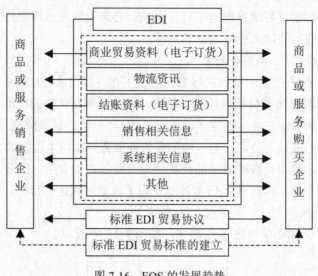

图 7-16   EOS 的发展趋势

 **案例分析**

沃尔玛全球采购

沃尔玛公司是全世界零售业收入位居第一的巨头企业，素以精确掌握市场、快速传递商品和最好地满足客户需求著称，是著名的"全球500强排行"的冠军，而全球采购正是沃尔玛成功的必要条件之一。

一、沃尔玛的全球采购组织

（一）沃尔玛发展全球采购网络的组织

在沃尔玛，全球采购是指某个国家的沃尔玛店铺通过全球采购网络从其他国家的供应商进口商品，而从该国供应商进货则由该国沃尔玛公司的采购部门负责采购。

1. 全球采购网络的地理布局

沃尔玛结合零售业务的特点以及世界制造业和全球采购的总体变化趋势，在全球采购网络的组织上采取以地理布局为主的形式。在其设立的四大区域中，大中华及北亚区的采购量最大，占全部采购量的70%，其中中国分公司又是采购量第一的国别分公司，因此，沃尔玛全球采购网络的总部就设在中国的深圳。

2. 全球采购总部

全球采购总部是沃尔玛全球采购网络的核心，也是沃尔玛的全球采购最高机构。在这个全球采购总部里，除了四个直接领导采购业务的区域副总裁向总裁汇报以外，总裁还领导着支持性和参谋性的总部职能部门。

（二）沃尔玛全球采购网络

沃尔玛的全球采购网络相当于一个"内部服务公司"，为沃尔玛在各个零售市场上的店铺买家服务。

（1）商品采集和物流。全球采购网络要尽可能地在全球搜索到最好的供应商和最适当的商品——沃尔玛的全球采购网络实际上担当了商品采集和物流的工作，对店铺买家来说，他们只有一个供应商。

（2）向买家推荐新商品。对于新产品，沃尔玛没有现成的供应商，它通过全球采购网络的业务人员参加展会、介绍等途径找到新的供应商和产品。店铺买家会到全球采购网络推荐的供应商那里和他们直接谈判以及购买。

（3）帮助其他国家的沃尔玛采集货品。沃尔玛的全球采购为全世界各个国家的沃尔玛店铺采集货物。而不同国家之间的贸易政策往往不一样，这些差别随时都需要加以跟踪，并在采购政策上做出相应的调整。

二、沃尔玛的全球采购流程

采购是一个比较复杂的过程，为了提高采购活动的科学性、合理性和有效性，就必须建立和完善系统的采购流程。沃尔玛的采购流程可以从宏观和微观两个方面来说明。

（一）宏观方面

全球采购办公室是沃尔玛进行全球采购的负责组织。但是这个全球采购办公室并没有采购任何东西。在沃尔玛的全球采购流程中，其作用就是在沃尔玛的全球店铺买家和全球供应商之间架起买卖之间的桥梁。因此，沃尔玛的全球采购活动都必须以其采购的政策、网络为基础，并严格遵循其采购程序在全世界商品质量相对稳定的情况下，只有紧密有序的采购程序才能保证沃尔玛采购足够量的货物。

（二）微观方面

沃尔玛的商品采购是为保证销售需要，通过等价交换取得商品资源的一系列活动过程，包括搜索信息、确定计划、选择供应商、谈判等。

（1）筛选供应商。沃尔玛在采购中对供应商有严格的要求，不仅在提供商品的规格、质量等方面，还对供应商工厂内部的管理有严格要求。

（2）收集产品信息及报价单。通过电子确认系统（EDI），向全世界4 000多家供应商发送采购订单及收集产品信息和报价单，并向全球2 000多家商场供货。

（3）决定采购的货品。沃尔玛有一个专门的采办会负责采购，经过简单的分类后，该小组会用 E-mail 的方式和沃尔玛全球主要店面的买手们沟通，这个过程比较长。在世界各大区买手来到中国前（一般一年两到三次），采办会的员工会准备好样品，样品上标明价格和规格，但绝不会出现厂家的名字，由买手决定货品的购买。

（4）与供应商谈判。买手决定了购买的产品后，买手和采办人员对被看上的产品进行价格方面的内部讨论，定下大致的采购数量和价格，再由采办人员同厂家进行细节和价格的谈判。谈判采取地点统一化和内容标准化的措施。

（5）审核并给予答复。沃尔玛要求供应商集齐所有的产品文献，包括产品目录、价格清单等，选择好样品提交，并会在审核后的90天内给予答复。

（6）跟踪检查。在谈判结束后，沃尔玛会随时检查供应商的状况，如果供应商达不到沃尔玛的要求，则根据合同，沃尔玛有理由解除双方的合作。

三、沃尔玛的全球采购政策

沃尔玛的全球采购中心总部中有一个部门专门负责检测国际贸易领域和全球供应商的新变化对其全球采购的影响，并据以指定和调整公司的全球采购政策。沃尔玛的采购政策大致可以分为以下三方面。

（一）永远不要买得太多

沃尔玛提出，减少单品的采购数量，能够方便管理，更主要的是可以节省营运成本。沃尔玛的通信卫星、GPS以及高效的物流系统使得它可以以最快的速度更新其库存，真正做到零库存管理，也使"永远不要买得太多"的策略得到有力的保证。

（二）价廉物美

"沃尔玛采购的第一个要求是价廉物美"。在沃尔玛看来，供应商都应该弄清楚自己的产品跟其他同类产品有什么区别，以及自己的产品中究竟哪个是最好的。供应商最好尽可能生产出一种商品专门提供给沃尔玛。沃尔玛最希望以会员价给顾客提供尽可能多地在其他地方买不到的产品。

（三）突出商品采购的重点

沃尔玛一直积极地在全球寻找最畅销的、新颖有创意的、令人动心并能创造"价值"的商品，造成一种令人高兴、动心的购物效果，从而吸引更多的顾客。沃尔玛的商品采购的价格决策和品项政策密不可分，它以全面压价的方式从供应商那里争取利润以实现天天低价；沃尔玛还跟供应商建立起直接的伙伴关系以排斥中间商，直接向制造商订货，消除中间商的佣金，在保证商品质量的同时实现利润最大化。

四、沃尔玛对全球供应商的管理

供应商参与了沃尔玛价值链的形成过程，对其全球经营效益有着举足轻重的影响，与全球供应商建立战略性合作伙伴关系是沃尔玛市场战略的重点。

（一）全球供应商管理制度

沃尔玛在全球的供应商总数达到了6.8万，通过建立一套完整有效的供应商管理制度，使得沃尔玛能够以最低的成本快速反应以满足市场需要。

（1）建立准入制。沃尔玛建立供应商准入制度，目的是从一开始就淘汰和筛选不合格的供应商，节约谈判时间。当供应商的资金实力、技术条件、资信状况、生产能力等达到基本要求后，沃尔玛公司的采购人员会将本公司对具体供应商关于商品的质量和包装要求，商品的送货、配货和退货要求，商品的付款要求等要点向供应商提出，初步询问供应商是否能够接受。若对方能够接受，方可准入，并且将这些点作为双方进一步谈判的基础。

（2）建立供应商会见制。在供应商获得准入后，沃尔玛公司为了规范采购和提高谈判效率，在同供应商接洽中建立严格的供应商接待制度，要求所有的供应商都到其总部或各地的采购机构，进行包括货物采购以及各项合作在内的谈判。该制度主要包括接待时间、接待地点和洽谈内容三方面的要求。

（3）定期评价供应商。沃尔玛的供应商多达几万家，公司通过建立供应商的分类和编号，建立供应商基本资料档案，建立供应商商品台账，统计供应商销售数量的方法对供应商进行管理，否则业务的推广必定困难。

（二）全球供应商信息管理

沃尔玛的全球采购总部设在中国深圳，并向世界延伸20个采购据点。但这个全球采购中心里不发生实际的购买行为，它所做的主要工作是在全球范围内为沃尔玛公司搜寻新的产品与合适的供应商，并将其集合。这种信息管理方式有以下好处。

（1）沃尔玛全球采购中心收集了丰富的市场信息和产品信息，这样就使得对供应商的选择更加具有目的性和针对性。

（2）供应商可以通过零售链接了解到自己的产品在沃尔玛各个商店的销售情况，宝贵的市场信息不仅可以帮助供应商有效地控制库存和生产节奏，也给供应商开发新产品和调整产品战略提供了依据。

（3）通过对供应商数据的跟踪和总结，沃尔玛全球采购中心可以方便地提取各个供应商的验厂报告、销售记录以及及时装船率等重要信息，为其管理供应商提供客观的依据。

本章思考题

1. 什么是电子订货系统？
2. EOS 由哪几部分组成？
3. 完整的电子订货系统体系应具备哪些条件？
4. 根据电子订货系统的整体运作程序，可将 EOS 分为哪几种类型？
5. EOS 的特点有哪些？
6. 对于不同的参与主体，EOS 能发挥哪些作用？
7. 请描述 EDI 方式下的订货过程。
8. 请描述 EOS 的工作流程。
9. 企业在应用 EOS 系统时应注意什么问题？
10. 试描述销售订货业务过程。
11. 试描述采购订货业务过程。
12. 试描述盘点作业的业务过程。
13. 试描述 EOS 系统下的物流作业过程。
14. 什么是 POS 系统？它与前后台之间是如何连接的？
15. POS 系统的硬件结构包含哪些内容？
16. POS 系统的软件结构包含哪些内容？
17. 请简述零售企业 POS 系统的运行步骤。
18. POS 系统有哪些主要特征？
19. 应用 POS 系统能带来哪些效果？
20. EOS 与 MIS 的集成方式有哪两种？
21. EOS 系统建立和应用过程中应注意哪些问题？
22. 未来我国连锁企业电子订货系统有怎样的发展趋势？

第八章　物流系统自动化技术

当今时代，自动化技术在物流领域的应用越来越广泛。通过物流自动化管理，可以大大提高物流效率，改善物流服务水平，也有助于塑造现代企业形象。因而企业能否成功地运用自动化技术，已成为影响其竞争力的一个重要方面。物流自动化技术涉及物流管理的各个环节，这里介绍的物流自动化技术主要包括自动化仓储系统、自动化分拣系统和自动导向车系统等。

第一节　物流自动化概述

物流自动化是充分利用各种机械和运输设备、计算机系统和综合作业协调等技术手段，通过对物流系统的整体规划及技术应用，使物流的相关作业和内容省力化、效率化、合理化，快速、准确、可靠地完成物流的过程。物流自动化最重要的方面是要考虑在哪一个环节自动化，以及用什么样的方法进行自动化等。

一、物流自动化的内容

1. 机械的自动化

由于物流的主要内容涉及货物的装卸、运输、存储、加工、包装等作业环节，采用机械化的手段进行物流作业是物流自动化的主要内容。特别是在货物的流转过程中，能够使用各式各样的自动搬运设备、自动存储系统以及自动分拣传送设备，也是物流机械自动化的主要发展方向。

（1）对机械自动化的理解

自动化计划是系统化的计划，它是以系统全体的作业内容和流程为对象，计划在哪里、将怎样进行自动化，才能达到最好的效果。

一提起自动化就很容易理解为是无人操作，实际上机械与人的配合同样也属于自动化的范畴。物流的自动化因为有多种多样的货物形状、尺寸和重量，被分为许多不同的作业机械以及具有相应的不同的投入成本。机械与人配合的自动化也是物流自动化不可缺少的组成部分。

进行机械自动化容易产生的问题是，带着"自动"的概念考虑自动搬运、自动立体仓库和自动分拣传送等设备时，要充分估计和分析当这些机械投入应用后，是否能够达到有效、灵活的应用目的。

（2）叉车的利用

利用托盘进行物流的货物流转是提高物流作业效率的有效手段，叉车是与托盘密不可分的机械化设备。叉车在货物作业过程中解决了人工作业所承受的脏、累和危险等恶劣环境的问题。根据货物作业场所和重量等的不同，叉车的种类各式各样，选择适合物流作业的叉车是非常重要的。由于利用叉车可以对高层托盘货架进行作业，所以，可以充分地利用仓库的空间存储商品。

（3）立体自动仓库

带有自动存取装置对高层托盘货架进行托盘作业的仓库称为立体自动仓库。立体自动仓库的托盘货位所保存的商品是由计算机系统自动记录的，一般是一个托盘保存一种商品，即使是每一个托盘的商品不同，也可以由计算机控制系统自动寻找，将所要出库的货物托盘从货区取出，立体自动仓库也可以称作自动配货机械。立体自动仓库的货物出入库，如果是以托盘为单位则效率较高；如果是以箱或每个货物为单位出入库的话，则效率会大大降低。

立体自动仓库的出库能力与自动存取装置的速度相关，自动仓库的长度和所要配货托盘的位置也会影响出库的效率，在考虑仓库托盘保管容量的同时必须考虑其托盘出库的效率。

（4）自动分拣和分拣传送设备

分拣通常是在货物出库过程中所进行的必要作业。配送中心的配货也可以说是分拣。许多人认为如果应用了自动"分拣"传送设备就可以实现配货的自动化，但自动"分拣"和配货的"分拣"内容是有区别的。配货有摘取式和播种式，使用自动分拣传送设备的前提是指采用播种式配货方式。首先需要确定采用摘取式和播种式的哪一种方式效率比较高，这与商品每一份订单的商品品种数和商品数有关。如果播种式比摘取式效率更高，则可以考虑采用自动分拣传送设备。

在引进自动分拣传送设备时，必须注意货物的形状、尺寸、重量和质量，还要对商品的种类、分拣能力、分拣方向数、如何分拣、自动识别装置、作业空间以及故障的应急处理等进行分析、计划和设计。

2. 信息的自动化

物流信息的自动化是指在物流的过程中，对所发生的各种信息，利用信息技术快速、准确和及时地进行收集、存储、加工、分析和检索等处理，为作业的效率化和管理的科学化提供服务的手段。

物流的信息化首先是要在现代物流理念和现代物流管理方式的基础上，利用信息处理的计算机技术、自动识别技术、网络通信技术以及与机械自动化的结合，实现物流信息的自动化。现代物流信息系统就是物流信息化的具体实施内容和实施方式。

3. 知的自动化

同样的作业以及机械的使用等，由于应用方法和作业流程等的不同，其效率也大不一样。所谓知的自动化就是根据作业的内容，使用相关的物流设备，采用科学、合理的流程并采用适当的作业指示方法，发挥出更高的作业效率的方式，是在不改变成本的情况下，提高作业效率的有效方法。

可以详细地研究作业内容，考虑使用合理的方法和流程提高物流作业的效率。作业效率的改善就是缩短作业的时间，满足客户的需求。知的自动化所考虑的内容是日常所进行的作业，只要有所改进就是向知的自动化迈进了一步。对日常作业的研究，需要打破原有的习惯和框架。

下面举了一些例子说明知的自动化。

（1）取消作业的环节也属于自动化

取消多余的作业环节是最大的自动化，如废除验货、货架签等。验货和货架签是配货的检查环节，需要一定的人力和时间，是为了防止上一阶段配货的错误。绝对不允许出现错误是不可能的，问题是遇到配货的错误会带来怎样的影响，是否会造成严重后果。如果与客户方易于沟通，处理错误的方式简单，所产生的损失有限，则停止验货就不仅是缩短时间，同时会大大降低作业的成本。

（2）采用摘取式还是播种式

配送中心的配货作业是采用摘取式还是播种式，也是知的自动化的一个方面。不是按照原有的观念判断和选定，要利用两种方式的数据进行认真的分析比较，来确定高效率的作业方法。

（3）配货的流程

处理客户的订单，按照订单的先后顺序进行配货，还是按订货量多少的客户顺序进行配货，两种配货的效率是不同的。对订货单的订货量进行 ABC 分析后，从订货量少的 C 类客户开始进行配货，同样的处理量效率却不同。

（4）分散方式

往货物上标贴条码标签的工作，如果在货物集中的地方集中处理则工作量较大，需要一定的人力和花费许多时间；如果在作业的各个环节由大家共同承担作业，由于货物分散并且参加作业的人员较多，这项工作就变得简单和省时了。这就是集中作业的分散化。

（5）基于配送中心特性的作业方法

可以通过配送中心订单的订货件数（E）和其种类（I）及出库量（Q）的关系进行 EIQ 分析，得出配送中心的特性。根据 EIQ 分析的结果，考虑采用高效率的作业方法。例如，订货量多的客户与订货量少的客户分开进行配货作业，或根据订货种类个数（EN）将一个客户的订单集中进行配货，可以提高配货的效率。

知的自动化属于思维方式和智慧的范畴，与销售物流设备不同，不会得到物流设备厂家的关心，是物流经营者所重视的新的自动化方向。知的自动化需要从事物流作业的管理者和作业者的创新与思考，采用更广阔的思路提出提案，以改善、提高物流作业的方法。

二、物流自动化和信息系统化

物流自动化是指在一定的时间和空间里，将输送工具、工业机器人、仓储设施及通信联系等高性能有关的设备，利用计算机网络控制系统相互制约，构成有机的具有特定功能的整体系统。系统由无人引导小车、高速堆垛机、工业机器人、输送机械系统、计算机仿真联调中心监控系统组成。计算机仿真系统是为用户建立起形象直观的虚拟现实环境，让用户如同身临其境地感受系统的运行情况。激光引导无人车则利用激光扫描器发出的激光，通过周边反射条反馈回的信息来确定小车的位置。通过计算机来控制小车行走的路线和小车的功能动作，不但定位精确度高，而且设定和改变路径特别灵活。

　　高性能立体仓库通过计算机系统的统一管理，利用条形码自动识别技术，根据事先输入计算机的不同货物代码就可以利用高速升降机准确迅速地从立体仓库中定位存取货物，并可以自动按照货物的入出库时间等特定因素完成不同的工作。

　　工业机器人把输送线上流向终端的物件码放整齐，以便完成货物的进出、分拣等工作，使整个过程顺序流畅、完全自动化。

　　物流自动化有着显著的优点，首先，它提高了仓储管理水平。由于采取了计算机控制管理，各受控设备完全自动地完成顺序作业，使物料周转管理、作业周期缩短，仓库吞吐量相应提高，适应了现代化生产需要。其次，它提高了自动化作业程度和仓库作业效率，节省了劳动力，提高了生产率。最后，储存量小，占地面积小，物料互不堆压，存取互不干扰，保证了库存物料的质量。

　　过去，为了提高生产率和降低生产成本，人们把主要精力放在生产设备的优化和自动控制系统的改善上。随着科学技术的迅猛发展，人们已逐步认识到物流自动化系统的应用，对提高生产率、降低成本有着同等重要的意义，它是企业真正实现现代化生产不可缺少的重要一环。

　　物流自动化和信息系统化是密不可分的。物流业务从大的方面划分，可以分为物流作业和物流事务。"物的流动"和"信息"相比较的话，"物的流动"与物流作业相对应，而"信息"与物流事务相对应，这种对应还存在着交叉关系。

　　物流事务和物流作业两个方面都是物流信息系统所研究的对象。物流事务作为物流信息系统化的对象比较好理解，接受订货、货物入出库、库存账簿登记、到货票据、接收票据和输出申请书等物流事务，都是物流信息系统化的内容。这些方面已经得到了较大的发展，现在的课题是系统的网络化和无纸化。对于公司内部来说，要利用网络进行共同作业，力图取消账票类单据，达到无纸化办公的目标。对公司外部来说，就是利用电子数据交换（EDI）进行无纸化信息传递和信息共享。

　　在物流事务方面，从手工处理文件、票据到由信息系统处理能够实现自动化并节省人力。有事例证明，使用 EDI 可以将物流事务成本降低 10%左右。现在应该重视的是建立物流信息系统，以及尽可能地实现物流事务的自动化。

　　从物流作业自动化与物流信息系统所存在的密切关系看，两者有些不同。物流作业自动化比物流信息系统较易实现。例如配货时，所取出商品的品种、数量、保管位置、保管货架等都是通过信息系统向自动配货设备发出指令。根据这些最初的指令，配货设备才能自动地进行配货作业。如果没有配货信息，自动机械就不能够进行相关操作，自动运送机、数据配货车也是同样的道理。

　　自动化对信息化提供支持，能够提高效率。例如，在出库验货的时候，顾客的地址、品种和数量等，能够利用条码自动识别装置等根据出库指示书自动表示。这些信息与订货信息核对无误之后，就结束了出库验货。同时，带着自动验货信息，可以自动地在库存账簿上进行核减库存数量，并在销售账簿上记入销售额，在应收账款中按照客户分别进行累计。

　　在省去手工输入数据的同时，能够快速、准确地进行数据输入，并达到信息系统化的目的。

　　物流自动化和信息系统化的关系，如表 8-1 所示。

表 8-1　物流自动化和信息系统化的关系

物流业务的分类	物的流动与信息的对应关系	自动化与信息系统化的关系	存在的主要问题
物流作业	物的流动	相互补充和相互支援	信息系统化大都与自动化进行衔接
物流事务	物流信息	满足物流低成本的要求	网络化与无纸化

三、物流自动化系统

物流自动化系统是集光、机、电于一体的系统工程，它是把物流、信息流用计算机和现代信息技术集成在一起的系统。物流自动化系统涉及多学科领域，包括激光导航、红外通信、计算机仿真、图像识别、工业机器人、精密加工、信息联网等高新技术。目前，物流自动化技术已广泛运用于邮电、商业、金融、食品、仓储、汽车制造、航空、码头等行业。

1．物流自动化系统的基本构成

物流自动化系统按照系统的主要功能可划分为仓储物流自动化系统、中转物流自动化系统、生产物流自动化系统等多种类型，并具有不同的应用范围和技术特征。

仓储物流自动化系统是物流自动化系统中最基本的系统，其基本结构代表了物流自动化系统的主要特征。仓储物流自动化系统具有存储物料、协调供需关系等基本功能，被誉为生产流通领域的"调节阀"。系统由货架（或堆场）、自动识别设备、自动搬运设备、输送设备、码垛设备、信息管理和控制系统等组成。

中转物流自动化系统的主要功能是实现异地物流运输、物流配送等。系统由各种运输设备（包括公路、铁路、水运、航空运输设备）、自动分拣设备、信息识别设备、包装设备、信息管理和控制系统等组成。

生产物流自动化系统是指生产企业中实现不同场地、不同工序或不同设备之间的物料（原材料、半成品、产品等）或刀具（工具）自动传送的系统。

物流自动化系统的系统结构，如图 8-1 所示。由图 8-1 可知，物流自动化系统主要由以下五个部分构成。

（1）信息采集系统

信息采集是实现物流自动化的前提。通过条码、语音、射频、图像等自动识别系统收集和记录物流实物的相关数据信息，以实现实物流动的自动化控制。自动识别与数据采集技术的核心内容在于能够快速、准确地将现场的庞大的数据有效地录入到计算机系统的数据库中，从而加快物流、信息流、资金流的速度，提高企业的经济效益和客户服务水平。

（2）前端执行系统

前端执行系统是物流自动化系统的核心，具有机电一体化系统的典型特征。系统根据智能控制系统的指令，完成实物的存取、搬运、输送、运输、分拣等任务。

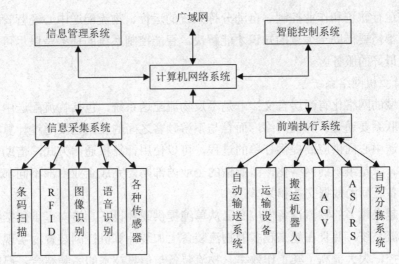

图 8-1　物流自动化系统基本结构

（3）信息管理系统

信息化是物流自动化系统的基础，集中表现为物流信息的商品化、物流信息收集的数据库化和代码化、物流信息处理的电子化和计算机化、物流信息传递的标准化和实时化、物流信息存储的数字化等。信息管理系统利用终端设备提供的可靠、翔实的信息，引入条码技术（Bar Code）、数据库技术（Database）、电子订货系统（Electronic Ordering System，EOS）、电子数据交换（Electronic Data Interchange，EDI）、快速反应（Quick Response，QR）及有效的客户反映（Effective Customer Response，ECR）、企业资源计划（Enterprise Resource Planning，ERP）等先进的信息化技术，实现信息在物流系统中快速、准确和实时的流动，使企业能动地对市场做出积极的反应，从而实现商流、信息流、资金流的良性循环。

物流信息管理就是对物流信息的收集、整理、存储传播和利用的过程，也就是将物流信息从分散到集中、从无序到有序、从产生传播到利用的过程，同时对涉及物流信息活动的各种要素，包括人员、技术、工具等进行管理，实现资源的合理配置。信息的有效管理就是强调信息的准确性、有效性、及时性、集成性和共享性。

物流信息管理最重要的作用就是能整合各物流信息系统的信息资源，完成各系统之间的数据交换，实现信息共享。物流信息管理系统可以担负信息系统中公用信息的中转功能，各个承担数据采集的子系统按一定规则将公用数据发送给信息平台，由信息平台进行规范化处理后加以存储，根据需求规划或者各物流信息系统的请求，采用规范格式将数据发送出去。通过物流信息系统，可以加强物流企业与上下游企业之间的合作，形成并优化供应链。当合作企业提出物流请求时，物流企业可通过物流信息系统迅速建立供应链接，提供相关物流服务，这有利于提高社会大量闲置物流资源的利用率，起到调整、调配社会物流资源，优化社会供应链，理顺经济链的重要作用，不但会产生很好的经济效益，而且会产生很好的社会效益。

（4）智能控制系统

物流作业过程大量的运筹与决策，如库存水平的确定、运输（搬运）路径的选择、自动导向车的运行轨迹和作业控制、自动分拣系统的运行、物流配送中心经营管理的决策支持等问题，都需要借助于大量的知识才能解决。智能控制系统的任务是以尽可能低的成本为顾客做出最好的服务。

（5）计算机网络系统

物流领域的网络化有两层含义：一是不反物流配送系统，包括物流配送中心与供应商或制造商的联系要通过计算机网络，而且与下游顾客之间的联系也要通过计算机网络。比如，物流配送中心向供应商提供订单的过程，可以使用计算机通信方式，借助于增值网络来自动实现。二是组织的网络化，即所谓的企业内部网，完成企业内部不同部门、不同场所、不同设备之间的数据交换和共享。

目前，越来越多的物流设备供应商已从单纯提供硬件设备，转向提供包括控制软件在内的总体物流系统，并且在越来越多的物流装备上加装计算机控制装置，实现了对物流设备的实时监控，大大提高了其工作效率。物流装备与信息技术的完美结合，已成为各厂商追求的目标，也是其竞争力的体现。

2. 自动化物流系统的层次

自动化物流系统的结构在不同企业和行业具有不同的特点，从功能层次上看，可以将自动物流系统分为三个层次：管理层、控制层和执行层，如图8-2所示。

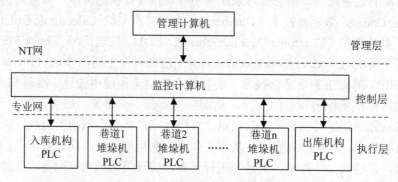

图8-2　自动化物流系统的层次结构

（1）管理层的主要功能

管理层是计算机物流管理系统，是自动化物流系统的中枢。管理层的功能有以下几个方面。

① 接受上级系统（生产系统、销售系统等）的指令。

② 调度运输作业。根据运输任务的紧急程度和调度原则，决定运输任务的优先级别。根据当前运输任务的执行情况形成运输指令和最佳运输路线。

③ 管理立体仓库。包括库存管理、入库管理、出库管理和出/入库协调管理。

④ 统计分析系统运行情况。统计分析物流设备利用率、立体仓库库存状态和设备运行情况等。

⑤ 物流系统信息处理。

（2）控制层的主要功能

控制层是物流系统的重要组成部分，它一方面接受来自管理层的指令，控制物流设备完成指令所规定的任务；另一方面则实时监控物流系统的状态，将监测的信息反馈给管理层，为管理层调度决策提供参考。目前一般采用可编程控制器（PLC）来实现动作控制。

（3）执行层的主要功能

执行层由自动化的物流机械组成。物流设备的控制器接受控制层的指令，控制设备执行各种操作。执行层一般包括以下几个方面。

① 自动存储/提取系统，即 AS/RS（Automated Storage/Retrieval System）。AS/RS 包括高层货架、堆垛机、出/入库台、缓冲站和输送设备等。

② 输送车辆，如自动导引小车（Automated Guided Vehicle，AGV）和空中单轨自动车（Sky-RAV）。

③ 各种缓冲站。缓冲站是临时储存物料的货架或装置，以便交接或转移。设置缓冲站是为了协调各个物流设备的作业速度，保证物流系统正常运作。

物流系统对管理层、控制层和执行层这三个层次的要求各不相同，对于管理层要求有较强的数据处理能力，具有一定的智能性，例如对库存异常进行警告，对物流设备利用率过低进行提示，对物流瓶颈提供必要的分析数据等。对于控制层数据处理能力并不一定要很强，但要求有较高的实时性，具有较快的处理速度，能够随时将指令送给执行层，并随时监控执行层的运行情况。对于执行层，则要求较高的可靠性，减少物流系统的故障率。

四、物流自动化系统的主要特点

物流自动化系统具有如下几个主要特点。

1. 系统化

物流自动化系统包含很多个环节，应用诸多先进技术的复杂系统，因而必须利用科学的思想和方法来建立系统，分析和优化系统结构，合理定义和划分各子系统的功能与任务，科学配置和协调系统内部参数，使系统具有最高运行效率和可靠性。

2. 集成化

随着物流专业化和社会化的发展，物流企业提供的功能和服务不断地增加，制造业和商业企业的物流不断地转移（外包），特别是在供应链的条件下，现代物流从传统的仓储和运输延伸到采购、制造、分销等诸多环节，物流功能的增加必然要求对物流环节或过程进行整合集成，通过集成，优化物流管理，降低运营成本，提高客户价值。另外，由于科学技术的发展和在物流领域的广泛应用，在提高了物流管理水平的同时，大量先进技术的采用也面临着各种技术之间的集成问题。因此，集成化至少包括两个方面的内容：管理集成和技术集成。由于现代物流管理越来越依赖于先进的技术，因此，还会出现管理和技术交叉的集成问题。

3. 自动化

物流自动化是指物流作业过程的设备和设施自动化，包括运输、装卸、包装、分拣、识别等作业过程。比如，自动识别系统、自动监测系统、自动分拣系统、自动存取系统、自动跟踪系统等。物流自动化可以方便物流信息的实时采集与跟踪，提高整个物流系统的管理和监控水平等。物流自动化的设施包括条码自动识别系统、自动导向车系统、货物自动跟踪系统等。

4．智能化

伴随着科学技术的发展和应用，物流管理从人工化的手工作业，到半自动化、自动化，直至智能化，这是一个渐进的发展过程，从这个意义上看，智能化是自动化的继续和提升。因此，可以这样理解，自动化过程中包含更多的机械化的成分，而智能化中包含更多的电子化成分，包括集成电路、计算机硬件和计算机软件等。智能化在更大范围内和更高层次上实现物流管理的自动化。智能化不仅用于作业，而且用于管理。智能化不仅可以代替人的体力，而且可以运用或代替人的脑力。因此，和自动化相比，智能化更大程度地减少了人的脑力和体力劳动。

5．网络化

这里的网络既包括由计算机和电子网络技术构成的进行物流信息交换和系统控制的电子网络，又包括交通运输网络、公司业务网络和在此基础上形成的全国性的、区域性的乃至全球性的分销和物流配送网络。

6．信息化

电子商务时代，物流信息化是电子商务的必然要求。物流信息化表现为物流信息收集的数据库化和代码化、物流信息处理的电子化和计算机化、物流信息传递的标准化和实时化、物流信息存储的数字化等。

五、物流自动化系统的研究现状和发展趋势

物流科学是管理工程和技术工程相结合的综合学科。物流技术是物流各项功能实现和完善的手段。物流技术可以分为硬技术和软技术两个方面。物流硬技术是指组织物资实体流动所涉及的各种机械设备、运输工具、仓储建筑、站场设施，以及服务于物流的计算机、通信网络设备等。物流软技术则指组成高效率的物流系统而使用的系统工程技术、价值工程技术、信息技术。使用物流软技术可以在物流硬技术没有改变的条件下，最合理、最充分地调配和使用现有物流技术装备，从而获取最佳的经济效益。

应该说，物流技术实际上并不是一种独立的、全新的技术，如运输技术、仓储技术、包装技术、信息技术等，都是早已存在的，只是由于物流科学的出现，才从理论上更深刻地阐明其意义，并使这些技术如今自觉地向着物流科学的方向发展。物流技术发展的特点是将各个物流环节的物流技术进行综合、复合化，形成最优系统技术。比如，以运输设备高速化、大型化、专业化为中心的集装系统机械的开发；仓储和装卸结合一体的高层自动货架系统的开发；以计算机和通信网络为中心的信息处理技术与运输、仓储、配送中的物流技术在软技术方面的结合；运输与仓储技术相结合的生鲜食品高质量运送技术等。

具体来说，物流自动化系统的研究现状和发展趋势表现在以下几个方面。

1. 多维仿真进入物流系统的设计与布局规划

要实现对设备和物流工艺更加有效的布局规划，目前一个重要的工具是仿真软件。仿真软件将凭借经验的猜测从物流系统设计中去除，这对设计一个复杂的工艺流程特别有效。在屏幕上，操作者可以观察不同的场景，通过不同的生产能力对各种物流方案进行评价，并可以假设一些条件，来观察可能发生的情况。

2. 集成化物流系统技术的开发和应用加速

在国内，随着立体仓库储量的增加，立体仓库技术的普及，很多企业已经开始考虑如何使自动存储系统与整个企业的生产系统集成在一起，形成企业完整的合理化物流系统。国外这种集成的趋势表现在将企业内部的物流系统向前与供应商的物流系统连接，向后与销售体系的物流集成在一起，使社会物流（宏观物流）与生产物流（微观物流）融合在一起。

3. 物流系统更加柔性化

随着市场变化的加快，产品寿命周期正在逐步缩短，小批量、多品种的生产已经成为企业生存的关键。目前，国外许多适用于大批量制造的刚性生产线正在逐步改造为小批量、多品种的柔性生产线，主要有以下几个趋势：工装夹具设计的柔性化；托盘与包装箱设计的统一和标准化；生产线节拍的无级变化，输送系统调度的灵活性；柔性拼盘管理。

4. 物流系统软件的开发与研究成为新的热点

从对制造执行系统的分析可以看出，企业对储运系统与生产系统的集成的要求越来越高。由于两个系统的集成主要取决于软件系统的发展与完善，因此，目前物流系统的软件开发与研究有以下几个趋势：集成化物流系统软件向深度和广度发展；物流仿真系统软件已经成为虚拟制造系统的重要组成部分；制造执行系统软件与物流系统软件合二为一，并与 ERP 系统集成；物流系统软件开发过程的综合安全设计。

5. 虚拟物流系统走向应用

随着全球卫星定位系统（GPS）的应用，社会大物流系统的动态调度、动态储存和动态运输将逐渐代替企业的静态固定仓库。由于物流系统的优化目的是减少库存直到零库存，这种动态仓储运输体系借助于全球卫星定位系统，充分体现了未来宏观物流系统的发展趋势。随着虚拟企业、虚拟制造技术不断深入，虚拟物流系统已经成为企业内部虚拟制造系统的一个重要组成部分。

6. 绿色物流开始被关注

随着环境资源恶化程度的加深，人类生存和发展面临的威胁加大，因此人们对资源的利用和环境的保护越来越重视。对于物流系统中的托盘、包装箱、货架等资源消耗大的环节出现了以下几个方面的趋势：包装箱材料采用可降解材料；托盘的标准化使得可重用性提高；供应链管理不断完善，大大降低了托盘和包装箱的使用。

7. 加强信息集成和共享技术研究

实现最短上市时间（Time To Market）要求供应商、制造商、批发商、代理商、零售商高度合作，致力于将正确的产品在正确的时间以正确的价格送到正确的地点。现在与将来的市场必将是以消费者为中心的买方市场。各方通过相互合作以达到最大的互利。物流与信息流在这样的配合中起到衔接各方和各个过程的作用。为了使物流支撑适应于先进生产技术的需求，就缺少不了信息的集成和共享，通过它能够建立和支撑起遍及供应链的商务处理能力和响应。

8. 电子商务加快物流业的发展

电子商务时代，企业销售范围的扩大，以及企业和商业销售方式及最终消费者购买方式的转变，使得送货上门等业务成为一项极为重要的服务业务，促使了物流行业的兴起。物流行业就是能完整提供物流技能服务，以及运输配送、仓储保管、分装包装、流通加工等以收取报偿的行业。信息化、全球化、多功能化和一流的服务水平，已成为电子商务下的物流企业追求的目标。电子商务的不断发展，对物流业的发展提出了挑战：物流业的发展方向——多功能化；物流企业的追求——一流的服务；现代物流业的必经之路——信息化；物流企业竞争的趋势——全球化。

第二节 物流自动化及相关设施和设备

物流自动化及相关设施与设备涉及物流相关作业的运输、保管、包装、装卸、分拣、加工、信息管理等物流作业及物流信息管理的设备。下面主要介绍物流自动化及相关设施与设备的分类及内容，以及设备选择所要考虑的问题。

物流自动化是充分利用各种机械和运输设备、计算机系统和综合作业协调等技术手段，通过对物流系统的整体规划及技术应用，使物流的相关作业和内容省力化、效率化、合理化，快速、准确、可靠地完成物流的过程。物流自动化最重要的方面是要考虑在哪一个环节自动化，以及用什么样的方法进行自动化等。

一、自动化及物流自动化系统的基本概念

随着人类社会的进步和科学技术的发展，自动化科学技术已经从具体的应用技术如设备自动化、过程自动化、电气自动化、工业自动化等发展成为一门重要的学科体系。其主要研究运用各种信息技术延伸人的信息获取、处理和决策控制的能力，解决人类面临的各种问题，以达到改造世界的目的。自动化科学技术可概括为建立自动化系统的各种理论和技术的综合。自动化必须处理人类、客观物理对象、信息系统工具三大因素间的关系。由于这些因素都日趋复杂，其间相互作用形成的复杂（巨）系统问题也已成为关注的焦点。此外，作为自动化学科基础的系统论、控制论、信息论、决策论和博弈论，以及它们用到的通信、计算和信息处理等技术手段都具有交叉学科的特点，它们的方法论、模型和规律对其他科技领域也都有深刻的影响。

自动化学科的特殊使命决定了它具有改造世界的品格。我们面临的往往是比较明确的需求，现实的客观条件约束，对信息资源的能动使用，以及多种复杂因素的相互影响。无论是自动控制还是信息处理都面临着复杂性的挑战：除了研究对象日益增长的复杂性以外，还有周围环境的不确定性和复杂性，日益强大的信息技术工具（如计算机和通信网络）本身的复杂性，以及往往不被人们注意到的人类自身行为及其和系统间的相互作用关系的复杂性。这种多方面复杂性的相互影响和综合处理也正是自动化学科独具的特征。

物流自动化系统是具有现代自动化学科显著特点的大型复杂系统，它是自动化学科高度发展和深入应用的必然产物。物流自动化系统可以看成是现代物流装备、计算机及其网络系统、信息识别和信息管理系统、智能控制系统的有机集成。物流自动化技术作为现代自动化学科技术的一个分支，主要研究物流系统的建模、分析、设计、优化和控制决策等问题。

物流自动化技术近 20 年来在欧美发达国家发展最为迅速，应用最为广泛。在亚洲的日本及韩国近年来也得到了迅猛的发展和广泛的应用，尤其是在日本，物流自动化系统的部分设备已经达到标准化、流水线生产的程度。近几年来，物流自动化技术在我国许多行业也得到了一定的发展和应用，尤其在烟草行业中的应用表现得更加突出。

二、物流自动化设备

1. 保管设备

保管设备是用于保护仓储商品质量的设备。主要可归纳为以下几种。

（1）苫垫用品

苫垫用品起遮挡雨水和隔潮、通风等作用。包括苫布（油布、塑料布等）、苫席、枕木、石条等。苫布、苫席用在露天堆场。

（2）存货用具

存货用具包括各种类型的货架、货橱。

① 货架，即存放货物的敞开式格架。根据仓库内的布置方式不同，货架可采用组合式或整体焊接式两种，整体式的制造成本较高，不便于货架的组合变化，因此较少采用。货架在批发、零售量大的仓库，特别是立体仓库中起很大的作用。它便于货物的进出，又能提高仓库容积利用率。

② 货橱，即存放货物的封闭式格架。主要用于存放比较贵重的或需要特别养护的商品。

部分保管设备，如图 8-3～图 8-5 所示。

图 8-3　托盘重力式货架

图 8-4 移动货架

图 8-5 托盘单位式自动化立体仓库

2. 分拣设备

分拣是指将物品按品种、出入库先后顺序进行分门别类堆放的作业。这项工作可以通过人工的方式进行，也可以用自动化设备进行。自动分拣系统种类繁多，但一般由收货输送机、喂料输送机、分拣指令设定装置、合流装置、分拣输送机、分拣卸货道口、计算机控制器等部分组成。

自动分拣系统主要具有如下特点。

（1）能连续、大批量地分拣货物。自动分拣系统不受气候、时间、人的体力等限制，可以连续运行，因此，自动分拣系统的分拣能力具有人力分拣系统无可比拟的优势。

（2）分拣误差率极低。自动分拣系统的分拣误差率主要取决于所输入的分拣信息的准确性，而这又取决于分拣信息的输入机制。比如采用条形码扫描输入，除非条形码印刷本身有差错，否则不会出错。目前，自动分拣系统主要采用条形码技术来识别货物。

（3）分拣作业基本实现无人化。建立自动分拣系统的目的之一就是减少人员的使用，减轻员工的劳动强度，提高工作效率，因此自动分拣系统能够最大限度地减少人员的使用，并基本做到无人化。

分拣设备（辊式、皮带式、保管分拣一体式）、拣货设备（摘取式系统、台车式系统、播种式系统、自动拣货系统）、验货设备等部分设备，如图 8-6～图 8-8 所示。

图 8-6 自动分拣系统

图 8-7　验货设备　　　　　　　图 8-8　电动机式叉车

3．装卸搬运设备

在同一地域（地点）范围内，以改变"物"的存放地点或支撑状态为目的的活动称为装卸（Loading and Unloading）。国际上对装卸的定义：物品在指定地点以人力或机械装入运输设备或卸下，以改变物的空间位置（通常指短距离）为目的的活动称为装卸（Handling/Carrying）。而对于搬运的定义为：在同一场所内，对物品进行水平移动为主的物流作业。

由于这两种物流活动一般都紧密连接，在作业与设备上也难分割，故两者常被统称为装卸搬运。一般在强调改变存放状态的作业时，使用"装卸"一词；在强调空间位置改变时，用"搬运"一词。

与生产领域和流通领域的其他环节相比，装卸搬运具有如下特点。

（1）装卸搬运是伴随生产与流通的其他环节发生的。无论是生产领域的加工、组装、检测，还是流通领域的包装、运输、储存，一般都以装卸搬运作为起始和终结。

（2）装卸搬运不生产有形的产品，而是提供劳务服务，是生产领域与流通领域的其他环节的配套保障和服务性作业。

（3）装卸搬运过程不消耗作业对象，不排放废弃物，不大量占用流通资金。

（4）装卸搬运过程没有提高作业对象的使用价值。因为它既不改变对象的物理、化学、生物等方面的性质，也不改变作业对象的相互关系。

（5）装卸搬运作业具有均衡性和波动性。生产领域的装卸搬运必须与生产活动的节拍一致，表现为与生产过程均衡性、连续性的一致性。流通领域的装卸搬运，虽力求均衡作业，但随着车船的到发和货物出入的不均衡，作业是突击的、波动的、间歇的，因此装卸搬运作业应具有适应波动性的能力。

装卸设备包括叉车（发动机式、电动机式、手动式、平衡重式、前移式、侧叉式）、无人搬送车（全方向移动型、高速分拣型、天井走行式）、搬运车、托盘（平托盘、柱式、箱式、轮式、特种专用式）、输送机（皮带式、辊式、悬挂式、机械手）、垂直搬送机械、吊车（卡车吊、履带吊、门式、桥式、门座式）、自动卸货设备、物流车辆用蓄电池等，部分设备如图8-9～图8-12所示。

图8-9 周转箱

图8-10 辊式输送机

图8-11 轮式托盘

图8-12 卡车吊

4．运输设备

运输设备是完成运输各项活动的工具与手段，是组织运输活动的物质技术基础，离开一定的物质技术条件，任何运输活动都将无法进行。

目前常见的运输设备包括货车（普通、厢式）、特装车、集装箱（通用、专用）、复合运输系统、第三方物流系统、冷冻冷藏集装箱等，部分设备如图8-13和图8-14所示。

图8-13 厢式货车

图8-14 冷藏集装箱

5．机械工程设备

机械工程设备所处理的，是把能量及物料转化成可使用的物品。物流自动化的发展要求机械工程为之提供所必需的机械设备。

机械工程设备包括现代工程机械、物流模拟系统、计划系统等。

6．信息设备及软件系统

物流系统的自动化，离不开物流信息的采集和使用。信息设备通常是用于信息的采集、传输等的设备，而软件系统则是对信息进行加工处理以及存储的信息系统，两者往往结合起来共同使用。

信息设备及软件系统包括条码设备、识别设备、显示设备、打印机、扫描仪、控制设备、订货系统、运行管理系统、POS 系统、EDI 系统、GPS 系统、物流中心管理系统等。部分设备，如图 8-15 和图 8-16 所示。

图 8-15　条码扫描器　　　　　图 8-16　条码打印机

7．包装机械设备

包装是指物品在运输、保管、交易、使用时，为保持物品的价值、形状，使用适当的材料、容器进行保管的技术和被保护的状态。包装是生产的终点，也是物流的起点。

目前常见的包装机械设备包括包装机、捆包机、折箱机、结束机、计量机、缓冲材料、捆包材料、标签材料等。部分设备，如图 8-17～图 8-19 所示。

图 8-17　自动折箱机　　　　　图 8-18　自动结束机

图 8-19　自动标签机

三、物流自动化及相关设备的选择

1．决定基本方针

建立物流系统需要投入大量的资金，设备的资金投入占有很大的比例，它的选择和确定对于今后物流作业的方式和流程起着决定性的作用。首先要根据社会上物流自动化设备的情况和本行业物流应用的水平，在分析本企业物流特点的基础上，明确自己所建立的物流系统的条件和目标，以及建立的基本方针。决定物流系统基本方针的计划目标项目有以下几个。

P(products)：处理货物品种；

Q(quality)：服务率水平和保持品质；

C(cost)：货物价值和物流成本；

D(distribution)：在库水平和物流即时性；

S(system)：输配送系统和信息系统；

M(measurement)：作业环境和安全性、省力化对策等。

2．提出基本构想

在调查本企业具体数据的基础上分析现状，使用统计和运筹学（OR）的相关方法进行分析，充分了解和认识自身的情况。从物流和信息流方面，总结和发现存在的问题，寻求解决的方法。主要内容包括以下五项。

（1）物流调查；

（2）出入库和保管调查；

（3）事务量调查；

（4）总结和制定目标；

（5）制订计划。

3．决定设备的原则

（1）作业范围的确定

在物流作业的内容中，首先确定适于人工处理的作业范围，然后明确手工作业和机械作业的范围。一定要统一全部物流作业的机械化水平，一定要协调好处理前后作业物流量的效率，在这一原则下决定设备的作业范围和内容。

（2）提出设备

研究物流作业的处理方法，以货物形状和捆包形状作为前提，考虑货物的自动化识别技术等，提出在各个范围内适应什么样水平的自动化相关设备。

（3）信息管理的水平

选定针对物流变动所对应的灵活处理信息的系统，输入的手段能够自动进行，输入作业在一个地方进行就可以在任何地方进行处理。通过货物信息等，能够在物流作业的全过程跟踪货物的状况。

（4）模拟设备的能力

根据设备说明书，模拟确认全体和每一个子系统的设备能力。确认方法是设定不同装卸作业、保管作业、搬运作业的必要功能，让全部功能满负荷，在变换不同条件的前提下，考察设备的运转情况。

（5）投资额度与经济性的原则

计算出设备及附属设备的投资额，用金额计算出物流效果、输送效果、作业效果等，进行各种效果间的比较，并确定所采用的设备的合理化及投资的经济性。

4．设备预算

（1）制定基本预算书

明确必要的物流作业设备项目，对需要购入的设备、信息系统设备等，制定基本预算书。目的不明的预算会浪费资金，也会延迟计划进度，事后追加费用会造成资金的紧张和预算膨胀。

（2）制定整体的时间进度

用管理工程的方法对设备购入、施工项目和管理方式进行分析，明确应管理的项目，做出时间进度计划，并按计划完成。

（3）设备订货

从许多供货商中进行对比选择，在考察的基础上，通过设备性能、性能价格比等指标，并对用户情况及其业绩进行评价，特别是对售后服务等作充分的调查后选择最佳的供货商。

5．设备使用

（1）操作培训

设备订货最终确认之后，需要对操作人员进行培训。选择合适的人选，由厂家或供货商对 $4\sim5$ 位操作人员进行技术指导，了解设备的性能和操作知识并熟练掌握操作技巧。

（2）设备维护培训

如果设立设备科或设备维护部门，还需要有计划地对维修保养人员进行设备维护的培训。如果没有设立，可以与厂家的代理商等提供设备维护的公司签订契约，委托其进行设备的维护与保养。

（3）日常、定期的检查

作业前需要进行设备的安全检查，对设备出现的异常尽快进行处理，以保证作业者的安全。

第三节　自动化仓储设备

仓储在物流系统中起着调节、平衡的作用，是物流的另一个中心环节，特别是作为配送中心，大量的货物在这里分类、拣选、存储、配送，使配送中心成为促进各物流环节平衡运转的货物集散中心。仓储技术包括仓储设备和库存管理技术。在仓储设备方面，高层货架仓库是当前发达国家比较普遍采用的一种先进仓库，货架可达 30～40m 高，具有20 万～30 万货格，用计算机进行集中控制，采用自动化管理和机械化存取作业。近年来，随着装卸搬运机械的发展，各种专用仓库和综合仓库都向着保管和装卸结合为一体的高层自动化货架系统发展。对于仓储的软技术，特别是库存理论也有了很大的发展。

一、自动仓储系统的发展

自动仓储也分很多种，如图 8-20 所示就是其中一种。

自动仓储系统是指不用人工直接处理，能自动存储和取出商品的系统。自动化仓库技术是现代物流技术的核心，它集高架仓库及规划、管理、机械、电气于一体，是一门综合性的技术。

自动仓储系统是采用高层货架储存货物，用起重、装卸、运输机械设备进行货物出库和入库作业的系统。由于它主要通过高层货架充分利用空间进行存取货物，所以又称为"自动化高攀仓库系统"，有的也称为"自动化立体仓库系统"。该系统的高架仓库的最大高度已达 40多米，最大库存量可达数万甚至 10 多万个货物

工程例

图 8-20　自动仓储系统示意图

单元，可以做到无人操纵和计划入库出库的全自动化控制，并且对于仓库的管理可以实现计算机网络管理。

高层货架一般用钢材制作，也可用钢筋混凝土货架。常用的物料搬运设备有巷道式堆垛机、桥式堆垛机、高架叉车、辊式输送机、链式输送机、升降机、自动导向车等。

自动仓储系统的出现和发展是第二次世界大战以后生产和技术发展的结果。20 世纪 50年代初，美国出现了采用桥式堆垛起重机的仓库；20 世纪 50 年代末 60 年代初，出现了司机操作的巷道式堆垛起重机；1963 年，美国首先在仓库业务中采用计算机控制，建立了第一座计算机控制的高架仓库。此后，自动仓储系统在美国和欧洲得到迅速发展。20 世纪 60年代中期以后，日本开始兴建高架仓库，而且发展速度越来越快，已成为当今世界上拥有高架仓库数量最多的国家。

我国对高架仓库及其专用的物流搬运设备的研究开发并不晚，早在 1963 年就开发试制成功第一台桥式堆垛起重机。20 世纪 70 年代中期，我国开始研究采用巷道式堆垛起重机和高架叉车的高架仓库。1980 年，我国第一座自行研制完成的自动化高架仓库投产。以后，

高架仓库在我国得到了迅速的发展。目前，我国已建成的立体仓库约有 300 余座，分布在汽车、化工、电子、机械、烟草、军队后勤等各行业和部门。目前国内对高架仓库的需要不断增加，高架仓库的建设在我国方兴未艾。

具体来说，自动仓储系统发展趋势主要表现在以下几个方面。

（1）自动化程度不断提高。近年来，采用可编程序控制器（PLC）和微机控制搬运设备的仓库和采用计算机管理与 PLC 联网控制的全自动化仓库在全部高架仓库中的比重不断增加。日本 1991 年投产的 1 628 座自动化仓库中，64%是计算机管理和控制的全自动化仓库。在生产企业，自动化仓库作为全厂计算机集成制造系统（CIMS）的一部分与全厂计算机系统联网的应用也日渐增多，成为今后的发展趋势。

（2）与工艺流程结合更为紧密。高架仓库与生产企业的工艺流程密切结合，成为生产物流的一个组成部分，如柔性加工系统中的自动化仓库就是一个典型的例子。在配送中心，自动化仓库与物品的拣选、配送相结合成为分配中心的一个组成部分。

（3）储存货物品种多样化。大到长 6m 以上、重 4～10t 的钢板和钢管等长、大物件，小到电子元器件的高架仓库，还有专门用作汽车储存的高架仓库等均已出现。

（4）提高仓库出入库周转率。要提高仓库出入库周转率，除管理因素外，技术上主要是提高物料搬运设备的工作速度。巷道式堆垛起重机的起升速度已达 90m/min，运行速度为 240m/min，货叉伸缩速度达 30m/min。在有的高度较大的高架仓库中，采用上下两层分别用巷道式堆垛机进行搬运作业的方法提高出入库能力。

（5）提高仓库运转的可靠性与安全性及降低噪声。在自动控制与信息传输中采用高可靠性的硬、软件，增强抗干扰能力；采用自动消防系统，货架涂刷耐火涂层；开发新的更可靠的检测与认址器件；采用低噪声车轮和传动元件等。

（6）开发可供使用的拣选自动化设备和系统。在拣选作业自动化方面正加紧研究开发，但尚未真正达到能可靠地使用的阶段。目前，提高拣选作业自动化程度的途径主要局限于计算机指导拣选，包括优选作业路线、自动认址、提示拣选品种和数量等，而当前拣选动作大多仍由人工完成。

如何合理规划和设计自动化立体仓库，如何实现仓库与生产系统或配送系统的高效连接，已经成为 21 世纪的重要研究课题。

二、自动化仓库的分类

1. 按立体仓库的建筑形式分类

（1）整体式

货架既是储存货物的构件，又是建筑承重构件，它上部支承屋盖，四面围上保温墙板就形成了仓库建筑物。这种结构无论在材料消耗、施工量还是仓库空间利用方面，都是比较经济合理的。这种结构重量轻，整体性好，对抗震也特别有利。

（2）分离式

在仓库建筑物内独立地建起货架，货架与建筑物是分开的。这种形式适用于利用原有建筑物作库房，当仓库高度在 12m 以下且地面荷载不大时，采用这种形式还是比较方便的。

由于这种仓库可以先建库房后立货架，所以施工安装比较灵活、方便。

2. 按库房高层分类

按库房高层分，高层货架仓库可分为高层、中层和低层三种。一般 5m 以下为低层，5～12m 为中层，12m 以上为高层。

在立体库高度方面，国外一般认为 10～20m 较佳，最高可达 40～45m。美国绝大多数的仓库的高度为 13～18m，18m 以上的只占 10%，30m 以上的为数更少。瑞士的推荐高度为 15～16m。为了减少建库投资，瑞典各公司在 1975 年后倾向于建造 8m 高的高架库。由于日本多地震，它的立体库一般比较矮，规模也较小。1972 年后简易立体库得到发展。日本单层建筑高 7～8m，改建成生产工序型自动化仓库，价格便宜，工作可靠，容易操作，便于中小企业采用，近年来它的数量有较大增加。

我国现行建筑设计防火规范将货架高度超过 7m 的机械化或自动化控制的高架库定义为高层货架仓库（即立体仓库）。

3. 按库房容量分类

高层货架仓库的库容量一般以所能储存货物的单元托盘数表示。一般库容量在 2 000 托盘以下的为小型库；库容量在 2 000～5 000 托盘的为中型库；库容量在 5 000 托盘以上的为大型库。目前高层货架仓库的最大库容量已达 10 多万个托盘。

4. 按仓库作业的控制方式分类

按仓库作业的控制方式分，高层货架仓库可分为手动控制、远距离控制和电子计算机控制。手动控制包括手动和半自动两种；远距离控制包括单机自动和远距离集中控制两种；电子计算机控制包括离线控制、在线控制和计算机在线实时控制三种。

5. 按仓库存取方式分类

（1）以货物单元存取的仓库

在这种仓库里，货物存放在标准容器中或托盘上储存。出库和入库都以整个单元进行。所用的物料搬运机械是适用于整个单元搬运的，例如带伸缩货叉的巷道式堆垛机等。

（2）拣选式仓库

在这种仓库中，货物虽以单元化方式入库和储存，但出库时并非整个单元一起出，而是根据出库提货单的要求从货物单元中拣选一部分出库。这种拣选又可分为两种：一种是仓库工人乘坐拣选式堆垛起重机或叉车到需要取货的货格前，从货物单元中拣选必要数量的货出库。这种方式叫作"人到货前拣选"方式；另一种方式则恰好相反，是用一般的巷道式堆垛机或其他搬运机械将所需货物单元整个搬运出巷道到拣选区，由工人选取必要的数量，然后将带有剩余货物的单元重新送回原址。这种方式叫作"货到人处拣选"方式。用哪一种合适，需视仓库作业需要决定。如果对于整个仓库来讲，只有拣选作业，而不需要整个单元出库，那么多采用"人到货前拣选"的方式。如果仓库作业中仍有相当一部分货物需要整个单元出库，或者拣选出来的各种货物往往还需要按用户的要求进行组合选配，那么也可以采用"货到人处拣选"的方式。

6．按仓库在生产和流通中的作用分类

（1）单纯储存的仓库

货物以单元化形式入库之后，在货架上储存一定的时间。待需要时，出库供使用。绝大多数高层货架仓库都是这样的。

（2）配送中心式仓库

在这种仓库中，各种货物先是各自以货物单元的形式储存在货架上。出库时，往往需要根据订单的要求将不同货物以不同的数量进行选配，组成新的货物单元，送往需要的地方供使用。典型例子是"配送中心"。这类仓库除了有高货架以外，一般都有比较大的选配作业面积，并配有许多输送机和拣选作业站以及一系列的配套设备，供进行商品选配之用。

7．按照货架的形式分类

自动化立体仓库按照货架的形式可分为单元式货架仓库、活动式货架仓库、重力式货架仓库和拣选式货架仓库等。

（1）单元式货架仓库

单元式货架仓库特点是货架沿仓库的宽度方向分成若干排，每两排货架为一组，其间有一条巷道，供堆垛起重机或其他起重机械作业。每排货架沿仓库长度方向分为若干列，沿垂直方向又可分为若干层，从而形成大量货格，用以储存货物。

（2）活动式货架仓库

活动式货架仓库的货架是可动的，其货架可在轨道上移动，使仓库面积利用率提高。

（3）重力式货架仓库

在重力式货架仓库中，存货通道带有一定的坡度，由入库起重机装入通道的货物单元能够在自重作用下，自动的从入库端向出库端移动，直至通道的出库端或者碰到已有的货物单元停住为止。

（4）拣选式货架仓库

这种仓库是由拣选式巷道堆垛起重机和高层货架为主组成的仓库。拣选式巷道堆垛起重机没有货叉伸缩机构，而有带司机升降、拣选的司机室和作业平台。适用于多品种小件物品的零星入出库作业，如维修配套件仓库、标准件库、劳保库。

8．按照储存物品的特性分类

可分为常温自动化立体仓库系统、低温自动化立体仓库系统、防爆型自动立体仓储系统等。

（1）常温自动化立体仓库

一般温度控制在 $5\sim40℃$，相对湿度一般控制在 90% 以下。

（2）低温自动化立体仓库

低温自动化立体仓库又包括恒温、冷藏和冷冻自动化仓库等。恒温仓库，会根据物品特性，自动调节储存温度和湿度；冷藏仓库，温度一般控制在 $0\sim5℃$ 之间，主要用于蔬菜和水果的储存，要求有较高的湿度；而冷冻仓库，温度一般控制在 $-2\sim-35℃$。

（3）防爆型自动化立体仓库

主要以存放易燃易爆等危险货物为主，系统设计时应严格按照防爆的要求进行。

9. 按自动化仓库与生产联系的紧密程度分类

（1）独立型仓库

独立型仓库也称"离线"仓库，是指从操作流程及经济性等方面来说都相对独立的自动化仓库。这种仓库一般规模都比较大，存储量较大，仓库系统具有自己的计算机管理、监控、调度和控制系统。又可分为存储型和中转型仓库。如配送中心就属于这类仓库。

（2）半紧密型仓库

半紧密型仓库是指它的操作流程、仓库的管理、货物的出入和经济利益与其他厂（或内部，或上级单位）有一定关系，而又未与其他生产系统直接相联。

（3）紧密型仓库

紧密型仓库也称"在线"仓库，是指那些与工厂内其他部门或生产系统直接相连的自动化仓库，两者间的关系比较紧密。

10. 按照自动化立体仓库设备形式分类

自动仓储系统可以分为单位负载式自动化立体仓库、开放式钢架、封闭式钢架、推回式钢架、重力式钢架、水平式钢架子母车系统等。

三、自动仓储系统装备的市场需求宏观预测

自 1959 年世界第一座自动化立体仓库在美国阿尔巴马州国际纸张公司建成以来，至20 世纪 80 年代中期，美国拥有 2 000 多座自动化立体仓库，英国有 500 多座，德国有 200多座。日本自 1969 年建成第一座自动立体仓库以来，到 1982 年拥有 3 000 多座，年均增加214 座。日本在 1989—2004 年共销售 20 331 座，年均销售 1 270 座（见表 8-2），其中经历了 1991 年 1 814 座的销售高峰后，在 2002 年跌落至销售 849 座的低谷，但 2004 年又复苏到销售 1 544 座。日本在 1994—2004 年共销售巷道式堆垛机 27 404 台，年均销售 2 491 台，如图 8-21 所示。

表 8-2　日本 1989—2004 年高架库销售概况

时间（年）	1989	1990	1991	1992	1993	1994	1995	1996	1997	1998	1999	2000	2001	2002	2003	2004
高架库数量（座）	1 443	1 621	1 814	1 490	1 273	1 142	1 029	1 254	1 360	1 085	995	1 082	938	849	1 412	1 544
高架库销售金额（亿日元）	805	1 033	1 144	1 311	1 012	712	834	861	948	760						
堆垛机数量（台）						2 121	2 359	2 849	2 711	2 402	2 133	2 436	1 984	1 865	3 230	3 314
托盘数量（万件）						104	126	173	210	135	137	135	115	92	63	78

虽然零库存与库存最小化理论、VMI 供应商管理库存、追求 JIT 的生产环境，在沃尔玛、雀巢、家乐福、戴尔等公司大行其道，许多第三方物流公司声称取消仓库，但是美国2000 年的仓库面积达到 65 亿平方英尺（约 6 亿平方米），比 1999 年增长了 6.6%。配送中心越建越大，企业所管理的仓库的面积也越来越大。美国 Hallmkk 公司建立了多达 120 个

巷道的立体仓库。美国拥有最大仓库的 50 家企业中，有 18 家拥有 1 000 万平方英尺（约 93 万平方米）以上仓库。

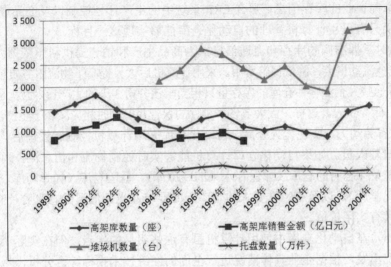

图 8-21　日本 1994—2004 年堆垛机销售概况

　　我国第一座全自动高架仓库于 1978 年研制完成，到 2005 年已建成自动化立体库 500 余座，仅 2005 年就建了 50 座左右。已建成自动化立体库的数量，按行业分，医药占 25%，烟草占 24%，机械占 22%，电器占 11%，食品占 6%，仓储服务占 5%，金融占 7%，出版等其他行业占 6%。我国人民的衣食住行在改革开放以来已经有了质的提高，工业制品的"衣"（包装）、"食"（原材料、配套件）、"行"（交通运输）也有了很大的改善，而住（仓储）的条件，从整体上讲，仍然简陋落后。高架库的市场保有量和年建设量仅为日本的 3% 左右，堆垛机的年销售量为日本的 5% 左右。这与我国经济的快速、持续发展不相协调。我国沿海开放地区的经济、技术水平，与日本 20 世纪 80 年代相当，同样是人口密度大、土地资源紧缺，理应在自动化仓储系统的建设上出现快速发展。

　　随着我国经济的持续快速发展，土地政策的收紧，工资成本的上升，以及自动化仓储技术的完善和物流装备价格的相对降低，如同日本 80 年代那样，我国可预测到"十一五"末期的 2010 年，自动化仓储系统的年销售座数将达到 140 座，巷道式堆垛机的年销售台数将达到 500 台，这数字分别是日本 80 年代末的 1/10 和 1/2。

四、自动化仓库使用计算机的效果

　　在自动化仓库系统中，计算机系统已经成为不可或缺的组成部分。从技术经济的角度看，使用计算机技术具有以下优点。

　　（1）提高了仓库作业效率。货物出库、入库过程全部由计算机控制，堆垛机和输送机等机械设备完全自动地运行，从而使作业周期缩短，仓库的吞吐量相应提高。采用计算机管理，能够使票据处理、库存管理等信息处理自动化，从而进一步提高物流处理的效率。

　　采用计算机管理自动化仓库，还可以实现自动化仓库的管理与 EDI（电子数据交换）、生产物流的 ERP 系统的无缝连接，实现信息共享，从而为物流企业、生产企业以及销售商形成有效的供应链提供技术保证。特别是一些准备建立 ERP 系统的生产企业，如果不能准确、及时地掌握企业的库存信息，那么 ERP 系统中的生产计划控制以及产品成本核算都将失去意义，而只有采用计算机管理的自动化仓库能够实现这一目标。

（2）随时掌握准确的库存和流通信息，为商品生产和销售提供科学依据。

（3）减少流动资金，降低保管费用。采用计算机后大大提高了物流服务质量，加快了货物周转。国外一些大企业零件仓库的库存量只相当于该公司 3 天的生产量，也就是平均每个零件在仓库里只储存 3 天。这样，大大节省了零件的保管费，同时相应减少了生产流动资金。

（4）节省劳动力，实现无人仓库。自动化仓库采用计算机控制和管理后，可大大减少操作人员和管理人员。如果自动化仓库计算机能够实时控制物流和信息流，可实现无人仓库。对于环境条件恶劣的仓库（如保存水果的冷冻库）、危险仓库（如弹药库、剧毒有害或有放射性的化学库），以及有特殊要求的仓库（如要求避光、低温的感光胶片仓库），这种无人仓库更具有实用价值。

应当指出，在自动化仓库中使用计算机虽有这些明显的优点，但在实际工作中，还必须从实际情况出发，根据企业具体情况进行全面的经济技术指标综合分析，规划设计满足实际需要的计算机管理系统。

五、计算机在自动化仓库中的作用

在自动化仓库中，计算机的作用可以分为对堆垛机、运输设备等的控制功能和以物品库存管理为中心的信息管理功能。以下是计算机的基本控制功能和管理功能。

1．货物的识别和跟踪

自动化仓库采用计算机控制时，货物移动必须与信息传输同步，即物流与信息流必须同步。入库货物放在入库输送机上，或到达入库状态时，必须用某种方法识别它，并把正确的信息传送给计算机。货物开始移动后，由计算机跟踪货物移动。从第一次识别，到货物出库为止，这期间计算机不能再次记录这个货物，因此，所有货物的所在位置必须与信息一一对应，准确地储存在计算机中。

货物一进入仓库，首先要识别它的信息，识别方法分为人工识别和自动识别两大类：人工识别即由仓库工作人员读出货单或传票上的货物信息（包括品名、单价、数量及到货期等），通过终端或语音识别技术将数据输入计算机；自动识别技术是用各种检测装置识别货物的上述信息，对于有固定形状包装的物品，用普通检测器读出贴在物品外边的代码。对于形状或包装不定的物品，用条形码扫描器读出贴在物品上的条形码。上述各种检测器读出的信息输入计算机，计算机存储并跟踪货物信息。

在出/入库输送机上，在出/入库台上，在堆垛机上，是否有物品通过或停留，可用检测器进行检测，并报告计算机。计算机通过检测器的动作获取物流信息，因此，要求检测器本身可靠性高。为了防备万一，在重要部位可设置两台检测器，也可以设置按钮开关作为备用。此外，计算机必须采取不使物品信息丢失或错乱的措施，编制便于发现检测器异常的程序。

在自动化仓库计算机控制系统中，跟踪功能是基本的、重要的功能。当货物在输送机上传送时，信息跟踪决定货物的流向；当货物在巷道内由堆垛机出/入库时，信息跟踪操纵堆垛机的作业，并将作业结果记入中央数据库。

2. 出/入库操作

入库操作是使物品置于计算机控制之下的第一项操作。入库物品经识别后，由操作人员或自动检测装置将信息输入计算机。应尽量减少输入信息，并使输入信息的操作尽量简化，以减少或避免错误操作。必须对输入原始数据作记录，供操作人员校验，如有错误，可立即更正。

出库操作和入库操作相似，只要把出库物品的名称、数量等信息输入计算机，即可进行出库作业。

用输送机搬运物品时，控制计算机往往会收到多个申请入库或出库请求，这时最好采用出/入库联合作业或批量集中作业，提高堆垛机的运行效率。

为防止计算机控制系统出现故障停机，造成出/入库作业无法进行，需要为堆垛机设置备用远距离手动操作方式，从而保证在计算机系统出现问题时能够由操作人员按要求手动操作出/入库。

3. 库存管理

用计算机控制自动化仓库的目的之一，在于将库存管理功能和堆垛机等的控制功能结合起来，形成合理的仓库运行方式。

自动化立体仓库库存管理的核心是建立库存数据库，它应包括三个方面的数据库：立体库及货物的基本信息库，出库明细记录数据库，出库作业计划数据库。

4. 堆垛机等搬运设备的控制

用计算机控制搬运设备，有分层控制和集中控制两种方式。

采用分层控制方式时，计算机只把物品地址和出/入库指令传送给输送机、堆垛机本身的控制器，后者控制输送机、堆垛机完成一系列搬运动作。为了使输送机、堆垛机的动作准确可靠，计算机与输送机、堆垛机控制装置之间不仅要传送信号，而且要传送反馈信息。例如，计算机向堆垛机传送出库指令和物品地址后，堆垛机控制装置应送回信号校验，或者堆垛机在完成出库作业后，把该出库物品地址送回计算机，复核原信号是否正确。

当采用集中控制方式时，计算机要承担堆垛机、输送机的全部控制功能。这种控制方式所用设备数量较少，比较经济，但计算机一旦发生故障，自动化仓库的物流就要停顿，因此对计算机的可靠性要求更高。目前较少采用这种控制方式。

六、自动仓储系统在物流系统中的作用

自动仓储系统出现以后，获得了迅速的发展，这主要是因为这种仓库具有一系列突出的优点，在整个企业的物流系统中具有下述重要作用。

1. 能大幅度地增加仓库高度，减少占地面积

用人工存取货物的仓库，货架高 2m 左右，而用叉车的仓库可达 3～4m，但所需通道要 3m 多宽。用这种仓库储存机电零件，单位面积储存量一般为 $0.3～0.5t/m^2$。而高层货架仓库目前最高的已经达到 40m 多，它的单位面积储存量比普通的仓库高得多。一座货架 15m 高的高架仓库，储存机电零件和外协件，其单位面积储存量可达 $2.15t/m^2$，是普通货架仓库的 4.7 倍。对于一座拥有 6 000 个货位的仓库而言，如果托盘尺寸为 800mm×1 200mm，则高 5.5m 的普通货架仓库，需占地 $3 609m^2$，而 30m 高的高架仓库占地面积仅 $399m^2$。

2. 提高仓库出入库频率

自动化仓库采用机械化、自动化作业，出入库频率高并能方便地纳入整个企业的物流系统，成为它的一环，使企业物流更为合理。

3. 提高仓库管理水平

借助于计算机管理能有效地利用仓库储存能力，便于清点盘库，合理减少库存，节约流动资金。对用于生产流程中的半成品仓库，还能对半成品进行跟踪，成为企业物流的两个组成部分。

由于采用了货架储存，并结合计算机管理，可以很容易地实现先入先出，防止货物自然老化、变质、生锈。高架仓库也便于防止货物的丢失，减少货损。

采用自动化技术后，能较好地适应黑暗、有毒、低温等特殊场合的需要。例如，胶片厂储存胶片卷轴的自动化仓库，可以在完全黑暗的条件下通过计算机控制自动实现胶片卷轴的入库和出库。

总之，自动仓储系统这一新技术的出现，使有关仓储的传统观念发生了根本性的改变。原来那种固定货位、人工搬运和码放、人工管理、以储存为主的仓储作业已改变为优化选择货位，按需要实现先进先出的机械化、自动化仓库作业。在这种仓库里，在储存的同时可以对货物进行跟踪以及必要的拣选和组配，并根据整个企业生产的需要，有计划地将库存货物按指定的数量和时间要求送到恰当地点，以满足均衡生产的需求。从整个企业物流的宏观角度看，货物在仓库中短时间的逗留只是物流中的一个环节，在完成拣选、组配以后，将继续流动，而高架仓库本身是整个企业物流的一部分，是它的一个子系统。用形象化一些的比喻来说，高架仓库使"静态仓储"变成了"动态仓储"。

第四节　自动分拣系统

经济和生产的发展，流通趋于小批量、多品种和准时制，使得各种配送中心的货物分拣任务十分艰巨，分拣量的增加、分送点的增多、配货响应时间的缩短和服务质量的提高，要求必须拥有高效的分拣系统才能保证准时完成配送订单。自动分拣系统由于具有分拣速度快、分拣点多、差错率极低、效率高和基本上实现无人化操作等优势，越来越受到人们的重视。世界上物流技术先进的国家，如美国、日本早在 20 世纪 70 年代就已使用自动分拣机来提高物流中心的效率。随着计算机技术的飞速发展，自动分拣系统中信息处理能力

的急剧增强，更提高了分拣系统的分拣规模和能力。一个高速分拣机能有 520 个分拣道口，分拣能力达到每小时 3 万件。

一、自动分拣系统概述

自动分拣系统（Automated Sorting System，ASS）是让货物从进入分拣系统一直到被送到指定的分配位置为止，都严格按照指令靠自动分拣设备来完成的系统。该系统是由接受分拣指示的控制装置、计算机网络、把到达分拣位置的货物送到别处的搬运设备、在分拣位置把货物分送的分支装置、在分拣位置储放货物的存储设备等构成。因此，除了用键盘或其他方式向控制装置输入分拣指示信号的作业外，其他全部实现了机械自动化作业，所以分拣处理能力强，分拣效率也最高。

自动分拣系统的规模和能力已得到很大的发展，目前大型分拣系统大多包括几十个到几百个分拣机，分拣能力达每小时万件以上。国外分拣系统规模都很大，主要包括供给台、信号盘、分拣机、信号识别、设备控制和计算机管理等几大部分，还要配备外围的各种运输和装卸机械组成的一个庞大而复杂的系统；有的还与立体仓库连接起来，配合无人驾驶小车、拖链小车等其他物流设备，共同完成物流任务。

目前，自动分拣系统除了用于邮政局的邮包信件分拣和车站的货物分拣外，已经扩展到食品工业、纤维造纸、化学工业、机械制造、商店市场、发行出版等行业，分拣从小到大的各式各样的物品。日本一位物流专家认为，在多品种、小批量时代，物流技术的三大措施是自动分拣机、自动化仓库和自动搬运车。自动化仓库是基本上已经成熟的产品，自动搬运车是发展时期的产品，自动分拣机是接近成熟的产品。这可以认为是国外专家对于分拣系统在物流技术中的地位和现状的一个较好的概括。

二、自动分拣系统作业描述

自动分拣系统是第二次世界大战后在美国、日本的物流中心中广泛采用的一种自动分拣系统，该系统目前已经成为发达国家大中型物流中心不可或缺的一部分。该系统的作业过程可以简单描述如下：物流中心每天接收成百上千家供应商或货主通过各种运输工具送来的成千上万种商品，在最短的时间内将这些商品卸下并按商品品种、货主、储位或发送地点进行快速、准确的分类，然后将这些商品运送到指定地点（如指定的货架、加工区域、出货站台等），同时，当供应商或货主通知物流中心按配送指示发货时，自动分拣系统在最短的时间内从庞大的高层货架存储系统中准确找到要出库的商品所在位置，并按所需数量出库，将从不同储位上取出的不同数量的商品按配送地点的不同运送到不同的理货区域或配送站台集中，以便装车配送。

三、自动分拣系统的主要特点

1. 能连续、大批量地分拣货物

由于采用大生产中使用的流水线自动作业方式，自动分拣系统不受气候、时间、人的体力等的限制，可以连续运行，同时由于自动分拣系统单位时间内的分拣件数多，因此，自动分拣系统的分拣能力是人工分拣系统不能比拟的。它可以连续运行100个小时以上，每小时可分拣7 000件包装商品，而用人工则每小时只能分拣150件左右，而且还不能在这种劳动强度下连续工作8小时。

2．分拣误差率极低

自动分拣系统的分拣误差率大小主要取决于所输入分拣信息的准确性大小，这又取决于分拣信息的输入机制，如果采用人工键盘或语音识别方式输入，则误差率在3%以上，如采用条形码扫描输入，除非条形码的印刷本身有差错，否则不会出错。因此，目前自动分拣系统主要采用条形码技术来识别货物。

3．分拣作业基本实现无人化

国外建立自动分拣系统的目的之一就是减少人员的使用，减轻员工的劳动强度，提高人员的使用效率，因此自动分拣系统能最大限度地减少人员的使用，基本做到无人化。分拣作业本身并不需要使用人员，人员的使用仅局限于送货车辆抵达自动分拣线的进货端时，由人工接货；由人工控制分拣系统的运行；分拣线末端由人工将分拣出来的货物进行集中、装车；自动分拣系统的经营、管理与维护。

例如，美国一公司配送中心的面积为10万 m^2 左右，每天可分拣近40万件商品，仅使用400名左右员工，这其中部分人员都在从事上述第一项和后两项工作，自动分拣线做到了无人化作业。

四、自动分拣系统的构成

自动分拣系统种类繁多，规格不一，但一个自动分拣系统大体上由收货输送机、合流装置、喂料输送机、分拣指令设定装置、分拣传送装置及分拣机构、分拣卸货道口、计算机控制器等部分组成，如图8-22所示。

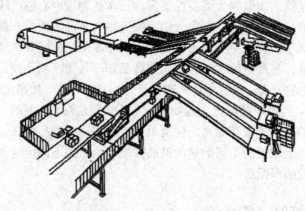

图8-22　自动分拣系统

1．收货输送机

卡车送来的货物放在收货输送机上，经检查验货后，送入分拣系统。为了满足物流中心吞吐量大的要求，提高自动分拣机的分拣量，往往采用多条输送带组成的收货输送机系统，以供几辆乃至百余辆卡车同时卸货。这些输送机多是辊式和带式输送机，辊式输送机具有积放功能，即当前面的货物遇阻时，后端货物下面的辊道会自动停转，使货物得以在辊道输送机上暂存，解阻后自动继续前进。

有些配送中心使用伸缩式输送机，它能通过该输送机伸入卡车车厢内，从而大大减轻卡车工人搬运作业的劳动强度。

2．合流装置

大规模的分拣系统因分拣数量较大，往往由2～3条传送带输入被拣商品，它们分别经过分拣信号设定装置后，必须经过合流装置。合流机械由辊式输送机组成，它能让到达汇合处的货物依次通过。

3．喂料输送机

货物在进入某些自动分拣机前，要经过喂料输送机。它的作用有两个：一是依靠光电管的作用，使前、后两货物之间保持一定的间距，均衡地进入分拣传送带；二是使货物逐渐加速到分拣机主输送机的速度。

其中，第一阶段输送机（送喂料机阶段）是间歇运转的，它的作用是保证货物上分拣机时能满足货物间的最小间距。由于该段输送机的传送速度一般为0.6m/s左右，而分拣机传送速度的驱动均采用直流电动机无级调速，因此，需要由速度传感器将输送机的实际带速反馈到控制器上进行随机调整，保证货物在第三段输送机上的速度与分拣输送机完全一致。这是自动分拣机的关键之一。

4．分拣指令设定装置

通常待分拣的货物上贴有标有到达目的地标记的标签，或者包装箱上写着收货方的代号，并在进入分拣机前，先由信号设定装置把分拣信息（如配送目的地、客户户名等）输入计算机中央控制器，待货物进入自己分拣机后，即由系统根据标签或代号将货物分拣到对应道口。

在自动分拣系统中，分拣信息转变成分拣指令的设定方式有以下几种。

（1）人工键盘输入。操作者一边看着货物包装箱上粘贴的标签或书写的号码，一边在键盘上将号码输入。键盘输入方式操作简单、费用低、限制条件少，但操作员必须注意力集中，劳动强度大，易出差错。人工输入的差错率为1/300，键入速度只能达到1 000～1 500件/小时。

（2）声控方式。首先需将操作人员的声音预先输入控制器计算机中，当货物经过设定装置时，操作员将包装箱上的票签号码依次读出，计算机将声音接受并转为分拣信息，发出指令，传送到分拣系统的各执行机构。声音输入法与键盘输入法相比，速度要快，可达3 000～4 000件/小时，操作人员较省力。但由于需事先存储操作人员的声音，当出现操作人员声音因咳嗽变哑等情况时，就会发生差错。因此，声音输入法经常出现故障，使用效果不理想。

（3）利用激光自动阅读物流条码。在被拣商品包装上贴上代表物流信息的条码，在输送带上通过激光扫描器时，扫描器自动识别条码上的分拣信息，并输送给控制器。由于激光扫描器的扫描速度极快，达 100～120 次/秒，而且来回对条形码扫描，所以能将输送机上高速移动货物上的条形码正确读出。激光扫描条形码方式费用较高，商品需要物流条码配合，但输入速度快，可与输送带的速度同步，达 5 000 件/小时以上，差错率极小，规模较大的配送中心都采用这种方式。

5．计算机控制器

根据各客户所需要的商品品种和数量，预先编好设计程序，把全部分拣信息一次性输入计算机，控制器即按程序执行。

计算机程序控制是最先进的方式，它需要与条形码技术结合使用，而且还须置于整个企业计算机经营管理系统之中。一些大型的现代化配送中心把各个客户要货单一次性输入计算机中，在计算机的集中控制下，把商品货箱从货架上被拣选取入，在输送带上由条码喷印机喷印条码，然后进入分拣系统，全部配货过程实现自动化。

6．分拣传送装置及分拣机构

它是自动分拣机的主体，包括两个部分：货物传送装置和分拣机构。前者的作用是把被拣货物送到设定的分拣道口位置；后者的作用是把被拣货物推入分拣道口。各种类型的分拣机，其主要区别就在于采用不同的传送工具（如钢带输送机、胶带输送机、托盘输送机、辊式输送机等）和不同的分拣机构（如推出器、浮出式导轮转向器等）。

7．分拣卸货道口

卸货道口是用来接纳由分拣机构送来的被拣货物的装置。它的形式各种各样，主要取决于分拣方式和场地空间。一般采用斜滑道，其上部接口设置动力辊道，把被拣商品"拉"入斜滑道。

斜滑道可看做是暂存未被取走货物的场所。当滑道满载时，由光电管控制、阻止分拣货物再进入分拣道口。此时，该分拣道口上的"满载指示灯"会闪烁放光，通知操作人员赶快取滑道上的货物，排除积压问题。一般自动分拣系统还设有一条专用卸货道口，汇集"无法分拣"和因"满载"无法进入设定分拣道口的货物，以作另行处理。有些自动分拣系统使用的分拣斜滑道在不使用时可以向上吊起，以便充分利用分拣场地。

8．计算机控制系统

计算机控制系统向分拣机的各个执行机构传递分拣信息，并控制整个分拣系统。自动分拣的实施主要靠它把分拣信号传送到相应的分拣道口，并指示启动分拣装置，把被拣货物推入道口。分拣机控制方式通常用脉冲信息跟踪法。自动分拣机控制系统，如图 8-23 所示。

根据图 8-23 可知，送入分拣运输机的货物，经过跟踪定时检测器，并根据计算机存储的信息，计算出到达分拣道口的距离及相应的脉冲数。当被拣货物在输送机上移动时，安装在该输送机轴上的脉冲信号发生器产生脉冲信号并计数。当计数值达到计算值时，立即输出启动信号，使分拣机构动作，货物被迫改变移动方向，滑入相应的分拣道口。

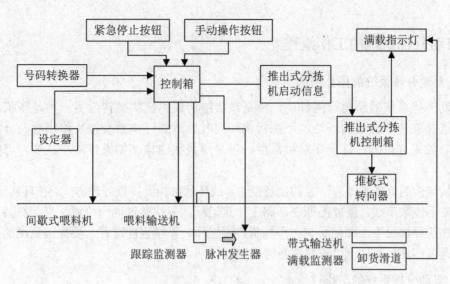

图 8-23　自动分拣机控制系统

五、自动分拣系统的适用条件

第二次世界大战以后，自动分拣系统逐渐开始在西方发达国家投入使用，成为发达国家先进的物流中心、配送中心或流通中心所必需的设施条件之一，但因其要求使用者必须具备一定的技术经济条件，因此，在发达国家，物流中心、配送中心或流通中心不用自动分拣系统的情况也很普遍。在引进和建设自动分拣系统时一定要考虑以下条件。

1. 一次性投资巨大

自动分拣系统本身需要建设短则 40～50m，长则 150～200m 的机械传输线，还要配套的机电一体化控制系统、计算机网络及通信系统等。这一系统不仅占地面积大，动辄 2 万 m² 以上，而且一般都建在自动主体仓库中，这样就要建 3～4 层楼高的立体仓库，库内需要配备各种自动化的搬运设施，这丝毫不亚于建立一个现代化工厂所需的硬件投资。这种巨额的先期投入要花 10～20 年才能收回，并要有可靠的货源作保证，因此，该系统大都由大型生产企业或大型专业物流公司投资，小企业无力进行此项投资。

2. 对商品外包装要求高

自动分拣机只适合分拣底部平坦且具有刚性包装规格的商品。袋装商品、包装底部柔软且凹凸不平、包装容易变形、易破损、超长、超薄、超重、超高、不能倾覆的商品不能使用普通的自动分拣机进行分拣。因此，为了使大部分商品都能用机械进行自动分拣，可以采取两项措施：一是推行标准化包装，使大部分商品的包装符合国家标准；二是根据所分拣的大部分商品的统一包装特性定制特定的分拣机。但要让所有商品的供应商都执行国家的包装标准是很困难的，定制特定的分拣机又会使硬件成本上升，并且越是特别的其通用性就越差，因此公司要根据经营商品的包装情况来确定是否建或建什么样的自动分拣系统。

六、自动分拣系统的工作流程

1. 自动分拣系统的拓扑结构

自动分拣系统的结构有两种，一种是线状结构或称梳状结构，另一种是环状结构。拓扑的选择取决于安装的场地、所拣货物和同时处理的订单数及拣货终端数及分类装置的类型。如果订单大、拣货终端数量少，可采用线状结构；如果订单小且多，可采用环状结构。

环状结构的分拣系统有一定的储货能力，故环状结构支持批处理方式。在环状结构里，货物只要不拣取下线，就能不断在环路上一直运行，多次通过同一位置，直到在某个终端取下。在这种情况下，即使只有一个拣货终端工作，系统也能运行。要提高系统的分拣能力，可通过在环状结构上多设置拣货终端实现。

2. 自动分拣系统的工作过程

一个分拣系统是由一系列各种类型的输送机、各种附加设施和控制系统等组成，大致可分为合流、分拣信号输入、分拣和分流、分运四个阶段。

（1）合流

商品可以通过人工搬运方式或机械化、自动化搬运方式进入分拣系统，也可以通过多条输送线进入。经过合流逐步将各条输送线上输入的商品合并于一条汇集输送机上，同时将商品在输送机上的方位进行调整，以适应分拣信号输入和分拣的要求。

（2）分拣信号输入

在这一阶段中，商品接受激光扫描器对其条形码标签的扫描，或者通过其他自动识别方式，如光学文字读取装置、声音识别输入装置等，将商品分拣信息输入计算机。商品之间保持一个固定值的间距，对分拣速度和精度是至关重要的。即使是高速分拣机，在各种商品之间也必须有一个固定值的间距。当前的微型计算机和程序控制器已能将这个间距减小到只有几英寸。

（3）分拣和分流

商品离开分拣信号输入装置后在分拣输送机上移动时，根据不同商品分拣信号所确定的移动时间，使商品行走到指定的分拣道口，由该处的分拣机构按照上述的移动时间自行启动，将商品排离主输送机进入分流滑道排出。

（4）分运

分拣出的商品离开主输送机，再经滑道到达分拣系统的终端。分运所经过的滑道一般是无动力的，利用商品的自重从主输送机上滑行下来。在各个滑道的终端，由操作人员将商品搬入容器或搬上车辆。

分拣机的控制系统采用程序逻辑控制分拣机的全部功能，包括合流、分拣信息输入、分拣和分流等。然而目前更普遍的是使用 PC 机，或采用以若干个微处理机为基础的控制方式。

3．几种常见的自动分拣机

自动分拣系统按其分拣的形式可分为很多类型，在流通领域常用的自动分拣机大体上有四种类型，即推出式、浮出式、倾翻式和滑块式。

（1）钢带推出式分拣机

钢带推出式分拣机的主体是整条的钢带输送机，如图 8-24 所示。带厚为 0.8～1.2mm，宽度为 750～950mm，由一个大直径的驱动轮驱动，单机长度由分拣进口的数量而定。钢带的一侧或两侧设分拣道口，被拣货物首先通过定位器，被分成左右两行，到设定的道口时，由推出机构将货物推入分拣道口。

图 8-24　钢带推出式分拣机

钢带推出式分拣机的优点是适用范围广，除易磨损钢带的包装（如带钉和打包铁皮木箱）外，其他包装和无包装（如轮胎）的货物都能适用，因此现在运输业的货物集散中心大多采用这种类型的分拣机。该分拣机还可以在上下两层同时分拣，机械的强度较高，耐用性好，维修费用较少。缺点是分拣能力较低，分拣道口间距较大，在同一位置只能单侧设置分拣道口，费用也较高。

（2）胶带浮出式分拣机

胶带浮出式分拣机的主体是分段的胶带输送机。分拣道口处设置一排可以向两侧转向并可上下浮动的橡胶斜轮。当商品抵达设定的分拣道口时，斜轮上浮，把货物斜移转弯，送入分拣道口。被拣货物经分拣信号设定装置后，通过鱼骨状辊道的合流输送机，进入主传送带。分拣道口的上口有一段带动力的辊道，引导货物流入分拣滑道。

胶带浮出式分拣机的优点是：能向两侧分拣，可布置较多的道口；对商品冲击小，可分拣易碎商品；机身较低（1 000mm）；噪声小；营运费用低；便于扩充；分拣能力高。缺点是对包装形状和质量要求高。

（3）翻盘式和翻板式分拣机

翻盘式分拣机的传送装置是一排由链条拖行的翻盘，翻盘到设定的分拣道口，向两侧倾斜，使被拣货物靠重力滑入分拣道口。

翻盘式分拣线的布置十分灵活，既能水平，也能倾斜，甚至可以隔层布置；平面上可呈直线形、环形或不规则形；还可以架空链挂翻盘。用翻盘式分拣机能组成一个变化多样的空间分拣系统，这是其他几类分拣机所难以办到的。

翻板式分拣机，与翻盘式类似，均属"倾翻型"。它的传送部分是由并列的窄状翻板所组成。在分拣货物时，每一承载单元前后的翻板陆续倾翻，使长件货物能平稳地转向翻入分拣道口。这类分拣机的特点是能分拣长件货物，分拣输送线也能转弯和倾斜运行。

翻盘式和翻板式分拣机的优点有：布置灵活，能从多处送入分拣货物，分拣道口可两侧布置；间距极小，故可布置较多的道口，经济；能分拣极小的货物。缺点是：对货物有撞击，噪声大，营运费较高，不适宜较大、较重、较高的货物。

（4）滑块式分拣机

滑块式分拣机的传送装置是一条特殊的板式输送机，其板面用金属板条或管组成。每块板条或管上各有一枚导向块能作横向滑动。导向块靠在输送机一侧边上，当被分拣货物到达指定道口时，控制器使导向滑块顺序地向道口方向滑动，把货物推入分拣道口。

这类分拣机在计算机控制下，能自动识别、采集数据，操纵导向滑块，故被称为"智能型输送机"。其优点是正确、迅速、分拣能力大。缺点是分拣系统设施复杂，投资及营运成本较高，还需要一个与之相适应的外部条件（如计算机信息系统、作业环境、配套设施等）。

第五节　自动导向车系统

运输是物流中的"流"，是物流最重要的环节之一。运输技术包括车辆技术和运输管理技术。为了提高运输效率和服务质量，载货汽车的发展方向是大型化、专用化和集装化，大力发展甩挂运输。在车身方面，为了装货和卸货的方便，发展低货台汽车，特别是用于配送的厢式货车，多采用车轮数较多而车轮直径较小的低货台汽车，以使车厢内部装载货物的高度增大，使车厢内部装卸作业变得容易。软体厢式车、帘式车也会成为常用的车型，不仅装货和卸货方便，而且车辆自重大大降低，从而提高运输效率。此外，各种专用货运车辆的发展也十分迅速，如专门运油及粉状货物的罐装车、冷冻冷藏车、牲畜运输车、家具运输车、服装运输车、垃圾废料运输车和专门运送制造厂出厂新车的运输车辆。运输管理上，随着计算机技术以及光导纤维通信技术等的采用，运输生产向自动化管理系统发展，如 GPS 车辆跟踪定位系统、CVPS 车辆运行线路安排系统等，使运输管理自动化、科学化。

一、AGV 概述

1. AGV 的发展及其应用历史

AGV（Automatic Guided Vehicle）是自动导向车的缩写，它可以按照监控系统下达的指令，根据预先设计好的程序，依照车载传感器确定的位置信息，沿着规定的行驶路线和停靠位置自动驾驶。

20 世纪 50 年代，Barret 公司设计出无人驾驶卡车，也就是今天我们称之为 AGV 的最早雏形。后来，美国物料搬运研究所将其定义为 AGV，它是可充电的无人驾驶小车，可根据路径和定位情况编程，而且行走的路线可以改变和扩展。

20 世纪 60 年代，斯坦福大学机械工程系设计并制造了一台机器人拖车，首次用计算机进行控制，从而使遥控导向车成为现实。

20 世纪 70 年代，计算机对 AGV 技术产生了深刻的影响。它所提供的物料搬运的灵活性，使之在柔性制造系统（FMS）领域得到了广泛的应用。

受到当时电子技术的限制，早期 AGV 的控制器体积较大而且功能简单，实质上只是简单动力化的拖车或载货车，应用也多限于在仓库内作货物转运。现代电子和微电子技术的发展使 AGV 技术水平不断提高，现在的 AGV 上一般都装有车载计算机，整机的复杂性和自动化程度都大大提高，应用范围也扩大了。对于包含有多台小车的 AGVS（Automatic Guidod Vehicle System，自动导向车系统），各台小车在中央控制计算的管理下可协调地工作，并可方便地与系统中其他的自动化物流设备如输送辊道、传送带和工位缓冲站等进行集成。

虽然 AGV 技术首先出现于美国，但却是在欧洲迅速得到发展和推广应用，并成为制造和装备作业过程中的一种流行的物料搬运设备。欧洲各公司统一了托盘的结构和尺寸，使得 AGV 制造厂不需要频繁地根据用户的要求改变自己的产品形式。由于其高效、灵活，所以在各工业先进国家获得了广泛的应用。瑞典于 1969 年首次在物流系统中采用了 AGV，到 1985 年为止共有 1 250 台 AGV 在 75 条 AGVS 中工作。1983 年，全欧洲有 360 条 AGVS 共 3 900 台 AGV 在工作，而 1985 年所生产的 AGV 总台数超过了 10 000 台。1985 年，美国拥有 2 100 条 AGVS，共 8 199 台 AGV，共有 30 多家 AGV 生产厂家。日本在 1963 年首次引进一台 AGV，1976 年以后每年增加数十条 AGVS，1981 年销售量达 60 亿日元，1985 年上升到 200 亿日元，平均每年以 20%的速度递增。

我国 AGV 的研制起步较晚，并且受到国内市场需求的影响而发展缓慢。国内许多物料搬运任务仍然由人工借助简单的机械装置来完成，只有在一些自动化程度要求较高和作业环境对人体有害的场合使用了 AGV，并且多数是进口的，如金山石化厂涤纶车间和秦山核电站核废料仓库等。基于适应于工业发展的需要，国内许多厂家正在进行着生产过程自动化的改造，对于在自动化生产过程中起着纽带作用的 AGV 已有越来越多的需求，因此，及时开发和研制自己的 AGVS 是十分必要的。

2. AGV 的定义

AGV 用于自动导向车系统中，按照设定的路线自动行驶或牵引着载货台车，将物料搬运到指定的地点。它具有导向行驶、认址和移交载荷的基本功能。

根据美国物流协会的定义，AGV 是指装备有电磁式或光学式自动导引装置，能够沿规定的导引路径行驶，并具有小车编程与停车选择装置、安全保护以及移载功能的运输小车。AGV 是以电池为动力，装有非接触导向装置、独立寻址系统的无人驾驶自动运输车，是现代物流系统的关键设备。它是一种集声、光、电、计算机为一体的简易移动机器人，主要用于柔性加工装配系统、自动化立体仓库以及其他行业，作为搬运设备使用。

自动导引车是现代自动化物流系统中的关键设备之一，它以电池为动力，并有电磁和光学等自动导航装置，能够独立自动寻址，并通过计算机系统控制完成无人驾驶及作业。

安全设计是自动导引车开发设计中最重要的环节之一。安全装置的作用包括防止设备在运行中出错，以及预防运行出错对人员及公共运行环境设施产生的影响。安全装置的功能除了保护 AGV 自身安全，以及维护 AGV 功能的顺利完成外，还在最大可能的范围内保护人员和运行环境设施的安全。

AGVS 的运用是一个复杂的高技术系统工程。一般地，每一个 AGVS 都会包括多台 AGV 设备。为保障 AGVS 的正常运行，其安全防护系统需要涉及许多复杂的因素。

3．AGV 的优势

自动导向车可自动装载货物，并按预先设置的路线自动行驶，其自动作业的基本功能分为自动载货、自动行驶和自动卸货。AGV 的优势表现在以下几个方面。

（1）可以十分方便地与其他物流系统实现立体仓库到生产线的连接、立体仓库到立体仓库的连接传递，完成物流及信息流的自动连接，从而实现自动化物流。

（2）由于采用埋设地下通信电缆或采用激光制导技术，能够保持地面的平整和不受损坏。在许多需要其他交通、运输工具交叉运行的场合，如生产线等，AGV 的应用十分广泛。

（3）对于减少货物在运输过程中的损坏，降低工人的劳动强度等均具有积极意义。

（4）AGV 系统本身具有较高的可靠性，如能耗较低等。

4．AGV 的特点及功能

AGV 上装备有自动导向系统，不需人工操作就能沿预定的路线行驶，而且车上还配置有辅助物料装卸机构（如机械手、有动力或无动力的辊道、推杆、油缸和货叉等），可以与其他的物流设备自动接口，实现物料装卸和搬运全过程的自动化。

AGVS 对于工作环境具有较好的适应性，可以充分利用环境的空间，并且系统的安装和小车运行线路的更改都比较容易。AGVS 的开发研究已经有较长的历史，它并不是针对柔性制造系统（FMS）而开发的，但是它所提供的物料搬运的灵活性很好地满足了现代 FMS 的要求。因此，随着 FMS 技术的发展，AGVS 技术也越来越得到人们的重视，并在柔性加工线、自动输送线、自动化仓库的物料搬运系统中得到了广泛应用。此外，作为一般性质的用途，AGV 可以广泛应用于车间、码头、机场、医院、商店进行物品的转运，也可以用在流水作业线上作为工序间可移动的装配台，尤其适用于工作人员不宜进入的场所，以及对人体有害、强度太高，或对工作精度有一定要求、完全靠手工或仅借助于简单的机械装置难以完成的工作。

可以预计，随着工厂生产自动化程度的不断提高以及 FMS 的推广，AGVS 将会得到广泛的应用。

在 FMS 中，AGVS 可完成各种工作，主要包括下列各项。

（1）在加工区、排队等待区和组装站之间进行工件、刀具和夹具的传送。

（2）把坯料送到 FMS。

（3）把加工好的工件从 FMS 送到装配区。

（4）在自动检索存取系统（ASRS）之间传送工件、刀具和夹具。

（5）传送切屑容器。

（6）在加工站和排队等待站的往复机构处，为了装卸物料，可把托盘升降到和该机构平齐的位置上。

5. 自动导引车的结构及装置

自动化安全装置的构成，是基于安全保障体系的系统工程。就 AGV 而言，通常可分为自动搬运车、自动拖车和自动叉车等几类。此外，根据导引的方向不同，又可分为电磁导引、激光导引、惯性导引等多种 AGV 形式。由于功能用途和结构的差异，其安全装置的设置也不同。例如，自动拖车和自动叉车的安全装置就不一样。不过，自动导引车大体都包括以下装置。

（1）车身

车身是装配 AGV 其他零部件的主要支撑装置，是运动中的主要部件之一。无论是框式结构还是其他机构，考虑到运行中的 AGV 可能会同人或者其他物体相碰撞，除了操作上的需要，车身的外表不得有尖角和其他突起等危险部分。

（2）障碍物接触式缓冲器

为了避免碰撞产生的负面影响，确保运行环境中人和物品的安全，在 AGV 车身上必须设置有障碍物接触式缓冲器。一般地，障碍物接触式缓冲器设置在 AGV 车身运行方向的前后方。缓冲器的材质具有弹性和柔软性，这样即使发生碰撞事故，也不会对与之碰撞的人和物及其自身造成大的伤害，故障解除后，能自动恢复其功能。在正常情况下，缓冲器的宽度大于或等于车身宽度，当发生碰撞事故时，缓冲器能及时使自动搬运车停车。

障碍物接触式缓冲器是一种强制停车安全装置，它产生作用的前提是与其他物体接触，使其发生一定的形变，从而触动有关限制装置，强行使其断电停车。显然，这种机构的作用将受到路面的光滑平整度、整车及载货重量、运行速度、限制装置的灵敏度等因素的影响，其安全保护措施是终端安全保护屏障。

（3）障碍物接近检测装置

障碍物接近检测装置是障碍物接触式缓冲器作用辅助装置，在规定的有效作用范围内，AGV 在所有的场合对于确保安全是必不可少的。在此范围内，它将带给 AGV 合适的运行速度，减小惯性，缓慢停车，是先于障碍物接触式缓冲器发生有效作用的安全装置。

为了安全起见，障碍物接近检测装置最好是多级的接近检测装置。一般地，障碍物接近检测装置有两级以上的安全保护设置，如在一定距离范围内，它将使 AGV 减速行驶，在更近的距离范围内，它将使 AGV 停车；而当解除障碍物后，AGV 将自动恢复正常行驶状态。

障碍物接近检测装置包括激光式、超声波式、红外线式等多种类型，都有成熟的产品面市。

（4）自动装卸货物的执行机构的安全保护装置

AGV 的主要功能是解决物料的全自动搬运，除此之外，还有自动装载和卸载货物的装置，如辊道式 AGV 的辊道，叉车式 AGV 的货叉等，我们把这类机构归为自动装卸货物的执行机构。

执行机构为 AGV 上"动中之动"的结构，其安全保护装置为又一难点，这类结构包括机械和电气两大类。一般地，在同一辆车上，机械和电气这两类保护装置都具备关联性，同时产生保护作用。如位置定位装置、位置限位装置、货物位置检测装置、货物形态检测装置、货物位置对中结构、机构自锁装置等结构。

（5）警报装置

为了通知 AGV 的运动状态和唤起周围的注意，AGV 需装备多种警报装置。

① 自动运转显示灯。AGV 自动运行时，显示灯亮；AGV 处于非自动运行状态时，显示灯灭。

② 运行警报器。AGV 在运行及移载过程中，要求不同的环境，警报装置产生相应的警报信息。

③ 前进警报器。AGV 由停止状态进入运行状态时，发出警报。

④ 后退警报器。AGV 处于后退运行状态时，发出警报。

⑤ 异常警报器。AGV 发生异常时，警示灯亮，警报器发出声音告诉人们发生了异常情况。

⑥ 左转、右转显示灯。识别 AGV 的左转、右转方向，显示灯相应亮。

⑦ 急停装置。AGV 在突发异常状况下必须有急停装置维护自身。急停装置位于车身上便于识别、操作的位置，通过"手按"等简单的操作就可实现紧急停止的功能。这种装置具有系统连锁保护功能，紧急停止后，只要停止原因的安全性得不到确认，就算已解除异常，AGV 也不会再次启动运行；同时，还具有手动控制功能，在异常状况下，操作人员可以通过手动操作 AGV。

⑧ 状态监视装置。监视 AGV 运行状态，特别是当 AGV 发生异常时，能够具有了解该机器异常的原因的功能。

（6）充电保护装置

AGV 结构设计的另一难点是其动力源装置的设计。动力源的功率大小直接影响 AGV 的功用，而动力源的体积大小将直接影响整车的体积及外观造型。

AGV 选择蓄电池作为动力源。铅酸蓄电池、镉镍蓄电池、镍锌蓄电池、镍氢蓄电池、锂离子蓄电池等可供选用，需要考虑的因素除了功率大小、安培数多少、功率重量比、体积大小等之外，还有充电时间的长短和维护的难易性。快速充电为大电流充电，一般为专业的充电装备，其本身必须有充电限制装置和安全保护装置。

充电装置在小车上的布置方式有多种，一般有地面电靴式、壁挂式等。在设计过程中，必须结合 AGV 的运行状况，综合考虑其在运行状态下可能产生的短路等因素，从而考虑设置 AGV 的安全保护装置。

6. AGV 系统必须解决的问题

曾有国外专家对 AGV 控制系统需解决的主要问题作了以下恰当的比喻。

（1）Where am I?（我在哪里？）

（2）Where am I going?（我要去哪里？）

（3）How can I get there?（我怎么去？）

这三个问题归纳起来分别就是 AGV 控制系统中的三个主要技术。

（1）AGV 的导航（Navigation）。

（2）AGV 的路径规划（Layout designing）。

（3）AGV 的导引控制（Guidance Control）。

二、自动导向车系统

AGVS 是自动导向车系统（Automatic Guided Vehicle System）的英文缩写，由管理计算机、数据传递子系统、若干辆导引路径行使的自动导向车、地面子系统等组成，用于及时有效地分派 AGV 到某位置完成指定动作，而且具有监控管理的系统。

自动导向车系统是使车辆按照设定的路线自动行驶到指定的场所，完成物料搬运作业的系统。由于自动导向车系统能满足物料搬运作业的自动化、柔性（可调整性）和准时的要求，因此常和工厂自动化、柔性加工系统、柔性装配系统、计算机集成制造系统及仓库自动化一起应用。

1．自动导向车系统的构成

自动导向车系统是以自动导向的无人驾驶搬运小车为主体，由导向系统、寄送系统、数据传输系统、管理系统、安全保护装置及周边设备等组成的系统，如图 8-25 所示。

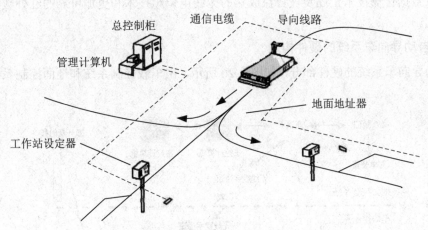

图 8-25　自动导向车系统（AGVS）的构成

（1）自动导向车

自动导向车是无人驾驶的、能自动导向运行的搬运车辆，大多采用由蓄电池供电的直流电动机驱动。自动导向车的承载量一般为 50～5 000kg，最大承载量已达到 100t。根据用途的不同，自动导向车有多种形式，如自动导向搬运车、自动导向牵引车、自动导向叉车等。其中自动导向搬运车是使用最多的一类，约占 85%。

（2）导向系统

导向系统分为外导式导向系统和自导式导向系统。

① 外导式导向系统。外导式导向系统是在车辆的运行路线上设置导向信息媒体，如导

线、磁带、色带等，由车上的导向传感器接受线路媒体的导向信息，信息经实时处理后控制车辆沿正确路线行驶。其中应用最多的是电磁导向和光学导向两种。

② 自导式导向系统。在车辆上预先设定运行线路的坐标信息，在车辆运行时，实时测出实际的车辆位置坐标，再将二者进行比较后控制车辆的导向运行。

（3）寄送系统

寄送系统包括认址和定位两部分。

在自动导向车系统中，在车辆停靠地址处设置传感标志，如磁铁、色标等，自动导向车就以相对认址或绝对认址的方式来接收标志信号，使车辆完成认址停靠。

车辆在地址处的定位可以分为一次定位和二次定位。车辆提前减速，在目的地地址处制动驻车，是车辆一次定位。车辆一次认址定位的驻车精度可达±5mm。二次定位是高精度定位，采用机械方式，其定位精度可达±1mm。

（4）数据传输系统

在自动导向车系统中，在地面设施之间一般采用有线传输方式，而在流动车辆和地面固定设施之间，有时必须采用无线传输方式。数据感应传输的原理是，沿车辆运行的路线（或在通信段点处）安装数据传输导线（或线圈），以 55～95kHz 频率载波方式传输需要的数据，再由车辆上的调制解调器将数据感应器接收到的信号转换成可以识别的位置信号，完成车辆与地面设施之间的控制对话。

感应数据传输技术正逐步被日益成熟的无线电调频技术和更加可靠的红外数据传输技术所替代。

2. 自动导向车系统的硬件构成

自动导向车系统的硬件部分，如图 8-26 所示，由车载控制系统和地面控制系统两大部分构成。

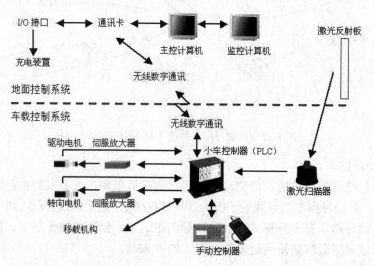

图 8-26　自动导向车系统的硬件构成

车载控制系统的硬件主要由车载计算机、控制驱动、转向电机模块、与主站的通信模块、传感器信号处理模块等组成。这些硬件与车载计算机运行的软件相结合，主要完成以下的功能：在收到指令后，负责 AGV 的导引、路径选择、小车行走、装卸操作等。

地面控制系统硬件主要由 AGV 系统地面控制管理主机、企业上位管理主机，以及处理现场外部某些信号的信号集中器、智能充电机等组成。硬件与软件相结合主要负责完成搬运任务的分配、车辆调度、交通管理、蓄电池充电等功能。

3．自动导向车系统的控制

自动导向车系统的控制和管理一般分为三级：计划管理级、过程处理级和作业执行级。该系统采用模块化层次结构，如图 8-27 所示。所谓模块化层次结构就是按功能划分不同层次的功能模块，在层次间采用标准化接口协调管理，在每个层次之中也做同样的处理。

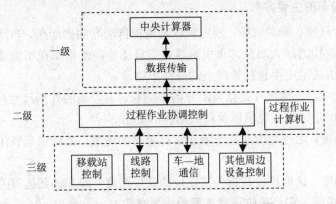

图 8-27 AGVS 分级管理控制层次示意图

（1）自动导向车控制

一般采用单片机或单板微机、PLC 等作为自动导向车的控制器。这个控制器可以分别对自动导向车的导向运行、认址定位、载荷移交、安全作业以及指令数据传输进行控制管理，如图 8-28 所示。

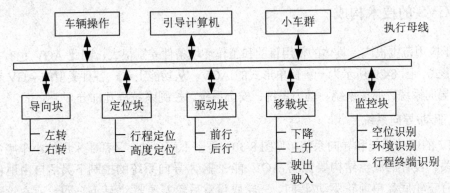

图 8-28 自动导向车的控制模块

（2）运行路线控制

运行路线控制就是确定车辆行驶的路线和停靠的地址，即把路线的区段、分支和岔道信号传输给车辆控制系统，使车辆按照控制系统的指令行走和到达指定的地点。

运行路线控制既可以采用外导式，也可以采用自导式路线控制。在自动化立体仓库中，还可以采用超声波回波导向、激光导向和图像识别导向等方法引导自动导向车进入巷道。

（3）移载及周边设备的控制

自动导向车运行到指定地点要将车上的货物自动移载到载货台上，或者从载货台上移取货物进行搬运。移载控制系统要对自动移载作业进行控制，包括车辆与货台在移载时的相对位置、货位的确定、移载动作的选择等；还要对系统中其他周边设备进行控制，如通断交通信号、启闭通道。

4. 自动导向车的主要参数

（1）额定承载量、牵引质量。额定承载量是指自动导向搬运车、自动导向车叉车在正常使用时可搬运货物的最大质量。牵引质量是指自动导向牵引车在平坦道路上行驶时牵引的最大质量。牵引质量中不包括被牵引的拖挂车质量。

（2）车体尺寸。车体尺寸是指自动导向车的长、宽、高的外形尺寸，该外形尺寸应该适应搬运物品的尺寸、通道宽度以及移载动作的要求。

（3）运行速度。运行速度是指车辆正常行驶时的速度，是确定车辆作业周期或搬运效率的重要参数。

（4）认址精度。认址精度是指一次定位的认址精度，即车辆到达目的地址处并准备自动移载时的驻车精度，它是确定移载方式的重要参数。

（5）最小弯道半径。最小弯道半径是指满足车辆在运行过程转变时弯道的最小曲率半径，它是确定车辆弯道运行所需空间的重要参数。

（6）蓄电池容量。蓄电池容量是指在作业期间内进行正常作业时车辆能够从蓄电池获得的能源供应量。

三、AGVS 的技术构成

由于应用范围很广，具体的使用目的和工作环境条件差别很大，因此 AGV 也有很多种不同的形式。图 8-29 所示为一种简单形式的 AGV。从功能上看，各种类型的 AGV 都应具有驱动/导向系统、通信系统、动力系统、安全系统、控制系统等几部分。

1. 驱动/导向系统

AGV 的驱动系统和导向系统（见图 8-30）是密不可分的，又都跟采用的小车底盘结构形式有关。设计的底盘结构要保证 AGV 能在驱动/导向系统的控制下灵活自由地移动，常用的有三轮底盘单前轮驱动/转向、三轮底盘双后轮差速驱动/转向、四轮或六轮底盘中间两轮差速驱动转向，以及采用全方位轮的四轮底盘全方位驱动等结构形式。根据不同的导向系统，AGV 能自动沿着铺设在地下的导引线或地面的反光带甚至是任意指定的路线运行。

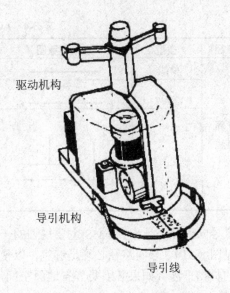

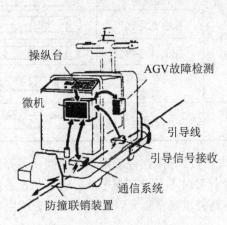

图 8-29 AGV 自动导向车　　　　　　　图 8-30 AGV 的驱动和导向系统

目前有七种不同的导向方法，可根据不同的使用环境来具体选择（见表 8-3）。

表 8-3 AGVS 的七种导向方法

导 向 方 法	注　　　释
地链牵引导向	是早期采用的技术方法，它靠嵌入地下的链锁或缆绳来引导
电磁感应导向	沿预定的运行路线埋设地下电缆，电缆在地下深 30～40mm，上面覆盖有环氧树脂层。导线通过低频正弦波信号，使导线周围产生交变电磁场，在小车上的一对探头可以感应出与小车运行偏差成比例的误差信号，经放大处理后可驱动导向电机，由此带动小车的转向机构，从而使 AGV 沿预定的线路运行
惯性导向	使用车载计算机驾驶小车按预定的程序设定的路径行驶，利用声呐探测障碍物，使用陀螺仪来检查方向变化
红外线导向	发射红外线光源，然后从车间屋顶上的反射器中反射出来，再由像雷达那样的探测器把信号中转给计算机，经计算和测量以确定行走的位置
激光导向	激光扫描墙壁上安装的条码反光器，通过测量已知距离和小车前轮行走的距离，AGV 可精确地运行和定位
光学导向	光敏器（摄像机）读出并跟踪墙壁或地面上涂刷或粘贴的无色荧光粒子，这是 AGV 常选择的方法，此处要求环境清洁
示教型导向	程控小车沿着要求的路径行走一次，即记住行走路线。它实际上可学会新的行走路径，并通知主控计算机它所学到的东西，由主控计算机通知其他的 AGV 关于这条新的路径的信息

上述这些现代的 AGV 导向系统已经被采用，并越来越受欢迎，因为它们改变路径方便。但是，实践证明电磁导向系统是可靠的和令人满意的。导向路径可以在车间和仓库中布置成任何形式，但通常分为直线型、分支型、回路型和织网型（见表 8-4）。

表 8-4　AGV 导向路径类型

路径	类型	线路布置图	路径	类型	线路布置图
开环直线	单线		闭环回路	连续型	
	多线			组合式连续型	
	交叉线			交叉式连续型	
				交叉组合式连续型	
			网状回路	自由型	

导向路径必须作为 FMS 主要规划的一部分来布置。导向路径通常是相连的一系列回路（见图 8-31）。导向路径必须足够宽，以使 AGV 行驶时不至于互相干涉，也不与设备及装载的货物干涉。如果必须要节省地面空间，导向路径也要宽到允许一辆小车不在线由侧面通过。

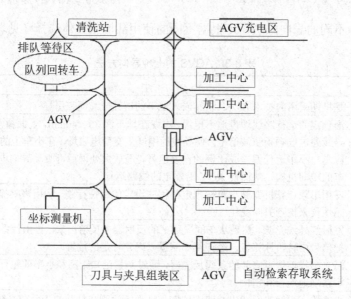

图 8-31　AGV 导向路径

2. 通信系统

AGVS 中有多台小车同时工作，为了使各小车的工作不发生冲突（任务冲突、路线冲突等），所有小车以及系统中的其他自动化物流设备都是由中央控制计算机进行统一控制的。小车需要从主控机获得下一步工作的指令，同时需要将自身当前的状态报告主控机，这些都要通过通信系统来完成。有固定运行线路的 AGV 可以通过在运行线路上埋设的导线进行感应通信，而全方位运行的 AGV 只能使用无线通信。当干扰源较多时，通信系统必须有较高的可靠性，以保证系统正常工作。

3. 动力系统（电池）

AGV 是以蓄电池为动力源的，以工业上常用的铅酸蓄电池作为动力源，其正常的充电周期大约为 20 小时。AGV 应有自动电源状况报告装置在与主控计算机通信，在电力不足时由主控计算机控制到维修区充电或更换电源。为了提高 AGV 的利用率，应采取措施延长其充电周期，比如控制系统采用节能方法来设计、选用合适类型的蓄电池以及进行自动充电等。电源更换必须由手工完成，但充电可以是手工的，也可以是自动的。

4. 安全系统

AGV 常常是在人机共存的环境下工作，因此必须对人员的安全性进行充分的考虑。小车上装有红外线或超声波监测装置，当发现小车周围有障碍物时可控制小车减速或停车，另外，在车架四周还设置有带机械微动开关的缓冲器，万一缓冲器撞上了障碍物仍能及时控制小车停车。由于 AGVS 是多台小车同时工作的，因此还应避免小车之间发生碰撞。虽然前述各措施对此仍然有效，但为了增强对系统交通的可控制性，一般需要在地面另外设置一些指示各段运行路线被驱动机占用情况的辅助装置。

另外，还有其他一些安全措施：

（1）当小车准备起动或运行时，安装在其前后的警示灯不断闪亮；

（2）有可调的多声调的发声警示信号；

（3）当电源切断时，安装在每个车轮上的制动器自动接合；

（4）操作者可将小车上的控制插头接入到一个控制装置中，能引导小车完成各种作业，并可脱离引导路径；

（5）在小车的每一面都有急停按钮；

（6）电压不足的信息可显示在系统主管者计算机控制台的显示屏上；

（7）防切屑和冷却液的防护罩可保护电路免受污染；

（8）安装在车下的扫地刷可保持通路清洁、无脏物及切屑。

5. 控制系统

每台 AGV 上都配置有微机（车载机），以控制 AGV 本身的动作；由数台 AGV 组成 AGVS 时，整个系统由一台微机（主控机）进行监视与控制（见图 8-32）。AGVS 的主控机不仅与更上一级控制系统（如车间级控制系统）进行通信，接受物料搬运任务并报告 AGVS 的工作情况，而且还与各台小车进行通信，根据具体的物料搬运任务进行规划并向各台 AGV 布置任务，同时收集各小车发回的信息以监视系统的工作情况，并相应地进行交通管理。车载机与主控机是通过通信系统来交换信息的。因此，AGVS 的控制系统是一个复杂的软件系统。

当 AGV 需要跟系统中其他的自动化装置接口时，还需要在车上配置物料自动装卸以及精确定位机构，以保证能准确地在小车和其他装置之间自动传送物料。AGV 的控制系统较为复杂，当系统出现故障时，用普通方法进行故障诊断是费时费力的，因此，AGV 上通常有故障检测装置，可以通过 LED 显示器自动指示故障原因。

显然，AGVS 是一个机电一体化的高科技集成系统，集微电子、计算机、通信、自动控制和传感器等多种技术于一体。由于具有多方面的优点，近年来 AGVS 发展很快。

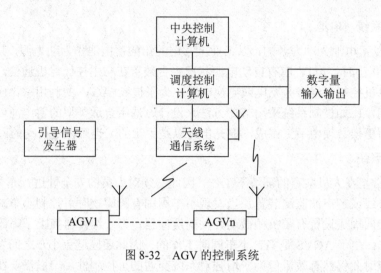

图 8-32　AGV 的控制系统

四、AGV 的类型及其应用

AGV 的类型根据其划分的标准不同，有不同的类型。

1. 根据自主程度划分

（1）智能型 AGV。这类小车的控制系统中通过编程都存有全部运行路线和线路区段控制（即交通管理）的信息，小车只需知道目的地和到达目的地后要完成的任务就可以自动选择最优线路完成指定的任务。在这种方式下，AGVS 使用的主控机可以比较简单。主控机与各台小车之间通过无线电或导引线进行连续通信，控制系统可以实时监视所有小车的工作和运行位置。即使通信中断，AGV 仍能以多种降格的方式工作。对于由 30 台以内的 AGV 构成的系统，多数采用这种控制方式工作。

（2）普通型 AGV。这类小车的控制系统一般比较简单，其本身的所有功能、路线规划和区段控制都由主控机进行控制。因此，此类小车的主控机必须有很强的处理能力。小车每隔一段距离可通过地面通信站与主控机交换数据，所以小车在通信站之间的误动作无法及时通知主控机。当主控机出现故障时，小车只能终止工作。此类 AGV 一般用来组成包含 50～200 台小车的 AGVS。从扩充系统的角度看，不论是简单地增加 AGV 数量或要改变车间的路线布置，智能型 AGVS 都较普通型 AGVS 简单。

2. 根据用途和结构形式划分

（1）承载型 AGV（见图 8-33）。这是最为普遍的一种 AGV 形式，具有双向运行能力，通常都配有适当的物料装卸机构，易于与其他自动化设备接口，可方便地实现物料搬运全过程的自动化。最大载重量一般为 1 800～2 700kg，对运行巷道的宽度要求较小，运行速度限制在 60m/min 内。一般应用于搬运线路不长、物料通过量较大的场合，比如自动化立体仓库与仓库收发站之间的物料搬运，或各加工中心之间的运料盘搬运。承载型 AGV 可以用作移动式机器人的载体，以扩大机器人的工作范围，也可用作移动式装配台（见图 8-34），以提高自动化装配过程的灵活性。

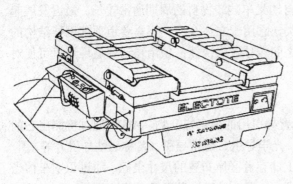

图 8-33　承载型 AGV

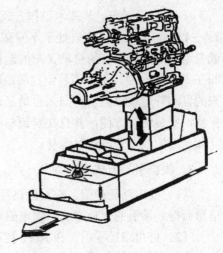

图 8-34　承载型 AGV 作移动式装配台

（2）牵引型 AGV（见图 8-35）。这种形式的 AGV 在自动模式下只能单方面运行，如需增加自动模式下的反方向运行能力，则必须设置专门的安全保护装置。小车运行速度可达 80m/min，牵引力为 180kg 左右，即当车轮与地面之间的滚动摩擦系数为 2%时，可以牵引总重为 9 000kg 的滚动载荷。挂车上钩和脱钩均需人工操作，但处理批量大，单位物料的处理费用较低。小车自身的转弯半径为 1.2m，但根据不同的挂车总长，运行路线上应留有 2.5～6.0m 的转弯半径空间。当一次搬运的距离超过 60m，并且搬运量较大时，可以使用牵引型 AGV。

（3）码垛车（见图 8-36）。此类 AGV 有高度可稍微变化的货叉，需由人工驶离导引线，叉装好待运物料后再将其开回导引线，指定目的地后码垛车就可自动沿导引线运行。到达目的地后，码垛车可将物料放在地面上后退走，物料必须由人工及时搬走以避免交通阻塞。在交通繁忙的区段，一般设有侧回路，使码垛车驶入侧回路卸货，以保持物流的畅通。小车自动运行速度可达 80m/min，搬运能力为 1 800～2 700kg。由于货叉的原因其转弯半径较大，约为 4.5m。

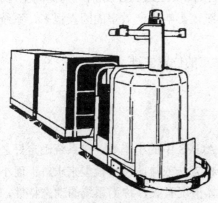

图 8-35　牵引型 AGV

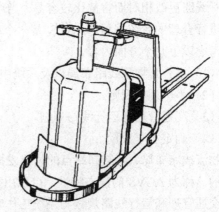

图 8-36　码垛车

（4）自动叉车。其基本工作方式同码垛车一样，但提升高度比码垛车要高得多，约为2.4～4.9m。可以直接存取处于不同高度的货架和装卸站上的货物，一般需要使用辅助托盘或专用容器。虽然有的自动叉车的运行速度可达 60m/min，但出于安全考虑，一般将其限制在 36m/min 内。由于不易定位等原因，自动叉车装卸物料的周期通常较长。最近发展起来的自动巷道堆垛机仍可归入自动叉车一类，它用于立体仓库，不需巷道顶部钢架结构的支持，安装比较方便，并且在巷道与巷道之间转移较为快捷；使用自动巷道堆垛机可使对立体仓库的改造变得相对容易。

3．根据引导方式不同划分

（1）固定路径导引。在行驶路径上设置导引用的信息媒介物，AGV 通过检测出它的信息而得到导引的一种方式，如电磁导引、光学导引、磁带导引（X 称磁性导引）等。

（2）自由路径导引。在 AGV 控制器上储存着区域布置的尺寸坐标，通过识别车体当前方位，自动选择行驶路径的一种导引方式，如惯性导引、激光导引等。

4．根据导引原理的不同划分

（1）外导式。外导式是指在运行路线上设置导向信息媒介，如导线、色带等，由车上的导向传感器检测接收导向信息（如频率、磁场强度、光强度等），再将此信息进行实时处理后用以控制车辆沿正确的运行线路运行。

（2）自导式。采用坐标定位原理，即在车上预先设定运行作业路线的坐标信息，并在车辆运行时，实时检测出实际的车辆位置坐标，再将两者比较、判断后控制车辆导向运行。

不同类型的 AGV 各有其特点，应根据具体物料搬运任务的特点选用。使用 AGVS 可以增加物料搬运的灵活性，降低物料损伤、设备安装和改造等方面的费用，并且可以通过中央控制计算机增强对工作环境的控制能力。

五、AGVS 的规划设计

AGVS 对于工作环境具有较好的适应性，可充分利用工作环境空间，且系统安装和小车运行线路更改相对而言都比较容易。当用若干台 AGV 组成 AGVS 时，为提高生产效率，必须进行合理的系统规划。AGVS 是一个动态系统，影响生产效率的因素很多，系统规划主要考虑以下几个方面内容。

（1）AGVS 物流线路布局以及系统中装卸站点的位置安排。

（2）小车调度规则。

（3）交通管理与运行线路规划。

（4）确定小车数量。

物流线路布局、各装卸站点的位置安排以及 AGVS 中的小车数，在系统确定好之后是不变的，称为 AGVS 的静态特性，可以用数学分析方法或排队网络模型来求解；而小车调度、交通管理和运行线路规划与系统工作时的具体情况有关，称为系统的动态特性，这些因素较难用纯数学分析的方法来解决，通常需要采用计算机仿真。

在不同的物流路线布局和装卸站点位置设置下，搬运同样的物流量，AGVS 中小车空载运行和带载运行的总时间不同，因而直接影响到小车数量的确定；在不同调度规则和运行线路规划方法下，AGV 响应服务请求的顺序和采取的运行线路不同，因此也将影响系统中小车的运行总时间。当增加小车数时，系统交通阻塞状况将加剧，反过来又对系统调度规则和交通管理方法提出更高的要求。由此可见，AGVS 静态特性和动态特性各因素之间是紧密关联、互相影响的。

不论是物流路线布局、装卸站点设置或者是交通管理、小车调度等，系统规划的目的都是提高 AGV 和加工中心等生产设备的使用效率，最终表现为以最少数量的小车完成系统规定的物料搬运任务。因此，小车数量的确定是进行系统规划的一个核心问题。

六、AGVS 的发展趋势

AGVS 技术在日本、美国、德国等工业发达国家已经非常成熟，应用范围十分广泛。目前主要的发展是开发不需固定线路的具有各方位运行能力的 AGV，以及在超重负荷、高定位精度等一些特殊情况下工作的 AGV。AGVS 是一种用户性很强的产品，不同的用户可能提出不同的要求，为了能够进行批量生产，必须统一物流系统中使用的托盘或容器的结构和尺寸。由于不同的 AGV 有许多模块功能是相同的，因此为了能够适应不同的使用要求和缩短新产品的开发周期，最好是采用模块化的设计方法，将 AGV 的各功能模块做成不同的系列，再根据具体的使用要求进行组合。

除了 AGV 本身的自动化程度和运行灵活性之外，物流路线设计是否合理，AGV 调度规则的选用是否得当，AGV 运行路线的规划方法是否有效等都直接影响着 AGVS 物流系统的性能。在具体实施 AGVS 之前，应当根据特定的工作环境，通过计算机仿真的方法校验控制系统的性能，以便及时发现问题并加以解决和改进。

七、AGV 的应用

1. AGV 在制造业中的应用

在制造业中，AGV 应用最广泛的领域是装配作业，特别是汽车的装配作业。在西欧各国，用于汽车装配的 AGV 占整个 AGV 数量的 57%，德国用于汽车装配的 AGV 占整个 AGV 数量的 64%。近年来，电子工业是使用 AGV 的新兴行业，由于生产的多品种、小批量的要求，AGV 比传统的带式输送机具有更大的柔性。

2. AGV 在重型机械中的应用

在重型机械行业中，AGV 的主要用途是运送模具和原材料。由于运送物的重量较大，AGV 需要配备功率较大的移载装置。在 AGV 上配备大型机器人用以对大型金属构件进行喷漆（如飞机骨架的喷漆）是 AGV 在重型行业中的应用之一。

3. AGV 在烟草行业中的应用

在烟草行业中，AGV 的应用比较广泛，主要用于辅料从立体仓库到生产工位的输送。

烟草行业由于经济效益较好，已成为 AGV 试点应用的最好的行业。在我国，云南玉溪烟草集团公司于 1996 年实施物流自动化时，共引进了 52 台 AGV，构成了庞大的 AGV 系统。此后，中国众多的烟草公司纷纷实施物流系统，并把 AGV 作为必需的项目加以应用。

4. AGV 在非制造业中的应用

在非制造业中，AGV 应用最广泛的行业是邮政业、图书馆、医院。在邮政部门广泛地采用 AGV，如将进区台的邮件送到处理区、再将处理区的邮件送到出区台。为了加大一次运输量，使用了牵引式 AGV 系统，一次可以牵引多台邮件车。在图书馆中，AGV 用于图书的入库和出库，可以自动地将图书送到指定的地点。大型办公楼也开始安装 AGV 系统，用以运送邮件、电文和包裹到各个分区部门。宾馆采用 AGV 把食品从厨房运送到客房。AGV 也可作为机器人的"脚"，使机器人可在更大范围内自动完成作业，如在 AGV 上配备机器人用于光整水泥地面。在有核辐射危险的地方，常将 AGV 机器人用于核材料的搬运。总而言之，AGV 的应用已越来越广泛。

第六节　自动化立体仓库

一、自动化立体仓库概述

自动化立体仓库一般是指采用几层、十几层乃至几十层高的货架储存单元货物，用相应的物料搬运设备进行货物入库和出库作业的仓库。由于这类仓库能充分利用空间储存货物，故常形象地将其称为"立体仓库"。

立体仓库的产生和发展是第二次世界大战之后生产和技术发展的结果。20 世纪 50 年代初，美国出现了采用桥式堆垛起重机的立体仓库；50 年代末 60 年代初出现了司机操作的巷道式堆垛起重机立体仓库；1963 年，美国率先在高架仓库中采用计算机控制技术，建立了第一座计算机控制的立体仓库。此后，自动化立体仓库在美国和欧洲得到迅速发展，并形成了专门的学科。60 年代中期，日本开始兴建立体仓库，并且发展速度越来越快，已成为当今世界上拥有自动化立体仓库最多的国家之一。

我国对立体仓库及其物料搬运设备的研制开始并不晚，于 1963 年研制成第一台桥式堆垛起重机（机械部北京起重运输机械研究所），1973 年开始研制我国第一座由计算机控制的自动化立体仓库（高 15m，机械部起重所负责），该库 1980 年投入运行。到目前为止，我国每年新建自动化立体仓库数量大约在 100 座。立体仓库由于具有很高的空间利用率、很强的入出库能力、采用计算机进行控制管理而利于企业实施现代化管理等特点，已成为企业物流和生产管理不可缺少的仓储技术，被越来越多的企业重视。自动化高架仓库应用范围很广，几乎遍布所有行业。在我国，自动化高架仓库应用的行业主要有机械、冶金、化工、航空航天、电子、医药、食品加工、烟草、印刷、配送中心、机场和港口等。

自动化立体仓库是现代物流系统中迅速发展的一个重要组成部分，它具有节约用地、减轻劳动强度、消除差错、提高仓储自动化水平及管理水平、提高管理和操作人员素质、降低储运损耗、有效地减少流动资金的积压、提高物流效率等诸多优点。与厂级计算机管理信息系统联网以及与生产线紧密相联的自动化立体仓库更是当今 CIMS（计算机集成制造系统）及 FMS（柔性制造系统）必不可少的关键环节。

二、自动化立体仓库的分类

（1）按照建筑形式，自动化立体仓库可分为整体式和分离式。整体式立体仓库高度在 12m 以上，其仓库货架与仓库建筑物构成了一个不可分割的整体，外墙既是货架，又是库房屋顶的支撑。分离式立体仓库高度在 12m 以下，但也有 15m 的。分离式仓库的货架是独立的，主要用于高度不大或已经有建筑物的情况。

（2）按照库房高度，自动化立体仓库可分为高层、中层和低层。5m 以下为低层，5～12m 为中层，12m 以上为高层。

（3）按照库存容量，自动化立体仓库可分为大、中、小型。库存容量在 2 000 托盘（货箱）以下的为小型，2 000～5 000 托盘的为中型，5 000 托盘以上的为大型。

（4）按照控制方法，自动化立体仓库可分为手动控制、自动控制和遥控。

（5）按照仓库在生产和流通中作用分类，自动化立体仓库分为单纯储存用的仓库和储存兼选配的仓库。单纯储存用的仓库中的货物在以单元形式的货架上储存一定的时间，需要时便出库，主要应用于生产和储备。储备兼选配的仓库一般用于流通领域中的商品配送。

（6）按照货架的形式，自动化立体仓库可分为单元式货架仓库、活动式货架仓库、重力式货架仓库和拣选式货架仓库等。单元式货架仓库的特点是货架沿仓库的宽度方向分成若干排，每两排货架为一组，其间有一条巷道，供堆垛起重机或其他起重机械作业。每排货架沿仓库长度方向分为若干列，沿垂直方向又可分为若干层，从而形成大量货格，用以储存货物。活动式货架仓库的货架是可动的，其货架可在轨道上移动，使仓库面积利用率提高。在重力式货架仓库中，存货通道带有一定的坡度，由入库起重机装入通道的货物单元能够在自重作用下，自动地从入库端向出库端移动，直至通道的出库端或者碰到已有的货物单元停住为止。

（7）按照储存物品的特性，自动化立体仓库可分为常温自动化立体仓库系统、低温自动化立体仓库系统、防爆型自动仓储系统等。

（8）按照自动化立体仓库设备形式，自动化立体仓库可以分为单位负载式自动化立体仓库、开放式钢架、封闭式钢架、推回式钢架、重力式钢架、水平式钢架子母车系统等。

三、自动化立体仓库的优缺点

所谓自动化仓库，是指由电子计算机进行管理和控制，不需要人工搬运作业，而实现收发自动化作业的仓库。立体仓库是指采用高层货架以货箱或托盘储存货物，用巷道堆垛起重机及其他机械进行作业的仓库。将上述两种仓库的作业结合的仓库称为自动化立体仓库。

1．自动化立体仓库的主要优点

（1）仓库作业全部实现机械化和自动化，一方面能够大大节省人力，减少劳动力费用的支出，另一方面能够大大提高作业效率。

（2）采用高层货架、立体储存，能有效地利用空间，减少占地面积，降低土地购置费用。事实上，国外自动化立体仓库能够得到快速发展，地价昂贵是一个很重要的原因。

（3）采用托盘或货箱储存货物，货物的破损率显著降低。

（4）货位集中，便于控制与管理，特别是使用电子计算机，不但能够实现作业过程的自动控制，而且能够进行信息处理。

2．自动化立体仓库的缺点

（1）结构复杂，配套设备多，需要的基建和设备投资高。

（2）货架安装精度要求高，施工比较困难，而且施工周期长。

（3）储存货物的品种受到一定限制，对长、大、笨重货物以及要求特殊保管条件的货物，必须单独设立储存系统。

（4）对仓库管理和技术人员要求较高，必须经过专门培训才能胜任。

（5）工艺要求高，包括建库前的工艺设计和投产使用中按工艺设计进行作业。

（6）弹性较小，难以应付储存高峰的需求。流通业在实际运作时，常常会有淡旺季或高低峰以及顾客紧急的需求，而自动化设备数目固定，运行速度可调整范围不大，因此，其作业弹性不大。而传统设备只要采用人海战术就可以应付这种紧急需求。

（7）必须注意设备的保管保养并与设备提供商保持长久联系。自动化仓库的高架吊车、自动控制系统等都是先进的技术性设备，由于维护要求高，必须依赖供应商，以便在系统出现故障时能提供及时的技术支援。

（8）自动化仓库要充分发挥其经济效益，就必须与采购管理系统、配送管理系统、销售管理系统等管理咨询系统相结合，但是这些管理咨询系统的建设需要大量技术和资金。

因此，在选择建设自动化立体仓库时，首先，必须综合考虑自动化立体仓库在整个企业中的营运策略地位和设置自动化立体仓库的目的，不能为了自动化而自动化。其次，要详细斟酌建设自动化立体仓库所带来的正面和负面影响。最后，还要考虑采取相应的补救措施。因此，在实际建设中必须进行详细的方案规划，进行综合测评，最终确定建设方案。

四、自动化立体仓库的组成

目前，国外自动化立体仓库的发展趋势之一是由整体式向分离式发展，因为整体式自动化立体仓库的建筑物与货架是固定的，一经建成便很难更改，应变能力差，而且投资高、施工周期长。

自动化立体仓库主要由以下三大类设施组成。

1．土建及公用工程设施

（1）库房。库存容量和货架规格是库房设计的主要依据。

（2）消防系统。对于自动化立体仓库而言，由于库房规模大，存储的货物和设备较多且密度大，而仓库的管理和操作人员较少，所以仓库内一般都采用自动消防系统，而且要看防火等级，防火等级高的，必须要设置自动喷淋系统。

（3）照明系统。

（4）动力系统。

（5）通风及采暖系统。

（6）其他设施，如排水设施、避雷接地设施和环境保护设施等。

2．机械设备

（1）货架。货架的材料一般选用钢材，钢货架的优点是构件尺寸小，制作方便，安装建设周期短，而且可以提高仓库的库容利用率。自动化立体仓库的货架一般都分隔成一个个的单元格，单元格是用于存放托盘或直接存放货物的。

（2）货箱与托盘。货箱和托盘的基本功能是装小件的货物，以便于叉车和堆垛机的叉取和存放。采用货箱和托盘存放货物可以提高货物装卸和存取的效率。

（3）堆垛机。堆垛机是自动化立体仓库中最重要的设备，它是随自动化立体仓库的出现而发展起来的专用起重机。巷道机可在高层货架间的巷道内来回运动，其升降平台可作上下运动，升降平台上的货物存取装置可将货物存入货格或从货格中取出。

（4）周边搬运设备。搬运设备一般是由电力来驱动，由自动或手动控制，把货物从一处移到另一处。这类设备包括输送机、自动导向车等，设备形式可以是单机、双轨、地面的、空中的、一维运行（即沿水平直线或垂直直线运行）、二维运行、三维运行等。其作用是配合巷道机完成货物的输送、转移、分拣等作业。在仓库内的主要搬运系统因故停止工作时，周边设备还可以发挥其作用，使作业继续进行。

3．电气与电子设备

（1）检测装置。检测装置是用于检测各种作业设备的物理参数和相应的化学参数，通过对检测数据的判断和处理为系统决策提供最佳依据，以保证系统安全可靠地运行。

（2）信息识别设备。在自动化立体仓库中，这种设备必不可少，它是用于采集货物的品名、类别、货号、数量、等级、目的地、生产厂、货物地址等物流信息。这类设备通常采用条形码、磁条、光学字符和射频等识别技术。

（3）控制装置。自动化立体仓库内所配备的各种存取设备和输送设备必须具有控制装置，以实现自动化运转。这类控制装置包括普通开关、继电器、微处理器、单片机和可编程序控制器等。

（4）监控及调度设备。监控及调度设备主要负责协调系统中各部分的运行，它是自动化立体仓库的信息枢纽，在整个系统中举足轻重。

（5）计算机管理系统。计算机管理系统用于进行仓库的账目管理和作业管理，并可与企业的管理系统交换信息。

（6）数据通信设备。自动化立体仓库是一个构造复杂的自动化系统，它由众多的子系统组成，各系统、各设备之间需要进行大量的信息交换以完成规定的任务，因此需要大量的数据通信设备作为信息传递的媒介，这类设备包括电缆、远红外光、光纤和电磁波等。

（7）大屏幕显示器。这是为了仓库内的工作人员操作方便，便于观察设备情况而设置的。

五、自动化立体仓库的设计与规划

（1）设计的准备工作

这个阶段是需求分析，即准备阶段，在这一阶段里要提出问题，确定设计目标，并确定设计标准。设计主要包括以下内容。

① 立体仓库是企业物流系统的子系统，必须要了解企业整个物流系统对子系统的要求和物流系统总体设计的布置图，以便对仓储的子系统进行总体设计。要调查过去进、出库房或料场物品的种类、数量及规律，以便预测未来，进行仓库容量的计算和分析。

② 立体仓库是机构、结构、电气、土建等多专业的工程，这些专业在立体仓库的总体设计中互相交叉，互相制约。因此，在设计时对各专业必须兼顾。例如，机构的运动精度要根据结构制作精度和土建的沉降精度来选定。

③ 要了解企业对仓储系统的投资、人员配置等计划，以确定仓储系统的规模和机械化、自动化的程度。调查库内储存的货物的品名、特征（如易碎、怕光、怕潮等）、外形及尺寸、单件重量、平均库存量、最大库存量、每日进库和出库数量、入库和出库频率等。

④ 了解建库现场条件，包括气象、地形、地质条件、地面承载能力、风及雪荷载、地震情况以及其他环境影响。

⑤ 调查了解与仓储系统有关的其他方面条件，如入库货物的来源、连接库场交通情况、进库门和出库门的数目、包装形式、搬运方法、出库货物的去向和工具等。

（2）自动化立体仓库的总体规划

① 库场的选择与规划。仓库和料场的选择和布置对仓储系统的基建投资、物流费用、生产管理、劳动条件和环境保护等都有着重要意义，这是首先要考虑的。根据企业物流系统的总体设计对仓储系统的要求，可采用分级评分法来确定仓储系统在整个物流系统中的位置。仓储系统可能有多个立体仓库和货场，这包括其他单位和设施，它们之间是相互联系和相互制约的。这就要求合理地确定仓储系统区域所有单位之间的几何位置关系，画出平面布置图。

② 仓库形式和作业方式。在调查分析入库货物品种的基础上，确定仓库形式。对于品种单一或很少而批量较大的仓库则可以采用重力式货架仓库或者其他形式的贯通仓库；对于有特殊要求的货物，可以采用如冷藏、防潮、恒温等设施的仓库。根据出库工艺要求，即以整单元出库为主，还是零星货物出库为主，决定要不要采用拣选作业。

为了提高出库和入库的搬运效率，尽量少采用单作业方式（即单入库或单出库），而尽量多采用复合作业方式，就是在仓储系统中堆垛机的台上设两副货叉，这两副货叉可以分别伸缩，也可以同时伸缩，以存和取两个货物单元。也可把货架设计成两个货物单元的深度，堆垛机的货台也相应增宽一倍，货叉增长一倍，货叉伸出一半时可叉取一个货物单元，全部伸出后可同时叉取两个货物单元。再有在立体仓库中，采用"自由货位"的方式，货物可就近入库，特别是进出频繁的货物或很大、很重的货物，应尽可能接受到货和发货地点作业，这样既缩短进、出库时间，又节省了搬运费用。

仓储系统使用的搬运机械设备有许多种，它们各有其特点。该系统总体设计时，要根据仓库的规模、货物的品种、出入库频率等选择最合适的机械设备，并确定其主要参数；要根据出入库率确定各个机构的工作速度；对于起重、装卸和堆垛等机械设备，根据货物单元的重量选定起重量；对于输送机，则根据货物单元尺寸选择输送机的密度，并恰当地选定输送机速度。

③ 货物单元的形式和货格尺寸设计。根据调查和统计结果，列出所有可能的货物单元形式和规格，并进行合理的选择。

立体仓库是以单元化为前提的，所以确定货物单元的形式、尺寸及重量是一个重要的问题。它不仅影响仓库的投资，而且对于整个物流和仓储系统的配备、设施以及有关因素都有极为重要的影响。因此，为了合理确定货物单元的形式、尺寸和重量，需要对所有入库的货物，在流通中的关键环节对货物单元的品种进行 ABC 分析，选择最为经济、合理的方案。对于少数形状和尺寸比较特殊以及很重的货物，可以单独处理。例如，汽车上的前桥、后桥、车身等大件，难以形成单元，就不一定非要与其零部件同入一个立体仓库。它们的储存问题可以用推式悬挂输送机或者其他方式单独处理。

在立体仓库设计中，根据货物单元恰当地确定货物尺寸是很重要的内容。它直接关系到仓库的面积和空间利用率，也关系到仓库能否顺利地存取货物。在确定货物单元时，应尽量采用标准推荐的尺寸，以利于与其他物料搬运和运输机相匹配。标准的货物单元的长、宽尺寸为：800mm×1 000mm；800mm×1 200mm；1 000mm×1 200mm。

在货物单元尺寸确定后，货物尺寸取决于在货物单元四周留出的净空尺寸和货架构件的有关尺寸。对于自动化仓库，这些净空尺寸的确定更要认真考虑，货架、堆垛机运行轨道、仓库地坪的施工、安装精度以及搬运机械的停止精度等，都要根据实际情况和有关经验数据来确定。

④ 确定库存量和仓库总体尺寸。立体仓库的设计规模主要取决于其库存量，即同一时间内储存仓库内的货物单元数。因此，了解和推算出库存量是建立合理的仓库系统，特别是立体仓库的重要参数。

如果已经给出库存量，适当考虑发展的需要，就可以直接应用这个参数；如果没有给出，就要根据过去几年的进、出仓库和货场的数量与规律，通过预测技术来确定库容量。

仓库内采用存储和搬运机械的数量取决于仓库的最大出入库频率（一般以每小时出库和入库的货物单元数计算）。在总体设计开始阶段，仓库货架尺寸和搬运机械速度都未最后选定，作为初步估算，可以考虑每台堆垛机每小时平均出库或入库 30～40 个货物单元。

用库存量除最大出入库频率就可以初步确定需要多少搬运机械。在单元货格式仓库内，一般是每个巷道安装一台起重机，所以起重机台数也就是巷道数。但如果仓库储存量比较大，而要求的出入库频率并不高，则按上述方法确定的起重机台数和货架巷道数就会比较少，使得每个巷道所拥有的货位数太多，因而货架的高度和长度偏大，造成经济上的不合理。一般认为，一个巷道的货位数以 1 500～2 000 个为宜。

如果采用巷道堆垛机且数量比巷道少，可以采用能走弯道堆垛机从一个巷道转移到另一巷道工作，或者在仓库巷道的一端设转移台车，按需要将堆垛起重机从一个巷道转入另一巷道工作。由于采用转移台车要增加仓库长度，所以一般认为有 3 个以上巷道的仓库，才值得用这种方案。在确定了巷道之后，大体上立体仓库的总体宽度便可以确定了。巷道的宽度应保证搬运机械能安全地在巷道内高速穿行。一般来说，巷道宽度为搬运机械总宽度加 150～400mm，无轨搬运机械则取最大值。

代表立体仓库技术水平的一个主要参数是仓库高度。从技术上比较容易实现和经济上比较合理的角度来看，一般不宜设计得过高，通常为 10～20m 的高度。仓库的高度和长度之间没有一定的比例关系，一般为 0.15～0.4（德国采用这样的比例的占 80%）。同样，宽度和高度之间也没有固定的比例关系，一般为 0.4～1.2（在德国占 80%）。

本章思考题

1. 什么是物流自动化？
2. 物流自动化系统由哪些部分组成？
3. 自动化物流系统的层次有哪些？
4. 物流自动化系统具有哪几个特点？
5. 何为自动仓储系统？
6. 按高层货架仓库的建筑形式，可以将高架仓库分为哪几类？
7. 按仓库在生产和流通中的作用，可以将高架仓库分为哪几类？
8. 在自动化仓库中使用计算机会带来哪些效果？
9. 自动仓储系统的优点及作用有哪些？
10. 何为自动分拣系统？有哪些特点？
11. 自动分拣系统主要由哪几部分构成？
12. 在使用自动分拣系统时要考虑哪些方面的因素？
13. 简述自动分拣系统的工作过程。
14. 何为自动导向车？它有哪些优势？
15. 何为自动导向车系统？它由哪几部分组成？
16. AGV 系统的规划设计要考虑哪些方面的因素？
17. 自动化立体仓库有哪些优点？有哪些缺点？
18. 自动化立体仓库主要由哪些设施组成？

第九章　空间信息技术

众所周知，物流运输行业是推动国民经济快速发展必不可少的基础产业。各类物流运输仓储企业虽然在长期发展历程中已经积累了丰富的实践经验，但是由于车辆动态信息的实时监控一直没有得到很好的解决，信息反馈不及时、不准确、不全面等问题导致了运力的大量浪费与运作成本的居高不下。面对当今客户日益增长的服务需求，以及国外物流企业运作信息技术与快速反应式运作抢滩我国物流市场的冲击，我国的物流运输企业必须采用新科技手段，运用 GPS/GIS 来武装自己，提高自身的服务质量与服务水平。

第一节　GIS 概述

由于信息技术的发展，数字时代的来临，从理论上来说，GIS 可以运用于现阶段任何行业。

从技术和应用的角度，GIS 是解决空间问题的工具、方法和技术；从学科的角度，GIS 是在地理学、地图学、测量学和计算机科学等学科基础上发展起来的一门学科，具有独立的学科体系；从功能上，GIS 具有空间数据的获取、存储、显示、编辑、处理、分析、输出和应用等功能；从系统学的角度，GIS 具有一定结构和功能，是一个完整的系统。简而言之，GIS 是一个基于数据库管理系统（DBMS）的分析和管理空间对象的信息系统，以地理空间数据为操作对象是地理信息系统与其他信息系统的根本区别。

一、地理信息系统（GIS）简介

地理信息系统（Geographic Information System，GIS）是近年来发展起来的一门综合应用系统。GIS 是在 20 世纪 60 年代开始迅速发展起来的地理学研究新成果，是由地理学、计算机科学、测绘遥感学、城市科学、环境科学、信息科学、空间科学、管理科学和信息科学融为一体的新兴学科。GIS 系统是多学科集成并应用于多领域的基础平台，这种集成是对信息的各种加工、处理过程的应用、融合和交叉渗透并实现各种信息的数字化的过程，具有数据采集、输入、编辑、存储、管理、空间分析、查询、输出和显示功能，为系统用户进行预测、监测、规划管理和决策提供科学依据。

GIS 系统以地理空间为基础，利用地理模型的分析方法及时提供多种空间、动态的地理信息，从而为有关经济决策服务。GIS 在物流领域的应用，便于企业合理调配和使用各种资源，提高运营效率和经济效益。

1. 地理信息

地理信息是指空间地理分布的有关信息，它表示地表物体和环境固有的数量、质量、分布特征、联系和规律的数字、文字、图形、图像等的总称。

地理信息属于空间信息，它与一般信息的区别在于它具有区域性、多维性和动态性。区域性是指地理信息的定位特征，且这种定位特征是通过公共的地理基础来体现的。例如，用经纬网或公里网坐标来识别空间位置，并指定特定的区域。多维性是指在二维空间的基础上实现多个专题的三维结构。例如，在一个地面点上，可取得污染、交通等多种信息。动态性是指地理信息的动态变化特征，即时续特征，使地理信息能够以时间尺度划分成不同时间段的信息。这就要求及时采集和更新地理信息，并根据多时相数据和信息来寻找时间分布规模，从而对未来做出预测和预报。

2. 地理信息系统

地理信息系统这一术语是 1963 年由 Roger F.Tomlinsom 提出的，并于 20 世纪 80 年代开始走向成熟，但对 GIS 没有统一的定义，不同的研究方向，不同的应用领域，不同的 GIS 专家，对它的理解是不一样的。有人认为，GIS 是以计算机为工具，具有地理图形和空间定位功能的空间性数据管理系统。有人认为，GIS 是在计算机硬件和软件支持下，运用系统工程和信息科学理论，科学管理和综合分析具有空间内涵的地理数据，以提供对规划、管理、决策和研究所需信息的空间信息系统。也有学者认为，GIS 是处理地理数据的输入、输出、管理、查询、分析和辅助决策的计算机系统。虽然这些定义不同，但基本内容大同小异，仔细分析一下，所有定义都是从下述三个方面考虑的。

（1）GIS 使用的工具：计算机软、硬件系统。

（2）GIS 研究对象：空间物体的地理分布数据及属性。

（3）GIS 数据建立过程：采集、存储、管理、处理、检索、分析和显示。

地理信息系统的主要功能是存储、管理、分析与位置有关的信息。因此，可以这样定义：GIS（地理信息系统）是多种学科交叉的产物，它以地理空间数据为基础，采用地理模型分析方法，实时提供多种空间的和动态的地理信息，是一种为地理研究和地理决策服务的计算机技术系统。

GIS 的主要作用是将表格型数据（它无论是来自数据库、电子表格文件还是直接在程序中输入）转换为地理图形显示，然后对显示结果浏览、操作和分析。其显示范围可以从洲际地图到非常详细的街区地图，显示对象包括人口、销售情况、运输线路以及其他内容。

3. GIS 的特征

综合以上多种对地理信息系统的定义和观念可以发现，GIS 具有以下几个方面特征。

（1）具有采集、管理、分析和输出多种地理空间信息的能力，具有空间性和动态性。

（2）以地理研究和地理决策为目的，以地理模型方法为手段，具有区域空间分析、多要素综合分析和动态预测能力，能产生高质量的地理信息。

（3）由计算机系统支持进行空间地理数据管理，并由计算机程序模拟常规的或专门的地理分析方法，作用于空间数据，产生有用的信息，完成人类难以完成的任务。

地理信息系统作为支持空间定位信息数字化获取、管理和应用的技术体系，随着计算机技术、空间技术和现代信息基础设施的飞速发展，在全国经济信息化进程中的重要性与日俱增。特别是当今"数字地球"概念的提出，使得人们对 GIS 的重要性有了更深入的了解。进入 20 世纪 90 年代以来，GIS 在全球得到了空前迅速的发展，广泛应用于各个领域，产生了巨大的经济和社会效益。

二、GIS 的组成及分类

1. GIS 的构成

GIS 的应用系统由五个主要的元素构成：硬件、软件、数据、人员和方法。

（1）硬件

硬件就是指操作 GIS 所需的一切计算机资源。今天，GIS 软件可以在很多类型的硬件上运行，从中央计算机服务器到桌面计算机，从单机到网络环境等。一个典型的 GIS 硬件系统除计算机外，还应包括数字化仪、扫描仪、绘图仪、磁带机等外部设备。根据硬件配置规模的不同可分为简单型、基本型和网络型。如图 9-1 所示的就是典型的网络型 GIS 硬件配置。

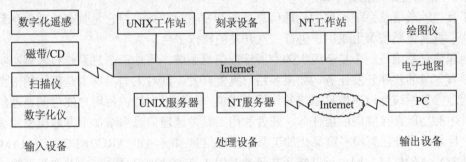

图 9-1　网络型 GIS 硬件系统

（2）软件

GIS 软件是指 GIS 运行所必需的各种程序，主要包括计算机系统软件和地理信息系统软件两部分。地理信息系统软件提供所需的存储、分析和显示地理信息的功能与工具。主要的软件部件有：输入和处理地理信息的工具；数据库管理系统；支持地理查询、分析和视觉化的工具；容易使用这些工具的图形用户界面（GUI）。

（3）数据

一个 GIS 系统中最重要的部件就是数据。空间数据是 GIS 的操作对象，是现实世界经过模型抽象的实质性内容。一个 GIS 应用系统必须建立在准确、合理的地理数据基础上。

地理数据和相关的表格数据可以自己采集或者从商业数据提供者处购买。GIS 将把空间数据和其他数据源的数据集成在一起，而且可以使用那些被大多数公司用来组织和保存数据的数据库管理系统来管理空间数据。

（4）人员

GIS 技术如果没有人来管理系统和制订计划并应用于实际问题，将没有什么价值。人员是地理信息系统中重要的构成要素。GIS 不同于一幅地图，它是一个动态的地理模型，仅有的系统软硬件和数据还不能构成完整的地理信息系统，需要人员进行系统组织、管理、维护和数据更新、系统扩充完善以及应用程序开发，并采用空间分析模型提取多种信息。因此，GIS 应用的关键是使用 GIS 来解决现实问题的人员的素质。GIS 的用户范围包括从设计和维护系统的技术专家，到那些使用该系统并完成工作的人员。一个 GIS 系统的运行班子应由项目负责人、信息技术专家、应用专业领域技术专家、若干程序员和操作员组成。

（5）方法

成功的 GIS 系统具有良好的设计计划和自己的实施规律，这些本身是规范和方法，而对每一个企业来说则是具体的独特的操作实践。这里的方法主要是指空间信息的综合分析方法，即常说的应用模型。它是在对专业领域的具体对象与过程进行大量研究的基础上总结出的规律的表示。GIS 应用就是利用这些模型对大量空间数据进行分析与综合来解决实际问题的。例如，基于 GIS 的矿产资源评价模型、灾害评价模型等。

2. GIS 的分类

地理信息系统按照内容、功能和作用不同可分为工具型地理信息系统和应用型地理信息系统两类。

（1）工具型地理信息系统

工具型地理信息系统也称为地理信息系统开发平台或外壳，它是具有地理信息系统基本功能，供其他系统调用或用户进行二次开发的操作平台。

地理信息系统是一个复杂庞大的空间管理信息系统，用地理信息系统技术解决实际问题时，有大量的软件开发任务，如果各用户重复开发，则对人力、财力是很大的浪费。工具型地理信息系统为地理信息系统的使用者提供一种技术支持，使用户能借助地理信息系统工具中的功能直接完成应用任务，或者利用工具型地理信息系统加上专题模型完成应用任务。目前，国外已有很多商品化的工具型地理信息系统，如 ARC/INFO，GENAMAP，MAPINFO，MGE 等。国内近几年正在迅速开发工具型地理信息系统，并取得了很大的成绩，且已开发出 MAPGIS，Geostar，Citystar 等。

（2）应用型地理信息系统

应用型地理信息系统是根据用户的需求和应用目的而设计的一种解决一类或多类实际问题的地理信息系统，除了具有地理信息系统的基本功能外，还具有解决地理空间实体及空间信息的分布规律、分布特性及相互依赖关系的应用模型和方法。它可以在比较成熟的工具型地理信息系统基础上进行二次开发完成。工具型地理信息系统是建立应用型地理信息系统的一条捷径；应用型地理信息系统也可以是为某专业部门专门设计研制的，此系统针对性明确，专业性强，系统开销小。应用型地理信息系统按研究对象的性质和内容又可分为专题地理信息系统和区域地理信息系统。

① 专题地理信息系统（Thematic GIS）是具有有限目标和专业特点的地理信息系统，为特定的目的服务。例如，水资源管理信息系统、矿产资源信息系统、农作物估产信息系统、水土流失信息系统和地籍管理地理信息系统、土地利用信息系统、环境保护和监测系统、城市管网系统、通信网络管理系统、配电网管系统、城市规划系统、供水管网系统等都属于专题地理信息系统。

② 区域地理信息系统（Regional GIS）主要以区域综合研究和全面信息服务为目标。可以有不同的规模，如国家级、地区或省级、市级和县级等为各不同级别行政区服务的区域信息系统，也可以由以自然分区或流域为单位的区域信息系统。例如，加拿大国际地理信息系统、日本国土信息系统等面向全国，属于国家级的系统；黄河流域地理信息系统、黄土高坡重点产沙区地理信息系统等面向一个地区或一个流域，属于区域级的系统；北京

水土流失信息系统、铜山县土地管理信息系统等面向地区，属于地方一级的系统。

三、GIS 的作用

1. 直观、便捷地集成各种属性数据

由于地物的空间位置具有客观性，而地物本身又具有纷繁复杂的特性，除了具有自然特性以外，还具有社会经济特性。描述这些特性的属性数据非常丰富，但都可以通过具有同一坐标参考系统的空间位置进行统一组织。GIS 为各种数据的集成提供了统一的框架，在此基础上可以直观地表达地物及其空间关系。

2. 高效管理信息资源

GIS 是一个具有结构和功能的系统，能获取和输入空间数据，进行空间数据的处理和分析，并将结果按一定的方式输出。通过这种方式，各个行业的信息资源都可以按各自的要求进行处理，从而提高了信息资源的管理和利用效率。各个行业信息系统的建设就是典型的例子，如地籍信息系统、林业资源管理信息系统、自来水设施管理信息系统、矿产资源管理信息系统、污染源管理信息系统、旅游资源管理信息系统、地下水资源管理信息系统等。

3. 提供辅助决策

采用 GIS 的重要目的是辅助解决空间问题，其核心功能是空间分析，通过空间分析为各类用户提供管理和商业上的辅助决策，如疾病、林火等突发事件的监测与预警、设施故障处理、基站选址、企业选址、客户分布管理、房地产管理等。

4. 制作地图

GIS 是在计算机辅助制图基础上发展起来的一门技术，是地图制作的重要工具。采用 GIS 可以制作符号，对数据进行各种渲染，高效、高性能、高度自动化是 GIS 制图的重要特点。

5. 提供与获得空间位置相关的服务

通过 GIS 可提供和获得与空间位置相关的服务，如获得一定范围、精度和一定要素的空间数据或地图，进行网络地理位置（如地名和路线）查询，还可通过嵌入式设备和无线通信网络进行位置查询、监控和导航等。

在具体的应用领域中，GIS 可以帮助分析解决下列问题。

（1）定位（Location）：研究的对象位于何处？周围的环境如何？研究对象相互之间的地理位置关系如何？

（2）条件（Condition）：有哪些地方符合某项事务（或业务）发生（或进行）所设定的特定经济地理条件？

（3）趋势（Trend）：研究对象或环境从某个时间起发生了什么样的变化？今后演变的趋势是怎样的？

（4）模式（Pattern）：研究对象的分布存在哪些空间模式？

（5）模拟（Simulation）：当发生假设条件时，研究对象会发生哪些变化？将引起怎样的结果？

GIS 最明显的作用就是能够把数据以地图的方式表现出来，把空间要素和相应的属性

信息组合起来就可以制作出各种类型的信息地图。专题地图的制作从原理上讲并没有超出传统的关系数据库的功能范围，但是把空间要素和属性信息联系起来后的应用功能就大大增强了，应用范围也扩展了。

各数据区域在传统的关系数据库中是平等的，它们按照关系规范化理论分别组织起来，而在 GIS 系统中，空间信息和属性信息是密不可分的有机整体，它们分别描述地理实体的两面，以地理实体为主线组织起来。

除此之外，空间信息还包括了空间要素之间的几何关系，因而 GIS 能够支持空间查询和空间分析，但传统的关系数据库却不能做到这一点，而空间分析往往是制定规划和决策的重要基础。

四、GIS 相关技术

GIS 技术的综合主要体现在 GIS 与其他信息技术的结合之上，我们常常所说的"3S"，或 GIS、遥感和 GPS 的一体化，就是技术综合的体现。然而，现在的 GIS 已经远远超出了这些，它已经与 CAD、多媒体、通信、Internet、办公自动化、虚拟现实等多种技术相结合，形成了综合的信息技术。这一点已经被许多从事不同业务的公司所重视。综合是 GIS 技术开发和应用值得注意的重要方向。

下面是 GIS 与几种信息技术结合的介绍。

1．GIS—地图学

GIS 是以地图数据库（主要来自地图）为基础的，其最终产品之一就是地图。两者都是地理学的信息载体，同样具有存储分析和现实的功能。GIS 是地图学理论、方法和功能的延伸。地图学强调图形信息传输，而 GIS 则强调空间数据处理与分析。地图学与 GIS 之间的联系可以通过地图可视化工具来增加 GIS 的数据综合和分析能力。

2．GIS—DBMS

许多 GIS 需要包含 DBMS（数据库管理系统），但是 DBMS 数据表示不直观，没有空间概念，即使存储了图形，也只是以文件形式管理，图形要素不能分解查询。而 GIS 具有以某种选定的方式对空间数据进行解析和判断的能力，而不是简单的数据管理。因此，GIS 是能对空间数据进行分析的 DBMS。

3．GIS—计算机地图制图

计算机地图制图是 GIS 的重要组成部分，但计算机地图制图通常只有图形数据，不太注重可视实体具有或不具有的非图形属性，而这种属性却是地理分析中非常有用的数据。GIS 既注重实体的空间分布，又强调它们的显示方法和显示质量，强调的是信息及其操作，不仅有图形数据库，还有非图形数据库，并且可综合两者的数据进行深层次的空间分析，提供对规划、管理和决策有用的信息。

4．GIS—CAD

CAD 为计算机辅助设计，是一门空间设计技术，它与 GIS 的共同特征是两者都有空间坐标，都能把目标和参考系统联系起来，都能描述图形数据的拓扑结构，也能处理非图形属性数据。它们的主要区别是：CAD 处理的多为规则几何图形及其组合，它的图形功能尤其是三维图形功能很强，属性功能相对较弱，一般采用几何坐标系，而 GIS 采用的多是大地坐标，具有较强的多层次空间叠置分析功能，数据量大，数据输入方式多样化。二者结合将为我们提供一个设计和管理地球的工具。

5．GIS—遥感

早期的 GIS 往往与遥感是联系在一起的。广义地讲，遥感是 GIS 的重要组成部分，作为 GIS 的一种重要信息源。同时，GIS 的应用也提高了遥感的数据提取和分析能力。随着高精度遥感的发展和遥感动态网络的出现，GIS 与遥感的结合会更加密切。

6．GIS—GPS

GPS 被认为是 21 世纪影响人类社会的十二大技术之一。然而，GPS 离不开 GIS，必须与 GIS 结合。随着 GPS 技术的不断完善，其定位的高精度和高灵活性是遥感和常规测量无法比拟的。由于其接收机价格逐渐降低，GPS 的应用将逐渐广泛，GIS 与 GPS 的结合也将更趋紧密。特别是智能化汽车和道路系统（IVHS）的建设，将为 GIS 和 GPS 应用开辟新的途径。

7．GIS—Internet 技术

基于 Internet 技术的 GIS，即 WebGIS，已经成为 GIS 技术发展的重要动向。利用 WWW 发布空间信息和提供各种应用，是 GIS 进入千家万户的重要途径。

8．GIS—多媒体技术

GIS 也是一种重要的媒体。GIS 与多媒体结合已经成为现实，在多媒体系统中嵌入 GIS 功能，或在 GIS 系统中增加多媒体功能，极大地增强了二者的功能。

9．GIS—虚拟现实技术

GIS 与虚拟现实技术结合，提高了 GIS 图形显示的真实感和对图形的操作性。

除了上述方面以外，目前还有许多与 GIS 相关的前沿技术，包括三维 GIS 技术、空间信息的数据挖掘技术和基于 GIS 的计算机支持协同工作技术等。这些技术的进步将有力地促进 GIS 系统的应用深度和广度。

总之，GIS 的发展离不开信息技术，特别是软件技术的发展。与其他信息系统相比，GIS 系统结构复杂，数据量大，对空间特性要求比较高，因此它的设计和实现既要充分借鉴信息技术各个分支的最新成果，又要考虑 GIS 的特殊性。

五、GIS 技术的发展现状和趋势

地理信息系统技术是一门综合性的技术，它的发展是与地理学、地图学、摄影测量学、遥感技术、数学和统计科学、信息技术等有关学科的发展分不开的。GIS 的发展可分为以下四个阶段。

第一个阶段是初始发展阶段，20 世纪 60 年代世界上第一个 GIS 系统由加拿大测量学家 R.F.Tomlison 提出并建立，主要用于自然资源的管理和规划。

第二个阶段是发展巩固阶段，20世纪70年代计算机硬件和软件技术的飞速发展，尤其是大容量存储设备的使用，促进了GIS朝实用的方向发展，不同专题、不同规模、不同类型的各具特色的地理信息系统在世界各地纷纷付诸研制，如美国、英国、德国、瑞典和日本等国对GIS的研究都投入了大量的人力、物力和财力。

第三个阶段是推广应用阶段，20世纪80年代，GIS逐步走向成熟，并在全世界范围内全面推广，应用领域不断扩大，并与卫星遥感技术结合，开始应用于全球性的问题。这个阶段涌现出一大批GIS软件，如ARC/INFO，GENAMAP，SPANS，MAPINFO，ERDAS等。

第四个阶段是蓬勃发展阶段，20世纪90年代，随着地理信息产品的建立和数字化信息产品在全世界的普及，GIS成为确定性的产业，并逐渐渗透到各行各业，成为人们生活、学习和工作不可或缺的工具和助手。

地理信息系统的研制与应用在我国起步较晚，虽然历史较短，但发展势头迅猛。我国GIS的发展可分为以下三个阶段。

第一个阶段从1970年到1980年，为准备阶段，主要经历了提出倡议、组建队伍、培训人才、组织个别实验研究等阶段。机械制图和遥感应用，为GIS的研制和应用做了技术和理论上的准备。

第二个阶段从1981年到1985年，为起步阶段，完成了技术引进、数据规范和标准的研究、空间数据库的建立、数据处理和分析算法及应用软件的开发等环节，对GIS进行了理论探索和区域性的实验研究。

第三个阶段从1986年到现在，为初步发展阶段，我国GIS的研究和应用进入了有组织、有计划、有目标的阶段，逐步建立了不同层次、不同规模的组织机构、研究中心和实验室。

GIS研究逐步与国民经济建设和社会生活需求相结合，并取得了重要进展和实际应用效益，主要表现在以下四个方面。

（1）制定了国家地理信息系统规范，解决了信息共享和系统兼容问题，为全国地理信息系统的建立做了充足准备。

（2）应用型GIS发展迅速。

（3）在引进的基础上扩充和研制了一批软件。

（4）开始出版有关地理信息系统理论、技术和应用等方面的书籍，设立了地理信息系统专业，培养了大批人才，并积极开展国际合作，参与全球性地理信息系统的讨论和实验。

在科技部等国家有关部门的大力组织和支持下，国产GIS基础软件开发工作取得了重要进展，出现了一批GIS高技术企业，开发出了较为成熟的国产GIS软件，如MapGIS、GeoStar、CityStar、SuperMap、MapEngine、GROW等，并形成了一定的产业规模。这些国产GIS软件以较高的性价比，打破了国外GIS软件对我国市场的垄断，有力地促进了我国地理信息系统技术的发展。近年来，GIS技术在我国得到了广泛应用，其应用面从传统的城市规划、土地利用、测绘、环境保护、电力、电信、减灾防灾等领域渗透到矿产资源调查、海洋资源调查与管理等各方面，取得了丰硕的成果和巨大的经济效益。当前，国家有关部门正逐步将GIS嵌入到电子政务系统中。

随着计算机和信息技术的快速发展，近年来GIS技术得到了迅猛的发展。GIS系统正朝着专业或大型化、社会化方向不断发展着。"大型化"体现在系统和数据规模两个方面；"社会化"则要求 GIS 要面向整个社会，满足社会各界对有关地理信息的需求，简言之就是"开放数据"、"简化操作"和"面向服务"，通过网络实现从数据乃至系统之间的完全共享和互动。

六、存在的问题与对策

（1）加快制定基于互操作的相关空间信息标准。在过去的 20 年间，国家有关部委和行业部门已经积累了大量原始数字化数据和相应资料，建立了 1 100 多个大中型数据库以及大量的各类数字化地理基础图、专题图、城市地籍图等。国家测绘局已经完成了全国 1:1000 000、1:250 000 基础地理空间数据库以及全国七大江河数字地形模型的建设，并启动了全国 1:50 000，部分省份 1:10 000 基础地理空间数据库的建设。这些基础数据有力地促进了 GIS 技术的广泛应用，进而产生了大量的 GIS 数据。但由于地理信息系统软件大多采用不同的空间数据模型，以及它们在地理实体上存在认识差异，所以所积累的数据难以转换和共享（即使能够数据转换，也会产生信息的丢失），从而形成一个个新的数据孤岛。这些数据难以共享利用，导致了严重的重复投资和信息资源浪费。制定空间信息的标准已成为解决问题的关键。目前，一些国家和组织已经在进行这方面的工作，并定义了一些数据交换标准，如 SDTS，OpenGIS 联盟制定的 GML，另外一些公认的数据格式如 DXF，Shapefile 和 MIF 文件格式等正逐渐成为数据交换的事实标准。我国也在"九五"期间制定了地球空间数据转换标准。但是由于目前人们对空间信息认识和研究成果的制约，还没有一个统一的地理数据模型，因此建立实用的数据交换格式和信息标准将是一个长期、复杂的过程。

空间信息的共享和互操作是今后地理信息系统技术发展的一个主流方向，而互操作的实现就依赖于相关空间信息标准的制定。根据空间信息互操作的需求和国外空间信息标准研究的发展状况，我国的空间信息标准的研究和制定需包括以下三个方面。

第一个方面包括空间数据转换标准、空间数据编码标准、空间数据可视化符号标准。这个部分的标准的制定，主要是为了解决空间数据的共享问题。

第二个方面包括空间操作接口规范和空间信息服务实现规范。这个部分的标准的制定，主要是解决空间互操作的更高层次——空间操作功能的互操作。

第三个方面主要是元数据标准。元数据标准的制定主要是实现空间信息的分发，它是空间信息互操作的基础。元数据又包括两个方面：描述空间数据的元数据和描述空间操作的元数据。前者，当前国内外已经进行了大量的研究，并制定了一系列的标准。后者是当前乃至以后的一个研究重点，它的制定是与空间操作接口规范和空间信息服务规范的制定和发展相关的。以上空间信息标准制订的基础是空间模型的统一。

（2）加强 GIS 软件体系结构的研究，大力发展大型 GIS 基础软件产品。尽管我国在中小型 GIS 基础软件前端平台总体技术方面有应用特色，但在软件的易用性和稳定性方面，特别在管理大数据量的能力方面仍有差距，系统的安全性级别也较低。另外，由于企业规模小，以工程开发为主，但大型工程整体解决能力较弱，所以难以沉淀出大型的 GIS 应用软件产品。

面对 GIS 应用的大型化和社会化发展需求，应该加强前沿技术的研究，突破以网络应用为核心的 GIS 共性关键技术（如网络通信、海量数据管理、分布处理等），借助各种先进的软件开发技术（如组件、中间件技术等）和规范，开发高性能的、易用的新一代 GIS 基础软件及其相关应用服务系统，提高我国 GIS 的技术水平与市场竞争能力。

（3）加强"3S"集成技术的研究。虽然 GIS 在理论和应用技术上有了很大的发展，但单靠传统 GIS 的使用还不能满足目前社会对信息快速、准确的更新要求。与 GIS 独立、平行发展的全球定位系统（GPS）和遥感（RS）为 GIS 适应社会发展的需求提供了可能性。

目前，国际上"3S"的研究和应用正向集成化的方向发展。在这种集成应用中，GPS 主要被用于实时、快速地提供目标，包括各类传感器和运载平台的空间位置；RS 用于实时地提供目标及其环境的语义或非语义信息，发现地球表面上的各种变化，及时地对 GIS 进行数据更新；GIS 则是对多种来源的时空数据进行综合处理、集成管理和动态存储，作为新的集成系统的基础平台，并为智能化数据采集提供地学知识。

（4）加强相关产业和部门协作，加大在国产 GIS 软件产品基础上开展行业应用示范的力度，扶持国产 GIS 软件平台。目前，我国的 GIS 产业水平，总体要落后于国外。因此，在一段时间内，需要对国产 GIS 软件进行扶持。一方面要加大投入，促进国产 GIS 软件的发展，以提高市场竞争力；另一方面要在政策上予以倾斜，鼓励 GIS 应用采用国产 GIS 平台。

GIS 系统作为一个信息系统，它与其他信息技术是密切相关的。因此，我国的 GIS 厂商应该与其他的国产软件厂商，如数据库、操作系统、应用服务器等软件厂商加强合作，以促进我国软件行业的总体发展。同时，软件企业应瞄准国家重大行业需求，与应用部门联合，重点解决 GIS 应用与服务的关键技术，推动 GIS 产业的发展。

（5）针对目前在数据采集、加工、分发和共享过程中存在的缝隙，强调 GIS 应用与任务工作流及管理机制的有机结合。

（6）鼓励联合或合作，壮大国产 GIS 软件企业的实力，加速 GIS 技术的发展。

（7）强调学科交叉，加强前沿技术的研究，培养一支高水平、有市场竞争能力的研发队伍。

第二节 GIS 的工作原理

一、GIS 的功能框架及工作流程

GIS 的功能框架，如图 9-2 所示。

从横向上来看，其功能主要是在数据库中进行数据的存储与检索，并对这些信息进行编辑、查询、分析、可视化等展示与交互处理，最终实现制图。

从纵向上来看，其功能主要是通过对现实的文件和地图进行观察，从而获得原始数据，并对这些原始数据进行编辑，使其变成结构化的数据，方便后期的查询和分析，并转化成可视化的数据供用户使用。

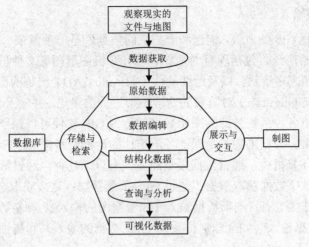

图 9-2　GIS 的功能

与之相对应的，GIS 的工作流程图如图 9-3 所示。一般来说，需要完成以下五个任务或过程：数据采集与输入、数据编辑与处理、数据存储与管理、空间统计与分析、数据显示与输出。

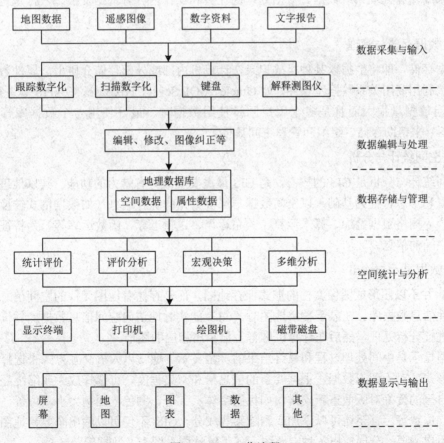

图 9-3　GIS 工作流程

1. 数据采集与输入

地理空间数据是 GIS 的血液，构建和维护空间数据库是一项复杂、工作量巨大的工程。GIS 可用的数据非常广泛，包括现有的地图、以计算机图形图像文件形式存放的影像资料（卫片及航片等）和表格资料，以及绘图软件（如 Auto CAD）绘制的图形等。对现有的地图，可利用数字化仪（digitizer）对需要的地理图形进行数字化，并输入相应的描述性信息。根据任务的需要，将各种系统外部的原始数据转化为 GIS 软件可以识别的格式并加以利用的过程称为数据采集。数据采集就是保证各层实体的地物要素按顺序转化为 X、Y 坐标及对应的代码输入到计算机中。通常数据采集的方式有以下几种：通过纸质地图的数字化获取数据；直接通过数字数据获取数据；通过 GPS 采集数据；直接获取坐标数据。

数据输入的方法主要有：图形数据输入（如管网图的输入）、栅格数据输入（如遥感图像的输入）、测量数据输入（如全球定位系统 GPS 数据的输入）和属性数据输入（如数字和文字的输入）。

2. 数据编辑与处理

由于 GIS 中的数据类型多种多样，同一种类型的数据的质量也可能有很大的差异，为了保证系统数据的规范和统一，建立满足用户需求的数据文件，现代的 GIS 技术提供了许多工具来编辑和处理系统数据。数据处理的任务和操作内容有数据变换、数据重构和数据抽取。

3. 数据存储与管理

数据存储，即将数据以某种格式记录在计算机内部或外部存储介质上。属性数据管理一般直接利用商用关系数据库软件，如 Oracle、SQL Sever、FoxBase、FoxPro 等进行管理。但是，当数据量很大而且是多个用户同时使用数据时，最好使用一个数据库管理系统（DBMS）来帮助存储、组织和管理空间数据。

4. 空间统计与分析

空间统计与分析是 GIS 的核心，是 GIS 最重要和最具有魅力的功能。其以地理事物的空间位置和形态特征为基础，以空间数据与属性数据的综合运算（如数据格式转换、矢量数据叠合、栅格数据叠加、算术运算、关系运算、逻辑运算、函数运算等）为特征，提取与产生空间的信息。

5. 数据显示与输出

GIS 并不以图形或图像文件的形式保存地图，而是存储着地图元件的空间信息数据库和描述性信息数据库。在显示数字地图时，GIS 能实时地访问空间信息数据库并读取其中的数据进行分析处理，然后在计算机屏幕上显示出相应的图形。

数据显示是中间处理过程和最终结果的屏幕显示，通常以人机交互方式来选择显示的对象与形式。对于图形数据，根据要素的信息量和密集程度，可选择放大或缩小显示，还可以按自己的爱好对版面重新安排，如标题字体、字号、颜色，图例大小、位置，比例尺的样式、位置等，甚至还可以添加或删除某些成分。GIS 不仅可以输出全要素地图，还可以根据用户需要，分层输出各种专题图、各类统计图、图表及数据等。

地理信息系统输出产品的类型通常有地图、图像、统计图表等形式。

地图是空间实体的符号化模型，是地理信息系统产品的主要表现形式，常用的地图类型有点位符号图、线状符号图、面状符号图、等值线图、三维立体图和晕渲图等。

图像也是空间实体的一种模型，它不采用符号化的方法，而是采用人的直观视觉变量（如灰度、颜色、模式）表示各空间位置实体的质量特征。它一般将空间范围划分为规则的单元（如正方形），然后再根据几何规则所确定的图像平面的相应位置用直观视觉变量表示该单元的特征。

非空间信息可采用统计图表示。统计图将实体的特征和实体间与空间无关的相互关系采用图形表示。它将与空间无关的信息传递给使用者，让使用者对这些信息有全面、直观的了解。统计图表常用的形式有柱状图、扇形图、直方图、折线图和散点图等。统计表格将数据直接表示在表格中，使读者可直接看到具体的数据值。

二、GIS 中的信息存储方式

一幅地图包含的最基本的信息有两种：空间信息（Spatial Information）和描述性信息（Descriptive Information）。前者反映了地理特征（Geographic Features）的位置和形状及特征间的空间关系，后者则反映了这些地理特征的一些非空间属性。例如，地图上的一个城市，其经纬坐标属于空间信息，而城市名称、级别、人口等都属于描述性信息。点、线、面作为组成地图的三种基本元件，分别反映了不同的地图特征。其中，点特征（Point Feature）用一个独立的位置来代表，它所反映的地图对象因太小而无法用线特征和面积特征来表示，或者该对象不具备面积特征（如机井、村庄等）；线特征（Line Feature）由一组有序的坐标点相连接而成，反映的是那些宽度太窄而无法表示为一个面积区域的对象（如水渠、道路）或本身就没有宽度的对象（如等高线）；面积特征（Area Feature）由一个封闭的图形区来代表，其边界包围着同一性质的一个区域（如同一土地类型、同一行政区域等）。在地图上，一定的地图对象的地理特征及其非空间特性往往是用特定的符号同时反映出来的。

计算机地理信息系统存储的地图（即数字地图），不是传统观念上的存储着一幅地图的计算机图形文件（尽管它也能处理一些格式的图形文件，如 BMP、PCX、JPG 等）。数字地图是以数据库（如 dBASE 数据库）的形式存储的。数据库的概念是 GIS 的中心概念，也是 GIS 与那些绘图系统或仅能产生好的图形输出的地图制作系统的主要区别。流行的 GIS 软件都结合了数据库管理系统。

数字地图同样包含两种类型的信息：空间信息和描述性信息。它们都是以一系列数据库文件的形式存储于计算机中的。

1. 空间信息数据的存储

地图实际上是将地球表面的特征以点、线、面的形式映射到一个二维平面上，通过采用 XY（笛卡儿）坐标系确定地图位置与地面位置的对应关系。一个点可由一个独立的 (x, y) 坐标对代表，一条线段可由一系列的 (x, y) 坐标对表示。在 GIS 中，将线与线间的交点称为节点（node），两节点间的线段称为弧（arc），将面称为多边形（polygon），一个多边形是由一个或多个弧围成。为了让计算机能区分地理特征间的空间关系，空间信息在数据文件中存储时采用了拓扑学的方法。具体的记录结构如下。

（1）对于点，每条记录可有点代号和坐标对共两个字段组成。

（2）对于弧，每条记录可以有弧代号、起始结点、终了结点、左侧多边形代号、右侧多边形代号和坐标对系列共六个字段构成。

（3）对于多边形，每条记录可以有多边形代号和弧代号系列共两个字段构成。

空间信息是与位置坐标（x，y）密切联系的。同平面地图一样，GIS 中采用的是平面坐标系（Planar Coordinate Systems）（又称做笛卡儿坐标系，Cartesian Coordinate Systems）。地球是个椭圆形的球体，经度和纬度常用于表示地球表面上任何一点的位置，其单位为度、分、秒（DMS）。但是，经度和纬度不能用作平面坐标系中的 x、y 坐标，因为同样的经度差所反映的地面距离是随纬度而变的。例如，1 度的经度差值间的地面距离，在赤道上是 111km，在两极上则为 0km。因此，要根据不同的需要，采用适合的坐标映射体系将地球表面映射到平面上。常用的映射体系有若干种，各自都在形状、面积、距离或方向等方面产生某些程度的失真。

2. 描述性信息数据的存储

对于一个地理特征的描述性信息，记录的字段数因该特征具有的信息项数而不同。例如，对于城市道路，可以有六个字段：路段（弧）代号，类型，路面材料，宽度，车道数目和名称。可以想象，一个地理特征的描述性信息数据文件，就如同一个表格一样，记录着对应特征的非空间属性的信息，每一条记录就相当于一个表行，所以描述性信息数据文件又叫作特征属性表（Feature Attribute Table）。

3. 数据间的连接

通过前面的介绍还可以发现，不论在空间信息数据文件还是在描述性信息数据文件中，有一个共同的字段，即特征代号。这个代号可以是记录号，也可以是用户指定的识别码。这个代号必须是唯一的，也就是说，同一数据文件中，不同的记录必须有不同的代号，绝对不能重复，因为 GIS 正是通过这个代号存取和交换信息，并在空间信息数据和描述性信息数据之间建立连接的。两类数据之间借由识别代号保持一一对应的关系。通过用识别代码作桥梁，还可以将同一空间对象的两个或多个特征属性表合并为一个文件，这使为空间对象增加新的描述性信息变得很方便。

三、空间数据的管理

空间数据具有很强的时效性，不同的空间数据必须进行周期不等的数据更新维护，空间数据库中数据的准确、及时、完整是实现 GIS 应用系统价值的前提基础。空间数据维护往往涉及跨部门、跨行业的多种数据格式和多种数据类型的大量数据。空间数据的管理涉及两个方面的内容：空间数据模型和空间数据库。

空间数据模型刻画了现实世界中空间实体及其相互间的联系，它为空间数据的组织和空间数据库的设计提供了基本的方法。因此，空间数据模型的研究对设计空间数据库和发展新一代 GIS 系统起着举足轻重的作用。在 GIS 中与空间信息有关的信息模型有三个，即基于对象（要素）（Feature）的模型、场（Field）模型以及网络（Network）模型。目前，GIS 基础软件平台的研制和应用系统的设计开发一直沿用这三种空间数据模型，但这些模型在空间实体间的相互关系及其时空变化的描述与表达、数据组织、空间分析等方面均有较大的局限性，难以满足新一代 GIS 基础软件平台和应用系统发展的要求。主要表现在以下几个方面。

（1）仅能表达空间点、线、面目标间极为有限的简单拓扑关系，且这些拓扑关系的生成与维护耗时费力。

（2）难以有效地表达现实三维空间实体及其相互关系。

（3）适于记录和表达某一时刻空间实体性状及相互间关系静态分布，难以有效地描述和表达空间实体及其相互间关系的时空变化。

（4）没有考虑异地、异构、异质空间数据的互操作和分布式"对象"处理等问题。

针对上述不足，时空数据模型、三维数据模型、分布式空间数据管理、GIS 设计的 CASE 工具等研究已成为当前国际上 GIS 空间数据模型研究的学术前沿。

鉴于现实世界对象众多，空间关系复杂，需要大量的数据来描述它们的关系，因此，我们必须对这些复杂的数据进行有效的管理。地理信息系统的空间数据管理方式大体上可以分为以下几类。

（1）基于文件系统的方式。这种方式直接采用文件系统来存储和管理空间数据，系统结构简单，便于操作，但提供的功能非常有限。它适合小型 GIS 系统，难以满足当前 GIS 对空间数据管理的需求。

（2）基于文件系统与数据库的混合组织管理方式。这种方式基于传统的关系数据库系统来存储地理空间对象的属性数据，而以文件方式来存储空间数据。目前的大多数桌面 GIS 系统均采用此种方式。这种方式对于特定文件格式 GIS 数据的处理效率较高，但它在数据的一致性维护、并发控制以及海量空间数据的存储管理等方面能力较弱。

（3）扩展关系数据库的组织管理方式。这种方式将空间数据和属性数据都存储于关系型数据库中，通过在关系型数据库之上建立一层空间数据库功能扩展模块（通常被称为空间数据引擎）来实现对空间数据的组织管理。目前主流的 GIS 软件都采用这种方式同时管理图形和属性数据，如国外的 ARC/INFO、GEOMEDIA，国内的 MAPGIS、GEOSTAR、SUPERMAP 等。这种方式可以利用成熟的关系型数据库技术来方便地实现 GIS 数据的一致性维护、并发控制、属性数据的索引等。当然，数据库本身并不直接支持对空间对象的操作和管理，而是通过空间数据引擎来实现的。

（4）基于空间数据库的组织管理方式。这种方式基于空间数据模型，直接构建用来存储和管理空间数据和属性数据的空间数据库系统来管理数据。它包含结合几何和属性信息的框架，提供并支持空间数据的类型、查询语言和接口、高效的空间索引和空间联合等。空间数据库直接支持空间对象的存储和管理，为空间数据提供了高效的查询和检索机制，是目前 GIS 数据管理技术研究的热点。目前，空间数据库的实现主要有两种方式：面向对象数据库方式和对象关系型数据库方式。前者将对象的空间数据和非空间数据以及操作封装在一起，由对象数据库统一管理，并支持对象的嵌套、信息的继承和聚集，这是一种非常适合空间数据管理的方式。但目前该技术尚不成熟，特别是查询优化较为困难。对象关系型数据库是目前空间数据库的主要技术，它综合了关系数据库和面向对象数据库的优点，能够直接支持复杂对象的存储和管理。GIS 软件直接在对象关系数据库中定义空间数据类型、空间操作、空间索引等，可方便地完成空间数据管理的多用户并发、安全、一致性/完整性、事务管理、数据库恢复、空间数据无缝管理等操作。因此，采用对象关系型数据库实现对 GIS 数据的管理是实现空间数据库的一种较为理想的方式。当前，一些数据库厂商都推出了空间数据管理的专用模块，如 IBM Informix 的 Spatial DataBlade Module，IBM DB2 的 Spatial Extender 和 Oracle 的 Oracle Spatial 等。尽管其功能有待进一步完善，但已给 GIS 软件开发带来了极大的方便。

在传统的空间数据管理模式中，由于文件系统管理海量数据的能力较弱，因此在空间数据的组织上，在水平方向上采用图幅的方式，在垂直方向上采用图层的方式。这种组织方式主要存在以下不足：需要进行图幅的拼接，效率较低；一个空间对象可能存储在多个图层上，造成数据的冗余和难以维护数据的一致性。采用空间数据库的方式可以在数据库中直接存储整个地图，能方便地实现空间对象的查询和抽取。当前一些 GIS 系统中已经开始使用要素类来实现对空间对象的组织，如 ArcGIS 的 GeoDatabase 等。这种方式按照实体类来组织空间对象，符合空间对象管理的本质，一个空间对象可以被多个图层或视图引用，机制较为灵活，解决了传统方式中的空间对象的一致性问题。

空间数据库的另外两个重要部分是空间索引和空间查询语言。由于空间对象是二维或更高维的数据对象，因此当前数据库所使用的一维 B 树、B+树并不适合空间对象的索引。空间索引有多种方式，其数据管理的效率和检索速度各不相同。当前比较常用的索引有四叉树和 R 树。在空间数据库中一般使用两步查询机制，首先使用索引查询出候选对象集，然后再采用精确的几何计算在候选对象集中求出精确解。当前一些数据库的空间扩展模块中就使用这种模式，并分别提供了四叉树或 R 树索引。提供空间查询语言是空间数据库的一个重要特征，当前的空间数据库中一般使用关系数据中的"select-from-where"模式来构建查询，通过扩充 SQL 语言，使其支持空间对象类型、空间关系和空间操作。特别是 SQL3 多媒体规范（SQL3/MM）中的 Spatial 部分和 OpenGIS for SQL 实现规范都定义了一系列的空间数据类型、空间关系和空间操作，为空间查询语言的设计和开发提供了一个框架。

四、GIS 软件体系结构与应用系统开发

地理信息系统与软件技术是密不可分的。特别是随着面向对象、组件技术、分布式计算技术以及网络技术的发展，GIS 软件的体系结构出现了极大的变化，出现了许多开发地理信息系统的新技术，如组件技术、中间件技术和分布对象技术等。

组件是建立在面向对象开发之上的，它为用户提供多个接口，接口封装了组件提供的服务，隐藏了实现细节的可见性。由于组件表示一个或多个较细粒度类的逻辑集合，封装了一系列的服务，因此组件提供了更高级别的重用性，从而极大地提高了应用系统的开发效率。组件式 GIS 是面向对象技术和组件式软件在 GIS 软件开发中的应用，为新一代 GIS 应用提供了全新的开发工具。GIS 组件封装了一系列空间信息处理相关的操作，并向用户提供了标准的接口。这样用户便可以使用通用的程序开发语言，通过接口调用 GIS 组件中

相应的空间操作功能，实现 GIS 应用系统的开发。

同传统 GIS 比较，组件 GIS 具有易于实现与其他信息系统的无缝集成、跨语言使用、易于推广、成本低、扩展性强、开发效率高等特点。因此，组件式 GIS 是当前 GIS 系统软件开发的主流技术。目前存在着多种组件技术标准，其中 OMG 的 CORBA，Microsoft 的 COM/DCOM 和 Java 的 Beans 是被广泛采用的标准。目前，商用的组件式 GIS 产品主要基于 Microsoft 的 COM/DCOM，包括 Intergraph 的 GeoMedia，ESRI 的 MapObjects，MapInfo 的 MapX，我国的 MapEngine、SuperMap 等。

随着网络技术的发展和广泛应用，计算机应用模式经历了主机模式、单机桌面应用模式和多层企业应用模式三个阶段。相应地，应用系统的开发也经历了从主机体系结构、两层 Client/Server 体系结构到三层（多层）Client/Server 体系结构的演变。传统的 GIS 应用一般都采用两层 Client/Server 体系结构。这种体系结构的用户界面层和业务逻辑层没有分开，都位于客户端，而数据服务层位于服务器端，由于应用主要都集中在客户端，每个客户端都要进行安装配置，当用户数量多、分布广时就会给安装、维护带来相当大的困难，扩展性不好。此外，每个用户与中央数据库服务器相连时都要保留一个对话，当很多客户同时使用相同资源时，容易产生网络堵塞。为了克服两层 Client/Server 结构的不足，提出了三层 Client/Server 模型。三层 Client/Server 构建了一种分割式的应用程序，系统对应用程序进行分割后，划分成不同的逻辑组件，即用户服务层、业务处理层、数据服务层。与两层 Client/Server 结构相比，三层 Client/Server 结构有很多优越性，如减轻了客户机的负担，如果要增加服务则只需在中间层添加代码，这使得维护升级变得更加方便，系统扩展性也更好。因此，采用三层 Client/Server 机构是当前 GIS 应用开发的主流模式。

随着 GIS 应用由局域网发展到广域网，特别是涉及多数据库系统、多平台、多网络协议的异构环境，传统的将用户界面和业务逻辑、数据源以及通信协议绑定在一起的应用系统开发方式便不再适合。而中间件技术的出现，为异构环境下 GIS 应用的开发提供了解决方案。中间件是位于操作系统和应用软件之间的通用服务，它的主要作用是用来屏蔽网络硬件平台的差异性和操作系统与网络协议的异构性，支持应用软件开发和运行的系统软件，使应用软件相对独立于计算机硬件和操作系统平台，为大型分布式应用搭起了一个标准的平台，以实现大型应用软件系统的集成。中间件具有标准的程序接口和协议，可以实现不同硬件和操作系统平台上的数据共享和应用互操作。在具体实现上，中间件是一个用 API 定义的分布式软件管理框架，具有强大的通信能力和良好的可扩展性。广义上说，ESRI 的空间数据库引擎 SDE 可以看作是地理信息的一个中间件，它屏蔽了底层不同空间数据库以及不同空间数据格式的差异，为用户提供了统一的操作和管理空间信息的接口。采用中间件技术，为异构环境下的 GIS 应用的开发提供了一个解决方案，对当前 GIS 重大行业应用系统的开发具有重要的意义。目前，中间件技术尚处于发展阶段，采用中间件技术实现通用的 GIS 应用还有一段很长的路要走。

在分布式环境下跨平台、跨语言地实现分布式计算，并使得用户在使用对象时可以访问网络上任意有用的对象而不必知道该对象所处的位置。采用分布式对象技术开发 GIS 应用符合地理信息分布的特点，客户可以透明地访问远程的 GIS 组件服务。这种方式适合于空间信息服务的实现，可用于解决在分布式环境下的地理信息的互操作（包括数据和功能两方面）。当前，基于对象的分布式计算的代表性技术是 OMG 的 CORBA、Microsoft 的 DCOM 和 Java 的 J2EE。与此同时，为满足分布协同工作的应用需求，人工智能领域中的 Agent 技术被引入到分布式计算环境中，对基于 Client/Server 结构的传统分布式系统产生了极大的冲击，分布式系统正朝着分散对等的协同计算的理想模式发展。Agent 的自主性、交互性、反应性和主动性等特征极大地简化了分布协同问题的复杂性，因此将 Agent 技术引入 GIS 领域，将极大地降低分布式地理信息系统的复杂性和建设难度，并将有效地解决网络地理空间信息服务功能以及 GIS 应用领域中的协作问题，同时也可以改善分布式地理信息系统的服务能力和服务效率。因此，研究 Agent 技术与 GIS 的集成，是 GIS 技术发展的又一个重要研究方向。

五、空间信息的共享和互操作

信息共享已经成为现代信息社会发展的一个重要标志，而地理信息系统互操作的产生则是信息共享的必然产物，地理信息系统的互操作将成为 21 世纪地理信息系统研究领域的一个重要组成部分。

互操作性强调将具有不同数据结构和数据格式的软件系统集成在一起共同工作。实际上，地理信息系统互操作在不同的情况下具有不同的侧重点，强调软件功能块之间相互调用的时候就称为软件的互操作；强调数据集之间相互透明地访问的时候则称为数据的互操作；强调信息的共享，在一定语义约束下的互操作则称为语义的互操作等。一般来说，地理信息系统互操作是指不同应用（包括软件硬件）之间能够动态实时地相互调用，并在不同数据集之间有一个稳定的接口。

在国际上，空间信息系统互操作研究经历了从数据互操作到中间件、分布式对象和服务，再到应用系统乃至高层的信息群互操作的发展历程。主要的互操作方式有以下几种：直接转换方式、采用公共交换格式方式和公共访问接口方式。这些方式都需要对数据的具体格式有详细的了解。随着数据格式越来越复杂，运用面向对象的方法来解决互操作问题逐渐成为新的研究方向。

访问接口是指系统对外界环境和其他系统所提供的访问其内部数据的操作接口。该接口可以通过请求/应答方式来接受或者提供数据，因此互操作的程度可通过接口功能的大小来体现，而与数据的内部结构无关。数据提供者通常会随着数据提供相应的 API，数据使用者可以通过这些 API 来访问系统内部的数据。API 能够将数据结构的复杂性或者操作的复杂性掩藏起来，并且能够通过编程将这些 API 与数据服务器结合在一起，形成一个功能更加强大的数据服务器来响应外界的数据服务请求。为了减少 API 对具体应用环境的依赖，用户、数据提供者和系统开发者迫切需要建立一个在业界广泛而通用的接口，这个需求和思路导致了 OGC 的产生。OGC 通过制定 OpenGIS 规范的方式来建立广泛的接口。OpenGIS 规范是一个关于对地理数据和地理处理资源进行分布式访问的软件框架规范，它为所有的软件开发者提供了一个详细的公共准则，以便开发的软件能够达到对地理数据和地理处理资源进行互操作的目的。OpenGIS 规范的任务是指导开发者开发与 OpenGIS 规范一致的中间件、组件和具有处理各种类型地理数据的应用件，使系统用户能共享巨大网络数据空间上的数据。OpenGIS 规范直接涉及访问和使用不同类型的地理数据，它包括三个基本方面：获得在各种平台之间的连接，获得对地理数据和对地理数据处理的服务，获得对地理数据的正确理解。目前，世界上包括我国在内的许多 GIS 相关研究单位和企业纷纷加入 OGC，参与 OpenGIS 规范的制定，并着手实现和完善各种规范与接口，以满足信息共享的需求。

六、空间信息的网络发布与服务

随着网络技术的飞速发展，Internet 已经成为 GIS 新的系统发布平台。利用 Internet 技术，在 Web 上发布空间数据，供用户浏览和使用，是 GIS 发展的必然趋势。WebGIS 是 GIS 技术与 Web 技术集成的产物，它继承了 GIS 的部分功能，侧重于地理信息与空间处理的共享，是一个基于 Web 计算平台实现地理信息处理与地理信息分布的网络化软件系统。

与传统的 GIS 技术相比，它具有访问范围广、平台独立、大规模降低系统成本和维护、升级方便等特点；在运行环境上，WebGIS 基于 Web 计算平台，运行于 Internet 多用户并发访问的分布式环境；在技术上，WebGIS 是 GIS 发展与组件技术、互操作技术、分布式技术的集成。随着地理信息互操作和 Web 服务技术的发展，WebGIS 技术已经从初始的在 Web 上简单地发布地理信息转换成为实现地理信息互操作和地理信息 Web 服务的关键技术。由于 WebGIS 技术的重要性，人们越来越关注 WebGIS 的研究、开发和应用，目前已推出了大量的 WebGIS 产品，如 ESRI 的 ArcIMS，MapInfo 的 MapXtreme，Autodesk 的 MapGuide，Intergraph 的 GeoMedia Web Map，我国的 GeoStar 的 GeoSurf、GeoBeans 等。但目前的 WebGIS 产品大都是基于传统的 GIS 系统软件，利用 CGI 和 Server API 构造，一般需在后台运行一个或多个 GIS 应用程序。这种模式只解决了在 Web 上发布空间信息的问题，并没有针对 Web 应用环境进行重新设计和优化，因此在功能和效能上不能满足人们的需求。当前 WebGIS 技术还处于初级阶段，它的研究应结合 GIS 技术和分布式计算技术，从体系结构、空间数据管理、分布式计算模式、互操作和数据传输协议等多个方面进行。

WebGIS 与其他采用 B/S 结构的信息系统类似，一般采用由数据库、应用服务器和客户端组成的三层体系结构，客户端一般为 Web 浏览器。但 WebGIS 系统具有空间数据量大和空间处理复杂的特点，因此产生了计算模式的概念。WebGIS 的计算模式主要是指 GIS 功能在客户端和服务器端的分配。WebGIS 计算模式的选择决定了整个 WebGIS 系统的实现。

WebGIS 的计算模式主要包括以下三种：胖客户模式、瘦客户模式和混合模式。一般来说，胖客户模式适合于客户端处理能力较强，用户需要对数据处理过程进行控制的环境；瘦客户模式则适用于广域网环境或对 GIS 分析功能较高要求的应用；而混合模式则结合了胖客户模式和瘦客户模式的优点。与前两种方式不同，它既不是把全部的空间处理功能模块和数据下载到本地，再在客户端进行所有的空间操作，也不是把全部的空间处理功能放置在服务器端，在服务器进行所有的空间操作，而是根据 Web 应用的特点和网络的状况，在客户端和服务器端进行空间处理功能的分配。这三种计算模式各具有优缺点。从总体来看，混合模式是一种符合 WebGIS 应用需求的系统开发计算模式。但与其他的信息系统一样，不存在一种万能的计算模式，因此需要根据具体的应用需求和运行环境，对计算模式进行选择，以使开发的 WebGIS 应用系统能最大可能地满足应用的需求。

WebGIS 的实现包括客户端实现和服务器端实现两个方面。服务器端的实现技术包括 CGI、Server API、ASP、JSP（Servlet）等，当前瘦客户模式的 WebGIS 应用主要就是采用这些技术。客户端的实现技术主要有 Java Applet、ActiveX 和 Plug-in，当前这些技术主要用于实现胖客户模式的 WebGIS 应用。

除了上述实现方式外，系统还需考虑空间信息的网络传输协议，即请求/响应协议和网络空间数据传输格式。在传统的 Web 应用中，用户通过浏览器从 Web 站点中的 HTML 页面或 Web 应用动态生成的 HTML 页面中获取相应的信息。用户通过 HTML 页面中的表单元素来提交请求，浏览器和服务器之间通过超文本传输协议（HTTP）来发送请求和信息。由于 HTML 语言和浏览器的限制，以及空间操作的复杂性，采用表单的形式不能构建复杂的空间操作请求。基于这种形式的 WebGIS 应用满足不了用户的需求。目前的解决方法是，通过 Java Applet 或 ActiveX 扩充浏览器的功能，并为用户提供相应的工具来构建复杂的请求，通过内部制定的协议来在客户端和服务器端传输请求和响应。这种方式高效，但比较封闭，不能满足互操作的需求，并且需要采用专门的端口来实现，还容易受到防火墙的阻隔。

随着 XML 和 SOAP 技术的发展，需为协议的制定提供解决方案。其中，XML（Extensible Markup Language，可扩展标记语言）是一种用于描述其他语言的元语言，即用来定义其他与特定领域有关的、语义的、结构化的标记语言的句法语言；而 SOAP（Simple Object Access Protocol，简单对象访问协议）则提供了一种基于 XML 的应用程序间数据通信的机制。总的来说，XML 非常适合于 WebGIS 中请求/响应协议的制定。目前，研究者已经在这个方面进行了大量的工作，如 ESRI 的 ArcIMS3.0 中就已经采用 XML 技术制定了请求/响应协议 ArcXML。另外，OpenGIS 联盟发布的一系列空间信息服务实现规范中，亦采用了 XML 来描述请求与响应。

至今还没有基于网络的空间矢量数据标准，传输的数据格式一般是各 GIS 厂商自定义的格式，这就造成客户端的功能模块只处理特定的数据格式，通用性不强，并且也不符合用户操作的要求。当前 SVG 和 WebCGM 这两种矢量图形格式已经成为 W3C 的标准，用户可以下载通用的插件，在浏览器中显示和操作矢量图形。但 SVG 和 WebCGM 则重于描述图形，主要不是针对地理空间信息，不能完全描述空间信息内容。随着下一代网络语言 XML 的发展，OpenGIS 联盟制定了地理标记语言 GML，GML 基于 OpenGIS 抽象规范，使用 XML 对地理信息（包括地理特征的几何和属性信息）进行编码的规范，主要用于传输、交换和存储地理信息。把 GML 作为网络传输的空间矢量数据格式，已经逐步被采纳。但目前 GML 还不够完善，如它不支持拓扑结构的描述而且缺乏可视化的描述，须转换为 SVG 或重新开发 GML 的解析工具。另外，GML 是基于文本的，读取和处理都比较简单，通用性较强，但与二进制数据格式相比，效率较低，因此只适合在网络上传输较小的空间信息，传输大数据量的空间信息时则必须进行压缩，但目前还没有制定 GML 的压缩标准。尽管如此，GML 这种基于标准的空间数据格式仍然不失为一种较好的空间数据传输格式。

随着 Web 应用范围的扩大，传统的基于 CGI 方式的 Web 应用已不能满足需求，人们需要 Web 服务器端提供更为复杂的和更为灵活的应用开发支持。但 Web 服务器最初的设计目的并不包括对大规模、高性能和高可靠性的大型应用的支持。应用程序服务器（Application Server）的产生正是为了突破这一瓶颈。应用程序服务器完全不同于 Web 服务器，是专门为基于大负荷高端处理的 Web 应用而设计的全新的运行环境，该环境能提供很高的可靠性和健壮的程序逻辑处理能力，能轻松地为成千上万甚至上百万用户提供服务。通过把 GIS 组件加载到应用服务器，可以开发出高性能、高可靠性的大型 GIS 应用。因此，研究 GIS 技术与应用服务器的集成，对开发大型空间信息应用系统具有重要的意义。在实际应用中，一个系统可以由多个应用程序服务器、多个 Web 服务器和多个数据库服务器组成，应用程序代码可以分布在多个应用程序服务器上。当前应用程序服务器大都采用诸如 COM、CORBA、Enterprise Java Beans（EJB）和 Java Servlets 等标准化技术，并出现了许多应用服务器产品，如 Iplanet，Webspare，OAS，Weblogic 等。

Web 服务是新一代的 Web 应用，是可以通过 Web 发布、查找和调用的自包含、自描述的模块化应用。Web 服务执行从简单的请求到复杂的业务流程的任何功能。一旦 Web 服务被部署后，其他应用（和其他 Web 应用）就可以发现和调用已部署的服务。传统 WebGIS 技术的主要目的是能够在网络上发布空间数据以及和这些空间数据相关的一些操作，主要通过浏览器直接服务于最终用户。而对于数字城市等复杂的 GIS 应用，它们都建立在复杂、动态变化的分布式网络环境下，各种应用都构建在更为开放的分布式环境之中，而且各种不同的应用对于地理信息功能的需求也千差万别。这时传统的 WebGIS 技术就暴露出了它的不足，主要原因是：数据与功能的相对绑定；系统相对独立，缺乏良好的互操作性；系统内部耦合度较强，应用模式不够灵活，难以灵活地为需求不同的应用提供不同粒度和不同功能组合的地理信息服务。随着空间信息 Web Services 概念的出现，特别是 OGC 提出的基于互操作的 Web 服务和相关规范的制定，把基于 Web 的空间信息发布引入了一个更高的层次。

利用 OGC Web 服务中制定的一系列标准，可以真正地实现地理信息的互操作，并且可以利用松耦合的模式来使用和扩展各种数据和服务资源，动态的绑定不同的服务来完成特定的功能。因此，空间 Web Services 扩展了 WebGIS 的范畴。虽然说空间信息 Web Services 才刚刚起步，但它有非常好的发展前景。

第三节 GIS 的应用

一、GIS 的应用领域

据作者调查分析，目前正在茁壮成长的 GIS 企业级市场，主要集中在资产管理、物流配送、客户服务以及选址分析等领域。

1. 资产管理

资源、电力、交通、电信、林业、农业、水利等行业，由于它们的业务涉及了大量的自然和社会资源，都可笼统地归纳到这一范畴，甚至城市管理的模型也可以说是资源管理。而厂区或工作区巨大、资源杂、数量多的众多大型企业，就更需要管理资源的 GIS 了。

于 2006 年通车的青藏铁路也正在使用基于 ArcGIS 软件开发的 GIS 系统。据了解，不仅沿线的基础设备资源被涵盖进了 GIS，而且青藏铁路上的列车还有 GPS 定位设备，实现了各类实时业务信息数据和空间数据的匹配与融合，实际运营和安全信息都可以在地图上实时反映出来，包括各种数据信息、多媒体信息和视频信息。未来 GIS 将作为全国铁路信息化建设的核心支撑平台之一。

长春第一汽车制造厂也是个典型案例，由于厂区众多、面积巨大，集团内部资源分散，而且其中不乏几十年前的老设备、老厂区，连图纸都找不全，所以该厂的管理一直都不理想。而自从用上 GIS 后简直是天壤之别。长春一汽于 2004 年实施 GIS，平台依托的是国产 SuperMap，部分应用模块开发和厂区测绘由企业自己完成。目前，长春一汽集团内部的建筑、管网、设备、道路等资产很方便地由 GIS 来管理。

而对于航空行业来说，巨大的机场和复杂的航线更需要通过 GIS 进行管理。通过应用"GIS 通信网络资源管理系统"，中南空管局实现了资源分布地图化、资源外观可视化、数据分析空间化、资源管理动态化的管理要求。目前民航总局正在利用 SuperMap 平台开发"飞行程序计算机辅助设计和审核系统"，以期结束靠手工设计飞行程序的历史，目前该系统已进入二期工程前期准备阶段。

2. 物流配送

目前，北京烟草参与配送的几十辆配送车都装上了 GPS 设备。在北京烟草物流指挥中心的大屏幕上，通过 GIS 很容易就能监控这些车辆的动向。安装 GPS 设备不仅是为了作业需要，更重要的是为了保障人、烟、车的配送安全。"现在，每天利用这套系统进行配送的卷烟大约有几十万条，服务的零售商近六七千家，配送车辆运营几百台次。我们计划分两个阶段，现在主要是城区，今年年内，我们准备把所有区（县）都加进来，真正实现全市的集中仓储和统一配送，实现'安全存储、准确分拣、及时配送、优质服务'的目标，打造烟草行业金牌物流。"北京市烟草公司经济信息中心主任说。

"北京现在有 36 000 多零售户，实施每周一访式的电话订货。而原来的分散式业务模式是 18 个区（县）公司各自有仓库，自己访销，自己配送。"北京市烟草公司经济信息中心主任说，"原来的运作方式成本高、效率低、资源浪费严重。烟草行业要从传统商业向现代流通转变，很重要的标志就是要实现统一的仓储、集中的分拣和分级的配送。"于是，北京烟草投资了 1.8 亿元、历时 1 年，在通州区建立了现代化的北京烟草物流中心。GIS、GPS、GPRS 相结合的卷烟物流配送调度系统，已成为该中心的重要组成部分和信息化建设的亮点之一。

据介绍，早在 1995 年，烟草行业就已开始接触 GIS 技术了；到 2001 年，北京烟草与中兵勘察设计研究院信息公司合作，开始将 GIS 应用于卷烟销售网络建设；而真正把 GIS 和卷烟销售业务相结合，并大面积地应用，应该是从 2005 年建设北京烟草物流中心时开始算起。

GIS 的应用使现代物流管理正在跨入智能化管理的领域，有利于缩短配车计划编制时间、提高车辆的利用率、减少闲置及等候时间、合理安排配送区域和路线等。

3. 客户服务

可口可乐北京分公司正在使用一套 CRT 系统（CocaCola Routing Tool）。据介绍，这套系统的核心就是 GIS。通过分析电子地图上标注的客户分布情况、客户重要度和交通条件等，管理人员可以轻松地安排拜访人员的路径和工作量，并通过手机定位监控客户访问的情况。目前，国外成熟的快速消费品企业都在使用这样的系统，这大大提高了企业的服务质量，增强了企业的竞争力。

在国内，一些家电制造企业也开始认识到利用 GIS 优化服务系统的必要性。海尔集团也是其中之一。

2006 年，海尔引入了 SuperMap GIS 的空间分析功能，在售后服务系统中增加了地理信息处理能力。应用 GIS 之后，根据售后服务接线员记录的用户报修信息，系统会自动匹配用户地址，计算出距离用户最近的网点，之后自动将维修信息派送到网点，由网点维修工程师上门服务。

整个地址匹配和统计的速度也远不是手工能比拟的，每次处理的时间缩短到 0.1 秒以内，将大大提高客服部门的效率。在 GIS 系统的支持下，海尔客服部门现在每天可以处理10 万次左右的服务请求，得以满足全国用户的需求。

4．选址分析

在国外，大多数国际企业都在享受着 GIS 技术带来的选址分析的便利。在中国，随着市场的不断壮大和 GIS 应用的深入，这些谙熟选址分析的国际企业为了争夺市场份额，纷纷开始把成熟的 GIS 手段引入中国。据介绍，尤其是在快速消费行业，如沃尔玛、麦当劳、肯德基、可口可乐等企业都开始使用或酝酿其在中国的 GIS 选址分析系统。

GIS 技术可以说是商业企业进行选址分析的最佳工具，无论是金融机构、购物中心、零售网点、餐饮场所、库房、代理中心还是服务维修站的选址工作都可以通过 GIS 完成。当市场发生变化时，GIS 技术还可以制定出最佳的应对措施和资产配置方案。

调查发现，在选址分析这个领域，中国企业的成功案例并不多，它们仍在依靠传统的人工问卷调查进行分析。很多企业还没有认识到 GIS 的价值，更不懂得如何应用 GIS 选址。

GIS 技术可以把客户信息和人口普查数据进行综合分析，在地图上动态地显示市场渗透水平、市场占有率以及销售区域等信息。随着国际竞争对手的 GIS 发挥着越来越明显的作用，我国敏感的企业也会迅速直观地意识到 GIS 的价值，并快速跟进。选址分析将成为最具增长潜力的领域。

二、GIS 在物流中的应用

GIS 在物流领域中的应用主要是指利用 GIS 强大的地理数据功能来完善物流分析技术，合理调整物流路线和流量，合理设置仓储设施，科学调配运力，提高物流业的效率。目前已开发出了专门的物流分析软件用于物流分析。完整的 GIS 物流分析软件集成了车辆路线模型、最短路径模型、网络物流模型、分配集合模型和设施定位模型等。

（1）车辆路线模型用于研究解决在一个起始点、多个终点的货物运输中，如何降低物流作业费并保证服务质量的问题。包括决定使用多少辆车，每辆车的行驶路线等。

（2）最短路径模型通常用来找出网络中两节点（通常是起点和终点）之间总权和最小的路径问题，从而确定出最佳路径。最短路径问题是网络理论解决的典型问题之一，通常可用来解决管路铺设、线路安装、厂区布局和设备更新等实际问题。

（3）网络物流模型用于解决寻求最有效的分配货物路径问题，也就是物流网点布局问题，如将货物从 n 个仓库运到 m 个商店，每个商店都有固定的需求量，因此需要确定由哪个仓库提货送给哪个商店，使得运输代价最小。

（4）分配集合模型可以根据各个要素的相似点把同一层上所有或部分要素分成几个组，用以解决确定服务范围和销售市场范围等问题，如某一公司要设立 x 个分销店，要求这些分销店覆盖某一地区，而且要使每个分销店的顾客数目大致相等。

（5）设施定位模型用于确定一个或多个设施的位置。在物流系统中，仓库和运输线共同组成了物流网络，仓库处于网络的节点上，节点决定着线路。如何根据供求的实际需要并结合经济效益的原则，决定在既定区域内设立多少仓库，每个仓库的位置，每个仓库的规模，以及仓库之间的物流关系等问题，运用此模型均能很容易地得到解决。

我国将 GIS 运用于物流分析和物流研究中，目前还处于起步阶段。

三、GIS 的其他应用

1. GIS 在企业中的应用

GIS 为公司和企业涉及空间分布的信息查询和决策提供服务。专业地理信息系统公司在各种地理空间数据库的基础上开发相应的桌面或网络地理信息查询和分析模型，为其他公司和个人地理信息查询和分析提供桌面、线上及移动的服务。

企业提高效率和竞争力，是目前国际企业一个主要的目标。例如，英国电信已经宣布采用 MapInfo GIS 产品，估计可为该集团节省 3 000 万英镑；澳洲 TOYOTA 汽车采用了 GIS 作为市场营销应用；我国香港 Lucent Technologies 等都采用了 GIS 产品。我国大陆地区一些先进企业，也相继采用了 MapInfo GIS 系统，如北京市商业地理信息系统、天津可口可乐电子地图管理系统，以及投入使用的还有小红帽投递管理信息系统、工商银行系统等。

2. GIS 在政府部门的应用

应用于政府部门的 GIS，是存储政府职能部门的业务信息，完成各种基础地理信息数据，为社会和个人提供专业信息查询等。其应用包括设备管理、医疗卫生、旅游、公交、电信、房地产、城市规划、水利项目等。

3. 社会个人的 GIS 应用

个人是通过利用政府和相关 GIS 信息公司提供的空间信息服务，满足诸如出行最佳线路选择、公共服务设施定位、旅游线路选择和网络虚拟等需要。个人应用 GIS 将越来越多，规模也越来越大，但建立者和使用者的职能分化也越来越明显，模型分析功能越来越弱，而信息查询功能要求则越来越强。

四、电子地图系统简介

在 20 世纪 80 年代中期，随着数字地图及地理信息系统技术的发展和应用，以及计算机视觉化研究的深入，在侧重于空间信息的表现与显示的基础上，电子地图应运而生。电子地图主要应用于政府宏观管理、科学研究、规划、预测、大众传播媒介、信息服务等领域。另外，它与全球定位系统（GPS）相结合，在航天、航空领域、军事领域以及汽车导航中也发挥着十分重要的作用。目前，在国际上影响较大的电子地图有美国世界影像电子地图集、加拿大国家电子地图集。在美国、英国、日本等国用于政府高层宏观决策与信息服务的电子屏幕显示系统中均有大量的电子地图。随着发展，众多的地理信息系统的应用成果也都以电子地图的形式来展示。目前，在电子地图系统方面的研究与应用在我国也取得了一定的成果。

1．电子地图的基本特征

电子地图是以地图数据库为基础，以数字形式存储于计算机外存储器上，并能在电子屏幕上实时显示的可视地图，又称"屏幕地图"或"瞬时地图"。根据电子地图存储介质的不同又可分为"磁盘地图"或"光盘地图"等。

电子地图的主要优点包括以下几点。

（1）电子地图数据库既包括图形、图像、文档、统计数据等多种形式，也可与视频、音频信号相连，数据类型与数据量的可扩展性比较强。

（2）电子地图的检索十分方便，多种数据类型、多个窗口可以在同一屏幕上分层、实时地进行动态显示，具有广泛的可操纵性，用户界面十分友好。

（3）信息的存储、更新以及通信方式较为简便，便于携带与交流。

（4）可以进行动态模拟，便于定性与定量分析，具有较强的灵活性，为地图及其相关信息深层次的应用打下了坚实的基础。

（5）可缩短大型系列地图集的生产周期和更新周期，降低生产成本。

与输出硬设备相连，可将电子地图上的多种信息制成硬复制。

2．电子地图系统的运行环境

电子地图效用的发挥必须依据一定的硬件和软件环境的支持。其中，数字化仪、扫描仪、硬复制机以及绘图机等硬件，是为了建立电子地图数据库以及数据、产品采取多种形式输出而配置的。如果只是单纯地显示电子地图，可以不需要配置这些硬件。光盘驱动器是光盘地图必备的硬件。

电子地图软件系统的结构如图9-4所示，其中各功能模块的主要作用简述如下。

（1）生成模块。生成模块包括多种地图制图、文字编辑、图表生成、影像恢复、数据更新等功能。

（2）分析模块。该模块依据不同的用户层次的具体要求而设计，全面考虑电子地图的内容和用途，可设置各种专用模块，或者设置定性分析、定量分析、相关分析、动态分析等功能。

（3）显示模块。显示模块包括检索方式、属性查询、静态显示（多窗口、多种数据类型、分层叠加显示）、动态显示（滚动、闪烁、漫游、动态模拟等）、图形缩放、翻页和模拟产品输出等功能。

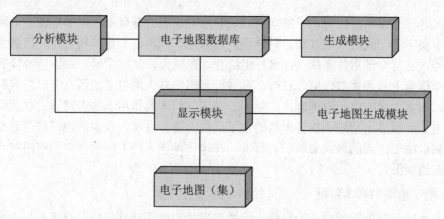

图 9-4　电子地图软件系统结构示意图

电子地图系统的设计由于受运行环境的影响，应充分考虑其视觉感受的心理与生理特点，讲求实效，着重提高电子地图的表现力，增强地图的分析和应用功能。一个完善的、用于信息服务的电子地图系统应该与多媒体技术、超介质载体及地理信息系统相联系。

随着计算机地图制图的进一步发展，电子地图、多媒体地图的问世及其进一步深入的研究，制图学将再一次使地理信息系统进入一个新的天地，并且在现代信息社会中发挥越来越重要的作用。

3. 电子地图的关键技术

在软件领域，电子地图所涉及的新技术十分广泛，它们分别属于计算机图形学、地理信息系统、数字制图技术、多媒体技术、计算机网络技术及由此而产生的集成技术。其中比较重要的包括多维信息可视化、导航电子地图、多媒体电子地图、网络电子地图、嵌入式电子地图等技术。

（1）系统平台技术。包括数/模转换，数字信息处理技术，这些技术涉及信息的识别、提取、变换、表达各方面。

（2）地图数据的组织与处理技术。包括地图数字化、地图数据库技术，以及数据的压缩与解压缩，计算机地图编辑技术等。

（3）多维信息可视化技术。多维信息可视化技术的出现，使得传统上不可能实现或难以实现的地图表现手段变成可能。这集中体现在地图的三维化和动态化方面。地图的三维化首先表现为地形的立体化表达，其次是注记、符号等的立体化。地图的动态化表现在时间和空间两个方面，前者是区域上观察视点移动产生的动态效果；后者是同一区域在时间上的动态发展表现效果，更复杂的动态则是时间变化和空间变化的结合。

（4）导航电子地图技术。导航电子地图是在普通的电子地图上增加了 GPS 信号处理、坐标变换和移动目标显示功能。导航电子地图的特点是加入了车船等交通工具这样一种移动目标，使得电子地图表示要素始终围绕交通工具的相关位置显示展开，关注区域、参考框架、比例尺乃至符号化方式都会随着交通工具位置的移动而改变，是一种动态化程度较高的电子地图。

（5）多媒体电子地图技术。多媒体革命使得计算机不仅能够处理数字、文字等信息，而且开始能够存储和展现图片、声音、动画和活动图像（视频信息）等多媒体信息。在多媒体电子地图中，基于不同详细程度的可视化数字地图，可表示各类空间实体的空间分布，并通过信息链接的方式将文字、声音、图片和视频等多媒体信息相互关联，从而为用户提供更为生动和直接的信息。

（6）网络电子地图技术。国际互联网的普及，使数字形式的地图找到了一种快捷的传播和分发方式——网络电子地图。网络电子地图与其说是一种新的产品模式，不如说是地图的一种新的分发和传播模式。网络地图的出现使地图能够摆脱地域和空间的限制，实现远距离的地图产品实时全球共享。

（7）嵌入式电子地图技术。嵌入式电子地图的最大优势在于其携带的方便性，以及与现代通信及网络的紧密联系。由于本身具有数据量小，占用资源少的特点，可将电子地图及其软件存储在闪卡上，亦可通过网络下载。与 GPS 结合的可能性使其具有实时定位和导航的特性，是未来大众接触电子地图非常重要的一条途径。

电子地图产业化所需的技术是多方面的，而作为一个工业产品来开发还涉及产品周期、市场开发、大众购买力、经济发展状况等一系列软科学的研究。

第四节 GPS 概述

一、全球定位系统（GPS）的含义

GPS（导航卫星全球定位系统）是英文 Global Position System 的首字母缩写。其含义是利用导航卫星来进行测距，以构成全球定位系统。第一代卫星导航系统最先起源于 1958 年美国海军卫星导航系统（Navy Navigating Satellite System-NNSS），由于其系统中所有的导航卫星都经过地球极点，因此该系统又被称为子午仪卫星导航系统。

1973 年，为了彻底解决原导航系统中的一些缺陷，美国国防部成立了一个专门机构，开始对 GPS 全球定位方案进行论证。这个机构由美国陆军、海军、海军陆战队、国防制图局、交通部、北大西洋公约组织、联合计划局所组成。

对 GPS 方案的论证历经了 1973 年、1978 年以及 1990 年的三次修改、论证，并在修改和论证期间，进行了大量的实际工作，如发射实验卫星、开发 GPS 信号应用和发射工作卫星。

1985 年 11 月以前发射的 11 颗 GPS 实验卫星已完成了它们的历史使命，并于 1993 年 12 月 31 日全部停止工作。1973—1985 年实验卫星的导航定位实践证明，GPS 系统是一个高精度、全天候和全球性的无线电导航、定位和定时的多功能系统。GPS 技术已发展成多领域、多模式、多用途、多机型的高新技术的国际性产业。到 1994 年 3 月 28 日发射了覆盖率达到 98% 的 GPS 工作卫星，它由 9 颗 Block II 卫星和 15 颗 Block II A 卫星组成，建成了现行比较完善的 GPS 全球定位导航系统。

其他卫星定位系统还有如下几种。

（1）俄罗斯的 GLONASS 卫星系统。导航卫星系统除美国的 GPS 卫星系统外，能与其比拟的就是由苏联（现俄罗斯）国防部独立研制和开发的 GLONASS（格洛纳斯）卫星

系统，也是由 24 颗卫星组成的系统。由于经费困难，缺乏维护和补充，目前可能只有 19 颗可用，随着俄罗斯经济的复苏和军事上的需要，将会得到完善和健全。GLONASS 系统是开放性，有利于使用，许多 GPS 生产厂商为了提高 GPS 接收机的使用性能和精度，都积极地研究 GPS 与 GLONASS 结合双系统应用软件，充分地利用 GLONASS 系统，已初见成效。例如，美国 JAVAD 公司 GPS 接收机，利用超级集成技术，在芯片中集成 40 个通用信道，把 GPS 与 GLONASS 的差异无端地缩小了，结合起来使用，也使观测卫星增多。

（2）欧洲的 GNSS 系统。欧洲的 GNSS 系统，也称为"伽利略"计划，其策略是尽可能地利用 GPS 的星基或空基导航取代陆基导航，以达到最大的成本效益比。但也坚信不能依靠由他国军方控制的卫星系统来实现本国的导航，所以正在积极建立自己的卫星导航系统 GNSS。它的目标是分两步走，首先，发展一个民间 GNSS-1，其主要内容是对现有 GPS 和 GLONASS 的星基进行增强，即利用静止卫星，面向欧洲范围内的导航提供服务，即 EGNOS 计划，已于 1995 年启动，1999 年实现初始运行能力，2002 年实现全运行能力；其次，建成 GNSS-2，从区域性渐进地扩展成全球系统。

（3）中国的"北斗"。中国的 GPS 开发研究与应用不断深化和广化，特别是建立了全国永久性 GPS 跟踪网和相应的通信网络和数据处理设施，并发展成为我国 GPS 的综合性服务体系后，为国民经济建设、国防建设和社会进步提供了服务。2003 年，我国北斗一号建成并开通运行，不同于其他 GPS 系统，"北斗"的指挥机和终端之间可以双向交流。在 2008 年 5 月 12 日四川大地震发生后，北京武警指挥中心和四川武警部队运用"北斗"进行了上百次交流。北斗二号系列卫星今年起将进入组网高峰期，预计在 2015 年形成由三十几颗卫星组成的覆盖全球的系统。

1. 概述

GPS 是个空间基的、无线电定位、导航和时间传递的系统，有三个主要部分：空间、控制和用户。当全面运行时，GPS 空间部分由分布在六个轨道平面上的 24 颗卫星组成，卫星运行在倾角为 55°、周期为 12h、高度为 20 200km 的圆形轨道上。卫星在轨道上精确排列，使任何用户的视野内至少有 4 颗卫星，从而保证全球覆盖。每颗卫星却在 L_1 和 L_2 频率上发射，L_1 用精确（P）码和粗测/捕获（C/A）码调制，而 L_2 仅用 P 码调制。在这些码中，包含有轨道参数和卫星时钟修正信息的导航电文。

控制部分包括遍及全世界的若干监测站和地面天线。监测站使用 GPS 接收机被动地跟踪视野内的所有卫星，从而累积来自卫星信号的测距数据。来自监测站的信息在主控站（MCS）进行处理，以确定卫星轨道，且更新每个卫星的航行信息。经过更新的信息通过地面天线发送到卫星上，该天线也用于发送和接收卫星控制信息。

用户部分由天线和接收机组成，用以提供定位和导航数据。

2. 目的

GPS 是个供陆上、海上和空中通用的导航用的无线电定位系统，它还应用于测量和计时。

3. 信号特征

GPS 的基本概念是基于掌握系统中每颗卫星准确的和连续的空间位置，来表示某时间及卫星与用户间的距离。每个卫星发送自己的星历数据，该数据由控制站周期地进行更新，并以来自五个广泛分布的监测站的信息为依据。

GPS 接收机自动地从至少 4 颗卫星（3 颗具有辅助高度）中选取适当的信号，然后接收机测量到达的时间，以获得用户和卫星间的距离及用户和卫星时钟间的时差。该信息建立了用户相对卫星系统的位置。每颗卫星在 1 227.6（L_2）MHz 和 1 575.42（L_1）MHz 上连续地发射扩展频谱信号。

4. 准确度

全球定位系统（GPS）选定使用的大地参考系统是世界大地测量系统（WGS）。GPS 目前使用 1984 年的基准，称为 WGS84。基准变换可使坐标在 WGS84 与世界上大多数的当地基准之间进行变换。

GPS 提供以下两种定位服务。

（1）精确定位服务。精确定位服务（PPS）将提供水平为 17.8m（2dRMS）和垂直为 27.7m（2σ）的预测定位准确度、三维中的每维为 0.2m/s（2σ）的速度准确度及计时准确度。PPS 的使用仅限于美国和盟国的军事及联邦政府的用户。如果用户能证明有必要获得通过其他手段无法获得的准确度，而且是为了美国的国家利益，并能满足美国的国家安全要求，也可能获得批准。

（2）标准定位服务。标准定位服务（SPS）能提供比 PPS 低的准确度。SPS 能以与美国的国家利益相一致的最高准确度提供给民用、商用和其他用户。美国国防部（DOD）的目前政策是提供准确度为 100m（2dRMS）的 SPS。

5. 覆盖区

GPS 能提供全球的三维覆盖。

6. 完善性

根据美国国防部关于 GPS 的基本概念可知，在 95%以上的时间里，由世界各处的五个监测站构成的网络同时监测 GPS 卫星的运行。各监测站收集到的信息由美国科罗拉多州的主控站进行处理，且用以周期性地更新每个卫星所发送的导航电文（包括正常状态电文）。卫星正常状态电文在两次卫星导航电文更新之间不改变，而作为 GPS 导航电文的一部分发送给 PPS 与 SPS 用户接收。此外，卫星的工作参数如导航数据误差、信号可用性、抗欺骗故障和某些类型的卫星时钟故障在卫星内进行监测。如果检测到上述内部故障，则在 6s 内通知用户。其他故障只能由控制部分检测到，可能需长达 2h 的时间来发现。

美国国防部的 GPS 用户设备能使用包含在导航和正常状态电文中的信息，以及自含的卫星几何图形算法和机内的导航数据求解收敛监测器，以计算品质因数。该数值能表示位置信息的估计总可信度水平。

7. 可用性

预计 GPS 将提供超过 98%的可用性，且可根据轨道的情况而提高。这是基于 24 颗卫星的星座、5°遮蔽角以上视野有 4 颗卫星的条件预计的。

当 GPS 卫星发射后，运行可靠性的数值就可获得。然而，每颗 GPS 卫星的设计寿命是 7.5 年。按照计划的补充措施，24 颗卫星的构象能在任何时间提供 24 颗或更多卫星运行的概率为 98%。

8．定位率

定位率取决于接收机，且通常是几秒的数量级。获得首次定位的时间取决于用卫星历书数据的初始化处理。新型用户设备能建立每秒至少一次的定位率，且首次定位的时间少于 30s。

9．定位维数

能获得三维定位，以及速度和非常准确的时间信号。

10．容量

容量没有限制。

11．多值性

C/A 码的长度（1ms）相当于 300m。接收机通过使用导航电文（比特长 20ms）解决多值性，导航电文的多值性是 6km。

一些老式接收机（1990 年以前的）要求大约 300km 以内的输入位置和大约 15min 以内的输入时间。

12．用户界

预测 GPS 标准定位服务（SPS）有广泛的国内和国际的民间用途。出于美国国家安全上的考虑，GPS 精确定位服务将限于美国军事力量、美国联邦机构和经严格选定的盟国军事力量和政府。

目前，美国政府正在制定关于提交申请、用户使用的批准及为从 GPS/PPS 处获取数据建立工作程序和必须服从的条件等的政策。

二、GPS 的特点

GPS 的问世标志着电子导航技术发展到了一个更加辉煌的时代。GPS 系统与其他导航系统相比，主要特点包括以下几个方面。

1．全球地面连续覆盖

由于 GPS 卫星数目较多并且分布合理，所以在地球上任何地点均可连续、同步地观测到至少 4 颗卫星，从而保障了全球、全天候连续实时导航与定位的需要。

2．功能多、精度高

GPS 可为各类用户连续提供高精度的三维位置、三维速度和时间信息。

3．实时定位速度快

目前 GPS 接收机的一次定位和测速工作在一秒甚至更少的时间内便可完成，这对高动态用户来讲尤其重要。

4. 抗干扰性能好、保密性强

由于 GPS 系统采用了伪码扩频技术，因而 GPS 卫星所发送的信号具有良好的抗干扰性和保密性。

三、GPS 的主要功能

国外 GPS 技术已被广泛应用于公交、地铁、私家车等各方面。目前，国内 GPS 的应用还处于萌芽状态，但发展势头迅猛，交通运输行业已充分意识到它在交通信息化管理方面的优势，并且已经开始逐渐发挥它的作用。GPS 的功能主要体现在以下几个方面。

1. 导航功能

导航功能也就是电子地图功能，这个功能是 GPS 的最正统、最基本的功能。车主只要输入起点和终点，该系统便可立即将两地之间的最佳路径指给车主。目前市场上已经有了很多不同种类的 GPS 导航产品，可以为车主提供便利的导航功能，这大大地方便了司机的出行。这一功能的发挥需要与 GIS 技术相结合使用。

2. 防盗功能

当车主离开车辆，车辆处于安全设防状态时，如果有人非法开启车门或发动车辆，车辆会自动报警，此时车主手机、车辆监控中心同时会收到报警电话，监控中心的值班人员会立即联系 110 报警；并且车辆会自动启动断油、断电程序。

3. 反劫功能

车主尤其是出租车开到郊外，如果遇到几个劫匪，已不再是孤军奋战。因为有强大的 GPS 系统支持，车主只要按下报警开关，车辆就会向监控中心发出遇劫报警。如果报警开关被劫匪发现并遭到破坏，则遭破坏的系统能自动发出报警信号，监控中心便立即启动实现自动跟踪系统，立刻将车辆的位置信息反馈给 110，以便对车主进行及时营救。

目前，国内主要是通过语音导航，向车主报告车辆的所在位置，同时车主也可以向车辆的监控中心查询行走路线。这种语音导航与国外的电子地图相比，虽然并不完美，但它可以减轻车主边开车边看地图的压力，车主只要利用免提电话，便可以轻松得到指引。

四、GPS 的用途

GPS 最初就是为军方提供精确定位而建立的，至今仍然由美国军方控制。军用 GPS 产品主要用来确定并跟踪在野外行进中的士兵和装备的坐标，以及给海中的军舰导航，为军用飞机提供位置和导航信息等。

目前，GPS 系统的应用已十分广泛，我们可以应用 GPS 信号进行海、空和陆地的导航导弹的制导、大地测量和工程测量的精密定位、时间的传递和速度的测量等。对于测绘领域，GPS 卫星定位技术已经用于建立高精度的全国性的大地测量控制网，测定全球性的地球动态参数；用于建立陆地海洋大地测量基准进行高精度的海岛陆地联测，以及海洋测绘；

用于监测地球板块运动状态和地壳形变；用于工程测量，成为建立城市与工程控制网的主要手段。用于测定航空航天摄影瞬间的相机位置，实现仅有少量地面控制或无地面控制的航测，快速成图等。

许多商业和政府机构也使用 GPS 设备来跟踪他们的车辆位置，这一般需要借助无线通信技术。一些 GPS 接收器集成了收音机、无线电话和移动数据终端来适应车队管理的需要。

五、GPS 在中国的技术应用和发展情况

新中国成立后，我国的航天科技事业在自力更生、艰苦创业的征途上逐步建立和发展，跻身于世界先进水平的行列，成为世界空间强国之一。从 1970 年 4 月把第一颗人造卫星送入轨道以来，我国已成功地发射了三十多颗不同类型的人造卫星，为空间大地测量工作的开展创造了有利的条件。

20 世纪 70 年代后期，有关单位在从事多年理论研究的同时，引进并试制成功了各种人造卫星观测仪器。其中，有人卫摄影仪、卫星激光测距仪和多普勒接收机。根据多年的观测实践，完成了全国天文大地网的整体平差，建立了 1980 年国家大地坐标系，进行了南海群岛的联测。

20 世纪 80 年代初，我国一些院校和科研单位已开始研究 GPS 技术。10 多年来，我国的测绘工作者在 GPS 定位基础理论研究和应用开发方面做了大量工作。80 年代中期，我国引进 GPS 接收机，并应用于各个领域，同时着手研究建立我国自己的卫星导航系统。据有关人士估计，目前我国的 GPS 接收机拥有量在 4 万台左右，其中测量类为 500～700 台，航空类几百台，航海类为 3 万多台，车载类达数千台，而且以每年两万台的速度增长，足以说明 GPS 技术在我国各行业中应用的广泛性。

在大地测量方面，利用 GPS 技术开展国际联测，建立全球性大地控制网，提供高精度的地心坐标，测定和净化大地水准面。组织各部门（10 多个单位，30 多台 GPS 双频接收机）参加全国 GPS 定位大会战。经过数据处理，GPS 网点地心坐标精度优于 0.2m，点间位置精度优于 10-8。在我国建成了平均边长约为 100km 的 GPS A 级网，提供了亚米级精度地心坐标基准。此后，在 A 级网的基础上，我国又布设了边长为 30～100km 的 B 级网。A、B 级 GPS 网点都联测了几何水准。这样，就为我国各部门的测绘工作，建立各级测量控制网，提供了高精度的平面和高程三维基准。我国已完成西沙、南沙群岛各岛屿与大陆的 GPS 联测，使海岛与全国大地网联成一个整体。

在工程测量方面，应用 GPS 静态相对定位技术，布设精密工程控制网，用于城市和矿区油田地面沉降监测、大坝变形监测、高层建筑变形监测、隧道贯通测量等精密工程。加密测图控制点，应用 GPS 实时动态定位技术（简称 RTK）测绘各种比例尺地形图和用于施工放样。

在航空摄影测量方面，我国测绘工作者也应用 GPS 技术进行航测外业控制测量、航摄飞行导航、机载 GPS 航测等。

在地球动力学方面，GPS 技术用于全球板块运动监测和区域板块运动监测。我国已开始用 GPS 技术监测南极洲板块运动、青藏高原地壳运动、四川鲜水河地壳断裂运动，建立

了中国地壳形变观测网、三峡库区形变观测网、首都圈 GPS 形变监测网等。GPS 技术已经用于海洋测量、水下地形测绘。我国的《全球定位系统（GPS）测量规范》已于 1992 年 10 月 1 日起实施。

此外，在军事部门、交通部门、邮电部门、地矿、煤矿、石油、建筑以及农业、气象、土地管理、金融、公安等部门和行业，在航空航天、测时授时、物理探矿、姿态测定等领域，也都开展了 GPS 技术的研究和应用。

在静态定位和动态定位应用技术及定位误差方面作了深入的研究，研制开发了 GPS 静态定位和高动态高精度定位软件以及精密定轨软件。在理论研究与应用开发的同时，培养和造就了一大批技术人才和产业队伍。

近几年来，我国已建成了北京、武汉、上海、西安、拉萨、乌鲁木齐等永久性的 GPS 跟踪站，进行对 GPS 卫星的精密定轨，为高精度的 GPS 定位测量提供观测数据和精密星历服务，致力于我国自主的广域差分 GPS（WADGPS）方案的建立，参与全球导航卫星系统（GNSS）和 GPS 增强系统（WAAS）的筹建。同时，我国已着手建立自己的卫星导航系统（双星定位系统），能够生产导航型 GPS 接收机。GPS 技术的应用正向更深层次发展。

为适应 GPS 技术的应用与发展，1995 年成立了中国 GPS 协会，协会下设四个专业委员会，希望通过广泛的交流与合作，发展我国的 GPS 应用技术。

六、GPS 的发展趋势

美国科学网站 2003 年 8 月 25 日报道，目前全球约有 2 000 万人在使用全球定位系统（GPS）进行导航，尤其是在阿富汗和伊拉克战争期间，GPS 被证明是美军取得战争胜利所必不可少的。美国政府已经开始研究下一代卫星导航技术——GPSⅢ，美空军将发布将近两年、价值 2 500 万美元的合同，尽管美国空军采用一系列措施以促使首次发射提前两年，但 GPSⅢ卫星的发射预计在 2013 年进行。目前正使用的是第二代 GPS 系统，第三代 GPS 的目标是获得更好的准确性和可靠性。

斯坦福大学 GPS 实验室主任 PerEnge 说，GPS 技术近期有三大趋势。第一个大趋势就是频率分集技术（Frequency Diversity），实际上已在第二代 GPS 系统替换老化卫星的过程中进行。完成以后，现代化的卫星系统将为民用用户提供三种新的定位信号，而且能对美军提供的另外两种高功率信号更好地抗干扰。

第二个大趋势就是克服射频干扰（RFI）。GPS 广播的功率特别低，相当于 5 个灯泡的功率。如果被接收信号的功率是 10～16W，那很容易就会被周围的射频信号淹没。GPS 接收器将通过把接收到的测距码与储存在本地的复制码的相位进行匹配来穿透噪声。当相位达成一致时，接收器就能够以定时信号作为精确的参考，因此就可以准确地定位。

第三个大趋势就是安装保证定位误差小于某一个特定值的综合机械系统。采用微分 GPS 技术，系统将获得来自地球同步轨道通信卫星的最新误差校正信息，修正数据来自地面参考接收器。过去 GPS 的误差为 2m，未来将更小。

第五节　GPS 的工作原理

一、GPS 的构成

GPS 由三大系统构成：空间卫星系统、地面监控系统、信号接收系统，如图 9-5 所示。

1. 空间卫星系统

空间卫星系统由均匀分布在 6 个平面上的 24 颗高轨道工作卫星所构成，每个轨道平面与赤道平面的倾角为 55°，轨道平面间距为 60°。在各个轨道平面内，各卫星间距为 90°，任意轨道上的卫星比西侧相邻轨道上的相应卫星超前 30°。在实际的应用中，空间卫星系统的卫星数量一般要超过 24 颗，以便能够及时更换损坏或老化的卫星来保障系统的正常运行。使用该卫星系统后，在地球的任一地点能在任意时间向使用者提供四颗以上可视卫星。GPS 空间卫星系统，如图 9-6 所示。

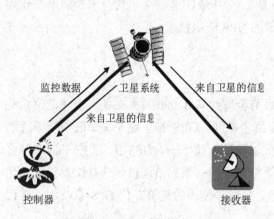

监控数据　卫星系统　来自卫星的信息

来自卫星的信息

控制器　　　　　　　接收器

图 9-5　GPS 系统构成

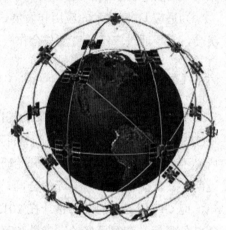

图 9-6　GPS 空间卫星系统

每 12 个小时各卫星就要沿着近圆形轨道绕地球旋转一周，有星载高精度原子钟控制无线电发射机在"低噪声窗口"附近发射载波，向全球的信号接收系统不停地播发 GPS 导航信号。运用 GPS 工作卫星组网可以实现连续、实时的导航和定位。

GPS 卫星向用户发送的导航电文信号包括两种载波和两种伪噪声码及 C/A 码和 P 码。这四种 GPS 信号的频率皆源于 10.23MHZ（星载原子钟的基频）的基准频率。其基准频率与各信号频率之间存在着一定的比例，其中以 P 码作为精确码，美国为了自身的利益，只有美国军方、政府机关以及得到美国政府批准的民用用户才能够使用；C/A 码为粗码，其定位和时间精度均低于 P 码，目前全世界的民用客户均可免费使用。

2. 地面监控系统

地面监控系统由五个监测站，一个主控站和三个注入站构成。该系统的作用是对空间卫星系统进行监测、控制，并向每颗卫星注入更新的导航电文。

地面监控系统各站的主要任务如下所述。

（1）主控站。主控站位于美国科罗拉多（Colorado）的法尔孔（Falcon）空军基地。它的作用是接收各个监测站的 GPS 卫星观测数据、卫星工作状态数据、各监测站和注入站自身的工作状态数据，然后根据上述各类数据，及时编算每颗卫星的导航电文并传送给注入站；控制和协调监测站间、注入站间的工作，检验注入卫星的导航电文是否正确；诊断卫星工作状态，改变偏离轨道的卫星位置及姿态，调整备用卫星取代失效卫星。另外，主控站也具有监控站的功能。

（2）监测站。五个监测站的数据采集中心均无须人工职守。除了主控站外，其他四个分别位于夏威夷（Hawaii）、阿松森群岛（Ascencion）、迪戈加西亚（Diego Garcia）、卡瓦加兰（Kwajalein）。监控站的作用是接收卫星信号，监测卫星的工作状态，采集气象数据，并将这些数据传送到主控点。

（3）注入站。注入站有三个，它们分别位于阿松森群岛（Ascencion）、迪戈加西亚（Diego Garcia）、卡瓦加兰（Kwajalein）。注入站的作用是接收主控站送达的各卫星导航电文，并将之注入飞越其上空的每颗卫星。

3．信号接收系统

GPS 信号接收系统的任务是：能够捕获到按一定卫星高度截止角所选择的待测卫星的信号并跟踪这些卫星的运行对所接收到的 GPS 信号进行变换、放大和处理以便测量出 GPS 信号从卫星到接收机天线的传播时间，解译出 GPS 卫星所发送的导航电文，实时地计算出测站的三维位置，甚至三维速度和时间。

信号接收系统主要由 GPS 卫星接收机和 GPS 数据处理软件所构成。GPS 接收及单元构成，如图 9-7 所示。

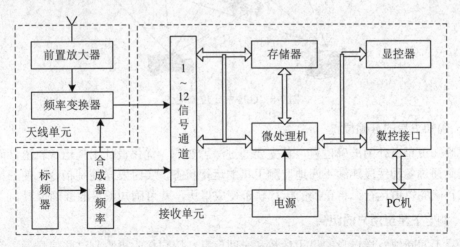

图 9-7　GPS 接收机单元构成

（1）GPS 卫星接收机。GPS 卫星接收机的基本构造分天线单元和接收单元两部分。天线单元的主要作用是：当 GPS 卫星从地平线上升起时，能捕获、跟踪卫星，接收、放大 GPS 信号。接收单元的主要作用是：记录 GPS 信号并对信号进行解调和滤波处理，还原出

GPS 卫星发送的导航电文，以实时地获得定位、测速、定时等数据。

（2）GPS 数据处理软件。GPS 数据处理软件是 GPS 用户系统的重要部分，其主要功能是对 GPS 接收机获取的卫星测量记录数据进行"粗加工"、"预处理"，并对处理结果进行再处理，从而获得观测站的三维坐标、测体的坐标、运动速度、方向和精确时刻。

二、GPS 的基本定位原理

GPS 的基本定位原理简单地说就是人们熟知的集合于物理上一些基本原理。首先假设卫星的位置为已知，而又能准确测定某地点 A 与卫星之间的距离，那么 A 点一定是位于以卫星为中心，所测距离为半径的球面上。进一步，又测得点 A 与另一颗卫星的距离，则 A 点一定处在前后两个球面相交的圆环上。再测得 A 点与第三个卫星的距离，则 A 点在第三个球面与前面所得的圆环相交的点上，这样就可以获得 A 点在地球上的空间位置。如果要定位空中位置，还可以通过第四个卫星。因此，只要确切地知道卫星的准确位置，并测得卫星与地球上被测点的距离，就可以实现精确定位。

GPS 定位原理，如图 9-8 所示。

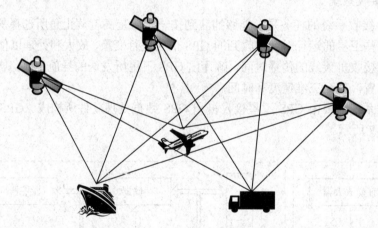

图 9-8　GPS 的定位原理图

1. 确知卫星的准确位置

要确知卫星所处的准确位置，首先要通过深思熟虑，优化设计卫星运行轨道，而且要由监测站通过各种手段连续不断地监测卫星的运行状态，实时发送控制指令，使卫星能够保持在正确的轨道运行。将正确的运行轨迹变成星历，就可确知卫星的准确位置。

2. 测定卫星至用户的距离

卫星不间断地发送自身的星历参数和时间信息，用户接收机收到这些信息后，经过计算求出接收机的三维位置、运动方向以及速度和时间等数据。

我们知道，时间×速度=距离。从物理学上知道，电波传播的速度是每秒钟 30 万千米，所以只要知道卫星信号传导到用户的时间，就能利用公式求得卫星至用户的距离。

时间基准问题：GPS 系统在每颗卫星上装置有十分精密的原子钟，并由监测站经常进行校准。卫星发送导航信息，同时也发送精确的时间信息。GPS 接收机接收此信息，使其与自身的时钟同步，就可获得准确的时间。因此，GPS 接收机除了能够准确定位之外，还可产生精确的时间信息。

时间差与伪距离问题：在任何时刻，每颗 GPS 卫星上的原子钟都保持同一个时间，成为 GPS 系统时间。在 GPS 接收器上也装有一个精确的计时系统，这个计时系统既是现时的，也是精确的 GPS 系统时间。GPS 卫星不断地向外发送包含有时间信息的电波信号，地面上的 GPS 接收机接收并分析这些信号。虽然电波以光速的速度传播，但从高空到地面仍然有一个时间差，这个时间差等于收到信号时的 GPS 系统的时间减去信号发射时的 GPS 系统时间。

这段距离可以表示为：

$$距离（L）=光速（c）×时间差（T_1-T_0）$$

其中，L 表示 GPS 卫星与 GPS 接收机之间的距离；c 表示电波传播的速度，即光速，为 30 万千米/秒；T_1 表示收到信号时的 GPS 系统时间；T_0 表示信号发射时的 GPS 系统时间。

3．误差及修正技术

在上述的时间差中，由于存在接收及卫星钟的误差、大气传播误差及受到其他干扰因素的影响，算出来的距离成为伪距。

准确度在 30 米之内的 GPS 接收器就意味着它已经利用了相对论效应。华盛顿大学的物理学家 Clifford M. Will 详细解释说："如果不考虑相对论效应，卫星上的时钟就和地球的时钟不同步。"相对论认为快速移动的物体随时间的流逝比静止的要慢。Will 计算出，每个 GPS 卫星每小时跨过大约 1.4 万千米的路程，这意味着它的星载原子钟每天要比地球上的钟慢 7 微秒。

引力对时间施加了更大的相对论效应。大约 2 万千米的高空，GPS 卫星经受到的引力拉力大约相当于地面上的 1/4。结果就是星载时钟每天快 45 微秒，GPS 要计入共 38 微秒的偏差。Ashby 解释说："如果卫星上没有频率补偿，每天将会增大 11 千米的误差。"

在 GPS 定位过程中，存在着三部分误差：一部分是每一个用户接收机所共有的，如卫星钟误差、星历误差、电离层误差、对流层误差等；第二部分是不能由用户测量或由校正模型来计算的传播延迟误差；第三部分是各用户接收机所固有的误差，如内部噪声、通道延迟、多位效应等。利用差分技术，第一部分误差可以完全消除；第二部分误差大部分可以消除，其主要取决于基准接收机和用户接收机的距离；第三部分误差则无法消除，只能靠提高 GPS 接收机本身的技术指标来改进。

三、卫星定位方式

卫星定位的方式通常会由不同的分类依据产生不同的类型。

1．根据定位时接收机的运动状态分类

按接收机位置是否变化分为静态定位方式和动态定位方式。

（1）静态定位是指接收机在定位过程中位置固定不变，接收机高精度地测量 GPS 信号的传播时间，利用 GPS 卫星在轨道上的已知位置，算出本机天线所在位置的三维坐标。

（2）动态定位是指接收机在定位过程中位置是变换的，接收机所位于的运动物体叫作载体（如航行中的船舶、空中的飞机、行走的车辆等）。载体上的 GPS 接收机天线在跟踪 GPS 卫星的过程中相对地球运动，并实时地测得运动载体的状态参数（瞬间三维位置和三维速度）。

2. 根据定位的模式分类

根据接收机的数量和定位原理，GPS 定位可分为绝对定位（单点定位）和相对定位（差分定位）。

（1）绝对定位（单点定位）是指直接确定观测站相对于坐标系原点（地球质心）绝对坐标的一种定位方式，是根据一台接收机的观测数据来确定接收机位置的方式。这种定位方式的特点是作业方式简单，单机作业，它只能采用伪距观测量，可用于车船等的精度要求不高的概略导航定位。

（2）相对定位（差分定位）是根据两台以上接收机的观测数据来确定观测点之间的相对位置的方式。这种定位方式可以有效地消除或减弱如卫星钟的误差、卫星星历误差、卫星信号在大气中的传播延迟误差等，从而获得很高的相对定位精度。相对定位方式广泛地应用于高精度大地控制网、精密工程测量、地球动力学、地震监测网和导弹外弹道等方面的检测。

四、GPS 接收机的工作性能

GPS 卫星发送的导航定位信息是一种可供无数用户共享的信息资源。只要用户拥有 GPS 接收机，就可以在任何时候用 GPS 信号进行导航定位测量。

1. GPS 接收机的分类

（1）按照接收机的用途分类

按照接收机的用途分类时，有一种为导航型接收机，它主要用于运动载体的导航，可以实时给出载体的位置和速度。这种接收机价格便宜、应用广泛。还可根据其应用领域的不同，分为车载型（用于车辆导航定位）、航海型（用于船舶导航定位）、航空型（用于飞机导航定位）和星载型（用于卫星的导航定位）。

（2）按接收机的载波频率分类

① 单频接收机。只能接收一种载波信号，测定载波相应观测值进行定位。由于不能有效消除电离层延迟影响，单频接收机只适用于短距离（小于 15km）的精密定位。

② 双频接收机。可以同时接收两种载波信号。利用双频可以消除电离层对电磁波信号延迟的影响，因此，双频接收机可用于长达几千千米的精密定位。

在 GPS 观测量中包含了卫星和接收机的钟差、大气传播延迟、多路径效应等误差，在定位计算时还要受到卫星广播星历误差的影响，利用双频进行相对定位时大部分公共误差被抵消或削弱，因此定位精度将大大提高。双频接收机可以根据两个频率的观测量抵消大气中电离层误差的主要部分，在精度要求高，接收机间距离较远时（大气有明显差别），应选用双频接收机。

（3）按接收机通道数分类

GPS 接收机能同时接收多颗 GPS 卫星的信号，为了分离接收到的不同卫星的信号，以实现对卫星信号的跟踪、处理和测量，必须设置不同种类的接收通道，具有这样功能的器件称为天线信号通道。根据接收机所具有的通道种类可分为多通道接收机和序贯通道接收机。

2．GPS 接收机的常用性能指标

在选用 GPS 时，通常要考虑以下几个常用的性能参数。

（1）并行通道数

大多数 GPS 接收器同时可以追踪 8～12 颗卫星（同一地点最多可能有 12 颗卫星是可见的）。市面上的 GPS 接收器大多数为 12 并行通道型，这就允许它们连续追踪每一颗卫星的信息。12 通道接收器的优点包括快速冷启动和初始化卫星的信息，而且在森林地区可以有更好的接收效果。一般 12 通道接收器不需要外置天线，除非是在封闭的空间中，如船舱、车厢中。

（2）启动时间

当 GPS 接收机关闭一段时间后，需重启以确定现在位置所需的时间。对于 12 通道接收器，如果是在最后一次定位位置的附近，冷启动时的定位时间一般为 3～5min，热启动时间为 15～30min，而对于 2 通道接收器，冷启动时大多超过 15min，热启动时间为 2～5min。

（3）定位精度

大多数 GPS 接收器的水平位置定位精度为 5～10m，但这只是在 SA 没有启动的情况下。（SA：Selective Availability，指美国政府出于对自身安全的考虑，对民用码进行的一种"选择可用性"的干扰。）

（4）DGPS 功能

许多 GPS 设备提供商在一些地区设置了 DGPS 发送机（能够为用户机减少定位误差的设备），供它的客户免费使用，目前一般客户所购买的 GPS 接收器都具有 DGPS 功能。如果能够接收到 DGPS 发送机的信号，就可以实现 DGPS 了，这将大大提高定位的精度。

（5）信号干扰

要得到一个很好的定位，GPS 接收器需要至少 3～5 颗卫星是可见的。如果在峡谷中或者两边高楼林立的街道上，或者在茂密的丛林中，就难以与足够的卫星联系，从而无法定位或者只能得到二维坐标。同样，如果在一个建筑里面，有可能无法更新位置。一些 GPS 接收器有单独的天线可以贴在挡风玻璃上，或者使用外置天线放在车顶上，这有助于接收器得到更多的卫星信号。

（6）其他的物理指标

包括大小、重量、显示画面、防水、防震、防尘性能、耐高温、耗电等物流指标都要考虑在内。

GPS 接收机可接收到用于授时的准确至纳秒级的时间信息；用于预报未来几个月内卫星所处概略位置的预报星历；用于计算定位时所需卫星坐标的广播星历，精度为几米至几十米（各个卫星不同，随时变化）；以及 GPS 系统信息，如卫星状况等。

GPS 接收机对收到的卫星信号进行解码，或采用其他技术将调制在载波上的信息去掉后，就可以恢复载波。

3．GPS 定位过程简介

GPS 结合电子地图能够实现城市交通管理、车辆调度管理，公安、银行车辆，港口、河流船舶的自动导引与监控，具有巨大的应用潜力。根据地形图制作而成的矢量电子地图，GPS 坐标还需经过坐标转换才能与之正确匹配。GPS 定位过程主要有如下几个步骤。

（1）确定用户的宇宙直角坐标系位置，即用户的 X、Y、Z 位置。

（2）宇宙直角坐标系到 WGS-84（WGS：世界测地系统）大地坐标系的转换，即求出用户的 WGS-84 大地坐标位置 λ、φ、h。

（3）坐标投影转换，即将球面坐标 λ、φ、h 转换成平面电子地图投影坐标。

（4）二维平面相似性变换，即经过平移、旋转、缩放运算，达到其与电子地图的配准。

上述四个过程全部都是由计算机用程序自动计算获得，具体算法这里介绍从略。计算原理为：每个太空卫星在运行时，任一时刻都有一个坐标值来代表其位置所在（已知值），接收机所在的位置坐标为未知值，而太空卫星的信息在传送过程中所需耗费的时间，可经由比对卫星时钟与接收机内的时钟计算，将此时间差值乘以电波传送速度（一般定为光速），就可计算出太空卫星与使用者接收机间的距离，如此就可依三角向量关系来列出一个相关的方程式。

一般我们使用的接收机就是依上述原理来计算出所在位置的坐标数据的。每接收到一颗卫星就可列出一个相关的方程式，因此在至少收到三颗卫星后，即可计算出平面坐标（经纬度）值，收到四颗则加上高程值，五颗以上更可提高准确度，这就是 GPS 的基本定位原理。一般来说，使用者接收机每一秒钟的坐标数据都是最新的，也就是说接收机会自动不断地接收卫星信息，并实时地计算其所在位置的坐标数据，如此使用者便不需担心接收机显示的资料是否太旧或是不准确了。

五、北斗卫星导航系统

中国北斗卫星导航系统（BeiDou Navigation Satellite System，BDS）是我国自行研制的全球卫星导航系统，是继美国全球定位系统（GPS）、俄罗斯格洛纳斯卫星导航系统（GLONASS）之后第三个成熟的卫星导航系统。北斗卫星导航系统（BDS）和美国 GPS、俄罗斯 GLONASS、欧盟 GALILEO，是联合国卫星导航委员会已认定的供应系统。

北斗卫星导航系统由空间段、地面段和用户段三部分组成，可在全球范围内全天候、全天时为各类用户提供高精度、高可靠定位、导航、授时服务，并具短报文通信能力，已经初步具备区域导航、定位和授时能力，定位精度 10 米，测速精度为 0.2 米/秒，授时精度为 10 纳秒。

2012 年 12 月 27 日，北斗系统空间信号接口控制文件正式版 1.0 正式公布，北斗导航业务正式对亚太地区提供无源定位、导航、授时服务。

2013 年 12 月 27 日，北斗卫星导航系统正式提供区域服务一周年新闻发布会在国务院新闻办公室新闻发布厅召开，正式发布了《北斗系统公开服务性能规范（1.0 版）》和《北斗系统空间信号接口控制文件（2.0 版）》两个系统文件。

2014 年 11 月 23 日，国际海事组织海上安全委员会审议通过了对北斗卫星导航系统认可的航行安全通函，这标志着北斗卫星导航系统正式成为全球无线电导航系统的组成部分，取得面向海事应用的国际合法地位。

中国的卫星导航系统已获得国际海事组织的认可。

1．发展历史

卫星导航系统是重要的空间信息基础设施。中国高度重视卫星导航系统的建设，一直在努力探索和发展拥有自主知识产权的卫星导航系统。2000 年，首先建成北斗导航试验系统，使我国成为继美、俄之后的世界上第三个拥有自主卫星导航系统的国家。该系统已成功应用于测绘、电信、水利、渔业、交通运输、森林防火、减灾救灾和公共安全等诸多领域，产生显著的经济效益和社会效益。特别是在 2008 年北京奥运会、汶川抗震救灾中发挥了重要作用。为更好地服务于国家建设与发展，满足全球应用需求，我国启动实施了北斗卫星导航系统建设。

2．建设原则

北斗卫星导航系统的建设与发展，以应用推广和产业发展为根本目标，不仅要建成系统，更要用好系统，强调质量、安全、应用、效益，遵循以下建设原则。

（1）开放性。北斗卫星导航系统的建设、发展和应用将对全世界开放，为全球用户提供高质量的免费服务，积极与世界各国开展广泛而深入的交流与合作，促进各卫星导航系统间的兼容与互操作，推动卫星导航技术与产业的发展。

（2）自主性。中国将自主建设和运行北斗卫星导航系统，北斗卫星导航系统可独立为全球用户提供服务。

3．系统构成

北斗卫星导航系统空间段由 5 颗静止轨道卫星和 30 颗非静止轨道卫星组成。中国计划 2020 年左右使北斗卫星导航系统覆盖全球。

（1）星座构成

北斗卫星导航系统的星座构成如图 9-9 所示。

北斗卫星导航系统由 35 颗卫星组成，包括 5 颗静止轨道卫星、27 颗中地球轨道卫星、3 颗倾斜同步轨道卫星。5 颗静止轨道卫星定点位置为东经 58.75°、80°、110.5°、140°、160°，中地球轨道卫星运行在 3 个轨道面上，轨道面之间为相隔 120° 均匀分布。至 2012 年底北斗亚太区域导航正式开通时，已为正式系统在西

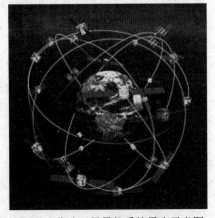

图 9-9 北斗卫星导航系统星座示意图

昌卫星发射中心发射了 16 颗卫星，其中 14 颗组网并提供服务，分别为 5 颗静止轨道卫星、

5颗倾斜地球同步轨道卫星（均在倾角55°的轨道面上）和4颗中地球轨道卫星（均在倾角55°的轨道面上）。

（2）覆盖范围

北斗导航系统是覆盖中国本土的区域导航系统，覆盖范围东经约70°～140°，北纬约5°～55°。北斗卫星系统已经对东南亚实现全覆盖。

（3）定位原理

35颗卫星在离地面2万多千米的高空上，以固定的周期环绕地球运行，使得在任意时刻，在地面上的任意一点都可以同时观测到4颗以上的卫星。

由于卫星的位置精确可知，在接收机对卫星观测中，我们可得到卫星到接收机的距离，利用三维坐标中的距离公式，利用3颗卫星就可以组成3个方程式，解出观测点的位置（X，Y，Z）。考虑到卫星的时钟与接收机时钟之间的误差，实际上有4个未知数，X、Y、Z和钟差，因而需要引入第4颗卫星，形成4个方程式进行求解，从而得到观测点的经纬度和高程。北斗卫星导航系统定位原理如图9-10所示。

事实上，接收机往往可以锁住4颗以上的卫星，这时，接收机可按卫星的星座分布分成若干组，每组4颗，然后通过算法挑选出误差最小的一组用作定位，从而提高精度。

卫星定位实施的是"到达时间差"（时延）的概念：利用每一颗卫星的精确位置和连续发送的星上原子钟生成的导航信息获得从卫星至接收机的到达时间差。

卫星在空中连续发送带有时间和位置信息的无线电信号，供接收机接收。由于传输的距离的影响，

图9-10　北斗卫星导航系统定位原理

接收机接收到信号的时刻要比卫星发送信号的时刻延迟，通常称之为时延，因此，也可以通过时延来确定距离。卫星和接收机同时产生同样的伪随机码，一旦两个码实现时间同步，接收机便能测定时延；将时延乘上光速，便能得到距离。

（4）卫星导航原理

跟踪卫星的轨道位置和系统时间。位于地面的主控站与其运控段一起，至少每天一次对每颗卫星注入校正数据。注入数据包括星座中每颗卫星的轨道位置测定和星上时钟的校正。这些校正数据是在复杂模型的基础上算出的，可在几个星期内保持有效。

4. 系统功能

北斗卫星导航系统具有以下四大基本功能。

（1）短报文通信。北斗系统用户终端具有双向报文通信功能，用户可以一次传送40~60个汉字的短报文信息。在远洋航行中有重要的应用价值。

（2）精密授时。北斗系统具有精密授时功能，可向用户提供20~100ns的时间同步精度。

（3）定位精确。水平精度100米（1σ），设立标校站之后为20米（类似差分状态）。

（4）容纳用户数多。系统容纳的最大用户数为540 000户/小时。

另外，北斗卫星导航系统还在军用、民用、气象等多个方面具有广泛的应用功能。

（1）军用功能。"北斗"卫星导航定位系统的军事功能与 GPS 类似，如运动目标的定位导航，为缩短反应时间的武器载具发射位置的快速定位，人员搜救、水上排雷的定位等。这项功能用在军事上，意味着可主动进行各级部队的定位，也就是说我国各级部队一旦配备"北斗"卫星导航定位系统，除了可供自身定位导航外，高层指挥部也可随时通过"北斗"系统掌握部队位置，并传递相关命令，对任务的执行有相当大的助益。换言之，我国可利用"北斗"卫星导航定位系统执行部队指挥与管制及战场管理。

（2）民用功能。民用功能主要体现在对于个人位置的服务方面。当你进入不熟悉的地方时，你可以使用装有北斗卫星导航接收芯片的手机或车载卫星导航装置找到你要走的路线。

（3）气象应用。北斗导航卫星气象应用的开展，可以促进我国天气分析和数值天气预报、气候变化监测和预测，也可以提高空间天气预警业务水平，提升我国气象防灾减灾的能力。除此之外，北斗导航卫星系统的气象应用对推动北斗导航卫星创新应用和产业拓展也具有重要的影响。

（4）道路交通管理。卫星导航将有利于减缓交通阻塞，提升道路交通管理水平。通过在车辆上安装卫星导航接收机和数据发射机，车辆的位置信息就能在几秒钟内自动转发到中心站。这些位置信息可用于道路交通管理。

（5）铁路智能交通。卫星导航将促进传统运输方式实现升级与转型。例如，在铁路运输领域，通过安装卫星导航终端设备，可极大缩短列车行驶间隔时间，降低运输成本，有效地提高运输效率。未来，北斗卫星导航系统将提供高可靠、高精度的定位、测速、授时服务，促进铁路交通的现代化，实现传统调度向智能交通管理的转型。

（6）海运和水运。海运和水运是全世界最广泛的运输方式之一，也是卫星导航最早应用的领域之一。在世界各大洋和江河湖泊行驶的各类船舶大多都安装了卫星导航终端设备，使海上和水路运输更为高效和安全。北斗卫星导航系统将在任何天气条件下，为水上航行船舶提供导航定位和安全保障。同时，北斗卫星导航系统特有的短报文通信功能将支持各种新型服务的开发。

（7）航空运输。当飞机在机场跑道着陆时，最基本的要求是确保飞机相互间的安全距离。利用卫星导航精确定位与测速的优势，可实时确定飞机的瞬时位置，有效地减小飞机之间的安全距离，甚至在大雾天气情况下，可以实现自动盲降，极大地提高了飞行安全和机场运营效率。通过将北斗卫星导航系统与其他系统有效结合，可以为航空运输提供更多的安全保障。

（8）应急救援。卫星导航已广泛用于沙漠、山区、海洋等人烟稀少地区的搜索救援。在发生地震、洪灾等重大灾害时，救援成功的关键在于及时了解灾情并迅速到达救援地点。北斗卫星导航系统除导航定位外，还具备短报文通信功能，通过卫星导航终端设备可及时报告所处位置和受灾情况，有效地缩短救援搜寻时间，提高抢险救灾时效，大大减少人民生命财产损失。

（9）指导放牧。2014 年 10 月，北斗系统开始在青海省牧区试点建设北斗卫星放牧信息化指导系统，主要依靠牧区放牧智能指导系统管理平台、牧民专用北斗智能终端和牧场数据采集自动站，实现数据信息传输，并通过北斗地面站及北斗星群中转、中继处理，实现草场牧草、牛羊的动态监控。2015年夏季，试点牧区的牧民已使用专用北斗智能终端设备来指导放牧。

（10）检测认证。2012年8月3日，解放军总参谋部与国家认证认可监督管理委员会在北京举行战略合作协议签约仪式。中国将用3年时间建立起一个"法规配套、标准统一、布局合理、军民结合"的"北斗"导航检测认证体系，以期全面提升"北斗"导航定位产品的核心竞争力，确保"北斗"导航系统运行安全。

5. 社会评价

在2014年11月17日至21日的会议上，联合国负责制定国际海运标准的国际海事组织海上安全委员会，正式将中国的北斗系统纳入全球无线电导航系统。这意味着继美国的GPS和俄罗斯的格洛纳斯后，中国的导航系统已成为第三个被联合国认可的海上卫星导航系统。专门研究中国太空项目和信息战争的加州大学专家凯文·波尔彼得表示，北斗系统能在其覆盖范围内提供足够精确的定位信息。

中国的卫星导航系统已获得国际海事组织的认可。这是该系统向其目标迈出的重要一步：被全世界接受，可媲美美国全球定位系统（GPS）。

"北斗"导航定位系统已经有11颗卫星在轨运行，拥有12万军民用户。到2020年前，"北斗"导航定位系统卫星数量将达到30颗以上，导航定位范围也将由区域拓展到全球，其设计性能将与美国第三代GPS导航定位系统相当。

随着"北斗"导航定位系统的建设发展，"北斗"导航应用即将迎来"规模化、社会化、产业化、国际化"的重大历史机遇，也提出了新的要求。按照军地双方签署的协议，中国将在2015年前完成"北斗"导航产品标准、民用服务资质等法规体系建设，形成权威、统一的标准体系。同时在北京建设1个国家级检测中心，在全国按区域建设7个区域级授权检测中心，加快推动"北斗"导航检测认证进入国家认证认可体系，相关检测标准进入国家标准系列。

建立起"北斗"导航检测认证体系，既是"北斗"系统坚持军民融合式发展的具体举措，也对创建"北斗"品牌，加速推进"北斗"产品的产业化、标准化起到重要作用。

第六节　GPS在物流领域中的应用

一、GPS在物流领域中的应用

在物流领域，运输过程作为最为重要的一个环节，对其过程的监控和管理是非常重要的。GPS在这一领域中可以发挥其强大的优势，来实现对整个运输过程的监控和管理。GPS定位技术的出现，给车辆、轮船、火车等交通工具的导航与跟踪提供了准确、实时的定位能力。具体可以在以下几个方面得到很好的应用。

1. 货物跟踪

GPS 计算机信息管理系统可以通过 GPS 和计算机网络实时地收集全路列车、机车、车辆、集装箱及所运货物的动态信息，实现对陆运、水运货物的跟踪管理。只要知道货车的车型、车号或船舶的编号就可以立即从铁路网或水运网中找到该货车或船舶，知道它们现在所处位置，距离运输目的地的里程，以及所有装运货物的信息。运用这项技术可以大大提高运营的精确性和透明度，为货主提供高质量的服务。

2. 出行路线规划

GPS 可以提供自动规划和人工设计的路线，也能提供信息查询，查询资料可以文字、语言及图形的形式显示，并在电子地图上显示其位置。车辆上安装 GPS 系统后，可以精确查询现时所在位置，有的精读甚至可以达到米级。有的系统还具有可视电子导向地图，可以从电子地图上了解自己的位置，还可以由系统自动给出最佳路线。

3. 车辆导航与跟踪

使用车载 GPS，驾驶员可以通过显示屏及时查看车辆的有关信息，如经度、纬度、速度、航向等，同时车载电台将定位信息发送给车辆监控中心。若车辆出现紧急情况，司机启动报警装置，在监控中心即可显示出车辆情况、出事地点、车辆人员等信息，从而实现对重要车辆和货物进行跟踪运输，也可以帮助追踪失窃的车辆。GPS 公司运营商，通过通信或图示为装有 GPS 接收终端的车辆进行导航服务，使之可接收堵车信息、管制信息、道路向导及停车场信息等，从而使驾驶员回避堵车，选择最佳路线，或者选择系统根据路况设计出的其他替代路线，如图 9-11 所示。

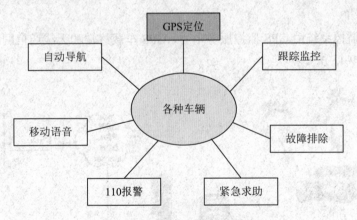

图 9-11　GPS 车辆导航与跟踪

4. 交通指挥

装备了 GPS 的公共交通工具，可以通过 GPS 随时明确自己的位置，而且可以通过通信装置把信息传递到交通指挥中心，由监控中心将这些信息在电子地图上显示出来用以分析，并用文本、代码或语音等对车辆进行调度指挥，从而实现交通的实时监控和进行高效率的交通指挥、调度。

5. 紧急援助与反劫防盗

通过 GPS 定位和监控管理系统，对有险情或发生事故的车辆进行紧急援助。公安、消防、医疗急救通过 GPS 迅速确定各个警车、消防车、救护车的位置，在第一时间制定到达目的地的最快路线，缩短反应时间，以化解险情，减少损失。当车辆遇到抢劫、被盗时，车辆报警系统感应器即被激活，车载系统自动寻呼车主并向监控中心报警。监控中心接到报警后，可以根据警情遥控熄火或锁门等，从而控制车辆的运行情况，并立刻与公安 110、急救 120 网络连接。

6. 与 GIS 结合解决物流配送

物流包括订单管理、运输、仓储、装卸、送递、保管、退货处理、信息服务及增值业务，而对全过程的控制是物流管理的核心问题。供应商必须全面、准确、动态地把握散布在全国各个中转仓库、经销商、零售商以及汽车、火车、飞机、轮船等各种运输环节之中的产品流动状况，并据此制订生产和销售计划，及时调整市场策略。

物流配送的过程主要是货物的空间位置转移过程，在物流配送过程中，要涉及货物的运输、仓储、装卸、送达等业务环节，对各个环节涉及的问题如运输路线的选择、仓库位置的选择、仓库容量设置、合理装卸策略、运输车辆调度和投递路线选择等进行有效管理和决策分析，有助于物流配送企业有效地利用现有资源，降低消耗，提高效率。GPS/GIS技术是全程物流管理中不可或缺的组成部分。

二、GPS 车载卫星定位系统解决方案

1. 系统简介

车载 GPS 监控系统由 GPS 监控服务中心、GPS 车载终端和无线通信网络三部分组成，如图 9-12 和图 9-13 所示。

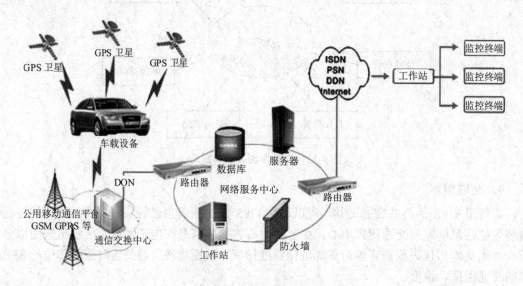

图 9-12　车载 GPS 系统基本结构

车载电话

图 9-13　GPS 车载终端

（1）GPS 监控服务中心。GPS 监控服务中心由信息处理服务器、数据服务器、监控软件构成。

（2）GPS 车载终端。GPS 车载终端是指安装有 GPS 定位器、车载电话、通信控制器、断油断电控制装置的受控车辆。

（3）无线通信网络。无线通信网络负责监控中心与 GPS 车载终端之间相互传递信息，现在普遍采用移动和联通通信网络作为车载 GPS 监控系统的通信网络。

系统基于 GPS 全球定位系统、GIS 地理信息处理技术、GPRS/CDMA/3G 无线通信技术，提供车辆等移动实时动态监控、报警管理、监听、信息发布、调度、轨迹存储和回放、异地联网等服务，移动目标无地理和地域空间限制，具有网络化、智能化、人性化的特点。

此系统可广泛应用于公安交警部门、城市客货运（公交、出租、长途运输）行业、特种车辆（银行运钞车、救护车、特殊危险品运输车、机要车）、地质勘查、水利管理、企事业单位的公务用车及私人轿车等领域。

2. 主要功能

（1）实时跟踪

用户可以根据自己的需求设定 GPS 的位置上传时间（2～65 000 秒），由 GPS 车载终端自动实时上传位置信息（时间、经纬度、速度、方向、GPS 状态信息）。用户也可以设定成静默方式。

（2）计价器功能

① 直接和计价器连接，实时采集计价器的数据上报中心。采集的数据有空、重车信息和营业记录信息。

② 下传管理指令，包括锁定计价器、解除锁定和计价器校时等。

（3）防盗器

① 连接防盗器，可以设定防盗、解除防盗、开车门和锁车门。

② 报警功能，在震动、非法开门和非法开钥匙时报警。

（4）自动轨迹和数据存储

① 当 GPRS 连接不上时，终端自动按照用户设定的时间存储 GPS 历史数据，当 GPRS 连通后自动回传。

② 当 GPRS 连接不上时，终端自动存储计价器营业数据，当 GPRS 连通后自动回传。

（5）电话功能

① 用户可以通过显示屏或者车载电话拨打电话、接听电话。通话可通过按键实现免提和耳机通话。

② 限制通话功能。管理中心可以下载集团号码限制用户的拨打和接听电话，对费用进行管理。

（6）报警功能

① 应急报警。当用户遇到紧急情况按下按钮时报警指示灯亮，终端立即上报中心。

② 停车超长报警。用户可以设定最长停车时间，当终端超过预定时间停车时，终端立即上报中心。

③ 超速报警。用户可以设定最大车速，当终端超过预定速度并且持续 10 秒钟以上行驶时，终端立即上报中心。

④ 震动报警。用户车辆警戒或车辆受震动时，终端自动上报中心，并且发送短信息到用户手机提醒用户。

⑤ 非法开车门报警。用户车辆警戒时，若车辆非法开门，终端自动上报中心，并且发送短信息到用户手机提醒用户。

⑥ 非法开钥匙报警。用户车辆警戒时，若未解除遥控器警戒开钥匙，终端自动上报中心，并且发送短信息到用户手机提醒用户。

⑦ 网管报警。监控中心发现车辆可疑时，可以设定车辆为网管报警，车辆自动上传报警信息。

（7）断油和监听功能

① 当汽车被盗，需要截停车辆时，监控中心下发指令断开汽车油路。

② 监控中心可以设定监听号码，终端自动回拨该电话号码实现远程监听。

（8）短信息功能

中心可以和终端通信，下发通知或者任务单等。用户也可以通过显示屏或者车载电话，录入信息（拼音，笔画，字符）或者内置信息上传中心。

（9）远程维护功能

终端可以通过接口在线下载软件，也可以远程下载。可远程自动查询终端信息，包括终端型号、软件版本号、功能编码、时间编号等。

（10）电子围栏

在电子地图上设定车辆所去目的地的一个点，当车辆到达和离开时，车载终端会自动向调度返回信息（最多可以设置 200 个围栏）。

3. 应用举例

（1）银行运钞车安全保障解决方案

银行运钞车 GPS 车载系统最为关键的业务功能是安全性、实时性及可靠性。在安全性方面，开发的车载设备能够控制多达 24 路数据信号。在普通车辆安全控制的基础上，还可以为银行客户制定车门锁状态监控、运钞车车厢内部图像采集等特殊功能，避免司机违规行车及在车辆发生故障时通过实施锁门等安全措施降低损失，同时采集充足的信息为故障排除提供便利。

在实时和可靠性方面，使用先进的 GPS 技术，能完全避免短信模式的延时和不可靠传输问题，确保所有采集的车辆信息及时完整地到达指挥控制中心，为运钞车提供更全面细致的安全保护。

（2）城市出租车智能调度解决方案

出租车 GPS 车载系统能有效降低出租车空驶率，减少乘客等车时间，大大提高了出租车服务商和司机的收益。这个系统主要解决以下几个方面的关键问题。

① 智能调度。在接到叫车服务电话后，车辆管理系统将自动找出最合适的车辆供系统选择，然后通过自动或人工的方式通知该车司机前往乘客等车地点。这一方法可以有效地避免司机无目的地在市区空驶，另一方面可以避免集群通讯车辆调度模式下叫车无应答或多车争抢乘客的尴尬。

② 辅助导航。为司机提供陌生地点的行车导航服务。

③ 车辆安全控制。在出租车内置隐蔽的报警按钮，与报警系统和服务中心所在地的城市安全系统相连，当收到出租车的安全报警时，及时通知当地 110 等安全部门采取措施，保障夜行服务或长途行车服务的出租车司机的行车安全。

第七节　网络 GPS

GPS 卫星定位系统在经过多年的发展之后，当前已经进入实用阶段并深入到军事与民用的各个领域中。随着互联网的蓬勃发展，GPS 也进入了网络时代。GPS、GIS（地理信息系统）、GSM（数字移动通信技术）等各项先进技术的强强联合造就了现在的网络 GPS，它的出现将大大促进物流产业的发展。

网络 GPS 移动跟踪与通信服务平台，由专门提供公共 GPS 定位服务的公司运营，向运输企业或货主提供车辆、货物监控服务。网络 GPS 会员可以在世界的任何地方使用浏览器，通过 Internet 访问运营这个平台的网站，即可实现对移动物品（如车辆）的跟踪定位。同时可以实现双方或者多方通信，而所有车辆的情况都显示在监控中心的电子地图上，一目了然。网络 GPS 示意图，如图 9-14 所示。

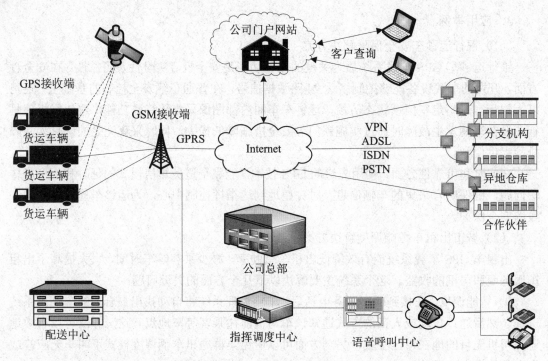

图 9-14 网络 GPS 系统

一、网络 GPS 的概念和特点

网络 GPS 就是指在互联网上建立起来的一个公共 GPS 监控平台，它同时融合了卫星定位技术、GSM 数字移动通信技术以及国际互联网技术等多种目前世界上先进的科技成果。网络 GPS 综合了 Internet 与 GPS 的优势与特色，取长补短，解决了原来使用 GPS 所无法克服的障碍：首先，可降低投资费用。因为网络 GPS 免除了物流运输公司自身设置监控中心的大量费用，其不仅包括各种硬件配置，还包括各种管理软件；其次，网络 GPS 一方面利用互联网实现无地域限制的跟踪信息显示，另一方面又可通过设置不同权限做到信息的保密。网络 GPS 的特点大致如下所述。

（1）功能多、精度高、覆盖面广，在全球任何位置均可进行车辆的位置监控工作，充分保障了网络 GPS 所有用户的要求实现度。

（2）定位速度快，有力地保障了物流运输企业能够在业务运作上提高反应速度，降低车辆空驶率，降低运作成本，满足客户需要。

（3）信息传输采用 GSM 公用数字移动通信网，具有保密性高、系统容量大、抗干扰能力强、漫游性能好、移动业务数据可靠等优点。

（4）构筑在国际互联网这一最大的网上公共平台上，具有开放度高、资源共享程度高等优点。

二、网络 GPS 系统组成

网络 GPS 系统由三部分组成，如图 9-15 所示。

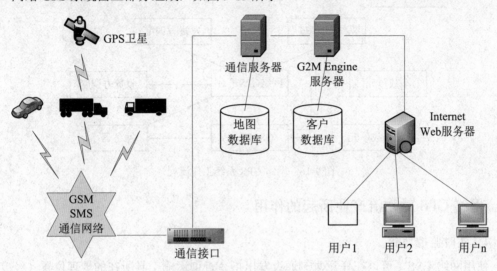

图 9-15　网络 GPS 系统组成

1. 网上服务平台

由提供定位服务的运营商负责运营管理。

2. 用户端设备

用户只需具备一台可以与互联网连接的普通计算机，当接收服务时，用户通过普通的互联网浏览器使用授权的用户名和口令就可进入服务系统用户界面，从而对所希望监控的移动体编组监控及调度。

3. 车载终端设备

车载终端设备主要由 GPS 定位信息接收模块及通信模块组成，用来实现监控中心对移动体的跟踪定位与通信。

三、网络 GPS 的工作流程

车载单元即 GPS 接收机在接收到 GPS 卫星定位数据后，自动计算出自身所处的地理位置的坐标，后经 GSM 通信机发送到 GSM 公用数字移动通信网，并通过与物流信息系统连接的 DDN 专线将数据送到物流信息系统监控平台上，中心处理器将收到的坐标数据及其他数据还原后，与 GIS 系统的电子地图相匹配，并在电子地图上直观地显示车辆实时坐标的准确位置。各网络 GPS 用户可用自己的权限上网进行自有车辆信息的收发、查询等工作，在电子地图上清楚而直观地掌握车辆的动态信息（位置、状态、行驶速度等），同时还可以在车辆遇险或出现意外事故时进行种种必要的遥控操作。

网络 GPS 的工作流程，如图 9-16 所示。

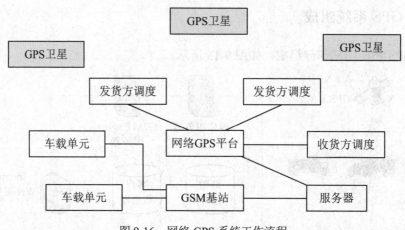

图 9-16　网络 GPS 系统工作流程

四、网络 GPS 对物流产业所起的作用

1．实时监控功能

使用网络 GPS，可以在任意时刻通过发出指令查询运输工具所在的地理位置（经度、纬度、速度等信息）并在电子地图上直观地显示出来。

2．双向通信功能

网络 GPS 的用户可使用 GSM 的话音功能与司机进行通话或使用本系统安装在运输工具上的移动设备的汉字液晶显示终端进行汉字消息收发对话。驾驶员通过按下相应的服务、动作键，将该信息反馈到网络 GPS，质量监督员可在网络 GPS 工作站的显示屏上确认其工作的正确性，了解并控制整个运输作业的准确性（发车时间、到货时间、卸货时间、返回时间等）。

3．动态调度功能

调度人员能在任意时刻通过调度中心发出文字调度指令，并得到确认信息。操作人员可进行运输工具待命计划管理，通过在途信息的反馈，让运输工具未返回车队前即做好待命计划，即提前下达运输任务，减少等待时间，加快运输工具的周转速度。

4．运能管理

将运输工具的运能信息、维修记录信息、车辆运行状况登记处、司机人员信息、运输工具的在途信息等多种信息提供给调度部门决策，以提高正确率，尽量减少空车时间和空车距离，充分利用运输工具的运能。

5．数据存储、分析功能

要实现路线规划及路线优化，须事先规划车辆的运行路线、运行区域及何时应该到达什么地方等，并将该信息记录在数据库中，以备以后查询、分析使用。汇报运输工具的运行状态，了解运输工具是否需要较大的修理，预先做好修理计划，计算运输工具平均每天的差错时间，动态衡量该型号车辆的性能价格比，进行可靠性分析。

6．服务质量跟踪

在中心设立服务器，让有该权限的用户能异地获取车辆的有关信息（运行状况、在途信息、运能信息、位置信息等用户关心的信息），同时还可以把客户索取信息中的位置信息用相对应的地图传送过去，并将运输工具的历史轨迹印在上面，使该信息更加形象化。

依据资料库储存的信息，可随时调阅每台运输工具以前的工作资料，并可根据各管理部门的不同要求制作各种不同形式的报表，使各管理部门能更快速、更准确地作出判断及提出新的指示。

网络 GPS 的出现无论是对 GPS 供应商还是对物流运输企业来讲都是一个真正的好消息，因为其直接导致的是投资费用的降低与信息显现的无地域性限制，而最终的结果则是 GPS 门槛的降低及普及率的提高，从而使更多的物流企业从中受益。

五、网络 GPS 发展的现状

面对 GPS 为其带来的如此之多的效用与便利，很多物流运输企业跃跃欲试，但在同时还有一部分企业不敢贸然采用，而是持观望态度，谁都不愿成为第一个吃螃蟹的人。据近期一项业内人士的调查，91%的企业认为 GPS 投资费用偏高且市场条件不成熟，60%的企业认为 GPS 自身技术及配套设施不够完善，50%的企业认为缺乏售后服务的支持，20%的企业认为操作简便性不够。正是这些原因把物流运输企业挡在了 GPS 的门外，成为 GPS 推广应用的绊脚石。其中，投资费用偏高是最主要的因素。在经济高速增长的同时，耐用消费品市场也将保持一种快速增长的趋势，特别是中国的汽车市场。

通过相关技术的运用，将网络 GPS 转变为服务经济发展的便捷工具。网络 GPS 通过采用软件工程化的方法进行设计开发，GPS、GSM、GIS 等技术紧密结合，充分考虑用户需求，具有功能完善、操作简单、维护方便的特点。随着 WAP（无线传输协议）的运用及 XML 语言的开发，随时随地通过各种类型的端口接收信息已成为可能，它们与网络 GPS 的结合必将会更好地促进 GPS 的发展。

网络 GPS 的运用已经对交通运输体系的发展起着不可忽视的作用，并将会在以后为物流运输企业业务的发展提供更加广阔的前景。

第八节 GIS/GPS 物流应用解决方案

据中国仓储协会的调查报告显示，我国车辆运营的空载率约为 45%。造成这一情况的重要原因之一就是物流企业无法准确知道运行车辆的具体位置，而且无法与司机随时随地地保持联系，不能为其组织货源和灵活配货。同时，司机只能凭个人经验确定路线，有时不能找到最佳路线，不仅延误时机而且会增加运行成本。另外，实际客户也不能及时了解货物配送过程的情况，不能和物流企业协调配合。

一、GIS/GPS 在物流企业应用的优势

随着互联网的发展和通信技术的进步，跨平台、组件化的 GIS（地理信息系统）和 GPS（全球定位系统）技术的逐步成熟，基于 GIS/GPS 的应用将构造具有竞争力的透明物流企业。GIS 应用于物流分析，主要是指利用 GIS 强大的地理数据功能来完善物流分析技术。GPS 在物流领域的应用可以实时监控车辆等移动目标的位置，根据道路交通状况向移动目

标发出实时调度指令。而 GIS、GPS 和无线通信技术的有效结合，再辅以车辆路线模型、最短路径模型、网络物流模型、分配集合模型和设施定位模型等，能够建立功能强大的物流信息系统，使物流变得实时并且成本最优。

GIS/GPS 在物流企业应用的优势主要体现在以下几个方面。

（1）GIS/GPS 的应用，必将提升物流企业的信息化程度，使企业日常运作数字化，包括企业拥有的物流设备或者客户的任何一笔货物都能用精确的数字来描述，不仅提高企业的运作效率，同时提升企业形象，能够争取更多的客户。

（2）GIS/GPS 和无线通信的结合，使得流动在不同地方的运输设备变得透明而且可以控制。结合物流企业的决策模型库的支持，根据物流企业的实际仓储情况，并且由 GPS 获取的实时道路信息，可以计算出最佳物流路径，给运输设备导航，以减少运行时间，降低运行费用。利用 GPS 和 GIS 技术可以对车辆进行实时定位、跟踪、报警、通信等，能够满足掌握车辆基本信息、对车辆进行远程管理的需要，有效地避免车辆的空载现象，同时客户也能通过互联网技术，了解自己货物在运输过程中的细节情况。比如，在草原牧场收集牛奶的车辆在途中发生故障，传统物流企业往往不能及时找到故障车辆而使整车的原奶坏掉，损失惨重，而使用 GIS/GPS 能够方便地解决这个问题。另外，人的因素也处处存在，而 GIS/GPS 能够有效地监控司机的行为。

（3）通过对物流运作的协调，促进协同商务发展，让物流企业向第四方物流角色转换。由于物流企业能够实时地获取每部车辆的具体位置、载货信息，故物流企业能用系统的观念运作企业的业务，降低空载率。如果这一职能的转变，能使物流企业为某条供应链服务，则能够发挥第四方物流的作用。物流企业通过无线通信、GIS/GPS 能够精确地获取运输车辆的信息，再通过 Internet 让企业内部和客户访问，从而把整个企业的操作业务变得透明，为协同商务打下基础。物流企业的信息平台的物理架构如图 9-17 所示。但是，将地理信息系统（GIS）、卫星定位系统（GPS）、无线通信（WAP）与互联网技术（Web）集成一体，应用于物流和供应链管理信息技术领域的技术在国内还没有完全成熟。但相信随着人们的重视和技术的进步，GIS、GPS、WAP 和 Web 技术将结合在一起，共同描绘透明物流企业，减少物流"黑洞"，增强国内物流企业的竞争力，并在将来开放的物流市场上站稳脚跟。

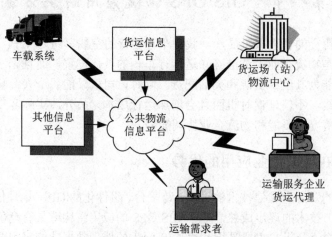

图 9-17 物流企业信息平台的物理架构

二、基于 GPS 和电子地图的车辆自动导航系统

整个 GPS 电子地图车辆动态引导系统由主控计算机、液晶显示器、语音报警器、遥控器、组合导航处理器、GPS 传感器、速率陀螺仪、光驱等组成。主控计算机视用户需求不同，可以是通用计算机，也可以是专用处理器。

基于 GPS 和电子地图的车辆自动导航系统可以实现车、船等运动载体在电子地图中的实时跟踪显示、最优路线选择及导引、显示导航信息、地图检索、语音提示告警、矢量图分层显示及缩放显示；可以满足城市车辆、港口、河流、海用船只的导引与监视，GPS+航迹推算组合导航功能即使在信号不正常的条件下也能正确引导。电子地图存储于光盘中，可存储大容量矢量电子地图。矢量电子地图生成点阵形式存放于主机内存中，可达到地图检索和车辆跟踪的平滑效果。车船行至地图边缘时，将自动从光盘中调入下一幅新的矢量图，实现自动切换。

 案例分析

一、GIS 在仓库规划中的应用

由于 GIS 本身是把计算机技术、地理信息和数据库技术紧密结合起来的新型热点技术，其特征非常适合仓库建设规划，因而使用 GIS 可使仓库建设规划走向规范化和科学化，使仓库建设的经费得到最合理的使用，也使仓库布局分配更加合理。

1. GIS 主要解决的问题

仓库 GIS 作为仓库 MIS 中的一个子系统，用地理坐标、图标的方式更直观地反映仓库的基本情况，如仓库建筑情况、仓库附属公路和铁路情况、仓库物资储备情况等，它也是仓库 MIS 的一个重要的分支和补充。

作为仓库规划的 GIS，它主要解决两个方面的问题：仓库建设的规划审批、为规划师和上级有关部门提供辅助决策。从仓库整个的宏观规划来看，它可以解决仓库的宏观布局问题。

2. GIS 应用系统总体结构

仓库规划的 GIS 总体结构，如图 9-18 所示。

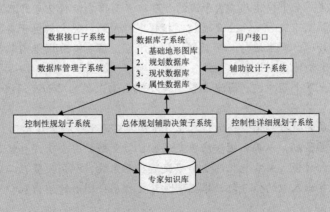

图 9-18　仓库规划的 GIS 总体结构

3. 各模块的功能

（1）用户接口。它是提供用户调用系统其他功能的人机界面，要求界面美观实用，适合用户的操作习惯。

（2）数据库管理子系统。提供各种数据库的数据入库及建库管理。它由基础地形图库管理（通过分幅输入、接边和校准，形成一张完整的仓库地形图）、规划数据库（该库主要用来存放容积率、绿化率、限高等要素，以供规划参考；同时也存放规划行业的法规文件以供检索）、现状数据库（该库主要用来存放现存的所有建筑地理位置及用地现状，可作为规划用地的参考）、属性数据库（该数据库主要存放工作表格、规划设计说明信息统计数据以及各种帮助信息）等模块组成。

（3）数据接口子系统。主要用于完成和其他应用系统（如仓库物资管理信息系统、仓库人事管理信息系统等）的数据交换，以实现数据共享。

（4）辅助设计子系统。提供各种线型、型号的设计功能及各种计算模块，为规划设计服务。

（5）专家知识库。主要存放仓库的人口分布情况、水文地质条件、仓库周围的社会经济情况和规划师的经营性知识等，以供规划决策使用。

（6）总体规划辅助决策子系统。根据用地现状、社会经济条件、人口分布情况、水文地质条件及经验性知识进行定性推理，得到仓库空间布局和用地安排等的总体规划方案，以供上级部门和专家决策使用。

（7）控制性规划子系统。在仓库总体规划指导下，根据规划控制数据库中的数据和知识库中的知识，进行定性推理，得出各地块的用地面积、建筑容积率、总建筑面积、建筑间隔、库内交通和艺术风格等系统控制性设想方案，供专家决策使用。

（8）控制性详细规划子系统。该子系统是对仓库建设用地进行细分，并对细分后的各区、片、块建设用地的使用性质和使用强度作控制，为控制性详细规划提供编制和作为依据，使规划设计、管理和开发有机结合。

二、北京用 GPS 技术建最大规模的快速交通系统

2009 年国庆庆典活动期间，如何保障庆典交通与社会交通并行不悖？记者从北京市交管局获悉，北京目前已建成世界最大规模的智能化快速路交通控制系统，北京交警将运用现代管理理念和智能交通技术提高路网效率，保障国庆交通平安顺畅。

国庆节当天，覆盖全市快速路、主干道的 277 块可变信息板将全部开启，24 小时实时发布国庆路况。记者在北京市交管局 122 交通控制指挥中心看到，巨大的电子屏幕上显示着北京道路交通状况，哪里畅通、哪里慢行、哪里拥堵尽收眼底，密密麻麻闪烁着路面交警和巡逻车组的卫星图标，可以清晰地看到民警的头像、警号、车号、位置，如图 9-19 所示。遍布北京市快速路、主干路网的上万个超声波、微波设备，24 小时自动采集的路面交通流量数据，迅速汇集到这里。

据北京市交管局的数据，国庆当天，北京 7 000 名交通干警将全体出动，携带 GPS 个人跟踪定位器设备到街面值勤，以确保国庆庆典交通、社会交通的安全有序和畅通。截至目前，北京已建成世界上最大规模、最智能化的快速路交通控制系统，利用设置在二环、三环、四环、五环及其联络线主要出入口的信号灯，根据流量变化自动关闭和开启出入口，对进出快速路交通流进行智能控制。

图 9-19 交通监控画面

　　智能交通将成为国庆庆典交通安保的重要支撑。以现代化的指挥中心为龙头，北京交通管理通过视频监控、信号控制、流量检测等 22 个科技系统，实现对天安门核心区及周边、庆典游行车辆行车路线及五环内主要道路的全时空覆盖。如有交通意外，检测系统可第一时间自动报警，指挥人员与执勤民警实时互动、精确调度，在现场处置的同时，综合利用各种科技手段对周边交通实施宏观调控。

　　此外，自动识别的交通检测系统也将"上岗"，适时对国庆期间上路的 384 万辆机动车进行自动监测，24 小时抓拍超速、违反信号灯、违反标线等多种违法行为，为保证道路的通畅提供强有力的技术支撑。

　　根据北京路网结构和行人、机动车、非机动车混合的交通特点，北京城区还建成了交通信号区域控制系统，通过埋设在路口的交通流检测器采集到的交通流信息，对路口交通信号进行实时优化，可以实现单点的感应优化控制、干线绿波协调控制和区域优化协调控制，综合通行能力提高 15%。

　　在公交密集的大街、路口，交管部门还建设了公交优先控制系统。根据优先级别，自动延长通过路口的绿灯信号时间，充分满足大容量、高速度的客运需求。首都一些中心区信号灯控路口，增加了行人过街绿灯倒计时和盲人语音提示功能，为行人提供直观的过街时间参考，向盲人提供直接的语音服务，保障行人安全。

本章思考题

1. 何为 GIS？它包含哪些内容？
2. GIS 的硬件系统包含哪些部分？
3. GIS 有哪些作用？
4. GIS 与哪些信息技术结合，可以发挥新的作用？
5. GIS 的发展经历了哪四个发展阶段？
6. GIS 在发展的过程中遇到了哪些问题？
7. GIS 的功能框架及工作原理是怎样的？

8. GIS 系统中的信息处理包含哪些内容？

9. GIS 的空间数据管理方式有哪些？

10. GIS 可以在哪些领域应用？

11. GIS 在物流领域可以发挥哪些作用？

12. 何为 GPS？

13. 目前有哪些不同的 GPS？

14. GPS 有哪些特点？

15. GPS 的主要功能有哪些？

16. 简述 GPS 的构成。

17. 简述 GPS 的工作原理。

18. 卫星定位方式有哪些？

19. 何为网络 GPS？它有哪些特点？

20. 网络 GPS 由哪几部分组成？

21. 网络 GPS 对物流产业所起的作用有哪些？

22. 简述 GIS/GPS 在物流企业中应用的优势。

参考文献

1. 麦中凡. 计算机软件技术基础[M]. 3版. 北京：高等教育出版社，2007.
2. 陆桂明. 计算机应用技术[M]. 北京：中央广播电视大学出版社，2007.
3. 冯耕中. 现代物流与供应链管理[M]. 西安：西安交通大学出版社，2003.
4. 汝宜红. 物流学[M]. 北京：高等教育出版社，2009.
5. 周三元，王晓平. 物流中心运作与管理[M]. 上海：上海交通大学出版社，2010.
6. 王晓平. 电子商务物流[M]. 上海：上海交通大学出版社，2009.
7. 王微怡，王晓平. 物流信息系统规划与建设[M]. 北京：北京大学出版社，2007.
8. 唐红，陶洋，等. 网络管理工程技术基础[M]. 北京：科学出版社，1999.
9. 黄云森. 计算机网络与多媒体应用基础[M]. 北京：清华大学出版社，2000.
10. 李金林，杜学森，阎泽，等. 国际电子商务理论与实践[M]. 北京：科学普及出版社，2004.
11. 伍小明. 计算机网络基础[M]. 北京：清华大学出版社，1998.
12. 林建铭. 计算机 DIY 2001 局域网资源共享[M]. 北京：清华大学出版社，2001.
13. 彭欣. 现代物流实用教程[M]. 北京：人民邮电出版社，2004.
14. 冯耕中. 物流管理信息系统及其实例[M]. 西安：西安交通大学出版社，2003.
15. 夏丽华. 物流管理信息系统[M]. 广州：华南理工大学出版社，2005.
16. 邓荣霖，罗锐韧. MBA 全集（上、中、下卷）[M]. 北京：台海出版社，1998.
17. 王小铭. 管理信息系统及其开发技术（修订版）[M]. 北京：电子工业出版社，2005.
18. 蔡淑琴. 物流信息系统[M]. 3版. 北京：中国物资出版社，2010.
19. 赵起超. 医院管理信息系统[M]. 哈尔滨：哈尔滨工业大学出版社，2001.
20. 李晓东. 工程管理信息系统[M]. 北京：机械工业出版社，2004.
21. 于淼. 管理信息系统[M]. 北京：经济科学出版社，2003.
22. 张立厚，张应利，高京广. 管理信息系统（MIS）[M]. 广州：广东世图出版社，2002.
23. 中国物品编码中心. 商品条码应用技术[M]. 北京：中国标准出版社，1992.
24. 张树山. 21 世纪高等院校规划教材，物流信息技术与应用[M]. 北京：国防工业出版社，2006.
25. 游战清，李苏剑，张益强，等. 无线射频识别技术（RFID）理论与应用[M]. 北京：电子工业出版社，2004.
26. 刘观兴，李维田. 计算机系统工程师手册[M]. 北京：科学出版社，1996.
27. [美] Charles F.Goldfarb, Paul Prescod. XML 实用技术[M]. 张利，王显著，译. 北京：清华大学出版社，1999.
28. 赵吉兴. 电子商务基础[M]. 青岛：青岛海洋大学出版社，2003.

29. 刘建萍. 电子商务基础[M]. 北京：机械工业出版社，2004.

30. 方轮. 物流信息技术与应用[M]. 广州：华南理工大学出版社，2006.

31. 肖彬. 特许加盟实战手册（特许商分册）[M]. 深圳：海天出版社，2003.

32. 夏文汇. 现代物流运作管理[M]. 成都：西南财经大学出版社，2010.

33. 剧锦文，阎坤. 新经济辞典[M]. 沈阳：沈阳出版社，2003.

34. 矫云起，张铎，张成海. 电子商务[M]. 北京：中国铁道出版社，1999.

35. 金丹. 经理人卓越管理读本（电子商务篇）[M]. 广州：广州出版社，2010.

36. 萧野. 便利店经营300问答[M]. 北京：中国纺织出版社，2005.

37. 董蕊. 供应链管理与第三方物流策划[M]. 北京：中国经济出版社，2003.

38. 窦志铭. 深圳商品流通业发展研究[M]. 北京：科学出版社，2004.

39. 方轶. 哈佛模式·公司物流管理[M]. 北京：中央民族大学出版社，2009.

40. 牛鱼龙. 现代物流实用词典[M]. 北京：中国经济出版社，2004.

41. 张宗成. 现代物流信息化[M]. 广州：中山大学出版社，2001.

42. 钱廷山. 现代物流管理[M]. 北京：北京理工大学出版社，2006.

43. 徐哲一，武一川. 采购管理10堂课[M]. 呼和浩特：内蒙古出版社，2004.

44. 杨立安，张昊民. 开店必读，新商店、连锁店经营模式[M]. 北京：石油工业出版社，2000.

45. 牛东来. 现代物流信息系统[M]. 北京：清华大学出版社，2004.

46. 倪志伟. 现代物流技术[M]. 北京：中国物资出版社，2006.

47. 李万秋. 物流中心运作与管理 [M]. 北京：清华大学出版社，2003.

48. 刘斌. 物流配送营运与管理[M]. 上海：立信会计出版社，2006.

49. 毕新华，顾穗珊. 现代物流管理[M]. 北京：科学出版社，2007.

50. [英]维克托·迈尔-舍恩伯格，库克耶. 大数据时代[M]. 浙江：浙江人民出版社，2013.

51. 刘寒梅. 条码跟踪系统在企业供应链管理中的应用[J]. 物流技术与应用，2009.

52. 时锦秀，张文君. RFID在上海现代物流公司配送中心的应用[J]. 物流技术与应用，2009.

53. 毕康. 我国连锁超市企业电子订货系统模型构建[J]. 山东科技大学学报（社会科学版），2005.

54. 唐宁. World Affairs[J]. 世界知识，1997.

55. 许泳. GIS企业级应用摸底调查[EB/OL]. [2007-10-07]. 计算机世界网.

56. GIS/GPS物流应用解决方案[EB/OL]. [2009-05-26]. 智能交通网.

57. 北京GPS技术建最大规模快速交通系统[EB/OL]. [2009-10-10]. http://www.51GPS.com.

58. 铁路售票系统应用Sybase数据库案例[EB/OL]. [2009-05-07]. http://www.it168.com.

59. EDI案例[EB/OL]. [2010-04-28]. 唯才教育网. http://www.hn1c.com.

60. 陈刚，余红梅. 物联网环境下铁路运输企业物流信息化发展策略[J]. 商业时代，2014(13).

61. 顾明岳，翁永祥，陈世财. 宁波金洋化工物流公司危险品可视化运输系统设计方案[J]．中国物流管理优秀案例，2013．

62．大数据驱动联合利华供应链[EB/OL]．[2014-05-25]．软件定义世界（SDX）．http://www.haokoo.com.

63．菜鸟网络："大数据"+"大物流"背后的企图[EB/OL]．[2015-06-12]．中国电子商务研究中心．http://www.100ec.cn.

64．语音拣选系统在流通领域中的应用[EB/OL]．[2015-06-17]．中国物流软件网．http://www.soft808.com.

65．福特汽车优化供应链管理[EB/OL]．[2006-03-19]．全球品牌网．http://www.globrand.com.

66．从十大物流技术分析亚马逊如何玩转物流大数据[EB/OL]．[2016-01-25]．中商情报网．http://www.askci.com.

67．柴晟．数据库技术发展的新方向——面向对象的数据库系统[J]．成都航空职业技术学院学报《综合版》，2003(2).

68．国内"某大型智慧社区 WiFi 定位系统"案例[EB/OL]．[2014-12-02]．RFID 世界网．http://success.rfidworld.com.cn.